U0934065

福清年鉴

中共福清市委员会、福清市人民政府◎主办
中共福清市委党史和地方志研究室◎编纂

厦门大学出版社 XIAMEN UNIVERSITY PRESS
国家一级出版社
全国百佳图书出版单位

图书在版编目(CIP)数据

福清年鉴.2020/中共福清市委党史和地方志研究室编纂.—厦门:厦门大学出版社,2021.4
ISBN 978-7-5615-8252-7

Ⅰ.①福… Ⅱ.①中… Ⅲ.①福清—2020—年鉴 Ⅳ.①Z525.74

中国版本图书馆 CIP 数据核字(2021)第 101775 号

出 版 人 郑文礼
责任编辑 薛鹏志 章木良

出版发行 厦门大学出版社
社　　址 厦门市软件园二期望海路 39 号
邮政编码 361008
总　　机 0592-2181111 0592-2181406(传真)
营销中心 0592-2184458 0592-2181365
网　　址 http://www.xmupress.com
邮　　箱 xmup@xmupress.com
印　　刷 福州力人彩印有限公司

开本 889 mm×1 194 mm 1/16
印张 23.25
字数 800 千字
版次 2021 年 4 月第 1 版
印次 2021 年 4 月第 1 次印刷
定价 240.00 元

厦门大学出版社
微信二维码

厦门大学出版社
微博二维码

《福清年鉴（2020）》编纂委员会

郑　云　市纪委副书记、市监委副主任

林　强　市委组织部常务副部长

俞培武　市委组织部副部长、老干部局局长

林珠美　市委宣传部常务副部长

郭芳辉　市委宣传部副部长、文明办主任

陈成龙　市委统战部副部长、市侨办主任

高居贵　市委统战部副部长、市工商联常务副主席

林建忠　市委政法委常务副书记

陈曙辉　市委市直机关工委常务副书记

陈　平　市委巡察工作领导小组办公室主任

王豪杰　市委教育工委书记、市教育局局长

陈乃辉　市委卫健工委书记、市卫健局局长

陈兴恩　市委编办主任

林亦同　市委台港澳办主任

陈国洪　市委党史和地方志研究室副主任

潘兴忠　市委党校常务副校长

刘华涌　市发改局局长

吴章明　市统计局局长

张　晓　市自然资源和规划局局长

王继强　市人力资源和社会保障局局长

翁昭康　市工信局局长

叶　云　市财政局局长

金仁雄　市审计局局长

林　忠　市交通运输局局长

李丰均　市商务局局长

林家昌　市市场监管局局长

李　健　市应急管理局局长

姚仲亮　市司法局局长

陈铁士　市民政局局长

杨锦嵩　市退役军人事务局局长

郑卫东　市住建局局长

林发光　市城管局局长

陈　灵　市农业农村局局长

林爱光　市水利局局长

吴承云　市文旅局局长

卢　锦　市旅游事业发展中心主任

黄传华　台湾农民创业园管委会主任

陈冠宏　市行政服务中心管委会主任

林向晖　市广播电视局局长

吴凌峰　市融媒体中心主任

王赞文　市智慧福清管理服务中心主任

林　兴　市机关事务服务中心主任

薛祥武　市防震减灾中心主任

翁　力　市供销合作社联合社主任

何瀚芳　市园林管理处主任

黄晨莺　市总工会常务副主席

陈　曦　团市委书记

郑凌燕　市妇联主席

吴贻建　市科协主席

陈秋华　市侨联主席

高迎霞　市文联主席

任　星　市社会科联主席

郭进蔼　市残联理事长

王基和　市关工委秘书长

林修敏　市红十字会专职副会长

何　飞　市卫健局副局长、计生协常务副会长

方裕开　市老体协主席

林　森　中国人民银行福清支行行长

张　忠　福清市税务局局长

蔡亨忠　榕城海关驻福清办事处主任

卢圣震　福清出入境边防检查站站长

薛进凤　福州福清海事处处长

郑义为　福州港口管理局江阴港务管理站站长

何小龙　国家统计局福清调查队队长

林晓威　市公路事业发展中心主任

严　娟　福清市气象局局局长

唐英俊　福清生态环境局局长

林为栋　福清医保局局长

郑振华　市人武部副部长

林少炜　武警福州支队福清市大队大队长

蔡　军　福清市烟草专卖局局长

林　丽　福州住房公积金管理中心福清管理部主任

蔡志强　国网福建省电力有限公司福清市供电公司总经理

谢　琦　福建投资集团（福清）水务有限公司总经理

江　密　中国电信股份有限公司福清分公司总经理

李光达　中国移动福建有限公司福清分公司总经理

郑庆良　中国联通有限公司福清市分公司总经理

张泳球　中国邮政福清市分公司总经理

庄万峰　福建新华发行集团福清分公司总经理

陈孙富　玉屏街道党工委书记

林　立　龙山街道党工委书记

林爱炎　龙江街道党工委书记

莫开奇　音西街道党工委书记

魏宏武　宏路街道党工委书记

陈茂华　石竹街道党工委书记

李木春　阳下街道党工委书记

林　松　镜洋镇党委书记

何育航　东张镇党委副书记、镇长

俞　强　一都镇党委书记

黄　芸　渔溪镇党委书记

林正雄　上迳镇党委书记

叶向阳　江阴镇党委书记

薛坤和　新厝镇党委书记

陈立泉　海口镇党委书记

陈雄华　南岭镇党委书记

陈　铄　城头镇党委书记

陈克才　龙田镇党委书记

林忠强　江镜镇党委书记

陈　宇　港头镇党委书记

严　峰　三山镇党委书记

林豪勤　东瀚镇党委书记

方贤伟　沙埔镇党委书记

《福清年鉴（2020）》编辑部

主　　编：高居华

副 主 编：陈国洪　陈宝定

执行副主编：严　明

责 任 编 辑：严　明　魏希兴　陈　晔

编辑说明

一、《福清年鉴（2020）》由中共福清市委员会、福清市人民政府主办，中共福清市委党史和地方志研究室编纂。

二、《福清年鉴（2020）》以马克思列宁主义、毛泽东思想、邓小平理论、“三个代表”重要思想、科学发展观和习近平新时代中国特色社会主义思想为指导，坚持辩证唯物主义和历史唯物主义的立场、观点、方法，系统地记载2019年福清市的自然、政治、经济、文化、社会、生态建设等方面的基本情况，为福清市委、市政府公报性质的年度性资料文献。记述的时限为2019年1月1日至12月31日，部分统计资料、选介材料跨年度选编。

三、本卷年鉴主体部分由类目、分目、条目组成，分目用标题文字套底纹加以区分；以条目为记述的基本形式，条目标题用黑体字加【】表示，下一层次标题用楷体字表示。

四、本卷年鉴为总第6卷，共设37个类目，分别是：特载、大事记、市情概貌、中共福清市委员会、福清市人民代表大会、福清市人民政府、政协福清市委员会、纪检·监察、民主党派与工商联、群众团体、外事·侨务·港澳台事务、法治、军事、生态环境、自然资源管理、城乡建设与管理、应急管理、综合经济管理、财政·税务、农业·农村、工业、建筑业·房地产业、交通运输与邮政、信息业、旅游业、金融业、商务经济、口岸综合管理、园区建设、科学技术、教育、文化、卫生·体育、社会民生、街道乡镇、人物、附录。

五、本卷年鉴单独设置“旅游业”类目，把“城乡建设”类目改为“城乡建设与管理”，并把部分类目顺序做了调整。

六、本卷年鉴采用最新规范汉语标准记述，文字、标点符号、计量单位均依国家现行规范标准，除附录中的统计资料保留“亩”的计量单位。文中除“民主党派”分目外，凡简称“党员”均指中国共产党党员；“省、全省”均指福建省，“省委”均指福建省委；“市、全市”均指福清市，“市委”均指福清市委。

七、本卷年鉴所用统计资料由福清市统计局提供，正文中数据由各部门提供。因统计口径等原因，有关部门所用个别数据与“统计资料”中的数据不尽一致，引用时以福清市统计局正式公布的统计数据为准。

八、本卷年鉴配备双重检索系统，书前刊有总目和中英文目录，书后配有主题分析索引。

福清市地图
福清市
音西街道
阳下街道
龙山街道
玉屏街道
石竹街道
宏路街道
龙江街道
镜洋镇
一都镇
东张镇
上迳镇
渔溪镇
新厝镇
江阴镇
江镜镇
港头镇
三山镇
高山镇
沙埔镇
东瀚镇
龙田镇
海口镇
城头镇
南岭镇
音海口镇
东洛列岛
平潭综合实验区
平潭县
莆田市
涵江区
东张水库
图例
设区市行政中心
综合实验区
县(市)、区行政中心
乡、镇 街道办事处
村委会
农林场
自然村
设区市界
县界
乡镇界
高速公路
在建高速
枢纽及出入口
高速连接线
铁路及火车站
在建铁路
国道及编号
省道及编号
县道
街道
堤坝
盐田 码头
景点 山峰
水库及河流
比例尺：1:370 000
福建省地图出版社 编制 2019年12月
审图号：榕图审〔2021〕08号

审图号：榕图审〔2021〕08号

总面积 2430 平方千米

其中：陆域面积 1519 平方千米

海域面积 911 平方千米

年末户籍总人口 139.12 万人

年末常住总人口 133.0 万人

地区生产总值 1150.15 亿元

第一产业增加值 100.55 亿元

第二产业增加值 604.25 亿元

第三产业增加值 445.35 亿元

农业总产值 183.9 亿元

规模以上工业总产值 1951.9 亿元

其中：内资工业产值 1163.5 亿元

外商投资工业产值 788.4 亿元

全社会用电量 82.29 亿千瓦时

其中：工业用电量 55.27 亿千瓦时

规模以上产销率 94.0%

规模以上综合能耗 341.0 万吨标准煤

房地产开发投资 217.97 亿元

一般公共预算总收入 139.2 亿元
一般公共预算收入 85.0 亿元
税性收入 114.1 亿元
实际利用外资额 56631 万元
进出口总额 619.6 亿元
其中：出口总额 427.0 亿元
进口总额 192.6 亿元
港口货物吞吐量 3540 万吨
其中：集装箱吞吐量 203 万标箱
社会消费品零售额 520.27 亿元
全体居民人均可支配收入 35147 元
城镇居民人均可支配收入 48559 元
农村居民人均可支配收入 25212 元
金融机构本外币存款余额 1401.3 亿元
城乡居民本外币储蓄余额 985.4 亿元
其中：人民币储蓄余额 943.6 亿元
三次产业结构比 8.7：52.5：38.8
融城西区新貌

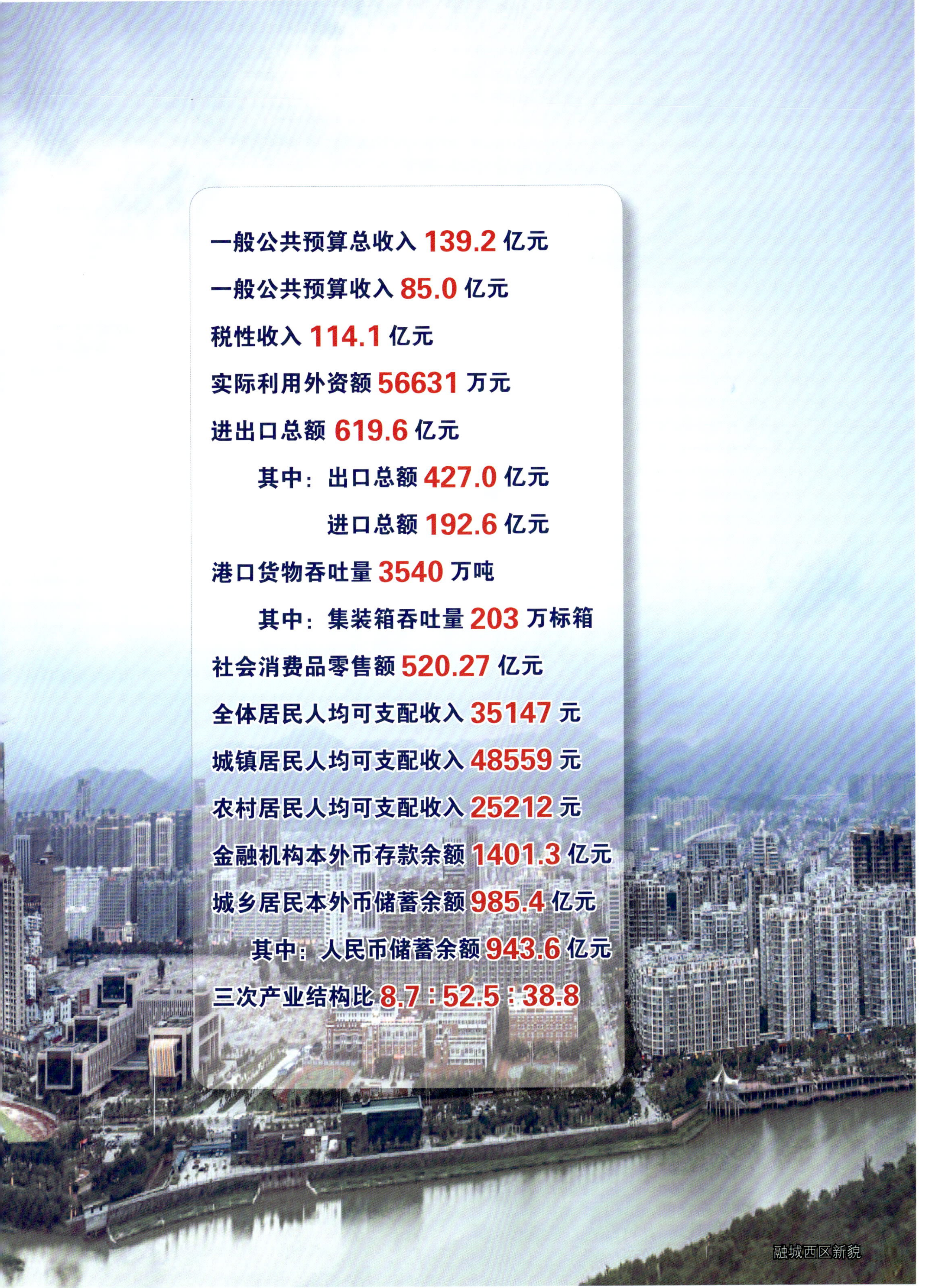

2019 年 12 月 20 日，中共福清市委十三届十次全会在市人民会堂召开　　（市委党史方志室　供）

2019 年 12 月 27 日上午，福清市委召开全市领导干部大会，宣布省委、福州市委关于福清市委主要领导调整变动的决定，刘卓群同志任中共福州市委常委、福清市委书记　　（市委党史方志室　供）

2019 年 1 月 11—13 日，福清市十七届人民代表大会第三次会议在福清市文化艺术中心举行　（人大办　供）

2019 年 1 月 10—12 日，政协第十四届福清市委员会第三次全体会议在福清市文化艺术中心举行（郭成辉　摄）

2019 年 9 月 20 日，福清市四套班子领导到一都镇开展“红领玉融”主题党日活动。图为市领导在罗汉里革命史纪念馆参观
（市委组织部　供）

2019 年 7 月 1 日，福清市“两优一先”代表座谈会在市人民会堂召开。会上介绍了受福州市表彰的福清市先进基层党组织、优秀共产党员、优秀党务工作者，并宣读《中共福清市委关于表彰福清市先进基层党组织和优秀共产党员、优秀党务工作者的决定》
（市委组织部　供）

2019 年 10 月 29 日，福清市“不忘初心、牢记使命”主题教育系列活动“搏拼在一线”宣讲报告会在市广电发展中心演播大厅举行　　（市委宣传部　供）

2019 年 12 月 24 日，福清市直机关举办十九届四中全会精神宣讲报告会　　（市直机关党工委　供）

产业发展 2019年，福清市深入开展“项目年”“招商年”“五个一批”等专项行动，动建蓝谷海工装备产业综合体等227个总投资807.7亿元项目，建成富仕新材料年产20万吨二氯氧钛等93个总投资333.7亿元项目，推动周大生科技文化时尚创意园等161个总投资994亿元项目备案落地，四大园区规模以上工业总产值突破1500亿元。融侨区创建国家新型工业化产业示范基地通过复评验收，规模以上工业产值首破千亿大关，成为福州市首个千亿产业园，跻身国家级开发区百强榜单。福清功能区元洪国际食品产业园举办新春年货节、首届元洪国际食品交易会等系列活动，引进元洪国际食品展示交易中心二期等29个总投资82.5亿元项目，胜田食品、御冠食品等项目竣工投产，丰大冷库等21个项目动建或挂牌。京东（元洪）食品数字经济产业中心正式开园，中国—印尼“两国双园”列入印尼区域综合经济走廊备选项目。江阴港城经济区正太新材一期等20个项目动工建设，新福兴新能源汽车玻璃产业园一期、友谊新材料科技工业园一期等相继投产。亚太地区最大容量海上风机在三峡海上风电国际产业园成功下线，实现海上重器福清造。江阴港区上线省内首个5G“智慧港口”平台，实现5G信号全覆盖。蓝色产业园中铝汽车轻量化用铝合金板带材项目竣工投产，蓝谷海工装备产业综合体建成标准厂房20万平方米，入驻企业125家。

2019年4月9日，江阴港城经济区新福兴新能源玻璃产业园举行点火投产仪式 （江阴港城经济区 供）

2019 年 6 月 16 日，福清市举办元洪国际食品产业发展论坛（福州新区福清功能区 供）

2019 年 6 月 24 日，福清洪宽创新科技产业园一期项目举行开工动员仪式。产业园一期项目用地面积 123 亩，总建筑面积约 6.54 万平方米（融侨经济技术开发区 供）

2019年，在闽台(福州)蓝色经济产业园的中铝汽车轻量化用铝合金板带材项目竣工投产
(闽台蓝色产业园供)

2019年，福州港江阴港区集装箱吞吐量首次突破200万标箱　(江阴港务站　供)

2019年10月30日，福州保税港区(二期)正式通过联合验收，标志着福州保税港区(二期)具备正式运作条件
(海关福清办事处　供)

城市品质提升 2019年，福清市完成中心城区景观风貌、老城区整治规划、国土空间开发保护现状评估等6项规划编制工作。长福高速主线路基全部完成，滨海大通道累计通车20.2千米，福厦高铁福清西站建设有序推进。实施环城路融宽环路B段等市政道路建设，建成通车市政道路31条共16.3千米，完成32.2千米国省县道和48.5千米农村公路改造。完成新改建供水管网19.8千米、雨水管道24.9千米、燃气管道21.6千米。完成福清动车站改扩建工程，龙江汽车客运站全面封顶，新开通28条城乡道路客运一体化线路。新增电动汽车公共充电桩260个，新投入165辆纯电动公交车，新增道路停车泊位1018个。"智慧福清"APP投入试运行，建成"智慧城管"综合执法平台，推行环卫智能化监管系统。建成农贸市场食品安全追溯管理云平台，完成融北农贸市场等6家"农＋超"改造提升，试点开展生活垃圾分类工作。开展"村植千树"绿化行动，植树造林面积522.8公顷，建成龙江湿地公园A段、虎溪西园、东门口袋公园等一批串珠公园和街头绿地，新增绿道8.5千米，绿地45公顷，中央公园环山慢道部分建成开放。深化文明城市创建，积极践行社会主义核心价值观，推进新时代文明实践中心建设。城头镇吉钓岛村医王锦萍获评第七届全国道德模范荣誉称号，是福州市首位全国道德模范。

2019年，福清市建立"智慧城管"综合执法平台，完成智慧市容、智慧渣土模块建设和对接，对城区农贸市场、学校周边等重要部位的市容问题进行智能监管（市城管局 供）

2019年10月，福清路网分中心正式投入使用（公路事业发展中心 供）

2019年，福清市"智慧福清"APP投入试运行 （智慧福清管理中心 供）

2019年，福清市实施融宽环路B段建设，并于2020年初实现通车（龙山街道　供）

2019年，福清市新建成龙江湿地公园A段以及东门、向高街等口袋公园
（市园林处　供）

2019年，福清市对利桥古街中的古厝——荷园进行保护修缮　（龙山街道　供）

2019 年 9 月 5 日，福清市城头镇吉钓村卫生所的村医王锦萍获评第七届全国道德模范，成为福州首位全国道德模范
（市委党史方志室　供）

2019 年 8 月 14 日，福清火车站站房改扩建工程竣工，新增风雨廊、4 台扶梯等，可容纳乘客 2600 人
（市委党史方志室　供）

乡村振兴 2019年，福清市加快现代农业发展，星源农牧国家数字农业试点项目竣工投产，新培育省级现代农业智慧园1家、省级农业物联网应用示范基地2家。“一都枇杷”获评全国特色农产品区域公用品牌，一都镇入选全国“一村一品”示范村镇和国家农业产业强镇示范建设名单。举办第二届福州（福清）枇杷节、首届福清（沙埔）开渔节暨海洋文化旅游节等活动。投入3.3亿元打造95个美丽乡村，深化“清沟、扫地、摆整齐”行动，完成裸房整治483栋，新增绿化面积8.2万平方米，处置各类违建1195宗、面积224.5万平方米。建成农村幸福院348家，投入运营334家。推进移风易俗，倡导节地生态殡葬，建成生命公园209个，生命公园建设模式被列为全省殡葬改革典型经验。“同置业、壮村财”工程实现所有行政村村集体经营性收入均突破10万元，乡贤促进会累计筹集资金8.6亿元，成为引领乡风文明、助推乡村振兴的新动力。完成1523口“一村一池塘”建设，基本实现全市所有自然村全覆盖。开展全省城乡供水一体化建设试点，建成龙田水厂至高山供水主管道、高山加压泵站等供水骨干工程，完成龙田、江镜等部分村供水工程建设。加大古厝保护力度，完成第二批历史建筑公布工作，一都镇东山村入选第五批“中国传统村落”名录。高山镇前王村获评全国乡村治理示范村，高山镇获评全国乡村治理示范乡镇。

2019年7月9日，由市委组织部主办的“党建引领新使命 振兴乡村谋作为”福清市村干部知识竞赛活动在市广播电视发展中心举行（市委宣传部 供）

2019 年 8 月 3 日，福清市举办 2019 首届福清（沙埔）开渔节暨海洋文化旅游节
（沙浦镇　供）

2019 年 10 月 12 日，福清市东张镇举办“东张煎茶文化节”活动
（市广电发展中心　供）

2019 年 9 月 22 日，2019 年中国农民丰收节暨福州（福清）名特优农牧产品节在市“两馆一中心”举行
（市农业农村局　供）

2019 年 4 月 13 日，“一都枇杷行 · 东关宴天下”2019 年第二届福州（福清）枇杷节在一都镇东关寨举行　　（市委党史方志室　供）

2019 年福清高山镇路网建设　　（高山镇　供）

2019 年江镜镇连片蔬菜大棚
（江镜镇　供）

高山镇洋门村农村幸福院，2019 年摄　（高山镇　供）

龙江街道小南洋美丽乡村景色，2019 年摄　（龙江街道　供）

石竹街道高仑村建设的生命公园，2019 年摄　（石竹街道　供）

社会民生 2019年，福清市抓好172件为民办实事项目，市财政用于民生支出85.8亿元，占一般公共预算支出的73.6%。**教育方面，**完成14所城乡公办中小学和6所幼儿园新改扩建，新增学位4800个，新认定112所普惠性民办幼儿园。实施集团化办学，成立滨江小学和福清三中等2个教育集团、11个初中教研联盟。**卫生方面，**全面深化公立医院综合改革，制订紧密型医疗健康共同体建设实施方案，加快推进分级诊疗体系建设。实施福清市医院急救中心扩建等15个医疗卫生“补短板”项目，市中医院住院大楼主体封顶。福清市医院胸痛中心通过国家级认证，成为省内首家县级医院标准版胸痛中心。市中医院获评二甲中医院，渔溪中心卫生院升级为二级综合性医院并更名为福清市第四医院。**文化体育方面，**承办环福州·永泰国际公路自行车赛福清赛段等赛事。市老年人体育活动中心、市工人文化宫建成投入使用，安装100套户外体育健身路径，提升改造20个农村体育健身工程，完成2个省级多功能体育运动场和1个省级笼式五人制足球场建设，基本形成城市社区“10分钟体育健身圈”。深入推进“文化惠民乐万家”工程，举办“三象合一”石齐艺术展等高水平艺术展览和文艺演出。南少林宗鹤拳和俏舞入选第五批国家级非物质文化遗产代表性项目推荐名单，黄檗山万福寺重建工程竣工落成，举办首届国际黄檗禅论坛。**社会保障方面，**融侨、洪宽人力资源市场挂牌成立。建成保障性住房4901套。城区6家五星级居家养老服务照料中心、39个居家养老服务站建成运营，新增养老床位数1231张。

2019年9月18日，福清市举行防震减灾科普宣教进企业活动
（市防震减灾中心 供）

2019年9月14日，全国科普日福清主场活动在市科技馆举行 （市科协 供）

2019 年 7 月 21 日， 在虎溪公园西园的新建成的福清市老年体育活动中心正式启用 （市老体协　供）

2019 年 11 月 12 日，福清市行知小学举行揭牌仪式

（市教育局　供）

2019 年 6 月，福清市中医院经省卫健委审核批复确认为二级甲等中医院。7 月 29 日，福清市中医院举行“二级甲等中医院”挂牌仪式

（市委党史方志室　供）

2019 年 11 月 21 日，2019 环福州·永泰国际公路自行车赛“元洪国际食品杯”福清赛段比赛开启　　（市委党史方志室　供）

2019 年 8 月，福清市承办国际友好城市青少年校园足球邀请赛　　（市教育局　供）

2019年6月9日，由市委组织部、市委宣传部主办，团市委、市文旅局、市广播电视发展中心承办的，以“颂歌献给党”为主题的庆祝中国共产党建党98周年快闪活动在福清万达广场举行 （市委宣传部 供）

2019 年 9 月 30 日，奥运女排徐云丽参与庆祝新中国成立 70 周年《我和我的祖国》歌曲快闪活动
（市委宣传部　供）

2019 年 9 月 23 日，福清市纪委监委在福清市文化艺术中心开展以"孝廉明德，礼赞 70 华诞"为主题的"一镇一孝廉"专场文艺晚会，通过歌舞、朗诵、小品、快板等节目，让党员干部在欢笑中沐浴清风正气的洗礼
（市纪委监委　供）

2019 年 12 月 7 日，"玉融翰墨书华章"福清市庆祝新中国成立 70 周年书法作品展在福州画院举行
（市委宣传部　供）

2019 年 9 月 29 日，礼赞新中国、奋进新时代、建功新福清——福清市庆祝新中国成立 70 周年暨纪念《黄河大合唱》创作 80 周年合唱专场音乐会在福清市文化艺术中心举行

（市委宣传部　供）

2019 年 3 月 2 日，“三象合一·石齐艺术展”开幕式在市美术馆举行（市委宣传部　供）

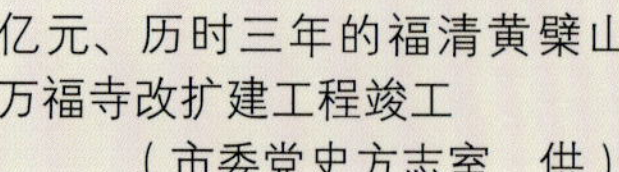

2019 年 11 月，总投资 3.2 亿元、历时三年的福清黄檗山万福寺改扩建工程竣工
（市委党史方志室　供）

2019 年 9 月 4 日，福清市检察院自编自导自演的微电影《“未”你而来》获全国第四届平安中国“三微”比赛“最佳微电影”（市检察院　供）

2019 年 8 月 22 日，福清公安局代表福建省参加第四届全国公安系统文艺会演，荣获银奖和优秀创作奖
（市公安局　供）

2019 年 9 月 5 日，福清市行政服务中心创新研发“融 e 行”智慧审批平台，涵盖企业登记、经营管理、工程建设、社会事务等 1300 多个审批事项
（市委党史方志室　供）

2019 年 11 月 1 日，融侨人力资源市场挂牌成立，图为 2019 年福清市金秋现场招聘会现场　（市人社局　供）

2019 年 9 月 12 日，哈萨克斯坦巴甫洛达尔州州长巴卡乌夫率领考察团到福清市考察。图为考察团一行参观星源农牧科技有限公司

（市委党史方志室　供）

2019 年 11 月 22 日，福清市举办首届国际黄檗禅论坛　　（市民宗局　供）

2019 年 10 月 31 日，"寻源福地看福清"海外华裔青少年冬令营（新加坡团）在城关小学开展活动

（市侨联　供）

总　目

Contents

目　录

特　载

大事记

市情概貌

中共福清市委员会

福清市人民代表大会

福清市人民政府

政协福清市委员会

纪检 监察

民主党派与工商联

群团组织

外事　侨务　港澳台事务

法　治

军　事

生态环境

自然资源管理

城乡建设与管理

应急管理

综合经济管理

财政　税务

农业　农村

工　业

建筑业　房地产业

交通运输与邮政

信息业

旅游业

金融业

商务经济

口岸综合管理

园区建设

科学技术

教　育

文　化

卫生　体育

社会民生

街道乡镇

人　物

附　录

索　引

政府工作报告

2020 年 1 月 16 日在福清市第十七届人民代表大会第四次会议上的工作报告

福清市人民政府市长　张　帆

各位代表：

现在，我代表市人民政府向大会报告工作，请予审议，并请市政协各位委员和其他列席人员提出意见。

2019 年工作回顾

2019 年，在新中国成立七十周年光辉成就的巨大鼓舞下，在上级和市委的坚强领导下，我们坚持以习近平新时代中国特色社会主义思想为指导，全面贯彻党的十九大和十九届二中、三中、四中全会精神，着力稳增长、促改革、调结构、惠民生、防风险、保稳定，迎难而上，奋力拼搏，有力推动经济社会持续健康发展。预计全市地区生产总值 1200 亿元，比增 8.7%；农业总产值 178.4 亿元，比增 4.0%；规模以上工业总产值 1951.9 亿元，比增 8.3%；一般公共预算总收入 139.2 亿元，同口径比增 8.7%；地方一般公共预算收入 85 亿元，同口径比增 11.3%；全社会消费品零售总额 503.8 亿元，比增 10.5%；城镇居民人均可支配收入 48750 元，比增 8.5%；农村居民人均可支配收入 24990 元，比增 9.0%。较好地完成了市十七届人大三次会议确定的各项任务。

一年来，经济社会发展稳中有“进”：一是实力增进。入选 2019 年度福建省县域经济实力“十强”和县域经济发展“十佳”，是全省唯一荣获“双料”荣誉的县市。在全国综合实力百强县市排名提升至第 18 位，连续四年实现晋位升级。二是产业奋进。产业集群发展战略深入实施，四大园区规上工业总产值突破 1500 亿元，融侨开发区规上工业产值首破千亿大关，成为福州市首个千亿产业园，跻身国家级开发区百强榜单。三是改革求进。入选福州市唯一的全省先行开展县域集成改革试点县市，探索推进 7 大类 30 项改革措施，自贸区福清区块外贸空箱智能化监管等 2 项创新举措获评全国首创，农村集体产权制度改革做法被农业农村部作为典型经验在全国刊发推介。四是城乡共进。完成 2019 年重点项目征迁，拆迁总建筑面积 69.3 万平方米，全面启动利桥历史特色文化街区建设。三年来共实施六期重点项目征迁，拆迁总建筑面积 233 万平方米，完成 16 个旧片区拆迁，“城区道路畅通工程”建成通车 101 条（段）市政道路，市民出行更加畅通，城市面貌明显提升。乡村振兴“八项重点工作”深入推进，生命公园建设模式被列为全省殡葬改革典型经验，“同置业、壮村财”工程实现所有行政村村集体经营性收入均突破 10 万元，乡贤促进会累计筹集资金 8.6 亿元，成为引领乡风文明、助推乡村振兴的新动力。

一年来，我们主要抓好了以下九个方面工作：

一、全力以赴推动经济稳健增长

面对严峻复杂的宏观经济形势和持续加大的经济下行压力，我们坚持以“产业发展年”行动为引领，以企业为中心、以项目为抓手，精准发力、精准施策，努力推动经济平稳健康发展。强化项目攻坚，深入开展“项目年”“招商年”“五个一批”等专项行动，动建蓝谷海工装备产业综合体等 227 个总投资 807.7 亿元项目，建成富仕新材料年产 20 万吨二氯氧钛等 93 个总投资 333.7 亿元项目，推动周大生科技文化时尚创意园等 161 个总投资 994 亿元项目备案落地，为经济发展提供有力支撑。强化政策扶持，针对性出台支持企业开拓市场、盘活工业低效用地和厂房、扶持鼓励企业科技创新等一系列政策措施，全年累计兑现企业扶持奖励财政资金 10.6 亿元，为企业减税降费 14.5 亿元，返还企业失业保险金 4130.5 万元，提振企业发展信心。强化精准服务，持续深化跟踪服务企业“双保”行动，累计帮助企业解决各类问题

5165件，上线“双保APP”，实现点对点服务企业。持续深化土地要素保障专项行动，完成处置批而未供土地10990亩、供而未建土地2761亩。

二、全力以赴壮大产业集群

全面融入“三个福州”建设，持之以恒抓龙头、筑链条、建集群，推动产业高质量发展。融侨开发区产业集群效应日益显现，围绕电子信息、精密汽车部件、光学三大产业，引进上下游配套产业项目64个，洪宽创新科技产业园、佰仕达科技、森达电气等项目如期动建，中能充电桩等项目建成投产，融侨区创建国家新型工业化产业示范基地顺利通过复评验收。福清功能区元洪国际食品产业园建设大步快进，举办元洪国际食品产业园新春年货节、首届元洪国际食品交易会等系列活动，新引进元洪国际食品展示交易中心二期等29个总投资82.5亿元项目，胜田食品、御冠食品等项目竣工投产，丰大冷库等21个项目动建或挂牌。京东（元洪）食品数字经济产业中心正式开园，元洪在线、元洪供应链金融等新兴业态平台逐步壮大，中国－印尼“两国双园”列入印尼区域综合经济走廊备选项目。江阴港城经济区化工新材料与高端装备制造产业换挡提质，正太新材一期等20个项目动工建设，新福兴新能源汽车玻璃产业园一期、友谊新材料科技工业园一期等相继投产。亚太地区最大容量海上风机在三峡海上风电国际产业园成功下线，实现海上重器福清造。江阴港区上线省内首个5G“智慧港口”平台，实现5G信号全覆盖。蓝色产业园开发建设全面提速，园区“三网一空间”格局基本形成，中铝汽车轻量化用铝合金板带材项目竣工投产，蓝谷海工装备产业综合体已推进建设标准厂房32万平方米，入驻企业125家。

三、全力以赴加快产业转型升级

坚持创新引领，加快新旧动能转换，推动产业提质增效。创新能力不断增强，新认定省科技小巨人领军企业8家，福州市级众创空间2家，培育“专精特新”企业5家，全社会研发经费投入共计31.5亿元，比增18.5%。11家企业推行首席高级技师制度，福清核电公司“马红星技能大师工作室”申报为国家级电工技能大师工作室。深化“融聚英才”工程，推荐国家“千人计划”1人、省“百人计划”4人和台湾人才“百人计划”11人、省级高层次人才73人，新引进省级工科类青年1003人。企业升级步伐加快，实施福抗药业产品升级改造等56项重点技改项目和16项节能改造项目，17家企业入围福建省工业和信息化高成长培育企业名单。宏港纺织、冠城瑞闽入选福建省智能制造试点示范企业，福耀玻璃、京东方科技、捷联电子、福光科技等企业入选国家绿色制造示范企业。福耀玻璃入选“2019中国民营企业500强”，捷联电子等3家企业获评“2019中国民营企业制造业500强”。产业结构日趋优化，开展“三产年”专项行动，加快推进全市19个总投资230亿元的服务业重点项目，福清公路港等项目竣工投运，新增福清市级以上总部企业3家。成立石竹山风景名胜区管委会，启动石竹山国家5A级景区创建工作。一都镇东关寨文化旅游区成功创建国家3A级旅游景区，永鸿文化旅游城等项目建成开放。全年接待游客总人次达590万，年旅游收入突破145亿元。

四、全力以赴推进改革开放

以入选全省先行开展县域集成改革试点县市为契机，加强改革系统集成，以更高水平改革开放推动高质量发展。各项改革纵深推进，深化“放管服”改革，制定20类证照联合审批服务，2551个事项支持一网通办，市级审批服务事项“最多跑一趟”“一趟不用跑”占比分别达38.3%、61.3%。社会投资、政府投资项目审批时限压缩至35个日历日，集中审批时限压缩至20个日历日，企业开办时限最快压缩至2个工作小时。建立“三级代办两级协调”服务机制，设立“企业服务处”，组建“首席服务官”团队，一对一精准服务企业和项目。推行“预审查”工作机制，煜烁食品等试点项目实现“取得土地之日，就是施工许可之时”。国有企业改革取得突破，国投公司、城投集团获评AA+主体信用等级。全面完成太城农场、海口农场两个国有农场办社会职能改革。开放步伐更加坚实，自贸区福清区块探索推出27项创新举措，福州保税港区二期顺利通过国家验收，实现封关运作。江阴港区获评“国际卫生港”，顺利通过进境粮食指定监管场地验收和港区核心能力建设复核，港区年集装箱吞吐量首次突破200万标箱。主动融入“丝路海运”联盟，新增5条内贸航线、4条外贸航线，总航线数量达54条，其中8条入围“海丝”航线。大力推进通关提速降费，进口整体通关时长压缩至28.5小时，出口整体通关时长压缩至1.6小时。大力培育跨境电商等新兴业态，全年实现跨境电商运营94.2万件，比增416.7%。

五、全力以赴打好三大攻坚战

坚持问题导向，以解决突出的重点难点问题为抓手，对标对表坚决打好三大攻坚战。打好污染防治攻坚战，狠抓第二轮中央生态环境保护督察通报问题整改落实工作，深入推进生态环境问题大排查大整改，实施江阴污水处理厂提标改造等58项总投资约3亿元的整改项目，完成江阴港城经济区9公里污水管网建设。实施龙江中下游污水处理设施工程包，完成海口镇区污水处理厂建设，新建城区污水管网24.8公里，排查清疏市政管网10公里。开展土壤污染风险防控试点工作，加强大气污染精准治理，全年环境空气质量优良率为99.4%，较2018年提升3.5个百分点。打好防范化解重大风险攻坚战，积极防范化解系统性金融风险，不良贷款率降至0.7%，创历年来新低。强化地方政府债务限额管理和预算管理，化解存量债务87.8亿元，债务风险总体可控。狠抓重点行业领域专项整治，整改各类安全隐患10525个，全市生产安全事故起数、死亡人数、受伤人数等指数同比均大幅下降，全年未发生较大及以上生产安全事故。坚持"党建引领、多维治理"，推进更高水平"平安福清"建设，深入推进扫黑除恶专项斗争，开展公共安全领域矛盾纠纷大排查大化解大整治攻坚行动，全市刑事案件发案率下降4.1%，连续5年实现同比下降，群众安全感率居省、福州市前列。打好脱贫攻坚战，开展脱贫对象"两不愁三保障"核查工作，巩固脱贫攻坚成效。深化与通渭县东西部扶贫协作，筹集帮扶资金6236万元，实施8大类63个帮扶项目，实现与通渭18个乡镇结对全覆盖。稳步推进与连城、寿宁等地对口帮扶，有力助推当地脱贫攻坚。

六、全力以赴提升城市品质

加强城市基础设施系统化网络化建设，着力完善城市功能，营造更加舒适优美的人居环境。基础设施建设全面提速，完成中心城区景观风貌、老城区整治规划、国土空间开发保护现状评估等6项规划编制工作。长福高速主线路基全部完成，滨海大通道累计通车20.2公里，福厦高铁福清西站各项建设有序推进。实施环城路融宽环路B段等146条市政道路建设，建成通车市政道路31条共16.3公里。完成32.2公里国省县道改造，实施48.5公里农村公路改造。城市功能有机更新，完成新改建供水管网19.8公里，雨水管道24.9公里，燃气管道21.6公里。完成福清动车站改扩建工程，龙江汽车客运站全面封顶，新开通28条城乡道路客运一体化线路。新增电动汽车公共充电桩260个，新投入165辆纯电动公交车，新增道路停车泊位1018个。城市管理更加精细，"智慧福清"APP投入试运行，建成"智慧城管"综合执法平台，推行环卫智能化监管系统，提高城市管理数字化水平。开展"三车"整治，实现对重点营运车辆实时动态监控，不停车超限检测系统投入使用，顺利推进非标电动车上牌工作。建成农贸市场食品安全追溯管理云平台，完成融北农贸市场等6家"农＋超"改造提升，试点开展生活垃圾分类工作。"绿色福清"深入实施，开展"村植千树"绿化行动，植树造林面积7842亩，建成龙江湿地公园A段、虎溪西园、东门口袋公园等一批串珠公园和街头绿地，新增绿道8.5公里，绿地45公顷。中央公园环山慢道部分建成开放，45亩主题花海、30亩城市菜地点缀其中。文明风尚更加彰显，深化文明城市创建，积极践行社会主义核心价值观，推进新时代文明实践中心建设。我市城头镇吉钓岛村医王锦萍获评第七届全国道德模范荣誉称号，是福州市首位全国道德模范。深化"文明福清・书香玉融""我们的节日"等系列活动，扎实推进志愿服务工作，全市注册志愿者数量突破20万人，发起志愿活动项目17307个。

七、全力以赴推动乡村振兴

紧紧围绕乡村振兴"二十字"方针，探索创新乡村振兴工作机制，力促乡村各项事业全面振兴。现代农业加快发展，国家绿色循环优质高效特色农业（蔬菜）促进项目、星源农牧国家数字农业试点项目竣工投产，新增工厂化水产养殖1.6万平方米，新培育省级现代农业智慧园1家、省级农业物联网应用示范基地2家。"一都枇杷"获评全国特色农产品区域公用品牌，一都镇入选全国"一村一品"示范村镇和国家农业产业强镇示范建设名单。成功举办第二届福州（福清）枇杷节、首届福清（沙埔）开渔节暨海洋文化旅游节等活动，促进农业"接二连三"融合发展。乡村治理有序推进，投入3.3亿元打造95个美丽乡村，深化"清沟、扫地、摆整齐"行动，完成裸房整治483栋，新增绿化面积8.2万平方米，处置各类违建1195宗、面积224.5万平方米。加大古厝保护力度，完成第二批历史建筑公布工作，一都镇东山村入选第五批"中国传统村落"名录。高山镇前王村获评全国乡村治理示范村，高山镇获评全国乡村治理示范乡镇。建成农村幸福院348家，投入运营334家，打造农村幸福院"3+N"升级版。推进移风易俗，倡导节地生态殡葬，建成生命公园209个。完成1523口"一村一池塘"建设，基本实现全市所有自然村全覆盖，让千村水源"活"起来。开展全省城乡供水一体化建设试点，先行启动龙高片区供水一体化建设，建成龙田水厂至高山供水主管道、高山加压泵站等供水骨干工程，完成龙田、江镜等部分村供水工程建设。

八、全力以赴保障和改善民生

抓好172件为民办实事项目，市财政用于民生支出85.8亿元，占一般公共预算支出的73.6%。教育基础更加夯实，完成14所城乡公办中小学和6所幼儿园新改扩建，新增学位4800个，新认定112所普惠性民办幼儿园。实施集团化办学，成立滨江小学和福清三中等2个教育集团、11个初中教研联盟。三华职业技术学校被认定为省级规范化中等职业院校，福建师范大学福清分校独立设置本科正式更名为福建技术师范学院。健康福清加快建设，实施福清市医院急救中心扩建等15个医疗卫生"补短板"项目，市中医院住院大楼主体封顶，海口镇中心卫生院职工周转房竣工使用。全面深化公立医院综合改革，落实院长目标年薪考核制，制订紧密型医疗健康共同体建设实施方案，加快推进分级诊疗体系建设。福清市医院获评中国医院质量管理奖，福清市医院胸痛中心通过国家级认证，成为省内首家县级医院标准版胸痛中心。市中医院获评二甲中医院，渔溪中心卫生院升级为二级综合性医院并更名为福清市第四医院。落实高层次卫技人才奖励政策，新招收30名临床医学类硕士研究生。持续强化食品药品安全监管，食品抽检合格率达98.5%。文体事业精彩纷呈，融籍女排运动员林莉在2019年女排世界杯中表现出色，成为我市第一位荣获世界杯冠军运动员。成功承办环福州·永泰国际公路自行车赛福清赛段等赛事，侨乡街舞团亮相央视春晚。市老年人体育活动中心、工人文化宫建成投入使用，安装100套户外体育健身路径，提升改造20个农村体育健身工程，完成2个省级多功能体育运动场和1个省级笼式五人制足球场建设，基本形成城市社区“10分钟体育健身圈”。深入推进“文化惠民乐万家”工程，举办“三象合一”石齐艺术展等高水平艺术展览和文艺演出。加强文化遗产保护传承，南少林宗鹤拳和佾舞入选第五批国家级非物质文化遗产代表性项目推荐名单，黄檗山万福寺重建工程竣工落成，成功举办首届国际黄檗禅论坛。社会保障不断完善，融侨、洪宽人力资源市场挂牌成立，新增城镇就业2.2万名，转移农村富余劳动力5250名。城乡居民基本医疗保险财政补助标准提高至550元，基本公共卫生服务财政补助标准提高至69元。建成保障性住房4901套。城区6家五星级居家养老服务照料中心、39个居家养老服务站建成运营，新增养老床位数1231张。健全完善退役军人服务保障体系，扎实做好退役军人安置就业、优抚褒扬工作。顺利完成全国第四次经济普查，夯实统计数据质量。国防动员、双拥共建、民兵预备役建设、军民融合、海防、人防、爱国卫生等工作持续加强。科普、气象、防震、地方志、老龄、妇女儿童、残疾人、慈善等各项事业取得了新进展。

九、全力以赴加强政府自身建设

持续掀起习近平新时代中国特色社会主义思想“大学习”热潮，扎实开展“不忘初心、牢记使命”主题教育，市政府班子共开展调研126场次，查摆整改问题70个，推动解决一批人民群众反映强烈的突出问题。大力弘扬“马上就办、真抓实干”优良作风，落实“基层减负年”各项要求，着力精简文山会海，改进督查检查方式，强化绩效考核引导，大力整治“虚僵躲拖腐”不良作风，共实施效能问责50次。加快政府办公OA系统布局，提高政府系统办公信息化水平。切实办好人大代表意见建议和政协提案，2019年共办复人大代表意见建议89件、政协提案182件，均100%按时答复，满意率分别为98%和98%。

各位代表，过去一年，面对复杂严峻的国内外宏观形势，我们能够取得以上成绩来之不易，这是上级和市委正确领导的结果，是市人大、市政协全力支持和有效监督的结果，更是海内外“三大福清人群体”团结一致、奋力拼搏的结果。在此，我代表市人民政府，向各级人大代表、政协委员，向各民主党派、工商联、人民团体、离退休老同志和社会其他各界人士，向积极支持、参与、推动福清事业发展的各级驻融单位、驻融部队和武警官兵，港澳台同胞、海外侨胞和国际友人，表示衷心的感谢并致以崇高的敬意！

在总结成绩的同时，我们也要清醒地认识到，当前福清经济社会发展仍然存在不少困难和问题，主要有：产业集群核心竞争力有待提升，园区平台基础配套不够完善，用地容量空间受限；城市功能品质还需提升，农村基础设施建设亟须提档升级，教育、医疗、养老、饮水等群众关注的民生热点问题还有不少短板；生态环境基础脆弱，历史欠账较多，需要下大力气深度治理；少数干部能力和作风有所欠缺，改革创新、攻坚克难的劲头还需提振，等等。对于这些问题，我们要采取切实有效措施，逐步逐项加以解决。

2020年工作安排

2020年是全面建成小康社会和“十三五”规划收官之年，也是福清撤县建市30周年，做好全年各项工作意义重大。根据市委统一部署，今年市政府工作的总体要求是：以习近平新时代中国特色社会主义思想为指导，全面贯彻党的十九大和十九届二中、三中、四中全会精神，坚决贯彻党的基本理论、基本路线、基本方略，增强“四个意识”、坚定“四个自信”、做到“两个维护”，紧扣全面建成小康社会目标任务，坚持稳中求进工作总基调，坚持新发展理念，坚定不移贯彻落实习近平总书记对福建提出的“机制活、产业优、百姓富、生态美”要求，以供给侧结构性改革为主线，以“抓项目促跨越”专项行动为抓手，加快推进高质量发展落实赶超，坚决打赢三大攻坚战，全面做好“六稳”工作，统筹推进稳增长、促改革、调结构、惠民生、防风险、保稳定，确保全面建成小康社会和“十三五”规划圆满收官，奋力开创新时代福清建设发展新局面，努力在“新时代新福建”和“有福之州、幸福之城”的建设大局中走前头、当先锋。

今年全市经济社会发展主要预期目标是：地区生产总值增长8.6%；规模以上工业总产值增长8.5%；农业总产值增长3.5%；一般公共预算总收入和地方一般公共预算收入分别增长2.0%；固定资产投资增长11.0%；社会消费品零售总额增长9.8%；城镇居民人均可支配收入、农村居民人均可支配收入分别增长8.2%和8.8%;城镇登记失业率控制在2%以内;确保完成福州市下达的年度节能减排降碳等其他各项任务。

为实现上述目标，重点要抓好以下四个方面工作：

一、紧扣“机制活”，深化改革创新，推动高层次高水平开发开放

全面推进县域集成改革试点。认真落实《福清市县域集成改革总体方案》，以全局理念和系统思维推进集成改革，探索推进县域治理体系和治理能力现代化。按照“市县同权”的要求，承接好省市赋权下放事项，建立健全配套制度。实施新一轮市与镇街、园区财政体制，健全财权事权与财政税收、土地收益对等分配机制。推进综合行政执法改革，编制市镇两级执法事项清单，赋予镇街部分行政执法权，推行“一支队伍管执法”模式。创新园区管理体制机制，整合园区开发建设和镇街社会管理职能，推动区镇一体、产城融合发展。深化江阴“镇级小城市”和龙田、高山、渔溪小城镇建设，推动特色小镇建设发展。深化农村集体产权制度改革，健全农村集体产权经营管理体系，探索推进农村宅基地、农村集体经营性用地入市改革，推动农村资源变资产、资金变股金、农民变股东。

着力营造国际化营商环境。健全“一窗受理、集成服务”运行机制，深化工程建设项目并联审批制度改革，全面推行“预审查”“集中审批”“联合验收”工作机制，努力打造全省项目审批流程最优、效率最高的审批服务制度。深化“互联网＋政务服务”，促进市民服务中心尽快投入使用，提升政务服务智能化便捷化水平。加大惠企政策落实力度，深化跟踪服务企业“双保”行动，完善“双保”APP等企业服务平台，切实帮助企业解决实际困难。加强产业用地规划，探索推行产权分割、弹性出让等方式，盘活工业用地资源，降低企业用地成本。加大企业上市扶持力度，多措并举拓宽企业融资渠道，强化中小微企业金融服务，有效防范和化解企业信贷风险。深化“融聚英才”培育行动，实施“重点产业引才计划”，引进培育一批产业领军人才。加强社会信用体系建设，落实信用“红黑名单”制度，构建联合惩戒工作机制，推进“信用惠民”工程，营造诚实守信的良好信用环境。

推动对外开放走深走实。积极抢抓“一带一路”建设机遇，发挥侨力资源优势，深化与“一带一路”沿线国家和地区合作，加快“引进来”和“走出去”步伐。加强与海内外融籍乡亲社团、异地福清商会的沟通联系，做好侨务和对台工作。深化“台胞台商服务年”行动，落细落实台胞台企同等待遇。强化以商招商、亲情招商，突出产业链招商，充分发挥驻“北上深”及海外招商中心作用，千方百计引进一批大项目、好项目。坚持大胆试、大胆闯、自主改，加快自贸区福清区块建设，做强整车进口、跨境电商监管平台，培育进口棉花集散中心、国产汽车分拨中心等大宗商品交易平台，推动福州保税港区转型升级为综合保税区。加快“大通关”建设，全面推行“提前申报”“两步申报”通关模式和无纸化通关作业，持续提升口岸通关效率。深入挖掘华侨文化、石竹山梦文化、黄檗文化、南少林文化等地域文化内涵，提升福清文化品牌影响力，以文化自信构建全面开放新格局。加强山海协作，深化与通渭、连城等地对口协作，坚决打赢脱贫攻坚战。

二、紧扣“产业优”，做强实体经济，加快推动产业高质量发展

大力发展数字经济。实施数字经济领跑行动，促进互联网企业与实体经济深度融合。围绕数字产业化，以捷联、京东方为龙头，着力“延链、补链、强链”，推动万达光电、欣昊光电等项目开工动建，加快平板显示科技园、洪宽创新科技园等科技创新集群建设，不断壮大面板和整机产业链，全力培育千亿级电子信息产业集群。加快培育一批“科技小巨人”和专精特新“单项冠军”企业，新增省级以上高新技术企业25家。围绕产业数字化，全面推进5G通讯网络基础设施建设，实施“5G+”应用示范工程，推动工业企业“上云上平台”，新增上云企业52家、“两化”融合示范企业45家。积极引导塑胶、纺织等传统产业创新转型，抓好56个企业技改重点项目，加快推进智能车间、智能工厂、绿色工厂建设。

持续壮大海洋经济。积极对接“海上福州”战略，推进国际深水大港建设。加快江阴港区6–9号泊位和元洪港区1–2号、西1–2号泊位建设，启动江阴港区18–19号泊位前期工作，进一步增强港口吞吐能力。加大国际国内航线开辟力度，拓展海铁联运功能，推动与长乐国际机场协作，构建海陆空联运新格局。坚持循环互供、链式发展，加快推动中景石化科技园、友谊新材料科技园等重点项目建设，推动万华化学园尽快落地，打造千亿级化工新材料产业集群。推进福建三峡海上风电国际产业园、中铝铝精深加工产业园、蓝谷海工装备产业综合体、福清核电5号、6号机组等项目建设，培育壮大临港产业集群。

积极培育平台经济。全力推进元洪国际食品产业园建设，推动京东全球（元洪）食品展示交易公共服务平台做大做强，发挥元洪在线跨境电商平台、丰大百万吨冷库等线上线下平台优势，积极拓展食品上下游产业链。大力推动中国（福清）—印尼“两国双园”建设，加快推进江阴港区进口肉类指定监管场地申报工作，探索实行食品自由贸易试验区管理模式，打造国际食品食材进出口集散交易中心。推动华润智慧能源平台、福清公路港智慧物流平台、福耀智慧供应链协同平台等9个总投资16.56亿元平台项目的建设运营，推进平台经济产业园建设，促进平台经济集聚发展。继续投入17.4亿元，

实施元洪创业服务中心、华侨公园、蓝园“三网一空间”等园区基础设施和生活配套项目，强化园区产业发展平台支撑。

加快发展现代特色农业。认真实施“粮安工程”，严守耕地红线，稳定粮食生产。加快国家级农业循环产业园、东瀚国家级海洋牧场示范区等重点项目建设，做好一都镇国家农业产业强镇建设工作，持续做强水产、畜牧、蔬菜、水果等优势特色产业。推进畜禽养殖标准化示范创建工作，稳定生猪生产，保障市场供应。全面推行农业标准化生产和全程质量控制，加快农产品质量安全“一品一码”全过程追溯体系建设，提升农产品质量安全水平。加强农业品牌建设，新增一批“三品一标”认证产品和福州市级以上知名农产品品牌，继续举办富有地域特色、主题鲜明的农业节庆活动。加快构建新型农业经营体系，培育新型职业农民1000人以上。鼓励发展农产品精深加工，实现全市农业产业化龙头企业年产值突破200亿元。

推动现代服务业跃升。推进聚龙创业小镇二期、元洪国际食品展示交易中心等65个总投资361.1亿元的服务业项目建成运营，打造福清国际物流商贸城、福清公路港等8个现代服务业集聚区。发展供应链金融、绿色金融，推动金融类项目集聚发展。大力发展楼宇经济，培育跨境电商、总部经济、商品贸易等特色楼宇，引进一批上市公司、行业龙头企业来融设立运营中心或区域总部。围绕万达等城市商圈，活跃夜间商业和市场，打造夜间经济示范街区。以创建国家全域旅游示范区为抓手，加快推进全域旅游开发。抓好石竹山景区创建国家级5A景区工作，加快推进石竹山旅游综合开发，推动黄檗文化旅游园区、南少林文化旅游园区全面开发建设，打造泛北部生态文化旅游走廊。推动海口弥勒岩景区创建国家4A级景区，永鸿文化旅游城、南岭大姆山文化旅游区、一都罗汉里红色文化旅游区创建国家3A级景区工作。加快沙埔目屿岛、三山东龙湾等岛屿滨海岸线开发，实现环福清湾特色滨海旅游成片发展。积极发展乡村休闲旅游，打造提升一批省级乡村旅游休闲集镇和特色村。

三、紧扣“百姓富”，增进民生福祉，奋力创造更加美好生活

办好人民满意教育。投入4.5亿元，新建、改扩建中小学、幼儿园20所，推动福清一中新校区、实验小学第二校区、滨江小学第二校区等重点项目建成投入使用，启动福清二中新校区、福清一中及城关小学江阴港城校区、实验小学蓝园校区建设。深化教育集团化办学，以全市八所优质中小学为龙头，组建八大教育集团，充分发挥优质学校辐射带动作用，促进城乡教育均衡发展。深入实施初中“壮腰”工程，扎实推进高考综合改革，加强学科竞赛和拔尖人才培养，提升我市高考竞争力。扩大学前教育普惠性供给，新增一批公办幼儿园和普惠性民办幼儿园。探索职教集团建设改革，深化订单式人才培养模式，精准培养专技人才。全力推动福建技术师范学院新校区建设，支持打造有特色、高水平的应用型本科高校。实施教师“县管校聘”改革，创新城乡教师交流管理方式，健全城乡教职工编制区域统筹机制。加强师风师德建设，培养高素质教师队伍，倡导全社会形成尊师重教的良好氛围。

加快建设“健康福清”。加快福清市医院二期、市疾控中心、海口镇中心卫生院住院楼等15个医疗补短板项目建设，推动南方医科大学福清附属医院、福州海西口腔医院等社会办医项目建成投入使用，提升医疗基础设施整体水平。全面贯彻现代医院管理制度，强化公立医院院长目标责任制，推进福清市医院和市妇幼保健院创建三级甲等医院，市第三医院创建二级甲等医院，提升县级医院服务能力和医疗质量。加快推进县域紧密型医共体建设，落实县域医共体经营管理自主权，促进优质资源和人才下沉到基层，提升基层公立医疗机构的医疗卫生服务能力。搭建全市医疗服务一体化信息平台，建立县域分级诊疗信息化体系。多渠道引进高层次卫技人才，加大柔性引才力度，加强全科医生培养，优化医疗人才队伍配置。积极应对人口老龄化，扩大政府购买居家养老服务覆盖面，推广智能化“医养结合”居家养老照料中心，提升社区养老服务质量。支持社会力量兴办养老服务机构，满足群众多层次、多样化的健康养老需求。

完善公共文化服务体系。巩固提升国家公共文化服务体系示范区创建成果，推动公共文化服务标准化均等化。健全完善公共图书馆、文化馆总分馆制，加快推进公共文化场馆免费开放，完成高级版基层综合性文化服务中心建设，促进文化资源共建共享。完成侨乡博物馆布展工程，推动市委党校新校区建成投入使用。深入实施“文化惠民”和文艺精品创作工程，积极承接举办有影响力的重大文体活动和品牌赛事。抓好东关寨旧寨等重点文物修缮维护，加强“非遗”保护，传承历史文脉，留住城市记忆。推进全民健身运动，实施体育健身设施补短板工程，提高竞技体育水平。

着力提升社会治理水平。完善社会保障体系，推进全民参保精准扩面，落实社会保险降费减负政策，进一步提高城乡居民医保财政补助标准和基础养老金标准。坚持就业优先战略，落实失业保险稳岗补贴和困难企业稳岗补贴返还政策，抓好重点群体就业工作，新增城镇就业1.85万人，转移农村富余劳动力5100人。促进房地产市场平稳健康发展，构建多主体供给和租购并举的住房制度，新增市场租赁住房10万平方米。推进更高水平“平安福清”建设，深化扫黑除恶

专项斗争，加快推进“天网工程”“雪亮工程”建设，完善“巡更保平安”五级巡防网络，着力打造“互联网＋群防群治”平台，不断提升百姓安全感。全面落实安全生产责任体系，压紧压实各级各部门和企业安全生产责任，狠抓安全隐患排查治理，构建最严厉的安全监管执法机制。加强应急救援体系建设，完善应急救援协调联动机制，提升应急救援队伍专业化和信息化水平，抓好防汛抗旱、消防安全和森林防火工作，切实保障人民群众生命财产安全。扎实推进国家食品安全示范城市创建工作，深度治理“餐桌污染”，加强食品药品监管，从源头上筑牢食品药品安全防线。积极推进军民融合深度发展，加强国防动员、优抚褒扬和双拥共建工作，健全完善退役军人服务保障体系，创建新一届全国双拥模范城。重视加强老干部工作，支持工青妇等人民团体发挥更大作用，推动社会组织多元健康发展。

四、紧扣“生态美”，强化城乡统筹，建设生态宜居美丽家园

大力推进乡村振兴。坚持农业农村优先发展，以“五个振兴”推动乡村振兴战略深入实施。着力打造美丽乡村升级版。坚持分类分级、循序渐进的原则，统筹推进84个美丽乡村建设，实现全市美丽乡村建设全覆盖，培育提升一批美丽乡村提升村和特色村，打造美丽乡村示范镇。加强农村人居环境综合整治，持续深化“清沟、扫地、摆整齐”行动，推广农村生活垃圾“干湿”分类，保持村庄“沟渠不淤堵，水体不黑臭”。健全城乡生活污水一体化处理体系，实现镇区生活污水处理率达75%以上，农村生活污水处理率明显提升。继续保持“两违”治理的高压态势，全面开展农村宅基地及房屋确权登记工作，深入推进“拆旧、拓新、整漂亮”专项行动，疏堵结合逐步消化农村老旧破危房屋和历史存量违建，实现村民合理建房需求与村庄整体规划的有机统一，打造生态宜居、具有福清特色的美丽乡村。全面提升乡村治理能力。完善共治共建共享的基层社会治理格局，以党建为引领，探索完善“5+N”工程，鼓励乡贤促进会等社会组织参与乡村治理。加快“平安乡村”和“民主法治村”建设，健全完善平安“五不漏”责任体系。深入实施信访清零行动，加快推进信访积案化解，发挥“信访评理室”和“乡贤评理室”的作用，构建矛盾纠纷多元化解工作机制。扎实推进农村幸福院建设，实现全市农村幸福院覆盖率90%以上，提升幸福院管理水平，丰富农村老人精神文化生活。深化殡葬改革，推行丧葬惠民政策，加快生命公园建设，实现全市17个镇生命公园全覆盖。传承保护乡土文化，加强古街古镇和古村落古民居保护利用，推动一都状元古街、海口古镇以及南岭大山村食菜厝、渔溪镇陈白村等一批古村落建设，打造一批农村“非遗”传习所、展示馆，传承福清故事和民风民俗，重塑乡愁记忆。

着力提升城市品质。按照“玉融山水城市，现代海滨侨乡”的总体风貌定位和规划目标，统筹开展城镇规划、建设和管理，进一步提升城市形象和品质。优化城市功能布局。建立国土空间规划体系，编制完成国土空间总体规划，形成国土空间开发保护“一张图”。以福厦高铁福清西站和福建技术师范学院新校区建设为抓手，积极推进高铁片区和东南慧谷开发建设，加快观溪片区、东部新城、城北组团建设发展，进一步拉伸城市框架，拓展城市发展空间。大力推进利桥特色历史文化街区保护开发，实施东门河水系整治工程，推进水南汽车站整体搬迁，加快旧城区更新改造，让老城区重现历史风貌，焕发新的生机和活力。提升城市综合承载能力。加快滨海大通道、福厦高铁客专福清段等战略通道建设，实现长福高速福清段建成通车，推进沈海高速二期扩容前期工作，投入3.6亿元实施36公里国省县道改造提升。深入实施道路畅通工程，推进环城路及其延伸段等140个市政道路建设项目。抓好城市地下管网、供水管网改造，新建改造城镇燃气管网15公里，污水管网15公里。推进7座110千伏变电站建设，新建改造110千伏电力线路37.4公里、10千伏电力线路367.3公里。完成2个老旧小区改造提升，支持加装电梯，推动缆线下地、拆墙透绿等工作，提升市民居住质量。坚持公共交通优先，新设和优化公交线路5条以上，投放新能源公交车50辆，新建停车泊位1300个。打好“创建全国文明城市总评年”攻坚战。优化提升创城网格化巡查、智能化管理等工作机制，集中力量推进市政设施建设、环卫保洁和交通秩序等专项整治行动，突出抓好老旧小区、城郊结合部、背街小巷等薄弱环节治理，开展城市垃圾分类试点，营造干净整洁平安有序的城市环境。加快新型智慧城市建设，实施智慧城市大脑、智慧社区等项目建设，提升城市治理体系和治理能力现代化水平。发挥福清市融媒体中心宣传主阵地作用，大力弘扬和践行社会主义核心价值观，深入推进第二批全国新时代文明实践中心试点建设，抓好志愿服务制度化建设，深化公民道德实践活动，开展道德模范、“福清好人”等评选活动，营造社会道德新风尚。

加快建设绿色福清。深入推进“村植千树”绿化行动，加快实施“三沿一环”森林景观带建设，完成营造林面积7842亩，治理水土流失面积12000亩。启动国家园林城市申报创建工作，全面推进中央公园建设，抓好中央公园苗木基地项目建设和林相改造，加快福阁主体及附属配套项目施工，启动玉融山公园提升改造工程。加快推进“一江四溪”两岸串珠公园建设，完成龙江水文化公园、甲飞兰公园、玉屏山公园一期等公园建设项目，完成道路绿化32条23公里，实现建成区绿化覆盖率46.39%、绿地率43.33%，人均公园面积达14.75平方米。落实国家生态文明试验区建设改革试点任务，探索建立自然资源资产管理平台和生态产品货币化评估机制。积极探索生态环境保护新方式，倡导简约适度、绿色低碳的生活方式，促进人与自然和谐共生。

打好污染防治攻坚战。坚决落深落细落实中央环保督察反馈问题整改工作，全力打好蓝天碧水净土保卫战，下大力气解决一批群众反映的环境突出问题。持续推进“散乱污”企业整治，坚决淘汰落后产能，推动企业循环低碳生产、园区循环化改造，实施重点节能改造工程13个。推动江阴污水处理厂等园区环保配套设施提标改造，提高工业园区环境承载能力。加强农业面源污染治理和土壤污染管控修复，推进海域岸线保护和生态综合整治，统筹山水林田湖草系统治理。实施最严格的环境监管执法，建立重点行业重点企业日常监管机制，严厉打击企业偷排直排废气废水等违法行为。加强企业环境信用体系建设，让违法企业一处失信、处处受限。

深化全域综合治水。严格落实“河湖长制”，加快推进“两江八溪”河道综合整治，开展龙江中下游清淤疏浚及河道生态修复，构建生态安全水系。深入推进“湖库水系连通”工程，加快东华水库建设，全面加快平潭及闽江口水资源配置工程福清段和闽调龙高支线改扩建工程，实施东张水库至阳下新局水库、建新水库至闽调江阴支线等水源连通工程，开展福渠、清渠“引涧水、导雨水、连河水”建设工作，着力构建全域“大水网”。全面推进城乡供水一体化建设，率先抓好龙高片区供水工作，完成龙田水厂扩建，启动高山水厂建设，推进龙高片区140个村供水主管道和村内管网建设，巩固提升农村饮水安全工程，努力让人民群众喝上“放心水”。

建设新时代人民满意的服务型政府

各位代表，新形势新任务对政府自身建设提出了新的更高的要求。我们要严格落实全面从严治党要求，坚决把高质量发展落实赶超的重任扛在肩上，不忘初心、牢记使命，全力建设新时代人民满意的服务型政府，不断满足人民群众对美好生活的需要。

旗帜鲜明加强政治建设。健全学习贯彻习近平新时代中国特色社会主义思想长效机制，自觉用习近平新时代中国特色社会主义思想武装头脑、指导实践、推动工作，树牢“四个意识”，坚定“四个自信”，坚决做到“两个维护”，切实增强贯彻落实的思想自觉、政治自觉和行动自觉。加强政府系统党的建设，落实“不忘初心、牢记使命”制度，以实际行动确保习近平总书记重要讲话和重要指示批示精神落地生根，不折不扣将上级和市委各项决策部署落到实处。

坚持不懈提升能力水平。以“融和向阳、搏拼天下”的胸怀和气概，敢于对标一流，勇于开拓创新，营造最优发展环境。以县域集成改革为抓手，不断提高政府决策水平和施政水平，集中力量解决一批经济发展社会治理中的痛点难点问题。大兴调查研究之风，坚持问计于民、问需于民，在一线服务项目和企业，在一线发展和解决问题。巩固提升基层减负成果，持续改善文风会风，把更多的时间和精力用在抓落实上。

以上率下强化使命担当。始终保持“功成不必在我”的精神境界和“功成必定有我”的历史担当，以时不我待的紧迫感，做好各项工作、办好福清事情。大力弘扬“马上就办、真抓实干”优良作风，狠抓政府系统效能建设，推行“两单一表”工作法，建立高效干事队伍。大力践行“一线工作法”，持续深化“驻村访民情、串门话发展”、跟踪服务企业“双保”等行动，以实际行动回应民生关切。落实正向激励和容错纠错机制，激励广大干部新时代新担当新作为。

持之以恒推进依法行政。弘扬宪法精神、维护宪法权威，做到法定职责必须为，法无授权不可为。坚持用法治思维和法治方式深化改革、推动发展，确保政府各项工作在法治轨道上运行，构建职责明确、依法行政的现代政府治理体系。全力支持监察机关、司法机关履行职能。自觉接受市人大法律监督、工作监督和市政协民主监督，办好人大代表议案、建议和政协提案。深化政务公开和权力运行网上公开，主动接受人民群众和社会舆论监督，提升政府公信力。

坚定不移建设廉洁政府。严格对照省委“五抓五看”和“八个坚定不移”的要求，认真履行全面从严治党和党风廉政建设主体责任，严格落实意识形态工作责任制。严控“三公经费”支出，压减一般性支出。全面实施预算绩效管理，把每分钱都花在“刀刃”上。认真贯彻落实中央八项规定及其实施细则精神，持续整治形式主义、官僚主义，坚决防止“四风”问题反弹回潮。坚持用制度管权、按制度办事，构建“亲”“清”政商关系，营造风清气正的良好干事创业环境。

各位代表！实干成就梦想，奋斗永不止步！全市人民对美好生活的向往、对政府工作的信任支持，是我们不懈奋斗的力量源泉。在新的一年里，让我们高举习近平新时代中国特色社会主义思想伟大旗帜，更加紧密团结在以习近平同志为核心的党中央周围，在上级和市委的坚强领导下，紧紧依靠全市广大干部群众，坚定信心、迎难而上，解放思想、锐意进取，奋力谱写坚持高质量发展落实赶超新篇章，以优异成绩向福清撤县建市30周年献礼！

人大工作报告

2020年1月17日在福清市第十七届人民代表大会第四次会议上的工作报告

福清市人大常委会主任　林　中

各位代表：

我受福清市人大常委会的委托，向大会报告工作，请予审议，并请列席人员提出意见。

过去一年的主要工作

2019年是新中国成立70周年和地方人大设立常委会40周年。一年来，在中共福清市委坚强领导下，市人大常委会高举习近平新时代中国特色社会主义思想伟大旗帜，全面贯彻党的十九大和十九届二中、三中、四中全会精神，深入学习研究宣传贯彻习近平总书记关于坚持和完善人民代表大会制度的重要思想，不忘初心，牢记使命，认真履行宪法和法律赋予的各项职责，圆满完成市十七届人大三次会议确定的各项任务，为全市经济社会发展和民主法治建设做出新的贡献。

一、坚定站位，践行使命，始终坚持党的领导

常委会坚持党的领导、人民当家作主、依法治国有机统一，始终把牢正确的政治方向。

坚定政治站位不动摇。树牢“四个意识”，坚定“四个自信”，坚决做到“两个维护”，始终在政治立场、政治方向、政治原则、政治道路上同以习近平同志为核心的党中央保持高度一致。坚持用习近平新时代中国特色社会主义思想武装头脑，把习近平总书记对地方人大及其常委会工作的重要指示精神，作为人大工作的根本遵循和努力方向，传承弘扬习近平总书记在福州工作期间关于人大工作的创新理论和探索实践，充分发挥人民代表大会制度在推进国家治理体系和治理能力现代化中的根本政治制度作用。

贯彻市委决策不含糊。自觉维护市委在推动福清发展中总揽全局、协调各方的领导作用，重大事项及时向市委请示报告，坚持把人大工作放到全市大局和中心任务中去谋划推进，确保市委的主张通过法定程序转化为全市人民的共同意志，确保市委推荐的人选通过法定程序成为我市国家机关领导人员。始终与市委一条心干事业、一盘棋谋发展，紧扣产业发展主题，深入实施“大福清”发展战略，聚焦改革发展目标任务，围绕生态环保、项目建设、产业发展“三大行动”和幸福之城建设、乡村振兴发展“两大工程”，统筹安排人大常委会重点工作，深入开展全过程全领域监督，确保市委部署指向哪里，人大工作就跟进落实到哪里。

发扬民主政治不懈怠。始终站在发扬社会主义民主政治的高度，秉持“国家一切权力属于人民”的宪法理念，准确把握加强人民当家作主制度保障新要求，最广泛动员和组织人民群众，通过人民代表大会依法管理国家和社会事务、管理经济和文化事业。全年共召开常委会会议7次，听取和审议专项工作报告和计划预算报告29个，做出决议决定11项，开展专题询问1场、执法检查2次、视察和调研16次，依法任免国家机关工作人员85人次，对5份政府规范性文件进行备案审查，把人民代表大会制度优势转化为推动全市发展的强大动力。

二、围绕中心，服务全局，着力推动改革发展

常委会全面贯彻新发展理念，坚定“省会排头兵”意识，广泛凝聚智慧和力量，全力助推高质量发展落实赶超。

推动经济发展更加稳健。主动应对国内外风险挑战明显上升的复杂局面，密切关注全市经济发展形势，听取和审议上半年计划执行情况报告，建议政府做大做强实体经济，筑牢福清发展根基。选择“促进民营经济发展工作”作为年度专题询问议题，清晰传递坚定不移支持民营企业发展的强烈信号，针对政策落地见效、破解融资瓶颈、保障市场平等待遇等工作，梳理问题清单16项，督促政府和相关部门找差距、明举措、抓落实，为民营企业发展打造公平公正的法治环境、高效透明的政务环境、平等竞争的市场环境。针对中美贸易摩擦的影响，走访调研人大代表创办的工业企业以及受冲击较大的其他民营企业，鼓励企业增强信心、转型应变，坚定不移办好自己的事，督促政府帮助企业解决问题、渡过难关。支持福清融入“海上福州”“数字福州”“平台福州”建设，配合福州市人大常委会组织代表视察三峡海上风电产业园、江阴港区泊位等重点项目，建议政府发挥近海临港优势，加快发展海洋经济；视察科技创新型企业，建议政府强化科技要素保障，激发创新驱动活力，加快补齐数字产业发展短板；调研金融系统工作情况，促进防范化解系统性金融风险，构建更加有效的金融服务平台，支持实体经济发展壮大。

推动财政运行更为规范。按照盯紧“钱袋子”要求，全年安排听取和审议财政、审计相关工作报告5次。通过审查关口前移、提前介入预算编制工作等方式，做实做细预算审查监督工作，推动人大财经监督从程序性向实质性转变。依法审查批准决算和预算调整，审议阶段性预算执行情况报告，督促政府加大力度培植财源，优先保障重点项目、民生工程实施，积极稳妥防范地方债务风险，提高财政支出绩效。强化审计问题整改，加强监督成果运用，推动整改“销号”审

计查出问题8个。听取国有资产管理情况报告，促进国有资产规范管理、高效运营、保值增值。

推动城市建设更具魅力。围绕“幸福之城”建设，先后审议中心城区景观风貌、建筑风貌相关规划编制工作报告，依法做出市人大常委会关于《中心城区景观风貌专项规划》《中心城区建筑风貌导则》两项重要决议，要求政府持续提升城市规划建设品位，强化城区建设风貌跟踪管理，塑造“玉融山水城市、现代滨海侨乡”景观风貌格局。组织代表视察城市园林绿化工作，实地查看中央公园等新建或在建公园，促进园林景观绿化美化、断带补植工作，支持打造中心城区绿荫满城、色彩斑斓、舒适优美的园林环境。听取闲置土地处置情况报告，督促政府加大闲置土地管理和回收力度，创新工业园区低效工业用地处理方式，促进土地资源集约高效利用。专题听取“两违”综合治理工作情况报告，强调在市委主要领导人事变动的关键时期，“治违”工作不能有丝毫放松，督促政府坚持“堵、疏、引”相结合，找准问题，精准发力，长效化、常态化推进“两违”综合治理工作。

推动乡村振兴更富实效。坚持从高处站位、从细处着手、从实处发力，听取乡村振兴战略实施工作情况报告，配合省人大常委会组织各级人大代表联动视察革命老区村建设发展情况，深入镇村推动乡村振兴重点工作落细落实，建议政府要持续激发农民内生动力，发挥乡贤促进会重要作用，凝聚乡村振兴强大合力，促进美丽乡村建设、“农村幸福院”“生命公园”“同置业、壮村财”等具体工作在更大面上铺开。视察全市7个少数民族村发展情况，推动相关部门加强少数民族文化传承保护，因地制宜建设好、发展好少数民族美丽村寨，让乡村振兴成果更多更广惠及人民群众。持续关注农村产业支撑，视察数字农业发展情况，建议政府提升数字农业发展水平，促进现代绿色农业健康发展，为乡村振兴培育新的动能、注入新的活力。

推动项目建设更有成果。坚持精准监督、有效监督，对重点项目建设进行面上监督推动的同时，将监督触角精准延伸至具体项目、具体环节。去年8月份开始，对全市202宗“三大行动”重点项目建设工作开展专项监督，依托“智慧福清”服务平台，开发项目监督预警系统，推动重点项目服务保障机制逐步健全，及时解决影响工程进度的突出问题，有力促进重点项目建设提速增效。市委主要领导连续5期对市人大常委会专项监督月报做出专门批示，充分肯定人大监督导向鲜明、成效显著。全力支持片区改造工作，适时组织代表实地视察利桥、观溪等重点片区征迁改造情况，为征迁工作鼓劲加油、营造氛围，支持政府有序推进重点片区改造，打造承载福清历史记忆、融合侨乡特色文化的时尚街区。合力推动新一轮开放开发，组织视察元洪国际食品产业园、聚龙国际创业小镇等项目建设情况，建议政府在更高水平上推进实体经济与数字经济深度融合、双轮驱动。

三、保障民生，维护民益，全力支持社会事业

常委会深入贯彻“以人民为中心”发展思想，坚持把人民对美好生活的向往作为人大工作的奋斗目标。

致力民生福祉，让群众生活放心。抓准人民群众最关心、最直接、最现实的利益问题，一件接着一件办，一年接着一年干。听取2019年为民办实事工作进展情况报告，督促全市172项为民办实事项目基本完成年度工作任务。持续多年跟踪监督龙高半岛供水问题，2次深入实地察看东华水库、龙田水厂、龙田至高山供水管网、高山加压泵站等项目建设情况，推动龙高半岛供水工程关键节点实现重大突破，建议政府每年都要投入专项资金，解决全市农村饮用水安全问题。始终心系征迁群众，紧盯群众普遍关注的安置房建设进度和质量问题，专门听取征迁安置工作情况报告，督促政府和有关部门以更快的速度、更优的质量推进安置房建设。巩固食品安全法执法检查工作成果，再次听取食品安全监管工作情况报告，督促政府完善食品安全监管体制机制，着力保障人民群众“舌尖上的安全”。着眼城乡公共资源均等化，听取城乡义务教育一体化工作报告，高度关注教育教学质量提升问题，推动落实省一级达标高中考核整改工作，建议政府在教育投入方面向镇村和薄弱环节倾斜，探索适应时代发展的教育办学模式，逐步缩小城乡和校际办学差距；继续关注中心城区教育设施专项规划实施情况，视察福清一中、滨江小学、实验小学新校区建设情况，推动城区教育设施配套日益完善。听取城乡居民社会养老保险工作报告，促进政府强化养老保险基金监管，提高城乡居民养老待遇。组织代表视察退役军人社区服务站建设及运行情况，支持政府完善退役军人服务保障体系，维护退役军人合法权益。

致力生态环保，让群众生活舒心。秉承“绿水青山就是金山银山”发展理念，持之以恒推进绿色福清、生态城市建设。听取2018年全市环境状况和环境保护目标完成情况报告，推动环保工作责任制落实，督促政府对标找差，切实抓好中央环保督查问题整改。深入开展水污染防治法执法检查，跟踪监督市十七届人大二次会议通过的《关于加强水系生态文明建设的决定》执行情况，推动政府扎实抓好“一江四溪”等主要流域水污染防治工作，持续深化“污水零排河”“一村一池塘”“巡河清渠”等具体工作，推进全域综合治水体系更加完善。结合农村垃圾专项整治工作，深入一坝底垃圾填埋场、部分镇村垃圾转运站，调研垃圾中转处理情况，促进全市垃圾分类处置工作有序推开。听取和审议森林资源保

护工作情况报告，依法做出《关于确定森林资源严格管控区的决定》，将中心城区、高速高铁国省干线、“一江四溪”两侧一重山以及中央公园规划范围，确定为森林资源严格管控区，督促政府加大保护和巡查力度，真正做到咬定“青山”不放松。

致力公平正义，让群众生活安心。聚焦全市安定稳定大局，听取“扫黑除恶”专项斗争阶段性工作报告，建议相关职能部门密切配合，扩大“扫黑除恶”专项斗争战果，保障全市人民安居乐业。组织人大代表联动视察禁毒工作，督促政府及有关部门坚持打防并举，铲除毒品滋生土壤。听取市法院司法服务优化营商环境工作情况报告，为企业发展提供良好法治保障。听取检察院关于侦查监督专项工作报告，促进检察机关加强法律监督工作，推进严格执法、公正司法，维护社会公平正义。视察未成年人检察工作，推动最高人民检察院“一号检察建议”有效落实，防止校园欺凌和暴力事件发生。围绕“法治福清”建设，听取市政府贯彻执行“七五”普法决议情况报告，促进全民学法、守法、用法。做好人大信访工作，依法处理信访事项，全年办理群众来信来访98件次，着力推动信访积案化解，有效维护社会和谐稳定。

此外，还针对全国文明城市创建、黄檗宗教文化发展、文物保护、基层医疗机构建设、新气象站建设、侨界失依儿童帮扶、便民夜市疏导点建设等工作开展监督，促进一批民生热点问题逐步解决。注重运用刚性监督手段持续跟踪，针对2项未通过满意度测评的民生领域相关工作，责成职能部门落实整改后重新报告，人大监督工作实现有效闭环，监督利剑作用进一步凸显。

四、优化服务，丰富内涵，充分发挥代表作用

常委会尊重代表主体地位，进一步完善“双联系”工作机制，支持和保障代表依法履职，促进代表工作再上新台阶。

服务保障细致周到。健全代表履职服务保障机制，巩固代表履职线上、线下“两个平台”建设。密切常委会与人大代表的联系，常态化听取代表对人大常委会工作的意见建议。注重代表履职能力提升，通过集中培训和分批外出培训相结合，组织代表学习法律法规和业务知识。依托微信公众号实时推送时政要闻、人大工作信息和经济社会各方面热点，帮助代表掌握新知识、熟悉新领域、开拓新视野。更加细致抓好代表思想政治教育，不断健全代表履职激励机制，完善代表履职档案记录，引导代表依法正确行使职权。

联系群众情真意切。坚持线上线下有机结合，定期组织代表进活动室开展履职活动，密切联系群众、主动服务群众。动员人大代表发挥社会精英、行业先锋优势，积极参与社会治理，投身乡村振兴实践，为基层群众排忧解难。一年来，有402名各级人大代表参加乡贤促进会，累计捐资2372.85万元，兴办大小实事221件，助推乡村振兴各项工作顺利开展。为更好地关心和帮扶社会弱势群体，在融各级人大代表还自发筹资240万元，成立司法救助基金会，专门用于帮助刑事案件中的特困受害人及其家属，充分展示人大代表始终心系人民群众的拳拳之心。

履职方式灵活多样。把丰富闭会期间代表活动作为代表工作重要内容，不断拓展代表参与人大常委会工作的深度和广度，全年邀请代表列席人大常委会会议、参加视察、调研、执法检查、专项监督等活动达900多人次。经常性组织代表参加法院庭审旁听、党委政府重大决策征求意见、信访案件听证等活动，推荐代表担任不同领域的工作监督员，拓宽代表知情知政渠道。注重引导代表把履职重心集中到全市重点工作、民生热点难点上来，在重点项目征迁、湖库连通规划建设、创建全国文明城市、实施乡村振兴战略等工作中，积极建言献策、建功立业，通过人大代表的模范表率作用，汇聚推动福清发展的磅礴力量。

建议办理扎实有效。坚持从源头把好代表建议质量关，引导代表准确反映群众关切，提出符合实际又切实可行的高质量建议。规范代表建议办理工作程序，加强跟踪问效力度，实时掌握代表建议办理工作动态。始终把“问题解决率”作为衡量代表建议办理成效的重要标尺，通过开展督办月活动、召开专题督办会等形式，重点督办8件“有答复、无落实”的代表建议，推动办理工作“临门一脚”取得实效。坚持代表建议办理工作“一年两评”，年中和年底两次征求代表建议办理工作满意度，杜绝建议办理“前期抓不紧、后期搞突击”“问题不攻克、满意搞公关”等现象。经过努力，去年的94件代表建议已全部办理完毕并答复代表，海城路改造、瑞亭街亮灯工程、迳江流域整治、部分农村中小学教学楼建设等一批群众关心、代表关注的问题得到有效解决。

五、内强素质，外塑形象，努力提升履职水平

常委会主动适应新时代新要求，贯彻全面从严治党部署，持续抓好自身建设，提高依法履职水平。

突出政治建设。坚持以政治建设为统领，全面加强常委会及其机关党的建设，发挥好人大常委会党组把方向、管大局、保落实的领导作用，确保人大工作始终坚持党的领导、体现党的领导、实现党的领导。严格按照中央和省、市委统一部署，扎实开展“不忘初心、牢记使命”主题教育，以“守初心、担使命、找差距、抓落实”的高度自觉，准确把握做好新时代人大工作的政治要求、重要原则、思路举措和重点任务，努力打造政治过硬、本领过硬、作风过硬、廉政过硬的新时代人大干部队伍。

突出一线作为。不断强化人大工作“一线”思维，坚定站位福清改革发展第一线，切实担负起推动福清各项事业发展的职责使命。常委会班子成员担当作为、身体力行，牵头负责重点项目征迁、元洪国际食品产业园、全域综合治水、“两违”治理、美丽乡村建设等全市性重点工作，高标准、高效率、高质量抓好工作落实。人大常委会机关16名干部和各镇人大主席、街道人大工委主任主动参与重点项目征迁等中心工作，在一线发力、在一线作为，以敢于担当、奋发有为的姿态，争当推动福清发展的排头兵。

突出宣传引导。牢牢把握正确舆论导向，以满满的“正能量”宣传好人民代表大会制度的无比优越性和强大生命力。常委会重要会议全程网络图文直播，重大活动及时宣传报道；代表大会邀请市民代表旁听；代表建议办理、为民办实事项目监督工作情况在微信公众号专栏体现；开办“走进人大”专题电视栏目，全方位多角度报道人大工作、展示代表风采，栏目作品《我与来自星星的孩子》，获评第29届中国人大新闻奖二等奖，是全省唯一获此殊荣的县级媒体作品。

突出上下联动。完善各级人大代表联动履职工作机制，坚持基层人大一体化发展思路，促进镇街人大规范化建设，帮助镇街人大解决实际问题，推动镇街人大工作蓬勃发展。拨补专项资金支持镇街打造各具特色的“人大代表联系群众活动室”“人大代表社情民意联系点”，不断加强市镇两级人大工作联动，围绕全市发展共性问题，深入开展工作交流、联动开展工作监督，形成全市人大工作规范化、制度化、创新化发展的良好格局。

各位代表，一年来，市人大常委会取得的工作成绩，是在市委的坚强领导下，全体人大代表、常委会组成人员、各专门委员会成员以及人大常委会机关工作人员共同努力、辛勤付出的结果，是市政府、市监委、市法院、市检察院密切配合的结果，是镇街人大、社会各界和广大人民群众大力支持的结果。在此，我代表市人大常委会表示衷心的感谢和崇高的敬意！

回顾过去一年的工作，我们也清醒地认识到，对照党和人民群众的期望，对照国家治理体系和治理能力现代化的要求，常委会工作还存在薄弱环节，主要是：监督方式方法还需创新发展，监督质效有待进一步增强；“双联系”工作机制还要进一步完善，代表建议办理质量还要进一步提高；常委会自身建设需要进一步加强等等。这些问题和不足，常委会将高度重视，虚心听取人大代表和各方面意见，认真研究，加以改进。

新一年的主要任务

2020年是全面建成小康社会和“十三五”规划的收官之年，也是福清建市30周年。市人大常委会将在中共福清市委领导下，坚持以习近平新时代中国特色社会主义思想为指导，全面贯彻党的十九大和十九届二中、三中、四中全会精神，树牢“四个意识”，增强“四个自信”，坚决做到“两个维护”，切实担负起地方人大及其常委会在推进国家治理体系和治理能力现代化进程中的重要职责，勇于担当、主动作为，凝心聚力、加压奋进，为推进福清改革发展各项事业、开创人大工作新局面不懈奋斗。

一、在推动发展上，坚定一致方向

全面贯彻落实市委经济工作会议精神，坚持和市委“心往一处想、力往一处使”，围绕推动福清在新时代新福建和“有福之州、幸福之城”建设中走前头、当先锋的目标定位，把推动“抓项目促跨越”专项行动作为人大工作围绕中心、服务大局的发力方向，以全面融入“三个福州”建设为重要抓手，今年将安排听取“十四五”规划编制、县域集成改革试点、财政预算绩效管理、工业企业转型升级、数字产业规划发展等工作情况报告，同时加强对“三大行动”项目建设、工业园区管理、临港产业发展、营商环境优化提升等工作的监督，全力推动福清高质量发展落实赶超，促进市委各项重大决策部署有效落实。

二、在依法履职上，展现一线作为

坚定站位民主法治建设第一线，秉持宪法至上的法治观念，广泛开展宪法宣传教育，落实宪法宣誓制度，弘扬宪法精神。坚持问题导向，立足福清发展实际，依法开展法律监督和工作监督，持续提升人大监督工作实效。今年计划对畜牧法、教师法等2部法律实施情况开展检查，充分发挥执法检查“法律巡视”监督利剑作用，保障宪法和法律法规有效实施。聚焦城乡统筹发展，监督支持全国文明城市创建“总评年”迎检冲刺工作，督促政府加强城市景观风貌相关规划落实、市政道路提升、背街小巷改造、美丽乡村建设等工作，推动城乡建设品质提升、绿化美化水平提高；聚焦生态环境保护，监督促进中央环保督查问题整改落实，推动新一轮龙江流域综合治理和全域综合治水工作，让经济发展与生态保护相协调相促进，让青山常在、绿水长流、空气常新；聚焦安定稳定大局，听取法院信息化建设、检察院公益诉讼、“扫黑除恶”三年行动等专项工作情况报告，评议“人民满意派出所”，促进依法行政、公正司法，维护社会公平正义；聚焦人民群众最急最盼的事，开展龙高半岛供水工程建设工作专题询问，同时针对2020年为民办实事项目建设、拆迁安置房建设、古厝保护、垃圾分类、“生命公园”建设管理，以及教育、医疗、养老、基础设施四大领域补短板实施方案落实情况开展重点监督，在保障和改善民生实践中，留下人大监督的坚定足迹。

三、在代表工作上，体现一方特色

牢固树立宗旨意识，扎实做好代表履职服务保障工作。持续改进代表培训工作，提升代表履职水平。持续激发代表履职活力，丰富代表活动形式，继续将代表活动与“三个福州”建设、“抓项目促跨越”、实施乡村振兴战略、打赢“三大攻坚战”等主题紧密结合，引导代表融入中心工作、积极主动作为。持续提升代表建议办理实效，在代表建议“提得好、交得准、办得成”上下功夫，健全代表建议办理绩效考核机制，推动代表建议办理工作从“答复型”向“落实型”转变，从“态度满意”向“结果满意”转变。持续完善代表履职登记记录，强化代表履职意识，充分调动代表依法履职的积极性和主动性。

四、在自身建设上，坚持一贯作风

坚持把加强和改进人大自身建设作为永恒主题，巩固扩大“不忘初心、牢记使命”主题教育成果，认真学习《习近平在福州》采访实录，传承好弘扬好习近平总书记在福州工作期间的科学理念、宝贵经验和优良作风。坚持以政治建设为统领，不断加强党员干部理想信念教育，坚持马上就办、真抓实干，持续提振干事创业精气神，以对标“排头兵”的要求，强化“一线”思维，保持“一线”状态，追求“一线”作为。进一步深化镇街人大联动交流，汇聚基层人大工作合力，推动全市人大工作实现新发展、取得新进步。

各位代表，初心凝聚力量，使命催人奋进！让我们更加紧密团结在以习近平同志为核心的党中央周围，在中共福清市委坚强领导下，团结凝聚全市人民智慧力量，只争朝夕、不负韶华，奋力谱写地方人大工作新篇章，为开创新时代福清发展新局面作出新的更大的贡献！

政协工作报告

2020年1月15日在市政协十四届四次会议上的工作报告

福清市政协主席　翁芳明

各位委员：

我代表中国人民政治协商会议第十四届福清市委员会常务委员会，向大会报告工作，请予审议，并请列席同志提出意见。

2019年工作回顾

2019年是共和国历史上具有里程碑意义的一年，海内外中华儿女同庆新中国70华诞，亿万炎黄子孙共享伟大祖国荣光。2019年也是人民政协历史上具有特殊印记的一年，人民政协成立70周年之际，中共中央首次召开中央政协工作会议，习近平总书记发表重要讲话，指明了新时代人民政协工作前进的方向。2019年是大福清高展雄姿、跨越提升的一年，市委、市政府励精图治，各级各部门奋发有为，“三大福清人群体”勠力同心，全市各条战线各个领域比学赶超、创先争优，在“全国百强”榜上，福清连年晋位，让玉融儿女为之骄傲、为之振奋。2019年也是福清政协事业乘风扬帆、顺势登高的一年。在全国地方政协工作经验交流会上，市政协对征迁户开展的“没有会场只有现场、没有官话只有实话的简易协商”，在文明创城中策划的“委员随手拍”，在参与基层治理中倡导的“协商进村、调研入户”和设立委员工作室，服务住地群众等经验做法，被纳入省政协主要领导在全国性会议的交流发言材料，“福清经验”首次登上全国政协的殿堂。中共福清市委隆重召开政协工作会议，充分肯定我市政协工作有“新格局、新成效、新作为、新突破、新进展”，对新时代加强和改进政协工作，提出了新要求，做出了新部署。

一年来，市政协团结带领各参加单位和广大政协委员，认真贯彻落实中共十九大、十九届二中、三中、四中全会和中央、省委、福州市委、福清市委政协工作会议精神，不忘合作初心，牢记历史使命，充分发挥了协商民主重要作用。全年共组织4次议政性协商，实施3项协商式监督，开展23次调研视察，立案督办187件提案，反映248条社情民意信息，举行41场界别联谊活动。在大福清波澜壮阔的新征程路上，我们与党政同向，与各界同行，与人民同心，留下了人民政协坚定前行的履痕荣光。

一、围绕主轴主线，强化思想引领，全面担负人民政协的政治责任

市政协建立完善“一周一例会”“一旬一走访”“一月一讲坛”“一季一座谈”“一年一培训”工作体系，寓思想政治引领于日常学习、调研、视察、联谊之中，积极引导参加单位、政协委员、社会各界，在习近平新时代中国特色社会主义思想伟大旗帜的指引下，增强“四个意识”，坚定“四个自信”，做到“两个维护”，把坚持和发展中国特色社会主义作为巩固共同思想政治基础的主轴，把服务新时代福清高质量发展跨越赶超作为工作主线，把海内海外“三大福清人群体”的心拢在一起，把各方各界的力聚在一处，把最广泛的统一战线牢牢地建立在福清改革发展稳定的前沿阵地。

在国际形势变幻、风险挑战加剧之际，举办“中美关系展望”、“宏观金融形势”等讲座，开展营商环境调研，组织“民营企业代际传承”专题协商，引导各界人士坚定信心，坚守主业，坚持中国共产党的领导，坚决贯彻落实市委决策部署，努力营造更优的产业发展环境。

在《告台湾同胞书》发表40周年和“一带一路”峰会召开之际，组织民主党派和部分委员参加全国政协重大专项宣讲活动，出席世界福清同乡联谊会第八届理事监事就职典礼，拜会融籍侨领，召集涉侨涉台单位座谈，交流联谊，凝聚共识。广大侨台界委员和应邀列席政协全会的台胞台属、华侨华人情系祖国家乡，积极投身和平发展事业，踊跃参与“一带一路”“两国双园”建设。

在“五四”运动100周年和互联网诞生50周年之际，携手福清新一代创业者，走进互联网产业园，与青年委员、新社会阶层人士，围坐一桌，促膝而谈，以网言网语，议创新创业，碰撞出新时代的创投火花。

在香江风云激荡和澳门回归20周年之际，赴深圳召开座谈会，港澳委员及列席人士团结融籍乡亲，坚守正义，抵制暴力，坚决维护“一国两制”，坚定支持特区政府依法施政，坚持包容共济，为港澳与内地融合发展牵线搭桥，展示了政协委员爱港爱澳的情怀和为国履职的担当。

在共和国与人民政协成立70周年之际，专题征编文史资料，开展“祝福祖国”“致敬英雄”“忆苦思甜”系列宣讲，以“我和我的祖国”“我和我们的政协”为主题，举办诗会、书画展、座谈会，历任政协领导、历届政协委员和社会各界人士一道，创作著述并举，诗书画史相映，共回首风雨同舟七十载，再携手凝心筑梦新时代。

二、积极助力助推，凝聚广泛共识，充分发挥人民政协的职能作用

围绕市委、市政府关切的大事要事，履行政治协商、民主监督、参政议政职能，努力以协商凝聚共识，以监督促进落实。

投身传统街区改造。继2017年向市委、市政府直陈“留下利桥，留住乡愁”之后，2018年编撰《利桥史话》，梳理古城关厢文脉，力主“豆区园与利桥片区一起保护、联动开发、同步改造”，2019年市政协班子及机关干部全员上阵，全情投入，全力以赴，全程参与征迁工作，全面完成市委交托的任务；第一季度政协常委会议会前视察征迁现场，专题协商保护开发事宜，围绕豆区园和利桥片区的定位、规划、使用、管理，提交“政协方案”，致力为老福清留一张底片，为新福清添一份底蕴。

助推实体经济发展。引导政协委员在协商会场建言，在项目现场建功。聚焦五个专题，第三季度政协常委会议紧扣元洪国际食品园建设、小微企业发展等议题，开展协商议政，市委高度评价“建议科学合理”；参与“五个国际”建设，政协委员满怀真情实意，投入真金白银，聚龙国际创业小镇雏形初现，元洪国际食品园集聚胜田、丰大、御味香等政协委员企业，江阴国际大港后方崛起了友谊新材料、新福兴光伏玻璃等委员投建项目。助力招商引税，政协委员和列席人员全年为我市贡献财力超过2亿元；通过社情民意信息，反映大宗商品批发行业开票难、税负重等问题，引起各级税务部门重视，为引税回归的企业缓解了实际困难。牵头负责旅游产业建设，加快推进石竹山等A级景区创建和项目招商工作。开展服务企业“双保”行动，传递党政关怀，传导惠企政策，积极参与营造转型期的“小阳春”。

助力乡村振兴工作。聚焦八项重点，引导政协委员及列席人员，动情融入，动身参与，动脑献计，动手出力。开展专题调研，就乡贤捐赠、幸福院持续运营、“拆旧拓新整漂亮”等，在第二季度政协常委会议上组织协商，提出12项具体建议，市委充分肯定“调研质量很高”；实施专项监督，就“清沟扫地摆整齐”、生命公园导则执行不到位等，反映9条具体意见；发挥专长优势，汇总委员意见，研判乡村规划问题，引起省领导重视，民盟建言“村植千树”得到采纳，当年付诸实施；政协委员、列席人员累计捐款4612万元，用于“一村一池塘”、美丽乡村等建设，先后有62人加入乡贤促进会，在“两违”治理、移风易俗中当好乡村“讲话人”，落实“大家评评理、说句公道话”，以奉献慰乡愁，以尽职促振兴，辛勤耕耘在希望的田野上。

致力生态环境保护。牵头推进小流域整治，助力完成年度目标任务。牵头负责中央公园管委会工作，加速推进福阁、环山慢道、苗木基地、配套道路等项目建设。围绕中央生态环保督导发现的问题，配合党委政府，联动部门镇街，深入开展畜禽养殖、餐厨油烟、油库升级、医疗废物、石材加工、建筑工地扬尘等六个专项整治。聚焦“大山大水”生态环境保护，组织开展专项行动。在龙江岸边，我们誓做守山护水人，向社会各界郑重发出倡议；在河渠沿线，我们走渠巡水查污染，巩固了全域综合治水成果；在中央公园，我们人手一株添新绿，种下了四季常青的“政协委员林”。

促进社会公平正义。组织福州、福清两级委员，视察法院、检察院工作，第四季度政协常委会议专题协商讨论“两院”工作报告，点赞司法改革惠民便民举措，聚焦立案难、执行难等问题提出意见建议；选派政协委员共39人次，分别担任市纪委监委特约监察员、市扫黑除恶专项斗争业务指导专家库成员、信访评理员，旁听涉黑涉恶案件审判，参与检察建议公开宣告活动，监督食品安全“双随机、一公开”执法。为了让人民群众更多感受到公平正义的阳光，政协委员尽了一份心，出了一份力，奉献了一片情怀。

三、关注民心民愿，促成惠民实事，忠实践行人民政协的履职宗旨

坚持人民政协为人民，综合运用提案、协商、视察、调研、大会发言、反映社情民意信息等履职形式，频频抛出政协为民之砖，每每引来党政惠民之玉。

协力办大事。着眼教育高质量发展，组织部分学校领导，赴江苏南通中学、湖北黄冈中学学习考察，深入城乡中小学校、幼儿园调研，在第四季度政协常委会议上组织专题协商，建议建立奖教机制、优化教育资源配置，重点扶持新校、薄弱校和农村偏远校，老城区公立机构搬迁后旧址优先用于增加教育用地等。着眼农村饮水安全，政协委员进山区，登海岛，探访民情，问计专家，提出了“引水源、明水界、清水渠、护水道、建水厂、布水网、提水质”等建议。着眼繁荣文化，提升城市品位，提案建议规划建设主题公园，打造城市文化地标；大会发言助推市政府出台专门办法，重奖优秀文艺作品、人才和非遗项目。

助力解难事。用好《民意》微协商平台，点赞公安交管大队自助办证便民，园林处回应民意，“马上就办”，更新修缮龙山公园设施，吐槽建筑工地噪音扰民、常用药品价格飞涨等现象，建言专议居民区无证液化气配送站、小区占道设卡收费等问题；推动交通部门增设部分公交站点和候车座椅；敦促医疗机构调整处方管理机制，方便了慢性病患者就医；促进文明办、城管部门对26处公共场所破损标语、墙画进行更新；配合福州市政协，以远程视频协商方式，引起全社会共同关注青少年近视防治问题；开展“步行查创城、骑行看文明”活动，77名委员用上千公里行程，助推城市文明进程。一年来，政协委员穿行在福清的大街小巷，寻觅着履职的蛛丝马迹，捡拾起惠民的“芝麻绿豆”，为党委政府烹饪民生大餐，提供了新鲜食材。

聚力做好事。政协委员、列席人员捐资41万元，携手市计生协会，帮助30名应届高考生、34名计生对象圆梦大学，捐建部分校园教职工活动中心，改善山区校办学条件；民盟持续拓展社会服务面，惠及寒门学子、贫困妇女和偏远山村；九三学社、农工党、民建、民革关爱残疾学生，慰问孤寡军人，帮扶贫困家庭；工商联和应邀列席政协全会的异地商会会长情系桑梓，亲情回归，助力对口协作、脱贫攻坚；工青妇团体委组联手，团结关爱各自界别群众；侨联、归侨侨眷属组慰问3.28遇难侨属；文化、文史社科、医卫、科技体育等委员小组常年开展文化下乡、义诊送药、科技普及活动；农业二组委员在南岭播下希望的种子，探索产业帮扶山区发展的新路。在政协大家庭中，各党派、各团体、各界别各展所长，各尽所能，汇涓流而成沧海，积小善而行大爱。

四、凸显作风作为，强化责任担当，着力加强人民政协的自身建设

贯彻落实《新时代加强人民政协党的建设实施意见》，突出政治建设为统领，坚持以党组领机关，以党员带委员，以严的作风促实的作为，以坚定的履职信念锤炼锻造坚强的政协组织。

以党建引领队伍建设。开展“不忘初心、牢记使命”主题教育，检视问题21项，立整立改11项；设立中共福清市政协委员党委，成立8个兼合式党支部，将136名中共党员委员纳入其中，开辟了政协党的工作新领域。履行全面从严治党主体责任，落实巡视巡查整改措施，严格执行中央“八项规定”及实施细则精神，力戒形式主义、官僚主义，改进视察调研方式，提高机关联系界别、服务委员水平。

以制度规范履职行为。重申政协委员正当履职规定，严禁利用委员身份牟取私利；依照《政协章程》有关规定和程序，增补22名政协委员；依托“福清E政协”APP，对委员履职进行网上申报、量化评分，对履职评价不合格的2名委员实行末位淘汰，强化了责任担当，提升了履职能力。

以创新提升工作实效。系统总结协商民主创新做法，依托《民意》刊物关注群众身边事的“微协商”、借力《政协好声音》融媒体联动的“广协商”等举措，在全省政协系统交流推广，被《福州日报》专题报道。设立政协专业化智库，首批聘请48位应用型专才为成员，为高质量履职提供人才支撑。三个委员工作室实施规范化提升，在助推中心工作、调解乡间纠纷、服务周边群众上积极作为，彰显实效，省、福州市政协给予高度评价。创新委员工作室与信息员联动反映社情民意机制，信息工作成绩在福州各县市区政协中名列第一，被省政协确定为社情民意信息直报点。编撰刊印《幻梦石竹》，完成“在线文史馆”建设，保存文史资料孤本，收藏福清老照片及清代福清海岸、盐场舆图、台北故宫奏折影印件等文献，启动“诗词书画进校园”活动，联袂福清文化精英，展示政协文采芳华。

各位委员，2019年，政协工作稳中有进，关键在于市委的引领定向、坚强有力，在于市政府的关心重视、支持给力。中共福州市委常委、福清市委书记刘卓群上任伊始就走访政协机关，亲切看望政协干部；市委常委会先后5次听取政协有关工作汇报；张帆市长主持召开政府政协联席会议，协调解决了政协机关人员调配、协商报告督办落实等问题，明确将豆区园划归市政协使用，为文史馆和“委员之家”建设创造了条件，历届政协委员翘首以盼的愿望即将变成现实。2019年，政协工作进而有为，得益于参加单位的和衷共济，得益于政协委员的勤勉尽职，得益于各界人士的倾情奉献。在政协搭就的舞台上，各党派、各团体、各位委员、各界人士真心协商、真诚合作、真情共事，释放了参政热情，展示了议政水平，用鲜活生动的实践，体现了人民政协团结的合力、民主的活力和协商的魅力。2019年，政协工作为而有成，追根溯源是历届政协、历任领导一梁一柱、一砖一石，打下了事业基础，铺砌了登高夯土。各位老领导、老委员把历史的接力棒交给我们的同时，也把初心和使命、经验和光荣传承给了我们。初心不改，使命不怠，人民政协70年的辉煌、福清政协63载的荣光，辉耀十四届政协前行的路，鼓舞着我们奋进新时代，迈步朝前走，跨步新征程，彰显新风采！

各位委员，一路走来，我们收获满满；继续前行，必须清醒检视问题。对照专门协商机构的新定位，我们的协商参与面还不够广，成果转化率还不够高，特别是提案、大会发言、协商报告、社情民意信息所提意见建议的落实不尽到位，协商民主的实效性亟待增强；对照建言资政和凝聚共识双向发力的新思路，我们的思想政治引领、交流联谊服务还不到位，对港澳、海外、异地商会的代表人士特别是其中青年一代，亟待提供更周到的服务，形成更有效的互动，凝聚更广泛的共识；对照强化责任担当的新要求，参加单位参与政协工作还不平衡，政协委员发挥主体作用还不突出，我们亟待完善履职评价体系，创设履职平台载体，让每一个参加单位都真正参加进来，让每一位政协委员都扛起委员责任，体现政协担当。各位委员，前进道路从来不会是一片坦途，沟沟坎坎，不足为惧，踏平坎坷成大道，而今迈步从头越！

2020年工作安排

2020年是全面建成小康社会和“十三五”规划收官之年。我们要坚持以习近平新时代中国特色社会主义思想为指导，全面贯彻中共十九届四中全会和中央、省委、福州市委、福清市委政协工作会议精神，坚持团结和民主两大主题，加强思想政治引领，广泛凝聚共识，全心全意落实市委决策，真心实意助推政府工作，一心一意促进发展惠民，为福清决战决胜全面建成小康社会做出新贡献。

一、把握新使命，传播好声音，夯实共同思想政治基础

全面贯彻《中共中央关于新时代加强和改进人民政协工作的意见》及省委、福州市委实施意见，把握人民政协新使命，构建协商民主主渠道，传播党委政府好声音，汇聚改革发展正能量。

坚持性质定位。深刻认识人民政协是政治组织，始终把政治建设摆在首位，增强“四个意识”、坚定“四个自信”、做到“两个维护”，坚持市委有号召、政协有响应，市委有安排、政协有跟进，始终与市委思想上同心、政治上同向、行动上同步，切实把政协建设成为“坚持和加强党对各项工作领导的重要阵地”。

提高政治站位。站位全局，凝心聚力，开播《海外之声》栏目，搭建委员履职有效平台，团结引导台港澳侨人士，发展壮大爱国爱乡爱港爱澳力量，参与“一带一路”建设，投身“一国两制”实践，为祖国和平统一大业添砖加瓦；站位大局，紧扣中心，组织政协委员，扎根界别，联系群众，主动发声，阐释政策，求同存异，聚同化异，切实把政协建设成为“化解矛盾、凝聚共识的重要渠道”。

履行责任到位。坚持思想政治引领的方向，组织参加单位和政协委员深入学习党的创新理论，增进政治认同、思想认同、理论认同、情感认同，共同担负起把市委决策部署落实下去、把社会各界的力量凝聚起来的政治责任，切实把政协建设成为“用党的创新理论团结教育引导各族各界代表人士的重要平台”。

助力发展进位。发挥政协优势，联络华侨华人、乡贤能人、客商友人和各级各界政协委员，建言献策以资改革之政，投资兴业以鼓发展之劲，团结联谊以固稳定之基，多层次融入、参与、服务、促进党政中心工作，以大团结大联合助推大发展，切实把政协建设成为助力福清高质量发展跨越赶超的重要方阵。

二、拓展新思路，贡献好智慧，发挥专门协商机构作用

按照“发扬民主与增进团结相互贯通”“建言资政与凝聚共识双向发力”的新思路，积极搭建有事好商量的平台，着力营造有事多商量的氛围，力行智慧众筹，将社会各界的力量，导入协商民主的渠道，汇成共建福清美好家园的强大动能。

搭建五个平台。搭建学习平台，坚持“周例会、月讲坛、季座谈、年培训”，建立干部领学、智库讲学、委员研学、政协励学的“四位一体”机制。搭建协商平台，吸收智库、利益相关群体参与常委会议协商，扩大有序政治参与；建立以专委会为基础的对口协商、界别协商、提案办理协商机制；加大专题协商密度，在小范围议，往深层次谈，促大力度办。搭建监督平台，依托《民意》刊物，对接“智慧福清”系统，促进委员反映的“微建言”、群众关心的身边事，得到及时回应、快速办理；依托《政协好声音》栏目，联动各类媒体，形成舆论监督与民主监督互动机制。搭建服务平台，在乡村、社区、园区新设一批委员工作室，由优秀委员领衔，挂牌上岗，

亮证服务，收集社情民意，参与社会治理，推动协商民主向基层、一线、网上延伸。搭建联谊平台，争取启动豆区园修缮，推进“委员之家”建设；设立深港澳委员联络站，探索在外委员发挥作用机制，加大港澳委员服务联络力度；推动设立青年创新创业平台，对接海内外乡亲社团，联谊世界各地融籍青年，为家乡发展注入新鲜血液。

突出五个重点。围绕贯彻新发展理念，聚焦县级集成改革试点、国土空间规划修编、“十三五”规划及全面建成小康社会、“十四五”期间重大民生项目安排，开展重大专题协商议政。围绕推动高质量发展，开展“抓项目、促跨越”专项行动、优化营商环境、企业降成本、民营和中小微企业融资、乡村产业振兴等调研视察。围绕促进社会公平正义，关注执行难和扫黑除恶专项斗争，助力社会诚信体系建设。围绕保障改善民生，关注推动老旧小区改造、背街小巷整治、小区物业管理，组织视察征迁安置房、名校新校区、福清市医院二期工程等项目建设，跟踪落实教育高质量发展、农村安全饮用水工程协商成果。围绕打好三大攻坚战，助推水系治理，持续开展保护“大山大水”专项行动，推动建立委员示范、各界参与、全民动手的生态环境保护长效机制。

探索五个试点。形成本届政协第一份专项工作决议，聚合参加单位、政协委员、社会各界的力量，为落实市委重大决策厚植政治基础、社会基础。提出本届政协第一份常委会建议案，推动议政性协商成果转化落实。组织开展本届政协第一次民主党派联合调研暨专题协商，探索建立发挥新型政党制度优势的有效机制。围绕市委重大决策部署贯彻落实情况，组织各党派团体，开展专项监督，呈递本届政协第一份民主监督报告。提请党政领导点题，邀请福州、福清两级委员参与，提交本届政协第一份上下联动提案，并推动协商办理。

力求五个突破。在政协党建方面，加强党组自身建设，巩固主题教育成果，建立委员党委及兼合式党支部工作规范，探索形成常态化机制，促进党员委员发挥先锋模范作用；在提案工作方面，探索常委会议按季协商跟踪督办重大提案，主席会议按月协商逐个督办重点提案，政府政协领导现场集中督办同类提案，联席会议听取提案办理情况汇报等举措；在反映社情民意信息工作方面，健全培训、激励机制，完善信息员小组与委员工作室线上线下联动模式，做好省政协社情民意信息直报点工作，提高采集报送质量；在文史工作方面，争取启动文史馆建设，举办福清老照片展，编撰闽江调水、一都状元文化等文史丛书，编辑具有地方特色的文史校本教材，推动政协文史进校园、入馆藏、赴海外、联乡谊；在履职管理方面，探索委员履职分类考核“积分制”，完善评价体系，建立激励机制，进一步调动委员履职积极性。

三、创设新载体，展示好风采，彰显政协委员责任担当

委员是政协工作的主体，政协是委员履职的平台。新的一年，市政协将积极创设载体，搭建平台，推进落实“十个一”，让政协委员在为民履职中展示时代风采：在2019年政协委员每人捐种一棵果树的基础上，2020年继续动员捐种大树名木，到本届末实现“委员一棵树、政协一片林”；在城区，持续开展“委员随手拍”“窗口服务体验行”“步行查创城、骑行看文明”等活动，委员每人提出一条建议，政协汇总形成一份报告；在农村，发起一个活动——“党委定调、政协号召、镇村吹哨、委员报到”，组织政协委员、列席人员回到本乡本土，配合党委政府，参与基层治理，每人为乡村振兴办一件力所能及的事；在本市范围内，结合“抓项目、促跨越”专项行动，逐个走访政协委员及其企业或所在单位，帮助解决履职或生产经营中的困难与问题，选树一批高质量履职的明星委员，扶持一批高质量发展的明星企业；在上述基础上，从2020年开始，向每位委员征集一个履职故事，到本届末编成一本书，将十四届政协的履职作为如实记录、客观留鉴。各位委员，参加政协是一份荣誉，更是一份责任。每一位政协委员都要把事业放在心上，把责任扛在肩上，不忘加入政协的初心，牢记为民履职的使命，努力成为懂政协、会协商、善议政的履职达人，担当起时代的责任，追求着奋斗的幸福，让社会各界高扬主旋律，充满正能量！

各位委员，人心是最大的政治，共识是奋进的动力。让我们更加紧密地团结在以习近平同志为核心的中共中央周围，在中共福清市委坚强领导下，牢记初心与使命，奉献智慧和力量，以更加勤奋扎实地履职，引领带动各界别群众，聚合海内外玉融儿女的磅礴正能量，在“十三五”发展长卷上，奋力书写2020的华彩终章，为开创新时代大福清建设新局面，夺取全面建成小康社会的伟大胜利而努力奋斗！

1月

2日 福清市召开2018年重点项目工作总结暨2019年第一期重点项目工作动员部署会。2019年第一期重点项目推进工作共安排玉屏、音西、龙山、龙江4个街道16个项目。

3日 市长张帆主持召开市十七届政府第75次常务会议。会议审议《关于打好脱贫攻坚战三年行动的实施意见》《关于统筹推进县域内城乡义务教育一体化改革发展的实施意见》。

4日 福清市首届"NEWFQ融聚文创季"之圆桌文化沙龙活动在市文化艺术中心举行，来自海峡两岸的设计师和高校师生团队，与市文化部门负责人、文史专家一起探讨如何让"福清有礼"文创产品落地。

10—12日 福清市政协十四届三次会议在市文化艺术中心召开。会议选举翁芳明为市政协第十四届委员会主席。

11—13日 福清市第十七届人民代表大会第三次会议在市文化艺术中心召开。大会表决通过《关于福清市人民政府工作报告的决议》《关于福清市人民法院工作报告的决议》《关于福清市人民检察院工作报告的决议》等6项决议。

22日 2019年福清市文化科技卫生"三下乡"集中服务活动在龙田镇树下村举行。

22日 市十七届政府2019年第一次全体会议召开。市长张帆主持会议并讲话。张帆要求，一要立足新起点，体现新担当新作为；二要突出重点，盯紧全年目标任务；三要狠抓落实，做好岁末年初各项工作。

23日 福清市2019年第一次国有建设用地使用权拍卖在市行政服务中心举行，共出让7宗地块，总面积约263288平方米（合394.93亩），成交总价39010万元。

24日 市长张帆主持召开市十七届政府第77次常务会议。会议审议《福清市深化"抓项目、促发展"开展强产业补链条项目年行动方案》。

25日 福清市中小学生交通安全知识竞赛暨安行福清·零违法零事故车辆驾驶员抽奖活动在市广电局演播厅举行。

25日 福清市卫健系统高层次人才座谈会暨2018年度县级公立医院院长述职报告会召开。

26日 元洪年货展销暨元洪食品品牌发布大会在元洪京东电商城举行。

28日 中共福清市第十三届纪律检查委员会第四次全体会议在市人民会堂召开。

31日 福清市2018年度镇（街）党（工）委书记抓基层党建述职评议会召开。

31日 市委农村工作会议召开。

31日 福清市与居然之家福建大区举行福清居然之家综合体项目签约仪式。副市长刘必建参加活动。

2月

1日 为期3天的福清市利桥特色历史文化街区迎春民俗文化节拉开帷幕。

1—2日 福清市四套班子领导分别带领机关党员干部和志愿者们走上街头，开展"干干净净迎春节"节前志愿清洁行动，以干净整治有序的市容市貌迎接新春佳节的到来。

2日 中国侨联党组成员、副主席隋军在省侨联主席陈式海、福州市侨联主席蓝桂兰的陪同下，到融慰问困难侨界群众并开展调研，视察福清华侨公园工程建设进展情况。

2日 福清市召开道德模范、"身边好人"新春座谈会，对30名福清市首届道德模范和2018年度"身边好人"进行表彰，并慰问部分困难道德模范和"身边好人"。

12日 福清市召开侨情和港澳乡情调查部署会，市直有关部门及各镇街统战委员、联络员等约800人参加会议。

13日 据《福州日报》报道，福清市2018年GDP达1102.1亿元，增速9.6%，高于福州市增速1个百分点，10年来首次位列福州地区第一名。

13 日 福清市举行 2019 年新春茶话会，市四套班子领导与原任福清市四套班子主要领导，其他副处级以上领导，市直有关单位、镇街主要领导，企业界代表等 500 多人欢聚一堂，共叙情谊，畅谈发展。会前，与会者观看了福清市改革开放 40 周年摄影作品展。

15 日 经市政府批复同意，东张水库高干渠更名为“福渠”，低干渠更名为“清渠”。

15 日 市直机关基层党委书记抓基层党建述职评议会议召开。

15—17 日 由福清市委、市政府主办的“闹元宵・看民俗”福清市第十届民间民俗文化节活动在市“两广一中心”举行。

18 日 市委第八轮巡视工作动员部署会召开。本轮巡察分两批巡察 6 个单位党组织。

21 日 福布斯印尼十大富豪榜名单揭晓，融籍企业家蔡道平、林逢生上榜。

21 日 福清市举行 2019 年第二次国有建设用地使用权拍卖会，共出让 5 宗地块，总出让面积为 186514.97 平方米（约合 279.77 亩），总成交价 286710 万元。

22 日 福州市委常委、福清市委书记王进足和市长张帆分别带领相关单位干部职工以及党员、“河小禹”志愿者们，到龙田镇大湖洋和海口镇天宝坡灌区岑兜洋渠段，开展“全市 2019 年冬春修水利大会战”统一行动。

22 日 市长张帆主持召开市十七届政府第 78 次常务会议。会议审议《关于坚持农业农村优先发展做好“三农”工作的实施意见》。

27 日 市长张帆主持召开市十七届政府第 79 次常务会议。会议审议《福清市新一轮促进工业和信息化龙头企业改造升级行动计划（2018—2020）》《关于深化“互联网＋先进制造业”发展工业互联网实施方案》。

28 日 福清市举行 2019 年第一季度重大项目集中开工动员会。龙江公交枢纽站、福建三峡海上风电产业园 LM 叶片厂主题工程等 10 多个重大项目开工动建。第一季度重大项目集中开工建设总投资 63.71 亿元，年度计划投资 27.22 亿元。

3 月

2 日 “三象合一・石齐艺术展”开幕式在市美术馆举行。省、福州市文联、美协，省文史研究馆、北京石齐画院领导、石齐画院各基地的艺术家代表以及市民代表、石齐母校师生等 600 多人出席开幕式。

2 日 印尼东方集团董事局主席许经琮，印尼威拉萨帝集团董事长韩金福，印尼中爪哇省中华总会主席郑群璋，印尼三宝垄福清公会主席、印尼猫屎咖啡董事长陈福全等带领印尼商贸考察团，到福清开展为期 3 天的参观考察并召开座谈会。会上双方就华侨银行等元洪国际食品产业园相关项目情况进行交流。

5 日 2019 年福清市创建全国文明城市动员大会召开。会议通报 2018 年度福清市创建全国文明城市测评情况，部署 2019 年创城工作。

6 日 2019 年福清市宣传思想文化工作会议暨新时代文明实践中心工作推进会召开。

14 日 市政协主席翁芳明，副主席陈生、吴华云、副调研员张忠康带领部分福州市、福清市政协委员，视察市历史文化街区改造工作，实地察看重点项目第二指挥部豆区园传统街区，第一、第二指挥部利桥传统街区改造现场，并听取传统街区保护开发工作情况介绍。

15 日 全市统战工作会议召开。

17 日 福清市 2019 年义务植树暨“村植千树”绿化行动在龙田镇后林村举行。市四套班子领导以及干部群众代表、志愿者共 200 多人参加活动。

20 日 江阴港进一步加快基础设施和智慧港区建设，优化港口营商环境，于 4 月前实现港区 5G 全覆盖。

21 日 福清市召开预防校园暴力及欺凌工作会议。会议总结福清市预防校园暴力及欺凌工作开展情况，并部署下阶段工作。

22 日 福清市纪委监委组织开展 2019 年福清市首场领导干部任职前廉政法规知识测试，73 名拟任领导干部参加测试。

25—27 日 由中国电子材料行业协会、中国光学光电子行业协会液晶分会主办，福清市人民政府承办的 2019 中国显示行业供应链技术和市场对接交流会暨第二届（2018 年度）中国新型显示产业链“发展贡献奖”表彰大会在福清市举行。工业和信息化部规划司原司长、中国工程院咨询中心特聘专家肖华，福建省工信厅副厅长陈建业，以及工信部相关司局、省、福州市相关部门领导及业内专家、行业协会负责人、显示行业产业链相关企业负责人共 200 多人参会。

28 日 龙江南路 D 段道路 1 标段工程（监理）项目在市行政服务中心正式开标。该项目是福清市建设工程电子招投标交易平台 3 月 1 日上线以来，首个全流程电子标开标房建市政工程项目。

28 日 甘肃省定西市及七县区残联考察团到融考察调研，对接残联东西部扶贫协作工作。参观考察市福乐家园和市残疾人辅助性就业基地。

29 日 市长张帆主持召开市十七届政府第 81 次常务会议。会议审议《关于开展全市美丽乡村建设项目问题排查整改行动方案》《福清市实施乡村振兴战略规划（2018—2022）》。

29 日 市应急管理局与福清海事处、蓝天救援中心、中国人民财产保险公司福清支公司、福清市长杰视波技术研究所等几家机构签订福清应急救援能力建设战略合作框架协议。市领导张新怿参加签约仪式。

29日 由市委宣传部主办，市教育局、市文化体育和旅游局承办的“雅韵古琴，传承经典”2019年福清市“古琴文化进校园”启动仪式在城关小学举行。

4月

2日 福清市革命史研究会举行3周年庆典暨“莱安战役”70周年纪念会。福清、福州、莆田、平潭、长乐等地的数百名革命后代参加活动。

2日 2019年福州市大型石油化工应急救援演练在福清江阴港城经济开发区闽海能源有限公司举行。福州市领导林飞、许南吉，福清市领导张帆、张新怿、高双成等到现场指挥，福清市相关参演单位共计400余人参加演练。

3日 《福清市高水高蓄工程东山水库先行项目实施方案》完成前期报批。根据方案，福清将在虎溪音西街道东山段西侧新建一座滚水坝。

3日 “2019年中国·元洪进口食品供销对接会暨元洪在线、元洪供应链金融平台上线仪式”在市体育馆举行，吸引来自美国、法国、印尼、香港、台湾等15个国家和地区的50家食品供应商，以及国内外近300家食品采购商参加活动。

6日 在福州第二技师学院二期扩征项目一期工程中，随着由福建鸿生高科技环保科技有限公司生产的一块样板“零部件”顺利安装到位，标志着装配式建筑在福清实现零的突破。

8日 福清市在全市范围内结合实施“红色领航工程”和主题党日活动，开展“忆苦思甜颂党恩，担当作为促发展”的“忆苦思甜”主题系列活动。

8日 800多位来自福建师大福清分校、福清卫校、海口中学、元载中学、海口小学、元载小学的师生以及海口镇的社会各界群众在海口镇塔顶山祭奠抗倭寇，将生命永远留在这里的无名烈士。公祭活动由海口镇政府、福清市老科学技术工作者协会、福清市文物保护协会联合举办。

11日 福清市·通渭县东西部协作中小学、幼儿园结对教育帮扶项目对接仪式在百合小学举行。交流活动期间，通渭县教师还考察、体验福清市的教学和管理。

12日 福清市市场监管局在全市范围内开展为期1个月的药品、医疗器械流通市场综合整治行动，全面排查药品和医疗器械流通领域可能存在的风险隐患。

12日 市纪委组织市纪委监委案件承办科室、组宣部干部、各镇（街）纪（工）委书记、村居主干代表近200人旁听“审判东瀚镇杨为清诬告陷害案件”庭审活动，让党员干部“零距离”接受警示教育。

13日 “一都枇杷行·东关宴天下”2019年第二届福州（福清）枇杷节在一都镇东关寨举行。省农业农村厅厅长黄华康，福州市委常委、福清市委书记王进足，神舟5号火箭系统总指挥黄春平，福州市副市长严可仕，省政协常委、省乡村休闲发展协会会长柯少愚，省工业和信息化厅副厅长兰文参加活动。

16日 福清市举行城市基层党建工作者出征仪式暨岗前培训，各街道组织委员、2018年选聘的70名城市基层党建工作者参加会议。

16日 中共福州市委党史和地方志研究室主任高锦利一行，到一都镇调研东关寨、罗汉里闽中革命根据地等历史文化遗址开发利用情况，并在大招自然村召开座谈会，指导《东山村志》编修工作。

16日 市长张帆同央企中国通号旗下的模琴通号股权投资基金董事长余粤签订镜洋镇乡村振兴与特色小镇绿色发展项目战略投资框架协议。副市长潘俏黎参加签约仪式。

16日 由中国塑料加工工业协会主办的全国“薄膜产业链市场与技术发展研究会”在福清市举行。来自国内外的行业企业代表、有关科研、检测机构与高校代表约350人参加活动。市长张帆在开幕式上致辞。

17—20日 甘肃省通渭县党政代表团到融开展东西部扶贫协作活动，考察福州新区福清功能区党群服务中心和元洪在线、元洪京东电商城、亚琦商贸城、长德蛋白科技、新福兴玻璃等项目。

21日 福清市召开生命公园和农村幸福院建设培训部署会。

21日 2019年福清市“十佳最美职工”评选结果出炉。

22日 省残联党组书记、理事长邵旭一行到融调研残疾人工作，视察市残疾人辅助性就业基地以及福乐家园、市特殊教育学校和市阳爱语训康复中心。

24日 团市委在福清一中闽海抗日将士纪念坛，组织开展“青春心向党、建功大福清”纪念五四运动100周年特别主题团日活动。

23—24日 福州市委常委、福清市委书记王进足带领相关人员，赴甘肃省定西市通渭县开展东西部扶贫协作对接交流工作，调研考察脱贫攻坚，协调落实帮扶项目，共商两地合作发展。定西市委常委、副市长陈曾勇，通渭县委书记邵志刚陪同调研。

23—24日 省人大常委会副主任雷春美、潘征一行到融开展促进革命老区发展暨全省人大工作和建设情况专题调研。福州市人大常委会副主任柯有铭、陈春光陪同调研。

25日 福清市举行2019年第三

次国有建设用地使用权拍卖会，共出让3宗地块，均为商住用地，总面积约122260.61平方米（183.39亩），总成交价16.8亿元。

29日 省自然资源厅党组书记林文斌带领有关人员到融调研重点项目保障和第三次全国国土调查工作完成情况。

29日 京东元洪食品数字经济产业中心举行开园仪式，并召开元洪食品数字经济产业发展峰会。

29日 由市委政法委、市检察院、市教育局联合举办的校园法治微电影《“未”你而来》首映礼暨福清市校园防欺凌，防性侵及食品安全工作培训会举行。省、福州市检察院有关部门领导，全市各中小学校长、幼儿园院长等共500多人参加活动。

29日 连城县委常委、副县长周仁金带领考察团一行到融开展对口帮扶活动。

30日 福清市有2人获2019年福建省五一劳动奖章称号，2个单位获福建省工人先锋号称号，3个单位获福州市五一劳动奖称号，8人获福州市第三十六届劳动模范称号。

30日 福清市召开各界青年学习贯彻习近平总书记重要讲话精神暨纪念五四运动100周年座谈会。市领导王进足、林中、翁芳明、陈恒东、林峭立与市各界青年、劳模代表30余人参加座谈会。

30日 由福州市农业农村局、福州市文化和旅游局、福清市人民政府主办的“枇杷小镇　慢城时光”第二届福州（福清）枇杷节福州分会场暨2019年福清旅游小镇主题推广周活动在福州三坊七巷宗陶斋举行。

30日 市总工会联合团市委在市体育馆组织开展“搏拼新时代、共建大福清”青年职工主题集会活动，200多名优秀青年职工代表参加。

5月

4日 福清世联会在印尼雅加达举行第八届理监事会换届暨就职典礼。22个国家10多个区域的主席团代表参加。姚忠从当选第八届世联会主席。

5日 市行政服务中心优化工作措施，陆续推出多个优化企业开办流程、压缩办理时限的优惠政策，实行企业登记无偿代办服务。

8日 “五一”假期期间，福清市接待游客约38.93万人次，收入5000万元。

9日 福清455个行政村全面开展“2019冬春修水利大会战”，全市1284个自然村已建成1331口池塘，完成“修沟渠”“清淤杂”1236.1千米。

9日 市金融办牵头市公安局、市场监管局、税务局、发改局、人行联合行动小组，开展为期一个月的打击非法金融专项行动。共梳理排查各类企业近400家，责令限期整改企业7家。

9日 新福兴新能源玻璃产业园第一片浮法玻璃诞生。新福兴新能源玻璃产业园项目位于江阴港城经济区，项目用地79.47公顷，计划投资45亿元，建设6条新能源玻璃生产线。

9日 福建省政府副省长李德金带领省直有关部门负责人到福清市调研乡村振兴工作，视察台湾农民创业园建设、设施农业发展、美丽乡村试点示范、农产品电商等工作推进情况。

10日 福清市“搏拼在一线”主题宣讲活动初选工作在市图书馆举行。来自市重点项目征迁指挥部、乡村振兴办、政法委等部门单位的近30名一线工作人员，参加宣讲活动。

11日 市卫健局在福清市医院大礼堂举办庆祝“5·12国际护士节”暨表彰大会。

11日 中国慈善联合会第二届会员大会暨二届一次理事会召开。林文镜慈善基金会当选中国慈善联合会第二届理事单位。

16日 历经一年多建设施工的虎溪东园基本建设完成。公园面积约140000平方米，是福清市又一个市级生态湿地休闲公园。

17日 第二届21世纪海上丝绸之路博览会暨第二十一届海交会投资促进大会在福州海峡国际会展中心举行。福清市上台签约20个项目，总投资361.5965亿元。

19日 哈萨克斯坦巴甫洛达尔州副州长卡比肯诺夫一行到融参观考察。察看江阴港区、新福兴新能源汽车玻璃产业园、星源牧业、福州新区福清功能区、元洪京东电商元洪国际食品展示交易中心等项目。

20日 新一轮增值税改革实施首月，榕城海关驻福清办事处共接受申报进口降税报关单3862票，为辖区外贸企业减征增值税6233.34万元。

20日 江阴工业区福建丞翔家具有限公司通过国际贸易“单一窗口”自助打印系统，打印出带有印章签名的中国—澳大利亚自贸协定原产地证书。这是福州海关签发的首份企业自助打印原产地证书，也是福建省首份海关签发的企业自助打印原产地证书。

23日 福清市滨江小学第二校区项目全面封顶。校区在龙江街道观音埔村，用地面积约3.67公顷，建筑面积约2.46万平方米，共建设6栋建筑、设置60个班级、2700个学位。

23日 福清市召开2019年市直机关党的工作会议。

23日 福建省“千企帮千村”精准扶贫行动推进会暨民企参与实施乡村振兴战略工作会议在福州召开，表彰一批“千企帮千村”工作先进企业，福清市有7家企业受到表彰。

26日 融森集团向福清市政府捐

赠“应急救援直升机”交付使用活动在福清龙江公园体育场举行。这是全国首架县级应急救援直升机捐赠项目。捐赠的直升机为意大利奥纳多直升机探路者，是一款3.2吨级轻型双发直升机，价值5200多万元人民币。市领导王进足、张帆、林中、翁芳明、张新怿、陈存枫、林彤、刘必建及融森集团董事长薛经官、总经理薛秋红参加活动。

27日 福清市明信海产品有限公司首批3吨、价值781.17万元的干制鲍鱼顺利出口香港，这是福州首次出口干制鲍鱼产品。

27日 2019年福清市“一懂两爱”村务工作者创新思维与能力提升培训班在市委党校举行。

29日 在福清市一都镇普礼村的闽中罗汉里游击队根据地旧址举行“福州市爱国主义教育基地”揭牌仪式。闽中罗汉里游击根据地旧址先后被授予“福建省老区革命遗址”“福清市爱国主义教育基地”“福州市级红色文化党性教育实践基地”“福州市党史教育基地”等称号，于2019年3月获评“福州市爱国主义教育基地”。

29日 弘扬“两弹一星”精神及核工业精神全国巡回宣讲报告会在市文化艺术中心举行。市领导张新怿、林彤及中核集团、福清核电相关领导，中核华辰建设有限公司、福清核电基地各参建单位等共1000余人聆听报告会。

6月

1日 福清市—通渭县东西部扶贫协作、上海市慈善基金会“美慈润心”关爱儿童专项基金“AI童伴行动”教育产品发放仪式在甘肃省通渭县举行。上海市慈善基金会创始人余惠文女士，甘肃省副省长何伟，定西市副市长马文玫，通渭县委书记邵志刚，福清市委副书记、市长张帆出席活动。

2日 第16届中国文华表演奖正式揭晓，全国有10位表演艺术家获奖，融籍表演艺术家周虹名列其中。

4日 福清市全面启动离休干部购买服务项目。线上，离休老干部们可以通过网络平台，享受到24小时不间断的服务。线下，老干部最需要的实体服务如送餐、家电维修、陪医就诊等问题也将得到逐步实现。

5日 “品民俗文化 过浓情端午”——2019年福州市“我们的节日端午”主场活动在市体育公园举行。活动由福州市委文明办主办，福清市委文明办、龙山街道承办，龙山街道融东社区、福清市文化馆、福清市瑞亭小学、福清市老年大学协办。

5日 福清市在百合小学举行“美丽福清，我是行动者”世界环境日系列活动——“蓝天保卫战 红领巾在行动”主题活动。

5日 福清市在生态文化公园则徐公园广场举行林则徐虎门销烟180周年暨禁毒宣传月启动仪式。福建省人大常委会原副主任、林则徐基金会原会长林强，福建省政协常委、福州林则徐基金会原副会长林祝光参加仪式。

5日 《全国革命老区县发展史·福州卷》编纂工作会议在融召开。福州市老促会会长吕英以及各县（市区）老促会负责人参加会议。《红土地》杂志社副主编董大理应邀参加会议。

8日 由省文化和旅游厅主办的闽台传统武术展演活动在福州三坊七巷、省非遗博览馆拉开帷幕。福清宗鹤拳协会参加展演活动。

10日 教育部正式批复福建师范大学福清分校更名为福建技术师范学院。

10日 市委第九轮巡察工作动员部署会召开，部署推进对12个单位党组织巡察工作。

12日 中共福清市委十三届九次全会召开。全会审议《中共福清市委关于深入学习贯彻习近平总书记在参加十三届全国人大二次会议福建代表团审议时重要讲话精神的决定》和5个具体实施意见、工作意见，表决通过《中国共产党福清市第十三届委员会第九次全体会议决议》。

13日 福清一中、城关小学计划在江阴港城新厝生活配套区建新校区，正在开展相关项目的土地报批及设计等工作。

15—17日 福清市举办以“共创新平台、共享新成果、共赢新时代”为主题的元洪国际食品产业发展论坛。

16日 “元洪在线”展示体验交易中心正式运行，为海内外食品供应商和采购商打造一线式跨境食品B2B交易服务平台。

18日 由市委统战部、市海联会主办，印尼泗水新中三语学校、北京师范大学福清附属学校承办的2019年第一期“寻源祖地看福清”海外华裔青少年夏令营，在北京师范大学福清附属学校正式开营。市领导陈存枫、蔡和斌、印尼新中校友基金会主席何文金，及117名印尼华裔青少年和带队老师参加开营仪式。

19日 福清市召开世界闽商大会重点融籍企业家座谈会。福州市、福清市领导王进足、陈存枫、林友华、刘必建参加座谈会。

19日 连城县县长詹崇仁带领连城县党政代表团来融，开展山海协作对接活动。

20日 福州海关进境空箱全流程智能化监管快放模式在江阴码头正式启动，标志着福州海关率先通过“制度+科技”创新再造的进境空箱通关流程正式实施。

20日 福清市在福清万达广场举办安全生产宣传咨询日活动，活动分为观看宣教视频、有奖问答、防震救灾演练、应急救援、装备展示等多个环节。

21日　福清市召开创建“无欠薪城市”2019年度工作部署会议。

24日　福州日报在“三个福州”系列谈栏目中，以《在“三个福州”建设中奋力先行走在前列》为题，专访福州市委常委、福清市委书记王进足。

24日　福清洪宽创新科技产业园项目举行开工动员会。

25日　福清市2019年新闻发言人培训班在福建师大福清分校举行，邀请福建日报福州记者站站长、高级记者段金柱，省委党校副教授班玉冰进行为期一天的培训。

27日　2019年福清城区6所中学初招方案出炉，城区除了福清侨中、福清二中、融城中学、元洪高级中学、滨江中学外，新增福清一中新校区招收初一新生，其招生范围已划定，过渡时段安排于福清一中凤凰山校区上学。

27日　福清市启动2019年福清市“文化惠民乐万家”文艺下乡巡演活动，演出时间为7–10月，首场演出活动在宏路街道周店村。

27日　福清一中校友、中国工程院院士、同济大学校长陈杰回母校看望师生，并为师生们做了一场《人工智能带给我们的未来——换个角度看世界》的励志讲座。

28日　福清市召开农村人居环境整治提升暨“清沟、扫地、摆整齐”工作推进会。

28日　由市委统战部、市归国华侨联合会、市海联会主办，印尼福清社团总会、福建师大福清分校承办的2019年第二期“寻源祖地看福清”海外华裔青少年夏令营正式开幕。市领导陈存枫、刘必建参加开营仪式。

29日　由市委组织部、市委宣传部主办，团市委、市文旅局、市广播电视发展中心承办的，以“颂歌献给党”为主题的快闪活动在福清万达广场举行。1000余名党员干部、学生和自发参加的群众一起纵情歌唱，共同庆祝中国共产党成立98周年。

30日　福清龙华职业中专学校与日本KENKO集团举行校企合作签约仪式。

7月

1日　福清市召开“两优一先”代表座谈会，福州市委常委、福清市委书记王进足出席座谈会并讲话。

2日　2019年福清市秋季普通高中招生计划出台，20所公、私立学校计划招生187班8740人，比2018年减少756人。

2日　春满园农产品供应链交易中心在福清公路港与10多家物流配套企业签署战略合作框架协议，标志着福清市农产品从生产、批发、仓储、运输到销售各个环节已形成有机统一，进一步完善农产品的追溯体系，让市民买菜更放心，餐桌更安全。

2日　“美丽家园巾帼行动”现场推进会暨美丽乡村女子幸福学堂启动仪式在宏路街道周店村举行。

2日　由市委组织部、市委宣传部共同主办的“忆苦思甜颂党恩”主题巡回宣讲启动仪式暨首场宣讲活动在市广电中心演播大厅举行。市直机关党工委、教育工委、卫健工委、7个街道镇村干部等共260多人参加活动。

2日　福清市在融侨大酒店举办“不忘初心、情系桑梓”——林文镜先生逝世一周年追思会。中共福建省委统战部副部长、省侨办主任冯志农代表福建省委统战部和省侨办，中共福州市委常委、统战部部长陈晔代表福州市委、福州市政府，中共福清市委常委、统战部长陈存枫代表福清市委、福清市政府，分别在会上发言。

3日　由中国核能电力股份有限公司主办，福清核电有限公司承办的中国核电首届“追求卓越”杯青年职工技能竞赛在福清核电拉开序幕。

4日　福建光阳蛋业股份有限公司首批8.3吨检验检疫合格鲜鸡蛋出口香港，实现福州关区鲜鸡蛋出口零的突破。

4日　2019年第二季度老干部通报会暨市级老领导座谈会召开。市领导林中、胡万源、朱育平及部分市级老领导、离退休老干部参加座谈会。

5日　中共福清市政协委员委员会和八个下属兼合式党支部成立并举行揭牌仪式。

5日　全市生态环境保护工作推进会召开。

9日　福清市政府批复，在原市音西中心小学霞盛校区成立福清市滨江小学霞盛校区，属市直小学，由滨江小学教育集团统一管理。

9日　福清市在东张镇办公室召开《东张镇志》评审会。《东张镇志》是福清市首部按照福州市村镇志精品文化工程要求打造的镇志。

9日　由市委组织部主办的“党建引领新使命、振兴乡村谋作为”福清市村干部知识竞赛在市广电局演播厅举行决赛。

9日　四川省攀枝花市委书记贾瑞云、副市长刘建明带领考察团到市坤彩科技公司调研，并就开展筚取法制备的高纯度二氧化钛项目与坤彩科技签订战略合作框架协议。

10日　福清市召开2019年新任科级领导干部任前集体廉政谈话会。

10日　美国侨商联合会向福清市捐赠价值1200万元的医疗设备。致公党福建省委专职副主委、省政协副秘书长、港澳台侨和外事委员会副主任吴棉国，省委统战部侨政处处长陈传应，中国侨联第九届海外委员、美国侨商联合会主席郑棋，福清市副市长刘必建参加捐赠仪式。

11日　福建省贸易促进中心项目组人员带领布基纳法索、老挝、毛里求斯、蒙古、斯里兰卡、巴拿马6个国家的24名官员到融参观元洪国际食品产业园，并召开交流座谈会。

11日 全国政协常委、全国工商联副主席、四川省政协副主席、四川省工商联主席陈放在省政协教科卫体委专职副主任江登峰、福州市政协副主席郑勇等陪同下，到融考察企业创新主体培育的经验成效，实地参观福建宏港纺织科技有限公司。

13日 主题为“满园春色”福清·思明·诏安庆祝“新中国成立70周年”美术书法作品联展福清站在市美术馆开幕。

13日 宁德市福清商会第二届第一次会员大会暨理（监）事会就职典礼在宁德市万达嘉华酒店举行。林美富任第二届会长。

19日 福清市召开2019年移风易俗工作推进会。

21日 新建成的福清市老年体育活动中心正式启用。活动中心位于虎溪公园西园A区内，虎溪西侧福俱大道东，清荣大道北侧，中心占地4288平方米，建筑面积7500平方米，建筑投资3139万元。

25日 福清市位列全国县域经济百强榜第18位，比2018年上升1位。

25—26日 中国·元洪国际食品产业园全球巡回推介会在上海美丽豪酒店举行。推介会由福清市政府主办，福州新区福清功能区管理委员会、福清市工商业联合会、福清市上海商会承办，元洪在线、京东集团、福建丰大实业有限公司协办。

27日 全国1+N基层妇产科医师培训工程（2019）暨健康扶贫攻坚项目在福清市妇幼保健院召开。培训会由中国妇幼保健协会妇科内分泌杂志主办，中国医师协会妇科内分泌培训专业委员会协办，福清市200多位妇产科临床和保健科医师参加培训。

28—29日 福州市举办“福州古厝保护与文化传承论坛”活动，福清市作为分会场之一。27日，福清市在龙山街道玉塘村吴氏宗祠开展利桥特色历史文化街区规划展示主题研讨活动。

29日 福清市中医院举办“二级甲等中医院”挂牌仪式。6月5日，经省卫健委审核批复，福清市中医院确认为二级甲等中医院。

30日 福清市上半年全体居民人均可支配收入18293元，比上年同期增长8.9%。

8月

2日 2019年度全市征兵工作会议召开。会议表彰2018年度福清市征兵工作先进单位和先进个人，总结2018年福清市征兵工作，部署2019年征兵工作。

6日 2019年福清市各民主党派、工商联骨干成员及党外后备干部培训班开班。市委常委、统战部长陈存枫出席并发表讲话。

8日 福清市举办信用修复专题讲座，全市29个信用监督相关单位参加培训。讲座邀请专家教授阮得信为参训人员做《社会信用体系建设——信用修复与信用监管》主题讲座。

8日 2019年全市妇女儿童工作委员会会议召开。

9日 市退役军人事务局举办全市退役军人事务工作业务培训班暨退役军人服务站“121”工作模式现场观摩会。

9日 以“齐聚千机元洪 成就万亿市场”为主题的中国·元洪国际食品产业园全球巡回招商推介会（广州站），在广州白云国际会议中心举行。130多家企业及广州福州商会、广东省福建福清商会、广东省江西商会、上海市福清商会代表参加活动。

10日 福清举办“春华秋实”庆祝新中国成立70周年美术书画展，集中展出新中国成立以来各时期、各阶段有代表性的福清籍优秀艺术家的作品，共征集到60位融籍老中青三代书画艺术家的70件作品。展览时间持续至8月25日。

13日 省委宣传部在福清市新时代文明实践中心举行《新中国发展面对面》赠书活动。人民出版社副总编陈鹏鸣，省委宣传副部长肖贵新，福建新华发行集团党委委员、纪委书记洪松生，向市新时代文明实践中心和基层群众代表赠书。

14日 福清火车站站房改扩建工程竣工，新增风雨廊、4台扶梯等，可容纳乘客2600人。

15—16日 中国·元洪国际食品产业园全球巡回推介会在北京福建大厦举行。推介会由福清市人民政府主办，福州市回归办、福清市工商联合会、北京福州企业商会、北京福清同乡会、北京福建水产农特产企业商会、元洪在线、京东集团、福建丰大实业有限公司协办。

16日 由市委党史和地方志研究室、市社科联主办，市革命史研究会承办的的福清解放70周年纪念活动在福清市革命史研究会举行。社会各界近百人参加活动。福建省司法厅原厅长陈振亮、“一门三烈士”后代陈碧云等先后致辞，缅怀革命先辈。

16日 福州市长尤猛军赴江阴港城经济区参加坤彩科技江阴产业园正太年产50万吨二氧化钛、50万吨氧化铁项目开工暨富仕年产20万吨二氯氧钛项目正式投产动员活动。福州市委常委、福清市委书记王进足参加活动。

16日 市政协“大山大水”生态环境保护专项协商监督启动仪式暨“巡河清渠行动回头看”主题活动在则徐公园举行。

16日 由人民政协报社、人民政协报网络有限公司主办的“致敬70

年·寻找最美基层政协委员”活动在北京启动。福清市政协委员、乡村爱心厨师薛建波被推选参加“最美基层政协委员”评选活动。

16日 福州市委常委、福清市委书记王进足带领相关部门负责人，深入福州市书生实验学校调研教育工作，为学校发展排忧解难。

19日 福清市召开先行融入“不忘初心、牢记使命”主题教育工作推进会。

20日 福州市七县（市）区公安局“110”处警模式改革启动仪式在福清市举行，标志着福州公安“110”新的勤务机制正式运行。启动仪式设福清主会场和长乐、闽侯、连江、罗源、闽清、永泰6个分会场。“110”新的处警模式改革后，福清等七县（市）的处警工作由原先的派出所为主，调整为由巡特警为主负责，同时按照“网警四化”要求，建立动中备勤、动中处警的勤务机制，安排巡特警、巡逻警组在巡区巡逻处警。

20日 市人大常委会组织省、福州市、福清市三级人大代表视察观溪片区建设情况，先后察看观溪片区规划建设、聚龙国际创业小镇、温德姆酒店、工人文化宫、市委党校新校区等项目建设情况。

22日 市政协、市计生协会举行2019年度助学活动，共为58名大学新生及计生贫困户子女发放29.8万元助学款。

27日 福州市委常委、福清市委书记王进足带领有关部门负责人赴寿宁县，开展考察对口协作发展共建工作，谋划产业协作，共话民生事业发展。寿宁县委书记汤孔忠，寿宁县委常委、宣传部长吴传洪分别陪同相关活动。

28日 福清市新的社会阶层人士联谊会党性教育暨建言献策培训班开班。

30日 福州市委常委、福清市委书记王进足主持召开市委常委会会议，传达国家生态环境部有关通报情况，深入研究江阴港城经济区环保问题整改工作，全面部署全市重点环保问题整治工作。

9月

2—3日 福州市委常委、福清市委书记王进足带领“深入推进生态环境问题大整改，坚决打赢碧水蓝天净土保卫战”园区企业整治组，分别赴福州新区福清功能区、融侨开发区开展专项行动，把推进环保问题整改，作为先行融入“不忘初心、牢记使命”主题教育活动、增进民生福祉的重点来抓，对全市环境保护工作进行全面体检，全力以赴抓好整改落实，推动美丽福清、生态福清建设。

3日 市长张帆带领“深入推进生态环境问题大整改，坚决打赢碧水蓝天净土保卫战”流域污染整治组赴东张镇、一都镇，开展生态环保专项行动暨调研古厝保护、软弱涣散基层党组织整顿提升活动，要求各级各有关部门要高度重视，科学谋划，夯实责任，强化工作联动，推进生态环境问题整改见底见效。

4日 市长张帆主持召开市十七届政府第96次常务会议。会议审议《关于全市工业园区改造提升的实施意见》。

3—4日 中国产业海外发展协会副秘书长兼中哈产能合作促进中心主任王克文带领考察组赴元洪国际食品产业园考察。

5日 第七届全国道德模范表彰大会在北京召开，福清市城头镇吉钓村卫生所的村医王锦萍被授予“全国道德模范”荣誉称号，成为福州首位全国道德模范。9日，福州市委常委、福清市委书记王进足和市长张帆接见从北京载誉归来的第七届全国道德模范王锦萍，向她表示祝贺和敬意，并勉励她珍惜荣誉，再接再厉，继续在本职岗位上发挥示范带头作用。

5日 福清市行政服务中心创新研发“融e行”智慧审批平台，涵盖企业登记、经营管理、工程建设、社会事务等1300多个审批事项。是“一窗受理、集成服务”的进一步深化，实现“无差别受理、不见面审批”。同时，该平台针对企业和个人常办的事项进行进一步梳理，推出了20类套餐联办事项以及企业设立银行代办服务，为群众提供“一站式”自助申报服务。

8日 2019年厦门国际投资贸易洽谈会暨丝路投资大会开幕，福清市共征集12个合同类项目，总投资79185.8万美元，利用外资31214万美元。

8日 福建省商务厅联合印尼驻广州总领事馆举办中国（福建）—印尼双向投资合作推介会。福州新区福清功能区在会上作构建中国（福州）—印尼（三宝垄）“两国双园”项目推介。印尼驻中国兼蒙古国特命全权大使周浩黎，福建省政府副省长郭宁宁出席推介会并致辞。福州及福清市领导王进足、林友华、刘必建参加推介会。

9日 福清市举行全市教育大会暨庆祝第35个教师节活动。

10日 由福清市政府、福州市工业和信息化局、福州新区福清功能区管委会指导，元洪在线、京东集团、丰大实业、中国食品报主办的2019首届元洪国际食品交易会在元洪在线展示体验交易中心开幕。

11日 中哈企业家委员会第六次全体会议在北京举行。市长张帆代表福清市人民政府与哈萨克斯坦巴甫洛达尔州州长巴卡乌夫正式签署《中华人民共和国福建省福清市人民政府与哈萨克斯坦共和国巴甫洛达尔州地方政府合作共建中国—哈萨克斯坦“一带一路”国际农工产业合作区框架协定》。12日，福州市委常委、福清市委书记王进足会见哈萨克斯坦巴甫洛达尔州州长巴卡乌夫带领的考察团一行，商洽双方合作事宜。考察团一行还在市长张帆陪同下，走访星源农牧、全球（元洪）数字经济产业中心、胜田食品、御冠食品、长德蛋白、元洪国际食品展示交易中心等项目。

11日 上海市政协副主席金兴明带领考察组，在福建省政协农业农村委有关领导和福州市政协副主席林智彬陪同下，到融考察农业产业发展情况，先后考察光阳蛋业、绿生园公司、渔溪镇下里农场。

11日 福清市举行2019年第四次国有建设用地使用权拍卖会，共推出3宗地块，分别在海口镇、高山镇，总面积约85533.33平方米（128.3亩），土地用途为商住用地，全部成功出让，成交总价3.44亿元。

12日 福清核电累计发电突破1000亿千瓦时，预计2021年全面建成，投产后年发电量可达500亿千瓦时。

12日 在收听收看福州市“不忘初心、牢记使命”主题教育工作视频会后，福清市召开“不忘初心、牢记使命”主题教育工作会议，深入学习贯彻习近平总书记关于“不忘初心、牢记使命”主题教育系列重要讲话和重要指示批示精神，贯彻落实中央和省、福州市主题教育会议精神，对全市主题教育工作进行部署。福州市委常委、福清市委书记王进足主持会议并作动员讲话。福州市委第七巡回指导组组长万玲出席会议并讲话。

12日 市政协庆祝新中国成立70周年暨人民政协成立70周年书画展在市美术馆开幕。

14日 以“礼赞共和国 智慧新生活”为主题的2019年福清市“全国科普日”活动启动仪式在福清市科技馆举行。中国载人航天工程运载火箭系统原总指挥、闽籍航天专家黄春平，福州市科协调研员陈华出席启动仪式。

16日 福清市召开“不忘初心、牢记使命”主题教育市委巡回指导组工作培训会，部署和安排全市巡回指导工作。

16日 福厦高铁南峰隧道成功贯通，这是福厦高铁首条贯通的隧道。南峰隧道位于福厦高铁福州段福清境内，全长673.02米，双线单洞。

18日 中证鹏元资信评估股份有限公司发布企业信用评级报告，评定福清市城投建设投资集团有限公司主体信用评级为AAT。福清市城投建设投资集团有限公司成立于1992年7月18日，注册资本10亿元，经过多年经营运作和资金整合，旗下共有侨乡建设、城投发展、城投建设、城投置业、融智城市管理、水投发展、园投发展等12家二级子公司，以及闽江调水、福清水务等6家三级子公司。截至2019年6月，资产总额近200亿元，所有者权益总额110亿元。

19日 由市纪委监委、市委宣传部联合主办，市文旅局、市妇联、市社科联承办的“一镇一孝廉”系列活动，纪念郑侠诞辰978周年活动在市图书馆举行。

20日 福清市在一都镇组织开展“红领玉融”主题党日活动及市委常委开展“践行初心使命”专题集中学习研讨活动。市四套班子领导在罗汉里红色教育基地革命纪念碑广场重温入党誓词，并前往一都镇普礼村、王坑村、一都村、东山村等开展“驻村访民情、串门话发展”活动，同村主干、老党员、村民代表促膝座谈，听民意、查民情、排民忧、解民难。

20日 全景史诗话剧《雄关漫道》在市文化艺术中心剧场上演。市领导及各园区、各镇街有关领导，市优秀共产党员代表、劳模代表以及群众等400多人到场观看。活动由市委组织部、市委宣传部主办，市文化体育和旅游局承办，市文化中心管理处、天赖时空文化传媒公司协办，浙江话剧团演出。

20日 福清市举行2019年第五次国有建设用地使用权拍卖会，共出让5宗地块，总面积约121082平方米（181.63亩），土地用途均为商住用地，成交总价13.36亿元。

21日 福州市庆祝中华人民共和国成立70周年社区合唱大赛在福州落幕，福清融声合唱团获金奖。

22—23日 第二届“中国农民丰收节”之福州（福清）名特优农牧产品节在市两馆一中心举行。

22日 甘肃省定西市委副书记、市长戴超带领定西市代表团到融考察，对接深化东西部扶贫协作事宜。福州市政府党组成员刘卓群陪同考察。

24日 福清市“最美护水人”“最美河段”“最美水乡”评选结果揭晓。30人获“最美护水人”称号，5个河段获“最美河段”，3个村评为“最美水乡”。

24日 福清市政府市长张帆一行在福州悦华酒店会见印度尼西亚贸易部部长鲁吉达一行。双方就共建中国—印尼“两国双园”问题进一步进行交流，强化双边战略对接，凝聚合作共识。鲁吉达一行还前往元洪投资区参观考察全球（元洪）食品数字经济产业中心，以及元洪国际食品展示交易中心。

24—26日 通渭县委副书记、县长谢占武带领通渭县代表团到融开展东西部扶贫协作活动，考察祥兴集团和福州新区福清功能区的京东云、元洪在线、坤彩科技、经纬新纤等项目，并看望慰问福建经纬新纤有限公司通渭籍务工人员代表。

25日 福清市举行2019年第三季度重大项目集中开工动员会，共有30个重大项目开工动建，总投资111.37亿元，涉及基础设施、社会民生等方面。

26日 市委副书记张新怿看望慰问部分“庆祝中华人民共和国成立70周年”纪念章获得者市教育局原局长林

香栽、省军区原指导员王喜成、市财政局原股长陈云娟等3位离休干部。向他们送上党中央、国务院、中央军委颁发的纪念章和重阳节慰问金。

27日 福州市委常委、福清市委书记王进足走访慰问“庆祝中华人民共和国成立70周年”纪念章获得者王世德、严敦文、吴绍桂等解放前参加革命工作的老战士，以及林秉莲、陈吓干、陈齐栋、郑则章等1954年前参加革命工作的老战士和烈士子女，代表市委、市政府为他们送去关怀和温暖，并致以节日的祝福。市委副书记、市长张帆走访慰问全国劳模陈德清、蔡蒙军，在乡复员军人黄季佑、杨世春，为他们颁发“庆祝中华人民共和国成立70周年”纪念章，并致以崇高的敬意。

27日 福清市妇女第十四次代表大会在市人民会堂召开。福州市妇联党组书记、主席陈红到会指导。

29日 礼赞新中国、奋进新时代、建功新福清——福清市庆祝新中国成立70周年暨纪念《黄河大合唱》创作80周年合唱专场音乐会在市文化艺术中心举行。市四套班子领导、市直各单位、学校师生以及市民群众等500多人观看演出。

29日 福清市榕代司法救助基金举行挂牌成立仪式。福清市榕代司法救助基金会是由15名融籍福州市人大代表自发捐资210万元成立的一家公益性、非盈利性的社会组织。

29日 市政协融光诗社第七次社员大会暨庆祝新中国成立70周年、人民政协成立70周年诗会举行。

29日 中共福州市委常委、福清市委书记王进足，福清市政府市长张帆，在福州日报上撰文《激情创业谱华章、新时代奋进谋新篇——加快建设富庶、文明、开放、和谐、美丽的“大福清”》。截至2018年，福清市GDP突破千亿元，达1102亿元，比新中国成立初期增长5509倍；财政总收入131亿元，位居全省各县（市）第二，比新中国成立初期增长8187倍；规模以上工业总产值达1918亿元，比新中国成立初期增长近4万倍。在全国综合实力百强县市、全国县域经济百强县排名分别从2015年的26位、50位，均提升至2018年的第19位。

30日 福清市在革命烈士陵园举行公祭活动。市四套班子领导和烈属代表、老战士代表、各界团员青年代表、少先队员代表、公安干警代表参加公祭活动。

30日 由市委宣传部、市教育局主办的福清市“同升国旗、同唱国歌”主题活动暨福州市青少年网络素养教育基地揭牌仪式在福清市实验小学举行。

9月 福清市正式启用跟踪服务企业“双保”行动APP系统，通过线上服务，帮助521家重点企业解决问题和困难。该系统按照“五级协调”机制，有效地实现挂钩服务单位解决企业困难问题“三个全程”。

10月

8日 福州市委常委、福清市委书记王进足带领福清市委常委赴阳下街道开展“坚定理想信念”主题机制学习研讨活动，到漈头革命历史纪念馆参观学习，并开展“驻村访民情、串门话发展”活动，和漈头村主干、老党员、村民代表面对面谈心，共同谋划加快乡村振兴发展、增加村民收入、改善群众生活的思路和办法。

8日 “不忘初心、牢记使命”福清市基层党支部书记主题教育专题培训班开班。

11日 市总工会十四届九次全委（扩大）会议召开。会议选举林峭立为市总工会第十四届委员会常委、主席。

11日 福清市2019年第五次公开挂牌出让国有建设用地一宗，2019挂—11号利桥历史文化街区项目由福建东百集团股份有限公司以95600万元竞得。

12日 “红领巾心向党、争做新时代好队员”福清市纪念少先队建队70周年主题队日活动在瑞亭小学举行。各市属学校、中心校少先队大队辅导员代表以及瑞亭小学部分师生代表等约1700人参加活动。

12日 “庆祝新中国成立70周年”全国文学名家福清创作周活动启动仪式在福建永鸿文化城举行，来自全国的15名知名作家、《中篇小说选刊》杂志社社长等参加仪式，并在福清实地采风，开启为期一周的文学创作。

13日 2019年首届福清（东张）煎茶文化旅游节在南湖山举办。省政协原副主席陈绍军，省委宣传部原副部长、福建日报社原社长黄诗筠，省人大农经委原主任、省茶叶学会会长冯廷佺，福州市原副市长、福州市海峡茶叶协会会长陈奇等参加活动。

15日 福州自贸片区推动外向型经济高质量发展，从7个方面出台38条改革创新措施，构建更加开放的国际投资管理模式；探索建立更高水平的国际贸易监管制度；构建与国际接轨的金融税务创新体系；构建与开放型经济更加适应的风险监管机制；探索两岸进一步融合发展的新路径；建设具有国际市场竞争力的开放型产业体系。

15日 福建省殡葬工作业务培训会在福清举行。省民政厅厅长池秋娜、副厅长邱炜，福州市副市长严可仕参加培训会。福清市在会上做殡葬改革典型经验做法交流汇报。

16日 市长张帆主持召开市十七届政府第98次常务会议。会议审议《福清市人民政府贯彻〈福州市人民政府关于进一步做好当前和今后一个时期促进就业工作的实施意见〉》的七条实施意见。审议《关于进一步推进企业上市工作的补充意见》。

16日 市十七届人大常委会举行第二十四次会议。会议决定免去张新怿的福清市人民政府副市长职务、林峭立的福清市人民政府副市长职务、陈代祥的福清市人民政府副市长职务，任命陈存枫为福清市人民政府副市长、王言霖为福清市人民政府副市长。

17日 福清市召开《福清年鉴(2019)》评稿会。省委党史方志办副主任林浩、福州市委党史方志室副主任陈清华到会指导。

17日 福清市召开2019年营级以下军转干部安置择岗现场会。

17日 马来西亚曼绒福清公会会长郭进光带领代表团到融参观访问。市委常委、统战部长陈恒东接见代表团一行并进行座谈交流。

20日 由市委统战部指导、福清市新的社会阶层人士联谊会主办的“不忘初心、牢记使命”新阶杯知识竞赛在市广电局演播厅举行。

22日 融籍将军何遂的铜像落户福州市三山人文纪念园内的福州英雄广场，与何遂将军铜像同时落成的还有吴石将军铜像。

23日 福清市举办2019年度“一懂两爱”村务工作者出征仪式暨岗前培训会。216名“一懂两爱”村务工作者接受党务业务、党风党纪、农村工作业务等岗前知识培训。

24日 市长张帆主持召开十七届政府第99次常务会议。会议审议《福清市关于开展农民住房财产权抵押贷款试点暂行办法》。

28日 市委组织部、市委党史和地方志研究室联合编辑《福清市红色教育学习路线指南》，印发给全市各级党组织，为党员接受革命传统教育提供服务和便利。手册图文并茂，共分为“福清红色遗址分布图”“红色学习路线”“红色学习点简介”“魅力福清”四个部分内容，基本涵盖全市重要红色文化资源。

29日 2019年度福清市人大代表培训班在市文化艺术中心开班。

29日 福清市“不忘初心、牢记使命”主题教育系列活动“搏拼在一线”宣讲报告会在市广电发展中心演播大厅举行。

30日 福州保税港区（二期）正式通过联合验收，标志着福州保税港区（二期）具备正式运作条件，为下一阶段转型升级成综合保税区奠定良好基础。

30日 市委宣传部、市委文明办联合举办全国道德模范王锦萍先进事迹宣讲报告会。

30日 由市委统战部、市侨联、市海联会主办，新加坡福清会馆、新加坡培青学校承办的2019年第三期“寻源祖地看福清”海外华裔青少年冬令营正式开营。

31日 《福州日报》刊发福州市委常委、福清市委书记王进足的署名文章《融入“三个福州” 奋力走前头当先锋》。在“数字福州”建设中走前头、当先锋。在“海上福州”建设中走前头、当先锋。在“平台福州”建设中走前头、当先锋。

11月

1日 融侨人力资源市场、洪宽人力资源市场正式挂牌成立，并举行2019年金秋现场招聘会，搭建供需对接平台，促进就业和服务企业用工。

3日 由福建省海峡医药卫生交流协会主办的福建省海峡医药卫生交流协会基层医院院长交流分会成立大会暨基层医院院长职业化培训推进会在福清市召开。大会选举福清市医院院长、福建海医会秘书长高子安为福建海医会基层医院院长交流分会会长，并举行揭牌仪式和证书颁发。

5日 市纪委监委举办《中国共产党纪律检查机关监督执纪工作规则》和《监察机关监督执法工作规定》培训班。

7日 福清市工会第十五次代表大会召开。福州市总工会副主席林如长到会指导。林峭立当选市总工会主席，黄晨莺当选市总工会常务副主席，王平、林捷当选市总工会副主席，高清云当选市总工会挂职副主席，陈武、薛建波当选市总工会兼职副主席。

7日 市纪委监委组织机关干部和市城管局协管人员、市公安局辅警等40多人旁听“审判杨军等4人受贿行贿案件”。

8日 福清市在源创新天地商业广场举行“119”消防宣传月启动仪式。

9日 人民网以《福建福清：集中除险加固水库化“水害”为“水利”》为题，对福清市集中推进实施21座病险水库除险加固工程进行全面报道，以百姓视觉和群众的切身感受，全方位展现福清水利建设之成效。

10日 福清市政协举办2019年委员读书班。

11日 福清市“鸿生杯”新闻好作品“幸福+融城”摄影大赛评选揭晓仪式在市广播电视发展中心举行。

13日 市长张帆主持召开市十七届政府第101次常务会议。会议审议通过《福清市工程建设项目并联审批实施方案4.0》《福清市坟墓整治迁葬奖补办法》《福清市生命公园资金奖补办法》《福清市社区居家养老服务照料中心建设奖惩办法》等事项。

13日 公积金福清管理部2019年贷款发放额突破10亿元大关，达104693.52万元，创历史新高。

14日 2019年福清市高速公路沿线人居环境整治项目共有254项，估算投资1630万元，已累计完成229项，占总项目数的90.15%；累计完成投资1213.94万元，占总投资估算的74.47%。

20日 福清市召开创建新一届全

国双拥模范城工作会议，对创建工作进行再督促、再部署。

20日　福州市建设工程案件警示教育大会召开。省委副书记、福州市委书记王宁主持会议并讲话；省纪委副书记、监委副主任薛云官，省委组织部副部长、省委主题教育办副主任张晓华作指导讲话；省委主题教育第八巡回指导组组长郑传芳到会指导。福州市四套班子和福州新区领导，福州市法院院长、福州市检察院检察长出席会议。福清市领导王进足、张帆等及相关部门负责人在福清分会场收听收看。

21日　截至第三季度，江阴港城经济区实现规模以上工业产值216.46亿元，比上年增长14.18%；累计完成固定资产投资79.93亿元，增长46.87%；累计完成工业固定资产投资74.87亿元，增长86.47%。江阴港区集装箱吞吐量达147.88万标箱，增长7.33%；港口货物吞吐量2026.58万吨，增长3.1%；跨境电商运营56.03万件，增长359.3%；到港进口外贸整车3278辆，增长11.76%。自贸区新增注册企业489家，注册资金140.37元。

21日　2019环福州·永泰国际公路自行车赛第五赛段“元洪国际食品杯”福清赛段绕卷赛开启，这是福清第一次举办该项赛事。俄罗斯国家队136号选手哥诺夫列夫以2小时53分27秒的成绩，夺得福清赛段冠军。

21日　满载着5万多吨低温（-45度）丙烷的新加坡籍货轮，由中东卡塔尔港航行至江阴港，成功靠泊中景石化化工码头2号装卸点，卸货15000吨，为中景石化年产200万吨液化石油气项目投产赢得开门红。成为江阴港迈向现代化、国际化的新里程碑。

22日　首届国际黄檗禅论坛在福清黄檗山万福寺举办，来自多个国家和地区的佛教界人士、专家学者和社会各界人士等约500人参加盛会。论坛由省佛教协会、河仁慈善基金会主办，福清黄檗山万福寺承办，以“黄檗禅与亚州文明”为主题，围绕黄檗禅、临济禅与中国文化，隐元禅师、黄檗宗与亚洲文明等主题展开深入研讨，展示黄檗文化历久弥新的独特魅力和与时俱进的时代精神。

22—23日　甘肃省通渭县委书记邵志刚带领通渭县考察团一行到融开展东西部扶贫协作活动。

23日　“版画中国·版画艺术在民间”全国系列巡回展（福清站）在福清市美术馆正式开幕。

23日　第二届元洪国际食品产业园美食文化节暨上上乐榴莲音乐盛典活动在市两馆一中心开幕。

23日　福清市召开创建全国文明城市工作推进会。

25日　福清市组织党员领导干部赴长乐区营滨路开展建设工程案件现场警示教育活动。市四套班子领导，市法院院长、市检察院院长，各园区、农场党政主要领导，市纪委监委班子领导，市直有关单位主要领导，各镇（街）党（工）委书记近160人参加活动。

26日　“政协委员林”捐种仪式在中央公园苗木基地举行。市政协主席翁芳明，副主席陈生、何德信、调研员张忠康参加活动。

26日　福建师范大学福清分校与福建悦湖马术俱乐部签订校企合作协议。双方将有针对性地培养马术专业技术、企业管理和俱乐部经营等方面人才，形成全方位、多层次的合作方式，助推区域经济发展。

27日　省委巡视八组巡视福清市工作动员会召开。会前，省纪委副书记、省监察委员会副主任、省委巡视工作领导小组成员洪仕建主持召开与福清市党政主要负责人的见面沟通会，传达省委关于巡视工作的指示精神，通报有关工作安排。省委巡视八组副组长秦小林及巡视组成员出席会议。

27日　福州市第44届世界遗产大会筹备暨五大提升工程推进会召开。省委副书记、福州市委书记王宁主持会议并讲话，福州市长尤猛军作具体部署。福清市领导张帆、潘俏黎、李文清及相关部门负责人在福清分会场收听收看。

28日　《福建日报》在一版刊发《福清：文明新风润家园》一文，对福清市创建全国文明城市工作进行报道。

28日　为期两天半的福建省建设行业“融旗杯”挖掘机驾驶员岗位技能竞赛总决赛在福清市落下帷幕。竞赛由省住建厅、省总工会、团省委主办，省建设建材工会、省建筑业协会、福州市城乡建设局、福州市城建工会、福州市建筑业协会承办，福清市住建局、福清市总工会、福建省融旗建设工程有限公司协办。

29日　“我和我的祖国共奋进”福清市乡村学校少年宫成果集中展演活动在市新时代文明实践中心举行。成果展演分为特色项目展示、文艺会演两个环节。

30日　福清市同时跻身2019年福建省县域经济实力“十强”和县域经济发展“十佳”榜单，位居全国综合实力百强县市第18位。跃居全国工业百强县第28位，同比提升14位。

12月

4日　据第三方机构竞争力智库和中国信息协会信用专业委员会联合发布的检测报告，福清居2019年中国县级市全面小康指数第47位。

4日　市委中心组学习（扩大）会——学习贯彻党的十九届四中全会精神福州市委宣讲团宣讲报告会举行。福州市委宣讲团成员、福州市纪委副书记、福州市监委副主任叶谊作宣讲报告。市委副书记、市长张帆主持宣讲报告会。

5日 福州市政府外事办发布13个"福州市荣誉市民"候选人提名名单，吴换炎、林逢生、林宏修等3名福清籍企业家榜上有名。

6日 以"践行法治思想，彰显法治力量"为主题的第三届"福建省十大法治人物"颁奖典礼在福州市举行，福清市消防救援大队获提名奖。

7日 由福建省书法家协会，福清市委宣传部主办的"玉融翰墨书华章"——福清市庆祝新中国成立70周年书法作品展在福州画院开幕。

9日 融籍造船专家叶立钦收到中共中央、国务院、中央军委授予庆祝中华人民共和国成立70周年纪念章，以表彰她在国家造船领域的突出贡献。叶立钦，1937年出生于福清，系叶向高第13世孙女。她的突出贡献是在国家"六五"攻关项目的船型优化研究中，开发出"非对称双尾鳍船型"，使该船型成为有生命力的实用新船型，特别在快速性能方面达到国际优秀船型的先进水平，该项成果于1991年获国家专利权。1992年，她的沿海综合节能客轮的研究成果获得交通部科技进步三等奖，1994年"非对称双尾鳍船型"获得交通部科技进步二等奖，1994年获"中国专利技术博览会"金奖，1995年入选"世界优秀专利技术精选"，1995年获国家进步三等奖。1992年，叶立钦获国务院特殊津贴。

10日 全市文明单位创建观摩会召开。会上，榕城海关驻福清办事处、国家税务总局福清市税务局、福清市妇幼保健院、福清边防检查站等4个单位做典型发言。

10日 福清市全面完成农村集体产权制度改革试点工作，比国家规划时间提早3年。

11日 福清跻身全国综合经济竞争力百强县（市）第23位。

12日 由福建省商务厅主办的首届福建商博会在福州海峡国际会展中心拉开帷幕。福州新区福清功能区的参展商"元洪在线"跨境食品B2B交易服务平台在商博会上签约7个项目，吸引100家食品供应企业入驻。

13日 福清市"美丽乡村"建设现场观摩会在龙江街道小南洋村举行。市美丽乡村办负责人和各镇（街）分管领导、经办人员参加会议。

15日 在中央广播电视总台举办的"2019中国品牌强国胜典"活动上，福耀集团位列"中国品牌强国盛典榜样100强"榜单。

17日 2019年中国县市级医院品牌专科评选榜单揭晓，福清市医院心血管内科、神经内科、骨科在3个专科排行榜上，分别列第12名、第14名、第19名。

17日 福清市城市管理局"天眼"执法模式正式运行。"天眼"覆盖面涉及清荣大道、清昌大道、福政路等主次干道，并延伸到福平街、清岚街、宏兴街等背街小巷中，总共拥有近1000个实时探头，覆盖447点位。"天眼"扫描的现场画面可实时传送到市城管局监控大厅的显示屏上。市城管局每天24小时安排执法人员定时监控现场情况，对发现的市容问题，通过对讲设备，第一时间传达到外勤人员，由外勤人员进行督促整改并予以及时反馈。

17日 "温情玉融"道德模范与身边好人现场交流会在市广电发展中心举行。省委文明办副主任陈璇，福州市委文明办副调研员黄红，市领导林彤、吴华云等参加交流会。

17—24日 福清市委宣讲团成员分别赴各基层乡镇开展学习贯彻党的十九届四中全会精神基层宣讲活动。

18日 市长张帆主持召开十七届政府第104次常务会议。会议审议《福清市乡村民俗管理办法（实行）》《福清市政府融资担保业务管理暂行办法》《福清市天然气综合利用项目投资协议》等。

19日 福清市侨联十一届四次全委（扩大）会议召开。福建省侨联副主席、福州市侨联主席蓝桂兰到会指导。

19日 2019年市委议军会议暨国防教育委员会全体委员会议召开。

20日 中共福清市委十三届十次全会召开。全会审议通过《中共福清市委深入贯彻〈中共中央关于坚持和完善中国特色社会主义制度、推进国家治理体系和治理能力现代化若干重大问题的决定〉的实施意见（草案）》《中国共产党福清市第十三届委员会第十次全体会议决议（草案）》。

20日 福清市召开首届福清市优秀文艺作品、文艺人才、非遗项目奖励获奖对象座谈会。共有128件书法、美术、摄影、舞蹈、曲艺、戏剧、文学等领域优秀文艺作品、9名优秀文艺人才、省级非遗项目佾舞、1名优秀非遗项目佾舞代表性传承人受到表彰或奖励。

20日 以"守初心、敢担当、有作为"为主题的全省公安局长系列微访谈活动在福清市公安局举行。福清市委常委、公安局长徐东做客福清市公安局新浪官方微博@福清公安，与广大网民在线互动交流推进社会治理体系和治理能力现代化的新思路、新做法、新成效。

21日 福清市新的社会阶层人士联谊会第一届第二次理监事扩大会议召开。会议选举何良金为荣誉会长，增补何东兴为会长、游雄峰为副会长，何亮为副会长兼执行秘书长，陈平兴为副会长，高钦泉等7人为常务理事。

22日 由市委振兴办主办、江镜镇承办、南宵村协办的"新时代·大福清·新江镜"福清市乡村振兴（江镜）论坛在江镜镇举行。

24日 市委常委、市人武部政委刘建东带领有关人员前往龙江街道观音埔村，走访慰问荣立二等功的优秀现役军人凌晖的家属，并送去立功喜报和慰问金。

24日 2019年福清市委与各民主党派、工商联座谈会举行。

26日 福建省商务厅在江阴港举行全省口岸培育“百强十优开放码头”座谈会暨2019年优质外贸集装箱码头泊位授牌仪式。首批评出福州新港国际集装箱码头有限公司等6家港口运营企业，并授予“福建省口岸百强十优外贸集装箱码头泊位优胜单位”称号。

27日 福州港江阴港区成功获批进境粮食指定监管场地，是福州关区首个可以水运集装箱方式进口粮食的口岸。今后境外油菜籽、木薯干、大豆、玉米、小麦、大麦、杂粮(含高粱、荞麦、燕麦、豌豆、绿豆、红小豆等)可以水运集装箱方式从江阴口岸申报进口。

27日 福清市委召开全市领导干部大会，宣布省委、福州市委关于福州市委主要领导调整变动的决定，刘卓群同志任中共福州市委常委、福清市委书记。中共福州市委常委、组织部长吴深生代表福州市委讲话。中共福州市委常委、福清市委书记刘卓群在会上做表态发言。福清市委副书记、市长张帆主持会议，并代表市四套班子做表态发言。

27日 福清市举行第四季度项目集中开工仪式。福州港松下港区元洪作业区1-2号泊位、年产30万套汽车螺旋锥齿轮等32个重大项目集中开工，总投资312.38亿元，涉及基础设施、产业项目、社会民生等。

27日 共青团福清市第二十一次代表大会召开。共青团福州市委副书记邓玉峰到会指导。会议选举陈曦为团市委书记，林晨珊、吴思义、钟芳娜（挂职）、念潮旭（兼职）、王斌（兼职）为团市委副书记。

29日 中国侨联基层建设部部长张毅一行，在省侨联副主席林俊德和省侨联副主席、福州市侨联主席蓝桂兰等人陪同下，赴海口镇牛宅村调研，视察华侨公园、弥勒岩、村情侨史馆、林绍良故居，了解华侨公园的建设情况、林绍良故居的保护情况。

31日 福清市消防救援大队举行挂牌仪式。市长张帆与福州市消防救援支队副政委李明建共同为“福清市消防救援大队”揭牌。市委常委、副市长陈存枫代表市委市政府对福清市消防救援大队正式挂牌表示祝贺。

（编辑　严明）

市情概貌

城市名片

2019 年度福清市在全国、全省排名

全国县域经济百强县市第 18 位
全国综合实力百强县市第 18 位
全国新型城镇化质量百强县市第 28 位
全国绿色发展百强县市第 19 位
全国科技创新百强县市第 12 位
全国工业百强县第 28 位
福建省县域经济实力十强县市第 3 位
福建省县域经济发展十佳县市第 9 位

福清市获得的国家级荣誉

首批全国综合改革试点县市
首批国家现代农业示范区
国家现代农业示范区改革与建设试点县
国家农产品质量安全县
全国首批授牌建立海峡两岸农业合作试验区县市
全国村镇建设试点县市
全国双拥模范城
全国科技进步考核先进县市
全国科普工作示范县市
全国质量立市先进县市
全国法治县（市区）创建先进单位
全国绿化模范县市
国家级生态城市
全国文明城市（县级提名城市）
全国旅游竞争力百强县市
全国休闲农业和乡村旅游示范县
全国计划生育优质服务先进单位
全国老龄工作先进单位
全国农田水利基本建设先进单位
全国重点沿海防护林工程建设县（市）
全国农民体育健身工程先进县
国家级农村职业教育成人教育示范县
国家级妇幼健康优质服务示范县
全国社区教育示范区
国家义务教育发展基本均衡市
全国青少年普法教育示范区
全国青少年校园足球试点县

基本市情

【地理位置】 福清市位于福建省东部沿海,地理坐标为北纬25°18′～25°52′,东经119°03′～119°42′。市域总面积2430平方千米,其中陆域1519平方千米,海域911平方千米。北与福州市长乐区、闽侯县、永泰县交界,西邻莆田市,东隔海坛海峡与平潭县相望,南濒兴化湾与莆田市南日岛遥对,为福州市辖县级市。

地势由西北向东南倾斜,长乐—南澳大断裂带经市区至渔溪斜贯中部。西北部属戴云山脉东向支脉,多低山丘陵,山间谷地有洪积—冲积平原,全市最高峰古崖山尾海拔1000米;东南部以台地、低丘为主,融城—海口,及江镜、渔溪为冲积—海积平原;南部龙高半岛、江阴半岛楔入福清湾、兴化湾中。海岸为沙泥滩的回升侵蚀漏斗型低丘、台地岩岸,岛屿100多个,港湾众多。市区所辖范围,主要为低山丘陵,适宜建设用地集中于谷内洪积—冲积平原。

（市委党史方志室）

【建制沿革】 福清历史悠久,据福建省文物管理委员会1957年进行文物普查发现的东张新石器时代遗址考证,约4000年前,就有人类居住在福清这块土地上繁衍生息。远在奴隶社会的周朝,福清属七闽地。到了封建社会的战国时期,福清属闽越地。公元前221年即秦始皇帝二十六年,秦始皇嬴政统一中国,福清属闽中郡,从此纳入全国行政区划。汉高祖五年（公元前202）,福清属闽越国;元封元年（公元前110）,福清属会稽郡（郡治在今苏州）冶县。东汉建安十五年（210）,曹操下“唯才是举”令,并做铜雀台于邺,时福清属会稽南郡侯官县,治所在今福州。三国时,福建为吴地,福清属扬州建安郡。晋朝,福建分建安、晋安（郡治所在今福州）两郡;太康三年（282）,福清属扬州晋安郡原丰县。隋开皇十三年（593）,福清属泉州（今福州）闽县;大业二年（606）,泉州改名闽州,福清属闽州闽县;大业三年（607）,闽州改名建安郡（郡治仍设在闽县即今福州）,福清属建安郡闽县。唐高宗武德元年（618）,隋亡。改建安郡为建州,福清属建州闽县;武德六年（623）,建州又改为泉州,析闽县置新宁县;不久,又改新宁县为长乐县,福清属泉州长乐县。

唐（武后）圣历二年（699）,福清第一次置县。清乾隆《福清县志》记载为唐中宗年号“嗣圣十六年”,实是同一年。析长乐县南太平、感德、崇德、孝义、万安、长东、永福、永乐八乡设县,以八乡中的“万安”为县名,寓意万民安乐。时属泉州（今福州）。置县时的境域:最东为牛山岛（今属平潭县）,最西为新县乡店尾村（今属莆田）,最南为羊屿（今属莆田南日乡）,最北为黄柄山与闽侯交界。范围包括今平潭县和莆田的南日乡（南日岛）、新县乡的一部分以及长乐县的松下,陆地面积1952.72平方千米。

唐天宝元年（742）,出于祈求“造福唐朝”的愿望,把“万安县”更名为“福唐县”。是年,改福州都督府为长乐郡。唐乾元元年（758）,长乐郡复为福州都督府,福唐县属于福州。唐元和三年（808）,朝廷为便于整顿江南财税,集中管理。是年三月,把长乐、侯官两县归入福唐管理,这是福清置县后疆域最大时期。元和五年（810）四月,又复置原三个县。五代后梁开平二年（908）,因避梁先祖讳,梁太祖朱温诏改福州辖内福唐为“永昌县”。

后唐天成三年（928）,后唐封王延钧为闽王。闽元启元年（933）,王延钧称帝,升福州为长乐府,并据“山自永福里,水自清源里,会于治所”改永昌县为“福清县”,属长乐府,这是福清县名在历史上首次使用。

后汉高祖乾右元年（948）,福清属福州威武军。北宋太平兴国三年（978）,福清属福州;南宋帝昰景炎元年（1276）,升福州为福安府,福清属福安府。宋帝昺祥兴元年,即元至元十五年（1278）,福安府改为福州路,福清属福州路;元贞二年（1296）因户满4万,升福清县为福清州,直到元朝灭亡。福清设州73年。明洪武元年（1368）,福建原设八路改为八府;洪武二年（1369）,福清州复为福清县。清代,福清县属福州府。

1949年8月16日,福清解放,18日成立福清县人民政府,属林森专区;翌年,改林森专区为闽侯专区,福清属闽侯专区。1958年4月4日,永泰县的一都、东山、善山3个乡划归福清版图。福清先后属闽侯专区（1949.8—1955）（1959.8—1971.7）、晋江专区（1956—1959.8）、莆田地区（1971.7—1983.7）、福州市（1983.8至今）。

1990年12月26日,经中华人民共和国国务院批准,撤销福清县,以原福清行政区域设立福清市（县级）。境域:东起东进岛,西迄隔头亭,南始南日岩,北止黄晶岭。

（市委党史方志室）

【行政区划】 福清市简称“融”,为省辖县级市,由福州市代管。全市区域面积2430平方千米,其中海域面积911平方千米,陆域面积1519平方千米。2019年末,福清市辖7个街道办事处、17个镇,设立58个社区居委会,438个村民委员会。

表1 **2019年福清市镇街行政区划一览表**

镇街名称	面积（平方千米）	村居名称	备注
玉屏街道	7.3	小桥、一拂、锦云、向高、西大、西云、西文、柳池、北大、幸福、金墩、小北、融北、玉屏、步行街、玫瑰园、凤翔 石井村委会	17个居委会 1个村委会
龙江街道	31.1	龙江、南门、天宝 下梧、霞楼、朝阳、安民、东南、苍霞、小南洋、观音埔、松潭、松峰	3个居委会 10个村委会
龙山街道	34	瑞亭、瑞云、融东、东皋、明越、龙新、三福 龙东、玉峰、东刘、玉塘、倪埔、南宅、隆中、北店、坊里、柏渡、先强、祥丰、塘头	7个居委会 13个村委会
石竹街道	15.4	宏兴、福兴、福耀、太城 棋山、真丰、跃进、洋梓、高仑、龙塘、北前亭	4个居委会 7个村委会
音西街道	51.1	融西、凤山、融音、侨盛、福景、滨江、融侨城、清华、福和、福百、京东方 音西、洋埔、珠山、西楼、瑶峰、马山、龙溪、云中洋、文楼、芦院、埔尾	11个居委会 11个村委会
宏路街道	36.6	宏路、景江、崇文 圳边、周店、南峰、金印、大埔、新华、东坪、溪下、宏路、新仓、石门	3个居委会 11个村委会
阳下街道	69	洪宽、虎溪 阳下、奎岭、油楼、玉岭、北林、新局、屿边、溪头、下坝、东田、作坊、高厝、上亭、中亭、下亭、北亭、北山、上街、漈头、西浛、后坂、梨庄	2个居委会 22个村委会
海口镇	52.64	海口 海口、云光、牛宅、后路、晨光、立新、前村、城里、斗垣、东峤、东岐、梧屿、李厝、东阁、南厝、岑兜、洋坂、石溪、工农	1个居委会 19个村委会
城头镇	70.5	滨海 西池、东垣、星桥、五龙、湖美、凤屿、堑柄、首溪、岩兜、黄墩、城头、大厝、后俸、东皋、新楼、山下、梁厝、港西、彭洋、吉钓、南田、南冲、善友、溪边、宅前、峰前	1个居委会 26个村委会
南岭镇	34	梨洞、文祚、吉岚、上岭、南岭、马斜、西溪、大山	8个村委会
龙田镇	88	龙辉、福庐 珍塘、上一村、下一村、二村、三村、上薛、友谊、际塘、上苍、下溪、西焦、玉瑶、西亭、岭前、树下、玉丰、锦美、北庄、坂头、南山、后面、闻读、前坑、积库、西坑、赤坑、山头、东峰、东庭、山前、后林、东华、东施、东欧、西华、东营、厝场、山利、茶腰、海滨	2个居委会 40个村委会

续表 1

镇街名称	面　积 （平方千米）	村　居　名　称	备　注
江镜镇	47.7	前华、陈厝、南城、江镜、后地、雁湖、酒店、城坂、谢塘、玉桂、张厝、玉仑、塘沁、北陈、鹤潭、南宵、南华、北翁、前张、塘边、文房、苍溪、林厝、柯屿、吴塘、岸兜	26个村委会
港头镇	45	东光、五星、东翁、光辉、岭头、白玉、前林、玉田、马湖、梓园、义庄、沁塘、洋边、草柄、湖山、高东、北湾、东元、后园、芦华、南郑、南门、汕头、占阳、后叶、玉坂、杭下、陈库、后卓、西芦、南芦	31个村委会
高山镇	40.5	高山、凤岗	2个居委会 23个村委会
		高山、海门、北岭、东进、洋门、后耀、西江、门头、长安、岑下、前王、山后、玉楼、北坑、北垞、垄上、西郑、薛港、后安、竹秀、院西、前岭、杭中	
沙埔镇	42	西叶、西山、赤礁、江南、官厅、和联、和岐、沙埔、太武、青屿、平林、东盛、西岭、龙洋、文场、江下、江夏、牛峰、坑北、东陈、四宝、锦城	22个村委会
三山镇	102	平华	1个居委会 35个村委会
		三山、横坑、官路、东郭、塘北、沁前、楼下、东埔、嘉儒、良棋、北陈、道北、安前、泽朗、鳌头、鳌峰、后洋、北楼、海瑶、埕边、上坤、江厝、瑟江、白鹤、坑边、后郑、任厝、虎邱、钟厝、前薛、泽岐、魏庄、前庄、韩瑶、楼前	
东瀚镇	74	南浔、东瀚、赤表、大壤、东庄、北盛、文山、陈庄、文关、莲峰、西安、佳乐、万安、海亮、大垅、可门、后营	17个村委会
渔溪镇	115.3	虞阳、渔江	2个居委会 20个村委会
		渔溪、侨丰、南升、前亭、钟前、步上、东际、建新、柳厝、后岐、南屿、红山、苏田、上张、双墩、联华、水头、上郑、后朋、下里	
上迳镇	50	洋中、油塘、东林、树林、上迳、梧岗、南湾、县圃、海头、牌边、岭脚、下井、前宅、官元、玉屿、山兜	16个村委会
江阴镇	69.75	庄前、梨港、屿礁、莆头、高岭、下垄、北郭、岭口、小麦、田头、门口、赤厝、下堡、浔头、下石、何厝、占泽、南曹、东井、后陈、龙门、潘厝、后庄	23个村委会
新厝镇	73.6	新厝、东楼、棉亭、蒜岭、双屿、界下、硋灶、霞埔、江兜、东沃、漆林、凤迹、桥尾、加头、大澳、峰头	16个村委会
东张镇	128.5	清源	1个居委会 18个村委会
		先进、先锋、香山、半岭、濑底、三星、华石、道桥、溪北、芦岭、岭下、南湖、际山、崔后、金芝、双溪、玉林、少林	
镜洋镇	88.6	琯口、长征、上店、红星、西边、东升、齐云、光荣、波兰、镜洋、下施、玉埔、墩头、梨洋、浮山、东凤、磨石	17个村委会
一都镇	108	山城社区	1个居委会 6个村委会
		一都、普礼、善山、王坑、东山、后溪	

（陈青思）

【人口】 2019年，福清市总户数413866户，户籍人口1391249人，流动人口333245人，户籍人口比上年增加9787人，平均每户3.4人。其中城区总户数108100户，户籍人口333676人；乡镇总户数305766户，户籍人口1057573人。（2018年福清城区户籍人口328085人，乡镇户籍人口1053377人。）男女比例：男性716597人，占51.50%；女性674652人，占48.49%；男比女多41945人。

人口自然变动　年内，福清市户籍人口变动中，出生人口18782人，出生率13.5‰；死亡人口7075人，死亡率5.09‰；人口自然增长11707人，人口自然增长率8.41‰。城区出生人口8381人，出生率6.02‰，死亡人口2942人，死亡率2.11‰，人口自然增长5439人，人口自然增长率3.9‰；乡镇出生人口10401人，出生率7.47‰，死亡人口4133人，死亡率2.97‰，人口自然增长10927人，人口自然增长率4.50‰。

人口机械变动　年内，福清市迁入17464人，迁出18831人，迁出多于迁入1367人，机械增长率为-1.38‰。其中城区迁入7038人，迁出9789人，迁入少于迁出2751人，机械增长率为-1.97‰；乡镇迁入10426人，迁出9042人，迁入多于迁出1384人，机械增长率为0.99‰。

（陈明）

【资源】 土地资源　福清市土地面积19.01万公顷。其中耕地3.48万公顷，园地1.02万公顷，林地5.74万公顷，草地0.19万公顷，城镇村及工矿用地2.42万公顷，交通运输用地0.60万公顷，水域及水利设施用地4.62万公顷，其他土地0.95万公顷。

矿产资源　福清市境内已发现各类矿产22种，其中列入福建省矿产资源储量表的固体矿产3种，已探明资源储量的矿产地4处。福清市矿产资源主要以建筑用石料、地热、矿泉水、叶蜡石、饰面石材为主，其中建筑用石料分布范围广、储量较大。福清市开采的矿种主要为建筑用砂、石，叶蜡石及矿泉水。

森林资源　福清市林业用地面积6.866万公顷，有林地面积6.513万公顷，森林覆盖率42.1%，森林总蓄积量530.55万立方米，生态公益林面积3.84万公顷。全市有南方红豆杉、福建柏、水松、三尖杉、油杉、红豆树、沉水樟、花榈木、紫藤、刨花楠、柳杉、刺桫椤、香樟、野生茶等14个重点保护野生植物。全市名木古树546株，古树群30个。

湿地资源　福清湾、兴化湾、东张水库有湿地241个斑块，面积7.42万公顷，全市有5种湿地生态系统：滨海湿地、红树林、灌丛沼泽、河滩湿地、水田及池沼。其中滨海湿地（俗称沿海滩涂）为沿海最大湿地类型，约占福清土地面积的1/3，达4.69万公顷。物种主要种类包括：黑脸琵鹭、鸿雁、海鸥、红嘴鸥、贼鸥、鸬鹚、剪嘴鸥、银鸥、须浮鸥、燕鸥、大中小白鹭、黄路线白鹭、池鹭、牛背鹭、岩鹭、黑腹滨鹬、夜鹭、琵嘴鸭、白眉鸭、斑嘴鸭等。全市存活的滩涂红树林面积200公顷，主要分布在高山、沙埔、港头、海口、江镜等镇，引种面积最大为沙埔镇青屿、太武村，共60公顷。

海洋资源　福清市海岸线总长度408千米（占全福州海岸线的43.5%，占全省的13%），海域面积911平方千米，其中浅海面积539.2平方千米，滩涂317平方千米，垦区池塘面积54.8平方千米。全市有大小岛礁212个；10米等深线以内的浅海面积32000公顷，滩涂61000公顷；海藻类149种，浅海和潮间带低栖生物主要经济种类289种，已知鱼类有409种，经济价值较高的有100多种。

（李晓娼）

水力资源　福清境内河流多独流入海，主要有龙江、渔溪、迳江、大坝溪、沾泽河、萩芦溪支流风迹溪、大樟溪支流一都溪，其中龙江干流62千米，流域538平方千米；有关溪、太城溪、虎溪、大北溪等四条支流，主要湖泊有沁塘湖、占泽湖等，人工湖有东张水库（水面15平方千米）、建新水库、东皋水库、占坝水库等。

（薛强）

【气候】 2019年，福清市年平均气温正常，总雨量显著偏少，日照时数偏少。主要气象灾害有：干旱、暴雨、热带气旋等。气候比较异常，干旱对福清农业、水产养殖和电力等造成不利影响。

气温　2019年，福清城区年平均气温20.3℃，距平为0.2℃，异常度0.5，属正常。全年各月平均气温：除5月偏低外，其余11个月均为正常。本年气温比较平稳，但8月极端最高气温37.7℃，为历史同期第二高（1978年38.7℃）。10月极端最高气温34.8℃，为历史同期最高（2017年34.2℃）。

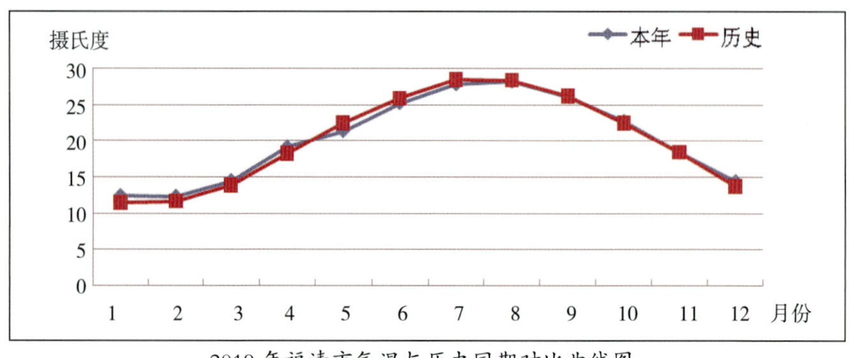

2019年福清市气温与历史同期对比曲线图

年极端最高气温为8月10日37.7℃；全年出现3天日最高气温≥35.0℃的高温天气，较2018年偏少4天。年极端最低气温6.3℃，出现在1月27日。3月7—9日出现连续≥3天日平均气温≤12℃的低温时段，无倒春寒；无五月寒。“23型”秋寒出现在10月13日，“20型”秋寒出现在11月5日，均属偏迟。

雨量　2019年，福清城区全年总雨量1190.4毫米，距平-345.1毫米，距平百分率-22.5%，属显著偏少。全年各月雨量分布不均：1、9、11月异常偏少，2、3、4、6月正常，5月偏少，7月异常偏多，8、10月显著偏少，12月偏多。1月6日—2月18日城区日降雨量≤2毫米日数累计达44天，累计雨量仅2.3毫米，出现冬季小旱；7月上旬雨量214.8毫米，为历史同期最多（1992年203.4毫米），6日和9日出现暴雨。9月9日—12月4日城区日降雨量≤2毫米日数累计达85天，城区87天累计雨量仅22.0毫米，出现夏秋冬连旱。前汛期4月30日开始（属正常），7月16日结束（较常年偏迟20天）。

日照　2019年，福清日照时数为1524.9小时，距平为-203.5小时，异常度-1.1，属偏少。全年各月日照分布：4、5、6月偏少，7月异常偏少，9、11月偏多，其余6个月均属正常。其中1月上旬日照时数0.0小时为历史同期最少（2013年0.6小时）。7月日照时数149.5小时，为历史同期最少（1999年151.7小时）。

气象灾害　1.热带气旋。2019年影响福清的热带气旋有6个，均为外围环流影响。根据防汛办了解，年内台风影响全市无灾情。

受4号台风“木恩”外围环流影响，7月2日起全市出现较强降雨，统计2日8时至3日20时过程累积雨量：全市13个站点超过50毫米，最大为渔溪东际村107.4毫米。未出现8级以上大风。

受5号台风“丹娜丝”外围环流影响，7月16日20时至18日20时全市沿海出现7~9级大风，过程极大风力出现在17日17时的沙埔20.9米/秒，风向东北风，仅部分镇街出现小阵雨。

受7号台风“韦帕”外围环流影响，8月1日傍晚到夜里，江阴镇、阳下街道局部出现暴雨，统计1日08时—2日08时累积雨量：全市6个站点超过25毫米，其中3个站点超过50毫米，最大为阳下占坝水库69.5毫米。未出现8级以上大风。

受9号台风“利奇马”外围影响，8月6日20时—8月10日20时，全市沿海出现7~9级大风，最大为8日12时出现的沙埔23.1米/秒（9级），风向东北；城区及内陆出现6~8级阵风，最大为8日城区龙江街道观测站19.3米/秒（8级），风向东北。

受11号台风“白鹿”外围影响，8月22日20时—8月26日20时，全市沿海出现9～11级阵风，以沙埔镇30.1米/秒（11级，东北风，24日）为最大；内陆出现8～10级阵风，以龙江街道观测站27.7米/秒（10级，东北风，24日）为最大；24—26日过程雨量以一都镇27.4毫米为最大，龙江街道观测站仅0.7毫米。

受18号台风“米娜”外围影响，9月29日08时—10月1日20时，全市沿海出现8～10级东北阵风，以三山上坤村26.8米/秒（10级，东北风，30日）为最大；内陆出现7～9级阵风，以龙江街道观测站22.1米/秒（9级，东北风，30日）为最大。过程雨量以南岭镇11.3毫米为最大，龙江街道观测站仅0.1毫米。

2.干旱。1月6日—2月18日城区日降雨量≤2毫米日数累计达44天，累计雨量仅2.3毫米，出现冬季小旱；2月19日至月底出现阴雨天气，解除旱情。干旱对农业生产略有不利影响。9月9日—12月4日城区日降雨量≤2毫米日数累计达85天，城区87天累计雨量仅22.0毫米，出现夏秋冬连旱。干旱对晚稻、甘薯、蔬菜生长有不利影响。

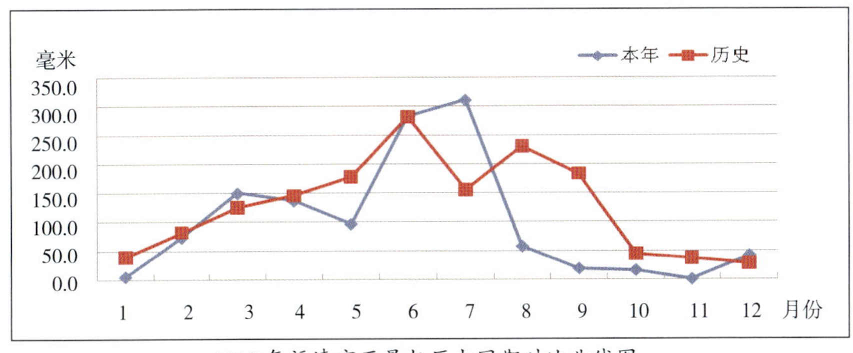

2019年福清市雨量与历史同期对比曲线图

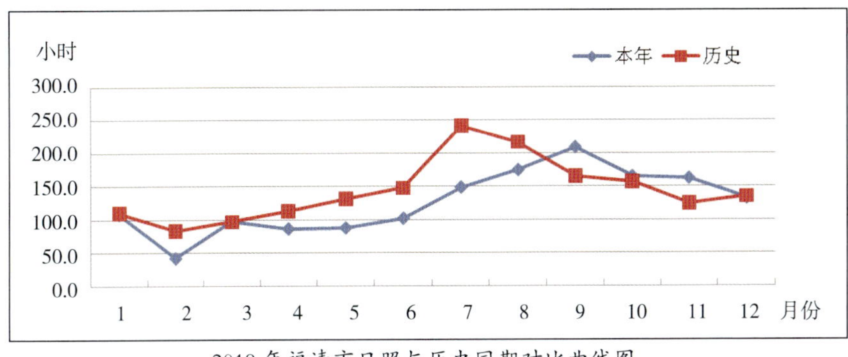

2019年福清市日照与历史同期对比曲线图

因持续少雨，水库库容锐减，影响工农业生产和生活用水。12月5—6日出现的中雨过程使旱情有所缓解，但根据福建省气候中心监测没有达到解除旱情的标准。

3. 暴雨。受高空槽东移和低层西南急流的影响，7月6日中午起福清市普降大雨到暴雨，北部镇街出现大暴雨。统计6日8时—7日8时累积雨量：全市22个站点超过50毫米，其中9个站点超过100毫米，最大为南岭镇215.3毫米，最大小时雨强为6日16时城头镇的82.9毫米。据防汛办了解，截至7月6日，全市共转移受灾群众211户478人；农田受淹433.47公顷，其中龙江街道86.67公顷，城头镇158.13公顷，海口镇133.33公顷；东门街、小桥街等22条道路均有不同程度的积涝；里美海堤龙山至海口段损坏2处；镜洋镇山塘受损2处，东福路截污管道口爆裂1处，溪坝冲跨17处，道路护坡冲垮3处；南岭镇塔七路沿线5处滑坡路段，马斜和大山在建路段滑坡；一都罗汉里教育基地道路滑坡1处，无人员伤亡。城区部分地方出现内涝，因大暴雨主要集中在城区周边，呈现出时间短、雨量大的特点，龙江南门上游洪峰流量达1480方/秒，水位达8.2米，比2005年“龙王”台风8.1米高出0.1米，创下近十几年历史新高，又恰逢龙江海水顶托造成江水倒灌城区排雨口，龙江行洪受阻，江水倒灌，造成城区部分地方出现内涝。7月9、22日出现暴雨，二次暴雨过程使全市大部分水库库容明显增加，对水库蓄水有利，缓解全市用水紧张局面。水稻、花生、甘薯等农作物也得到充分灌溉，但局部低洼地带作物有轻微受淹。

4. 低温。2019年3月7—9日出现“连续≥3天日平均气温≤12℃”的低温时段，低温时段对春播期的早稻、花生播种、果树和蔬菜无不利影响。

（陈源高　高毅超）

【民族】　福清市有少数民族44个，人口约1.6万人，占全市总人口约1.3%。其中畲族人口最多，苗族、土家族、回族次之。福清少数民族人口主要分布在福厦沿线和龙高半岛一带，呈“大分散、小聚居”格局。全市有7个少数民族行政村，分别是宏路街道大埔村、新仓村、圳边村，石竹街道棋山村，镜洋镇东升村，一都镇东山村和三山镇钟厝村。

（市委党史方志室）

表2　福清市少数民族分布表

数量	民族				
44个	畲族	白族	毛南族	景颇族	裕固族
	苗族	瑶族	朝鲜族	怒族	赫哲族
	土家族	傣族	藏族	达斡尔族	撒拉族
	回族	黎族	仫佬族	哈萨克族	俄罗斯族
	壮族	土族	拉祜族	东乡族	塔吉克族
	侗族	满族	羌族	京族	鄂伦春族
	布依族	蒙古族	布朗族	塔塔尔族	鄂温克族
	彝族	哈尼族	傈僳族	高山族	维吾尔族
	仡佬族	水族	佤族	纳西族	

【宗教】　福清民众宗教信仰较为多元，有道教、佛教、天主教和基督教（新教）等宗教信仰。福清道教信众信奉的神祇除了传统的三清尊神外，还有何氏九仙、城隍爷、五帝、吕祖、妈祖、关帝、临水夫人、文昌帝君、五显灵官、大王境神、九使、真武帝君等道教俗神。其中影响较大的有石竹山道院、江阴九鲤观、新厝武当别院、新厝尚阳书院、龙田福庐观等。较有规模和影响力的法事有石竹山道院每年立春日举行隆重的“接春镶太岁”道场。

福清佛教史上影响最大的人物有临济宗祖师希运禅师和东渡日本创立黄檗宗的隐元禅师。规模较大的佛教寺院有黄檗山万福寺（日本黄檗宗的祖庭）、灵石寺、瑞岩寺、崇恩寺、南少林寺（有实物可考）、龙卧寺等。

天主教传入福清至今近400年。比较大的场所有城关、龙田、高山、江镜和渔溪天主教堂。基督教（新教）传入福清有100多年。福清基督教有6个教派：中华基督教卫理公会、中华圣公会、真耶稣教会、基督教聚会处、基督复临安息日会、耶稣圣神教会。比较大的场所有城关、西大、融北基督教堂，南门东基督教堂、东埔安息日基督教堂、渔溪圣神基督教堂等。

（市委党史方志室）

【侨乡和台胞祖籍地】　福清是全国著名侨乡。从宋末元初开始，福清乡亲就漂洋过海到异域谋生创业。2019年，福清有海外侨胞160多万人，分布在世界165多个国家和地区。有海外融籍社团71个，其中以新加坡福清会馆历史最为悠久，印尼社团数量最多。影响力较大的社团有：印尼的东爪哇、万隆、梭罗、雅加达、三宝垄等福清公会。1988年，世界各地福清社团共同成立世界福清同乡联谊会（后更名为“世界福清社团联谊会”），简称福清“世联会”，以“团结、爱乡、发展”为宗旨。事业有成的融籍海外乡亲不忘回报桑梓，改革开放以来，融籍海外乡亲累计为福清的公益事业捐资40.47亿元。

福清区位近台，最近处距台湾仅84海里。福清是全省台胞台属较多的县市之一。有在台乡亲6.5万多人，在融台属 12.7 万多人，台胞 150 人。2003 年 12 月成立的福清市台湾同胞投资企业协会，是继江苏昆山、广东花都之后的大陆第 3 家县级市台协会。福清南青屿是对台小额贸易点。截至 2019 年 9 月，在福清投资注册的台资企业达 326 家，在产及在建台资企业 233 家，总投资 26.03 亿美元，注册资金 13.54 亿美元，合同台资 8.81 亿美元，占全市规模以上企业总产值的 17.2%。

（市委党史方志室）

国民经济和社会发展

【概况】 2019 年末，福清市户籍户数 41.4 万户，人口 139.12 万人。其中农业人口 79.0 万人，非农业人口 60.12 万人。年末全市常住人口 133 万人，人口出生率 13.4‰，人口死亡率 5.8‰，人口自然增长率 7.6‰；城镇化率 52.0%，比上年提高 0.2 个百分点。

2019 年，福清市实现地区生产总值（GDP）1150.15 亿元，比上年增长 7.6%。其中第一产业增加值 100.55 亿元，增长 4.0%；第二产业增加值 604.25 亿元，增长 8.7%；第三产业增加值 445.35 亿元，增长 6.8%。三次产业结构由上年 8.6 ：49.3 ：42.1 调整为 8.7 ：52.5 ：38.8。人均地区生产总值 86931 元，增长 3.4%。

全年第三产业增加值占全市生产总值的比重为 38.8%，对全市经济增长的贡献率达 32.8%，拉动经济增长 2.5 个点。其中批发和零售业增加值 102.6 亿元，增长 4.6%；交通运输、仓储和邮政业增加值 21.7 亿元，增长 6.5%；住宿和餐饮业增加值 12.7 亿元，增长 3.8%；金融业增加值 80.7 亿元，增长 11.2%；房地产业增加值 78.7 亿元，增长 5.0%；其他服务业增加值 143.4 亿元，增长 7.3%。

【农业】 2019 年，福清市实现农林牧渔业总产值 183.9 亿元，增长 4.0%。其中农业产值 57.8 亿元，增长 6.0%；林业产值 0.5 亿元，下降 18.1%；牧业产值 25.9 亿元，下降 5.5%；渔业产值 90.7 亿元，增长 5.9%；农林牧渔服务业产值 9.1 亿元，增长 7.8%。

全市粮食总产量 10.33 万吨，增长 2.9%；蔬菜产量 76.3 万吨，增长 5.1%；水果总产量 12.39 万吨，增长 11.8%。

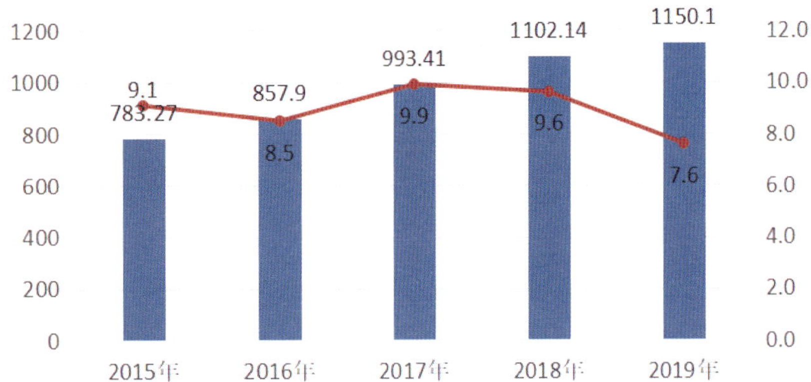

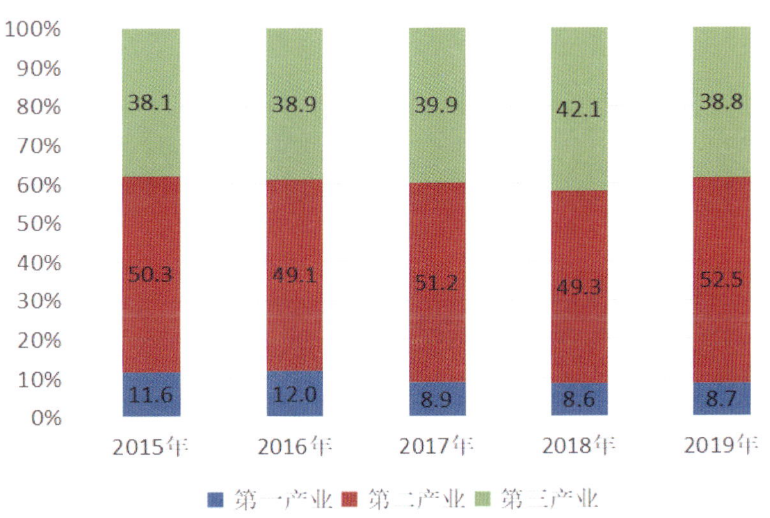

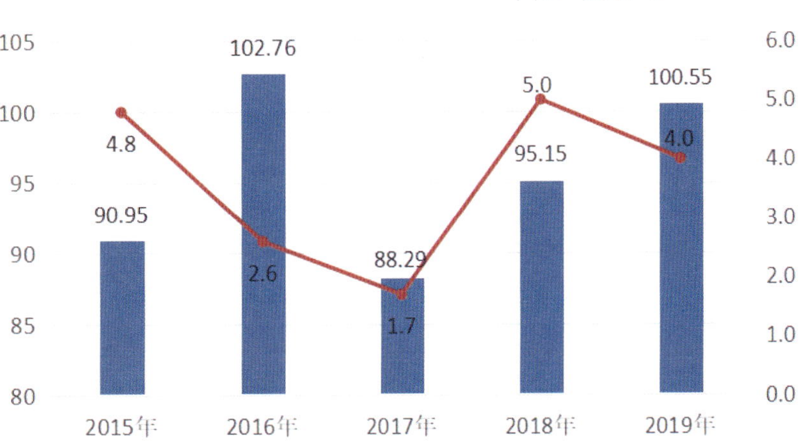

年末生猪存栏22.35万头，牛存栏0.95万头，羊存栏6.77万只，家禽存栏194.6万只；全年猪出栏41.6万头，下降29.7%；羊出栏9.04万只，下降31.2%；家禽出栏324.41万只，下降24.2%。全市肉类总产量4.06万吨，下降28.5%；禽蛋产量3.7万吨，下降15.1%；奶类产量0.4万吨，增长33.3%。

全年水产品总产量54.28万吨，增长6.0%。其中海水产品43.34万吨，增长6.0%；淡水产品10.94万吨，增长5.9%。

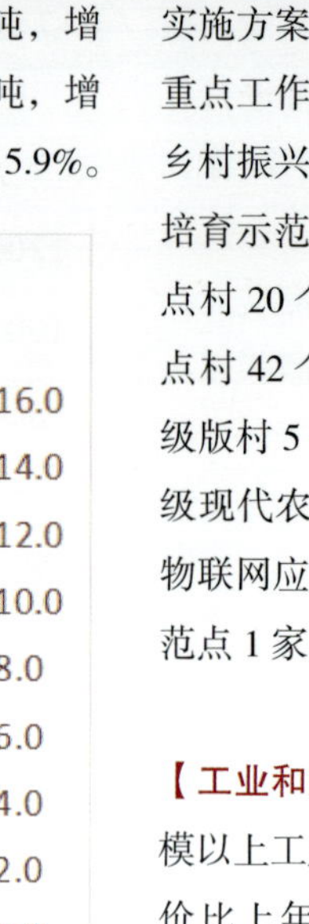

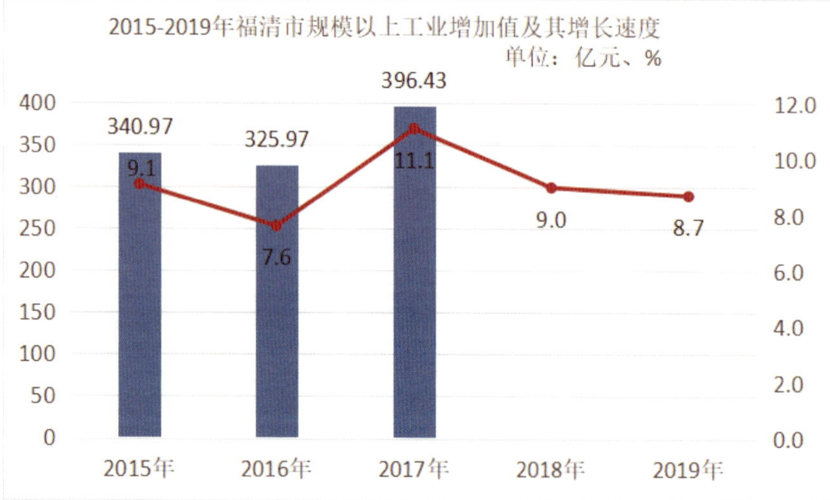

大力实施乡村振兴战略，乡村发展新动能不断壮大。年内制订出台《福清市推进乡村振兴战略2019年重点工作实施方案》，印制福清市乡村振兴系列重点工作导则、指南等文件，统筹推进乡村振兴八个重点任务落地见效。积聚培育示范典型，共创建乡村振兴省级试点村20个，试点镇3个，福州市级试点村42个，试点镇4个，乡村振兴高级版村5个，中级版村8个。新培育省级现代农业智慧园1家、2家省级农业物联网应用示范基地、福州市物联网示范点1家。

【工业和建筑业】 2019年，福清市规模以上工业总产值完成1951.9亿元，现价比上年增长8.3%。全市现有416家规模以上工业企业中，增产企业339家，增产面81.5%。

年内，全市上亿企业达239家，比上年增加22家，累计完成产值1863.4亿元，占规模以上工业产值比重95.5%。其中产值上10亿元企业43家，产值上50亿元企业7家，产值上100亿元企业3家。

全年福清市电子、塑胶、食品、玻璃、医药、电力、化工、纺织等八大行业241家企业累计实现产值1493.8亿元，比上年增长7.8%，占规模以上工业产值76.5%。其中医药、纺织、塑胶、食品行业保持2位数增长，分别增长40.7%、17.8%、13.2%、12.3%；电子、化工、玻璃、电力行业分别增长4.5%、3.9%、2.6%，1.1%。

全年福清市规模以上工业实现利润总额100.56亿元，比上年下降15.7%。主营业务收入1807.8亿元，增长7.8%。主营业务收入利润率5.4%，产销率94.0%。全市工业用电量55.27亿千瓦时，增长4.1%。

全社会建筑业增加值126.8亿元，增长9.5%。全市资质等级以上的建筑企业有 75 个，完成建筑业总产值 394.99 亿元。全市建筑房屋施工面积 3278.8 万平方米，其中新开工面积 1095 万平方米。房屋竣工面积 984.3 万平方米。全市建筑业总产值达到亿元及以上的企业 36 家，其中 5 亿元及以上的企业 18 家。

【固定资产投资】 2019 年，福清市固定资产投资完成（含“两高”投资）增长 3.0%。其中房地产开发投资 217.97 亿元，增长 14.7%；工业固定资产投资增长 12.1%。

年内，全市商品房屋施工面积 1370 万平方米，增长 21.7%，其中住宅施工面积 942.53 万平方米，增长 26.8%。商品房屋销售面积 256.89 万平方米，增长 10.5%，其中住宅销售面积 219.6 万平方米，增长 11.2%。商品房屋销售额 258.9 亿元，增长 13.6%，其中住宅销售额 233.77 亿元，增长 18.9%。

【城乡建设】 2019 年，福清市计划启动和实施市政道路建设项目 146 项，完工 36 项，动工 52 项，前期 58 项。年度完成投资 7.3 亿元，完成 16.28 公里市政道路建设。新建、改造市政供水管网 20 千米，管网漏损率控制在 10.57%。新建城区污水管网 24.79 千米，乡镇污水配套管网 14.72 千米。推动龙江流域 21 个设施建设和海口镇的 2000T/ 日污水处理站建设，完成海口镇 200T/ 日、江阴镇和上迳镇 400T/ 日污水处理设施建设，城区两座污水厂共计处理污水量约 5094.88 万吨，出水水质均达一级 A 排放标准。

全市新、改、扩建项目建筑设计执行民用建筑节能强制性标准 265 个，建筑面积 590 万平方米，执行比例 100%。推广应用绿色建筑标准项目 72 个，建筑面积 345 万平方米。推动出让的 4 宗地房地产项目装配式建筑发展，装配式建筑面积 15.95 万平方米，4 宗项目均达到总建筑面积 20% 以上。

年末，全市拥有 110 千伏变电站 22 座，主变 36 台，容量 1691800 千伏安。高压 110 千伏输电线路 51 条 500.096 千米，35 千伏输电线路 3 条 14.841 千米。全社会用电量 82.29 亿千瓦时，增长 5.16%，其中工业用电 55.27 亿千瓦时，增长 4.07%。居民生活用电 14.93 亿千瓦时，增长 5.35%。

【贸易和旅游】 2019 年，福清市实现社会消费品零售总额 520.2 亿元，增长 9.9%。限额以上消费品完成零售额 242.3 亿元，增长 14.7%；限额以下消费品完成零售额 277.9 亿元，增长 6.1%。

表 3 **2019 年房地产销售主要指标完成情况表**

指标名称	累计数	累计增长 (%)
商品房屋施工面积（平方米）	13700251	21.7
#住宅	9425309	26.8
商品房屋销售面积（平方米）	2568859	10.5
#住宅	2195914	11.2
商品房销售额（万元）	2589343	13.6
#住宅	2337742	18.9

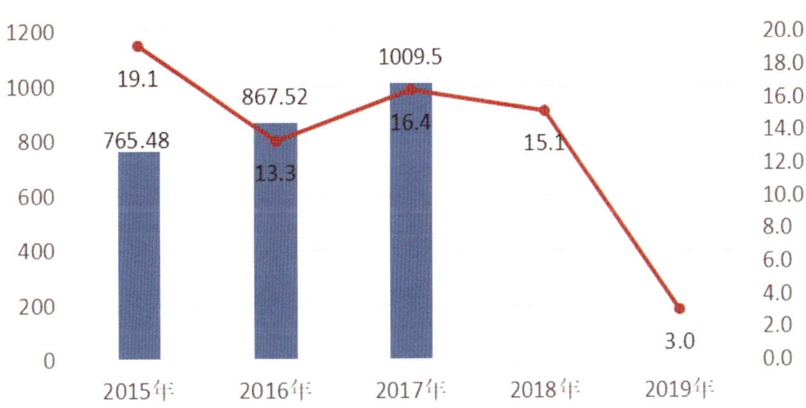

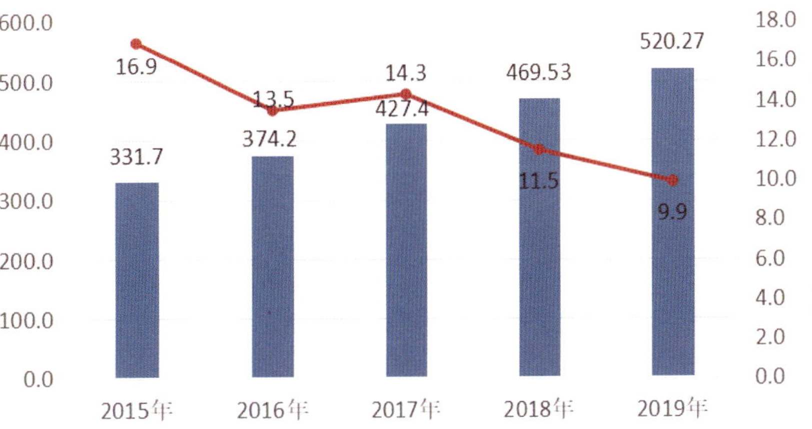

年内，全市拥有四星级旅游饭店 6 家，三星级旅游饭店 2 家，旅行社 13 家。全年共接待海内外游客 628.55 万人次（按福州反馈新口径汇总），增长 22.9%；实现旅游总收入 155.14 亿元，增长 28.0%。

【对外经济】 2019 年，福清市实际利用外资（按验资口径统计）完成 56631 万元。全年实现进出口总额 619.6 亿元，比上年下降 4.6%。其中出口总额 427.0 亿元，下降 3.4%；进口总额 192.6 亿元，下降 7.2%。

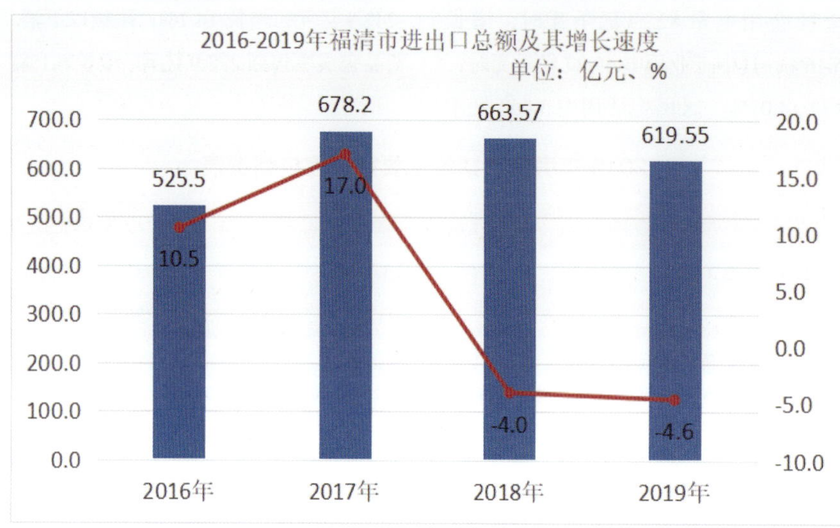

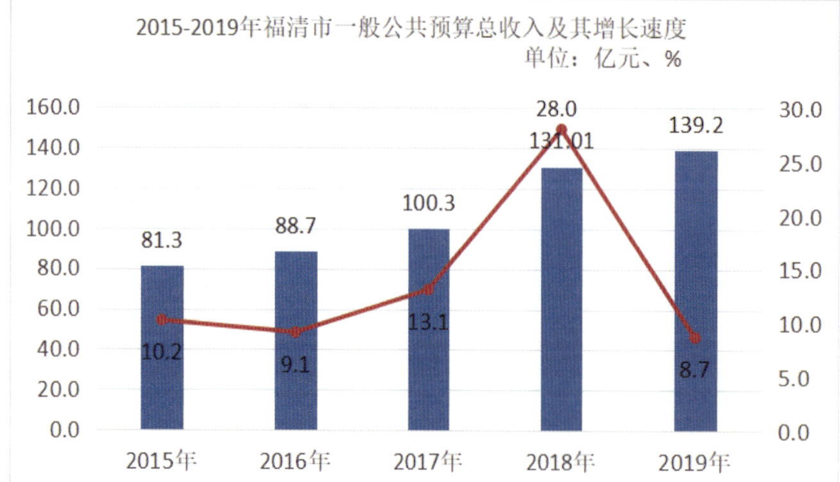

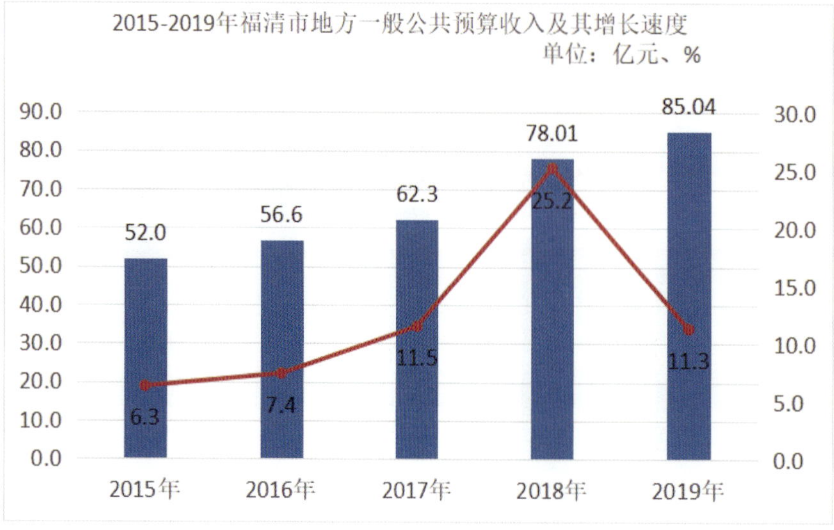

【交通和邮电】 2019 年，福清市公路通车总里程 2238 千米，其中高速公路 100 千米，国道公路 221 千米。全年旅客周转量 35158 万人千米，公路运输货物周转量 306274 万吨千米，水上运输货物周转量 1806921 万吨千米。

全年完成邮政业务总量 10511 万元，报刊发行量为 1706 万份；移动业务总量 6.24 亿元，移动电话用户数达 77.6 万户。电信业务总量 3.7 亿元，宽带用户数 27.0 万户，天翼移动电话拥有量 29.0 万部，年末城乡电话用户 18.7 万户。

【财政金融】 2019 年，福清市完成一般公共预算总收入 139.2 亿元，增长 8.7%。其中地方一般公共预算收入 85.0 亿元，增长 11.3%。税性收入 114.1 亿元，增长 1.9%。一般预算支出 117.0 亿元，增长 18.4%。

年内，全市金融机构存贷款余额（本外币）2438.8 亿元，增长 12.7%。金融机构存款余额（本外币）1401.3 亿元，增长 10.9%，其中居民储蓄存款余额 985.4 亿元，增长 16.3%；人民币储蓄存款余额 943.6 亿元，增长 18.4%。金融机构贷款余额 1037.5 亿元，增长 15.3%。

【教育、文化和科技】 2019 年，福清市在教育事业上的财政支出 23.3 亿元，比上年增长 8.9%。基础教育投入力度不断加强。全市现有各类学校 605 所，其中幼儿园 192 所，小学 343 所，初中 46 所，高中 23 所，特殊校 1 所，中职学校 3 所。在校生 24.8 万多人，教职工 1.7 万多人，形成了幼教、普教、特教、职教等较为完整的教育体系。

年内，全市深入推进“文化惠民乐万家”工程，举办“三象合一”石齐艺术展等艺术展览和文艺演出。加强文化遗产保护传承，南少林宗鹤拳和佾舞入选第五批国家级非物质文化遗产代表性项目推荐名单，黄檗山万福寺重建工程竣工落成，举办首届国际黄檗禅论坛。

全市国家级高新技术企业 30 家通过认定，省级高新技术企业 25 家通过认定，全市共有国家级高新技术企业 75 家。科技小巨人领军企业 8 家企业通过认定，全市科技小巨人领军企业达到 34 家。

【卫生和体育】 2019 年，福清市医疗保健机构 6 家，民营综合医院 1 家，中心卫生院 4 家，卫生院 12 家，社区服务中心 7 家。镇（街）妇幼保健人员 164 人，其中专职妇保 66 人，兼职妇保 16 人；专职儿保 76 人，兼职儿保 6 人。中专学历 55 人，占 33.52%；大专以上 104 人，占 63.4%。村级妇幼保健人员 458 人。县、乡妇幼卫生保健网基本健全，村级妇幼卫生保健配备率达 98.59%。

年内，融籍女排运动员林莉在 2019 年女排世界杯中表现出色，成为福清市第一位获世界杯冠军运动员。承办环福州·永泰国际公路自行车赛福清赛段等赛事，侨乡街舞团亮相央视春晚。市老年人体育活动中心、工人文化宫建成投入使用，安装 100 套户外体育健身路径，提升改造 20 个农村体育健身工程，完成 2 个省级多功能体育运动场和 1 个省级笼式五人制足球场建设，基本形成城市社区“10 分钟体育健身圈”。

【人民生活和社会保障】 2019 年，福清市全体居民人均可支配收入 35147 元，增长 9.5%；人均消费支出 25619 元，增长 9.3%；全市职工年平均工资 74915 元，下降 0.4%。

城镇居民人均可支配收入 48559 元，增长 8.1%；人均消费支出 33279 元，增长 9.6%。农村居民人均可支配收入 25212 元，增长 10.0%；人均消费支出 20277 元，增长 9.0%。

年内，福清市城镇新增就业人数 22480 人，城镇失业人员再就业 559 人，其中城镇就业困难对象再就业 192 人。城镇登记失业率为 1.7%。新增农业富余劳动力转移就业 5760 人。全市参加城镇职工养老保险 145696 人，其中灵活就业人员 9225 人；参加机关基本养老保险在职人数为 20379 人，参保退休（职）人数 10123 人；城居保实际参保 68.12 万人，参保率 99.86%，发放人数 199337 人。参加工伤保险 175127 人，参加失业保险 87082 人。

【园林绿化和环境保护】 2019 年，福清市完成园林绿化面积 2455 公顷，其中公共绿化面积 518 公顷。建成区绿化覆盖面积 2455 公顷。

全市污水处理厂 5 座，垃圾处理站 1 个，废水治理设施处理能力 17 万吨 / 日，废气治理设施处理能力 1422 万立方米 / 时，工业固体废物综合利用率 90.0%，烟尘控制区总面积 102 平方千米。

截至 10 月份，城区环境空气质量继续保持良好，空气综合质量指数达到 2.82，优良率 99.3%；龙江水质功能达标率 80%，乡镇集中式生活饮用水源地水质达标率 100%，城市集中式生活饮用水源地水质达标率 100%，入海河口（海口桥）水质达标率均为 66.7%。

注：地区生产总值（GDP）、各产业增加值绝对数按现价计算，增长速度按可比价格计算。

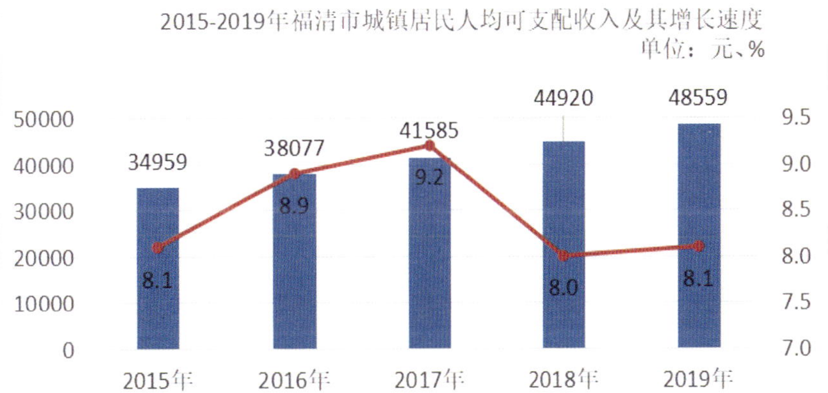

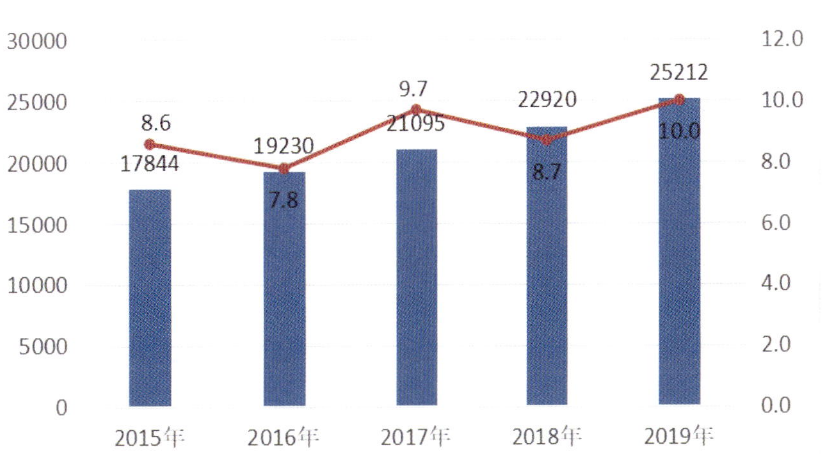

中共福清市委员会

综　述

【概况】 2019年，福清市在省委、福州市委的坚强领导下，全面融入新时代新福建和有福之州、幸福之城建设大局，围绕“项目年”“招商年”“三产年”专项行动和“三个福州”建设，推动福清各项事业发展取得新成效。全年主要经济指标增长平稳，入选福建省县域经济实力“十强”、县域经济发展“十佳”，在全国综合实力百强县市排名提升至第18位。

【产业推动升级】 2019年，福清市围绕融侨、江阴、元洪、蓝园等重点园区，投入19亿元，实施基础设施和公共服务配套项目114个，提升园区综合承载力。开展“强产业补链条”“项目年”“招商年”等行动，动建蓝谷综合体等175个项目，建成富仕新材料等87个项目，推动周大生创意园等147个项目备案落地，“招商年”综合考评位居福州第三。在农业上，建成国家绿色循环优质高效特色农业、星源农牧国家数字农业试点等项目，现代农业持续走在全省前列。在工业上，坚持抓龙头、筑链条、建集群，开工动建小飞科技产业园等71个重点工业项目，建成投产胜田食品、友谊新材料一期等39个项目，同时积极对接京东方二期、万华福建产业园等重点项目，八大主导产业产值达1494亿元，同比增长7.8%。在服务业上，深化“三产年”行动，推进国际物流商贸城等19个重点项目，建成黄檗文化旅游园区等项目，现代服务业加快提升。

【城乡统筹发展】 2019年，福清市加快提升城镇品质，深化文明城市创建，实施融宽环路B段等146条市政道路建设工程，完成利桥、南门桥等4个旧片区改造征迁，拆迁69.3万平方米，扎实推进融北、东部、观溪等重点片区以及小城镇、小城市、特色小镇建设，促进城镇功能提升。全力推动乡村振兴，深入推进美丽乡村建设，开展“清沟、扫地、摆整齐”“拆旧、拓新、整漂亮”等行动，新建成生命公园99个、农村幸福院251家，所有行政村集体经济收入均提高到10万元以上，新培育美丽乡村创建村、提升村95个。

【深化改革开放】 2019年，福清市农村集体产权股份制改革成为全省县域集成改革四个试点之一，梳理出31条改革举措，细化139个改革事项，对接上级下放权力事项264项。深入实施“优化营商环境三年行动”，完善促进民营经济健康发展措施，建立“三级代办两级协调”服务机制，建成上线“双保”APP平台。融入“海丝”核心区，推进国际深水大港建设，江阴港区通过“国际卫生港”和进境粮食指定监管场地验收；中国—印尼“两国双园”列入印尼区域综合经济走廊备选项目，中国—哈萨克斯坦国际农工产业合作区已签订框架合作协议。

【文化实力提升】 2019年，福清市坚持“政府主导、社会参与、重心下移、共建共享”的理念，完善城乡公共服务设施，打造102个高级版基层综合文化服务中心，提升50个村级“农家书屋”，培育新厝硋灶村等4个基层服务特色示范点，优化“城区15分钟、农村30分钟”公共文化服务圈。深化“文化惠民乐万家”工程，开展“主题文艺下乡巡演”“高雅艺术走进大众”“优秀传统戏剧展演”三大系列活动48场，“六月天·融情夏意文艺季”七大系列公益文化活动114场。注重文化遗产保护传承，推动南少林宗鹤拳和佾舞入选福建省第五批国家级非物质文化遗产代表性项目推荐名单，完成鳌江宝塔、蹑云桥等文物保护修缮，启动利桥特色历史文化街区建设，举办首届国际黄檗禅论坛。

【民主法治建设】 2019年，福清市委支持人大、政府、政协履职尽责，落实与离退休老干部、各民主党派、工商联座谈交流等制度，鼓励工青妇等群团组织发挥作用。设立市委全面依法治市委员会，全面强化党对法治建设的领导。

深化公共法律服务体系建设，建成市公共法律服务中心和20个镇街公共法律服务站，开通法律服务热线24个，受理各类法律援助案件660多件。深入推进司法体制改革，全面推行刑事案件认罪认罚从宽制度，审结认罪认罚案件1214件，服判息诉率达97%。深化“七五”普法宣传行动，年内开展“法律六进”活动494场。

【从严管党治党】 2019年，福清市委深入开展“不忘初心、牢记使命”主题教育，在自行开展“忆苦思甜颂党恩、担当作为促发展”主题活动的基础上，探索推出“1+1+3”模式，即每一个专题集中学习研讨，对应一项中心工作、重点任务，再细化为个人自学、集中研讨、专题研究具体工作“三个步骤”，促进主题教育与中心工作有机融合。深化党建引领示范工程，打造80个党建示范点。完善“1+X+Y”廉洁纪律监督机制，查处违反中央八项规定精神问题12起、28人，查处“小鬼病”等问题27起、45人。建立巡视巡察整改常态化推进机制，开展3轮常规巡察、1轮交叉巡察，配合省委巡视组完成对福清巡视工作。加大执纪审查力度，全年共立案310件，给予党纪政务处分330人，移送司法机关处理29人。

（郑全国）

重要会议及活动

【重要会议】 2018年重点项目征迁工作总结暨2019年第一期重点项目征迁工作动员部署会　2019年1月2日召开。会议总结2018年重点项目征迁工作情况，并就2019年第一期重点项目征迁工作做动员部署。

2019年福清市新春茶话会　2019年2月13日召开。市四套班子领导与原任市四套班子主要领导，其他副处级以上领导干部，市直有关单位、各镇街主要领导，各界代表等约500人欢聚一堂，共叙情谊，畅谈发展。

“抓党建、促振兴、强治理、优发展”工作会议　2019年2月21日召开。会议传达省委省政府经济形势分析会暨坚持高质量发展落实赶超工作督查会、福州市经济运行分析会暨坚持高质量发展落实赶超工作推进会精神，对2019年全市经济、乡村振兴、“党建引领、多维治理”等相关工作进行部署。

生命公园、农村幸福院建设工作培训部署会　2019年4月21日召开。会议通报全市生命公园、农村幸福院建设工作的进展情况和存在问题，对生命公园及农村幸福院建设工作指南进行解读，并部署下一步工作。

市委十三届九次全体会议　2019年6月12日召开。会议就促进福清市产业发展工作做具体部署，审议通过《中共福清市委关于深入学习贯彻习近平总书记在参加十三届全国人大二次会议福建代表团审议时重要讲话精神的决定（草案）》《中国共产党福清市第十三届委员会第九次全体会议决议（草案）》。

全市生态环境保护工作推进会　2019年7月5日召开。会议传达上级有关会议精神，成立福清市迎接第二轮中央生态环境保护督察协调联络领导小组，并对下一步工作做具体部署。

中央生态环境保护督察“边督边改”工作推进会　2019年7月20日召开。会议传达上级有关会议精神并部署中央生态环境保护督察“边督边改”工作。

上半年全市经济工作分析会议暨全市公安工作会议　2019年7月31日召开。会议传达上级有关会议精神，并就全市公安工作、古厝保护工作及下半年全市经济工作做具体部署。

全市“增强信心，激情创业，争当高质量发展排头兵”工作会议暨福清市企业发展大会　2019年10月28日召开。会议介绍扶持企业发展有关政策措施，部署第四季度经济工作。

市委常委（扩大）会议　2019年11月3日召开。会议传达学习党的十九届四中全会有关精神和省委、福州市委常委（扩大）会议有关精神。

福清市创建全国文明城市工作推进会　2019年11月23日召开。会上印发《福清市2019年创建全国文明城市工作迎检方案》，对创建全国文明城市工作进行部署。

2019年福清市委议军会暨国防教育委员会全体委员会议　2019年12月19日召开。会议听取2018年议军会议定事项落实情况报告，2019年党管武装、国防教育工作开展情况及2020年党管武装、国防教育工作建议。

市委十三届十次全体会议　2019年12月20日召开。会上，市委常委会向全会书面报告一年来的工作，会议审议通过《中共福清市委深入贯彻〈中共中央关于坚持和完善中国特色社会主义制度、推进国家治理体系和治理能力现代化若干重大问题的决定〉的实施意见（草案）》《中国共产党福清市第十三届委员会第十次全体会议决议（草案）》。

2019年市委与各民主党派、工商联座谈会　2019年12月24日召开。会议通报2019年全市经济社会发展情况，听取市各民主党派、工商联对福清发展的意见和建议，在稳增长、促改革、调结构、惠民生、防风险、保稳定各项工作方面不断助力，推动“大福清”发展再上新台阶。

【重要活动】 福清市龙江公交枢纽站项目开工动员会　2019年2月28日召开。市领导、有关单位、交投公司员工代表、公交公司员工代表和龙江街道干部职工代表共约190人参加开工动员会。

新福兴新能源玻璃产业园点火活动

2019年4月9日举行。省领导、福州市领导、福清市领导、相关部门、新福兴员工代表等共约1500人参加点火仪式。

京东元洪食品数字经济产业中心开园仪式活动　2019年4月29日举行。上午举行京东元洪食品数字经济产业中心开园仪式，并依次开展元洪食品展示交易公共服务平台合作签约仪式、元洪食品区域公用品牌产业联盟成立仪式、元洪食品产业协同创新成果亮相仪式、元洪数字经济智库成立仪式；下午召开元洪食品数字经济产业发展峰会。

元洪国际食品产业发展论坛　2019年6月15—17日举行。市领导、海内外食品产业链企业家代表、相关单位和各镇街共约600人参加活动。

坤彩科技江阴产业园投产动员活动　2019年8月16日举行。福州市领导、福清市领导、有关单位、江阴港城经济区干部代表、江阴镇干部代表、坤彩科技及下属企业员工代表共约350人参加开工活动。

福清市教育大会暨庆祝第35个教师节活动　2019年9月9日举行。会议通报获福州市表彰的教育工作先进集体和先进工作者名单，宣读《中共福清市委、福清市人民政府关于表彰2018—2019学年度福清市教育工作先进集体和先进个人的决定》和奖教奖学基金获奖名单，并举行表彰和奖教奖学仪式。

2019年第三季度重大项目集中开工动员会活动　2019年9月25日举行。市领导、有关单位、相关乡镇、蓝色产业园干部职工代表、江镜华侨农场干部职工代表、水利局干部职工代表等共约180人参加开工活动。

福清市烈士纪念日活动　2019年9月30日举行。市四套班子领导、其他副处级以上领导、有关单位、烈属代表、老战士代表、全市专武干部、各界团员青年代表、少先队员代表等共约300人参加活动。

首届国际黄檗禅论坛　2019年11月22日举办。中央统战部、省委统战部、省民宗厅、省外办、福州市委统战部、福州市民宗局、福州市外办和海内外佛教界代表共约1000人参加活动。

【重要接待】　2019年2月2日，中国侨联副主席隋军一行在省侨联党组书记、主席陈式海陪同下到融慰问困难侨界群众、看望归侨代表并视察福建南少林药业有限公司。市领导王进足、陈存枫、刘必建陪同。

3月2—6日，印尼商贸考察团一行到融调研，视察全球（元洪）食品数字经济产业中心项目、胜田食品项目、滨海大通道建设、元洪国际食品展示交易中心项目，并就两国双园等项目进行座谈。市领导王进足、张帆、陈存枫、林友华、刘必建陪同。

3月4—5日，原哈萨克斯坦文化体育部部长、亚洲摔跤协会主席图尔雷哈诺夫一行到融调研，视察元洪国际食品产业园，并商谈中哈建立“两国两园”计划及相关经贸合作事宜。市领导王进足、陈存枫、林友华陪同。

4月9日，省委副书记、福州市委书记王宁到融调研，视察江阴清洁能源装备制造产业基地、福建天辰耀隆新材料有限公司、新厝镇江兜村生命公园。市领导王进足、张帆、高双成陪同。

5月8日，第十二届全国政协副主席王钦敏一行到融调研，视察福州新区福清功能区管委会展厅、元洪京东电商城、元洪国际食品展示交易中心和福清城市建设。市领导王进足、张帆、林友华、施家雄、陈生陪同。

5月9日，省政府副省长李德金一行到融调研乡村振兴工作，视察台湾农民创业园福建省三华农业有限公司、元洪国际食品产业园建设情况，海口镇牛宅村和城头镇首溪村美丽乡村建设情况。市领导王进足、林友华、陈代祥陪同。

5月19—20日，哈萨克斯坦巴甫洛达尔州副州长卡比肯诺夫·阿雷斯坦·肯热塔耶维奇一行到融考察，视察江阴港区、福州江阴港城经济区规划建设情况、新福兴新能源汽车玻璃产业园、星源农牧、福州新区福清功能区展厅、元洪京东电商城、长德蛋白、元洪国际食品展示交易中心。市领导王进足、陈存枫、高双成、林友华陪同。

5月31日，海关总署副署长张际文一行到融调研，视察福耀集团并召开企业座谈会。市领导王进足、刘必建陪同。

7月28—30日，中国氢能产业联盟秘书长、国家能源集团氢能科技刘玮总经理一行到融考察，视察中铝瑞闽公司、三峡风电产业园、福州新港码头、福清核电公司、福耀玻璃工程研究院，并参加福建氢能源产业发展座谈会。市领导王进足、张帆、张新怿、李文清陪同。

8月17日，十三届全国政协副主席、台盟中央主席苏辉带领全国政协考察团一行在省政协主席崔玉英、福州市政协主席何静彦陪同下到融考察，视察福耀集团、福州京东方光电科技有限公司。市领导王进足、翁芳明、何玉金陪同。

10月12日，省政府副省长郭宁宁一行到融调研，视察福州新区福清功能区展厅、全球（元洪）食品数字经济产业中心、胜田（福清）食品有限公司、元洪国际食品展示交易中心、福州港松下港区元洪作业区。市领导王进足、林友华、刘必建陪同。

10月30日，国家工业和信息化部党组成员、中央纪委国家监委驻工业和信息化部纪检监察组组长郭开明和国防科工局副局长吴艳华一行到融调研福清核电。市领导王进足、李文清陪同。

11月7—8日，农业农村部党组副书记、副部长韩俊一行在省政府副省长李德金、福州市政府副市长严可仕陪同下到融督察农村集体产权制度改革工作，视察海口镇牛宅村、江镜镇南宵村。

市领导王进足、王言霖陪同。

（吴飞融、陈运凯）

组织工作

【概况】 2019年，福清市委组织部扎实推进“不忘初心、牢记使命”主题教育，持续锻造过硬干部队伍、筑牢基层组织堡垒、激发人才创新活力，为“新福清”高质量发展提供坚强组织保证。在全市组织系统开展“六个全覆盖”活动，持续搭建科长谈业务、干部话发展、“悦”读分享等多种学习锻炼平台，提升组工干部能力水平。利用“福清党建”“记者走支部”等平台，宣传组织工作领域的好经验、好做法。

【一线考核干部】 2019年，福清市委组织部持续健全完善日常考核、分类考核、近距离考核的知事识人体系，切实考准考实干部现实表现。制订《关于在2019年市委市政府中心工作中开展一线考核干部工作的实施方案》，实行部务会议成员挂钩联系镇（街）和相关责任单位，分组带队深入开展“项目年”“招商年”“三产年”及重点项目征迁、乡村振兴、维稳处突等急难险重任务和日常一线考核干部工作。通过开展蹲点调研、专项督察、明察暗访、测评分析、谈心谈话等方式，多渠道、多角度了解领导班子运行情况和领导干部的政治素质、担当作为、履职尽责情况。

【干部人事制度改革】 2019年，福清市委组织部坚持正向激励、反向问责、容错纠错相结合，对实绩突出的干部落实“五个优先”待遇，表彰一线干部120多人次。实施“担当尽责、激情创业”干部培养选拔专项行动，建立“好干部”数据库，先后提拔重用在项目建设、征地拆迁、维稳处突、重大活动及日常工作岗位表现较为突出的基层干部119名。设立关心关爱干部专项经费，先后慰问生活困难、患病、在外挂职等干部49名，推动关心关爱基层干部常态化长效化。

2019年12月31日，福清市委组织部组织党员干部学习《习近平在福州》采访实录

（市委组织部 供）

【干部教育培训】 2019年，福清市委组织部组织实施干部教育培训计划，举办主体培训班7期，培训干部289人次。举办1期领导干部“城市发展与美丽乡村建设”专题培训班。紧扣事业发展需要，着眼培养干部专业能力，先后组织80名干部赴江浙等先进地区开展专题培训。举办党的十九届四中全会专题辅导讲座1期。邀请市级老领导召开学习《习近平在福州》采访实录座谈会。

【干部监督管理】 2019年，福清市委组织部协助上级组织全市58名处级以上干部开展2019年度个人有关事项报告工作，协助查核比对领导干部个人有关事项169人次。委托市审计局对19名干部开展经济责任审计。持续开展领导干部违规在企业和社团兼职清理，对发现的干部参股企业线索移交纪检部门查处。全年开展提醒4人次，办结各类来信来访来电210件。

【公务员管理】 2019年，福清市委组织部推进公务员职务与职级并行制度实施工作。抓好科级以下干部队伍建设工作，调整科级以下干部职务294人次，提任股级职务125人，交流调配41人，调动基层干部工作积极性。完成3个行政执法队伍机构调整和36名干部转隶工作。配合上级组织部门做好公务员考录工作，年内新招录28名公务员（含参公）。

【人才队伍建设】 2019年，福清市委组织部扎实开展各类人才引进工作，选聘216名“一懂两爱”村务工作者，引进卫计、教育系统高层次紧缺人才60名。新增国家级企业技术中心1家、省级院士专家工作站1家，新认定省级名校长8名、省级学科带头人6名。承办福清市首批共541名省级工科类青年第二年奖励申报工作，完成教育系统157名人才和卫健系统97名人才资格认定和生活津贴兑现工作。确定279套住房用于教育、卫生领域人才奖励兑现，向市级以上各类人才发放体检卡136张。

【基层组织建设】 2019年，福清市委组织部探索推行“党员中心户＋网格责任田”和党员领办项目、党建引领乡贤补位模式，提升党建引领基层治理水平。深化党建引领示范工程，重点打造80个党建示范点，初步形成“一圈三带两镇”党建示范格局。分领域分类别开展党支部“达标创星”活动，提高支部建设标准化规范化水平。整顿转化软弱涣散基层党组织19个。扎实推进“同置业、壮村财”工程，实现各行政村经营性收入10万元以上。从严管理村干部，制定《福清市村（社区）干部管理办法（试行）》，落实村党组织书记县级党委组织部备案管理制度。公开选聘462名村务员和69名城市基层党建专职工作者，基本实现全市每个行政村配有一名村务员。“两新”党建方面，开展“强党建促发展”联合行动，推进“一核五区”党建示范带建设，完成6个示范点培育。

【党员队伍建设】 2019年，全市举办党员培训班34期次，轮训基层党员4万多人次。依托党员e家平台，加强党员教育管理，累计入驻党员46754人，占全市党员总数100%。全年发展党员556人，其中女性203人，35周岁以下393人，大专以上学历334人。全市组建1700多个党员志愿者服务队，党员参加志愿活动4万多人次。

（王琦）

宣传工作

【概况】 2019年，福清市委宣传部深入贯彻落实习近平总书记关于宣传思想工作的重要思想和《中国共产党宣传工作条例》，把握举旗帜、聚民心、育新人、兴文化、展形象的使命任务，围绕福州市打造“幸福之城”目标，统筹推进文化领域行政管理机构改革，严格落实意识形态工作责任制，广泛开展习近平新时代中国特色社会主义思想、党的十九大精神等基层理论宣传，注重发挥媒体平台正面宣传和舆论引导作用，推进新时代文明实践中心建设和公共文化服务体系示范区创建工作，做好名街名镇和古村落古民居保护性修建、福清“非遗”文化遗产保护传承和文化惠民等工作，为福清发展提供思想保证、舆论支持和文化支撑。

2019年12月18日，福清市委宣讲团赴玉屏街道开展党的十九届四中全会精神宣讲 （市委宣传部 供）

【意识形态工作】 2019年，福清市委常委会专题听取意识形态领域工作汇报4次，市委专题会议听取三年来意识形态存在问题整改工作情况和网络意识形态和网络舆情综合研判情况各1次，学习贯彻《中国共产党宣传工作条例》。结合全市机构改革，统筹推进文化领域行政管理机构改革，研究福清市电影管理、新闻出版管理、网络安全和信息化委员会、文化和旅游机构设置及福清市融媒体中心机构组建。持续加强中央和省委巡视、福州市委意识形态工作检查反馈问题整改，及时组织“回头看”，继续将落实意识形态工作责任制与落实全面从严治党主体责任检查考核同安排、同部署，开列“问题清单”并抓好整改落实。

【理论学习】 2019年，福清市委开展“每月一专题”集中学习研讨活动14场，举办市委中心组学习（扩大）会议13次，分发各类学习书籍6种600多册。开展习近平新时代中国特色社会主义思想、党的十九大精神、乡村振兴战略等各类主题宣讲近7600多场次，受众85万多人次。推进省级乡村讲师团试点工作和福州市委宣传部基层理论宣传“千军万马”工程，持续开展福清市基层理论宣传“一十百千万”行动，调动市、镇（街）、村（社区）三级宣讲网络体系（42个讲师团，154支宣讲小分队，832名各级讲师）积极性，举办“忆苦思甜颂党恩”“搏拼在一线”等主题宣讲活动，组织参与《福州，听我说》第二季电视宣讲比赛，福清市宣讲员获银奖，宣传部获评最佳组织奖。

【媒体宣传】 2019年，福清市委宣传部推动市融媒体中心建设，建设融媒体中心指挥中心，发挥新媒体平台作用，推出一批网络好作品，展示福清对外良好形象。开展新中国成立70周年、“项目年”“招商年”“三产年”、纪念五四运动100周年、第二届数字中国建设峰会、乡村振兴、重点项目建设、扫黑除恶等重大主题宣传。在新华社（新华网）、经济日报（中国经济网）、福建电视台、福建日报、福州电视台、福州日报等上级主流媒体刊播涉融重头报道600多篇。

【舆论引导】 2019年，福清市委宣传部完善市突发事件和社会新闻事件应急处置预案、处置工作流程，通过举办新闻发言人培训班，妥善处置热点敏感舆情事件，及时发布权威和准确信息，掌握新闻宣传主动权，化解和消除负面影响，维护社会安定稳定。建立健全“红色引领”网络宣传员队伍，壮大网军队伍，加强网络舆论引导。提高网络综合治理能力，加强对政务、媒体“两微一端”及具有一定影响力商业网站、自媒体账号的日常监督管理，全面建立完善基础信息数据库，深入清理涉政治类、历史虚无主义及突发敏感事件的谣言性信息。针对“看福清”“福清网”微信公众号推文标题及内容存在的问题，以及“福清网”论坛部分贴文存在庸俗、娱乐化等现象，对网站公司负责人和内容编审人员进行专门约谈，要求立即作出整改，并开展内部整顿，切实落实网络管理有关规定。

【培育和践行社会主义核心价值观】 2019年，福清市委宣传部推进新时代文明实践中心省级试点工作，制定福清市新时代文明实践所（站）导则、工作制度及工作职责，推动全国文明单位、福州市级文明单位同24个镇（街道）实践所结对共建，打造七大平台品牌亮点。开展“全民阅读”“我们的节日”、移风易俗等各类活动，常态化开展各类尊老爱幼、扶弱助残、环境保护、法律普及、文化惠民等志愿服务活动，推进志愿服务站规范化建设，不断提升福清市志愿服务水平和质量。加强公民道德典型选树，做好全国和全省、福州市道德模范和“身边好人”推荐工作，其中海岛医生王锦萍获评全国道德模范，1人入围福州市道德模范候选，3名入围“福州好人”网络投票。举办福清市首届道德模范和2018年“身边好人”评选表彰活动，评出道德模范10名、“福清好人”20名。持续深化文明单位、村镇、社区、校园、家庭“五大”创建活动，深入开展市政道路改造、环境绿化美化、农贸市场升级等环境整治“七大战役”，继续实行创城网格化管理和文明城市月测评工作。

【公共文化服务】 2019年，福清市委宣传部继续加强文化建设，发挥市级四馆（图书馆、文化馆、博物馆、美术馆）、镇（街）综合文化站、村（社区）文化室（文化中心）的三级公共文化设施网络作用。推进新时代文明实践中心建设，加强公共文化服务和体育健身服务两大平台建设，培育市文化馆、市体育馆、高山镇前王村、新厝镇硋灶村等4个基层服务特色示范点。跟进国家公共文化服务体系示范区创建后续工作，完善提升24个镇（街）综合文化站和490个村（社区）综合文化服务中心建设，打造102个高级版（3.0版）基层综合性文化服务中心。提升50个村级“农家书屋”和各镇街基层分馆服务效能，构建“城区15分钟、农村30分钟”公共文化服务圈。

【文化遗产保护传承】 2019年，福清市委宣传部举办“闹元宵·看民俗”福清市第十届民间民俗文化节，让“非遗”走近市民，延续城市文脉。围绕实施乡村振兴战略，做好名街名镇和古村落古民居保护性修建，重点推动海口古镇、利桥历史文化街区、一都状元街区等建设。举办第七届海峡两岸宗鹤拳武术文化和融台青少年文化交流大会。推进“非遗”项目提档升级，南少林宗鹤拳和佾舞入选福建省第五批国家级非物质文化遗产代表性项目拟推荐名单。开展省“非遗”地方剧种公益性演出50场、戏曲进校园5场，举办乡村文化振兴图片展1场、非遗进校园图片展5场。建立宗鹤拳非遗传习所（镜洋镇西边村）、佾鼓非遗传习所（新厝镇硋灶村）、南少林武术非遗传习所（江镜镇南宵村）等3个乡村非遗传习所，开展优秀传统文化传承工作。选送文化优秀作品8件，其中2件作品分获省“非遗过大年”省非遗短视频大赛优秀奖和网络最受欢迎奖，6件作品分获福州市非遗短视频大赛二、三等和优秀奖。文物征集工作稳步推进，已整合原有文物180件，征集各类文物（实物）800多件、图文资料近1000件。

【文化产业发展】 2019年，福清市委宣传部落实《关于加快促进福清市文化产业发展的若干意见（试行）》精神，举办第二届“融聚文创季”活动，组织参加海峡两岸（厦门）文化产业博览交易会，建立贝壳小镇、永鸿旅游文化城、黄檗文化旅游园区、南少林文化旅游园等一批重点文化产业项目库。坤彩科技公司获评“福建省文化企业十强”，贝壳小镇列为福州市“双龙头”文化产业企业。制定优秀文艺作品、文艺人才配套奖励办法，加大优秀文艺作品、人才评选力度，扶持创作《隐元东渡》等体现时代风貌、体现福清特色的精品，评出优秀文艺人才9名、非遗项目及其代表性传承人1项、优秀文艺作品128件，颁发奖励金额108.5万元。

【文化惠民工程】 2019年，福清市委宣传部持继续实施“文化惠民乐万家”工程，完成主题文艺下乡巡演20场、优秀传统闽剧展演15场、引进高雅艺术演出5场。举办“六月天·融情夏意文艺季”，开展文艺演出、戏曲展演、美术展览、文化遗产展示等七大板块系列公益文化活动114场。承办福建省美协综合材料绘画艺委会委员首次作品展、“三象合一”石齐艺术展、“丹青抒乡情”旅美画家俞山画展、“满园春色”福清思明诏安三地美术书法作品展等活动5场。圆满完成新中国70华诞、“我们的节日”、“两会”召开等各类主题文艺宣传演出任务。

【对外宣传】 2019年，福清市委宣传部利用Facebook（脸书）和Twitter（推特）“中国福清”英文专题账号、福建日报新福建客户端“新福清”频道、《华人头条》APP福清订阅频道和专题专栏，在福清市海外华人华侨分布较广的国家和地区的主流华文媒体开设新闻宣传专版，在东南网海外频道开展《海外福清人》系列采访活动，向海外融籍乡亲讲好家乡故事、传播福清乡音。与中央电视台合作拍摄“烟火·福州”大型人文纪录片，并引进中央电视台科教频道《味道》栏目组拍摄制作《有一种味道叫做人情味》——福建福清篇纪录片，展示福清美食特色和海洋文化。加快文化“走出去”步伐，着重加强海丝文化对外交流与合作、黄檗文化对日交流、宗鹤拳武术文化对台交流等品牌提升，举办福清市首届文创季活动和福清城市形象系列征集评选活动，提升福清影响力和知名度。

（任仁辉　严若妤）

统战工作

【概况】 2019年，中共福清市委统战部根据机构改革工作要求，及时制订“三定”方案，明确部门和科室职责，做好人员、办事场所整合。围绕中心工作，发挥统战优势，扎实推进多党合作和政治协商、新的社会阶层人士、非公有制经济、民族宗教、侨务、联络联谊、乡贤促进会等各项工作。

【多党合作和政治协商】 2019年，福清市委统战部组织召开市委与各民主党派、工商联座谈会、统战部与各民主党派座谈会、全市统战工作会议，收集报送党外人士对各级党委、部门建议200余条；协助九三学社做好届中增补工作，推动农工党、民建、台联开展换届前期工作；安排1位党外人士任政府组成部门正职。

【新的社会阶层人士工作】 2019年，福清市委统战部成立新的社会阶层人士联谊会，建章立制，规范化运作，现有会员294人。指导开展“春夏秋冬”四大主题活动，打造6大实践创新示范点，围绕乡村振兴、精准扶贫、社会公益、心理辅导、法律服务等课题，开展各种社会活动19次，在各项社会公益活动中，捐赠资金70余万。

【非公有制经济工作】 2019年，福清市委统战部深入开展理想信念教育，举办纪念改革开放40周年专题讲座；开展山西、广西、河南省福清商会筹建工作，推进西安市、宁德市等异地福清商会换届工作，新成立福清市阳下商会、加拿大多伦多福清商会。推动福清宁德商会、福清川渝联合商会、福清龙岩商会等3家在融异地商会组织成立；走访企业180次，梳理问题10个，解决10个，营造风清气正的营商环境，构建“亲”“清”政商关系。

【民族宗教】 2019年，福清市委统战部深入开展民族团结进步宣传活动，加强对少数民族村的帮扶和项目资金的倾斜力度，推动发展民族特色产业，促进少数民族村的经济社会发展；指导举办首届国际黄檗禅论坛，邀请各国专家学者约500人参会；持续开展宗教活动场所“四进”活动，加强对滥建大型露天宗教造像和佛道教商业化等问题的治理，巩固督查整改成果；指导加强民间信仰活动场所管理；完善宗教治理工作长效化机制，健全市、镇（街）、村（社区）三级宗教网格和镇（街）、村（社区）两级宗教工作责任制，确保宗教工作有人抓、有人管，不断提升依法规范管理宗教事务水平。

2019年12月21日，福清市新阶联第一届第二次理（监）事扩大会议召开
（市委统战部　供）

【侨务工作】 2019年，福清市涉侨审批窗口共办理华侨落户962件，非华侨落户1870件，占福州市总数量的50%以上，开具华侨身份证明425份、归侨身份证明9份、侨眷身份证明26份。出具“三侨子女”中考加分证明271件，占福州市总数量67%；协助福州市侨办出具“三侨子女”高考身份证明254件，占福州市总数量73%。协调落实涉侨来信来访10件次，引导海外社团及海外侨胞、港澳同胞捐赠家乡公益事业77项，总金额3.56亿人民币；上报符合散居社会贫困归难侨补助条件的贫难侨73人，符合归侨补助条件的归侨45人，上报特困供养或城乡最低生活保障的归侨侨眷90人、困难归侨子女助学1人、困难临时救助的归侨侨眷104人，对179位贫困归难侨进行“两节”慰问，同福州市侨办实地走访慰问8名贫难侨，累计发放各类补助65.65万元；配合做好市侨乡博物院开馆筹备工作，征集各类文物文件980件，完成790幅照片的分类整理；协助华侨公园暨林绍良纪念馆做好相关展品入境报关工作；开展侨情调查，收集统计海外福清人数据约160万。

【联谊工作】 2019年，福清市委统战部接待海外乡亲500多人次；派员赴印尼参加世联会换届活动；完成三期“寻根祖地看福清”海外华裔青少年夏令营活动，共接待印尼泗水新中三语学校、印尼华裔青少年等师生200多人；选派1名优秀小学教师到菲律宾开展华文教学交流工作；协助福州市举办第七届“海峡青年节”活动，吸引约800人次台湾青年来融。

【乡贤促进会】 2019年，福清市委统战部建章立制，推动各镇街将乡贤促进会工作纳入党政主要工作任务，不断完善“党建引领、乡贤补位”的基层治理模式，组织和引导乡贤在乡村振兴中发挥建言献策、创新创造、服务社会、促进和谐等积极作用。全市494个村（居）均已成立乡贤促进会，共吸纳乡贤28643人，开展乡贤相关活动约2500场次，共筹集资金约8.6亿助力乡村振兴。

（施点晴）

精神文明建设

【概况】 2019年，中共福清市委精神文明建设办公室（简称福清市委文明办）继续巩固提升全国文明城市创建成果，做好文明单位、村镇届中初评工作；组织开展福清市首届道德模范和“身边好人”评选表彰活动；深挖传统节日内涵，打造“我们的节日”系列主场活动；延续“文明福清·书香玉融”主题，开展福清市第十四届“读书月”、福州市级道德讲堂等活动；加快市级文明实践中心以及基层文明实践所、站建设，广泛开展新时代文明实践活动。年内，福清市1人获评全国道德模范。

【文明城市建设】 2019年，福清市委文明办组织召开全市创建全国文明城市工作动员会、推进会和社区文明创建培训会，制定全国文明城市创建实地考察指引、公益广告宣传指引等指导性文件。推动文明城市月测评工作，每月定期组织人员对全市各实地考察点位进行测评，共组织11期测评，发现问题1500余处，下发整改通知书188份。开展创城督察督办工作，围绕农贸市场、城区卫生死角、车辆停放等内容开展专项督察，对整治不到位以及月测评排名垫底的相关单位责任人进行约谈，累计约谈20人次，发出督查通报和黄牌警告23份。按照《福清市全国文明城市社区创建项目专项奖补办法》，继续组织城区46个社区开展创城项目申报，由市创建办联合各街道对各社区创城项目进行考评，考评合格的给予一定的经费奖补。

【公民道德教育】 2019年，福清市委文明办做好各级道德模范、“身边好人”推荐评选工作，1人获评全国道德模范，实现福州地区零突破。举办福清市首届道德模范和“身边好人”评选表彰活动，评出道德模范10人、“福清好人”20人。挖掘春节、元宵、拗九、清明、端午等传统节日内涵，举办各种文化节庆活动、健身文娱活动，承办5场福州市“我们

2019年12月17日，福清市委文明办举办“温情玉融”2019年道德模范与身边好人现场交流会

（市委文明办 供）

的节日”主场活动。延续“文明福清·书香玉融”的主题，举办福清市第十四届“读书月”活动，开展福州市级道德讲堂揭牌暨首讲活动、百场传统文化讲座、“文学在身边”共读融籍作家作品等15项活动。加大诚实守信典型事迹的宣传力度，打造省级诚信经营示范街区1条。

【基层创建活动】 2019年，福清市委文明办做好文明单位、村镇届中初评工作。开展2018—2020年度各级文明单位（村镇）、文明校园届中初评培训会，组织5个测评小组对81个文明单位申报对象进行实地暗访。召开2019年移风易俗工作推进会，深入开展移风易俗宣传“五进”行动，开展移风易俗“五进”活动项目20项，向各镇街发放移风易俗宣传单4万份。

【未成年人思想道德教育】 2019年，福清市委文明办开展“扣好人生第一粒扣子”主题教育实践活动。组织开展“新时代好少年”推荐评选活动，评出福清市级18人，其中1人获评福州市“新时代好少年”。组织全市各中小学校开展“童心向党”歌咏主题活动，征集优秀活动视频参加福州市级主题展播。以清明节为契机，举办“传承红色基因 弘扬先烈精神 争当新时代好少年”道德讲堂——2019年福清市“我们的节日·清明”主场活动。以“4·23世界读书日”为节点，举办“向祖国70周年献礼”专题读书活动。推动全市24个乡村学校少年宫与各级文明校园全面实现结对共建。依托全省公共文化服务校园行平台，组织相关服务单位，共开展40多场次送文化服务进校园活动。

【社会志愿服务】 2019年，福清市委文明办全面推动“志愿云”系统规范化管理，推动各级志愿服务组织做好志愿者招募注册、项目发布、时长录入等工作。截至年底，全市注册志愿者数量突破20万人，发起志愿活动项目14102个，项目总时长达到925万小时。围绕重大活动和重要时间节点组织志愿服务活动，先后组织开展“文明城·幸福年”“争当志愿者 共建幸福城”以及庆祝中华人民共和国成立70周年主题志愿服务活动。

【新时代文明实践中心建设】 2019年，福清市委文明办先后3次召开全市新时代文明实践中心工作推进会，制定出台福清市新时代文明实践所（站）导则、工作制度及工作职责等一系列指导文件，推动全国文明单位同24个镇（街道）实践所的结对共建。加快市级文明实践中心建设，组织赴上杭县、福安县等地考察学习先进经验，市财政拨付134万元专项经费，用于市级文明实践中心建设。依托市级文明实践中心、图书馆、科技馆、文化馆、美术馆以及基层文明实践所、站等阵地资源，开展新时代文明实践活动。先后开展基层理论宣传“一十百千万”行动、“争当志愿者 共建幸福城”、“读书月”等主题实践活动。

（林俞杰）

机构编制

【概况】 2019年，福清市委机构编制委员会办公室（简称福清市委编办）贯彻落实市委、市委编委决策部署，全面完成福清市机构改革任务，协同推进重要领域体制机制改革，稳步推进事业单位改革，不断优化机构编制资源配置，加强减编控编工作。在七个街道事业单位推行党的建设、综合服务等试点改革。进行综合行政执法改革，整合组建4支综合执法队伍，收回事业编制42名。

【机构改革】 2018年12月底，福清市按照机构改革要求，完成市直部门班子配备、人员转隶、挂牌、办公场所调配等工作。至2019年3月底，福清市已全面印发实施各涉改部门“三定”方案。改革后，共设置党政机构36个，其中党委工作机构12个，政府工作部门24个。与改革前相比较，减少9个党政机构，减少领导职数14个（7个正职、7个副职），其他领导职数13个。

【事业单位登记管理】 2019年，福清市委编办推动实施登记管理标准化服务，探索试行简易注销登记办法，进一步做好机关、群团赋码及事业单位法人登记管理及统计工作。优化事业单位法人公示信息抽查办法，推动事业单位“双随机、一公开”监管全覆盖。完善异常名录库管理制度，强化信用约束，促进行业自律和诚信建设。进一步加强其他组织利用国有资产举办的事业单位登记管理。

【机构编制资源调配】 2019年，福清市委编办结合相关体制机制及职能调整工作，进一步优化机构编制资源配置，深挖编制潜力，盘活编制存量，加大政府购买公共服务力度，着力保障市委、市政府中心工作和深化改革、安全稳定、教育卫生、公共服务、民生保障等重点领域的编制需求。结合综合行政执法改革，共撤销机构7个，收回事业编制42名。

【控编减编工作】 2019年，福清市委编办不断完善机构编制实名制管理，对全市招考、调动入编进行严格把关，全年共入编350多人次，减编550多人次，并对人员信息进行核对。通过精简编制、整合机构编制资源、严格控制新进人员等措施，巩固全市减编控编成果，坚决守住中央要求的确保本届政府任期内行政编制（含各类专项编制）不突破中央核定的总额和事业编制不突破2012年底总量的“两个不突破”底线，确保控编减编工作目标的实现。

【综合行政执法改革】 2019年，福清市按照“编随事走、人随编走”“老人老办法、新人新办法”以及“一个部门设有多支执法队伍的，原则上整合为一支队伍”的原则，整合市场监管、物价、专利等领域执法职责，组建市场监管综合执法队伍；整合文化、旅游市场执法职责，组建文化市场综合执法队伍；整合交通运输系统内工程质量监督管理、航道行政、港口行政、地方海事行政、公路路政、道路路政、水路运政等执法职责，组建交通运输综合行政执法队伍；整合兽医兽药、饲料及其添加剂、生猪屠宰、种子、化肥、农药、农机、农产品质量、渔业渔政等行政处罚以及与行政处罚相关的行政检查、行政强制等职责，组建农业综合行政执法队伍。

2019年7月17日，福清市直机关党工委组织机关党员干部到一都罗汉里根据地旧址开展“忆苦思甜念党恩 不忘初心跟党走”红色基地参观学习活动

（市直机关党工委 供）

【街道管理体制改革试点】 2019年，福清市根据中央、省、福州市关于构建简约高效基层管理体制的部署要求，参照福州市鼓楼区做法，在福清市七个街道事业单位推行党的建设、综合服务等试点改革。归并街道的下属事业单位，分别综合设置3个事业单位：综合服务中心(党建服务中心)、公共安全服务中心、经济发展服务中心，在整合基层行政审批和公共服务职责基础上，进一步加强街道便民服务平台建设，实行“一站式服务”“一门式办理”，发挥综合便民服务作用。

（陈仁兵）

机关党建工作

【概况】 2019年，福清市直机关工委辖机关党委7个，党总支24个，基层党支部254个，党员4401名。按照福清市委党建工作总体部署，开展“不忘初心、牢记使命”主题教育，聚焦“服务中心、建设队伍”两大任务，强化问题导向，突出党内监督，建设人民群众满意的模范机关。

【主题教育】 2019年，福清市直机关工委开展“不忘初心、牢记使命”主题教育动员部署工作，以“忆苦思甜”主题活动开篇，实施三大系列十项行动，累计有4000多名党员参与。按照“1+1+3”模式贯彻落实主题教育与中心任务的高效融合，开展走访调研基层党组织、召开调研座谈会。精准推进主题教育分级分类指导，以转作风、优服务为主线，在机关党组织实施“先锋工程”，引导机关党员干部当好服务发展的先锋。落实主题教育常态化推进，丰富中心组学习和党课学习的内容，向机关党员发放必读书籍，开展集中学和自主学，转变教育方式，创新学习形式，全年市直机关各基层党组织共开展支部集中学习2000多场次。

【基层组织建设】 2019年，福清市直机关工委根据《中共福清市委关于调整市直部门（单位）党组织设置的通知》文件要求，撤销11个系统党委，新成立1个机关党委、7个党总支，扁平化管理机关党组织。9月，经市委编委研究同意，成立福清市机关党建服务中心。建立机关党建工作挂钩联系片区制度，制定下发《中共福清市委市直机关工作委员会关于进一步落实党组（党委）书记、机关党组织书记、基层党支部书记抓党建工作责任的实施意见》。指导基层党组织按时做好换届工作，全年有63个机关支部完成换届选举；抓好发展党员工作和业务培训工作，全年共发展党员65人，组织参观红色教育基地进行现场学习；严格党费的收缴和管理；进一步规范双重组织生活，严格落实“三会一课”以及机关各基层党组织班子成员带头讲党课等制度，举办十九届四中全会精神宣讲报告会，基层党组织书记、党务干部培训班。深入基层调研，开展“市直机关服务基层年”活动。

【党建品牌建设】 2019年，福清市直机关工委全面推进市直机关各基层党支部“达标创星”活动，加强机关党支部标准化、规范化建设。成立5个达标创星工作复核检查组，采取实地随机查看、现场交流、查阅内业资料等方式，开展复核工作，初评五星级党支部44个，四星级78个，三星级79个。指导机构改革单位做好党组织设置、党务干部配备等工作。系统党委撤销后，全面开展党组织和党员信息重新采集、整理等工作，加强党员信息库和党员e家平台建设。

【服务工作大局】 2019年，福清市直机关工委围绕“产业发展年”、全面融入“三个福州”建设等中心工作，持续开展服务企业、脱贫攻坚“一革命五行动”、改善生态环境“全民绿化、美丽福清”等活动。教育党员干部弘扬“马上就办、真抓实干”优良作风，组织机关党员干部参与实施乡村振兴战略任务、“村植千树”行动、“百里渠道万人巡”行动等。构建服务帮扶在职干部职工长效机制，开展“温暖工程”，市直机关共有1900名干部职工参加。深化“双报到”工作，依托“党建超市”等平台，多级联动，提高服务群众的能力，已有190个党支部完成报到，2942名党员注册，认领各类需求444件。

【机关作风建设】 2019年，福清市直机关工委突出“学习强国”平台运用，对学习情况进行排名，形成“比学赶超”的竞争氛围，推动党员日常学习；转变教育形式，以支部为单位为党员过政治生日，促使党员忆初心、担使命。召开市直单位落实全面从严治党主体责任工作情况汇报会，并进行集体廉政提醒谈话。开展党组（党委）书记、党支部书记上党课、市直单位党员领导干部带头讲党课活动，市直机关工委支部全年共开展党员活动日活动12次，召开党员大会17次，支委会12次，领导干部上党课5次。

【党员志愿服务活动】2019年，福清市直机关工委坚持“党建+志愿服务”的志愿服务模式，推进党员志愿服务活动常态化开展，组织党员志愿者开展文明交通劝导、红领玉融践行使命、帮扶慰问、无偿献血等活动，增强党组织凝聚力。发挥党员志愿者引领作用，开展百里渠道万人巡、文明城·幸福年、垃圾分类减量、庆祝中华人民共和国成立70周年等主题志愿服务活动。

（何莉）

老干部工作

【概况】 2019年，福清市委老干部局服务管理老干部199人，其中离休干部69人，5·12退休干部27人，县处级离退休干部47人，部队军转团级退休干部47人，外地安置在福清的县处级干部9人。坚持以老干部的需求为导向，开展精准服务，落实“两项待遇”，加强老干部文化引领阵地建设，为老干部发挥余热搭建各种平台。

【政治待遇】 2019年，福清市委老干部局共组织老干部参加市委、市政府的通报会、座谈会、意见征求会6场次，通报组织工作、经济社会发展情况等；组织离退休干部、党员40余人前往新厝镇硋灶文化大院及乡风乡贤馆参观学习；围绕“我看新中国成立70周年新成就”主题，组织离退休干部参加书画展、摄影作品展、文艺汇演等3场次；开展“增添正能量·共筑中国梦”系列活动，与组织部在《福清侨乡报》开辟专栏，从忆苦思甜、不忘初心、正能量等角度，采编宣传报道一批老党员、老干部、老党务先进典型事迹，已报道原福清市长邱玉清、关工委报告员陈祖禄、老体协秘书长杨运立等先进典型事迹3期。

抓好离退休干部党建工作，树立先进典型，以点带面推动市离退休党支部的党建工作。打造离退休干部党支部示范点，创建3个四星、2个五星级党支部，并且结合纪念“建国70周年”，引导各离退休党支部举办文艺联欢会、走访慰问困难老党员、重走红军路、大型书画展、红色论坛等“五个一”系列活动。

【生活待遇】 2019年，福清市委老干部局建立机关党员干部分片联系老干部制度和信息台账制度，打造精准服务格局。不断完善“235”精准服务机制，以每月500元的标准为离休干部购买社会化服务。根据离休干部的不同需求，

2019年10月12日，福清市委老干部局在体育公园举办重阳节健步走活动
（市委老干部局 供）

为居家养老的离休干部提供“9+10”服务包，为集中住院离休干部提供“7+3”服务包。

年内，组织走访慰问离退休干部、特困老干部及遗属300多人次，发放慰问金40万余元；另外为18名离退休干部办理护理费，为8名困难离退休干部及遗属建立台账，协助30多名老干部调解医疗费报销等问题。

强化社区服务老干部示范点建设。巩固提升省级示范点金墩社区、步行街社区及福州市级示范点融东社区作用，开展社区精准服务、政府购买服务试点工作，并将玉屏社区、北大社区列入2020年福州市级示范点创建名单。

【老干部作用发挥】 2019年，福清市委老干部局以“不忘初心、助力大福清”为主题，组织7支市离退休干部志愿者服务队围绕市委、市政府中心工作开展各类志愿服务活动12次，参加人数700余人次；深入94家网吧开展巡查活动，参加人数达144人次；组织开展“垃圾分类”、“扫黑除恶”宣传、全国文明城市创建等各类志愿活动10余次，参加人数200余人次。

组建由11名离退休干部宣讲员组成的“夕阳红”老干部宣讲团，依托福清市老干部活动中心及老年大学红色大讲坛两个主阵地，以“传承红色基因、讲好红色故事”为主题开展红色宣讲系列活动19场次，开展“七进”宣讲活动15场次，受教育群众1.2万余人。

【活动阵地建设】 福清市老年大学 作为全省第一批省级示范校，2019年共开设35个课程，72个教学班，聘请教师43位，学员近1700人。学校突出时政课程，坚持每周1课时政教学，每学期2次大型政治时事讲座，邀请专家做“聚焦两会”、“学习习近平新时代中国特色社会主义思想”等专题讲座。创新办学模式，兼顾内涵发展和规模扩张，重点抓好5门省、福州市精品课的教学示范引领。加强校园文化建设，以办好“一号一报一网六大刊”为抓手，推送工作动态、好人好事、校园风采等，注重宣传工作，以不同形式从不同渠道发挥老年教育服务社会的作用，对外展示老年教育的办学成果，弘扬正能量，提高学校的社会影响力和关注度。定期安排老师到基层社区的老年学校授课，社区老年学校初具规模。

福清市老干部活动中心 作为福建省级示范性老干部活动中心、福州市敬老助老单位。有活动室16个，其中书画、摄影、剪纸等协会5个，乒乓球、台球、棋牌等球室7个，老党员之家配套活动室4个，日均活动人数300～500人次。通过搭建红色大讲坛、播放电教片、宣传栏等专刊内容更新，围绕新时期老党员之家建设的工作要求，加强老党员之家建设，打造文化养老氛围，掀起“大学习”热潮，提升老同志的政治思想素养。围绕“庆祝中华人民共和国成立70周年”主题，组织开展慰问活动、文艺汇演、岁月留痕图片展，组织重阳节·我们的节日文体汇演，邀请专家开设各类公益讲座，同时开展各类球赛，来丰富活动内容，构建和谐场所，吸引、提升老同志的凝聚力。

（陈舒灵）

党史和地方志研究

【概况】 2019年，中共福清市委党史和地方志研究室（简称福清市委党史方志室）结合“不忘初心、牢记使命”主题教育，围绕中心，服务大局，不断探索新时代党史方志工作的新方法。深入全市多个革命遗址和传统文化遗存开展专题调研，挖掘史料、指导革命遗址和传统文化遗存的修护、开发利用工作；与市委组织部联合编辑《福清市红色教育学习路线指南》；深入推进利桥历史街区文化挖掘和研究工作，继续提升侨乡博物馆文物征集工作水平；组织开展纪念新中国成立70周年和福清解放70周年系列宣教活动。指导编纂的《东张镇志》列入福州市首批村镇志精品工程。《福清年鉴（2018）》获评省地方综合年鉴编纂质量三等奖。

【党史书籍编写】 2019年，福清市委党史方志室与市委组织部联合编辑《福清市红色教育学习路线指南》手册，为全市各级党组织开展革命传统教育学习提供服务。手册分为福清红色遗址分布图、红色学习路线、红色学习点简介和魅力福清四个部分，基本涵盖福清重要红色文化资源。对《福清革命史》书稿进行补充、修改和充实完善。继续编纂《中共福清历史》（第三卷），搜集补充缺漏资料，并对全书进行梳理统稿。继续编写《中共福清历史大事记（2012.6—2019.6）》，完成大事记报纸类和文件类信息整理和初稿的编写。

2019年，市委党史方志室和与市委组织部联合编印福清革命传统教育学习手册《福清市红色教育学习路线指南》
（市委党史方志室 供）

【地方志书编纂】 2019年，福清市委党史方志室组织编纂《福清年鉴(2019)》，并申报2019年福建省年鉴精品工程项目；10月17日，组织召开福清市《福清年鉴（2019）》评稿会；2020年4月，由福清市委、市政府主办的《福清年鉴（2019）》由厦门大学出版社正式出版，全书80万字。2019年11月，按照福州市名镇名村志标准指导东张镇编纂的《东张镇志》，由中国文史出版社正式出版，全书23万字。

【史志资料征研】 2019年，福清市委党史方志室对《福清红色文化资源》进行充实完善；收集福清解放70周年相关文章24篇，配合福州市室采编陈通和等老同志的口述资料；通过采访邱玉清、王良平等老同志，对照《习近平同志莅融调研指导文稿汇编》，整理《习近平同志大力推动福清农业产业化发展》《习近平同志对融侨经济技术开发区的发展给予精心指导》等多篇习近平同志在福清典型事例文章。

【史志开发利用】 2019年，福清市委党史方志室进一步挖掘利桥街区的历史、风俗和商业形态等文化元素，充实提升《利桥有故事》等相关资料，为历史文化街区的建设以及后期的运营提供文化支撑。配合利桥街区工作营，共同推进历史文化街区一期工程的展馆布展、民俗节庆活动等文化项目开展。开展革命史馆布展所需实物及照片征集工作，通过查找文献资料、联系革命后代等方式，年内收到无偿捐赠的原中共福清县委书记俞洪庆、原中共福清中心县委委员何胥陶等革命烈士遗物25件；向老五民俗馆联系购买大刀、土枪、土炮等97件实物。

【党史宣教工作】 2019年5月，福清市委党史方志室与市教育局联合开展3场庆祝福清解放70周年忆苦思甜系列红色宣讲活动，分别到宏路中学、融城中学和瑞亭小学为中小学生和党员教师讲述福清党史，累计受众500余人。还受邀为融侨开发区、住建局、海口镇的党员干部讲述福清革命史。7月17日，与市直机关党工委、一都镇党委联合主办“忆苦思甜念党恩，不忘初心跟党走”庆祝建党98周年和新中国成立70周年暨“红色基地”参观学习活动，机关单位党员干部60多人参加。8月16日，与市社科联、市革命史研究会联合主办福清解放70周年纪念活动，请省司法厅原厅长陈振亮、市人大原副主任刘常平、福清“一门三烈士”后代代表陈碧云等共同追忆革命先辈解放福清的历史，社会各界近百人参加活动。

（市委党史方志室）

2019年5月6日，福清市委党史方志室与市教育局在宏路中学联合开展庆祝福清解放70周年“忆苦思甜”红色宣讲教育活动 （市委党史方志室 供）

档案工作

【概况】 2019年，福清市档案局按照福清市机构改革要求做好档案工作；开展政务信息资源目录编制工作；落实档案政策法规和行业标准。市档案馆馆藏档案10.25万卷、3.77万件，资料1.44万册。

【档案规范管理】 2019年，福清市档案局、档案馆制定《福清市档案局业务指导流程》《福清市档案馆接收档案流程》《福清市档案馆接收档案验收标准》《福清市档案馆馆藏资料书籍整理标准》；指导中共福清市委“不忘初心、牢记使命”主题教育领导小组办公室做好档案收集整理工作；协调完成福清市农村土地承包经营权确权登记颁证档案整理及数字化加工项目，指导整理档案17.11万卷、187.79万件，录入目录187.79万条，全文扫描457.57万页；完成馆藏1.44万册资料分类、编目、整理工作；著录馆藏档案案卷级目录2.19万条、文件级目录3134条，导入资料目录1.44万条；向省、福州市档案馆异地备份档案目录数据195万条、全文扫描156万页。

【档案开发利用】 2019年，福清市档案局开展农村档案开发工作，推广龙山街道瑞亭社区和海口镇牛宅村2个福建省“乡村记忆档案”示范村经验做法，做好城市社区和村级档案室规范化建

2019 年 6 月 5 日，福清市档案馆组织干部赴福州牛岗山公园参加以“档案见证改革开放”为主题的档案日广场宣传活动　（市档案馆　供）

设。市档案馆接待利用档案 4867 人次、4500 卷次，利用资料 3 人次、17 册次；开展福州地区“同城跨馆”档案查询利用服务，接待利用档案 163 人次、出具证明 152 件次；协助福清林绍良纪念馆布展，提供档案复制件 16 份 26 页。

【政府信息主动公开】 2019 年，福清市档案馆接收、整理各政府部门、镇街、工业（园）区、垂直管理机构 50 个单位主动公开信息纸质文件 2915 份，电子文件 2922 份，提供主动公开政府信息查阅服务。

（戴君君）

党校工作

【概况】 2019 年，中共福清市委党校发挥党员干部培训主渠道作用，举办各种轮训班、培训班、专题研讨班 24 期，受训学员 2760 人次。

【教学工作】 培训班　2019 年，福清市委党校举办 7 期干部主体班，培训 282 人；举办 4 期发展对象入党前培训班，培训 584 人；赴井冈山举办 3 期福清市五星级支部书记“忆初心锤党性、践使命促发展”党性教育培训班，培训 390 人；赴江浙地区举办福清市领导干部“城市发展与美丽乡村建设”专题班，培训 47 人；举办 1 期乡镇（街道）纪检干部能力建设专题培训班，培训 110 人；举办 1 期福清市政协委员履职能力培训班，培训 53 人；举办 1 期福清市村级党组织书记培训班，培训 530 人；举办 1 期 2019 年福清市各民主党派、工商联骨干成员及党外后备干部培训班，培训 154 人；举办 1 期全市两新组织党组织书记培训示范班，培训 60 人；举办 1 期福清市关工委全委（扩大）会暨基层干部培训班，培训 150 人；举办 2 期“一懂两爱”村务工作者创新思维与能力提升培训班，培训 300 人；举办 1 期福清市第二期“青马工程”中学团员培训班，培训 100 人。

主课主业　构建干部主体班、村干班、入党班和专题班“四位一体”的办学格局，规范主体班次设置，增设中青年干部班和优秀年轻干部班。突出党的理论教育和党性教育的主课地位，确保不低于总课时的 70%，其中党性教育不低于总课时的 20%。单独设置“习近平新时代中国特色社会主义”教学单元，推动新思想走深走实。举办 13 期“求是”讲坛和 6 期“领导论坛”，聘请福清市党政领导干部、省市校院优质师资、专家学者、企事业单位管理人员担任党校兼职教师，丰富课程内容。多批次组织主体班学员到贵州遵义、浙江杭州、陕西延安、闽赣革命老区等省内外红色资源丰富或经济社会发展较快的地方开展

2019 年 11 月 1 日，福清市委党校“求是”讲坛邀请福建省委党校马克思主义研究院院长、教授李海星做《习近平新时代中国特色社会主义思想在福建的孕育与实践》讲座　（市委党校　供）

异地办班，接受党性锻炼或学习发展经验。

教学改革　扎实推进“用学术讲政治”教学改革。完善教师个人备课、教研室集体备课、新课试讲三级备课制度和讲稿审核制度，严把教学内容的政治和学术两道关。建立教师授课宣讲、学术交流、接受采访等报备制度，强调“学术研究无禁区，党校课堂有纪律”。继续实行课堂教学质量评估，突出用学术讲政治的要求，引导教师重视讲课的学术框架与科研含量。

学风建设　修订完善《学员管理制度》，从学籍管理、学习管理、结业考核等六个方面，对学员加强管理。实行学员上课前手机收纳制度。严格学员考勤通报和请假手续办理，学员出勤情况每日在考勤栏公布，每两周向市委组织部、学员所在单位和党校主要领导书面报告。完善量化考核办法，除了出勤、异地办班表现、外出考察心得体会、班级纪律、廉洁自律、党性锻炼、学习表现和调研文章等方面的量化考核外，增加政治素质考察方面的考核，并将考核结果存入学员学籍档案。每个班级都安排两名班主任全程跟班，维持课堂秩序，掌握学习动态，加强班级管理。

【科研工作】　2019年，福清市委党校完成福州市委宣传部中国特色社会主义理论体系研究基地结项1个，完成省委党校中特课题1个，获省委党校中特课题立项2个，获福州市委党校系统课题立项5个。完成福清政研课题5个，完成市委党建领导小组调研课题4个。6月创办内刊《决策咨询参考》，以专报件形式，不定期呈送市委市政府主要领导参阅。第一、四、五期《决策咨询参考》，先后获市委书记批示肯定。有4篇论文参加福州市党校系统教育年会，1篇论文参加福州“市情论坛”，其中2篇分别获福建省委党校教育研究会2018年干部教育培训研讨会论文一等奖和优秀奖。

【理论宣讲】　2019年，福清市委党校发挥思想引领作用，依托业余讲师团、乡村讲师团，深入各个机关、镇街、农村（社区）、学校进行理论宣讲近43场，受训5690人次，打通党的理论服务基层党员群众“最后一公里”。7月，与市委组织部联合抽调福清市精干力量组成帮扶宣讲团，赴甘肃省定西市通渭县开展帮扶宣讲和党政干部培训工作，培训学员500余人次。

【新校区建设】　2019年12月，福清市委党校新校区项目六栋主体建筑完成内外装修，地下室装修基本完成，室外路面硬化全面完成，路面铺砖工作完成过半，校园绿化接近尾声。

（张静）

政策研究

【概况】　2019年，中共福清市委政策研究室（简称福清市委政研室）编发《福清政研》23期；组织十大重点领域改革政策调研，完成重点课题调研28项；牵头或参与撰写各类领导讲话稿、汇报材料、署名文章600多篇300多万字，10余篇署名文章被《闽都通讯》《福州日报》等省市刊物采用。

【专题调研】　2019年，福清市委政研室围绕市委中心工作和群众关心热点，提出28项重点课题，组织各课题责任单位制定调研计划，开展调查研究，撰写形成《以“四求”破“四难”开启农村幸福院新时代》《关于打造幸福福清的若干建议》《挖掘红色资源助推乡村振兴》等23期《福清政研》，供市领导决策参阅。撰写调研报告，《紧扣县域治理推进集成改革，为县域发展插上腾飞翅膀》《治理为魂、生态为基、富裕为本》等10余篇署名文章被《闽都通讯》《福州日报》等省市刊物采用。

【政策调研】　2019年，福清市委政研室组织开展2020年工作思路调研，起草形成《中共福清市委常委会2020年工作要点》《市委党的建设工作领导小组2020年工作要点》《中共福清市委全面深化改革委员会2020年工作要点》《中共福清市委财经委员会2020年工作要点》。围绕县域集成改革试点工作，参与制订《福清市县域集成改革试点总体方案》，为市委扎实开展县域集成改革试点工作提供决策参考。

【信息调研】　2019年，福清市委政研室围绕国内外经济社会形势发展的最新动态、实践经验及专家学者、评论员文章等的观点论断，收集整理对福清经济社会发展有参考启迪作用的各类信息，为市领导开展调研、做出决策提供基础性参阅材料。关注报纸、微博、微信等各类媒介上的重点舆情形成每日专报件，供领导参阅。根据阶段性工作重点和形势需要，突出问题导向，聚焦社会关注，撰写《创新幸福院建设模式、提供优质化养老服务》《探索创新“房地分离”征迁补偿模式》《“生命公园”，乡村振兴的生动实践》等10多条调研信息。

【学习交流】　2019年，省委政研室、福州市委政研室等相关领导、专家到融调研深水大港建设、园区发展、乡村振兴、民营经济发展等重点课题。同时，福清市委也先后组织相关部门到上海、浙江、陕西等地学习考察城市发展、美丽乡村建设、党的建设等经验，学习借鉴先进地区、兄弟县市推进改革工作的先进经验和有效做法。

（王斌党、俞贞辉）

保密工作

【概况】 2019年，中共福清市委保密委员会办公室（市国家保密局，简称福清市委保密办）制定《福清市2019年保密工作要点》，召开各级保密工作会议80多场，开展保密工作专项检查5次，强化对全市各级各单位保密绩效管理。

【保密管理】 2019年，福清市委保密办及时调整充实各级保密委员会（保密领导小组），严格落实党政主要领导保密工作第一责任人及分管领导保密领导责任，在各单位构建由主要领导、分管领导、科室负责人与保密专（兼）职干部组成的保密责任体系。同时，科学设置保密绩效指标，考核内容涉及16类62项，强化保密绩效管理。

【保密宣传】 2019年，福清市委保密办加强对重点人员和重点领域的保密宣传工作，以点带面提升全市保密干部的保密意识和保密常识。进一步发挥党校、行政学校、党委（党组）中心组学习会保密宣教主要阵地作用，力促保密教育制度化、规范化、常态化。7月18日，邀请省国家保密局局长胡为兴为福清市委理论学习中心组全体成员授课；4月18日、10月31日，邀请福州市国家保密局局长王贤伟为福清市委党校科级干部培训班授课。拓展微信公众号“保密观”等学习新渠道，开展《保密法》宣传月、“五法”普法知识竞赛等活动，推进保密宣教工作。全年开展保密普法教育1次，举办保密培训课3次、专题讲座2场，播放保密宣传教育纪录片30多场，发放宣传材料2000多份。

【技术防护】 2019年，福清市委保密办落实人防、物防、技防等方面措施，主动靠前服务，联合相关部门共同做好大型会议活动、全国两会、数字峰会、中高考及重要节假日期间保密安全工作，通过无线网络信号屏蔽、管控等手段加强保密防控。

【监督检查】 2019年，福清市委保密办加强全市互联网邮箱安全保密管理，要求各单位结合本单位保密自查自评工作，将互联网电子邮箱特别是网易电子邮箱保密检查作为自查自评重点之一。制定、完善党政机关工作人员规范使用电子邮箱制度，实行通过电子邮箱报送工作材料应经过单位内部审核批准的制度。严禁使用互联网邮箱存储、传输国家秘密、工作秘密或内部敏感信息，进一步健全邮件系统安全防护措施。开展互联网邮箱安全保密管理专项检查，抽查单位36个，共发现隐患10处，涉及6个单位，及时督促整改，消除泄密隐患。

（许雪兰　严玉明）

（编辑　严明）

福清市人民代表大会

综　述

【概况】 2019年，福清市人大常委会共召开7次常委会会议，听取和审议29个专项工作报告，开展1次专题询问、2次执法检查、16次专项视察和专题调研，做出决议、决定11项，任免国家机关工作人员85人次，对5份政府规范性文件进行备案审查，督办代表建议94件。

【选举任免】 2019年，福清市十七届人大三次会议选举市人大常委会委员（林开茂、林捷、林晨珊）3人；接受辞去市人大常委会副主任1人次，任免市人大常委会工作机构负责人1人次，市政府组成人员13人次，市监察委员会组成人员1人次，审判人员39人次，检察人员29人次，人民陪审员222人次。

表4　2019年福清市人大常委会、市人民政府副职以上领导任免名单

时 间	被任免人员	通过任免会议	任免职务
4月26日	董光武	市十七届人大常委会第二十一次会议	免去市人民政府副市长职务
4月26日	张晓玲	市十七届人大常委会第二十一次会议	任命为市人民政府副市长
6月27日	严　萍	市十七届人大常委会第二十二次会议	接受辞去市第十七届人民代表大会常务委员会副主任职务
8月27日	曾以平	市十七届人大常委会第二十三次会议	免去市人民政府副市长职务
10月16日	张新怿	市十七届人大常委会第二十四次会议	免去市人民政府副市长职务
10月16日	林峭立	市十七届人大常委会第二十四次会议	免去市人民政府副市长职务
10月16日	陈代祥	市十七届人大常委会第二十四次会议	免去市人民政府副市长职务
10月16日	陈存枫	市十七届人大常委会第二十四次会议	任命为市人民政府副市长
10月16日	王言霖	市十七届人大常委会第二十四次会议	任命为市人民政府副市长
12月24日	胡万源	市十七届人大常委会第二十五次会议	免去市人民政府副市长职务

表5　2019年福清市人大常委会工作机构负责人任免名单

时 间	被任免人员	通过任免会议	任免职务
2月26日	张忠琴	市十七届人大常委会第二十次会议	免去市人民代表大会常务委员会法制工作委员会主任职务

表 6　**2019 年福清市政府工作部门主要领导人事任免名单**

时　间	被任免人员	通过任免会议	任免职务
4 月 26 日	林　忠	市十七届人大常委会第二十一次会议	免去市自然资源和规划局局长职务
4 月 26 日	林义淦	市十七届人大常委会第二十一次会议	免去市交通运输局局长职务
4 月 26 日	张　晓	市十七届人大常委会第二十一次会议	任命为市自然资源和规划局局长
4 月 26 日	林　忠	市十七届人大常委会第二十一次会议	任命为市交通运输局局长

重要会议

【福清市十七届人民代表大会第三次会议】 2019 年 1 月 11—13 日在福清市文化艺术中心举行。大会应到会代表 361 人，实际到会代表 351 人，出席市政协十四届三次会议的全体委员、市政府工作部门和市直机关团体负责人列席会议。

会议听取市人民政府市长张帆做的《福清市人民政府工作报告》、市十七届人大常委会主任林中做的《福清市人大常委会工作报告》、市人民法院院长李杰做的《福清市人民法院工作报告》、市人民检察院检察长陈平做的《福清市人民检察院工作报告》；审查《关于福清市 2018 年国民经济和社会发展计划执行情况及 2019 年计划草案的报告》以及《关于福清市 2018 年预算执行情况与 2019 年预算草案的报告》。经过审议，会议决定批准上述 6 项工作报告。会议选举产生福清市第十七届人大常委会委员 3 人，决定福清市第十七届人民代表大会社会建设委员会、监察和司法委员会的设立及其主任委员、副主任委员、委员人选。

【福清市十七届人大常委会会议】 第十九次会议　2019 年 1 月 21 日召开。会议审议市人大常委会主任会议关于提请许可对福清市第十七届人民代表大会代表陈明朝依法采取刑事强制措施的议案。

第二十次会议　2019 年 2 月 26 日召开。会议审议市人大常委会主任会议关于提请决定接受张忠琴等辞去福清市第十七届人大代表职务的请求的议案；审议市人大常委会代表资格审查委员会关于个别代表的代表资格审查报告；通报市人大常委会 2019 年监督工作计划；听取市政府关于城乡居民社会养老保险工作情况的报告；听取市政府关于文物保护工作情况的报告；听取和审议市政府关于《福清市中心城区景观风貌专项规划》编制工作情况的报告，表决市人大常委会有关决议草案；审议市政府《关于提请审议 2019 年第一批新增地方政府债券资金举借及安排使用方案的议案》，表决市人大常委会有关决议草案；审议市人大常委会主任会议关于提请审议《福清市人民代表大会常务委员会组成人员守则（修订草案）》的议案；审议市人大常委会主任会议关于提请审议《福清市第十七届人民代表大会常务委员会关于调整代表资格审查委员会部分组成人员的决定（草案）》的议案；审议人事任免事项。

第二十一次会议　2019 年 4 月 26 日召开。会议审议市人大常委会主任会议关于提请决定接受陈怡辞去福清市第十七届人大代表职务的请求的议案；审议市人大常委会代表资格审查委员会关于个别代表的代表资格的报告；审议人事任免事项；听取和审议市政府关于福清市中心城区建筑风貌导则编制工作情况的报告，表决市人大常委会相关决议草案；听取和审议市政府关于森林资源保护工作情况的报告，表决市人大常委会相关决定草案；听取和审议市人大常委会执法检查组关于检查《中华人民共和国统计法》实施情况的报告；听取市政府关于禁毒工作情况的报告；听取市政府关于第一批便民市场疏导点建设情况的报告；听取市政府关于闲置土地处置情况的报告。

第二十二次会议　2019 年 6 月 27 日召开。会议审议市人大常委会主任会议关于提请决定接受严凯辞去福清市第十七届人大代表职务的请求的议案；审议市人大常委会主任会议关于提请决定接受严萍辞去福清市第十七届人大常委会副主任、第十七届人大代表职务的请求的议案；审议市人大常委会代表资格审查委员会关于个别代表代表资格的报告；听取和审议市政府关于 2018 年市本级财政决算草案的报告；听取和审议市政府关于 2018 年市本级预算执行和决算草案的审计工作报告；审查、批准 2018 年市本级财政决算；审议市政府《关于提请审议 2019 年第二批新增地方政府债券资金举借及安排使用方案的议案》；听取市政府关于深入开展“扫黑除恶”专项斗争工作情况的报告；听取市政府关于 2018 年全市环境状况和环境保护目标完成情况的报告；听取市政府关于贯彻执行《福清市人民代表大会常务委员会关于开展第七个五年法治宣传教育的决议》的情况报告；听取和审议市人大常委会执法检查组关于检查《中华人民共和国水污染防治法》实施情况的报告；审议人事任免事项。

第二十三次会议　2019年8月29日召开。会议传达学习习近平总书记对地方人大及其常委会的重要指示精神以及全国人大常委会纪念地方人大设立常委会40周年座谈会精神；听取和审议市政府关于2019年上半年国民经济和社会发展计划执行情况的报告；听取和审议市政府关于2019年上半年全市及市本级预算执行情况的报告；听取市政府关于食品安全监管工作情况的报告；听取市检察院关于侦查监督工作情况的报告；听取市政府关于为民办实事工作情况的报告；听取和审议市政府关于市十七届人大三次会议代表建议办理情况的报告；开展"促进民营经济发展工作"专题询问；审议市人大常委会主任会议关于提请撤销林道强的福清市人民检察院检察员职务的议案；审议人事任免事项。

第二十四次会议　2019年10月16日召开。会议审议市人大常委会主任会议关于提请决定接受陈志兴辞去福清市第十七届人大代表职务的请求的议案，表决市人大常委会相关决定草案；审议市人大常委会代表资格审查委员会关于个别代表的代表资格的报告；听取市政府关于2018年度国有资产管理情况的报告；听取市政府关于统筹推进县域城乡义务教育一体化改革发展实施情况的报告；听取市政府关于房屋征迁安置工作情况的报告；听取市政府关于乡村振兴重点工作进展情况的报告；听取市政府关于龙高半岛供水工程建设进展情况的报告；听取市政府关于便民夜市疏导点建设情况的报告；听取市法院关于司法服务优化营商环境工作情况的报告；审议人事任免事项。

第二十五次会议　2019年12月24日召开。会议传达贯彻党的十九届四中全会精神；听取市政府关于水系生态文明建设工作进展情况的报告；听取市政府关于2019年"两违"综合治理工作情况的报告；听取市政府关于促进民营经济发展工作专题询问审议意见研究处理情况的报告；审议市人大常委会主任会议关于提请决定接受倪时平等辞去福清市第十七届人大代表职务的请求的议案，表决市人大常委会相关决定草案；审议市人大常委会主任会议关于提请决定许可对福清市第十七届人大代表余博发采取刑事强制措施的议案，表决市人大常委会相关决定草案；审议市人大常委会代表资格审查委员会关于个别代表代表资格的报告；审议市人大常委会主任会议关于提请审议《关于召开市十七届人大四次会议的决定（草案）》的议案，表决市人大常委会相关决定草案；补选福州市第十五届人大代表；审议人事任免事项。

人大监督

【《中华人民共和国水污染防治法》执法检查】　2019年，福清市人大常委会重点对龙江等重点流域水污染防治、饮用水源保护、城镇和农村生活污水治理、工业生产污水治理、农业生产污水治理等方面情况进行检查。针对执法检查发现问题，督促市政府要加强水污染防治宣传，完善污水治理基础设施建设，严格监管企业排污，加强水产养殖污染整治，提升环东张水库截污工程的截污功能，不断改善我市水环境生态。

【《中华人民共和国统计法》执法检查】　2019年，福清市人大常委会重点对统计法宣传、统计违法案件查处、统计工作体制机制建设、第四次全国经济普查等工作开展情况进行检查。针对执法检查发现的问题，督促市政府要进一步加大《统计法》宣传力度，加大对统计违法行为的处罚力度，加强统计队伍建设，加强基层统计基础建设，推动统计工作更好服务全市经济社会发展。

【促进民营经济发展工作专题询问】　2019年，福清市十七届人大常委会第二十三次会议专门针对促进民营经济发展工作开展专题询问。会议听取市政府相关工作报告，部分市人大常委会委员和人大代表分别围绕"一企一议"服务机制运行情况、落实减税降费、破解融资难题、优化营商环境等方面进行询问，市政府及相关部门负责人到会听取意见、回答询问。建议市政府及相关部门要充分认识民营经济在经济社会发展中的重要作用，把支持民营经济发展摆在更加突出的位置，鼓励支持民营企业发展壮大，努力为民营企业成长、发展创造条件。要针对福清市民营经济发展中存在的问题，重点围绕落实减税降费、破解招工难题、缓解融资难、融资贵、支持企业创新发展、提供要素保障、落实"一企一议"等工作，找准痛点、剖析原因、创新举措，帮助民营企业解决困难和问题，推动全市民营经济持续高质量发展。要全面梳理归纳各级支持民营经济发展政策措施，结合福清实际，进一步细化、量化；落实政策的评估和更新机制，确保政策能用、管用、好用。要加大政策宣传力度，建立常规性查询渠道，让企业"看得见""查得到""用得上"，提高政策落实效率。要进一步放宽市场准入门槛、拓展民间投资空间，营造公平竞争环境；不断深化行政审批改革，创新政务服务模式，着力破除部门之间信息共享壁垒；抓好"互联网+政务服务"建设，提高政务服务事项网上可办率和最多跑一次事项办成率；不断完善教育、医疗、交通等基础配套设施，提升民营企业获得感。

【财政预、决算执行和审计监督】

2019年，福清市人大常委会听取和审议市政府财政决算、预算执行和审计报告，建议市政府及相关部门持续改进财政预决算工作，深化预算管理制度改革，盘活财政结余结转资金，清理整合专项资金，增加可用财力。要加强预算绩效管理，提高资金使用效益，完善财政管理体制机制，提高财政科学化、精细化、规范化管理水平。要加大审计整改力度，严格贯彻落实预算法、审计法有关规定，构建强有力的预算约束机制。要狠抓审计发现问题的整改落实，明确部门整改责任，并建立和完善审计公开制度，通过多种形式公开审计工作内容、防止审计查出的问题重复发生。听取和审议市政府上半年全市预算执行情况报告，建议市政府及财税部门要加大收入组织力度，确保完成预算任务，坚持多渠道开源挖潜，弥补减税降费政策形成的收入缺口，保持财政收入平稳较快增长势。要加强财政支出管理，提高财政支出效益，坚持过“紧日子”，进一步压减一般性支出，严控“三公”经费，打好“铁算盘”，管好用好政府的“钱袋子”，坚持有保有压，硬化预算约束，严控预算追加，不断优化支出结构，重点保障民生支出。要完善财政资金统筹整合管理长效机制，坚持依法依规多渠道盘活资金、资产，分类规范处置财政结转结余资金，全面推进预算绩效管理，不断提升财政资金使用效益。要加强地方政府债务限额管理和预算管理，积极稳妥化解存量债务，建立健全债务风险预警及应急处置机制，切实防范地方政府债务风险。

【国民经济和社会发展计划监督】

2019年，福清市人大常委会听取和审议市政府上半年国民经济和社会发展计划执行情况报告，建议市政府及相关部门在深入实施“大福清”发展战略背景下，牢牢锁定全年目标任务，贯彻落实《关于加快福清市产业发展的工作意见》等系列政策文件，继续坚持高质量发展落实赶超，持续深化重点领域和关键环节改革，不断优化营商环境、壮大实体经济、统筹城乡发展、加强生态保护、补齐民生短板，继续提高福清经济社会发展的质量和效益，努力实现全年经济社会发展预期目标。

【城区景观风貌专项规划工作监督】

2019年，福清市人大常委会听取和审议市政府关于市中心城区景观风貌专项规划编制工作情况的报告，要求市政府及相关职能部门要按照《景观风貌专项规划》要求，指导新改扩建和景观提升工程项目实施，进一步提升中心城区景观风貌；要严把项目审批关，对规划范围内的土地设置相应的出让条件，维护城市整体景观风貌；要加大项目建设监管力度，防止对城市整体景观风貌造成破坏，确保《景观风貌专项规划》得到有效落实；对项目建设中有关《景观风貌专项规划》的强制性内容，应当按规定向社会公布，接受社会监督。

【市建筑风貌专项规划工作监督】

2019年，福清市人大常委会听取和审议市政府关于市建筑风貌专项导则编制工作情况的报告，重点了解全市建筑风貌专项规划的编制情况和主要内容，督促市政府及相关部门按照建筑风貌专项导则要求，建设具有历史文脉、文化内涵和时代气息的现代化城市。

【房屋征迁安置工作监督】 2019年，福清市人大常委会听取和审议市政府关于房屋征迁安置工作情况的报告，重点了解房屋征迁标准制定、政策落实和安置小区建设等方面工作情况。督促市政府在推进重点项目征迁过程中，要维护好群众的合法权益，加快安置房建设进度并确保安置房工程质量。

【代表建议办理情况监督】 2019年，福清市人大常委会听取和审议市政府关于市十七届人大三次会议代表建议办理情况的报告，督促“一府两院”及相关部门认真落实代表建议办理工作，提高代表建议办理质量。针对存在问题，要

2019年5月10日，市人大常委会主任林中、副主任朱育平带领部分常委会委员、市人大代表视察城市园林绿化工作 （市人大办 供）

求相关承办单位进一步优化建议交办环节，实现建议的及时、精准交办；加大组织协调力度，理清部门职责，推动代表关注的热点、难点问题解决；抓建议办理落实，避免“重答复、轻落实”，采取措施把问题解决好；开展建议办理“回头看”，避免出现“反复提、反复办”现象。

【社会民生监督】 2019年，福清市人大常委会听取市政府关于城乡居民社会养老保险工作情况、文物保护工作情况、贯彻实施《中华人民共和国统计法》的情况、便民夜市点建设情况、闲置土地处置情况、森林资源保护工作情况、禁毒工作情况、2018年全市环境状况和环境保护目标完成情况、统筹推进县域城乡义务教育一体化改革发展实施情况、贯彻执行《福清市人民代表大会常务委员会关于开展第七个五年法治宣传教育的决议》的情况、为民办实事工作进展情况、食品安全监管工作情况、关于促进民营经济发展工作情况、国有资产管理情况、乡村振兴重点工作进展情况、龙高半岛供水工程建设进展情况、“两违”综合治理工作情况、水系生态文明建设进展情况的报告；听取市人民法院关于司法服务优化营商环境工作情况的报告；听取市人民检察院关于侦查监督工作情况的报告。围绕文明城市创建、美丽乡村建设“拆旧拓新摆整齐”、元洪国际食品产业园建设、聚龙国际创业小镇建设、重点片区改造征迁、金融运行、数字农业发展、科技创新型企业发展、城市园林绿化建设、中心城区教育设施建设、华侨权益保护、少数民族村发展、新气象站建设等方面工作，开展专项视察和专题调研，并就视察调研中发现的问题向“一府两院”提出意见、建议。依法对市政府提交的5份规范性文件进行备案，推动相关法律法规贯彻实施。

代表工作

【代表履职服务保障】 2019年，福清市人大常委会健全代表履职服务保障机制，巩固代表履职线上、线下“两个平台”建设。密切常委会与人大代表的联系，常态化听取代表对人大常委会工作的意见建议。注重代表履职能力提升，通过集中培训和分批外出培训相结合，组织代表学习法律法规和业务知识。依托微信公众号实时推送时政要闻、人大工作信息和经济社会各方面热点，帮助代表掌握新知识、熟悉新领域、开拓新视野。抓好代表思想政治教育，不断健全代表履职激励机制，完善代表履职档案记录，引导代表依法正确行使职权。

【代表履职活动开展】 2019年，福清市人大常委会坚持线上线下有机结合，定期组织代表进活动室开展履职活动，密切联系群众、主动服务群众。动员人大代表发挥社会精英、行业先锋优势，参与社会治理，投身乡村振兴实践，为基层群众排忧解难。全年有402名各级人大代表参加乡贤促进会，累计捐资2372.85万元，兴办大小实事221件，助推乡村振兴各项工作顺利开展。在融各级人大代表还自发筹资240万元，成立司法救助基金会，帮扶社会弱势群体，专门用于帮助刑事案件中的特困受害人及其家属。

【代表履职方式拓展】 2019年，福清市人大常委会把丰富闭会期间代表活动作为代表工作重要内容，不断拓展代表参与人大常委会工作的深度和广度，全年邀请代表列席人大常委会会议、参加视察、调研、执法检查、专项监督等活动达900多人次。经常组织代表参加法院庭审旁听、党委政府重大决策征求意见、信访案件听证等活动，推荐代表担任不同领域的工作监督员，拓宽代表知情知政渠道。注重引导代表把履职重心集中到全市重点工作、民生热点难点上来，在重点项目征迁、湖库连通规划建设、创建全国文明城市、实施乡村振兴战略等工作中，积极建言献策、建功立业，通过人大代表的模范表率作用，汇聚推动福清发展的磅礴力量。

【代表建议办理】 2019年，福清市人大常委会坚持从源头把好代表建议质量关，引导代表准确反映群众关切问题，提出符合实际又切实可行的高质量建议。规范代表建议办理工作程序，加强跟踪问效力度，实时掌握代表建议办理工作动态。把“问题解决率”作为衡量代表建议办理成效的标尺，通过开展督办月活动、召开专题督办会等形式，重点督办8件“有答复、无落实”的代表建议，推动办理工作取得实效。坚持代表建议办理工作“一年两评”，年中和年底两次征求代表建议办理工作满意度，杜绝建议办理“前期抓不紧、后期搞突击”“问题不攻克、满意搞公关”等现象。市十七届人大三次会议期间及闭会期间的94件代表建议全部办理答复完毕，一批群众关心、代表关注的问题得到解决。

（林宏伟、徐孝娟、方起家）

（编辑　严明）

福清市人民政府

综　述

【概况】　2019年，福清市实现地区生产总值1150.15亿元，比上年增长7.6%。其中第一产业增加值100.55亿元，增长4.0%；第二产业增加值604.25亿元，增长8.7%；工业增加值477.8亿元，增长8.6%；第三产业增加值445.35亿元，增长6.8%。规模以上工业总产值1951.9亿元，增长8.3%。农林牧渔业总产值183.9亿元，增长4.0%。固定资产投资增长3.0%。社会消费品零售总额520.3亿元，增长9.9%。外贸出口额427.0亿元，增长-3.4%；实际利用外资56631万元，增长3.3%。一般公共预算总收入139.2亿元，增长8.7%；其中地方一般公共预算收入85.0亿元，增长11.3%。城镇居民人均可支配收入48559元，增长8.1%；农村居民人均可支配收入25212元，增长10.0%。年内，福清市获评福建省县域经济实力“十强”和县域经济发展“十佳”，在全国综合实力百强县市排名提升至第18位。

产业奋进　福清市深入实施产业集群发展战略，四大园区规上工业总产值突破1500亿元，融侨开发区规上工业产值首破千亿大关，成为福州市首个千亿产业园，跻身国家级开发区百强榜单。

改革求进　福清市入选福州市唯一的全省先行开展县域集成改革试点县市，探索推进7大类30项改革措施，自贸区福清区块外贸空箱智能化监管等2项创新举措获评全国首创，农村集体产权制度改革做法被农业农村部作为典型经验在全国刊发推介。

城乡共进　福清市完成2019年重点项目征迁，拆迁总建筑面积69.3万平方米，全面启动利桥历史特色文化街区建设。持续实施“城区道路畅通工程”，建成通车市政道路31条，市民出行更加畅通，城市面貌不断提升。深入推进乡村振兴“八项重点工作”，生命公园建设模式被列为全省殡葬改革典型经验，“同置业、壮村财”工程实现所有行政村村集体经营性收入均突破10万元，乡贤促进会累计筹集资金8.6亿元，成为引领乡风文明、助推乡村振兴的新动力。

（何琛）

【市政府常务会议】　2019年，福清市十七届政府召开31次常务会议，主要是:

1月3日，召开第75次常务会议，研究鳗鲡养殖场标准化改造方案、市侨投公司事业单位法人改革工作方案、公证处2019年绩效奖励办法调整、市律师事务所改制后在编事业人员安置方案等有关问题，审议《关于打好脱贫攻坚战三年行动的实施意见》《关于统筹推进县域内城乡义务教育一体化改革发展的实施意见》及《总部企业认定和扶持实施细则的补充意见》。

1月22日，召开第76次常务会议，研究2018拍-30号地块、政府储备地2017-061号等四宗国有建设用地使用权出让方案、“大棚房”问题清理整治以及土地例行督察整改、畜禽粪污资源化利用整县推进项目建设、中交合作项目返款、2018年度有关奖项发放、火车站区域排涝应急工程（苍霞溪）C1标段工程项目增量、福和盛大酒店配套员工宿舍楼土地用途变更和融港实业项目闲置土地收回等问题。

1月24日，召开第77次常务会议，审议《福清市深化“抓项目促发展”开展强产业补链条项目年行动方案》。

2月22日，召开第78次常务会议，部署建筑安全专项行动有关工作，研究2019年为民办实事项目、清理土地出让领域履约保证金、2019—2021年教育项目建设计划、X176线长乐界至圣帝桥路段路面改造工程、宏彬公司土地收储、福清医院二期设计方案等问题，审议《福清市加强建设项目用地供后开（竣）工管理暂行办法》和《关于坚持农业农村优先发展做好“三农”工作的实施意见》。

2月26日，召开第79次常务会议，研究江阴东部产业区填海造地项目建设内容变更、新一轮促进工业和信息化龙头企业改造升级行动计划、关于深化“互联网+先进制造业”发展工业互联网实施方案、进一步推进中国（福建）自由贸易试验区福州片区福清区块改革创新三十条措施、永佳塑胶公司用地划拨转出让及原祥云拉丝厂用地收储出让、优秀文艺作品、文艺人才、非遗项目奖励办法、市就业和社会保障中心装修工程规模概算调整、东华水库项目建设等有关问题。

3月7日，召开第80次常务会议，研究国家级创新型县（市）建设实施方案、农村集体经济组织股权管理、县道养护工作、2019年省外货源出口扶持政策、妇幼保健院新院二次装修工程增量、聚龙国际创业小镇二期项目开发建设模式、政府储备地2013-015号国有建设用地使用权出让方案及“村植千树”绿化行动等有关问题。

3月29日，召开第81次常务会议，研究政府储备地2018-002号等三宗国有建设用地使用权出让方案、扫黑除恶专项斗争重点行业整治、美丽乡村建设项目问题排查整改专项行动方案、实施乡村振兴战略规划、玉林溪安全生态水系建设、华塘变至中铝变110kv线路工程招标模式、元洪国际食品物流产业园A区及基础设施工程PPP项目结构化融资、清繁大道东延伸线（长福高速—元海六路）及龙江南路东向延伸线PPP项目招标等有关问题。

4月3日，召开第82次常务会议，研究城市建设管理水平完善提升实施方案、福厦客专西站电力迁改工程款拨付、巡游出租车指导价调整方案、龙江公交站项目建设资金、洪朋工业和悦和机械两宗地块收储、闽调龙高支线改扩建工程与长福高速交叉段海口应急工程、福清一中新校区建设方案调整及违法违规私建坟墓专项整治等有关问题。

4月12日，召开第83次常务会议，研究政府储备地2016-029号国有建设用地使用权出让方案、城乡供水一体化供水管网建设、市监管场所“智慧监管”项目建设、高清视频监控（天网）工程二期项目建设、党建综合体项目建设、政府采购代理机构管理实施细则、政府采购项目技术参数及预算价管理办法等有关问题。

4月25日，召开第84次常务会议，研究农业循环产业园PPP项目实施方案、龙江中上游河道生态提升工程建设、X172线江阴下垄至江镜目山段改造、侨乡博物馆布展工程设计施工一体化项目、原华侨博物馆项目工程增量、阳下街道暂借项目征交地资金和供销社设置理事会、监事会组织机构等有关问题。

5月9日，召开第85次常务会议，研究市委党校新校区智能化工程及廉政教育中心项目建设和黄檗文化旅游园区建设等有关问题。

6月4日，召开第86次常务会议，研究2019年重点项目安排方案、“强产业补链条”项目年行动、推进建筑工程安全隐患排查整治、福清市项目用地投资合同范本、行政事业单位国有资产出租管理办法修订、智慧福清暨高清视频监控项目（一期）建设、龙江海口段南岸生态治理工作经费、福州市教育工作先进集体和先进工作者推荐对象等有关问题。

6月10日，召开第87次常务会议，审议《关于加快福清市产业发展的工作意见》及相关配套文件、《关于营造有利于创新创业创造良好发展环境的若干措施》《关于做好革命老区脱贫奔小康工作的实施意见》和《“拆旧、拓新、整漂亮”农村建房工作导则》，研究永鸿国际城小区A区地块收储有关问题。

6月20日，召开第88次常务会议，审议《关于深化工程建设项目审批制度改革的实施意见（试行）》和《关于进一步支持中小企业发展的若干措施》，研究高山第二中心小学新校区项目、滨海大通道项目设计变更、市政管养有限公司主要负责人提名人选和华丰机械公司征迁补偿有关问题。

6月28日，召开第89次常务会议，研究全市食品安全工作、整治违建坟墓三年行动方案、促进产业发展相关政策文件、瀚远水产食品公司土地出让合同解除、社区居家养老照料中心项目奖补、宏路街道和石竹街道辖区交叉地块等有关问题。

7月10日，召开第90次常务会议，研究江阴港城经济区跨境电商扶持政策、城乡困难居民临时救助实施细则、创举医院项目征地临时周转金、海口镇污水厂建设、龙江流域下游11个行政村污水处理设施项目和利桥街区用地出让等有关问题。

7月16日，召开第91次常务会议，听取2019年上半年消防应急救援工作及2019年为民办实事项目进展的情况汇报，研究星级酒店项目用地出让价格调整、各镇区非国有企业工业及仓储用地土地使用权收购、《福清市财政性资金建设项目施工合同价款变更管理暂行规定》修订完善、石井花园住宅小区造价调整及原清繁大道（福人大道—虎溪）等7个项目工程增量等有关问题。

7月23日，召开第92次常务会议，研究2018年度绩效考评、农村幸福院资金奖补办法等有关问题。

8月1日，召开第93次常务会议，研究政府储备地2019-012号等7宗国有建设用地使用权出让方案、城区道路环卫网格化新一轮招标方案、表彰2018-2019学年度市教育工作先进集体和先进个人等有关问题。

8月15日，召开第94次常务会议，研究金檗防火路建设、违建坟墓整治、批而未供土地处置、政府储备地2012-012A号等8宗国有建设用地使用权出让方案、农村人居环境整治三年行动实施方案、G104线龙田至上迳路段路面“白改黑”项目建设和蓝色产业园暂借财政资金等有关问题。

8月28日，召开第95次常务会议，

研究政府储备地2019-041号地块国有建设用地使用权出让方案、市政府所出资企业绩效考核办法、S305线和S209线路面改造、冠华公司和友发公司土地收储补偿、福厦客专福清西站“两管两渠”迁改、建立全市消防救援队伍职业保障机制、应急救援直升机接收以及管理模式和滨江体育公园结算审核等有关问题。

9月4日，召开第96次常务会议，研究全市工业园区改造提升、紧密型医疗卫生共同体建设实施方案、大北溪和太城溪流域整治工程及机关事业单位养老保险制度改革等有关问题。

9月16日，召开第97次常务会议，研究2019年绩效管理工作实施方案、东华水库工程重大设计变更及项目融资、旭川公司聚氨酯新材料项目招商等有关问题。

10月16日，召开第98次常务会议，研究政府储备地2019-037号地块国有建设用地使用权出让方案、进一步做好当前和今后一个时期促进就业，进一步推进企业上市，生命公园、农村幸福院建设及运营资金使用，龙江流域闸口水质处理，环城路（大埔大桥—观音埔大桥段）、洪宽大道区间段（立交桥北至洪宽二路段）道路拓宽改造工程及石井小区保障房项目等有关问题。

10月24日，召开第99次常务会议，研究全市产业发展大会有关文件、国际公路自行车赛福清赛段筹备工作、构建新型政商关系、推进和规范自然资源非诉行政执行案件“裁执分离”、开展农民住房财产权抵押贷款试点、东部新城规划调整和市城市管理局原职工刘强行政处分等有关问题。

11月4日，召开第100次常务会议，研究京东方项目还本付息渠道及定增股票权属有关问题、2019年投资工程包实施方案、人才公寓建设管理、市委党校项目工程价款变更、水岸观溪住宅小区项目工程价款变更等有关问题。

11月13日，召开第101次常务会议，研究工程建设项目并联审批实施方案、东华水库工程分期实施、铁路沿线人居环境综合整治、坟墓整治迁葬奖补办法、生命公园建设资金奖补办法及社区居家养老服务照料中心建设奖惩办法等有关问题。

11月18日，召开第102次常务会议，研究政府储备地2017-055号等5宗国有建设用地使用权出让方案、龙昇旅游开发集团有限公司土地收回、新建324国道交通公安联合治超站，利嘉中心B区项目地下一、二层商业调整为可分割产权和虎溪安全生态水系建设项目等有关问题。

11月28日，召开第103次常务会议，研究安全生产工作、违建别墅清查整治工作、妇儿工委工作、为民办实事项目、加强社会治安第三级村、社区级巡逻防控工作的实施方案、平台经济产业园发展实施意见、全面实施预算绩效管理方案、祥兴社区设立、高山社区名称变更及辖区范围划定、石竹山旅游开发公司撤销和新公司组建、华侨影剧院改制方案等有关问题。

12月19日，召开第104次常务会议，研究政府储备地2019-047号等3宗国有建设用地使用权出让方案、强化用海用地监管及违法处置、东门河水系整治、乡村民宿管理办法、师大福清分校新校区建设、卫健系统民生补短板项目、政府融资担保业务管理暂行办法和天然气综合利用项目投资协议有关问题。

12月24日，召开第105次常务会议，研究政府储备地2015-025A号地块国有建设用地使用权出让方案、市十七届人大四次会议有关文件、生态环境保护工作职责规定和2019年粮食安全省长责任制工作等有关问题。

（何明敏）

【重点项目完成情况】 2019年度，福清市安排福清市级重点项目200项，总投资3050.29亿元，年度计划投资515.53亿元。完成年度投资535.77亿元。

交通项目　全年安排壁头作业区12号泊位，江阴港区8号、9号泊位，福州至厦门客运专线（福清段）等交通领域重点项目11项，总投资282.71亿元，年度计划投资30.2亿元，完成年度计划投资27.25亿元。

能源项目　全年安排兴化湾海上风电场，核电5、6号机组，天然气综合利用项目等能源领域重点项目9项，总投资588.26亿元，年度计划投资106.96亿元，完成年度计划投资104.69亿元。

城建项目　全年安排福清滨海大道（国省干线纵一线）、福清市市政道路工程建设、观溪片区溪下村城中村改造等城建领域重点项目12项，总投资423.82亿元，年度计划投资43.62亿元，完成年度计划投资41亿元。

工业项目　全年安排缘泰石油、友谊新材料科技工业园、福建蓝谷海工装备产业综合体、新福兴新能源汽车玻璃产业园等工业领域重点项目87项，总投资923.02亿元，年度计划投资128.70亿元，完成年度计划投资161.73亿元。

商贸项目　全年安排嘉元温德姆至尊豪廷大酒店、福清公路港、百货大卖场等商贸领域重点项目51项，总投资611.63亿元，年度计划投资161.36亿元，完成年度计划投资172.27亿元。

旅游项目　全年安排东壁岛滨海旅游度假区、永鸿文化旅游城项目等旅游领域重点项目2项，总投资21.5亿元，年度计划投资2.6亿元，完成年度计划投资2.6亿元。

民生项目　全年安排工人文化宫、福清一中新校区、中央公园等民生领域重点项目19项，总投资157.083亿元，年度计划投资34.28亿元，完成年度计划投资22.29亿元。

农林水利项目　全年安排东张水库至江阴洋边调节库水源连通工程、龙江中下游（利桥至出海口）等农林水利领域重点项目9项，总投资42.28亿元，年度计划投资7.8亿元，完成年度计划投资3.92亿元。

（詹明峰）

政务督查

【概况】　2019年，福清市政府跟踪落实市政府常务会议、市长办公会议254个议题。组织办理省、市领导批示（办）件1490件，办结率100%。承办或转办省、市人大代表建议、政协提案284件，办复率100%。

【综合性工作督查】　2019年，福清市政府围绕市委市政府中心工作开展督查活动，发出督办催办通知单67份，实地督查110余次，印发10期督查通报；对常务会议、市长办公会议议定事项逐件、逐项跟踪落实；督办为民办实事项目172项。

【领导批办件督查】　2019年，福清市政府组织办理省、福州市主要领导批（办）件15件，办结率100%；福清市政府主要领导批示件1475件，反馈率100%，办结率100%。规范办理时限，通过电话、催办单等形式跟踪督办，确保办结周期在7个工作日以内。跟踪落实重点批示件、领导交办件。

【人大建议、政协提案督查】　2019年，福清市政府要求各承办单位实行“主要领导负总责、分管领导具体抓”，把是否重视建议提案办理、是否切实解决问题、是否得到认可和满意，作为评价内容并纳入绩效考核体系。全年承办或转办福建省、福州市人大代表建议、政协提案7件，办复率100%；转办福清市人大建议、政协提案281件（人大建议94件、政协提案187件），办复率100%，满意率95%以上。

（林先焰）

机关效能建设

【效能问责】　2019年，福清市效能办着力整治“虚僵躲拖腐”现象，开展明察暗访2次，共给予效能告诫5人次，通报批评11人（单位）次，诫勉教育34人次。

【效能投诉办理】　2019年，福清市机关投诉中心受理社会各界投诉件118件，应办结118件，实际办结118件，办结率100%。

【绩效管理】　2019年，福清市政府制定《2019年度福清市绩效管理工作实施方案》，内分发展综合效益、三大攻坚战、创新发展、协调发展、绿色发展、开放发展、共享发展、政务服务八大板块。全市24个镇街、4个园区以及72个市直部门纳入绩效管理。组织中期、年终察访核验，配合市调查队做好公众评议工作。

（陈常熙）

政府信息公开

【概况】　2019年，福清市政府重点公开社会公众关注的重大建设项目、社会公益事业、公共资源配置、医疗卫生及文化教育等领域信息。市政府网站全年发布各类信息11403条，访问量达1189.14万人次，受理并答复政府信息公开申请126件。

【政务服务公开】　2019年，福清市政府网站发布政策解读6篇，涉及人才引进、养老机构建设、用地管理、国有资产管理、城乡建设等政策；“在线访谈”栏目共安排访谈22期；开展意见征集和网上调查各48次；在“建议提案办理”专栏及时规范公开人大代表建议答复39件、政协委员提案答复67件；市政府网站“互动交流”栏目链接福州市12345便民（惠企）服务平台，受理各类诉求件34997件，办结率达98.71%，满意率达99.83%。“福清发布”政务微博累计发布微博5700多篇，全年多次入榜福建政务微博总榜前10名和全国外宣政务微博榜前100名。

【三大攻坚战信息公开】　2019年，福清市政府网站主动公开防范化解重大风险攻坚战相关信息，全年全市未发生因非法制造、使用爆炸物品引发的事故，发生交通事故比降11.23%。主动公开精准脱贫攻坚战相关信息，全年发布福清市与甘肃省定西通渭县对口帮扶工作动态，涉及教育、医疗、劳务、产业合作等方面信息26条。主动公开污染防治攻坚战相关信息，将468家企事业单位纳入“双随机”检查目录并发布随机抽查4条。“福清市环境保护”专栏发布空气质量报告12期、水环境质量报告8期。

【“放管服”改革信息公开】　2019年，福清市政府网站完成福州政务服务管理系统与福建省投资项目在线监管平台、省网上办事大厅对接，实现政务服务一网通办。加快推进电子证照等电子材料应用，逐步实现无纸化审批，全年福清市网上申报量居福州首位。

【重点民生信息公开】　2019年，福清市政府网站开设专栏，公开促进就业创业政策，解读劳动就业相关法规，发布社会保障和各类招聘招考就业信息75条。开设“中高考与招生信息”专栏并公开招生信息3条，通过“教育局微学堂”微信公众号公开各类招生信息8次。通过市政府网站、“健康大福清”微信公众号发布涉及社会公众利益的政策和重要事项，解读国家基本公共卫生服务政策；在市政府网站公开公共场所卫生许可证、医疗机构执业许可证发放等行政许可信息73条，公共场所卫生监督检查结果等信息18条。在福建省征地信息公开平台、市政府网站、被征地村村务公开栏公开征地补偿、青苗及地上附着物补偿标准，共公开征地信息192条，公开国有土地使用权出让公告、成交公示等信息共66条。公开社会救助信息27条、社会福利信息26条。

【财政信息公开】 2019年，福清市政府在政府网站预决算公开专栏公开福清市2018年预算执行情况及2019年预算草案、2019年福清市本级“三公”经费预算安排情况、2018年全市及市本级财政决算情况及重要事项说明、2018年度福清市本级“三公”经费决算支出情况；本级94家预算单位公开2019年部门预算以及“三公经费”预算，95家本级一级预算部门公开2018年部门决算；与省财政厅网站同步公开《2019年地方政府债券存续期公开情况表》，2019年地方政府债务限额、余额情况。

（林性勇）

行政服务中心建设

【概况】 2019年，福清市行政服务中心有常驻单位30个，进驻省网上办事大厅的行政许可和公共服务事项1317项，受理各类申请209983件，办结量209802件，办结率99.9%。

【审批制度改革】 工程建设项目并联审批制度 2019年，福清市行政服务中心牵头制订福清市工程建设项目并联审批实施方案4.0，实行“一窗受理、两套流程、三级代办、四项措施、五多合一”的审批模式，将投资项目审批时限从60个日历日压缩至平均35个日历日，集中审批时限从26个日历日压缩至20个日历日，实现工程建设项目审批再优化、再提速。此外，制定工程建设并联审批责任考核办法，分为7大块34条进行考核。

图为市行政服务中心办事大厅，2019年摄 （市行政服务中心 供）

重大项目预审查工作机制 2019年3月1日,2018年福清市第一个试点项目“蓝谷项目”取得用地批准书，3月8日批复施工许可证，仅间隔7天。年内，福清市扩大服务范围，其中“煜烁食品”“中石化清荣加油站”和“融航纤维”3个项目分别在10月30日、12月26日和12月31日取得用地批准书的同时批复施工许可证，真正意义上实现土地取得之日，就是施工许可之时。

市政接入并联审批 2019年，以营商办名义印发《福清市投资项目市政接入并联审批工作方案》，在市行政服务中心专设“市政接入并联审批”窗口受理水、电、燃气、网络方案审批，实行“一窗受理、统一申请、后台联办、同步出件”模式，将市政接入的流程审批时限从30个工作日压缩至7个工作日（福清市时限）。

“区域评”改革 2019年，市行政服务中心率先推出以“园区提需求、部门提方案”的方式，指导各部门推动实施“区域评”，将蓝园作为试点，完成区域环评（生态环境局批复）和区域地灾（专家评审），进一步简化园区项目审批流程，节约企业办事时间和成本。

联合竣工验收 2019年，市行政服务中心以“工人文化宫”为试点开展联合竣工验收。10月18日，召集住建局、自然资源和规划局、人防办、城投集团等单位召开工人文化宫联合验收工作部署集中会议，指导业主单位提交相关联合竣工验收材料和提出现场要求。12月27日，组织相关部门赴工人文化宫项目实地开展“一站式”联合验收，各审批职能单位现场签批“联合验收意见书”，当场出具意见。申请人按照各单位意见开展材料补充和修改工作。

“三级代办、两级协调”服务机制 建立“行政服务中心管委会—投资项目审批服务窗口工作人员—园区管委会服务人员”互相联动的三级代办服务制度和“市行政服务中心—市政府”两级协调机制，形成上下联动共同协调解决疑难问题。2019年，共协调106个项目，解决项目审批问题324个，向市政府提请协调问题15件，解决15件。

【简政放权】 2019年，市行政服务中心牵头组织各审批职能部门及时做好审批事项取消、承接和调整工作。全年取消行政许可事项9项、承接行政许可事项2项。同时根据机构改革，组织各相关单位及时完成办事指南和事项调整，对接省网办和政务管理信息平台，做好政务信息公开，保证省、市网上办事大厅对外公开信息的准确性。

【电子政务建设】 2019年，市行政服务中心深入推进“互联网+政务服务”，不断提高审批服务便民化水平，将所有审批服务事项的时限平均压缩至法定时限的21%，即办事项占总事项15.8%；支持一网通办的事项共计1876项，市级99.47%的审批服务事项可网上预审、办理，全年网上申报量14329件，申报率42.2%，预审及时率100%。福清市网上申报量位居福州各县区首位。“最多跑一趟”和“一趟不用跑”事项占99.2%。

电子证照应用 2019年，市行政服务中心已发布30家单位621类证照，合计入库数据1081071份，电子证照应用率76.7%，比上年度提高41.5%，排名福州各县区首位。真正实现一次认证、全网通办，通过部门间信息共享，企业群众办事不再重复递交电子证照。为进一步推进减证便民，中心梳理公布298类“不再重复提交”证照清单，加快推进电子证照在行政审批服务中的信息共享和应用。

工程建设项目审批系统 2019年，福清市在福州地区率先使用全新的工程建设项目审批系统，提出4项创新举措：审批服务版“微信”、网络“集中审批”、线上“预审查”、便利“邀请函”。全年在工程建设项目审批系统受理316件。

“融e行”审批平台 2019年，市行政服务中心率先研发“融e行”智慧审批平台，实现不见面审批。申请人在自助受理终端机上即可完成事项申报，由终端机对接自助存取件柜，方便申请人提交材料。审批办结后，申请人可选择出件窗口、文件柜、EMS邮递等多种方式领取办理结果。

政务大数据分析平台 2019年，市行政服务中心率先研发政务大数据分析平台，打造政务支撑、投资项目、服务窗口三个维度全体系相关数据的可视化界面，涵盖窗口服务效能监督、窗口业务办理等模块功能，实现对办件数量、排队时长及各业务办理时限等精准监测，强化服务效能监督，为助力行政审批提速增效提供数据支撑。

“多规合一”选址预审平台 2019年8月，中心协同自然资源和规划局研发运行“多规合一”选址预审平台，全流程公开共享审查数据、微信推送审查通知、智能汇集审查结果。同时，下沉选址预审事项的申报和领证环节，从窗口受理向网上申报转变，实现数据多跑路、人员少跑腿。多部门联合印发《福清市“多规合一”成果管理应用相关规定》，保障“多规合一”选址预审工作贯彻落实。截至年底，共有175个项目进入平台进行选址预审。

【代办服务】 “首席服务官”服务 2019年，市行政服务中心在二楼开设“企业服务处”。将市营商办设置在企业服务处，打造服务企业一线阵地。由中心管委会选派业务素质强的干部组成“首席服务官”团队实行轮流值班，做好服务企业的“店小二”，主动帮办代办，为企业排忧解难。全年为265家企业对接咨询、会诊，为106个项目开展“一对一”精准服务。

企业开办免费代办 2019年，市行政服务中心创新引入5家商业银行，为企业开办提供全流程无偿代办服务，实现公司登记、印章刻制、银行开户、税务登记“四合一、零延时”，将企业开办时限从5个工作日压缩至最快3个工作小时。各商业银行全年为全市864家企业提供免费代办服务。

服务企业“双保”行动 2019年，市行政服务中心成立服务企业“双保”工作小组，深入挂钩企业、上门服务排忧解难。全年跟踪、联系挂钩企业184次，解决问题54件，“双保”行动位居全市市直单位第一。

【优化营商环境】 2019年，市行政服务中心牵头制定《2019年福清市优化营商环境工作要点》，以营造国际化、法治化、便利化营商环境为目标，持续推动流程再造，优化权责清单、大力简政放权，创新体制机制、提升服务效能，强化精准服务、助推企业发展，优化全市营商环境。

【社区政务服务】 2019年，市行政服务中心印发《关于印发〈福清市提升乡镇（街道）便民服务中心建设的意见〉的通知》和《关于〈福清市镇（街）便民服务中心标准化建设考核办法〉的通知》。按照便民服务中心及村居（社区）便民服务代办点标准化建设方案，要求各镇街、村居（社区）加强场所建设、人员管理、业务办理等工作，健全完善平台管理、服务运行、协调推进机制，持续开展宣传推广、人员业务培训、业务监督考核。对镇街、村居（社区）开展上门服务、业务指导。进一步扩大综合受理点范围，全市部署社区综合受理点29个，有23个部门的102个事项下沉社区办理，实现政务服务就近办、马上办，打造“15分钟便民服务圈”。

【公共资源交易服务】 2019年，福清市公共资源交易服务中心深入推进公共资源交易全流程电子化工作，建设工程项目全部采用全流程电子招投标交易模式，在福州地区率先取消建设工程交易服务费和建设工程电子招投标平台技术服务费，减轻企业负担。同时，通过远程调度、专家身份认证、专家电子签字等方式，实现建设工程远程异地评标，保证招投标活动的公正、公平。公共资源交易服务中心全年累计完成交易数1094项，交易总额162.2146亿元。

【惠企政策推介】 2019年，市行政服务中心牵头梳理多部门惠企政策办事指南，创新研发惠企政策平台，共涵盖20个行业分类共计123项惠企政策，可实现惠企政策分类展示、精准推送。定制“惠政通”惠企政策包，同步开发微信端惠企政策专栏，最大程度为企业提供便利，该平台全年累计推送政策1132次。

【“开卷式”审批】 2019年，市行政服务中心推进行政审批标准化建设，汇编审查要点，改“经验批”为“标准批”，进一步规范审批行为。制订《关于开展“零延时审批”、“开卷式审批”工作实施方案》，要求各部门根据上级简政放权要求，按照最新的标准化办事指南，将申请材料逐条梳理，编制审查细则。针对所有申请材料，列明真实性、有效性、材料效力等各个维度的审查标准，形成标准化的审查细则。公布第一批“开卷式审批”审查细则，涵盖8个部门184项。

【“零延时”智慧审批】 2019年，市行政服务中心加快审批服务事项颗粒化梳理，梳理支持电子化申报的事项，同时对审查标准较为完备的申请材料制定智能审查标准，借助人工智能技术进行材料智审，大幅缩短人工审查时间，推行“零延时”智能审批。梳理出第一批18个部门200个事项实行“零延时”智慧审批。

（陈超、林潇、王人杰、薛挺甫、陈燕红）

机关事务管理

【概况】 2019年，福清市机关事务服务中心继续做好机关办公物品采购、公房管理、公车管理、公共机构节能减排及公共接待等工作，同时加强机关事务保障服务工作的标准化、智能化、体系化建设。

【办公用房管理】 2019年，福清市机关事务服务中心继续加强公房管理督查，通过现场督察、现场指导、现场整改、回头看等多种方式不断规范全市各级党政机关和事业单位的办公用房使用管理工作。根据机构改革方案，按标准核定各单位办公用房使用面积，并确保涉改部门按时实现集中办公；对接管的闲置公房除落实好日常管理外，聘请测绘公司完成巡查测绘；结合实际对粮食大厦、青少年宫等闲置办公用房的处置，向市委市政府提出建议意见，提高资产利用率；根据《福建省机关事务管理局关于印发〈福建省党政机关办公用房信息统计报告工作方案〉的通知》要求，按时完成全市162家行政及参公单位和24个镇街的办公用房统计信息报告工作；为盘活闲置的资产，使国有资产充分利用，对全市各单位上报的办公等用房资产情况进行梳理，按照先易后难、化零为整、分类整合、能整尽整的原则，对41处资产进行整合，可出租店面等类型资产统一划拨国资中心，办公用房统一划拨机关事务服务中心用于统筹安排，部分闲置的店面已由国资中心进行公开招标，闲置的办公用房已安排单位入驻。

【公务用车管理】 2019年，福清市机关事务服务中心结合实际，健全公务用车编制、配备使用、更新处置、统计报告和监督检查等制度，利用车辆管理平台实现公务用车统一管理，保留的公务用车，统一喷涂公车标识、加装GPS卫星定位。于节假日前后，运用GPS定位系统，配合公安交警道路监控系统筛查各单位是否公车私用，不定期在公车信息平台上抽查各单位公车规范使用情况，杜绝公车私用现象；印发《关于推

2019年10月11日，市机关事务服务中心组织党员干部前往新厝镇传统文化党性教育实践基地参观学习（市机关事务服务中心 供）

进福州市公务车辆应用高速公路电子不停车快捷收费技术的通知》，推进全市公车统一安装ETC设备。做好市“两会”、“元洪国际美食节”等重要公务、大型会议活动等车辆保障工作。

【公务接待】 2019年，福清市机关事务服务中心在公务接待中坚持严要求、强细节，加强搜集本地特色食材和传统菜肴制作方法，把地方文化与接待餐饮有机融合，做到既节俭又不失热情，还能体现地方特色。

【公共机构节能减排】 2019年，福清市机关事务服务中心根据福州市机关事务管理局《关于做好2018年公共机构能源资源消费统计报送工作的通知》要求，于1月完成全市各单位2018年度公共机构能源资源消费数据收集、汇总和报送工作。指导并推荐4家单位参加国家级公共机构示范单位创建活动。完成上级下达的能源审计、重点示范项目改造、节能周宣传等工作。

【财务管理】 2019年，福清市机关事务服务中心结合未巡先改，自查自纠财务中存在的问题，探索机关事务标准化建设，通过完善相关制度，加强政府购买服务统一管理，并继续组织办公用品“三统一”工作，对使用量较大、通用性较强的办公用品实行统一预算、统一采购、统一配送的管理制度，杜绝浪费。

【后勤保障与服务】 2019年，福清市机关事务服务中心逐步完成机关大院后勤服务社会化外包工作，已实现90%的服务外包（物业服务、机关食堂服务），并通过对各外包服务公司的管理和考核，逐步提高后勤服务工作效率和质量。完善会议服务保障机制，物业人员执行会议全程蹲点跟班制，使服务质量可追溯；加强机关安保管理，完善应急处突、防盗防火等预案，定期检查消防设备并在集中办公区和市政大楼举行消防灭火实战演练，有效提升应急处置能力；依托物业服务引入电梯、照明等设施设备专业运行维保单位；做好保洁、绿化养护等工作，保持整洁优美的办公环境。提升食堂餐饮品质服务，在加强食堂成本核算基础上，严把食材采购关，执行每日食材验收制度，确保食品来源安全。同时招录专业人员，合理配菜，确保营养可口。

（张梅）

政府采购

【概况】 2019年，福清市政府采购计划15.17亿元，实际采购金额14.09亿元，节约资金1.08亿元，资金节约率7.1%。

【运作方式】 2019年，福清市制定政府集中采购目录和限额标准，实现“应采尽采”。严格政府采购需求标准，调整资源配置，规范政府采购行为，提高财政资金使用效益。制定政府采购代理机构管理办法，实行量化考评，建立清退机制，做到优胜劣汰；加强动态监管，规范采购代理委托行为。

【监管机制】 2019年，福清市政府采购透明度持续提升。完善公开信息平台，统一公告模板格式，建立覆盖政府采购预算、采购公告、采购文件、中标和成交结果、采购合同等全过程的政府采购信息公开机制，以透明促规范。深入推进政府采购在线监管，实现政府采购网上超市在线运行全覆盖，全年上线采购项目金额达0.57亿元。推进实施“互联网+政府采购”。依托福州市政府采购网上超市，利用电子商务手段，入驻供应商通过网上超市上架商品。完善政府采购制度，规范政府采购行为。强化失信联合惩戒，完善采购项目技术方案及价格的评审制度，认真贯彻执行政府采购法和招投标管理办法，完善福清市政府采购代理机构管理实施细则。严格执行政府采购的法律法规，执行国家节能减排、环境标志产品政府采购政策；优化提升政府采购领域营商环境；落实中小微企业采购预算预留、价格扣除、同等优先等优惠政策，促进中小企业政府采购合同融资健康发展。

【采购效率】 2019年，福清市政府继续推行公务用车保险协议供货采购制度，以及公务用车定点维修保养采购制度；实行网上竞价采购制度，缩减政府采购周期，提高采购效率。深化“放管服”改革，推进部分通用设备、专用设备限额以下项目下放到单位自行采购。

（包书丹）

人事人才

【概况】 2019年，福清市面向社会招聘事业单位工作人员118人（含面向定西事业招聘4人）。至年底，全市企业设立博士后科研工作站4家、博士后实践基地1家、院士工作站6家、专家工作站22家、国家级企业技术中心1家、国家火炬计划重点高新技术企业7家、省级企业工程技术研究中心17家、省级企业技术中心18家、福州市级技术研究中心23家。福清市人力资源和社会保障局（简称市人社局）加大服务高层次、高技能人才力度。元旦春节慰问退休特困病灾户679人次，发放慰问款52.55万元。

【人才高地建设】 2019年，福清市申报省ABC类人才6名、确认“双一流”毕业生337名、预申报省工科类专业人才111名；恒杰塑业公司申报省级专家服务基地；兑现引进高层次人才省级推荐奖励经费6家企业37人（实际32人，另 5 人已离职）105 万元；兑现各类高层次人才奖励 2977.34 万元、企业各类人才个税返还 174.4 万元。

年内，福清市人社局完成高技能人才培养数 522 人，其中高级工 182 人、技师 268 人、高级技师 72 人；共兑现技师与高级技师生活补助 928 人次 214.52 万元。在捷联、融禾等 11 家企业推行首席高级技师制度，有 13 名高级技师推为首席高级技师。在福光光电、捷星公司开展新型学徒培养工作，共审核通过培养学徒 242 人。组织申报 11 家技能大师工作室，其中核电公司“马红星技能大师工作室”被评为国家级电工技能大师工作室，核电公司许国辉技能大师工作室以及宏宇电子公司游雄峰技能大师工作室被评为省级技能大师工作室，融禾餐饮公司李勇松技能大师工作室被评为福州市级技能大师工作室。

【专业技术人员管理】 2019 年，福清市人社局共推荐 722 名专业技术人员评审专业技术职务任职资格，其中中小学教师初级评审 404 名；确认专业技术职务任职资格 483 名，其中初级 283，中级 200 名。开办专技人员继续教育公共培训班 47 期，参加培训 17520 人次，通过考核 17317 人次，合格率达 98.8%。

【事业单位人员管理】 2019 年，福清市事业单位工作人员计划招聘 140 人，实际聘用 118 人。完成 2018 年度全市政府系统事业单位工作人员年度考核 16578 人，其中优秀 2409 人，合格 13750 人，不合格 6 人，不定等次 400 人，不参加考核 13 人。完成 2019 年度继续教育验证工作，其中教育系统 158 所中小学校 12269 人次，中高级 6689 人次，初级 5580 人次；卫生系统 37 个医院卫生院 2400 人次，中高级 1080 人次，初级 1320 人次。

【工资福利改革】 2019 年，福清市人社局落实在职人员及离退休人员基本工资调整、全市调动、职称评聘、职务晋升、高龄补贴、特岗津贴等工资变动 52200 人次；审批 223 位死亡人员的死亡补助和新增 110 位遗属生活困难补助；审批 36 位国有企业职工遗属生活困难补助。

【人事人才公共服务】 2019 年，福清市人社局继续推进高校毕业生就业创业工作，推动精准供需对接，共接收人事档案 3563 份（其中毕业生档案 3316 份），办理档案调出 911 人，档案室累计寄存流动人员人事档案 47516 份；调整档案工资 302 人次，出具人事委托代理人员历年工资调整表 154 份，代办退休手续 11 人，代理申报职称评审（确认）432 人，出具各类证明、政审 612 人次，办理高校毕业生户口落户 14 人，办理高校毕业生来融就业三方协议 440 人。

年内，市人社局在福清广益艺都家居广场举办“春风行动”现场招聘会，363 家用人单位提供约 1.12 万个岗位，达成就业意向 913 人；在福州市第二技师学院举办校园招聘会，78 家用人单位提供 2865 个岗位，达成就业意向 750 多人；在福建师范大学福清分校举办校园招聘会，320 家企业提供 6500 多个岗位，当场签约 100 多人；组织 10 家企业前往厦门集美大学参加“2020 届高校毕业生冬季双选会”，达成就业意向 93 人，当场聘用 10 人；组织 62 家企业参加引才校园行（福州站）专场招聘会，达成就业意向 187 人。

认定福建小蚁网络科技有限公司、福建浪漫传媒有限公司为“福清市青年就业见习单位”；推荐福清小雨滴文化传媒有限公司等 20 个创业项目参与“植根榕城”福州市优秀创业项目资助评审，其中 1 个创业项目获二等奖，4 个创业项目获三等奖，10 个创业项目获优胜奖，分别资助奖励 3 万～8 万元；推荐 13 个创业项目参与 2019 年大中专毕业生创业省级资助项目申报评审，其中福清市秋天农机农民专业合作社获二等奖、资助奖励 8 万元。

在“福清人事人才网”发展企业会员 48 个（累计 845 个），发布招聘信息岗位数 705 个；通过微信公众号“福清人才”推送人事政策、招聘信息、档案查询等群众关心的热点内容，用户数 2.4 万人，阅读量累计 23.2 万人、42.5

2019 年 2 月 27 日，福清市在广益艺都家居广场举办“春风行动”大型现场招聘会
（市人社局　供）

万次;PC端和移动端同步发挥无形人才市场的补充作用，搭建“零距离”供需对接平台，降低人才供需对接成本。

【工勤人员岗位考核】 2019年，福清市人社局完成机关事业工勤人员技能等级岗位（职务）升级考核报名工作，年内共报名25人，通过考核10人。

【退休干部管理服务】 2019年，福清市人社局加强全市退休干部的管理服务工作，审核拨付东瀚镇人民政府和市发改系统老体协两家单位各2万元退休干部公用经费；办理204位干部、工人退休审核、审批手续；元旦春节慰问退休特困病灾户679人次，发放慰问款52.55万元。

（何英）

信访工作

【概况】 2019年，福清市信访局深入推进信访工作制度改革，打造“阳光信访、责任信访、法治信访”，开展信访“大排查、大化解、大帮扶、大整治”和信访积案化解攻坚行动，畅通信访渠道，创新社会治理，注重源头预防，实现信访总体形势平稳可控，信访秩序进一步好转的总体目标。被省信访联席办、省信访局评为新中国成立70周年庆祝活动福建省信访保障工作成绩突出集体。

【领导干部接访】 2019年，福清市持续开展领导干部接访工作，落实每月15日市、镇（街）两级主要领导干部定点接访、重点约访、专题接访、带案下访和领导包案等“四访一包”常态化工作机制。所有领导接访件都按照信访“路线图”依法依规办理，提高化解率。全年市、镇两级领导606人次参加接访，接待群众来访348批846人次，其中市级领导接待群众来访61批126人次。

【“四大攻坚战”行动】 2019年，福清市信访局制订并下发《打好信访矛盾化解攻坚战方案》，打好“重点领域”“重点群体”“重点问题”“重点人员”四大攻坚战，摸排梳理出可能进京访的重点个访和重点群体件，制订填写《重点对象“一档一策”责任清单表》，逐人、逐件实现常态化的管理，完成省、福州市交办6件信访积案，实现息诉息访100%。

【信访积案化解】 2019年，福清市信访局梳理重点信访积案，落实市、镇领导包案，各镇（街）按照“三到位一处理”要求全力攻坚化解，减少信访积案存量，控制信访增量，保障社会安定稳定。通过信访积案化解攻坚行动化解信访积案55件，取得良好社会效果。

【信访评理室建立】 2019年，福清市信访局深入推进信访工作制度改革创新，坚持和发展“枫桥经验”，推行“最多投一次”依法分类处理群众信访合理诉求，深化拓展依法处理“信访路线图”工作七项机制，在市、镇、村各级扎实推进“评理室”工作。市级和24个镇（街）都建立“信访评理室”，494个村（社区）建立“乡贤评理室”，开展评理369件，化解矛盾纠纷310件。通过开展信访评理，当事双方公开面对面沟通问题，评理员公平公正评理调解，促进矛盾纠纷、初信初访化解工作取得明显成效。

【重点时期排查稳控】 2019年，福清市信访局重点围绕全国“两会”、第二届“一带一路”高峰论坛、亚洲文明对话、第二届数字中国建设峰会、“5·18”、海峡论坛、新中国成立70周年庆祝活动等做好信访排查、疏导化解等一系列具体工作，健全信息联动机制，细化信访处置工作预案，加大排查化解稳控力度，建立重点信访对象信息库。各镇（街）对重点信访件落实信访专班，落实责任领导、责任人，把矛盾疏导化解在基层。

（柳萍）

（编辑　严明）

政协福清市委员会

综 述

【概况】 2019年，政协福清市委员会召开第十四届第三次会议以及常委会议4次，开展4次议政性协商，实施3项协商式监督，开展23次调研视察，收到提案259件，立案督办187件。

【调研视察】 2019年，福清市政协开展“乡村振兴”专题调研，就乡贤促进会建设、乡村幸福院建设和运营、生命公园建设、推进“拆旧拓新整漂亮”等工作组织视察调研。组织“大山大水”生态环境保护专项监督，围绕畜禽养殖、餐厨油烟、油库升级、医疗废物、石材加工、建筑工地扬尘等六个专项整治开展视察调研。开展“教育高质量发展”专题调研视察，带领部门和委员赴黄岗、南通等地调研，赴全市中小学开展相关视察。组织福州、福清两级委员，视察法院、检察院工作。

【政协委员管理】 2019年，福清市政协依照《政协章程》有关规定和程序，增补3名常务委员。重申政协委员正当履职规定，严禁利用委员身份牟取私利。依托“福清E政协”APP，对委员履职进行网上申报、量化评分，三个委员工作室实施规范化提升，在助推中心工作、调解乡间纠纷、服务周边群众上积极作为。

2019年6月14日，福清市政协主席翁芳明走访看望政协委员（市政协办　供）

【信息编报】 2019年，福清市政协创新委员工作室与信息员联动反映社情民意机制，共收集反映社情民意信息248条，信息工作在福州各县市区政协中名列第一，被省政协确定为社情民意信息直报点，被评为“2019年度福州市政协系统信息工作先进单位”。依托《民意》刊物关注群众身边事的“微协商”、借力《政协好声音》融媒体联动的“广协商”等举措，在全省政协系统交流推广，被《福州日报》专题报道。

【文史文化】 2019年，福清市政协发挥政协文史资料存史、资政、团结、育人的社会功能，编撰刊印《文史资料第37期》《幻梦石竹》等文史书籍；保存文史资料孤本，完成“在线文史馆”建设；收藏福清老照片及清代福清海岸、盐场舆图、台北故宫奏折影印件等文献；以“我和我的祖国”“我和我们的政协”为主题，举办诗会、书画展、座谈会；启动“诗词书画进校园”活动。

【中心工作助推】 2019年，福清市政协班子及机关干部全员上阵参与征迁工作，全面完成市委交托的任务。开展服务企业“双保”行动，传导惠企政策，参与营造转型期的“小阳春”。牵头推进小流域整治，助力完成年度目标任务。牵头负责中央公园管委会工作，加速推进福阁、环山慢道、苗木基地、配套道路等项目建设。牵头负责旅游产业建设，加快推进石竹山等A级景区创建和项目招商工作。聚焦“大山大水”生态环境保护，组织开展专项行动。

【思想政治引领】 2019年，福清市政协举办“中美关系展望”“宏观金融形势”等讲座，开展营商环境调研，组织“民营企业代际传承”专题协商，引导各界人士坚定信心，坚守主业，营造更优的产业发展环境。组织民主党派和部分委员参加全国政协重大专项宣讲活动。出席世界福清同乡联谊会第八届理事监事就职典礼，拜会融籍侨领。赴深圳召开港澳委员及列席人士座谈会。召集涉侨涉台单位座谈，交流联谊，凝聚共识。组织福清新一代创业者，走进互联网产业园，与青年委员、新社会阶层人士，共议创新创业。

重要会议

【政协第十四届福清市委员会第三次全体会议】 2019年1月10—12日在福清市文化艺术中心举行。大会应到会委员368人，实到348人。会议审议并同意翁芳明同志所作的常务委员会工作报告和陈生同志所做的十四届二次会议以来提案工作情况的报告。委员们列席福清市人大十七届三次会议，听取并赞同政府工作报告，赞同市法院、市检察院工作报告以及计划和财政报告。会议选举翁芳明为市政协第十四届委员会主席；选举王锦顺、吴巧明、林福泉为市十四届政协常务委员。

【市政协十四届十三次常委会议】 2019年3月22日召开。会议学习传达全国“两会”精神；审议通过《政协福清市委员会2019年工作要点》；听取利桥特色文化街区建设工作营关于市历史传统文化街区规划及改造工作情况；围绕“保护性开发传统街区，培育文化旅游产业发展亮点”主题开展协商。

【市政协十四届十四次常委会议】 2019年6月21日召开。会议学习传达全国地方政协工作经验交流会精神和省委、福州市委、福清市委全会精神；审议通过关于授权主席会议对违纪违法政协委员及时做出处理的决定（草案）；听取市政协提案委关于十四届三次会议以来提案工作情况通报；听取市政协办关于十四届政协三次会议以来政协委员履职情况和新时代加强政协党的建设工作及设立政协委员党委有关事项的通报；围绕“乡村振兴八项重点工作”开展专题协商。

【市政协十四届十五次常委会议】 2019年9月27日召开。会议学习传达中央政协工作会议暨庆祝中国人民政治协商会议成立70周年大会精神；开展政协系统学习习近平新时代中国特色社会主义思想学习会第三季度座谈会暨市政协系统“不忘初心、牢记使命”专题研讨；听取市推动产业高质量发展工作和招商引税工作情况通报，并围绕“产业高质量发展”开展专题协商。

【市政协十四届十六次常委会议】 2019年12月26日召开。会议学习传达《习近平在福州》采访实录、中发〔2019〕40号文件和福建省委十届九次全会、福州市委十一届十次全会、福清市委十三届十次全会精神；评议年内相关部门办理政协提案和协商意见情况；审议通过市政协十四届四次会议有关事项；协商讨论政府、法院、检察院工作报告；围绕“教育高质量发展”开展专题协商。

协商与监督

【专题协商】 2019年，福清市政协第一季度常委会议会前组织视察利桥片区征迁现场，围绕“保护性开发传统街区，培育文化旅游产业发展亮点”主题开展专题协商，就豆区园和利桥片区的定位、规划、使用、管理，提交“政协方案”。第二季度常委会围绕“乡村振兴八项重点工作”开展专题协商，就乡贤捐赠、幸福院持续运营、“拆旧拓新整漂亮”等，提出12项具体建议。第三季度常委会议围绕“产业高质量发展”主题，就元洪国际食品园建设、小微企业发展等开展协商议政，并通过社情民意信息，反映大宗商品批发行业开票难、税负重等问题，引起各级税务部门重视，为引税回归的企业缓解实际困难。第四季度常委会围绕“教育高质量发展”开展专题协商。组织委员深入城乡中小学校、幼儿园调研，建议建立奖教机制、优化教育资源配置，重点扶持新校、薄弱校和农村偏远校，老城区公立机构搬迁后旧址优先用于增加教育用地等。

【专项监督】 2019年，福清市政协围绕中央生态环保督导发现的问题，配合党委政府，联系部门镇街，深入开展畜禽养殖、餐厨油烟、油库升级、医疗废物、石材加工、建筑工地扬尘等六个专项整治监督视察活动。开展“大山大水”生态环境保护专项监督，组织“走渠巡水查污染”、捐种“政协委员林”等活动，巩固全域综合治水成果。通过《民意》微协商平台，就“清沟扫地摆整齐”“生命公园导则执行不到位等问题”实施专项监督，向政府反映9条意见建议。

【委员监督】 2019年，福清市政协选派政协委员39人次，分别担任市纪委监委特约监察员、市扫黑除恶专项斗争

2019年7月30日，福清市政协组织开展步行查创城活动（市政协办 供）

业务指导专家库成员、信访评理员，监督食品安全“双随机、一公开”执法。在文明创城中，组织77名委员开展“步行查创城、骑行看文明”活动，策划“委员随手拍”，助推城市文明进程。在参与基层治理中，倡导建立“协商进村、调研入户”机制，设立委员工作室。

参政议政

【建言献策】 2019年，福清市政协共形成协商报告3份、调研报告12份、重点提案8篇，重点社情民意信息17篇。《关于保护性开发传统文化街区专题协商情况的报告》《关于我市实施乡村振兴战略专题协商情况的报告》《关于产业高质量发展专题协商情况的报告》3份专题协商情况报告，得到福清市委、市政府主要领导签批。《坚持“五个留住”，努力实现有内涵高颜值的乡村振兴》《打响“向高”品牌，提升城市品位》等8篇重点提案，得到福清市委、市政府主要领导分别批示。《重视实施乡村振兴中的规划问题》《推行“街巷长”制度提升基层治理能力的建议》《摈弃清明祭祀陋习·倡导社会新风气的建议》等17条社情民意得到上级采用。其中福州市主要领导作出批示5件，福清市主要领导作出批示1件，被全国政协采用1条，被省政协采用7条、被福州市政协采用3条。

【提案工作】 2019年，福清市政协共收到提案259件，审查立案187件，其中委员提案111件，集体提案76件。交59家承办单位办理，提案办理满意率为98.5%。提案主要围绕人民群众普遍关心的教育、医疗、养老、背街小巷治理、城乡公园建设以及保护大山大水、打造宜居宜业宜游城市等问题，涉及经济、政治、文化、社会、生态文明建设。

福清市委常委会研究政协年度协商监督计划和重点提案议题，以三办名义印发文件，明确重点提案由市委、市政府分管领导领办，市政协分管领导督办，相关单位承办，把提案办理纳入承办单位绩效考评项目。市委、市政府督查室和市政协提案委配合联动，加强提案督办力度。提案中的许多意见建议被采纳落实。

（严天生）

（编辑　严明）

纪检　监察

综　述

【概况】　2019年，中共福清市纪律检查委员会和福清市监察委员会（简称福清市纪委监委）围绕市委、市政府中心工作开展监督执纪执法工作，着力强化政治监督，认真履行监督专责和协助职责，坚决正风肃纪反腐，大力弘扬清风正气，深入推进全面从严治党。全年受理信访举报3065件，立案310件320人，党纪政务处分340人（含2019年前立案），移送司法机关29人。运用"四种形态"处理1108人次，第一至第四种形态分别占67.9%、20.7%、4.2%、7.2%。

【"两个责任"落实】　2019年，福清市委主要领导认真履行"第一责任人"责任，定期开展述职述廉、廉政谈话提醒等活动，规范落实述职评议等制度，层层压实党建责任。市纪委监委加大对履行全面从严治党责任的督促、检查、问责力度，发现并梳理出问题78个，以清单式推进整改。认真对照问责条例，聚焦领导弱化、党建不力、管党不严等问题，对6名履责不力的党员干部进行责任追究，给予党纪政务处分2人。严明政治纪律和政治规矩，对"七个有之"问题保持高度警觉，查处违反政治纪律行为6起。跟进减税降费工作落实，督促税务机关整改监督发现的问题。加强政治生态分析，定期编制《廉情地图》《廉情预警》。推进福州市委主体责任检查反馈问题整改，问责10人。开展意识形态领域工作落实情况监督检查，查处党员违规参加迷信活动1人。

【监察体制改革】　2019年，福清市纪委监委根据市机构改革工作部署，调整13个派驻纪检监察组，实现对全市76家市一级单位（含6个特殊区域）派驻监察全覆盖。深化监察体制改革，推动监察网络向基层延伸，全市24个镇（街）全部设立监察组。将上级出台的配套规定归集整理，对线索处置、审查调查、案件审理等程序、文书格式进行梳理，并严格依规依纪运作。出台《派驻纪检监察组审查调查处置工作规程（试行）》，通过指定交叉审理实现查审分离。推动纪法贯通、法法衔接，严格规范使用调查措施。

纪律检查和政治巡察

【纪律监督】　2019年，福清市纪委监委围绕市委、市政府中心工作开展监督，查处党员违规参与或制止"两违"不力问题33起49人，党纪政务处分31人。针对行业乱象、管理漏洞等，发出纪律检查建议书3份、监察建议书7份、整改通知书11份。严把干部选拔任用关，回复党风廉政意见133人次，建议暂缓使用1人。全面开展问题线索"大起底"，先后对723件和521件问题线索进行集中清理、分类处置。开展"向诬告陷害亮剑"主题宣传活动，查处诬告陷害行为4起。全面推开"大家评评理，说句

2019年7月2日，福清市纪委监委赴江阴镇公开接访并开展"向诬告陷害亮剑"宣传活动
（市纪委监委　供）

公道话”活动，公开办信158件，澄清不实举报24件32人。用好审计成果，组织开展整改监督。强化处分执行，追缴涉林氏父子案件违纪款496.73万元。梳理农村“微权力”清单，强化对农村审批权限监管。深入开展“四访”活动，走访群众396人次，协调解决相关问题230件，比较突出的26个重复访村居已平息或缓和13个。

【惩治违纪】 2019年，福清市纪委监委受理信访举报3065件，立案310件320人，党纪政务处分340人（含2019年前立案），移送司法机关29人。运用“四种形态”处理1108人次，第一至第四种形态分别占67.9%、20.7%、4.2%、7.2%。在高压震慑和政策感召下，24名涉案人员主动投案。开展漠视侵害群众利益问题专项整治，推动有关职能部门集中整治扶贫领域、民生领域、“微腐败”和统计造假4类14项具体问题，向社会公布4批整治成果。依托福州惠民资金网，向社会公开44个惠民项目，查处违规挪用资金、虚报冒领、优亲厚友等问题91件169人。开展死亡人员补贴应停未停整治，排查违规发放资金约969万元，追回903余万元，处理62人，督促镇街及有关部门建章立制、堵塞漏洞。开展医疗领域监督检查，完成对福清市医院等10家单位“回头看”，整改问题4个。严惩涉黑涉恶腐败，查处“保护伞”问题4起5人，涉黑涉恶党员4起5人，福清市纪委监委扫黑除恶工作被福州市通报表扬。办结中央扫黑除恶督导组移交信访件169件，立案16人，组织处理14人。深化“一案一整改”，督促案发单位主动剖析原因、堵塞制度漏洞。严守安全底线，开展4轮全覆盖审查调查安全监督检查。

【巡察工作】 2019年，福清市委主要领导任巡察工作领导小组组长，对巡察工作直接指导、直接参与、直接督办。加强巡察力量，按照“一办三组一中心”完善巡察机构。开展3轮常规巡察、1轮交叉巡察，移交立行立改问题123件，移交问题线索93件。落实巡视巡察整改常态化推进机制，推动“已巡必改、未巡先改、督巡结合”，强化巡视巡察问题整改日常监督。开展巡察整改专项督查，督促相关被巡单位建章立制46项，挽回经济损失135.63万元，追责问责96人次。完成中央巡视30项整改事项，移交的185件信访件全部办结，立案34人，移送司法机关3人，诫勉19人。完成上一轮省委巡视12项牵头整改事项，办结移交的问题线索214件，立案61人，移送司法机关11人，处分1人，处理31人。全力配合省委巡视组对福清市开展巡视工作，做好联动巡察，落实边巡边改，加快重点线索核查，受理巡视组移交问题线索167件。截至目前，已立案2件3人，党纪政务处分2人，谈话提醒1人，诫勉谈话7人。

党风建设和组织建设

【作风建设】 2019年，福清市纪委监委开展6轮廉洁纪律集中督查，全年查处违反中央八项规定精神问题19起41人，党纪政务处分26人，通报曝光11起18人。集中整治形式主义、官僚主义，查处发放惠民资金失职失责、履职尽责中弄虚作假等方面问题19起35人。持续整治“不作为、慢作为、乱作为”问题，查处“小鬼病”问题27起45人。组织全市1063名科级干部对利用名贵特产类特殊资源谋取私利问题进行自查自纠。约谈107位政治学习不认真、民主生活会发言敷衍应付的党员干部。巩固深化移风易俗，遏制大操大办等不良风气，问责4人。

【廉政文化建设】 2019年，福清市纪委监委组织党员领导干部旁听典型案件庭审2场243人次，“零距离”接受警示教育。安排专人为全市1100多名公安干警上廉政党课。全面推进“一镇一孝廉”活动，加快新党校廉政教育中心建设，举行纪念宋代廉吏郑侠诞辰978周年等系列活动，举办专场文艺晚会，提升廉政文化示范点55个，带动全市廉政文化建设。“廉政福清”微信公众号拥有总粉丝数12422人，累计发布图文消息533期共2000多篇。“廉政福清”电视栏目已播出157期，累计时长4710分钟。2019年党风廉政建设宣传工作在福州市十二县（市）区评比中位居前列。

【纪检干部队伍建设】 2019年，福清市纪委监委加强机关党建工作，成立机关党委，组建11个支部。认真开展“不忘初心、牢记使命”主题教育，不断强化理论武装。围绕“质量提升年”活动，打造模范机关和干部之家。开展“大学习、大比武、大练兵”，举办监督执纪工作规则和监督执法工作规定培训班，实现中央纪委国家监委纪检监察干部培训系列课程学习全覆盖，组织综合测试3次。安排专题培训班2期，干部参加各类培训400多人次。加强对派驻纪检组、镇街纪（工）委的指导，深化片室一体化工作机制，通过片区内业务研讨、交叉办信、交叉检查、联审联查等方式，不断提升办案水平。开展审理模拟案卷研讨，力促纪检监察干部履职能力整体提升。组织庆祝中华人民共和国成立70周年快闪活动，摄制献礼“八一”微视频，并上线《学习强国》，展示纪检监察干部忠诚、干净、担当的精神风貌。优选聘请15名特约监察员，自觉接受监督。严格执行省纪委“六带头、六严禁”的要求，强化纪检监察干部廉政风险防范，对执纪者违纪问题“零容忍”，处置反映纪检监察干部的问题线索13件，处分2人。

（冉庆利　倪佳）

（编辑　严明）

民主党派与工商联

中国国民党革命委员会福州市委福清市总支部

【概况】 2019年，中国国民党革命委员会福州市委员会福清市总支部委员会（简称民革福清市总支部）下辖三个支部，分别为民革福清总支教育一支、民革福清总支教育二支、民革福清总支综合支部。三个支部共有党员55人，其中大学以上学历41人，占74.5%；中高级职称44人，占80%以上。党员中有8人担任政协委员，其中福州市政协委员1人，福清市政协委员7人，福清市政协常委3人。

【参政议政】 2019年，民革福清市总支部为进一步增强党员参政议政能力，组织召开参政议政工作培训，邀请福州、福清两级政协常委、致公党福清市委副主委何华龙老师指导社情民意、调研撰写方法和技巧。年内完成政协提案15篇，政协大会发言1篇，社情民意信息19篇。撰写中共福清市委直通车调研文章《关于进一步做好异地融商新生代工作的建议》，得到市委市政府和统战部的肯定。

【思想政治建设】 2019年，民革福清市总支部通过召开主委会、全委会、支部会议、报告会、座谈会等形式，组织党员学习习近平新时代中国特色社会主义思想和中共十九大、十九届三中、四中全会精神。召开习近平总书记在参加福建代表团审议上的重要讲话精神学习会议并进行座谈交流，提高全体党员的理论素养和认识水平。贯彻落实“不忘合作初心，继续携手前进”主题教育活动，组织党员前往福清市光荣院开展“关爱革命老兵，传承红色思想”主题教育活动。

【组织建设】 2019年，民革福清市总支部发展新党员2人，入党积极分子1人。新发展的2名党员都是在本职岗位上年轻有为的高素质人才，为总支补充新鲜血液，进一步增强队伍的战斗力。

【祖统工作】 2019年，民革福清市总支部深入学习中共中央各项对台方针政策，为进一步推动民革的祖统工作努力作为。将祖统工作作为每次全委会的一项重要内容展开讨论和座谈交流，为做好祖国统一工作提供新思路，增强支部党员为国家统一事业奉献的使命感和责任感。

【社会服务】 2019年4月，民革福清市总支部联合农工党福清市委、福清融强医院到福清市特殊教育学校开展主题为“全面建成小康社会，残疾人一个也不能少”的健康体检义诊支教活动，并向特殊学校的孩子们捐赠学习用品、体育用品、生活用品、图书等。9月，组织看望福清市光荣院抗美援朝孤寡革命老军人并捐赠生活用品。

（陈飞）

中国民主同盟会福清市委员会

【概况】 2019年，中国民主同盟会福清市委员会（简称民盟福清市委会）内设1办4部8个专门工作委员会，下辖17个基层支部，盟员总数367人，其中男盟员236人、女盟员131人，离退休盟员98人。获民盟中央群言杂志社年度“发行工作突出成绩奖”，1人获评2018–2019年度民盟福建省思想宣传工作先进个人。

【参政议政】 2019年，民盟福清市委会在市政协十四届三次会议上，提交集体提案17件，其中《坚持“五个留住”努力实现有内涵高颜值的乡村振兴》作为大会口头发言，得到市委领导的批示，制订具体细化实施方案；《村村种好万颗树乡村颜值更靓丽》作为大会书面发言，得到市政府领导的批示，年内付诸实施。民盟市委年度参政议政工作也得到市政协领导的肯定。年内共收集社情民意信息56条，其中5条被福清市政协采用，8条被民盟福州市委采用，1条被福州市政协采用，并得到福州市政府主要领导批示。福清电视台以《点赞！为了大福清发展，民盟委员尽心履职》为题，报道福清民盟关注社情民意、参政议政事迹。

【思想政治建设】 2019年，民盟福清市委会组织座谈学习习近平总书记在参加十三届全国人大二次会议福建代表团审议时的重要讲话精神、2019年全国“两会”精神、民盟十二届三中全会精神和中共福清市委十三届十次全会精神。年内，29次派员参加上级民盟或市委、市政协、市委统战部举办的各类专题学习活动。组织开展“不忘合作初心，继续携手前进”主题教育活动，通过自学、集中学习等，组织学习中共党史、多党合作史、盟章盟史，查找不足、整改提高，进一步凝聚政治共识，夯实多党合作的思想政治基础。并结合“百支部千盟员”走访活动，深入基层一线，指导开展主题教育活动。

举办庆祝新中国成立70周年、中国共产党领导的多党合作和政治协商制度确立70周年系列活动；组队参加福州民盟举办的“礼赞新中国，奋进新时代”羽毛球比赛，获优秀组织奖。编印2期《福清民盟》。“福清民盟”微信公众号共推送329条学习资料。

【组织建设】 2019年，民盟福清市委会召开7次主委会议，召开六届七次全委（扩大）会议，研究部署盟务工作。召开“创特色 增活力”基层盟务现场会，开展“百支部千盟员”走访活动，推动基层支部开展“一季度一主题”盟务活动。启动换届人事安排工作。优化基层组织架构，5月，将民盟福建师大福清分校支部、福建侨兴轻工学校支部整合成民盟福建师大福清分校支部；12月，成立民盟福清市直属第三支部。民盟福清市东张片区支部、福清三山中学支部建设“盟员之家”。全年获批正式入盟12人，上报审批入盟积极分子19人。编发盟务《大事记》12期、《福清民盟信息》55期。

【社会服务】 2019年，民盟福清市委会持续对东张镇三星村开展定点帮扶工作，扶助石门村贫困妇女家庭；组织全市17个基层支部开展“社会服务月”助学活动，发放助学金2.6万元，扶助24名品学兼优的寒门学子；开展“金秋助学”活动，帮扶11名一都镇贫困山区学子，发放助学金1.35万元；组织召开2019年助学对象毕业生座谈会；联合民盟福州市委会在东张中学开展“农村教育烛光行动·福清西部行”活动；组织开展送法进监狱服务活动。三山中学支部协助福清市电视台拍摄“政协好声音”专栏祠堂文化专题节目。

（林道挺）

中国民主建国会福清市委员会

【概况】 2019年，中国民主建国会福清市委员会（简称民建福清市委会）设立3个专门委员会，辖5个基层支部，会员138人，担任全国政协委员1人，福州市人大代表1人，福清市政协委员12人（其中常委2人）。1人获评民建省委先进会员，1人获评民建省委服务社会先进个人。

【参政议政】 2019年，民建福清市委会在福清市“两会”期间提交集体提案3篇，其中《让生命公园尊重生命》作为大会发言。完成《乡村敬老院应因地制宜》《关于完善市区停车管理的建议》等调研课题。上报的社情民意被民建福州市委会采用3条。向组织部、统战部推荐1名正科级后备干部和2名副科级后备干部。

【思想政治建设】 2019年，民建福清市委会采取主委会、市委会、座谈会、暑期读书班和支部联席会议等形式，组织会员学习全国“两会”精神和民建中央、省委、福州市委会的重要会议精神，全年共召开各项会议、举办活动和培训班18场次。

【社会服务】 2019年5月，民建福清市委会向福清市小雨人语训康复中心捐赠6000元，帮助困难家庭2个；9月，在南岭小学、港头镇东翁村开展口腔健康和牙科义诊，提供义诊服务70人次；开展走访会员企业活动和法律咨服务，反映会员诉求，为会员企业提供帮助和服务。

（雍融荣）

中国民主促进会福州市委福清市总支部

【概况】 2019年，中国民主促进会福州市委员会福清市总支部委员会（简称民进福清市总支部）下设3个支部，有会员50人，大学本科以上学历占92%，中高级职称占95%。会员主要来自教育界，另有经济界、法律界和行政事业单位5人。会员中担任福清市政协委员2人，其中1人为政协常委；当选福清市人大代表1人，并担任福清市人大常务委员会委员。林春明获评民进全国组织建设先进个人。

【参政议政】 2019年，民进福清市总支部参加中共福清市委、市政府举办的季谈会、座谈会、通报会及市委统战部、政协相关会议，就福清市重大决策、发展规划以及社会热点问题等内容建言献策。在市“两会”上，提交提案6件、代表建议2件，其中《关于提升我市农

2019 年 8 月 11 日，民进福清市总支与民进漳州市龙文区总支联合赴福清阳下溹头村、江镜南霄村，开展基层组织建设和美丽乡村建设调研活动

（民进福清市总支　供）

村小学教育水平的建议》作为政协大会发言。向福清市委统战部、市政协、民进福州市委会报送社情民意信息 18 条。组织会员赴阳下溹头村、江镜南霄村，与民进漳州市龙文区总支部联合开展基层组织建设和美丽乡村建设调研活动。

【思想政治建设】　2019 年，民进福清市总支部结合“不忘合作初心，继续携手前进”主题教育活动，邀请福清市委党校高级讲师王辰泉做《不忘初心牢记使命，永葆政治本色》专题讲座，组织学习多党合作历史和优良传统，重温民进会史和《民进会章》。组织庆祝新中国成立 70 周年系列活动，举办书法绘画展和《我和我的祖国》合唱活动。选派多名骨干会员参加市委统战部、市政协及民进福州市委会举办的各种培训学习。

【组织建设】　2019 年，民进福清市总支部定期召开总支部委员例会、全委（扩大）会议和支部工作会议。年内发展 5 名新会员，其中中学教师 3 人、经济界 1 人、法律界 1 人。

【社会服务】　2019 年，民进福清市总支部利用会员在文化、教育、法律等方面的优势，开展社会服务工作，联合农工党福清市委会赴高山镇开展“送医助学”下乡活动，向薛港小学捐赠图书 660 册，价值一万余元。

（林春明）

中国农工民主党福清市委员会

【概况】　2019 年，中国农工民主党福清市委员会（简称农工党福清市委）有党员 271 人，其中新发展党员 11 人，分别为医卫界 7 人，教育界 1 人，其他界别 3 人。下辖 1 个总支，11 个基层支部（福清市医院总支原第三支部、原第四支部调整合并为第三支部）。其中医药卫生界党员 148 人，占 54.6%；高中级职称 226 人，占 83.4%。党员中担任福州市政协委员 1 人，福清人大常委 1 人，福清市政协委员 12 人（其中常委 3 人），列席人员 5 人。市委会领导班子中，主委 1 人，副主委 5 人，市委委员 21 人。

【参政议政】　2019 年，农工党福清市委参与市政治协商活动。在福清市政协十四届四次会议上，提交集体提案 8 篇和个人提案 19 篇，在加快市医疗系统信息化建设、城区公园管理、推广“中医药适宜技术”、规范电动自行车管理等方面提出建议，党员张云做《建议在我市城区小学试点开展校内托管服务工作》大会发言，副主委唐伟波做《建重点专科，补医疗短板，提高我市医疗服务水平》大会发言。针对福清市校内外托管乱象组织调研，撰写调研报告《建议在我市城区小学试点开展校内托管服务工作》，并向市委市政府主要领导建言，提供决策参考。

每季度召开信息工作推进会一次，交流学习信息思路要点。全年上报社情民意信息 15 条，被各级采用 13 条，其中陈曾宏撰写的《党外人士建言：互联网大病众筹平台问题频出亟待重视》被农工党中央采用，游小兰撰写的《关于加强个人所得税专项附加扣除信息保密工作的建议》被省政协、农工党省委会采用，《关于进一步优化改进“榕医通”使用的建议》被福州市政协采用，并得到尤猛军市长批示。多篇信息分别被省市各级单位录用，信息工作成绩连续 6 年保持在市统战系统各民主党派和市政协系统各参加单位前列。陈曾宏、游小兰两位党员获农工党福建省委会 2019 年度社情民意信息工作先进个人，陈曾宏获农工党中央 2018—2019 年度反映社情民意信息工作先进个人。

【思想政治建设】　2019 年，农工党福清市委采取主委会议、全委会、全委（扩大）会议、专题讲座、党务工作培训班、社情民意信息工作会议、学习培训会及总支（支部）活动或会议等形式，组织党员开展政治理论、革命传统、思想道德、党章党史和学习习近平新时代中国特色社会主义思想等多方面的思想教育活动，学习贯彻中共十九大及历届全会精神和农工党十六大精神，把握中国特色政治发展道路的正确方向，巩固团结奋斗的思想基础，累计组织开展学习 33 场次，人数 588 人次。完成农工党中央下达的党刊《前进论坛》的征订任务 166 份。

【组织建设】 2019 年，农工党福清市委发展新党员 11 名，其中医卫界 7 名，教育界 1 名，其他界别 3 名。至 12 月底，党员总数为 271 名，吸收 10 名入党积极分子考察对象。通过人选酝酿、个别谈话、多方协商、组织考察、会议选举等程序，完成 11 个基层支部（含 1 个总支）的换届选举工作。机关第一支部、机关第二支部、福清市医院总支第一支部被农工党福州市委会评为 2018 年度四星级支部，元洪高级中学支部、福清市医院总支第二支部、福清市第二医院支部被评为 2018 年度三星级支部。

【社会服务】 2019 年，农工党福清市委发挥党内医药卫生界人才优势，与其他党派（单位）联合开展医疗义诊、支教捐书等社会服务活动。联合融强医院、九三学社福清市委、民革福清市总支、民进福清市总支分别赴福清市特殊教育学校、高山镇薛港村、薛港小学等地开展健康体检义诊咨询和捐书助学活动，累计提供免费体检和健康医疗咨询 600 多人次，免费发放药品药械、捐赠书籍文体用品 3 万余元。

（唐伟波）

2019 年 5 月 27 日，农工党福清市委联合民进福清市总支赴薛港小学开展支教助学活动（农工党福清市委 供）

中国致公党福清市委员会

【概况】 2019 年，中国致公党福清市委员会（简称致公党福清市委）设 6 个部 3 个委 1 个办，基层支部 14 个，党员 289 人，新发展党员 7 人，党员平均年龄 57.6 岁。大学本科以上学历 179 人，中高级以上职称 211 人，中上层人士 224 人。编辑印发 4 期《福清致公》刊物。获 2018 年度致公党省委会“调研和提案工作先进集体”“反映社情民意信息工作先进集体”和“2018 年度福清市政协信息工作先进单位”。1 人获“致公党中央优秀党员”，5 人获得福清市级以上单位表彰。

【参政议政】 2019 年，致公党福清市委参加市委、市政府、市政协、统战部专门召开的政府工作报告、政协工作报告、市政府各种决策方案征求意见会和市委常委民主生活会征求意见等民主协商意见征求会 20 多人次。参加新农村建设、生态环境保护专项协商监督、大山大水美丽福清检查等调研视察、民主监督活动 40 多场次，参加政协协商意见会 10 多人次。福州市、福清市“两会”期间，提交提案议案 24 件，立案率 100%。其中 2 篇提案《打响向高品牌提升城市品位》《提升农村教育质量 积极助力乡村振兴》在福清市政协十四届三次会议大会发言。2 篇提案得到福清市张帆市长的批示，被列为市政协十四届三次会议重点提案，作为市政府和市政协联合督办提案。3 篇调研信息被致公党福州市委会转化成集体提案，1 篇调研被致公党福建省委会转化为团体提案。上报 34 篇社情民意信息，1 篇被全国政协采用，2 篇被致公党中央采用，9 篇被省委会采用，2 篇被省政协采用，6 篇被福州市委办、市政协采用，其中 3 篇得到福州市领导批示，4 篇得到福清市领导批示。3 篇信息获福清市政协 2018 年度优秀社情民意信息，1 名党员获 2018 年度全市政协系统信息工作优秀特约信息员（总分第一名）。

【思想政治建设】 2019 年，致公党福清市委继续推动“大学习、大讨论、大调研”活动深入开展，采取“支部小课堂”“支部微课堂”方式，持续营造全体学习、全员宣传、全面践行习近平新时代中国特色社会主义思想的氛围。组织党员学习习近平新时代中国特色社会主义思想和中共十九大、十九届二中、三中、四中全会、全国“两会”精神，以及本党中央省委有关会议精神等 10 多次；班子成员参加中共福清市委中心组、宣传部、统战部组织“不忘初心继续前进”主题实践活动动员部署会、专题学习活动20多人次。组织20名骨干党员参加中共福清市委组织部和统战部联合举办的各民主党派、工商联骨干成员及党外后备干部培训班，其中选派6名骨干党员赴重庆、成都异地培训，组织13名致公党政协委员参加福清市政协举办的暑期读书班，组织多名骨干党员参加致公党福州市委举办的暑期读书班，选派2名骨干参加致公党福建省委举办的“一周课堂”培训班。

【组织建设】 2019年，致公党福清市委召开学习宣传、参政议政、组织工作、党务工作等会议7次，市委全委扩大会议1次。召开“不忘合作初心，继续携手前进”主题教育活动动员部署会议1次，传达致公党福州市委会《关于开展“不忘合作初心，继续携手前进”通知》精神，曹铭安主委做主题为《不忘合作初心，双岗再立新功》动员部署讲话，市委会领导班子和基层支部主委45人参加会议。开展纪念建国70周年和人民政协成立70周年“爱我中华·侨海报国”征文、“支部微课堂”宣讲、征集摄影作品参加福州市委会举办的摄影展等活动3次。围绕“牢记初心携手行”，支部组织开展庆祝“三八”妇女节、走访党员企业、为38名80岁以上老党员过生日、邀请老党员口述历史、参观革命历史博物馆等活动6次。市委会在市直支部成立第一个基层“党员之家”。上半年共有6个支部完成换届工作。全年发展新党员7名，其中大学本科6名。

【联谊交流】 2019年春节清明期间，致公党福清市委接待返乡过节或扫墓祭祖的日本、英国、阿根廷、美国、澳大利亚、印尼等旅外侨胞50多名，为海外乡亲提供服务帮助；接待英国福建同乡会会长及家人、阿根廷中华两岸商会会长一行、阿根廷玄武山洪门协会访问团20多人次，并就共同促进福清经济发展开展座谈；帮助湄州妈祖赴日考察团办理赴日签证；陪同日本黄檗文化促进会、阿根廷中华洪门总会拜访福州开元寺，助力传播中华禅文化，架设中日、中阿民间往来桥梁。

【社会服务】 2019年，致公党福清市委开展“三八”助困活动，为东阁华侨农场5名贫困残疾女归侨送去慰问金4000元；开展“献爱心、暖童心、快乐六一”关爱残疾儿童爱心活动，为福清儿童福利院31名儿童送上儿童大礼包；开展两场“金秋助学”活动，为福清华侨中学3名品学兼优贫困学生捐助6000元，为福清一中6名低保贫困学生捐助12000元；重阳节在金墩社区致公学校开展老年人健康宣传活动，邀请专家做“脑卒中社区综合管理”讲座，并现场接受咨询问答。6月，组织14名医卫界别党员到江镜华侨农场开展主题为“送健康情暖侨心，迎建国七十周年”义诊活动。10月，组织乡贤助力团赴江镜镇吴塘后周村华侨留守家庭服务站和幸福院开展义诊活动，两场义诊活动共免费为侨民村民做内分泌、心血管、泌尿科、普外科、超声波、心电图、血压、医疗咨询检查诊治等400多人次，并免费发放价值4000多元的处方药品。

（陈同云）

九三学社福清市委员会

【概况】 2019年，九三学社福清市委员会（简称九三学社福清市委）下设4个支社，有社员94人，平均年龄48.2岁，其中中级职称35人，占37%；高级职称45人，占47%。担任各级人大代表2人，担任各级政协委员8人，全年提交建议和提案、议案51篇。1人获评九三学社福建省委2019年度优秀社员，1人获评九三学社福建省委2019年度社会服务工作先进个人，1人当选为福清市妇女第十四次代表大会代表。

【参政议政】 2019年，九三学社福清市委参加福清市委、市政府举办的协商会、座谈会及市委统战部、政协相关会议。向福州市政协十三届三次会议报送《关于农村古民居保护与开发利用的建

2019年10月，致公党福清市委会组织党员赴江镜镇开展义诊活动

（致公党福清市委　供）

议》《关于加强新能源汽车充换电建设，推广和普及新能源汽车的建议》提案2篇。向福州市十五届人大三次会议报送《关于对〈福州市人民代表大会常务委员会关于对接国家战略建设海上福州的决议〉执行情况开展监督的议案》1篇；《加快福州疏港铁路建设的建议》《关于协调优化平潭第三通道线位的建议》《关于再次提请福州市轨道交通延伸至福清的建议》建议3篇。向福清市政协十四届三次会议提交《持续推进综合治水 奋力打造“水美福清”》《关于创建农村青少年社会实践平台助力乡村振兴的建议》《建议尽快出台我市水工程管理规定》等党派提案6篇；《关于加快推进福业路征迁安置房建设的建议》《关于加强“低位治污型”池塘环境保护的几点建议》等政协委员个人提案7篇。其中《持续推进综合治水 奋力打造“水美福清”》被选为大会发言。

全年报送社情民意信息32条，被省级以上采用3条，被市级以上采用11条。1人被福州市政协办公厅聘为2019—2021年度福州市政协反映社情民意特约信息员。3人被福清市委统战部聘为2018—2019年度党外特约信息员。

【思想政治建设】 2019年，九三学社福清市委学习中共十九大以来一系列重要会议及习近平总书记重要讲话精神、习近平新时代中国特色社会主义思想，学习多党合作光荣历史和九三学社优良传统。以“不忘合作初心，继续携手前进”专题教育为重点，举办《九三学社简史》讲座，组织参加学习座谈会、收听收看专题电视节目、开展参观考察、联合调研。组织推荐32人次参加福清市委统战部、福清市政协及九三学社福州市委暑期读书班。选派2人参加九三学社福州市委“不忘合作初心，坚定信念跟党走”主题教育暨参政议政骨干培训班。

2019年10月24日，九三学社福清市委赴福清一中开展2019年爱心助学活动
（九三学社福清市委 供）

【组织建设】 2019年，九三学社福清市委召开二届十八次全会，选举增补主委。定期召开主委会议、全委（扩大）会议和支社会议，新发展4名社员。1名社员担任福州市人大代表，2名社员担任福州市政协委员，1名社员担任福清市人大常委，6名社员担任福清市政协委员。

【社会服务】 2019年，九三学社福清市委连续6年到福清一中开展捐资助学活动，为6名贫困学生发放助学金18000元。联合兄弟党派赴福清市特殊教育学校开展健康咨询支教助学活动，并捐赠价值5759.5元的图书和2632元的文体用品。多位社员利用周末业余时间，免费进行国学教育宣讲；利用自身专业知识，为特殊人群做心理疏导、开办讲座、做义工等。

（庄飞妮）

福清市工商业联合会

【概况】 2019年，福清市工商联（总商会）共有会员5913个，其中团体会员56家（其中含异地福清商会25家，在融异地商会6家）。1月9日，召开市工商联十届三次执委会。配合全国工商联开展民营企业调查工作，被全国工商联评为“2019年度民营企业调查点工作先进基层单位”。连续6年获评全国五好县级工商联。

【企业调研】 2019年，福清市工商联调研企业经营状况，为政府决策提供信息支撑，累计组织会员企业填报全国性调研问卷103份，配合全国工商联领导（考察组）到融开展企业调研3次，兄弟工商联调研4次。市工商联领导带队走访会员企业26家（次）。

【服务会员】 2019年，福清市工商联邀请异地市知名民营企业家、异地福清商会长、担任异地福建、福州商会会长的融籍乡亲参加新春茶话会；加强优秀融商宣传工作，与《走南闯北福清人》栏目合作，协助开展厦门市、西安市福清商会、上迳商会等3家商会及18位企业家的相关节目录制，展现融商团结合作、积极向上的群体形象和勇为人先、

2019 年 1 月 9 日，市工商联举办纪念改革开放 40 周年曹德旺先生专题讲座
（市工商联　供）

敢拼会赢的精神；邀请福耀集团董事长曹德旺为 600 多位企业家做纪念改革开放 40 周年专题讲座，现身说法，鼓舞大家坚定做大做强民营经济的信心。年内举办 3 次银企业对接会，为企业找资金，为银行找客户，帮助缓解企业融资困难。推荐会员副会长单位福州和特新能源有限公司获评全国工商联 2018 年度民营企业调查示范企业。主动服务，引导民营企业申报非公经济专业技术职称，新晋初级职称 13 人，中级职称 6 人。

【融商回归工程】 2019 年，福清市工商联引导异地融商项目回归、资金回流，配合相关部门做好招商引资工作，全年引入回归项目 15 项，资金 137.48 亿元。组织动员全国异地福清商会 3 批次近 600 人次回融参加元洪食品园招商推介活动，指导上海市、广东省福清商会承办福清市异地招商推介活动。

【商会建设】 2019 年，福清市工商联加强对来融外地企业家的组织引导，成立福清市宁德商会、龙岩商会、川渝联合商会；继续推动镇街商会组建工作，成立福清市阳下商会。

【首届市青年名厨职工技能大赛】
2019 年 8 月 22 日，福清市工商联联合市总工会、团市委、福清市餐饮服务行业协会在市万达广场举办首届福清市青年名厨职工技能大赛，竞赛活动进一步推动福清餐饮产业健康发展，提高青年厨师工匠精神，加强餐饮人才的创新能力，促进福清餐饮经济产业的发展与繁荣。

【全国工商联研调组到融调研】 2019 年 3 月 6 日，全国工商联第二研调组第一小分队到融开展联系调研工作，走访福耀玻璃、爹地宝贝、建材协会。全联执委、海南华信国际控股有限公司总经理张敬奎代表全联开展十九大精神宣讲活动，福清市工商联组织商协会长、企业家共 30 人参加活动，宣讲活动后召开调研座谈会。省工商联党组成员、副主席陈建强，福州市工商联副主席宋晓非，福清市领导陈存枫、潘俏黎参加活动。

（林辉）

（编辑　严明）

群团组织

福清市总工会

【概况】 2019年，福清市有基层组织工会2826家，工会会员19.5万人。福清市总工会加强组织建设，发挥职能优势，履行工会职责，助推乡村振兴。以办好服务职工10件实事为抓手，组织开展寻找百名“最美职工”活动，评选108名市“最美职工”、10名“十佳最美职工”。推荐获评省五一劳动奖状（章）3个、福州市五一劳动奖状单位3个，福州市劳模8个；7家单位获评省“安康杯”竞赛先进单位（班组）；36个优秀项目获省“五小”创新大赛奖项；29家单位获福州市“工人先锋号”“五一先锋岗”称号。

【工会组织建设】 2019年，福清市新组建基层工会组织63家，实现规模以上企业工会建会率100%，职工入会率100%，全市村（社区）工会建会率100%。对全市50人以上企业工会组建情况进行调研摸底，建会率97.1%。推动工会组织向新兴领域新兴群体延伸，在网络协会、餐饮协会等协会组建工会，组织1000多名“八大员”集体入会，不断扩大工会组织和工会工作有效覆盖。依托市总工会微信公众号平台发布“正能量”信息520余篇，组织开展各类主题志愿服务活动36场，强化意识形态领域话语权、管理权、主导权。推进“不忘初心、牢记使命”主题教育活动，结合工会工作实际，举办主题教育工会干部培训班2场，集中培训基层工会干部职工500余人次；坚持支部联建，联合融东社区等单位开展“秉持初心使命”群众性主题教育活动，为300余名社区职工群众送上主题教育文艺会演。

【工会改革】 2019年，福清市总工会推进工会组织改革，完成福清市工会第十五次代表大会换届选举工作，进一步优化工会干部配备。十五大代表中，基层一线人员由十四大时的56%提高到82%，一线职工比例由十四大时的45%提高到63%，增强代表构成的广泛性和代表性。推动基层工会主席和一线劳模、职工到市总工会任兼挂职副主席，兼挂职副主席在常务委员一线比例达20%。

【职工技术创新】 2019年，福清市总工会共申报207项优秀项目参加“五小”创新大赛及“海峡两岸职工创新成果展”，36项获省级奖项；组织开展劳动技能竞赛活动10场，以及各种评先评优活动，29家单位获评福州市“工人先锋号”“五一先锋岗”。

【职工素质教育】 2019年，福清市总工会共组织156名职工参与福建电大学习，为每人每学年提供学费补助1000元。开展“赠书送学进企业 推进职工‘大学习’”活动，对福州京东方光电科技有限公司工会、福建冠城瑞闽新能源科技有限公司工会等10家企业赠送书籍3000余本，价值10万元。筹资50万元打造捷联电子等10家职工之家示范点，并开展福清市合格职工之家（小家）评选活动，进一步强化市职工活动场所和工会宣传舆论阵地建设。

【职工权益维护】 2019年，福清市总工会健全工会维权维稳处置机制，发挥工会维稳作用，开展“职工队伍稳定行动”，及时准确掌握基层职工队伍动态，履行工会职责，重视信访件办理和信息收集工作，共处理化解来电来信来访45起，协调解决率100%。完善直接联系服务职工群众机制，每个工会干部联系一个职工，密切联系职工群众，倾听职工呼声，同时加大经费向基层工会倾斜力度，为职工办实事、做好事、解难事。结合服务企业“双保”行动，累计走访企业175次，为企业解决问题61件。组织全市近2000家企业参与“安康杯”竞赛活动，普及群众性安全生产知识，7家单位获评省级先进单位（班组）。

【职工帮扶服务】 2019年，福清市总工会开展“温暖千名新福清人返乡返岗路”活动，筹集100万元用于“新福清人”返乡返岗路费补助，关心关爱“新福清人”群体。结对帮扶115名“金秋助学”“春风助学”家庭困难家庭学子，帮扶资金57.7万元。帮扶百户建档困难职工缓解生活困难，做到扶困与扶志、扶智相结合，精准扶贫，年内实现全总建档、地方建档的困难职工全脱困。同时，把困难慰问延伸至各级困难劳模、节日期间坚持生产的一线干部职工等群体，共计帮扶慰问3557人，发放慰问金104.5851万元。帮扶通渭籍建档立卡贫困职工及留融过年通渭籍职工77人，发放慰问金7.7万元；购买扶贫消费产品55.4611万元；拨补通渭县总工会建设经费10万元；春节期间组织73名留榕过年的定西籍职工及其家属参加福州游览活动。开展关爱千名环卫、清洁工人夏送清凉、冬送温暖等活动，引导全社会形成尊重和关心环卫、清洁职工的氛围。筹集32万元联合融侨管委会工会、核电工会、京东方、捷联、福耀等重点企业行业工会，开展10场“工会有约 缘来是你”单身职工交友联谊活动，为大龄单身职工搭建交友平台，解决婚恋问题，共牵手56对，结婚1对。组织6名省劳模和30名职工参加省、福州市职工疗休养活动，分批次组织170名一线干部职工参加本级疗休养活动。

（吴贵华）

共青团福清市委员会

【概况】2019年，福清市有基层团（工）委57个（镇街、工业园区27个，学校30个），市直机关团组织39个，市直机关青工委2个，两新团组织380个，团员总数约4.4万人。

【青年就业创业】 2019年，共青团福清市委（简称团市委）强化对福清青创会的指导支持，持续推进创客游学、集中训练营等青年创业项目，组织30余名青年企业家代表参观“游学”京东集团的运营模式和创新体系，帮助青年企业家快速成长。举办福清市青年名厨职工技能大赛，组织100余名青年参加2019年“春风行动”招聘会，为青年就业创业、创造创新提供平台。落实福建省引进高层次台湾人才“百人计划”工作，推报6名优秀在融台湾青年参评，入选2名，排名福州地区第1位。

【思想道德教育】 2019年，共青团福清市委以建党98周年、纪念五四运动100周年为契机，利用“团团学习社”“红色领航·青年之家”“红领巾第二课堂”“青马工程”中学团员培训班等品牌阵地，组建福清市青年讲师团，深入基层“点单式”推进“青年大学习”专项行动。发动各团（工）委组织团员青年22876人次收听收看纪念五四运动100周年大会实况。在全市开展“青春心向党·建功大福清”主题教育实践活动，举办各界青年代表五四座谈会、“颂歌献给党·舞动新时代”七一快闪、“忆苦思甜”图片展和特别主题团日活动等活动50余场，覆盖青少年群体2万余人。

【基层组织建设】 2019年，共青团福清市委依托“智慧团建”系统，抓好团员发展和团籍规范化管理，着力整顿软弱涣散基层团组织，对标从严治党，实现全面从严治团向纵深推进。扩大共青团组织对新兴领域青年群体的覆盖面，成立福清市邮政行业团委，将“快递小哥”由服务对象转化为工作力量，参与“青春速递志愿行”学雷锋、通渭困难青少年微心愿结对帮扶等志愿服务。成立福清市人民检察院青工委，进一步加强对市直机关青年干部的凝聚力。通过人大代表、政协委员与快递小哥等群体“面对面”交流，组织专业社工在线提供职场适应、亲子关系咨询服务等方式，及时掌握新兴领域青年思想动态。

【关爱特殊群体】 2019年，共青团福清市委聚焦困难青少年、快递小哥、环卫工人等特殊群体，发动全市共青团组织、青年企业家和青年社会团体开展“暖冬行动”慰问困难青少年、“希望工程”助学、“冬日递暖”关爱快递小哥、“一线团聚·青暖融城”新春慰问环卫工人志愿服务等行动50余场，共为170余名特殊群体发放慰问金、慰问品10万余元。发挥“团干部+专业社工+志愿者”

2019年4月30日，福清市总工会开展“工会有约 缘来是你”交友联谊活动

（市总工会 供）

维权帮教队伍作用，推动“青春护航”“青苗计划”等品牌项目，组建“护苗天使”志愿服务队，在华侨中学、福百社区等地设立融心青少年事务社工中心服务站点，开展普法宣讲、校园防欺凌教育、中高考减压、重点青少年群体跟踪帮扶等各类服务40余场，覆盖青少年8700余人次。推进“融通手牵手 助力共成长”微心愿结对帮扶工作，发动爱心企业认领、寄送536件包裹帮助通渭300名困难青少年实现微心愿，深化东西部扶贫协作。

【青年志愿者活动】 2019年，福清市有青年志愿者8万余人，“志愿汇”累计服务时长达17万小时。以“3·5”、拗九节等节日为契机，深化“青春之光”志愿服务品牌，推动“雷锋精神永流传，青春建功新时代”系列行动，组织青年志愿者，开展走访慰问复员老军人等活动30场。组建“创城青力量”志愿服务队，发动青年志愿者在动车站等地开展志愿服务200余场5000多人次，累计服务时长430小时。持续深化“小沟渠·大整治”青春助力村庄清洁行动，发动全市2200余名“河小禹”志愿者、“红领巾小河长”，开展“志愿者巡渠”“突击队清沟”“红领巾护水”和“宣传员话河”等行动200余场，助力打赢“大山大水”生态环境保护仗。开展“和谐征迁”青年志愿服务行动，发动征迁一线团员青年，为征迁群众提供义务搬家、信息查询、节日慰问等相关服务60余场。

【青少年文化生活】 2019年，共青团福清市委聚焦青少年需求，把握重要节日时间节点，开展“童”你闹元宵游园、小伙伴冬夏令营、乡村青年文化节和“搏拼青春·唱响融城”青年流行音乐节等青少年喜闻乐见的文化活动。联合市委文明办举办“搏拼青春、共创文明”2019年度福清市青年篮球友谊赛，吸引12家省级文明单位200余名男女青年参赛，为青年干部搭建以球会友平台。举办垃圾分类趣儿童画坛、关爱外来务工子女暨垃圾分类公益宣讲、“学习垃圾分类·崇尚绿色生活”等活动20余场，动员团员青年投身“垃圾分类”全民绿色行动。联合市委政法委举办“平安福清”抖音短视频征集大赛，平台网络点阅量突破220万。聚焦青年婚恋交友现实需求，通过线下举办“青春磨砺营”、七夕篮球友谊赛等全市性青年婚恋交友活动4场，团属新媒体平台线上发布“青春爱”话题讨论21期，为广大青年提供婚恋价值观引导、婚恋心理行为辅导和交友平台，帮助420余名单身青年搭建婚恋交友桥梁。

（林筱雯）

福清市妇女联合会

【概况】 2019年，福清市有镇（街）妇联24个，村妇联438个，社区妇联58个。福清市妇女联合会紧扣“巾帼心向党”“巾帼建新功”“巾帼暖人心”三大工程，围绕“强化思想引领、深化巾帼建功、参与平安建设、拓展家庭文明、加强组织建设”五项重点工作，创建“四有”基层组织30多个；培树优秀妇女典型，推荐一批全国巾帼建功标兵、省市三八红旗手（集体），表彰

2019年4月30日，福清团市委联合市总工会在市体育馆组织开展“搏拼新时代、共建大福清”青年职工主题集会活动

（团市委 供）

一批福清市三八红旗手（集体），开展寻找最美家庭、最美玉融女性等活动；为各类女性搭建创业平台，为600多名农村妇女提供技能培训；开展妇女维权服务“三进一到”宣传活动16场；组织巾帼志愿服务7162人次；筹集资金138.7万元，关爱帮扶困难妇女、留守儿童等特殊困难群体1599人次。

【基层组织建设】 2019年，福清市妇联健全新一届领导班子，创建30多个“四有”基层组织，同时拓展妇女阵地建设，在新领域新阶层新群体试点成立“妇女微家”15个、姐妹乡伴点6个、海峡姐妹之家1个，进一步延伸妇联组织触角。建立健全轮值主席制度、联系妇女群众等制度，推广妇联执委“项目领衔组团履职”活动，发挥执委示范引领作用。选送优秀妇干参加上级妇联举办的培训学习。强化领导下基层、访妇情、办实事，以务实的作风、坚实的服务来引领各项工作。

【妇女思想引领】 2019年，福清市妇联围绕庆祝新中国成立70周年，结合“不忘初心、牢记使命”及“忆苦思甜”主题系列活动，开展形式多样的意识形态思想教育工作。培树优秀妇女典型，推荐获评全国巾帼建功标兵1名，省三八红旗手2名、集体1个，评选表彰福清市三八红旗手210名、集体33个。开展福清市首届寻找“最美玉融女性”活动，并于3月8日在微信公众号上揭晓13类169名“最美玉融女性”名单。同时，在各类媒体广泛宣传报道各行各业优秀女性的感人故事、先进事迹，激励广大妇女团结拼搏、奋发向上。

【妇女创业就业】 2019年，福清市妇联推荐申报省级巾帼文明岗2家，福州级3家；推荐优秀女企业家参加领航人计划培训，为各类女性搭建创业平台；推荐2个巾帼示范基地参加福州市妇联举办的科技微业培训。举办6期新农村女性大讲堂，为600多名农村妇女提供实用技能培训；选送130多位优秀妇干参加上级妇联举办的各类培训学习交流，实施精彩人生女性终身学习计划，提高广大妇女综合素质。

2019年7月2日，福清市举办“美丽家园 巾帼行动”现场推进会暨女子幸福学堂启动仪式（市妇联 供）

【家庭教育工作】 2019年，福清市妇联与政法委、文明办等联合开展平安小区（家庭）建设，开展“家庭和”“家教优”“家风好”活动。寻找最美家庭省级2户、福州市级10户、福清级47户；举办最美家庭故事分享会13场；开展各类亲子阅读等活动52场，捐建春蕾爱心书屋2个，线上推出“家教微课堂”20期；开展5场好家风好家训宣讲活动；征集家教优秀论文、“给妈妈的一封信”152封，其中22篇入选福州市优秀作品，获奖数为福州地区前列。

【妇女权益维护】 2019年，福清市妇联开展维权服务“三进一到”宣传咨询活动16场，发放宣传材料1万份，受益群众5万多人次。开展婚姻家庭矛盾纠纷排查化解攻坚工作，各级妇联共调节婚姻家庭纠纷57次，最大限度地化解矛盾、促进和谐。通过购买服务的方式，与社联社工签订协议，为妇女群众提供法律帮扶、宣传教育、心理疏导等专业服务。

【巾帼志愿服务】 2019年，福清市妇联加强巾帼志愿者队伍建设，引领各级妇联发挥巾帼志愿者优势，结合推进乡村振兴行动、妇儿维权、环境卫生整治等工作，采取分散行动与集中活动相结合的方式，组织开展给孤寡老人送温暖、关爱留守儿童、普法维权宣传、救助春蕾儿童、保护环境、巡河护河等系列巾帼志愿服务活动。同时，创新巾帼志愿服务模式，以点带面推广“爱心妈妈帮帮团”模式，全市共组建巾帼志愿者服务队495支，5043名“爱心妈妈”定期开展各类志愿服务活动，各级妇联共组织巾帼志愿服务7162人次。

【巾帼关爱行动】 2019年，福清市妇联持续推进“巾帼关爱行动”，通过实施春蕾计划、“母亲健康1+1”、女性安康险、爱心妈妈帮帮团等项目，共筹集资金 138.7 万元，关爱帮扶困难妇女、留守儿童、失依儿童等特殊困难群体 1599 人次。开展结对帮扶活动，筹集 2 万元爱心款结对帮扶通渭县 20 名困难儿童。

（薛楠）

福清市科学技术协会

【概况】 2019 年，福清市科学技术协会（简称福清市科协）所属学（协）会 11 家，新成立企业科协 2 家，专家工作站 1 个。获中国科协 2019 年全国科普日优秀活动表彰，获福建省人社厅、省科协福建省科协系统先进集体、福州市 2015—2017 年度文明单位。市农技协被省科协评为省示范农技协。东张镇先锋村、龙田镇树下村、海口镇前村村被命名为福州市“科普助力乡村振兴”试点村和省科协的科普示范村。龙山街道融东社区、玉屏街道北大社区被命名为福州市“社区标准化建设”社区。福建永鸿野生动物世界被福州市委宣传部、福州市科协命名为“福州市科普教育基地”。全年市本级下达预算内科普项目经费 228 万元，人均科普经费达 1.68 元 / 人。

【青少年科技活动】 2019 年 3 月，福清市科协与市气象局、瑞亭小学联合举办世界气象日活动。6 月，与市发明协会、市红十字会急救培训科普志愿团、福清二中、实验小学、滨江小学、瑞亭小学、元洪附小等联合在福清市科技馆举办“礼赞共和国 追梦新时代”全国科技工作者日主题活动，现场组织开展心肺复苏演练，展示近年市中小学生在科技发明创新中获得的国家级以上的 25 项发明创造，吸引近 3000 名观众参与。

年内，联合福清市教育局等相关部门举办“福清市 2019 年青少年科技创新大赛”，收到各校推荐的青少年科技创新作品、论文、优秀科技实践活动等 645 项，经大赛评委会评审，共评出优秀科技创新作品 71 项，优秀科幻画作品 498 幅、优秀学生实践活动 4 项，教师优秀科教作品 5 项。选送 74 项作品参加35届福州市青少年科技创新大赛，其中 4 项获得一等奖，8 项获得二等奖，11 项获得三等奖。组织相关学校参加机器人大赛，福清市玉屏中心小学机器人代表队获第十五届福州市青少年机器人竞赛小学组 VEX 项目二等奖；由曹腾达、游恒齐等 8 人组成的 4 支联队分别获得深圳第三届粤港澳大湾区机器人大赛暨第十届亚洲机器人锦标赛中国选拔赛南大区赛一、二、三等奖；邹皓元、林俊灿等 5 人获得 WER2019 赛季中国赛区厦门公开赛积木教育机器人普及赛小学组一、三等奖；由曹腾达、游恒齐等 6 人组成的 4 支联队分别获得南昌第十届亚洲青少年机器人锦标赛 VEX EDR 中学组一、二、三等奖和专项最佳惊奇奖，以及重庆 2019VEX 世界锦标赛中国区选拔赛的一、二、三等奖。

【学术交流活动】 2019 年，福清市科协抓好学（协）会的换届选举工作和社团年检工作。收集科学技术优秀学术论文 20 篇。连续多年举办福州市科协学术年会分会场活动，成为福清市学术交流、服务人才成长、促进学术研究成果与经济社会发展相融合的一个重要平台。11 月 13 日，由福清市科协主办、福建师大福清分校承办的第十七届福州市科学技术协会学术年会福清分会场在福建师范大学福清分校召开。年会以“创新、创业、创造”为主题，分别邀请广东海洋大学原副校长、教授章超桦做《我国海洋食品产业发展现状及其科技创新思路》、福建红桥创业投资管理有限公司高级副总裁王振牧做《创新与创业——从曹德旺和曹晖说起》、福建御冠食品有限公司总经理崔仁杰做《每个行业都值得重做一遍》等三场主题报告。师大福清分校相关领导、分校食品科学与工程专业师生、以及福清市科协部分同志共 100 余人出席年会。

【技术培训】 2019 年，福清市科协加大农技协等涉农协会在科普惠农中的作用。在市农技协的推动下，全市 15 个镇街果农发展蜜柚生产，种植面积近 1333.33 公顷，使蜜柚成为福清市一大新兴水果产业。市农技协赴南岭镇大山村、东瀚镇陈庄村、一都镇王坑村等地，开展家庭农场水蜜桃栽培技术、甘薯覆盖黑地膜种植生产、甘薯病虫害综合防治技术、果树不减产高接换代新技术应用与推广、果林场不减产高接换代病虫害防治技术、黄金柚新植夏、秋梢潜叶蛾防治技术等方面的培训 60 余期，培训人数 3000 多人次。

【科普宣传】 2019 年，福清市科协举办科普宣传活动 80 场次，科技培训 125 场，科普讲座 42 场，科普挂图更新 6 期，咨询服务 80 场次，受益群众 13 万余人。参与在龙田镇树下村举行的全市“科技、文化、卫生”三下乡活动；与市气象局、瑞亭小学联合举办世界气象日活动；与相关单位联合在市体育公园举办“防灾减灾日”活动；与市发明协会、红十字会急救培训科普志愿团、福清二中、实验小学等在科技馆举办主题为“礼赞共和国 追梦新时代”的全国科技工作者日主题活动；邀请国际食品科学院士、国际食品科学技术联盟前主席、国际传统与替代医学会主席、教授、博士生导师饶平凡为福清市民做《食能超药吗》主题讲座。与市广电局联合开办《科普大篷车》及《科普新说》节目，在福清电视台综合频道定期播出，年内共播出 104 期。在福清科协微信公众号发布科普信息 150 篇，为各镇（街）征订大型科普挂图 90 份，农村科普宣传栏挂图 450 份。

福清市科技馆发挥科普宣传阵地作用，全年共接待参观人员约 10 万人。福建永鸿动物世界设立百米科普画廊。福清核电建成全国核电系统最先进的核电科普馆。福建龙翔军旅科普教育基地更新众多的航空航天、军事科普设施。

【市科技馆运营】 福清市科技馆于 2018 年 12 月开放运营，馆内设序厅、临时展厅、基础科学互动展厅、灾害体验展厅、儿童科学乐园展厅、玉融科技主题展厅、科技影院展厅、天文观测台，其中布展及科普培训面积7000平方米。2019 年，科技馆发挥科普阵地作用，共接待省市县级领导、其他科技馆、学校等各类参观人员约 10 万人次，其中团队参观 0.3 万人次。结合节假日、社会关注热点，先后举办“金猪纳福”“机器人花灯会”“气象科普世界”“用创意科技表白母亲”“垃圾分类我先行”“少儿手脑体验日”等主题活动 11 场；举办“察颜观色，解读情绪”“搞定问题中的青少年”“减压加压、助力中高考”“人工智能与产业发展”“人类与航天”等系列科普讲座 12 场；承办福清市新的社会阶层人士联谊会第一次会员大会暨成立大会、市科协全国科技工作者日活动、全国科普日主会场活动、《食能超药吗》主题讲座、“金彩纷城童学夏令营走进科技馆”、玉融书香大讲堂 27 期《女性生活的瞬间》、新阶联礼仪文化讲座等一系列科普惠民活动。加强馆校联动合作，不定期邀请各幼儿园、中小学学生走进科技馆体验科学魅力，联合市滨江小学举办“小小讲解员”主题活动，邀请厦门科技馆来给70余名小讲解员进行展品展件讲解，提升学生科学素质和创新能力。

【品牌活动】 2019 年，在“科技·人才活动”周中，福清市科协与市发改局联合在宏路街道景江社区举办主题为“科技强国 科普惠民”的科普活动，为社区居民动提供科技、农业、卫生咨询、义诊、科普宣传、便民服务等服务，并发放科普书籍 800 余册。在市科技馆主会场和龙翔军旅、永鸿动物世界两个分会场，举办主题为“礼赞共和国 智慧新生活”的全国科普日活动。在主会场福清科技馆，市科协联合省气象局、福清气象局、福清电信、厦门科技馆、实验小学、滨江小学、瑞亭小学、维肯度机器人等十多家单位举办“喜迎国庆 机器人阅兵”、科普剧、科普游戏互动、垃圾分类游戏互动等大型科普嘉年华活动，还邀请“神五”火箭系统总指挥黄春平教授做《人类与航天》科普讲座，主会场有 4000 多名观众参与。各个镇（街）科协、社区（村）科协、各学（协）会及各个分会场也组织各种活动，整个全国科普日活动吸引覆盖全市观众超过 10 万人。

（陈琳珊　翁心怡）

福清市归国华侨联合会

【概况】 2019 年，福清市归国华侨联合会（简称福清市侨联）着重做好服务中心、侨益维护、联谊联络、扶贫帮困、强基固本等工作，协调接待侨胞和海内外团组 500 多人次，办理侨界信访件 10 件，在重要节日组织慰问难贫侨等。

【服务中心】 2019 年，福清市侨联参与并协助做好各项涉侨大型活动。春节期间，邀请 35 名在融侨胞参加市委市政府新春茶话会；邀请 68 名海外侨胞参加“元洪国际食品产业发展论坛”，协助完成论坛的后勤接待任务。协调解决丰树福清综合物流产业园项目征地过程中涉及的华侨墓地迁移问题，促成顺利完成迁移工作。配合市委统战部，做好全市侨情和港澳乡情调查工作。全面完成福清市 2019 年第一期重点项目征迁工作：后山顶路项目 25 户 4411 平米的征迁任务。

【联谊联络】 2019 年，福清市侨联接待侨胞和海内外团组 500 多人次，主要来自印尼、马来西亚、新加坡、阿根廷、爱尔兰、意大利、南非、美国等国家，以及山西省侨联、长乐侨联考察交流团。先后组织开展两期“寻源祖地看福清”海外华裔青少年夏（冬）令营活动，其中有印尼团 44 名、新加坡团 40 名华裔青少年参加。通过“观、学、练、游”四个方面的系列活动，促进他们对中华传统文化的认识和了解，激发侨二代、三代的爱国情怀，加强家乡认同，涵养侨务资源。

【侨益维护】 2019 年，福清市侨联不断探索和完善涉侨维权的新思路、新途径，成立福清市侨联法律顾问委员会，聘请游礼国担任法顾委主任，定期或不定期为来访侨界群众开展法律咨询和法律援助活动。年内收到侨界信访件 10 件，主要涉及房产纠纷、侨产被占、祖坟受侵、涉外婚姻等问题，市侨联协调配合相关部门及时解决，做到件件有答复、有落实、有跟踪。

【扶贫帮困】 2019 年春节和重阳节期间，福清市侨联共慰问贫困侨 230 人（户）、侨界失依儿童 18 人；联合省侨联慰问“百侨助百村”对象 45 人，发放慰问金 17.7 万元；发放福州财政下拨的专项资金，慰问贫困侨 60 人，每人 1250 元。组织开展“百侨百企科教扶贫助学”活动，走进东瀚镇北盛小学，捐建科教文体室，并为 95 名孩子捐赠科教文体包，总金额达 12 万余元；六一节期间，开展侨界贫困学生慰问活动。2 月，接待中国侨联党组成员、副主席

2019 年 2 月 2 日，中国侨联副主席隋军到福清镜洋慰问侨界困难群众（市侨联　供）

隋军到融慰问侨界困难群众，调研侨资企业与侨联基层组织建设情况。

（洪其春）

福清市台湾同胞联谊会

【概况】　2019 年，福清市有台胞 150 人（联系岛内台胞 152 人）。福清市台湾同胞联谊会（简称福清市台联）有会长、副会长、理事会成员共 15 人，其中政协委员 1 人，中共党员 7 人，台盟盟员 3 人，专职干部 1 人。年内，抽调专职干部到市委统战部参与乡贤促进会相关工作以及侨情普查工作。

【学习培训】　2019 年，福清市台联的理事和台盟成员参加福州台盟和福州台联组织的暑期读书班活动；台联领导班子和专职干部参加市委统战部组织的党外后备干部培训活动，在市委党校进行理论培训，并前往成都、重庆开展异地培训，在专题讲座、现场教学以及党性锻炼等学习课程中吸取实践经验；台联理事在省台联的组织下前往湖南长沙开展干部培训活动。

【参政议政】　2019 年，福清市台联派理事及专职干部参加省台联八届二次理事会，组织学习习近平总书记在《告台湾同胞书》发表 40 周年纪念会上的重要讲话以及习近平总书记在参加十三届全国人大二次会议福建代表团审议时的重要讲话；组织学习全国“两会”精神和全国台联十届二次理事会精神，为台联的工作开展指引政治方向。

【服务台胞】　2019 年春节，福清市台联配合省台联、福州市台联走访慰问福清城区和乡镇困难台胞家庭，了解台胞的生活、生产和家庭情况，并发放慰问款共计 5000 元；落实 18 名台胞的高龄补贴，每月共计 3600 元，配合福州市台联做好两补工作。全年接待台胞咨询和反映问题近 20 人次，服务内容有变更台籍、身份介绍证明、台生助学等。

【交流联谊】　2019 年，福清市台联组织举办主题为“关爱女台胞·节日促交流”的台胞座谈会；联合福州市台联组织台胞前往一都镇普礼村罗汉里革命根据地和东关寨开展党员活动；组织台胞理事参加福州市台联的中秋国庆联谊活动；接待福州市台联到融调研台联换届工作推进情况，并走访台企绿生园农业有限公司，了解台商台企的发展情况。

（何晓）

福清市文学艺术界联合会

【文艺活动】　2019 年，福清市文联持续实施“融籍艺术家回归工程”，邀请融籍艺术家回融办展交流，助力家乡文化建设，共举办“林伯强中国画作品展”“三象合一·石齐艺术展”“家山

2019 年 6 月 15 日，福清市台联开展党员活动日，重温入党誓词（市台联　供）

无限——陈优清中国画作品展”“丹青抒乡情·旅美画家俞山画展”“余险峰、沈乃希、陈贻敏三人书画展”等五场融籍艺术家展览活动。围绕庆祝新中国成立70周年主题，举办书画摄影展览、名家采风、笔会等活动12场；围绕“书香玉融·文明福清”主题，邀请省内外文艺名家举办“玉融书香大讲坛”讲座6期。推动“走出去，请进来”文艺交流，与厦门思明、漳州诏安联合举办三地美术书法联展，与省书协联合举办第二届守望兰亭书法作品展，与中央美院、中美协版画艺委会联合举办“版画中国·版画艺术在民间”全国系列巡展（福清站）活动，赴福州画院举办“玉融翰墨书华章”——福清市书法作品展，通过外引内联，拓宽艺术家的视野，提高市民群众审美品位。

【文艺创研】 2019年，福清市文联组织开展文艺精品创作和学术研讨活动。举办三期“文学在身边”共读融籍作家作品系列活动。收集整理相关资料，对当代福清文学创作脉络进行系统梳理，组织编印《福清文学创作70年选》。邀请徐贵祥、叶兆言等省内外文学名家15人来融举办“文学名家福清创作周”活动，举办“本土历史与文学的可能性”文学论坛、讲座及采风创作。

【文艺成果】 2019年，福清市融籍画家郑雅国加入中国美术家协会，吴茂文综合材料绘画《人到中年》、陈优清国画作品《昨日新晨》、陈娜漆画作品《蕉语》、吴春宝漆画作品《园记》入选第十三届全国美展，林肖散文《一涓一滴总关情》、魏晓燕等主创的舞蹈作品《小小守卫者》、王钦文书法作品《商山早行》获第四届“福州市茉莉花文艺奖”二等奖，何金兴诗歌《闽江：洗濯或遥念》、陈枫中国画《雪霁》、陈优清中国画《东方红》、林建崟书法作品《魏碑条幅（钱起诗二首）》获三等奖。

【机制创新】 2019年，福清市文联推动市政府出台《福清市优秀文艺作品、文艺人才、非遗项目奖励办法（试行）》，组织省市专家开展“首届福清市优秀文艺作品、文艺人才、非遗项目奖励办法（试行）”评审活动，有9人获评“福清市首届优秀文艺人才”奖励，128件作品获得“首届福清市优秀文艺作品奖励”，为福清文艺人才培养、文艺精品创作提供激励机制。推动市美术家协会换届，配齐配强美协主席团，激发协会生机活力。

【文艺惠民】 2019年，福清市文联配合福清市委宣传部、市文旅局等单位，在春节、元宵节期间，开展“猜灯谜·闹元宵”活动；组织书法家协会、音乐舞蹈家协会、曲艺家协会会员开展“三下乡”文艺演出及“送万福·进万家”送春联志愿服务活动，开展“我们的节日·中秋节”古琴雅集活动，承办“礼赞新中国，奋进新时代”——福建省音乐、电视艺术志愿者走进福清玉屏街道步行街社区文艺惠民演出活动；开展公共服务校园行活动，组织各文艺家协会深入各中小学开展公益课程。

（严清清）

福清市社会科学界联合会

【概况】 2019年，福清市社会科学界联合会（简称福清市社科联）有直属学会21个。年内召开各类讲座43场、近3000人次参与，举办展览展示、系列讲座、图书捐赠、节目展演、社科咨询、专题研讨、知识竞答等各类社科普及活动，3000多人次参与。开展专题研讨会3场，撰写调研文章3篇，委托课题1项，编印发放《福清社科界》工作通讯6期，官方微信公众号及订阅号“知福清”推送社科信息200余条。牵头编辑出版一套主题为“礼赞新中国，奋进新时代”福清社科文史丛书。成立福清市社科界研学用联动小组及社科普及志愿者服务队。指导福清市一拂书院、福清市庄严文化促进会登记成立。指导福清市比干文化研究会完成换届。

2019年10月19日，在福清市社科普及周启动仪式上为社科普及志愿者队伍授旗

（市社科联 供）

【学术活动】 课题研究 2019年，福清市社科联以市首批社科专家库成员和本土其他专家学者为基础，创立文史哲组、政治与法律组、经济组、社会治理组、科教医卫组等5个小组，每期约20～40人，定期开展“社科界研学用联动小组活动”，收集汇总社科专家对福清发展的意见建议，促进形成有关部门与专家学者“零距离”沟通联系的工作机制。开展课题立项3项，重点开展乡村振兴研讨会、杜凤瑞纪念园组织筹建研讨会、叶向高文化建设等主题活动。

社科丛书编撰 年内，福清市社科联组织市社科专家库成员及部分本土专家学者，以纪念新中国成立70周年为契机，围绕习近平新时代中国特色社会主义思想、新时代福清精神、福清70年等主题，牵头编辑出版一套主题为“礼赞新中国，奋进新时代”福清社科文史丛书。丛书包括5本文史书稿，分别为俞达珠先生的《福清历代名贤事略》、林秋明的《福清历史上的著名家族》、魏名庆等的《福清历代名人佳作》、林肖等的《福清文学70年创作大观》和福清市方言研究会的《福清方言999》。

【文化交流】 2019年4月18日，福清市社科联组织召开福清社科界学习贯彻习总书记重要讲话精神工作交流座谈会。

6月5日，与禁毒办联合开展“纪念林则徐虎门销烟180周年暨禁毒宣传月启动仪式”活动。

6月29日，市社科联组织部分社科专家学者参加与市历史名人名家研究会联合举办的深入学习习近平总书记《〈福州古厝〉序》重要精神座谈会。

9月19日，由福清市纪委监委、福清市委宣传部主办，市文旅局、市妇联、市社科联承办的“推进一镇一孝廉”系列活动暨纪念郑侠诞辰978周年活动在福清市图书馆举行。

10月13日，与福清市黄檗禅文化研究院举办黄檗禅文化研讨会暨书法笔会。

10月22日，与福清市历史名人名家研究会等单位举办叶向高文化研讨会暨叶向高文化书画创作作品展。

【社科普及宣传】 玉融社科大讲坛 2019年，福清市社科联重点打造玉融社科大讲坛周末分坛，围绕党建专题、家庭教育、法律知识、意识形态等内容，赴部分市直单位、镇街、村居、学校、企业开展43场专题讲座，受众3000余人次。

福建省百场社会科学专题报告会（福清专场） 2019年，市社科联先后邀请福建师范大学福清分校经济与管理学院教授谢丽华，福建师范大学福清分校马克思主义学院院长兼书记、教授林书红，三明市社科联党组书记、主席蔡建境等一批省市专家，到部分镇街、企业开展福建省百场社会科学专题报告会（福清专场），近500人次参加。

社会科学普及宣传周 2019年10月19日，市社科联与市委宣传部联合举办的2019年福清市社会科学普及周启动仪式在福清市体育公园举行。活动围绕“礼赞新中国，奋进新时代”主题，举行本土社科图书捐赠仪式，开展庆祝新中国成立70周年社科知识竞答、“社会科学在你身边”普及咨询、社会科学专题报告会、“庆祝新中国成立70周年开国大典主题展”图片展、“奋进新时代，建设新福建”图片展、“壮丽70年，福清这样走过”图片展、福清民俗展演、名人名家书法交流会暨民俗文化展等相关活动，惠及干部群众3000人次，宣传新中国成立70周年取得的成就，促进公众人文社会科学素养和文明程度的提升。

社科志愿者活动 2019年9月，市社科联整合各类社科资源，联合相关志愿团队初步组建社科普及志愿者服务队，实现志愿活动资源共享、共同发展。服务队由福清社科普及志愿者服务队总队、理论之光支队、青春之歌支队、文明之风支队、基层之兴支队、科学之行支队、文史之旅支队组成，在社科普及周期间，市社科联为各服务队授予队旗。年内，各社科普及志愿者服务队开展专题社科普及活动2场，志愿人数达200余人。

媒体宣传 2019年，市社科联在“知福清”微信公众号及“知福清”微信订阅号等微信平台发送各类福清新闻、社科知识、学会动态等类别文章200余篇。继续办好《玉融纵横》杂志、《福清社科界》工作通讯和《决策参考》内参，发挥社科刊物繁荣学术、探索真理、传播思想和构建文化等方面的作用，年内编印发放《福清社科界》工作通讯6期。

（张婕）

福清市残疾人联合会

【概况】 2019年，福清市有残疾人8.3万人，占总人口的6.1%。福清市残疾人联合会（简称市残联）办理残疾人二代证2万本。全市有残疾人办证中心1个，残疾人康复服务中心1个，残疾人辅助性就业基地1各，辅具适配站1个，残疾人社区康复站15个，儿童康复机构9家，福乐书屋1所，福乐家园1家，残疾人福乐书屋1家。在龙江街道苍霞村的残疾人综合服务设施“福乐家园”投入使用，总投资2850万元，建筑用地1.004公顷，总建筑面积10040平方米，建设和投资规模为福州地区第一。

【基本民生保障】 2019年，福清市残联开展二代残疾人证到期换证工作，为全市7000多位残疾人及时换证，为残疾人持续享受扶持助残政策提供保障。

全面完成全国残疾人基本服务状况和需求信息数据动态更新工作，为全市2万多名残疾人入户调查采集数据，手机APP采集率100%。

全面完成2019年为民办实事项目。“儿童康复”项目补助对象584人，其中0～6周岁残疾儿童500人，7～14周岁残疾儿童84人，共计发放补助金668.97万元。“扶残助学”项目共为137名残疾学生或残疾人子女提供助学金，发放助学金35.55万元。投入30万元免费为200名贫困白内障患者实施“白内障摘除手术”。为457户“一户多残”困难残疾人家庭，发放补助金近160万元。扶持90名残疾人“就业创业”发放补助金45万元。为287名残疾人发放“居家托养”补助金57.4万元。投入30万元为7500多名重度残疾人购买意外伤害保险。年内开通“福清市残疾人联合会”微信公众号，推送信息30多条，提供政策法规、通知公告、求职登记、办事指南等服务。

【康复工作】 2019年，福清市建有一个辅具适配站，15个残疾人社区康复站。年内为79名残疾人提供103件辅助器具补贴，共计补贴16.2829万元。依托福清市融康医院，开展贫困精神病患者服药和住院补助工作，其中服药73人，补助3.65万元；住院13人，补助5.2万元。

【就业服务】 2019年，福清市残联配合市三车专项整治行动，对全市非标残疾人代步车实行政府回购，根据车架字号年月按1000～3000元/辆的标准回购，鼓励残疾人购置符合标准的残疾人代步车并做好上牌服务工作，提供一次性购车补贴1500元/辆/人。另外，通过机动车驾驶培训考试并取得驾驶证的残疾人，还可申请机动车驾驶培训一次性补贴1500元，年内有8人领取该补贴。

推行用人单位按比例安排残疾人就业，征收残疾人劳动保障金1200多万元，安置残疾人364人。实施“1+5”政策，共发放扶持残疾人就业创业资金38.7万元：其中自主就业创业残疾人33人，奖励12.1万元；超比例安排残疾人奖励单位5家；超比例安排就业16人，奖励13.2万元；集中安置残疾人单位5家，超比例安排就业36人，社保补贴13.4万元。残疾人就业和职业培训状况实名制系统各项指标的录入工作完成，录入率100%。

2019年1月29日，福清市残疾人辅助性就业基地入驻福清市福乐家园并举行揭牌仪式，基地为32名残疾人解决就业问题。年内，为基地添加监控安防设备，完善基础设施条件，美化基地环境。

【扶残助残】 2019年，福清市残联利用全国助残日、儿童节、国际盲人节、国际残疾人日、春节等节日组织开展白内障筛查、义诊、政策宣传、走访慰问等志愿活动。进一步落实“十三五”规划体育指标，推广适合残疾人身心特点的康复体育和健身体育项目，在“第十三次全国特奥日”组织开展残疾人乒乓球单打比赛；在“第九届残疾人健身周”举办特殊儿童趣味运动会等。实施文化进家庭“五个一”项目，共投入活动经费2.15万元。开展农家书屋“+残疾人阅读平台”活动，为全市2个农家书屋赠送残疾人读物。与通渭县残联对接签订框架协议，拨付专项帮扶资金147.7万元，在残疾儿童康复救助项目、康复设备购置、辅具适配项目等项目上与通渭县残疾人进行对口帮扶。

【“福乐家园”投入使用】 2019年1月，在龙江街道苍霞村的残疾人综合服务设施“福乐家园”正式开园投入使用，项目总投资2850万元，占地1.004公顷，总建筑面积10040平方米，分两栋，楼高6层。建设标准基本参照医院功能和残疾人的特殊要求，配备6部电梯和无障碍设施，还有篮球场、羽毛球场等。其中后勤宿舍楼3500平方米，进驻五大协会、辅助性就业基地、残疾人培训基地和福州眼科医院低视力适配中心；教学综合楼6500平方米，经市政府研究，确定作为残疾人康复托养机构使用。

（俞佳）

福清市红十字会

【概况】 2019年，福清市红十字会接收定向捐赠款20万元，接收福州市红十字会下拨“博爱送万家”款物3.1万元（拨款0.8万元、物资价值2.3万元），福清市红十字会专项备灾经费支出3.46万元，本级募集款物2.6万元（捐赠款1.15万元，物资价值1.45万元）。

【扶贫救助】 2019年，福清市红十字会全体干部职工深入基层、走访慰问困难户，开展“博爱送温暖”棉被发放活动，为一都镇的普礼村和东山村、玉屏街道的小北社区和小桥社区、音西街道的融西社区和凤山社区3个镇街6个社区、村的建卡贫困户、低保家庭、五保户、贫困残疾人等困难群众送去慰问，活动共计发放棉被100床，百户困难群众受益。与福建省浙江商会相关人员联合组成精准扶贫慰问团分别赴玉屏街道、一都镇对建档立卡的230户贫困户进行扶贫爱心慰问活动，为贫困家庭送去米、油等生活必须品，还与贫困户深入交谈，了解他们的实际情况，鼓励他们坚定信心，早日脱贫致富。

【应急救护】 2019年，福清市红十字会医院举办5期CPR+AED急救员班的培训，共计184人通过学习考核取得合格证。与市文旅局联合为辖区内游泳馆的救生员进行救护员培训，31 人通过学习考核，取得合格证。普及培训的形式、模式更趋多元化，应急救护培训走进机关、讲习夜校、防灾减灾活动、安全生产活动、楼宇党员服务中心等。在全市 29 个社区开展以防溺水和交通安全为主的暑期青少年应急救护培训。截至 11 月，应急救护培训志愿团共开展应急救护培训 34 场，参训人数 5396 人。与 120 急救指挥中心、应急救援局等救护业务部门互动开展市民培训 46 场，受益群众 3 万余人。

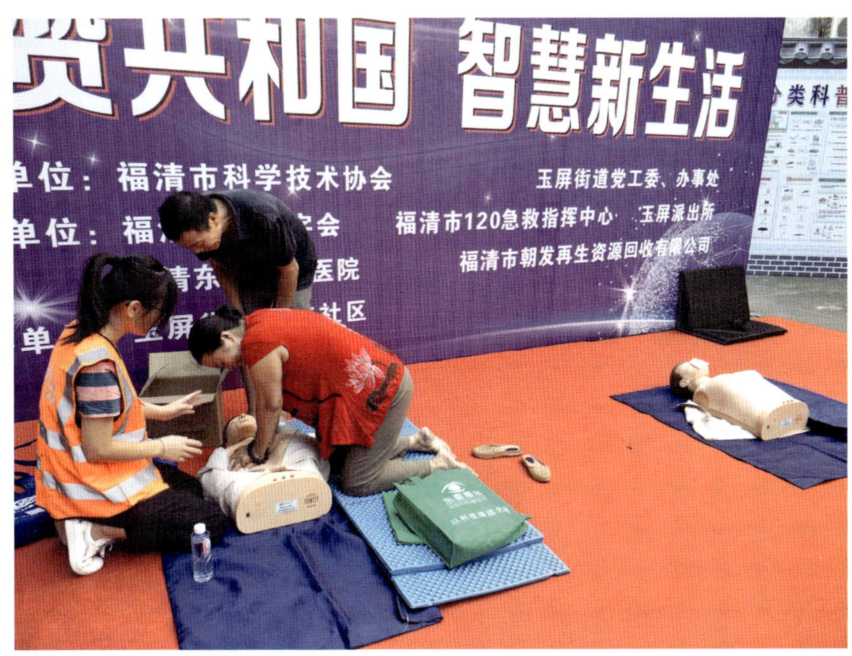

2019 年 9 月 20 日，福清市红十字会协同西文社区在凤凰小区举办“礼赞共和国，智慧新生活”全民科普日活动　（市红十字会　供）

【无偿献血】 2019 年，福清市红十字会开展献血和捐献造血干细胞宣传活动，主动配合市血站中心采血的各项工作。截至 10 月底，共计献血 4305 人次，献血量 1572516 毫升。年内，在全市卫生系统无偿献血活动中，招募到捐献造血干细胞志愿者 4 人。

【志愿服务】 2019 年，福清市红十字会为首批 5 支红十字志愿服务队授旗授牌，其中两支为医疗志愿服务队，两支为社会爱心公益志愿服务队，一支是社区志愿服务队。分别是：福清市红十字东南眼科医院志愿服务队、福清市红十字惠铭医院志愿服务队、福清市红十字世纪之光志愿服务队、福清市红十字 880 车友联盟志愿服务队、福清市红十字西文社区志愿服务队。红十字志愿服务队成立后，继续在志愿者的招募、培训、管理和激励四个环节上做好工作，促进和规范志愿者服务工作，建立服务网络，逐步发展壮大志愿服务队伍。12 月，福清市红十字 880 车友联盟志愿服务队开展元旦爱心慰问活动，为孤寡老人、残疾人、贫困户家庭送去慰问金及米、面、油等生活必需品；到福清市儿童福利院，给孩子们送去牛奶、糕点等营养品和故事书、水彩笔等学习用品。活动送出的爱心慰问金及各类物资总值 3000 多元，全部由社会各界的志愿者捐献。

【博爱驿站建成运营】 2019 年，福清市红十字会克服经费紧张，经向省、福州市红十字会申请专项补助经费 19 万元，于 10 月完成福清市红十字博爱驿站的整体功能规划、布局设计、装饰施工及配置购置等前期准备工作，11 月完成全面建设并投入使用，共投入资金 20 余万元。博爱驿站建设面积约 100 平方米，设有一间办公室、一个生命体验室和一个用于培训的功能大厅。11 月 23 日至 24 日，市红十字会在博爱驿站开展为期两天的红十字初级救护员发证培训班活动，来自福清义工协会的 28 名爱心志愿者和 13 名红十字志愿者参加培训。

（戴咏）

（编辑　严明）

外事 侨务 港澳台事务

外事工作

【概况】 2019年，福清市人民政府外事办公室（简称市外事办）接待外宾团组12批204人次；办理外国人来华签证邀请核实36人次；办理党政机关工作人员因公临时出国（境）18批34人次；办理非公企业人员APEC商务旅行卡5人次；协助处理13起涉外事件。

【出访】 2019年，福清市领导6批17人次出访10个国家。

4月15—19日，福州市委常委、福清市委书记王进足，福清市委常委、统战部部长陈存枫，福州新区福清功能区管理委员会副主任项箴雄，福清市龙田镇镇长林传烜等4人组团赴俄罗斯、哈萨克斯坦、日本开展经贸洽谈等工作。

5月4—8日，市政协主席翁芳明、福州新区福清功能区管理委员会副主任黄侠等6人组团赴印尼开展经贸洽谈等工作。

8月19—24日，市委常委、组织部部长张是全随福州市科学技术局团组赴荷兰、比利时、丹麦洽谈海外人才引进和科技人才项目合作等工作。

8月21—31日，副市长刘必建随福州市人民政府外事办公室团组赴巴西、智利、阿根廷开展经贸洽谈及友好交流等工作。

10月25—29日，市政府党组成员、福州新区福清功能区管委会常务副主任林友华赴哈萨克斯坦开展经贸洽谈等工作。

11月12—16日，福州市委常委、福清市委书记王进足等4人组团赴日本开展经贸洽谈等工作。

【来访】 2019年，福清市外事办接待外宾团组12批204人次。

3月2日，接待印尼驻华大使馆大使周浩黎一行3人。

4月4日，接待日本驻广州总领事馆总领事石塚英树。

5月17日，接待印尼泗水市副市长维士努·萨蒂布纳一行4人。

5月17—20日，接待哈萨克斯坦巴甫洛达尔州副州长卡比肯诺夫·阿雷斯坦·肯热塔耶维奇一行3人。

6月17日，接待外国驻华使节团一行49人。

8月1日，接待日本国自治体国际化协会北京事务所所长宫本贵章一行3人。

8月20日，接待以日本公明党代理干事长兼国际委员会委员长、众议员远山清彦为团长的日本超党派年轻政治家代表团一行11人。

8月23日，接待第十八届中日地方交流促进研讨会行政考察代表团一行67人。

9月9—12日，接待巴甫洛达尔州州长波拉特·朱马别克维奇·巴卡乌夫一行15人。

9月23—24日，接待印尼贸易部部长鲁吉达一行23人。

10月29—30日，接待日本长崎县记者团一行14人。

11月3日，接待俄罗斯主流媒体团一行11人。

【涉外事务】 2019年，福清市外事办协助10家中国驻外使领馆及外国驻中国领馆处理涉外事件13起。

3月11日，协助中国驻巴布亚新几内亚使馆联系福清市在外不幸溺亡公民陈某家属办理赴外处理后事相关事宜。

3月11日，协助中国驻约翰内斯堡总领馆核查不幸在外遭抢劫身亡公民陈某全和陈某良身份信息并做好家属相关安抚工作。

3月12日，协助中国驻日本使馆领事侨务处为不幸在外身亡的公民陈某家属办理赴外处理后事相关事宜。

4月1日，协助日本驻广州总领馆核实一名日本公民在融的人身安全直至确认其安全抵达日本。

4月2日，协助中国驻阿根廷使馆联系并指导福清市在外不幸遇害公民庄某珠和陈某丈家属办理赴外处理后事相关事宜。

4月11日，协助中国驻英国使馆

就福清市公民张某琴要求接回因病滞留在外的儿子庄某某有关事宜进行沟通协调。

5月9日，协助中国驻越南使馆核查因涉嫌诈骗在外被捕的福清市公民郑某恩相关身份信息，并将其情况通报给其国内家属。

5月24日，将福清市公安局抓获23名越南籍非法入境、非法居留、非法就业人员相关情况上报福州市人民政府外事办公室。

6月12日，协助中国驻越南大使馆核查因涉嫌假冒越执法机关威胁、诈骗并侵占他人财产被羁押在越南广宁省公安厅看守所的福清市公民魏某秋的相关身份信息，并将其情况通报给其国内家属。

6月20日，协助中国驻赞比亚使馆对在外遭入室抢劫不幸遇害的福清市公民严某荣和胡某明夫妇的家属进行安抚，并对其家属赴外处理后事提供力所能及的帮助。

7月10日，协助中国驻纽约总领馆核查在外死亡的福清市公民陈某虹身份信息，联系并指导其家属赴外处理善后事宜。

7月18日，协助中国驻莱索托使馆核查在外遭劫匪持枪抢劫不幸身亡的福清市公民郭某融相关身份信息，对其家属进行安抚并协调有关部门解决其2个孩子回国就学等问题。

11月14日，协助中国驻英国使馆核查因在英与其母亲走失现滞留在外的福清市公民施某冰和施某贤姐弟2人的身份信息并查找其国内家属。

2019年，市外事办为市政府、福耀玻璃工业集团股份有限公司、福建德纳齿轮有限公司、丽珠集团福州福兴医药有限公司、福清市特贸汽车零部件有限公司、福建宇邦纺织科技有限公司、福建福州冠诚利通国际贸易有限公司、福建永强力加动力设备有限公司、福清市联创进出口贸易有限公司、福建广丰源进出口贸易有限公司、福清市永裕来齿轮有限公司办理外国人来华签证邀请核实36人次。

（叶清）

侨　务

【概况】 2019年，福清市人民政府侨务办公室（简称市侨办）继续做好华侨回国定居办理落户手续和贫难侨救助工作，组织开展新一轮福清侨情普查工作，海外联谊工作取得新进展。配合做好侨乡博物馆华侨史馆开馆筹备工作，参与涉侨文物征集，征集各类涉侨文物930多件，各类图文资料1500多份。协助华侨公园暨林绍良陈列馆做好相关展品入关申报和报批工作。

【侨胞服务】 2019年，福清市侨务办公室多措并举做好华侨、非华侨回国定居落户和“三侨子女”中、高考加分等涉侨审批工作，做好贫难侨补助、华侨捐赠的引导和统计以及涉侨信访等工作。共办理华侨落户962件，非华侨落户1870件，出具“三侨生”中考加分证明271件，协助福州市侨办出具三侨生高考身份证明254件，数量均占福州市总数量一半以上；审核下发各类贫难侨补助及慰问款492人次，共计74.6万元；引导海外社团及海外侨胞、港澳同胞捐赠家乡公益事业77项，总金额3.56亿元；办理落实涉侨来信来访14件，12345平台咨询46件。

【侨情调查】 2019年，福清市开展全市侨情与港澳乡情调查工作，成立以市长为组长的调查工作领导小组，通过采取政务督查和包片挂钩等方式，推动侨情调查工作全面完成。至年底，共调查海外融籍乡亲约160万人，分布在世界五大洲、165个国家和地区，海外融籍社团71个。

【联谊交流】 2019年，福清市侨务办公室加强联络联谊工作，接待海外乡亲1000多人次。会同涉侨部门举办三期“寻源祖地看福清”海外华裔青少年夏令营活动，接待海外融籍青少年200多人。

（林翁芳）

2019年6月28日，“寻源祖地看福清”海外华裔青少年夏令营（印尼团）参观福清南少林寺　（市侨办　供）

港澳事务

【概况】 2019年，福清市外事办办理非公企业人员一年多次往返香港通行证1批5人次，办理党政机关工作人员因公赴港澳2批2人次。

【访问港澳】 2019年3月17—19日，市委常委、统战部部长陈存枫赴澳门参加庆典活动。

11月25—29日，市委常委、统战部部长陈恒东赴香港开展专项工作。

（叶清）

台湾事务

【概况】 2019年，中共福清市委台港澳工作办公室（简称福清市委台港澳办，2018年12月底成立）随团赴台交流考察9批28人次；多渠道、多层次开展融台经贸、文化交流，工作质量位处福州地区前列。

【联络交流】 2019年，福清市委台港澳办申报因公赴台9批28人次（其中组团1批19人次，随团8批9人）。5月17日至20日，组织两家市旅游企业赴台北参加第十三届台北两岸观光博览会，推介石竹山梦文化旅游；6月24日至30日，市民政局副局长林民旋随福州市团组赴台开展社区治理交流；6月29日至7月1日，市六桂文化促进会一行13人赴金门开展宗亲交流；8月5日至9日，800余名台湾青年参加福州市第七届海青节之东张南湖山煎茶文化活动；8月21日，市篮球代表队与台湾康宁大学篮球代表队举行首次融台篮球友谊赛；10月23日至26日，融台两地3000余名青年（师生）参加第七届海青节“心系宗鹤·情满两岸”武术文化交流活动。

【经贸合作】 2019年，福清市新注册台资企业7家，总投资1321.01万美元，合同外资355.21万美元。新增资1家台资企业（绿星公司），增资1529万美元，新增台资510万美元。截至2019年9月，在福清投资注册的台资企业达326家，在产及在建台资企业233家，总投资26.03亿美元，注册资金13.54亿美元，合同台资8.81亿美元，占全市规模以上企业总产值的17.2%。

【服务台胞】 2019年，福清市委台港澳办协调处理涉台信访件12件；推进落实福州市68条惠台措施；举办“关于推进台生就读福州高中”“优化营商环境、减税降费”“服务台胞台企新举措”座谈会和政策宣传会；完善台湾招商专员制度，召开7场招商推进会；协调4名台商台干子女申请就读福清学校；开展台湾青年人才引进工作，在海峡人才市场网站发布113个岗位征集信息；福清平安骨科医院引进7名台湾医师、悦湖庄园引进4名台湾马术教练；1名在融台胞获第十六届福建青年五四奖章，6名台胞列席福清市政协第十四届全体会议；挂钩服务企业4家，走访企业44人次，疏理企业困难问题8件，协调解决8件。

（李大勇）

（编辑　严明）

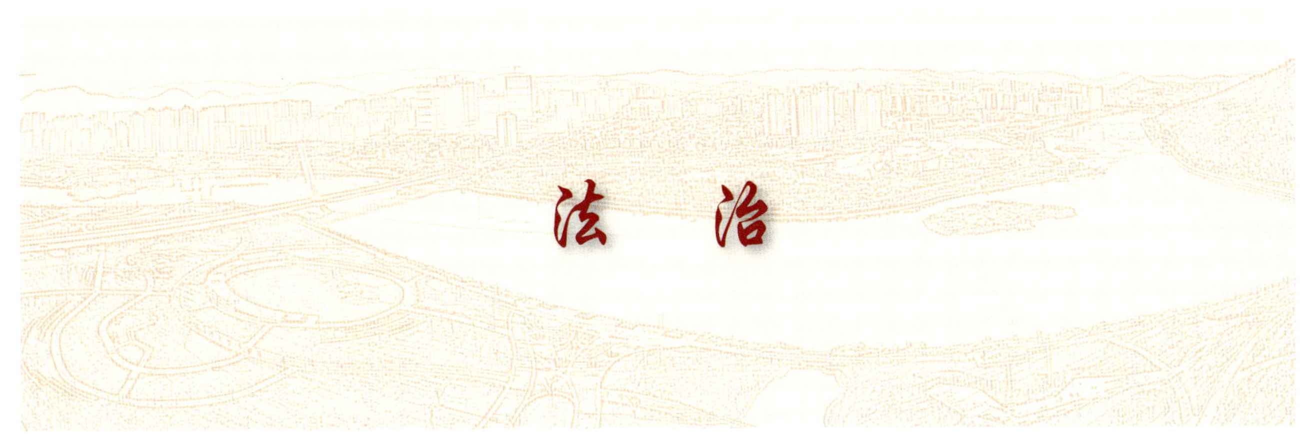

法 治

政法及综治

【概况】 2019年，福清市政法系统以“保安全、护稳定、迎大庆”为主线，结合“不忘初心、牢记使命”主题教育，深入推进服务大局、平安福清、扫黑除恶、队伍建设等各项工作，完成新中国成立70周年大庆、全国“两会”、第二届“数字中国”建设峰会等重大安保维稳任务。党政领导综治责任制考评获“优秀”档次；“平安三率”水平持续保持省、福州市前列，群众安全感率99.386%，位列全省第14位、福州市第2位；扫黑除恶好评率88.89%，位列全省第20位；执法工作满意率97.94%，位列全省第29位，社会治安指标呈现“五降三升”的好态势。

【司法服务保障】 2019年，福清市政法系统主动融入全市发展战略，完善各项举措，为经济社会发展、重点项目建设提供司法保障。年内，市公安机关破获刑事案件4168件，社会治安呈现“五降三升”良好态势：刑事案件破案数、犯罪嫌疑人抓获数、公诉数分别比上年上升0.63%、11.06%、1.95%.；刑事立案、侵财、盗窃、“两抢”、电信网络诈骗案件分别下降4.12%、8.63%、27%、33.33%、5.13%；检察机关共批准逮捕刑事犯罪案件1014件1410人，提起公诉1670件2396人；审判机关共受理各类案件20946件，审结18632件，结案标的额72亿元，员额法官人均结案242件；司法行政部门进一步完善人民调解体系，深化法律公共服务体系建设，强化特殊人员管控工作，全年共接收社区矫正对象761人，解除矫正926人，在矫935人；民政部门加强民生兜底保障、发展养老服务工程，全年共发放低救助金5435.05万元，特困供养金705万元，建成农村幸福院348家，运营334家，建设覆盖率79.45%。

【平安福清建设】 2019年，福清市大力推进市、镇（街）、村（社区）三级综治中心建设，全市各级综治中心均挂牌运转，市、镇、村三级综治中心均已接入福州市网格化管理平台。开展新一轮平安县（市、区）、平安镇（街）、平安村居（社区）创建，完成第一批16个平安小区建设，培育平安建设（综治工作）亮点项目52个。推广“综治+保险”等市场化运作模式，投入195万元，全面推行实施“平安福清”建设综治责任险，全年共有18人获得赔偿24.4万元。推进雪亮工程建设，不断织密基层技防监控网，全面完成“一自然村一探头”建设任务。推进“天网工程”建设，投入资金25577万元，建成“天网工程”监控数量约7950路，其中车辆卡口2723路，人脸卡口571路，实现县际、镇（街）、村（社区）出入口监控全覆

2019年11月1日，市委政法委召开创建平安小区部署会（市委政法委 供）

盖，对本市主要道路、重点区域、重点部位监控基本覆盖。

【社会治安综合治理】 2019年，福清市严惩违法犯罪，健全完善合成作战机制，先后侦破“1·18”抢劫杀人案、“9·14”故意伤害致死案等大案要案，连续9年实现命案必破，首次实现现行“两抢”案件100%侦破。全市刑事案件总量、八类暴力案件、“两抢”案件破案率均在95%以上。深入推进“云剑”追逃专项行动，加大对在逃人员劝投缉捕力度，共抓获各类逃犯710名。推进全市巡防体系建设，全面建成武装警察反恐处突巡逻、公安治安常态巡逻、专业队伍日常巡逻、单位学校小区内部保安巡逻以及城乡群众自治巡更的巡防网络，巡更保平安体系已覆盖全市所有村（社区），治安巡更队总数超过510支，队员超过4600人，群众安全感大幅提升。着力推进扫黑除恶专项斗争，全面实行“六必签”“零报告”“所队联动”“委局联动”等机制，推动打“伞”破“网”，营造良好社会风气。

【矛盾纠纷预防化解】 2019年，福清市坚持和发扬新时代“枫桥经验”，大力推进矛盾纠纷多元化解，持续深化“信访积案清零行动”，培育出“一站式纠纷多元化解中心”“村民说事中心”“侨联调解室”等一批基层矛盾纠纷调解亮点，并在全市所有村（居）设立“乡贤评理室”，做到“小事不出村、矛盾不上交、邻里更和谐”。全年全市各级人民调解组织共调解成功矛盾纠纷4062件，成功率99.95%，成功化解信访积案55件。

【严重精神障碍患者救助管理】 2019年，福清市加强患者摸排建档工作，召开严重精神障碍患者救治管理工作专题会议。落实以奖代补监护协议制度，累计与253名患者监护人签订“以奖代补”协议，向249名完成2018年度监护职责的患者监护人发放看护管理奖金728500元。提升患者管理水平，严格落实“一历五单”管理制度，卫健部门、镇（街道）、公安机关以及医院协作，建立“一历五单”患者1307人。加强患者收治场所建设，新增床位200张，缓解收治压力。

【网格化服务管理体系】 2019年，福清市全面完成网格化平台部署、网格化基础数据入录、职能部门“入格”、网格化平台任务处理等工作，在平台登记志愿者1244名，完成群防群治任务3976件，完成专业网格化任务619件。

（陈楠）

政府法治建设

【概况】 2019年，福清市继续以全面推进依法行政、建设法治政府为目标，依法全面履行政府职能、完善依法行政制度体系、健全科学民主决策机制、严格规范公正文明执法、强化对行政权力的监督，加快打造“法治福清”，为开创新福清建设发展新局面提供法治保障。

【依法行政】 2019年，福清市继续推进行政决策科学化、民主化、法治化，建立健全重大行政决策依法向人大报告制度与政治协商制度、社会参与制度、公示听证制度、社情民意反馈制度、决策监督制度、决策责任及决策失误追究等制度，完善政府重大决策行为和其他行政行为法律保障机制。

严格行政规范性文件制定和发布程序，以市政府及市政府办公室名义印发的规范性文件均经本级政府法制机构合法性审查并提交市政府常务会议研究，全年出台行政规范性文件9件。落实规范性文件清理工作，开展与《外商投资法》不相符、与生态环境保护不相符的行政规范性文件清理工作，确保福清市现行规范性文件与上位法不冲突。

全面落实政府法律顾问制度建设，建立以法制机构人员为主体，吸收专家和专业律师团队参加的法律顾问队伍，依托市政府法律顾问资源，组织市领导学习新政府信息公开条例、组织市直主要执法单位学习行政诉讼若干疑难问题，全市24个政府工作部门和24个镇街全部聘请兼职法律顾问，为政府依法行政、依法决策提供专业的法律支持。

【行政复议与应诉】 2019年，福清市加强行政复议能力建设，改进行政复议审理方式，提高行政复议工作质量。全年办理行政复议案件33件，办结26件，其中确认违法或责令履行的3件，具体行政行为违法率11.5%，因作出行政复议决定成为被告的8件。通过复议机构居中协调、行政机关沟通配合，促成行政复议申请人撤回复议申请、终止行政复议程序的有6件。首次以公开听证方式审理一起涉及生态环境行政处罚复议案，听证会后申请人主动撤回行政复议申请，实现社会效果和法律效果的统一。

出台《关于进一步加强行政应诉工作的实施意见》，规范行政应诉工作。依法履行行政应诉职责，落实行政机关负责人出庭应诉制度。全市各级行政机关本年度办理新发生一审行政应诉案件220件，结案181件，各行政机关出庭应诉，其中行政首长出庭6件，阐明具体行政行为事实与法律依据，使诉争行政行为的合法性得到人民法院的支持。

【行政执法监督】 2019年，福清市深入推行行政执法三项制度，开展行政执法主体和行政执法人员资格清理确认工作，开展执法案卷评查工作，抽取自然资源、农业、市场监管、生态环境、城管、住建等领域的行政处罚案卷共40卷，委托第三方专项评查，推动行政执法行为进一步规范化、标准化。

自觉接受党内监督、人大监督、民主监督，落实向人大报告、政协通报制度，依法接受法院的司法建议、检察院的法律监督。支持各级人民法院依法受理行政案件，尊重并执行人民法院生效裁判。依法接受省、市各级人民法院检察院的法律监督，配合检察机关在履行职责中对违法行为的监督。

（王娟）

公 安

【概况】 2019年，福清市公安局（简称市公安局）围绕增强人民群众获得感、幸福感、安全感总目标，以新中国成立70周年大庆安保维稳为主线，聚焦风险防控、夯实维稳基础，完成捍卫国家安全、维护社会安定、保障人民安宁等各项工作。年内，共有25个集体、579名个人（含辅警）受到各级表彰奖励，其中2名民警获得国家级荣誉，12个集体或个人受到公安部表彰、23个集体或个人受到省公安厅表彰、99个集体或个人受到福州市公安局表彰。市委常委、公安局长徐东获评公安部2019年度刑事案件现场勘查工作成绩突出县级公安机关负责人；市公安局代表福建省参加第四届全国公安系统文艺汇演，获银奖和优秀创作奖；作为县级公安机关唯一代表参加全省公安机关冬季实战大练兵汇报演练；先后获评“集体一等功”“福建省模范职工之家”“福州市公安局执法质量优秀单位”“福州市公安工作先进单位”“福州市公安局‘我和我的祖国’征文活动优秀组织奖”“福州市公安局十佳精品政工案例”等荣誉，刑事科学技术室被公安部评为全国示范刑事科学技术室（最高等级），DNA实验室被公安部评为全国三级DNA实验室。

（王小明）

【公安科技信息通信和平台建设】 高清监控视频“天网”项目 2019年，福清市公安局完成智慧福清暨高清视频监控（天网）项目（一期）建设，共建成高清视频监控6364路。全年利用天网视频监控抓获各类犯罪嫌疑人520人，其中在逃人员149人；12起命案和19起两抢案件均100%侦破；刑事案件破案率49.66%，比上年上升2.35个百分点，其中盗窃案件破案率上升8.4个百分点。

推进乡村“雪亮工程”建设 截至年底，全市接入公安视频共享平台的高清视频监控11935路。其中由市公安局建设7811路，各镇街建设2232路，社会面公共场所建设1892路，基本实现全市主要路段、重点部位以及市际、乡镇、村居出入口监控全覆盖，并向市“智慧福清”领导小组办公室、市水利局、市应急管理局、市城市管理局、市交通运输局、各镇街综治中心等政府部门开放平台相应权限，实现监控资源共享最大化。

信息通信服务与保障 年内，市公安局完成各类图像通信保障以及日常应急通信演练75场，派出通信保障人员300人次，出动应急通信车96车次。

（郑晓彬）

【刑事犯罪侦查】 2019年，福清市公安局立刑事案件5115起，比上年下降4.12%；侦破各类刑事案件2922起，其中年内案件2540起，境外华人命案2起；现行案件破案率49.66%，上升2.35个百分点；抓获刑事作案成员2803人，刑拘、移诉、提起公诉犯罪嫌疑人分别为2363人、2921人、2395人，摧毁犯罪团伙200个。

打击命案 全年命案发生12起，破获12起，命案破案率连续9年保持100%。

扫黑除恶 全年侦破涉黑涉恶案件353起，抓获涉黑涉恶犯罪嫌疑人591人，打掉黑社会性质组织2个、恶势力犯罪集团4个、恶势力犯罪团伙4个，查处“保护伞”5人。至年底，全市累计打掉涉黑组织3个、恶势力犯罪集团（团伙）22个，打击数位居福州前列，判决涉黑组织成员、涉恶集团、涉恶团伙、九类涉恶案件总人数，在福州地区位列第一。

追逃行动 抓获年前逃犯182人、年内逃犯630人，抓获数居全福州市第一。其中抓获命案逃犯2人，破获1992年、1998年命案积案各1起。共抓获清库存逃犯792人，超额完成清库存60%

2019年6月25日，福清市公安局联合多部门开展公交车反劫持实战演练
（市公安局 供）

(789人)的工作任务。

侵财案件　全年破获各类侵财案件975起，公诉侵财犯罪嫌疑人470人。开展“烈焰2019”专项行动，抓获盗销电动车、助力车作案成员231人，摧毁团伙8个；开展“猎手2019”专项行动，立扒窃案件37起，破获扒窃案件79起；19起“两抢”案件24小时内全部侦破。打击电信网络诈骗，破获电信网络诈骗案件91起，抓获犯罪嫌疑人151人，打掉犯罪团伙12个，冻结赃款1452.9万元。

（魏晓亮）

【经济犯罪侦查】　2019年，福清市公安局立经济案件200起，破案151起，抓获犯罪嫌疑人173人，移送审查起诉132人；共抓获在逃人员50人，其中年前和年内逃犯各25人。立集体二等功一次、集体三等功两次，获评全国云端专项行动成绩突出集体、全国猎狐行动成绩突出集体、全省公安机关猎狐成绩突出集体、全省公安机关数据化情报导侦成绩突出集体；11名民警获得全国打击地下钱庄先进个人、全省猎狐行动先进个人、全省情报导侦先进个人、个人一等功、个人三等功等22项荣誉。

“猎狐2019”专项行动　劝返潜逃日本、韩国、新加坡等国的境外在逃人员7人，总缉捕率为64%，绩效成绩位列福州第一。

“云端2019”专项行动　发起“云端”集群战役11起，完成云端部署应用任务182起，战果率71.4%；录入“四流数据”案件247起，录入有效数据1617万条；总结提炼技战法15篇，通报预警信息9篇，绩效成绩位列福州第一。

打击涉税犯罪“百城会战”　通过云端系统发起集群战役4起（部督案件1起），参与云端打击任务81起，抓获犯罪嫌疑人13人，移送审查起诉9人。其中通过云端系统发起的“福清12·28虚开增值税专用发票案”涉案价税3.2亿元，涉及全国5省6地市，抓获犯罪嫌疑人6人，移送审查起诉5人，被列为福州地区唯一一起涉税领域部督案件。

打击非法集资　侦破非法集资案件24起，抓获犯罪嫌疑人34人，移送审查起诉26人，涉案金额1.07亿余元，为群众挽回经济损失5.04亿元（包含往年）。在侦办非法集资类案件过程中，多措并举、妥善处置，确保600余名利益受损人员情绪平稳、无一失控。

（陈姗）

【禁毒工作】　2019年，福清市公安局开展“两打两控”暨“飓风肃毒”会战专项行动，破获毒品刑事案件229起(其中省督案件2起)，抓获涉毒犯罪嫌疑人279人，缴获各类毒品4311.88克、麻黄碱约39公斤。破案数、抓获数、缴毒数均居福州市第一。

吸毒人员管控　查处吸毒人员787人次，强制隔离戒毒198人，社区戒毒（康复）963人，社区戒毒（康复）人员就业率98%。

易制毒化学品管控　加强全市有易制毒化学品单位调查摸底。2019年，全市有易制毒化学品单位172家，其中生产企业3家，运输企业2家，经营企业11家，购买使用单位156家。年内新入网单位20家，注销13家。

禁毒宣传教育　利用“6·1”《禁毒法》颁布实施纪念日、“6·3”虎门销烟纪念日、“6·26”国际禁毒日、“110”宣传日以及春节、端午节等节点，开展大型禁毒主题宣传系列活动。全年共印制发放禁毒宣传材料20余万份，提升公众对禁毒工作的关注度，营造全社会参与禁毒的舆论氛围。组织拍摄的禁毒电影作品《返途》，获全国第七届微电影大赛优秀影片奖。

（赵莹）

【特警工作】　2019年，福清市公安局完成“110”接处警改革，在主城区玉屏、音西辖区推行以巡特警为主的动态处警警务机制，主城区接处警满意率得到提升。巡特警反恐大队现有民警39人，特勤队员185人；有30名民警共57人次立功受奖，其中2名民警在“世界警察和消防员运动会”上获得银牌和铜牌；党支部通过福清市创建星级党支部示范点评选活动。

勤务训练　实行军事化管理，推行“轮值轮训、战训合一”的训练模式，

2019年8月20日，福州市七县（市）区公安局“110”处警模式改革在福清启动

（市公安局　供）

全面开展实战练兵活动，提高快速反应、应急处突和综合实战能力。日常对城区党政机关、繁华商圈、车站、医院等人员密集场所以及油气水电等重点目标，开展加强性武装巡逻或定点值守工作，重点加强城区警情多发区域和银行自助网点的治安防控。年内，围绕新中国成立70周年大庆安保工作，有针对性地组织开展实景实战模拟演练和应急处置拉练。共组织开展各类应急处突拉动演练12次。在年度福州县级公安巡特警岗位技能比武大会中，包揽所有单项赛事团体总分第一，实现“五连冠”。

工作成效　全年出动警力810多人次，参与抓捕持枪涉爆等重大犯罪嫌疑人任务，协助刑侦、禁毒、治安等警种抓获各类违法犯罪嫌疑人140名。完善武装联勤工作机制，在城区主要街道实施武装巡逻、动中备勤，共处置突发紧急警情90多起，制服武疯子20余人。承担福清主城区“110”接处警改革任务以来，每天投入36人次在音西、玉屏辖区开展24小时常态化巡逻和接处警工作。截至2019年底，共处置各类警情4593起，帮助群众123人次。年内共处置各类群体性、突发性事件20多场次，抓获违法犯罪人员40余人。推动市委市政府以政府购买服务方式在全市22个镇街、村居组建专职巡防队伍，总人数达2680人，实现城区所有街道村、社区级巡逻防控工作全覆盖。

（朱顺凯）

【出入境及往来港澳台管理】　2019年，福清市公安局办理各类出入境及往来港澳台证件15.65万件次，其中办理因私出国（境）申请15.24万件次（公民因私出国申请5.88万人次，内地居民往来港澳地区申请6.08万人次，内地居民前往港澳地区定居申请0.20万人次，大陆居民往来台湾申请3万人次，出入境通行证申请0.08万人次）；办理各类外国人签证证件申请0.39万件次，台湾居民签注、证件申请0.02万件次。签发外国人签证证件3347张、港澳旅游签注28568枚。开展“三非”外国人专项整治行动，查处“三非”外国人案件36起126人，遣送“三非”外国人出境108人。立集体二等功。

4月1日起，中华人民共和国普通护照、往来港澳通行证、往来台湾通行证等出入境证件实行“全国通办”，即内地居民可在福清市申请办理上述出入境证件，申办手续与户籍地一致。4月15日起，群众可通过手机微信扫描二维码，登陆“福建邮政EMS”微信公众号，扫码出入境业务条码，办理证件速递业务。7月1日起，因私普通护照收费标准由160元/本降为120元/本；往来港澳通行证收费标准由80元/张降为60元/张。8月1日起，施行鼓励、支持、便利外籍人才、外国优秀青年和外籍华人来华在华创新创业、投资兴业、学习工作的12项政策措施，并实施外国人出入境证件邮政速递服务。10月18日，自助签注机开通支付宝缴费功能，申请人只需通过手机支付宝客户端扫描自助签注机上的二维码缴费，即可完成操作，满足群众多种缴费需求。同时，立足工作实际，探索优化流程，增设外国人自助照相打表机，全力构建个性化、人本化、精细化的“互联网+”服务体系。

全年，出入境自助服务中心为群众提供港澳台旅游签注立等可取服务2.65万人次，普通护照、港澳台卡式通行证自助领取5.79万人次，港澳台旅游签注自助受理0.06万人次。通过自助照相设备，为群众提供出入境电子制证照片免费自助采集服务6.07万人次。

（蒋碧燕）

【公安法制】　2019年，福清市公安局持续推进执法规范化建设，全面开放运行执法办案第二中心，推动建立全省首家检察机关派驻执法办案管理中心检察室，共审查各类嫌疑人1033人，实现“零事故、零退捕、零投诉、零复议、零上访”的工作目标；在执法办案第二中心建设应用经验基础上，进一步打造集执法办案、涉案财物、案件管理、合成侦查、智慧监所“五位一体”的执法办案第一中心，推动全局执法规范化提档升级。

执法质量考评　通过执法监督平台考评各办案单位办理的行政、刑事案件1729起，发布监督日报157份；举办法制业务培训11场，受训人员789人次。

行政复议　受理行政复议30起，办结30起，其中维持18起、撤销5起、

2019年2月26日，福清市公安局举办智慧执法第二中心启动仪式（市公安局　供）

不予受理及撤回申请 7 起；行政诉讼 27 起，一审受理 16 起，办结 11 起，驳回 11 起；二审受理 8 起，办结 7 起，驳回 7 起；再审受理 3 起，办结 3 起，驳回 3 起。

信访工作　受理信访件 327 件，办结 130 件；福建省公安厅交办信访积案 11 件全部化解，化解率 100%；市公安局自行排查的重点信访积案 5 件全部化解。

（许少鋈）

【社会治安管理】　2019 年，福清市公安局受理各类行政案件 4582 起，查结 3258 起 3466 人，其中扰乱公共秩序 75 起 132 人，妨害公共安全 91 起 117 人，侵犯公民人身、财产权利 2684 起 526 人，妨害社会管理秩序 1678 起 2620 人。查处的违法人员中，治安警告 65 人，罚款 1497 人，拘留 1821 人，拘罚并处 555 人。

打击“黄赌”犯罪　查破涉赌案件 690 起（其中刑事案件 258 起），捣毁赌博窝点 9 个，罚款 1070 人、行政拘留 454 人、拘罚并处 286 人、刑拘 232 人、逮捕 213 人、移送起诉 191 人；查破涉黄案件 235 起（其中刑事案件 104 起），捣毁卖淫窝点 5 个，罚款 36 人、行政拘留 212 人、刑拘 80 人、逮捕 30 人、移送起诉 28 人。

行业场所实名登记　通过明察与暗访、定期与突击相结合的检查方式，促进场所依规守法经营。全年共依法查处取缔无证无照旅馆 12 家次，不如实登记 203 家次；查处娱乐场所黄赌案件 1 起，停业整顿 1 家；查处违反治安管理的娱乐、按摩场所 25 家次。利用旅店业信息管理系统抓获在逃人员 47 人，利用机修业治安管理信息系统抓获在逃人员 2 人，利用娱乐业治安管理信息系统抓获在逃人员 1 人。

打击整治枪爆物品违法犯罪　全年共查处涉爆案件 79 起 90 人，收缴各类枪支 12 把、子弹 4022 发、管制刀具 191 把、各类炸药 4490 公斤、雷管 110 发、烟花爆竹 3147 件，妥善处置各类历史遗留炮弹 1 枚。破获“1·11”涉爆系列案件，先后在福清、莆田、平潭等地捣毁非法制造、储存爆炸物窝点 6 个，抓获犯罪嫌疑人 34 人（已起诉 21 人），破获非法制造、买卖、储存、运输爆炸物，非法采矿，滥伐林木，污染环境，窝藏、帮助毁灭证据等系列案件 25 起（部督案件 3 起），缴获土制炸药、土制乳化炸药、制式乳化炸药等爆炸物 8300 余公斤，雷管 1230 发，导火索约 500 米，复合化肥、工业硝酸钠等原料约 7500 公斤以及大量制造爆炸物的设备、工具等，案件侦破经验做法入选公安部打击枪爆犯罪十大典型案例。此外，部级联席会议督捕的涉爆在逃人员全部抓获归案。

打四黑除四害　深入开展“打四黑除四害”“打击食药农环”等专项行动，共破获生产、销售有毒、有害食品、假药、假烟等案件 106 起。7 月，在福清市高山镇、沙埔镇捣毁生产储存假烟窝点 6 处，抓获各类违法犯罪人员 42 人，缴获成品假烟 142.5 万支、烟丝 22320 公斤、生产假烟设备 2 台及原料若干，总案值约 3194 万元。工作成效位居福州市前列。

【社区警务】　2019 年，福清市公安局登记流动人口 333245 人，办理流动人口居住证 11277 张；建设门禁系统 197 套，覆盖出租户 197 户、流动人口 2062 人；清查出租房屋 5.19 万户，核对流动人口信息 50.66 万条，查处违反出租房屋管理案件 380 起。全年共受理港澳台居民居住证业务 3030 笔，其中香港 2378 笔、澳门 147 笔、台湾 505 笔。

派出所窗口延长工作时间和双休日一个半天照常办理二代证申、换领手续，方便群众办证。全年共受理居民身份证 15300 人，为老弱病残、行动不便的群众入户采集人像信息 50 人；受理加快证件 71026 张。完善人口信息管理系统，清理人口数据逻辑差错，注销重复户口 447 人，为各部门提供人口登记信息查询 2837 次。

与市委政法委、司法局、信访局共同建立矛盾纠纷排查化解、严防发生个人极端暴力案件会商机制，强化信息互通，及时调处矛盾纠纷，全市建立公安调解员、特邀调解员、调解志愿者和调解联络员四支队伍 1064 人（全部录入治安管理信息系统），排查各类矛盾纠纷 4566 起，调解成功 4557 起，调处成功率 99.8%。完善社区警务室 3 个半天接待群众制度，依托美丽乡村建设，建成规范农村警务室 95 个。开展公安部“枫桥式公安派出所”创建活动，开设“马车调解室”“乡贤调解室”，形成联动调解工作格局，让调解工作更接地气、更多元化，确保公调对接能第一时间到位。开展“一标三实”基础信息集中采集管理工作，完成 680562 面门牌的换发和 860118 个标准地址的地理标注，宏路街道石门村（复杂城中村）试点住宅区智能门禁与视频监控围栏工作，获评全省首批住宅区智能门禁应用创新示范点。全年通过“一标三实”基础信息集中采集管理，共采集实有人口 227812 人，采集实有房屋地址 46962 条，抓获在逃人员 17 人，查处各类案件 67 起。

（陈明）

【网络安全监察】　2019 年，福清市有网吧 48 家，二级重要信息系统等级单位 5 家，党政机关、事业单位网站 59 家，限期整改存在安全漏洞网站 64 家次。福清市公安局全年报送各类情报信息 10236 条，发现、处置网上有害信息 13066 条；开展网吧上网实名登记管理专项行动，整顿上网服务营业场所经营秩序，检查网吧 2304 家次，处罚违法违规网吧 39 家次，查处取缔黑网吧 4 家。

（佘彬）

【警卫工作】 2019年，福清市公安局根据“三定一保证”（定岗、定位、定责、保证安全）的要求，严密安检、控制、防范、随卫和严管交通等各项措施，全年出动警力数千人次，完成各类警卫、安保共计130余场次，实现安保、警卫工作的“零失误”。

（陈明）

【道路交通管理】 2019年，福清市发生道路交通事故548起，死亡121人，受伤550人，财产损失24.89万元，四项指数比上年分别下降5.52%、上升23.47%、下降12.00%、下降1.88%。发生亡人逃逸交通案件8起，侦破8起，侦破率100%。

交通秩序 年内，市公安局共查处各类道路交通违法行为46.48万起，比上年上升12.86%。行政拘留无证驾驶人员1547人，上升28.92%。查处“五类十项”严重交通违法45399起，其中酒、醉、毒驾1257起，超员违法1790起、货车超载30%以上3097起、现场超速1813起、涉牌涉证27227起、驾乘摩托车未戴头盔10215起。

通行潜力 年内，市公安局配合市城投公司、交投公司完成22条断头路交通建设项目。向市财政争取交通基础设施建设资金，累计投入3000余万元，完善及改造交通信号灯50余处、交通技术监控145路、道路隔离护栏52千米、交通标志739面、交通标线5万平方米，实现城区“四横八纵”主次干道及重要路口、路段交通安全设施全覆盖。

便民措施 市公安局持续推进公安交通“放管服”改革，继续施行18类简单车驾管业务“一证即办”；24小时在线自助式服务中心受理自助补换证、违法处理、违法缴款等业务22118笔；持续推行“网上预约处理交通违法”“驾驶证微信补换证+EMS送证上门”“六年免检网上办理”等微信平台便民服务新举措，受理微信补换证业务109笔，网络预约违法处理车辆46360辆次；全市12个派出所设立的免检车辆检验标志核发窗口共办理6年内免检车辆核发检验标志业务20638笔；持续开展两轮摩托车“带牌销售”业务，全市15个“带牌销售”点共办理“带牌销售”业务6504辆；深入推进两轮摩托车移动检测线下乡年检服务，组织下乡检验摩托车2150辆。完成小型汽车科目二、科目三考场建设，满足群众“家门口”驾考需求，全年共完成小型汽车科目二、科目三考试8859人次。

事故预防 市公安局结合辖区国、省、县、乡道及旅游景点分布及道路交通特点，分析研判交通安全形势和可能出现的新问题，落实道路交通事故预防工作各项部署。建设农村劝导站“警保合作”项目，在福清龙田、港头两镇推出“警保合作”模式，并将保险业务员纳入到“两站两员”工作。落实隐患车辆回购及上牌工作，联合人保福清分公司、福清市残联及各镇（街）人民政府（办事处）在城区两广一中心及各镇设立超标电动车临时上牌及残疾车、老年代步车回购点，年内共受理非标电动车编号166268辆，回购老年代步车、残疾车728辆。完成10处福州市为民办实事隐患项目整改与17处“千灯万带”工程建设，同时联合公路分局，全面摸排并封闭324国道与305省道存在安全隐患开口123处。在全市重要路段推广实行“七个一”工程（安装一排警示桩、一面警示牌、一块标志牌、一排减速带、一面凸面镜、一盏爆闪灯，建立一支志愿劝导队），共完成重要路段“七个一”工程170处。

特色项目 市公安局在全省首创研发“福清交警安全监管云平台”，实现对“两客一危一货一校”重点车辆源头管控规范化、便捷化、高效化。同时，联合相关职能部门，在交警大队交通指挥中心设立“交通整治智慧平台”，通过完善城市管理信息共享、违法数据采集通报、职能部门联合惩戒等工作机制，沟通联接各职能部门共同推动“两客一危一货一校”等重点车辆的监管工作，实现“降事故、保安全、提市容、促和谐”的工作目标。

（陈凯）

【边防管理】 2019年，福清公安圆满完成边防部队转隶工作，现役编制全部转为人民警察编制。全市各边防派出所破获各类刑事案件108起，查处治安案件296起；抓获违法犯罪嫌疑人183人，其中网上在逃人员27人。沿海辖区全年无重特大恶性暴力罪案发生。

全年办理各类偷渡案件10起23人，抓获各类组织者11人（现行组织者6人，刑拘在逃组织者4人，逮捕在逃组织者1人），抓获偷渡人员12人。查获“三非”案件6起，抓获“三非”外国人6人。查获成品油案件14起374.12吨，其中刑事案件7起、行政案件7起，抓获涉案人员15人，查扣涉案油罐车12部，改装车21部，捣毁非法成品油窝点9处，销毁油罐14个、地下输油管2处。查获走私冻品案2起320吨，抓获涉案人员27名，查扣车辆9部，走私船1艘，案值约600余万元。查破涉毒案件46起，抓获涉毒违法犯罪嫌疑人41人，其中刑事拘留10人、行政拘留31人、强制隔离戒毒5人。

（吴正超）

【森林公安】 2019年，福清市公安局开展“打击破坏野生动物资源违法犯罪专项行动”“禁种铲毒行动”“清理整治野味餐馆行动”以及123个疑似图斑查处等系列打击涉林违法犯罪专项行动。全年受理各类森林案件9起，查处14起，其中立刑事案件4起，破获刑事案件9起（含往年积案），抓获犯罪嫌疑人9人，逮捕1人，移送起诉7人；查处林政案件5起，处罚5人次，收缴罚没款21余万元；处理信访案件34件。

（刘德容）

【“110”指挥中心】 2019年8月，福清市公安局完成“110”接处警改革，在主城区推行以巡特警为主的动态处警警务，实现“网格化布警、一体化巡防、扁平化指挥、规范化处警”的目标。同时，将“+1”理念注入工作实际，进一步完善情指联动、情勤对接、情行一体工作机制，做到快速反应“+1”、服务群众“+1”、打击犯罪“+1”，不断创新和完善实战型情报指挥体系，提升预警预防、快速反应、精确打击能力，切实服务基层实战，维护社会安定稳定。

全年“110”报警服务台接报警情285131起，其中有效警情78673起（刑事警情4212起、行政警情7559起，交通警情29219起，消防警情1005起，求助警情20991起，举报类14332起，意外死亡179起，灾害事故6起）。通过情报平台抓获在逃人员82人，接处警满意率96.01%。

（李桐）

【公安监所管理】 2019年，福清市看守所以做好新中国成立70周年大庆安保维稳工作为主线，完成监室悬挂点等安全隐患整治，推进“智慧监管”“智慧磐石”“铁桶工程”项目建设，研究制定《收押医务操作指引》《专职法制员工作制度》和《关于进一步规范上下班和会议考勤工作的规定》等制度规定，修订《民警绩效考评方案》，进一步加强安全监管。全年安全收押2303人，处理出所2354人，监所安全稳定。

福清市拘留所（戒毒所）于2019年6月完成并通过监室悬挂点安全隐患整治验收。全年收拘4243人（其中司法拘留70人，拘留审查106人），处理出所4147人，化解矛盾30起，深挖违法犯罪线索5条；戒毒所全年收戒吸毒人员124人，转司法强制隔离戒毒137人，责令社区戒毒20人，深挖违法犯罪线索4条。均未发生安全事故、非正常死亡和因病死亡问题。

（张建忠、林虹）

检察

【概况】 2019年，福清市检察院批准逮捕各类犯罪嫌疑人1410人，提起公诉2395人；办理刑事检察监督305件、民事检察监督53件、行政检察监督11件、公益诉讼诉前程序案件37件、群众来信来访事项577件。年内，福清市检察院获得福州市级以上荣誉24项，连续10年被评为“全国检察宣传先进单位”，第七检察部获评省级青年文明号、省级巾帼文明岗、全国维护妇女儿童权益先进集体称号。

【刑事检察】 打击刑事犯罪　2019年，福清市检察院与市公安局联合制定提前介入黑恶势力犯罪案件侦查活动工作规定，经验做法被福州市检察院全文推广。对重特大、敏感复杂案件提前介入13次，依法提前介入公安部督办的2起境外杀人案。突出打击影响群众安全感犯罪，依法惩治故意杀人、强奸、抢劫、诈骗等犯罪，批捕403人、起诉469人。惩治损害群众切身利益的犯罪，办理制售有毒有害食品、侵吞惠民资金等犯罪23人。参加扫黄打非、禁毒禁赌等专项行动，批捕454人，起诉643人。

扫黑除恶专项斗争　2019年，福清市检察院突出办理黑恶势力插手重点工程、操纵经营黄赌毒、鼓动老人会犯罪等案件，批捕63人，起诉114人。依法起诉张某方、阮某庆等36人长期操纵卖淫案。发现并移送“保护伞”线索4条，起诉“保护伞”犯罪2人。强化证据把关，不予认定黑恶势力犯罪5件。加强黑恶案件财产刑适用及执行监督，督促立案3人。深入镇街开展督导，遏制黑恶势力滋生蔓延。

金融检察机制　2019年，福清市检察院围绕防范化解重大风险攻坚战，建立“一体履职、打防结合、多方联动”金融检察模式。突出惩治非法吸收公众存款、集资诈骗等犯罪，批捕40人，起诉26人，涉案总金额达12亿余元。注重防控金融风险，坚决惩处非法买卖外汇、虚开增值税专用发票等犯罪，批

2019年8月28日，福清市人民检察院与24家金融机构召开“防范化解金融风险攻坚战”联席会（市检察院　供）

捕19人，起诉14人；依法办理计某、辛某林等5人虚开增值税专用发票造成国家税款损失1.5亿余元案件。着力追赃挽损，与市公安局、法院强化协作，为被害人挽回损失7000万余元。深化机制建设，与银保监部门、24家银行召开联席会议，建立共同防范金融风险工作机制。

生态保护　2019年，福清市检察院持续落实保障水生态文明建设12条意见，及时跟进某化工集团公司偷排废水问题。突出打击非法占用农用地、非法采矿等犯罪，起诉9人，依法办理杨某珠等人非法开采海砂163万立方米案件。开展“守护海洋”检察公益诉讼专项监督，促成相关部门修复被污染海滩700余米、清运垃圾30余吨、种植红树林近80公顷。贯彻恢复性司法理念，督促犯罪嫌疑人“补植复绿”12.5公顷、复垦农田1.73公顷。积极参与守护福建海岸线生态检察协作，就2件非法采砂、买卖爆炸物案件与平潭检察院启动跨区域会商，为全省首例。

社会治安综合治理　2019年，福清市检察院强化风险预警，做好新中国成立70周年大庆维稳工作。贯彻宽严相济刑事政策，对情节轻微的犯罪嫌疑人依法不批捕134人、不起诉128人、促成和解9件。主动参与重点领域治安防控，发出检察建议9件。当好党委政府法治参谋，针对打击毒品犯罪等专项工作形成分析报告，引起市委领导重视并做出批示。全面落实“谁执法谁普法”责任制，强化检察官以案释法等工作，在福清电视台开辟“检察官说法”栏目，促进法治福清建设。

【诉讼监督】　**刑事诉讼监督**　2019年，福清市检察院加强侦查活动监督，针对有案不立、有罪未究、侦查活动不规范等问题，督促立案15件、撤案20件，排除非法证据4份。依法开展刑事审判监督，监督纠正定罪不当、量刑失衡等问题，提出和提请抗诉3件3人。推进检察长列席审判委员会工作，依法对5件疑难复杂案件发表意见。加强刑罚执行监督，对已逮捕的129名犯罪嫌疑人启动羁押必要性审查变更为取保候审。实行特赦案件报请全程同步监督，核查拟特赦罪犯90人。强化社区矫正监督，核查监外执行罪犯1758人，防止脱管漏管。开展“久押不决”“判处实刑未执行刑罚”专项监督，2起案件被最高检评为精品案例。

民事检察监督　2019年，福清市检察院发出再审检察建议9件、审判程序违法检察建议7件、执行监督检察建议10件。严惩虚假诉讼，依法纠正7件“假官司”，对涉嫌犯罪的5名被告人依法提起公诉。监督支持民事执行活动，发出检察建议10件，督促规范执行；对涉嫌拒不执行判决裁定罪的，立案监督2人，批准逮捕3人，移送线索4件。践行新时期“枫桥经验”，将矛盾化解贯穿办案始终，促成一起标的559万元的民间借贷纠纷案双方当事人达成执行和解，推动案结事了。

行政检察　2019年，福清市检察院开展行政非诉执行监督，对行政机关申请强制执行不规范情形发出检察建议3件，对申请强制执行法定期限即将届满案件发出检察建议2件。主动与市法院、市自然资源和规划局对接，梳理涉及土地违法的行政处罚案件，建议出台“裁执分离”规范性文件，避免行政处罚“白条化”。针对履职中发现的行政机关违法行使职权或者不行使职权问题，加大监督力度，依法监督一起征迁工作及协助执行违法违规案件，督促追回征迁补偿款145万余元。

公益诉讼检察　2019年，福清市检察院立足生态环境保护领域，推进餐饮业油烟污染专项整治，促成生态环境局、住房和城乡建设局等单位督促126家餐饮店整改落实。立足食品药品安全领域，开展“保障千家万户舌尖上的安全”公益诉讼专项监督，推动市场监督管理局将7名被判刑人员纳入食品药品安全严重失信“黑名单”。立足国有财产保护领域，督促人力资源和社会保障局对60周岁以上服刑人员依法停发基础养老金，建立服刑人员养老保险处置机制。探索拓展公益诉讼“等”外领域，针对游泳馆安全、餐饮场所燃气安全、眼镜行业乱象等开展专项整治，促成主管部门依法整顿。

【检察改革】　**内设机构改革**　2019年，福清市检察院落实内设机构改革部署，重新调整设立第一至第八检察部以及办

2019年10月15日，福清市人民检察院召开内设机构改革动员部署会
（市检察院　供）

公室、政治部、综合业务部、司法警察大队等12个内设机构。

捕诉一体办案模式　2019年，福清市检察院将原侦查监督、公诉部门整合为刑事检察部门，并按照案件类型、案件数量设置机构，统一履行批捕、起诉、出庭公诉、抗诉、侦查监督、审判监督和相关案件补充侦查工作等检察职能。捕诉一体改革后，一个刑事案件由一名检察官或办案组承办到底，办案责任更加明确，案件质效得到提高，提起公诉案件没有出现撤回起诉、无罪判决情况。

调查核实工作机制　2019年，福清市检察院细化工作规定，邀请中国刑事诉讼法学研究会会长卞建林教授调研论证，推动调查核实工作机制更臻完善。提升调查核实权重，将检察官开展该项工作纳入绩效考核指标，推动“办案中监督、监督中办案”落到实处。统筹监督措施，综合运用纠正违法、立案监督、公益诉讼等手段，形成聚力出击效果。注重广泛运用，对26件重大诉讼监督线索开展调查核实，助推“四大检察”发展。把群众反映强烈的事项纳入监督范围，通过调查核实依法办理林某、陈某福涉嫌虚假诉讼353万元系列案件。调查核实经验做法获省市检察院主要领导批示肯定，并被最高检推广。

落实“一号检察建议”　2019年，福清市检察院起诉侵害未成年人犯罪86人，依法快捕快诉省检察院挂牌督办的刘某利校园性侵案。率先在福州地区联合公安局、教育局出台《关于在教育行业建立入职查询和从业禁止制度的工作规定》，开展入职查询419人次。开办预防校园侵害培训班，邀请325名校长、园长参加。成立女检察官法治宣讲团，深入中小学开展“法治进校园”活动。落实兼任法治副校长制度，检察长担任福清一中法治副校长。与市委政法委、教育局联合编写《未成年人预防犯罪和自我保护读本》，被最高检列入未成年人法治教材。拍摄发行微电影《“未”你而来》，获评全国第四届平安中国“三微”比赛“最佳微电影”奖，并被“学习强国”平台推广、央视等主流媒体广泛报道。未成年人检察工作经验获最高检、省检察院、福清市有关领导批示肯定。

认罪认罚从宽制度　2019年，福清市检察院发挥认罪认罚从宽制度主导作用，适用该制度办理案件1564件2202人，占同期提起公诉案件总数的88.6%。注重精准适用，对1658人提出量刑建议，法院采纳1627人，采纳率达98%。将该制度运用到张某方等人涉黑案件办理中，促使全案22名被告人全部认罪认罚，庭审用时仅1.5天。取得市政府支持，将认罪认罚法律帮助经费列入常态化财政预算。

（曾坤锋　薛赠明）

法　院

【概况】　2019年，福清市法院共受理各类案件20946件，审执结18632件，结案标的72亿元，员额法官人均结案242件。

【刑事审判】　2019年，福清市法院共受理刑事案件1804件2705人，审结1683件2421人。审结绑架、抢劫、放火等严重刑事案件35件47人。审结贩卖毒品、容留他人吸毒等涉毒案件176件220人。审结非法吸收公众存款、集资诈骗等涉众经济犯罪案件6件12人，涉案标的8.1亿元。审结制售假药、有毒有害食品等伪劣商品案件3件5人，同时宣告禁止令。审结非法占用农用地、非法采矿、滥伐林木等案件10件12人。审结贪污、贿赂等职务犯罪案件8件26人，配合纪委监委开展庭审观摩警示教育活动3场。审结未成年人刑事案件123件221人，适用社区矫正108人。审结利用电话、短信、网络等方式进行诈骗的案件18件42人。打击虚假诉讼，出台防范虚假诉讼相关规定，司法罚款10万元，移送侦办6件8人，已追究刑事责任4人。

【民商事审判】　2019年，福清市法院受理民商事案件10065件，审结8800件，结案标的48.7亿元。引导规范金融行为，审结民间借贷案件2863件，审结金融借款、担保等各类金融案件220件。促进两岸司法合作，审结各类涉台民商事案件202件，完善司法互助工作，接受台湾地区法院委托送达255件，数量占全省法院的1/3。设立法律援助工作站，联合企联会为融籍企业提供法律服务，为经济困难当事人缓减免交诉讼费48万元。

【行政审判】　2019年，福清市法院服务法治政府建设，支持监督依法行政，健全“府院”联席会议机制，探索“裁执分离”模式，审结行政诉讼案件3件，审查行政非诉执行案件36件。

【扫黑除恶专项斗争】　2019年，福清市法院受理涉黑涉恶案件22件163人，审结17件142人。与公安、检察机关协调配合、信息共享，依法依规提前介入，形成打击合力，严惩涉黑涉恶13种类型犯罪。督促依法审理，设立涉黑涉恶案件审判工作台账，制定内部督导检查机制，把好事实证据和法律适用关，确保案件定性量刑准确。落实“两个一律”，对专项斗争开展以来审理的涉黑恶、“黄赌毒”等案件进行全面排查，落实公检法“三长”签字制度，发出司法建议书3份。加大涉黑恶案件财产刑执行力度，扣押拍卖车辆7部，扣划资金1270万元，查封的房产3处、车位1个和冻结的相关企业股权2840万元、林权453.93公顷均在评估拍卖或处置中。扫黑除恶专项斗争经验在全省法院作介绍，审理涉黑案件的多项经验被最高法院采纳并向全国法院推广。

【案件执行】 2019年，福清市法院巩固“基本解决执行难”成果，执结各类案件8110件，结案标的22.6亿元。

分段集约改革 强化执行队伍建设，新增执行干警20名，其中员额法官3名、法官助理7名、司法辅助人员10名。组建新型办案团队，设立6个“1+3+2+1”模式的执行团队，赋予团队长部分文书签发权限，促进执行高效运转。优化执行资源配置，前端部分程序采用分段集约化管理，转变个人负责执行模式为集中查询、冻结、扣押办案模式，结案周期平均缩短25天。着力解决疑难案件，健全执行主审法官会议机制，开展涉农村无产权房屋执行变现等专项调研，破解制约执行工作难题。

联合惩戒机制 强化信息技术应用，发挥执行指挥系统和财产查控中心作用，完善土地、房产、车辆等主要财产网络化、自动化查控体系。定期开展“晨曦执行”统一行动，拘传、拘留被执行人408人次。加大失信惩戒力度，发出限制消费令4961人，纳入失信黑名单1641人，形成“一处失信、处处受限”的震慑效应。联动打击拒执行为，“智慧福清”协助查扣车辆25部，将涉嫌拒执的21名被执行人移送侦办，追究拒执罪15人，打击人数连续四年居全省第一。

规范执行流程 推进阳光执行举措，落实执行案件“一案双查”制度，主动邀请代表、委员见证执行28场次。明晰执行案款管理，落实“一案一账号”管理模式，所有到账执行款在30日内发放给申请人。规范终本案件审查，组织执行团队相互随机抽查终结本次执行案件合规率，终本后每6个月均启动线上循环核查被执行人财产，恢复执行360件。加强失信名单管理，对符合法定条件的被执行人一律纳入失信名单，对已履行生效裁判文书义务的被执行人及时屏蔽失信信息。

回应社会关切 引入网拍辅助业务，提交房产、车辆等财产网拍1929次，成交503件，金额8.3亿元，成交量居全省前列。加大流程节点管控，压缩办案期限，有财产可供执行案件法定期限内结案率95.4%。专门设立执行信访接待中心，局领导、团队长常态化接访，及时回应并解决合法诉求。拓宽各种救助渠道，通过司法救助、保险救助、人大代表社会救助等形式向126名特困申请执行人发放救助金153万元。福清法院获评全国法院基本解决执行难工作先进单位。

【审判制度改革】 审判管理 2019年，福清市法院精简内设机构，按期完成机构改革任务，内设机构由18个缩减至12个。实现全程留痕，建立审委会发表意见全程录音录像制度，修改主审法官会议工作规则，强化院庭长监管职责，细化各类人员责任清单。加强审判流程标准化建设，重视全流程和各环节的释法说理，服判息诉率97%。3篇案例被《中国法院2019年度案例》采用，“相邻权纠纷执行案”入选福建法院十大执行案例。

轻刑快审 福清市法院重视人权保障，建立以认罪认罚知悉性、自愿性审查为重点的庭审模式，严格审查涉及定罪量刑的关键事实和证据，保障值班律师为被告人提供有效法律帮助1348人次。突出简案快审，审结认罪认罚案件1353件，占同期审结刑事案件总数的80%，服判息诉率98%，其中适用速裁程序审结854件，平均结案周期4.7天。在全国法院适用认罪认罚从宽机制推进会上作经验介绍；央视12套《社会与法》现场直播福清法院适用刑事速裁程序审理6个案件。

陪审管理 福清市法院落实随机抽选，在市司法局、公安局支持配合下，从福清130多万民众中选出符合条件的217名人民陪审员并提请人大常委会任

2019年2月20日，福清市法院在全国适用认罪认罚从宽机制推进会上做经验介绍（市法院 供）

命。定期组织陪审员业务培训，共安排282人次参训，微信实时推送典型案例，组织观摩庭审235人次，邀请参与案件调解376件，组成“3+4”大合议庭审理案件13件，普通程序案件陪审率达82%。建立陪审员履职档案，完善考核机制，如实记录陪审实绩、审判纪律和职业道德等事项，共表彰优秀人民陪审员14名。

破产审判　福清市法院成立破产合议庭，抽调4名业务骨干专门负责破产案件审理工作，引导破产管理人开展工作，加快相关案件审理和财产处置力度。加强破产案件和“执转破”案件立案审查工作，保障执行程序与破产程序高效衔接，审结破产审查案件6件、强制清算审查案件3件。依照法定程序，裁定宣告资不抵债的睿鸿光电破产，促成150件执行案件一次性执结；加强民营企业救治工作，诚丰房地产通过破产重整回归市场。

【司法服务】　多元解纷平台　2019年，福清市法院充实调解队伍，聘任3名威望高、群众基础好的特邀调解员，建立人民调解员、律师等参与调解机制，共调解案件31件，标的4000多万元。开展专业调解，实行非诉纠纷解决机制，设立物业、医患、旅游等纠纷诉调衔接办公室，共化解各类纠纷731件。联动化解纠纷，启用“道路交通纠纷网上数据一体化处理”平台，实现数据资源共享，助推责任认定、司法调解、保险理赔等事项“一网通办”，化解纠纷334件，兑现赔偿款4900多万元。

诉讼场所建设　福清市法院优化诉讼服务，规划好诉讼引导、诉前调解、立案登记、自助服务等功能区，打造一流的现代化服务中心，为辖区群众提供便捷、舒适的诉讼场所。重视法庭建设，继福清法院审判综合大楼和江阴、东张法庭建成之后，渔溪法庭完成修缮改造，龙田法庭新建项目经省发改委等相关部门批准，由省财政给予1098万元资金保障，已启动前期建设工作。

便捷服务　福清市法院推行线上立案，公布诉讼材料清单及操作流程，规范网上立案审查，一次性告知补齐材料，共立案24件；启用网上调解平台，线上化解各类案件731件，网上调解数居全国前列。开通电话咨询，完善12368诉讼服务热线，规范操作流程，专人负责提供案件信息查询、法律咨询答疑等诉讼相关服务，共答复民众来电1235人次。拓展送达模式，聘请2名公证员到法院开展公证送达。开辟司法自助服务区，引入智能送达终端，实现诉讼材料24小时自助领取。

普法宣传　福清市法院组建讲师团队，选派法官兼任50所学校法制副校长。落实法律六进，“走出去”面对面宣传，举办法治宣讲19场，接待法律咨询1025人次。打造普法品牌，“请进来”零距离普法，组织公众开放日10场、“今天我是法官”旁听庭审预测裁判12场。利用媒体宣传，央视《现场》等栏目播放典型案例28个，192篇宣传稿件在《法制日报》等主流媒体刊登，编发微信普法文章145篇。福清法院微信获2018年度全国法院百优新媒体作品奖、2019年“全省政法新媒体优秀账号”。

（魏子焰）

司法行政

【概况】　2019年，福清市司法局（简称市司法局）有政法专项编制82名（其中局机关26名、司法所56名）。24个镇（街道）均派驻司法所，有市法律援助中心（公益一类事业单位）、市公证处（公益二类事业单位）、市医患纠纷调解处置中心（公益一类事业单位）等3个直属单位。全市有律师事务所15家，执业律师119人。

【人民调解】　2019年，福清市各级人民调解组织调处各类矛盾纠纷4064件，比上年增长0.15%。设立“两代表一委员”调解室、乡贤调解室、金牌调解室等调解组织。推动制订《加强全市人民调解员队伍建设的方案》《福清市专职人民调解员管理规定》《福清市人民调解工作“以案定补”实施方案》，指导推动镇（街）专职调解员聘用工作，实现专职人民调解员管理制度的创新及补贴待遇的提高。10月，市司法局被中华人民调解员协会评为“全国人民调解宣传工作先进集体”。

【社区矫正】　2019年，福清市接收社区服刑人员761人，解除矫正926人。截至年底，全市在矫935人，其中缓刑892人，管制2人，假释15人，暂予监外执行26人。全年开展社会调查评估508人次，变更居住地75人次，开展8次监狱警察延伸参与社区矫正工作；5月，福清市司法局与福建省福清监狱联合挂牌成立福建省监狱戒毒参与社区矫正工作警察福清大队，开展建国70周年之社区矫正对象特赦工作，被依法裁定特赦83人；开展国庆安保维稳工作，对全市社区矫正对象进行爱国主义、遵规守法教育。

【法治宣传】　2019年，福清市司法局持续推动“七五”普法工作。结合机构改革，及时提请组建中共福清市委全面依法治市委员会，调整充实市委全面依法治市委员会及其办公室组成人员。提请召开市委常委会及中共福清市委全面依法治市委员会第一次成员会议。印发《中共福清市委全面依法治市委员会2019年工作要点》《2019年福清市国家机关“谁执法谁普法”责任清单》等指导性文件16份。定期开展“法律六进”宣传，围绕乡村振兴战略重点推进“法治进乡村”，举办“12·4”国家宪法日系列活动，组织全市领导干部参加2019年度福州市国家工作人员统一学法考试。修缮和提升法治文化公园、长廊、小区等法治文化阵地，重点抓好“一县（市）区一特色品牌”示范点创建提升，升格建成龙江法治文化园暨禁毒宣传教育基地、新福兴玻璃工业集团法治企业创建点、牛宅村法治文化公园、福百社区法治文化小区、镜洋琯口某部队法治文化园等各具特色的法治文化阵地。年内，市司法局获评全省“七五”普法中期先进集体。

2019年12月4日，福清市举办国家宪法日大型宣传活动 （市司法局 供）

【律师服务】 2019年，福清市律师事务所累计代理各类案件3490件，比上年上升28.2%。其中刑事辩护案件568件，民事案件2360件，经济案件77件，行政案件179件，非诉讼案件306件，业务收费3275.714万元，比上年增加42.74%。接受群众法律咨询10306人次。市司法局持续推动和引导各律师所和律师与村（社区）签订法律服务（顾问）协议，全市494个村（社区）全部聘请法律顾问，为律师服务基层提供平台。

【公证服务】 2019年，福清市公证处开展“套路贷”违法犯罪活动专项整治工作，对“五不准”明确规定不准办理的公证事项和涉及不动产处分的委托公证业务进行全面排查，有效防止“套路贷”犯罪团伙通过公证制造不利于受害人证据情况发生。结合司法系统公共法律服务站建设，推行“一村（社区）一公证员”工作与打造公共法律服务站相结合，建立健全各项服务事项和办事流程，与村（社区）签订《合作协议书》，建立微信联系群，通过微信群交流互动，适时为群众提供公证法律服务。优化高山、江阴、龙田、市行政服务中心四个受理点（窗口）服务，进一步提升服务效能。推行“5+2”周末轮班办事制度，节假日和公休日正常接待群众咨询、受理、发证等工作，实现办事无休日。年内，市公证处办理各类公证46312件，其中国内公证10454件，涉外公证32302件，涉台公证3279件，涉港澳公证277件，公证服务收费945万元。玉融公证处办结各类公证事项19383件，其中国内公证5548件，涉外公证12614件、涉港澳台公证1221件，公证收费550万元。

【法律援助】 2019年，福清市司法局以各镇（街）公共法律服务站建设为契机，进一步放宽法律援助门槛，将各镇（街）司法所非诉讼法律援助事项纳入公共法律服务站服务事项，为基层群众提供更便捷的法律服务。全市全年办理法律援助案件746件；安排律师参加12348公共法律服务平台及法律援助窗口值班，接待来电来访法律咨询2728人次。推动“双拥”工作，与73123部队签订共建协议，建立军人军属法律援助工作站，保障军人军属合法权益。落实司法改革试点工作，加快推动驻福清市人民法院律师调解室建设和刑事案件律师辩护全覆盖试点工作；进一步完善认罪认罚法律帮助工作机制，全年接收认罪认罚法律帮助归档案件3216件。

（陈晓雪、张立汉）

（编辑 严明）

2019年12月19日，73123部队法律援助站建立并举行授牌仪式（市司法局 供）

人民武装

【概况】 2019年，福清市人武部（简称市人武部）加强思想政治建设和干部队伍建设，落实战备常态化要求，强化国防教育宣传，开展民兵组织整顿和民兵训练，顺利完成征兵任务。

【国防教育】 2019年，福清市人武部学习贯彻《福建省国防教育条例》，扎实开展国防教育工作。深入5所中学开展国防教育暨征兵宣传活动。组织福清市城关小学、实验小学、滨江小学等3所小学的学生走入军营，开展国防教育活动。12月18日，福清市召开国防教育委员会暨议军会议，会议总结了2019年国防教育落实情况并部署2020年国防教育相关工作。

（陈锋）

【征兵工作】 2019年，福清市征兵工作围绕“三保一降”和“五率”目标要求，依法规范征兵。福清市人武部组织开展征兵宣传和网上兵役登记工作，确保兵役登记与征兵工作有效衔接。组织全市体检、政考“双合格”应征青年进行役前教育训练。9月，按时完成新兵征集工作。

征兵宣传　1—3月，市人武部深入12所重点完全中学，开展国防教育暨征兵宣传。6月，设计制作一套7张（入校）和一套17张（入村）宣传海报，发放到两所高校和全市各镇街和村居。

廉洁征兵　2019年，福清市征兵办结合学习近年来征兵工作的违规违纪情况通报，开展警示教育，强化依法办事、廉洁征兵意识。发挥广大群众的监督作用，通过设立举报信箱、举报电话、聘请廉洁征兵监督员等多种途径，拓宽监督渠道。自觉接受社会和群众监督，将政策规定、数量指标、条件标准、程序步骤和征接兵纪律实行“五公开”；对上站体检人员、“双合格”人员、预定新兵、定兵人员名单、举报电话和举报信箱实行“五公布”，向所有应征青年及家长发放《廉洁征兵监督卡》，接受应征青年监督。在征兵工作部署会上，各镇街签订征兵工作责任状。市镇两级征兵办公室都设立廉洁征兵举报电话。

（叶明明）

【民兵工作】 民兵组织整顿　2019年，福清市调整成立民兵整组军地领导小组，明确整组领导机构和任务分工，并下文至各镇街及相关单位。3月28日，福清市人武部组织全市专武干部和部分编兵单位召开福清市民兵整组任务部署会，传达上级有关指示精神，明确任务指标和工作标准，组织业务培训。各镇（街道）在会后相继召开动员部署会议。6月份对全市基干民兵进行点验，进一步了解掌握三类队伍的“六率”指数。

民兵政治工作　2019年，福清市人武部按照“正规化建设、经常化教育、军事化管理、多样化使用”要求，抓好民兵队伍的教育管理。3月和6月结合训练教育备课工作，对政治干部和骨干党员进行相关业务培训。3月、7月和11月，强调要注重在集中强训、重大演训和遂行抢险救灾任务中培育战斗精神，锤炼战斗作风。

民兵训练　2019年，福清市落实民兵应急分队、民兵“四会”教练员、民兵信息员、冲锋舟操作手、海上民兵分队、民兵营长、对口空军保障分队、防化救援分队、民兵应急连、应急排等训练。7月，组织应急排集合点验，组织对1个军事目标和2个民事目标进行协防。

（周云涛）

人民防空

【人防工程建设】 2019年，福清市人防海防办公室开展结建防空地下室、易地修建防空地下室行政审批工作，推进防空地下室维护管理工作。加强人防执法、人防工程质量监督工作，对个别不按法律法规修建防空地下室的单位给予行政处罚。全市建成区人均人防面积超过国家人防规定标准，警报、通信设施建设取得新进展。

【人防宣传教育】 2019年，福清市人防海防办公室在城区8所学校开设人防知识教育课程，3400多名学生接受了人防教育。组织城区8所人防教育试点学校24名学生参加福州市教育局人防办组织的中学生防空防灾知识竞赛，2人获一等奖，6人分获二、三等奖；在85所参赛学校中，福清第二中学获得团体总分第五名。4月21日，连续18年组织实施年度防空警报试鸣活动，结合防空警报试鸣，发送宣传短信8万条，发放宣传单2000份，出动宣传车1部，向市民宣传防空防灾知识。

（黄春松）

武装警察

【概况】 2019年，武警福清市大队贯彻武警部队三级党委扩大会议精神，聚焦强军目标，聚力抓中心、强力转作风、全力抓落实、合力保稳定，争当“融城卫士”，圆满完成各项任务。大队先后8年被福建总队表彰为“基层建设先进大队”。

【思想政治建设】 2019年，武警福清市大队把思想政治建设摆在首位，教育引导官兵立足本职，扎根融城，夯实官兵履行职责使命的思想政治基础。按照“五个引领”要求，把“传承红色基因、担当强军重任”主题教育活动作为强基固本的灵魂工程来抓。按照“高起点筹划、高标准推进、高质量落实”的要求，开展深入学习党的创新理论，提高大队党委“三个能力”，发挥“前沿指挥所”作用。继承和发扬老一辈革命传统，开展好双拥共建活动，坚持为驻地办实事办好事。

【职责履行】 2019年，武警福清市大队强化“围绕中心、服务中心、保障中心”的大局观念，坚持把执勤工作作为经常性工作的重心，指导所属单位修订完善各类方案预案，确保固定目标的安全和各项临时勤务的圆满完成。

（余鹤智）

（编辑 魏希兴）

生态环境

综　述

【概况】　2019年，福清市生态环境持续良好，环境质量状况继续保持优良水平。市区空气质量优良率99.5%，市级集中式生活饮用水源地水质达标率100%，乡镇集中式生活饮用水源地水质达标率100%，建成区区域环境噪声（昼间）平均等效声级55.5分贝，道路交通噪声（昼间）平均等效声级65.0分贝。

（林绍银）

【大气环境】　2019年，福清市城区环境空气中二氧化硫、二氧化氮、吸入颗粒物（PM_{10}）和细颗粒物（$PM_{2.5}$）年日均浓度分别为0.005毫克/立方米、0.021毫克/立方米、0.041毫克/立方米和0.020毫克/立方米，均未超过国家二级标准。CO日均值第95百分位数为1.2毫克/立方米，O_3日最大8小时值第90百分位数为0.124毫克/立方米。2019年，福清市环境空气综合质量指数为2.84，较上年下降了0.23个单位。全年有效监测天数365天，达到Ⅰ级的天数209天，比上年多46天，达到Ⅱ级的天数154天，比上年少33天，轻微污染天数2天，比上年少13天。城区环境空气质量二级以上达标天数363天，优良率99.5%，较上年上升了3.6个百分点。2019年城区降水酸雨污染较严重，pH年均值为5.39，较上年上升了0.27个pH单位，全年酸雨率为70%，较上年下降了14个百分点。

江阴港城经济区环境空气中二氧化硫、二氧化氮、吸入颗粒物（PM_{10}）和细颗粒物（$PM_{2.5}$）年日均浓度分别为0.019毫克/立方米、0.012毫克/立方米、0.044毫克/立方米和0.022毫克/立方米，均未超过国家二级标准。CO日均值第95百分位数为1.2毫克/立方米，O_3日最大8小时值第90百分位数为0.119毫克/立方米，环境空气综合质量指数为2.92。全年有效监测天数348天，达到一级的天数177天，达到二级的天数168天，轻微污染天数3天。环境空气质量二级以上达标天数345天，优良率99.1%。

（林绍银）

【水环境】　2019年市级集中式生活饮用水源地（东张水库和闽江调水峡南取水口）的水质达标率100%，与2018年持平。

2019年15个乡镇集中式生活饮用水源地水质达标率为100%。与2018年相比，乡镇集中式生活饮用水源地水质达标率上升5个百分点。

表7　2018—2019年福清市级集中式生活饮用水源地水质达标情况表

水源地名称	2019年		2018年	
	达标率（%）	超标项目	达标率（%）	超标项目
福清市东张水库取水口	100	/	100	/
福清市闽江调水峡南取水口	100	/	100	/

表8　**2018—2019年福清市乡镇集中式生活饮用水源地水质达标情况表**

水源地名称	2019年		2018年	
	达标率（%）	超标项目	达标率（%）	超标项目
占坝水库	100	/	100	/
山前水库	100	/	100	/
庄上水库	100	/	100	/
梨庄水库	100	/	100	/
建新水库	100	/	100	/
乌仔底水库	100	/	100	/
犁壁桥水库	100	/	100	/
糖果块水库	100	/	100	/
十八重溪水库	100	/	100	/
北林水库	100	/	100	/
东皋水库	100	/	100	/
乌江水库	100	/	100	/
西溪水库	100	/	100	/
红底坑水库	100	/	100	/
万利水库	100		25	总磷、总氮和化学需氧量
全市	100	/	95	/

2019年，龙江干流1个国控断面（海口桥）和3个省控断面（前洋桥、大斜龙江桥和倪浦桥）水质监测年均值均达到其相应的水域功能区标准。但有些断面在其监测月出现超过其相应的水域功能区标准，国控断面每月监测，省控断面逢单月监测，情况如下：五月前洋桥监测断面水质出现Ⅳ现象，年度水质达标率83.3%；五月、十一月倪浦桥监测断面水质出现劣Ⅴ现象，年度水质达标率66.7%；三月、五月、九月海口桥国控监测断面水质出现劣Ⅴ现象，年度水质达标率75%。

2019年，龙江支流（小流域）水质监测统计结果表明：Ⅰ～Ⅲ类水质占39.4%，比2018年上升了2.7个百分点；Ⅳ类水质占36.4%，比2018年上升了23.1个百分点；Ⅴ类水质占24.2%，比2018年下降了25.8个百分点；劣Ⅴ类水质占0%，与2018年持平。

表9　**2019年龙江干流各断面水质达标情况表**

断面名称	2019年	
	达标率（%）	超标项目
前洋桥	83.3	总磷
大斜龙江桥	100	/
倪浦桥	66.7	总磷、氨氮
海口桥	75	总磷

表 10　2018—2019 年龙江支流各断面水质情况表

河流	断面名称	水质类别占比（%）				劣Ⅴ类项目
		Ⅰ－Ⅲ	Ⅳ	Ⅴ	劣Ⅴ	
关溪	大埔村	0	16.7	83.3	0	/
太城溪	石门大桥	16.7	33.3	50	0	/
虎溪	西溪 / 虎溪口	83.3	0	16.7	0	/
	西溪 / 虎溪交 1	83.3	16.7	0	0	/
大北溪	西门桥	0	0	100	0	/
2018 年合计		36.7	13.3	50	0	
河流	断面名称	水质类别占比（%）				劣Ⅴ类项目
		Ⅰ－Ⅲ	Ⅳ	Ⅴ	劣Ⅴ	
关溪	大埔村	14.3	42.9	42.8	0	
太城溪	石门大桥	14.3	71.4	14.3	0	
虎溪	西溪 / 虎溪口	83.3	16.7	0	0	
	西溪 / 虎溪交 1	100	0	0	0	
大北溪	西门桥	0	42.9	57.1	0	
2019 年合计		39.4	36.4	24.2	0	

（翁玉兰）

【声环境】　2019 年，福清市建成区区域环境噪声（昼间）平均等效 A 声级 55.5 分贝，较上年上升 0.7 分贝，质量等级二级。道路交通噪声（昼间）平均等效 A 声级 65.0dB，较上年下降 1.5 分贝，质量等级一级。城市功能区噪声，昼间达标率 100%，较上年上升 37.5%；夜间达标率 87.5%，较上年上升 12.5%。

（林绍银）

环境综合整治

【大气污染防治】　2019 年，福清市城区环境空气质量优良率 99.5%，在福州六县（市）中排名第四。7 月 23 日，福清市环境保护委员会印发《福清市打好污染防治攻坚战 2019 年度工作方案》。

污染天气应急响应　2019 年，全市理顺应急响应工作流程，明确各责任部门工作职责，进一步健全臭氧污染应急响应工作机制，全年启动轻微 / 臭氧污染应急响应 40 次，遏制轻微污染天气，提高污染天气防范和应急处置能力。

工业企业 VOCs 治理　2019 年，根据福州市生态环境局要求，福清市策划生成 10 个大气污染精准治理减排项目，其中 5 家开展大气污染精准治理项目，5 家化工、医药企业实施 LDAR（泄漏检测与修复）项目，基本完成整治；推进福清市重点管控企业安装 VOCs 特征污染物在线监控设施，13 家企业完成在线监控设施安装并联网。

江阴港城经济区臭氧污染课题研究　2019 年，为厘清江阴港城经济区臭氧及其前体物的时空污染特征，针对性地提出臭氧及其前体物防治策略和建议，福清市委托福州市环境科学研究院对江阴港城经济区大气臭氧污染成因进行研究，为江阴港城经济区空气质量的持续改善提供科学的技术支撑。

燃煤锅炉整治专项行动　2019 年，福清市继续推进燃煤、燃生物质锅炉综合整治，加快天然气管网铺设和“煤改气”步伐，鼓励、支持天然气管道覆盖区域内企业“弃煤投气”。

（游雪静）

【水环境综合整治】　2019 年，福清市按照省、福州市《水十条》以及小流域整治总体部署，通过查污染成因、编达标方案、治畜禽污染、施工程项目等措施，以湖库水系连通工程为主线，打造“水系连通、管网相通、渠系成型、多源互补、调控自如”的大水网，对水质不稳定的龙江流域实施“当下改、长久治”的综合治理措施，推进水环境质量的改善。市委市政府下发《福清市水污染防治行动计划工作方案》《福清市全面推行河长制实施方案》《福清市小流域及农村水环境整治计划（2016—2020

年）》《龙江流域入河排口整治工作方案》等文件，指导、督促镇街、园区开展流域综合整治工作。融元污水处理厂、福清市第二污水处理厂、江阴污水处理厂、元洪污水处理厂及龙田污水处理厂等运行稳定，日处理污水能力27万吨。建成日处理能力900吨的创冠垃圾焚烧发电厂，初步形成遍布全市的生活污水处理体系和“村收集、镇转运、市处理”的生活垃圾处置体系。实施截污控源，推进农村污水处理设施建设，进一步提升污水处理能力，实现就地截污处理。组织污染源清理专项行动，实现各类污染源达标排放。加密水质监测，找准水质变化区域，压实属地镇街和部门责任。加快流域排污口溯源排查，清理整治入河排污口。加快河道生态修复，通过清淤消除内源污染。加大生态补水力度，提升河道的生态径流，恢复水生态环境。

（魏宏梅、王丽娜）

【土壤污染防治】 2019年，福清市土壤污染防治工作领导小组落实土壤污染防治行动计划，制订年度工作方案，推进净土保卫战。

土壤污染状况详查 2019年，根据《福建省福州市农用地土壤污染状况详查采样》工作要求，经公开招标程序，委托福建省地质调查研究院完成福清市农用地土壤污染状况详查采样工作。

重点企业监管 2019年，福清市有17家企业列入土壤环境重点监管名单，并按要求每年开展厂区土壤环境自行监测。配合福州市生态环境局完成福清市重点行业企业用地信息采集、风险筛查及风险筛查结果纠偏工作，初步确定福清市高、中、低关注度企业名单，并以福州耀隆化工集团有限公司为试点地块推进高关注度地块采样工作。

（严建莺）

【固体废物处置】 2019年，福清市落实工业固体废物申报登记制度，使用福建省固体废物环境监管平台对危险废物产生、贮存、运输、处置利用实行全过程监管，建立危险废物台账管理制度，监管废弃电器电子产品拆解全过程。开展危险废物污染防治规范化管理专项检查。2019年，全市工业固体废物产生量894400.732吨，处置利用量786192.85吨，处置利用率87.90%；全市工业危险废物转移处置48248.20吨，自行利用处置量3658.97吨，贮存量115.48吨，工业危险废物全部依法安全处置。无害化处置医疗废物523.28吨，处置率100%。

（严建莺）

【污染物减排】 2019年，福清市完成气污染减排项目9项，水污染减排项目4项。

（傅晶晶）

【环境安全应急体系建设】 2019年，福清市政府开展《福清市东张水库水源保护区、万利水库水源保护区、福清闽江调水工程峡南水源保护区突发环境事件应急预案》修编。福州市福清生态环境局制订《2019年安全生产责任制实施方案》，开展环境安全隐患排查工作，下达整改文书20份，督促企业编制环境应急预案、开展环境风险等级评估，51家企业完成环境风险评估并报备，全年未发生突发环境事件。

（林游华）

【排污权储备与管理】 2019年，福清市完成了福清第二污水处理厂等2家企业的排污权收储。严格新（改、扩）建项目总量指标审批，新（改、扩）建项目均需通过排污权交易方式有偿获取主要污染物指标。全市审批42家工业企业的总量指标。完成排污权交易187笔，总成交金额1511.90万元。

（傅晶晶）

【清洁生产审核】 2019年，福清市6家企业列入省环保厅强制性清洁生产审核重点企业名单。2家企业完成强制性清洁生产审核评估，5家企业完成强制性清洁生产审核验收。

（刘云玲）

【核应急工作】 2019年，福清市完成“融安—2019”福建省第三次核事故应急演习现场行动响应。宣传、公安、交通、工信、卫健、应急管理等32个单位（部门）参与，参演工作人员300余人，组织参演群众100名，动用警车、消防车、急救车等交通工具50多辆，1架直升机分别在指挥中心、三山现场指挥所及6个现场演习点同时开展应急响应行动。福清市核应急办获福建省核应急办通报表扬。

（陈家文）

【辐射安全管理】 2019年，福州市福清生态环境局开展射线装置及射源企业年度评估，完成12家Ⅳ类及Ⅴ类射源、34家Ⅲ类射线装置的辐射安全和防护状况自查评估。制订检查工作方案，开展对全市射源企业和射线装置使用单位的监督检查，严格执法。对全市12家Ⅳ类及Ⅴ类射源单位进行检查，对发现的问题督促整改。完成全市12家Ⅳ类及Ⅴ类射源企业使用放射源“一源一码”管理系统，完成放射源编码，日常巡检及信息采集工作。配合省辐射站废旧源收贮工作人员对福耀有限公司以及福清辉华不锈钢有限公司的废旧闲置放射源进行及时收贮。

（陈茂文）

【中央环保督察】 2019年7月15日—8月15日，中央第二生态环境保护督察组进驻福建省开展生态环境保护督察。福清市委、市政府专门成立市迎接中央环境保护督察工作协调联络领导小组，下设综合协调组、信访工作组、后勤保障组、宣传工作组等4个专项工作组，配合督察工作。中央环保督察期间，福清市按照督察要求及时报送调阅档案48项、办理中央环保督察信访转办件118件。在处理中央环保督察转办件过程中，福清市办理行政处罚案件11起，罚款金额43.16万元，移送公安机关行政拘留案件1起，查封扣押案件2起。

（俞扬、林游华）

环境监测与科研

【日常监管】 2019年，福州市福清生态环境局修订印发《福清市2019年环境监察随机抽查方案》，将468家企业纳入随机抽查基础污染源名录清单，按比例完成267家企业抽查工作并在福清市政府网站上公开抽查结果；督促34家重点排污单位开展环境信息公开工作；完成12家中石油加油站、22家中石化加油站防渗改造工作；抽调5位执法骨干九次参与国家级交叉执法工作，其中冯云飞、俞扬分别在蓝天保卫战和长江入海口排查中表现突出，受到生态环境部通报表扬。开展“清水蓝天”、环境安全隐患排查、环境执法大练兵、工业园区专项执法、小流域巡查、饮用水源保护等专项行动，出动执法人员约2700人次，检查企业1500多家次，下达责令改正文书39份；立案处罚35起，处罚款1108.2322万元；查封44起；移送行政拘留案件5起；申请法院强制执行3起；联合属地镇街、供电部门等对11家小散乱污企业予以断电。

（林游华）

【环境监测】 2019年，根据省、市生态环境监测方案，福州市福清生态环境局完成水、气、声环境监测任务，为流域整治和空气质量精准管控提供技术支持。开展重点污染源的监督监测和在线比对，完成各类监督监测报告410份。

（翁玉兰）

【环境应急工作】 2019年，福州市福清生态环境局制订《2019年安全生产责任制实施方案》，开展环境安全隐患排查工作，下达整改文书20份。督促企业编制环境应急预案、开展环境风险等级评估，51家企业完成环境风险评估并报备。福清市全年未发生突发环境事件。

（林游华）

【环保信息化建设】 2019年，福州市福清生态环境局通过手机短信和网站公开形式，每天公布福清市空气环境质量指数。持续开展重点污染源在线监测，对106家重点污染企业排放污水或废气浓度实施在线监测，及时向管理部门通报重点企业在线监控情况。运用福建省生态环境大数据平台开展各项工作，提高工作效率。在市政府网站环保专栏中依程序和规定及时公开建设项目环评受理和批复情况、环境监察执法、行政处罚、排污许可证发放、排污收费情况公示、排污权交易、环境质量月报、污染源监测、环保督察、信访投诉办理情况等方面的信息。

（黄庆生）

环保宣传与投诉件受理

【环保宣传】 2019年，福州市福清生态环境局围绕全市生态环境保护中心工作和重点任务开展系列环境宣传教育活动。利用“3·15”消费者权益日、安全生产月、应急知识宣传周、“5·22”国际生物多样性日、“6·5”环境日、“全国低碳日”“12·4”国家宪法日等时间节点，联合市直部门开展环保法律法规宣传活动。“6·5”环境日，福清市在市百合小学开展“蓝天保卫战 红领巾在行动”环境日宣传活动。通过学生代表发出环保倡议、为环保小卫士颁发“我与小树共成长”认领牌、开展“美丽福清，从垃圾分类做起”主题讲座、“玩转纸袋”废旧纸袋创作比赛优秀作品展示，鼓励学生创新利用，变废为宝，为建设“美丽福清”贡献力量。活动约2500名师生参加，发放宣传册1000本，环保宣传材料400份。坚持开展“环保六进”活动。组织辖区内学校、社区开展环境日宣传，组织党员志愿者深入玉屏社区、小北社区、清华社区等地开展生态文明、低碳环保宣传。结合“双保行动”，联合各镇街、工业区组织400家企业开展6期“福清市环境保护排险治乱工作培训会”，并发放《致企业的一封信》和自查表，告知企业主要环境风险点和自查整改方向，加强企业环境管理。

（郑青英）

【环保公益组织及活动】 2019年，福州市福清生态环境局建立“福清市环保局党支部志愿者服务队”，组织市环境宣讲团入学校、入社区、入企业宣讲环境保护基础知识，开展“国际生物多样性日”“粽叶飘香迎端午·幸福和谐邻里情”“美丽福清，我是行动者”“低碳行动，保卫蓝天”“共驻共建、互联互动暨创建文明城市”等主题志愿服务活动。结合与社区开展党建共驻共建工作，组织机关党员干部到社区报到，并联合共建社区——小北社区开展环保志愿服务宣传。全年发放宣传册3000本，环保宣传材料1000余份。

（关小妹）

【环保投诉件受理】 2019年，福州市福清生态环境局通过“110”社会联动、“12345”便民呼叫热线、“12369”环保投诉热线等渠道，受理各类环境投诉2927件，办理涉及环保工作的人大代表建议2件。其中建筑施工噪声污染、大气污染是群众投诉的热点问题，约占投诉件总数的75%。

（林游华）

（编辑　魏希兴）

自然资源管理

城乡规划

【概况】 2019年，福清市自然资源和规划局规划发证2651件，其中核发《选址意见书》408件、建设用地规划许可证290件、建设工程规划许可证（建筑）1112件、建设工程规划规划许可证（市政）91件，出具规划条件核实意见631件，审核批复设计方案（含总平面图）审查意见书119件。完成《福清市城乡总体规划》阶段性成果。

【控制性详细规划】 2019年，福清市开展《福清市老城区控制性详细规划及老城双修规划》《福清市石竹山风景名胜区主景区详细规划》编制，推进《福清市火车站片区控制性详细规划（修编）》《福清市观溪新区控制性详细规划（修编）》报批，继续推进《福清市清荣大道北片区控制性详细规划》《福厦铁路福清西站片区综合规划》《福清市城北组团控制性详细规划及重点片区城市设计》《福清市控规单元划分专项规划》《福清市中央公园万国雕塑博览园及风情园修建性详细规划》《福清“东南慧谷”概念规划设计、启动区控制性规划及城市设计》的编制与审查。

【专项规划】 2019年，福清市开展《石竹山配套区及高铁片区城市设计》规划编制，推进《福清市中心城区景观风貌规划》《福清市中心城区建筑风貌规划》的报批，推进《福清市中央公园概念规划》《福清市中心城区建筑后退红线管理规定研究及福清市城区街道规划设计导则研究》《福清市电动汽车充电基础设施专项规划（2018—2035）》《福清市市域轨道交通线网规划》编制与审查，完成《福清市综合交通体系规划》批复。

【规划管理】 2019年8月，福清市在多规合一信息平台基础上开发建设项目生成选址预审平台，借助该平台强化建设项目生成策划前期协调工作，明确各部门在建设项目生成选址预审过程中的职能和责任，提高部门间协调效率，便于行政服务中心网上监督，确保项目选址过程中存在的矛盾在前期协调阶段就能得到解决，为项目审批提速创造条件。

【信息化建设】 2019年，福清市自然资源和规划局建设了多规合一、规划一张图、电子政务系统、门户网站、微信政务等信息化服务。

“多规合一”实现全市各类空间规划整合、面向全市建设项目审批相关部门共享，并依此建立建设项目选址会商、工业项目节约集约用地大数据平台、智慧城市规划管理大脑，实现全市建设项目审批成果全生命周期管理和全市国土空间规划一张图共享应用。

规划一张图系统建立涵盖各类国土空间规划、建设项目用地红线、建设项目规划方案等内容的标准统一、边界吻合、动态更新的“规划管理一张图”数据库，实现各类国土空间资源在一张图上查询叠加，国土空间规划实施动态监测，提高国土空间信息查询效率，避免因为信息不对称导致的决策失误，为提高行政效能提供数据支撑。

电子政务系统集成行政办公、项目规划审批、档案管理、村镇管理、规划编研、移动办公、建设用地报批综合审查系统，实现行政办公和业务审批联网协同办公。通过微信政务与电子政务系统、选址会商等业务系统整合，实现用户权限认证、业务办理实时提醒、审批结论实时通知等功能。

门户网站向市民公开规划建设方案、规划成果等城市发展信息，向企业和服务对象提供规划办事服务指南。内部业务人员在条件许可的前提下，可以通过网上接口，进行网上办公。为其他部门进行村镇个人建房审批、选址会商、不见面审批、规划编研等业务办理及多规合一平台应用提供入口，为规划设计单位、相关行政部门、建设单位等提供各类审批成果的下载。

【旧屋区改造】 2019年，福清市完成利桥片区、豆区园片区、东门河东侧片区、西门客运站片区、龙江南门桥片区等连片旧屋区和棚户区改造。实施打造旧清繁大道（福人大道—低干渠）、霞楼街（桥南路段）、后山路（东门街至瑞亭小学大桥段）、清锦路、瑞亭街（嘉鑫花园至瑞亭大桥段）、18米规划路（三福龙景配套路—元华路）、察院埔等道路工程和重要节点，改善城市空间布局。实施三锋集团、福融盛、清展路及比华利山扫尾项目，完成征迁扫尾工作。

2019年第一期重点征迁项目总计17个项目，总征地面积72.67公顷，拆迁建筑面积674595平方米。

国土资源管理

【概况】 2019年，福清市出让经营性用地面积217.28公顷，成交价款88.86亿元；出让工业用地面积187.70公顷，成交价款5.89亿元，办理划拨国有建设用地使用权55宗，面积141.66公顷；协议出让（含划拨转出让）9宗，面积37.02公顷，出让价款0.56亿元。

经国务院和省政府批准的农转用和土地征收项目56批次，面积349.80公顷，包括福清市东华水库工程、畜禽粪污资源利用整县推进项目（渔溪）、福清高铁西站配套项目等一批省市重大项目用地。

【耕地保护】 2019年，实施省市县级土地开发整理项目20宗，面积627.59公顷。完成高标准基本农田建设项目398.99公顷，完成补充耕地任务60.65公顷。

【地质灾害防治】 2019年，福清市存在地灾隐患点102处，分布于21个镇（街），威胁320户1619人；有高陡边坡171个，威胁537户2707人。全年发放《防灾明白卡》270份、《避险明白卡》853份，设立警示标志牌102面。地灾搬迁3户，争取省、市治理工程补助款162万元。

【矿产管理】 2019年3月，福清市印发实施《福建省福清市矿产资源总体规划（2016—2020）》，6月完成电子成果数据入库。2019年，市自然资源和规划局完成2018年度矿业权人勘查开采信息公示。全市有矿山企业3家，公开率100%。征收矿山企业采矿权使用费3家，金额0.15万元，入库率100%。

【矿山生态环境恢复治理】 2019年，福清市城头镇彭洋矿区凝灰岩新增恢复治理面积4133平方米。完成江阴镇屿礁香雄采石场和渔溪镇辉成采石场矿山生态环境恢复治理，辉成采石场治理工程通过验收。开展全市露天矿山综合整治调查，完成调查图斑136个，调查面积428.6公顷。

【农村地籍和房屋调查】 2019年，福清市完成全部农村地籍和房屋调查。337个行政村通过验收，完成验收率80.6%，验收量居全省前列。

【福清市第三次全国国土调查】 2019年1月，福清市自然资源和规划局开始收集第三次全国国土调查基础数据，2月开始内业图斑矢量化，3月同步开展外业调查，5月完成初步成果，10月17日上报国家检查。全市提交图斑185212个，成果质量在全省靠前。2019年12月，福清市自然资源和规划局按国家核查意见完成整改。

【执法监察】 2019年，福清市发现卫星遥感监测图斑涉及违法用地423宗，其中季度卫片违法用地268宗，面积161.59公顷（其中耕地面积52.62公顷）；月监测违法用地155宗，面积67.7公顷（其中耕地面积33.823公顷），全部予以查处。土地卫片执法检查工作通过省自然资源厅验收。

2019年，福清市自然资源和规划局作出国土资源行政处罚决定166宗，处罚总面积45.74公顷，罚款618.66万元，罚款收缴到位343.8万元。2019年，上海督察局下发福清市2018年例行督察142宗，面积402.95公顷，已整改141宗，未整改1宗为闲置土地问题。

【征地工作】 2019年，福清市24个镇（街）完成征交地114宗，征收土地面积383.26公顷。闽台（福州）蓝色经济产业园（江境华侨农场）完成征交地6宗，征收土地面积24.09公顷。全市委托被征地村发放征地补偿费101宗，面积333.09公顷，征地补偿费总额16368.18万元。发布《征收（听证）告知书》140宗，其中项目用地105宗、农村个人建房35宗。发布建设项目用地《征收土地公告》和《征地补偿安置方案公告》54个批次87宗项目，面积371.58公顷。按照征地信息公开要求，在“福建省征地信息公开平台”和福清市人民政府官方网站上发布《征地（听证）告知书》《征收土地公告》《征地补偿安置方案公告》等信息317条。

【不动产统一登记】 2019年，福清市颁发不动产权证书21907本，不动产登记证明52324张。2月，福清市不动产登记和交易中心率先与工商银行福清支行开展不动产登记系统与银行直连工作。截至9月30日，将这项不动产抵押登记服务模式推广到全市大部分金融机构，其中包括11家银行业以及1家非银行业金融机构。6月，将所有不动产登记业务压缩至4个工作日办结，其中涉企的一般二手房转移登记业务压缩至3个工作日办结，除批量件（10件以上）外的预购商品房预告登记及涉企现房抵押业务实现24小时内办结，银行抵押直连的涉企抵押登记业务实现24小时内办结。

（李晓婻）

（编辑　魏希兴）

城乡建设与管理

市政建设

【概况】 2019年，福清市实施环城路融宽环路B段等146条市政道路建设，建成通车市政道路31条共16.3千米，完成投资7.3亿元。建成区平均路网密度由2018年的8.15千米/平方千米提升至2019年的8.17千米/平方千米。完成新改建供水管网20千米，雨水管道25.47千米，燃气管道21.6千米。新建城区污水管网24.79千米、乡镇污水配套管网14.72千米。

【市政设施维护】 2019年，福清市完成混凝土路面2743.30平方米；沥青路面修复29016.53平方米；市区道路人行道修复7193.67平方米；市区道路路沿石修复1379.5米。雨污水井修复133座、118面，修复雨水篦124套、315面，完成市区各条道路雨水井清淤261座。树池修整206座，石柱修复106根，反光柱修复30根。疏通化粪池4座，修复及疏通污水管道532.2米，盖板修复80面等。

规范户外广告有序设置，完成户外广告审批73面，牵头市政管养公司完成11面大型户外广告的招拍挂工作，清理户外违章户外广告和路灯灯杆广告64面。

【市政配套设施建设】 2019年，福清市启动夜景灯光整体提升工程，完成龙江两岸小EPC夜景提升工程，整体提升天宝陂至西涧寺周边的城市夜景亮化效果。为烘托节日氛围，继续对外环路、清昌大道、清荣大道、福百大道等城市主干道开展“中国结”LED灯建设工程。

【城镇景观整治】 2019年，福清市实施铁路沿线人居环境整治，开展沿线红线两侧1000米可视范围内杂乱搭盖和500米可视范围内房屋立面整治等工作，生成项目168个，完成投资3008.1万元。累计完成总工程量433375平方米，其中拆除乱建乱搭17930平方米，装饰建筑立面18610平方米，规整广告杆线5处，新建绿地和绿化带318780平方米，修复治理已毁山体和青山挂白约2000平方米，整治沿线环卫6905平方米，规整露天场地800平方米，落实文明施工57800平方米，排除安全隐患12处。

【内河治理】 2019年，福清市建成区内未出现黑臭水体，通过实施老旧管网排查和修复、新建污水管网、河道整治等方式，继续推进内河治理工作。全市累计完成城区排水管网日常排查576千米（其中2017年290千米，2018年24千米，2019年262千米），修复改造管道1.4千米，修复管道缺陷及接驳49处，检查井修复130座，并完成清淤排查63千米。

【宜居环境建设】 2019年，福清市列入宜居环境建设行动计划的民生基础设施建设项目共7大项114个小项，总投资1155601.7万元，年计划投资453031万元，完成投资630719.9万元，完成比例139.22%。

2019年，全市重点打造95个美丽乡村，其中新建设75个，再提升20个，计划投资2.976亿元。累计完成投资3.283亿元，占年度投资比例的110.31%。其中完成污水有效处理4652户，新建改造三格式化粪池1079户；配置户用干湿垃圾桶64325对，清理陈年垃圾39113.31吨，聘用保洁员317名；完成裸房整治483栋；新建改造卫生水厕完工161座；拆除临搭违建、破败建筑等59634平方米；完成硬化村道长度5.4303万米，硬化村道面积20.29万平方米，新增绿化面积8.18万平方米。

【污水处理设施建设】 2019年，福清市启动龙江下游11个行政村污水处理设施（共21套设备，总处理规模为2500T/日）建设和海口镇的2000T/日污水处理站建设，完成海口镇200T/日、江阴镇、上迳镇400T/日污水处理设施建设。城区两座污水厂处理污水量5101.13万吨，出水水质均达一级A排放标准。

（张清茹、洪鸣、吴浩）

【供水】 2019年，福建投资集团（福清）水务有限公司有水厂11座，供水能力52.8万吨/日。全年供水11071万吨，日均供水30.33万吨，水质综合合格率99.96%。全市用水总户数24.22万户，新增用户17162户。

年内新建管道约45千米，开展三山温泉大道管道新建项目等项目62个。改造管道约61.7千米，开展福清水务阳下街道奎岭村管道改造项目等25个项目。完成净水工艺、生产系统自动化、安防改造及更换部分老旧设施、设备等生产技改和设备更新项目。

（高舒）

【供电】 电网概况 2019年，福清境内有公用变电站30座，主变50台，总容量5671.8兆伏安。其中500千伏变电站1座，主变2台，总容量2000兆伏安；220千伏变电站6座，主变12台，总容量1980兆伏安；110千伏变电站22座，主变35台，总容量1685.5兆伏安；35千伏变电站1座，主变1台，容量6.3兆伏安。输电线路89回1025.115千米，其中500千伏线路10回200.2千米，220千伏线路26回309.4千米，110千伏线路50回500.674千米，35千伏线路3回14.841千米。10千伏配电线路293回3488.63千米。低压配电线路6983.22千米。公用配电变压器4749台，总容量1847.615兆伏安，户均容量3.25千伏安。供电可靠率99.9618%，电压合格率99.999%。

用户概况 2019年，福清市总用电户572390户（新增18223户），其中高压用户3906户，低压用户568484户。220千伏高压用户2户，220千伏高压用户2户，220千伏用户专用变电站2座，主变7台，总容量420兆伏安。110千伏高压用户8户，110千伏用户专用变电站7座、主变16台、总容量564.5兆伏安，35千伏高压用户2户、35千伏用户专用变电站2座，主变3台，总容量32.5兆伏安。10千伏高压用户3553户，10千伏专用变压器4229台，总容量1833.448兆伏安。

2019年，福清市全社会用电最高负荷1279兆瓦，比上年增长3.39%。网供最高负荷1209兆瓦，增长2.05%。总用电量82.29亿千瓦时，增长5.16%，其中福清市供电公司供电63.51亿千瓦时、福州供电市公司直供15.03亿千瓦时、自备电厂3.75亿千瓦时。其中第一、二、三产业及居民生活用电量分别是2.35、56.78、8.22和14.93亿千瓦时，分别增长-1.73%、4.66%、10.71%和5.35%。

2019年6月5日，市供电公司开展无人机巡线　（市供电公司　供）

电源概况 2019年，福清市拥有水力、火力、风力、核能、太阳能、垃圾等各种发电厂30座，总装机容量6088.57兆瓦，年发电量15.51亿瓦时（除火电厂和核电厂外），增长17.95%。其中水电站14座，总装机14.14兆瓦，发电量0.21亿千瓦时；燃煤火电厂1座，总装机1200兆瓦；热电联产1座，总装机12兆瓦，发电量0.63亿千瓦时；风电场7座、总装机430.55兆瓦、发电量12.83亿千瓦时；核电站1座、总装机4356兆瓦；垃圾电厂1座、总装机18兆瓦、发电量1.38亿千瓦时；分布式电源69户，其中光伏电厂5座、总装机57.88兆瓦，发电量0.46亿千瓦时。分布式电源77户，总装机80.16兆瓦，发电量0.8亿千瓦时。

电网建设 2019年，福清市电网建设投资同比增长8.62%。完成投产110千伏虎溪、石门输变电工程、高山#1主变增容工程。继续推进220千伏赤厝输变电工程和220千伏赤礁风电送出线路工程的续建工作。新出馈线40条，比上年增长185.71%；新增10千伏线路154千米，增长18.46%；新增配变503台，增长42.89%；户均配变容量提升至3.25千伏安，增长8.33%。

营商环境 2019年，国网福清市供电公司开展业扩报装接电专项行动，全面执行”三省”服务。深化业扩联合中心运作，压减流程环节，简化办电手续。年内完成10千伏高压业扩送电290户，容量330405kVA；全流程平均时长44.43天（31.74个工作日），比2018年缩短24天（缩短35%）。低压共计送电9987户，容量287368kVA，全流程平均时长2.56个工作日，下降15.95%。低压接入容量提至160千瓦已惠及173户，为客户节约2595万元，确实降低企业办电成本。推进报装接电专项治理活动，压缩办电时长。精简客户办电提资，提供预约上门勘察等服务，客户临柜办理时间压缩30%，做到大中型企业“最多跑一次”，小微型企业“一次都不跑”。加强部门横向协同，延伸电网投资界面，严格执行业扩配套工程建设时限制，加强各项政策宣传解释，提升社会各界对优化电力营商环境工作的知晓度和认同感。推动政府部门建立了电力工程审批“绿色通道”，行政服务中心发布《关于印发〈电力工程绿色通道审批工作方案〉的通知》，确保总审批时长不超过15个工作日，实现客户办电环节更少、时长更短、成本更低。加强项目前期和政府相关部门的对接，简化攻坚项目用电申请收资，客户经理加强客户侧跟踪。

客户服务　2019年，国网福清市供电公司贯彻绿色发展理念，累计建成充电站6座、充电桩63个，实现高速公路服务区快充站全覆盖。加快以电代煤、以电代油进度，实现沿海港区岸电全覆盖。在福清江阴新港国际集装箱码头投运1套港口岸电设备。累计完成电能替代电量4.37亿千瓦时，同比增长24.48%。完成中高考、福清市“两会”等重大保电任务。完成永鸿文化旅游、宏华石业、三峡海上风电产业园、富仕新材料、通威惠金新能源、泽融（福建）投资发展有限公司、福清汇通农村商业银行、御冠食品、兰天包装材料、盛宏石业、诺希科技园、歌芬卫生用品等重点项目送电。

（方道、程礼炜）

【供气】　2019年，福清市投资1742万元铺设燃气管网21.6千米，重点铺设江阴—渔溪、江阴工业区、洪宽工业区、蓝色产业园、福清城区。新增管道燃气用户发展数28679户、安装户数11916户、点火数7328户；新增铺设燃气管道42.7千米，其中市政管道27千米，庭院管道15.7千米。全年使用天然气21160万立方米，使用液化石油气13.5741万户，总使用量1.317万吨，燃气普及率98.99%。在燃气生产企业开展自查自纠的基础上，开展了209次安全检查，发出整改通知书3份，收到整改完毕的反馈3份。入户安检队伍持续拉网式的安全检查，全年检查居民用户30264家，餐饮场所5559家次，学校、工厂等单位316家，合计36139户。对于发现的燃气安全隐患责令各企业及时整改，及时反馈。

（张清茹、洪鸣、吴浩）

表11　2015—2019年福清市外供天然气总量表

供气量：万立方米

年度	2015年	2016年	2017年	2018年	2019年
供气量	12777	14279	11510	16706	21160

园林绿化

【概况】　2019年，福清市建成区新增绿地面积45公顷，新增公园绿地14公顷。建成区绿化覆盖率46.32%，绿地率43.30%，人均公园面积14.73平方米。

【道路绿化】　福百大道（清廉街至汽专线）绿化建设　道路总长1829米，绿化面积12032平方米，种植菩提树、香樟、红叶石楠、同安红等绿化花化树种。工程总投资500万元。2019年3月，完成绿化建设。

观溪新区经一路绿化建设　道路长约900米，绿化面积1325平方米，双侧树池种植香樟，侧分带种植黄金榕球、三角梅搭配红叶石楠。工程总投资151.4万元。2019年1月，完成绿化种植。

景观大道（清盛大道—清泽街段）　道路全长1千米，绿化面积8701.91平方米，种植菩提榕、洋紫荆、凤凰木等绿化花化树种。工程总投资206.89万元。2019年1月，完成绿化建设。

观溪新区南洋溪两侧防护绿地建设　绿化面积29000平方米，主要绿化香樟、秋枫、黄花风铃木、小叶榄仁、黄花槐、桂花、柳树、梨树、芭乐、芒果、朴树、红枫等。工程总投资1197.09万元。2019年4月，完成绿化种植。

大真线城区段景观整治提升　道路长约2698米，绿化面积30706.9平方米，沿线2～20米宽的绿化带成排种植香樟、黄花风铃木、宫粉紫荆、小叶紫薇、红火箭紫薇、红叶石楠球、三角梅等。工程总投资366万元。2019年1月，完成绿化种植。

福俱大道（融侨酒店—清繁大道）景观改造提升　全长4750米，主要绿化为香樟、黄花风铃木、三角梅。工程总投资499.73万元。2019年4月，完成绿化种植。

福业大道（清云至清繁）道路绿化建设　断头路绿化建设，道路长500米，主要种植香樟、羊蹄甲、复瓣扶桑球、三角梅、马尼拉草等，绿化面积约5882平米，项目总投资为250.37万元。2019年11月21日，完成绿化种植。

高千渠上迳镇岭胶村段绿道建设　绿道总长2800米，绿化面积6488.4平方米，主要绿化为白兰、洋紫荆、黄花风铃木、红叶李、金桂、山茶等。项目总投资530万元。2019年1月，完成绿化种植。

2019年城区重要节点鲜花摆放及种植工程　位于城区重要道路交叉口、桥梁护栏、重要节点共21处，实施面积近5000平方米，种植四时鲜花、观叶植物及桩景造型。总投资约200万元。

【公园建设】 龙江湿地公园A段 湿地公园A段位于大埔大桥东侧，占地面积约82027平方米，以城市湿地景观保护配套设置景观亭、廊架、高架通廊、访客中心等设施。项目总投资3110万元。2019年4月28日，建成投入使用。

虎溪公园西园A、C区 虎溪公园西园A区工程占地面积约36077平方米，设置景观廊架、商业配套等，主要建设内容包括停车场及苗木种植等。2019年6月15日建成，项目总投资1300万元。C区主要设置有篮球场、健康步道、停车场等基础性配套设施，其中绿化面积28492平方米，园路硬质铺装10547.7平方米。2019年12月份建成，总投资约1000万元。

虎溪公园东园（环城路至洪智路段） 虎溪东园（环城路至洪智路段）占地面积约2.06公顷，分为田园休闲区、湿地体验区及园林景观区。内部由步道连接各区域。主要建设内容包括道路工程、铺装工程、园林景观工程、绿化工程、电气照明工程、土方工程及其他附属工程。2019年6月份完成。项目总投资为3828.48万元，其中建安费3017.65万元由福州中庚旺福房地产开发有限公司全额捐赠，征地款810.83万元由市财政列支。

中央公园建设 中央公园苗木基地工程占地面积约67.67公顷，建设基础配套设施及设置四季花海、四季果园、苗木种植等。基础配套设施项目于2019年12月份完工，项目总投资为16800万元。完成基础路网整理约10千米，完成水电管网配套建设，第一批苗木采购种植白兰、茶花、樱花、杨梅、莲雾等苗木，数量约9700株；第二批苗木采购种植种植紫薇、黄花风铃木、富贵榕、红枫、鸡爪槭、丹麦木槿等，数量约26000株，并根据规划布局完成主题花海约3公顷、城市菜地约2公顷。

【街头游园建设提升】 虎溪公园东园南侧三角绿地 位于虎溪公园东园南侧，毗邻福韶街、虎溪滨河休闲道，面积约2800平方米，主要利用原有大乔木形成的林下空间，通过地形优化整理，破除原有铺装花池，修建平台、台阶、园路、汀步等，增设整石桌椅、垃圾桶、警示牌、木笼座椅等配套设施，调整乔灌木配置，优选麦冬、酢浆草等林下覆地植物，完善给排水、照明设施，打造精品街边游园示范点。总投资51.7万元。

融侨酒店南侧三角绿地 建设面积3000平方米，保留该地块原有上层乔灌木，对现状植被进行组团强化，完善绿化；新建滨江休闲步道，增设休憩平台；整合配电箱体，拆除现有旱闸，修复原有轨道；新建广场、文化景墙、廊架、公厕、坐凳、夜景照明灯、浇灌系统等配套设施。2019年9月建成，总投资约160万元。

凤凰公园改造 位于清荣大道南侧、大北溪西侧，面积7843平方米，对原公园实施提升改造，调整公园路网系统、更换园路铺装、修建健身跑道，翻新健身器材、儿童设施、灯光照明、花池坐凳，提升立交桥下空间，对绿地进行花化和彩化提升。2019年12月建成，总投资约156万元。

观音埔街旁绿地建设 在观音埔大桥与东大路交接处，观音埔家园小区门口，面积1607.9平方米，实施小区周边小游园补短板，新修园路及铺装场地，设置垃圾桶、儿童设施及景观坐凳，景观绿化及水电工程。2019年12月建成，总投资约53万元。

立交防护绿地建设 在福清市观音埔与东大路交接处，面积7211.7平方米，现对立交桥防护绿地进行提升，主要建设内容包括新建广场、健身步道，铺设硬质铺装，设置休息平台、垃圾桶、树池坐凳及景观坐凳，园林绿化、水电工程等。2019年12月建成，总投资约83万元。

向高街口袋公园 面积515平方米，利用旧城区拆迁腾出空地实施城区街头游园补短板，建有廊亭、硬地铺装、设置景石、坐凳。工程总投资75.08万元。

【园林管理】 2019年，福清市园林管理处完成城区37座公园（管养面积128万平方米）的绿地养管、卫生保洁、设施维护管理、城区公园23座公厕社会化管理招投标，吸纳有养管经验的保洁企业参与日常养管，进一步提高公园和公厕养护管理和服务水平。

完成新建的20条道路绿化（养管面积25.2万平方米）社会化管理招投标工作，推向市场化作业。将4.12万株行道树的日常修剪等管养工作委托市园林

2019年，改造后的融侨大酒店南侧三角绿地主入口 （市园林管理处 供）

公司实施，实行企业化管理运作。将公园和道路绿化两支养管队伍以及园林日常养管机械剥离，移交给市园林公司统一管理。

改革社会化养管监督机制。建立日考核、月考核、季度考核等工作机制，创新养护管理模式。建设“智慧园林”，建立福清园林养管信息化平台，用现代化高科技手段提高养护管理效率和管理质量。

（侯光银）

市容管理与执法

【概况】 2019年，福清市有环卫工人1029人（不含镇街、社区保洁人员），各种环卫专用车83辆，垃圾中转站19座，日转运生活垃圾约1149.59吨，全免费开放公厕38座，城区62条主干道实行机械化清扫保洁面积464万平方米，机械清扫率80%。福清市城市管理局受理“12345”便民呼叫系统投诉188件，反馈率100%，无逾期办理案件。办理领导批办件150件，反馈率100%。

【市容环境综合整治】 市容“六乱”整治 2019年，福清市城市管理局组织开展摊点、排档专项整治，清理各类占道摊点排档52541余起，查扣各类占道物品2663多件，其中查处校园周边流动摊点4815起。规范城区夜间大排档集中管理，对城区7个街道7条路段夜间大排档摊点进行规范管理、集中整治。纠正“两车”乱停放16227起、搬离暂扣102起，处罚1583辆次、罚款15600元；清理“乱张贴”19703张；查处沿街发放小广告传单384起，收缴各类传单50570张。

创城APP管理 2019年，福清市城市管理局整改创城管理系统案件28334单，案件办结率100%。汇晟保洁公司清理浆糊广告152352张，背胶广告100683张，横幅广告1508条，涂鸦广告14422处，数字城管5745单，处理创城智能APP智能系统4512单。

【环境卫生管理】 2019年，福清市实行城区道路环卫作业网格化运作，城区环卫作业按“两级（市、街道）十一格”责任分解原则，由城投公司、环卫作业公司、街道和社区分别承担各自网格日常保洁作业工作。城投公司、环卫作业公司承包4个网格道路环卫作业，总面积575.92万平方米。市城管局机动中队每日安排考评人员巡查考评城区直管网格环境卫生，采取日报、周报和月报的形式考评通报。

【垃圾无害化处理】 2019年，福清市已建成垃圾焚烧发电并投入运行处理设施1个（垃圾焚烧发电厂一期工程2012年投产使用，二期工程2016年建成投产使用），处理生活垃圾量41.96万吨，焚烧及无害化处理量41.96万吨，日均处理1149.59吨。

【建筑垃圾工程渣土管理】 审批报备 2019年，福清市城市管理局年审运输车辆329台，年审合格317台，不合格12部，通过率96.35%。

渣土工地管理 2019年，福清市累计准入建筑垃圾运输企业24家，已完成GPS定位系统、停车场智能监控、4G智能管控、传感器的安装及对接工作。其中建筑垃圾运输企业17家，二装建筑垃圾运输企业7家。全市有运输车辆468台。落实渣土施工工地净车出场制度并实行24小时监控。

渣土运输管理 2019年，福清市依托“智慧城管”综合指挥中心，开展“两点一线”（出土点、卸土点、运输路线）的监管，规范建筑垃圾运输车辆的秩序。每月与相关职能部门开展一次专项整治行动；每日巡查整治路面污染、车辆违规行为。全年发现严重污染路面356处，查扣违规渣土车辆609部，处罚金额114.1万元。

【环卫基础设施】 2019年，福清市（不含镇街、社区）配置各类专业环卫车60辆，垃圾箱1200个。全市38个公厕实行全天候免费开放。

【行政审批和行政处罚】 2019年，福清市城市管理局接受现场咨询200多人次，群众评价满意率95%以上，办理行政处罚案2421件，其中一般案件708件，简易案件1713件，处罚金额97.70万多元。

【关爱环卫工人】 2019年8月21日，福清市城投发展有限公司开展“关爱环卫工夏季送清凉”活动，为338名一线环卫工人发放清凉降暑慰问品。10月25日，福清市城投发展有限公司为338名环卫工人分发慰问品，慰问环卫节。

【智慧城管、数字城管】 2019年，福清市“智慧城管”综合指挥平台项目完成智慧市容、智慧渣土模块建设和对接。福清市网络化管理综合服务平台处理城市管理工作相关案件2780件，办结率100%，无逾期办理案件。

（郑颖）

（编辑　魏希兴）

应急管理

安全生产监督管理

【概况】 2019年，福清市应急管理局以遏制较大及以上生产安全事故为主线，以夯实企业主体责任为关键，以监管执法为支撑，以宣传教育为保障，推动全市安全生产形势不断向好。年内，全市发生生产安全事故21起，比上年减少19起，下降47.5%；死亡16人，比上年减少2人，下降11.1%；受伤7人，比上年减少24人，下降77.4%。未发生较大及以上生产安全事故。

【安全隐患排查整治】 2019年，福清市应急管理局以排查治理专项行动、15个重点行业专项整治、“防风险保平安迎大庆”专项行动等为抓手，集中排查治理隐患，全面提升“打非治违”力度。出动执法人员12995次，排查隐患10530项，已整改10525项，责令整改1961起，行政处罚557次，责令停产停业26家，行政拘留11人，罚款382.747万元。强化重大隐患点整治，挂牌整治四批重大隐患点95个，已整改92个。

道路交通方面，查纠各类交通违法行为46.4万起，其中“五类十项”严重交通违法行为48439起，酒醉驾1181起，超载30%以上2028起，涉牌涉证29519起，拘留1465人。全面摸排并封闭国省道安全隐患开口，324国道285处开口共封闭93处、305省道大真线62个开口共封闭30处。投资2165.2万元实现324国道福清段45.6千米全线亮灯。对全市非标车辆发放临时牌照及回购，非标两轮电动车共上牌160617辆，回购老年人代步车366辆、残疾车305辆。

危险化学品方面，先后组织检查危险化学品企业392家(次)，下达整改通知书21份，排查整治各类安全隐患1125条，立案处罚6起，罚款33.1万元。

烟花爆竹方面，抽查烟花爆竹企业132家次，排查整治各类隐患114项，查处违规违法行为79起，立案查处2起，收缴非法烟花爆竹4081件，行政拘留80人，罚款0.7万元。

建筑施工方面，检查在建工程项目592个，排查整治各类安全隐患1302条，责令停工2次，罚款5.2万元。

【安全宣传培训】 2019年，福清市应急管理局创新性开展企业安全培训工作，通过规范安全培训机构管理和引入市场化竞争，公开受理4家安全生产培训机构备案，举办12期企业负责人、安全管理人员培训，参训1300余人。利用“5.12防灾减灾日”“安全生产月”等活动，开展安全生产警示教育、应急救援演练等活动，开展安全宣传教育“七进”活动，开办“一路平安”电视栏目，在境内3条国省道、8条县道、13条市区主干道及乡村道、村岔路口醒目位置统一设置交通安全警示提醒牌、宣传标语。邀请专家对各园区、镇街和市直各单位进行执法业务、工矿商贸安全监管、危化企业事故警示教育等培训，进一步提高全市应急干部的业务素质和法律知识；组织市应急管理局、江阴港城经济区赴上海、江苏、浙江等实地调研，学习其在安全、应急等方面的先进经验，全面提升全市监管能力。

应急救援

【概况】 2019年，福清市应急管理局在江阴应急救援平台的基础上进行提升，开发全市应急救援指挥平台（过渡期），逐步实现日常监管、安全生产巡查、应急管理统计分析、视频会商、风险监测预警、应急指挥保障和智能决策支持等业务功能，为应急救援信息化指挥调度和辅助决策提供科技支撑。年内成功处置了江阴货轮危化品滴漏事件、危化运输车辆侧翻、东瀚镇出海村民失联、大化山和东张双溪村户外驴友失联等突发事件。

【应急救援力量】 2019年，福清市完成江阴化工应急救援基地建设，建成江阴应急指挥系统平台，组建江阴消防特勤中队(22名消防指战员、11部消防车、

2019 年 6 月 19 日，福清市“安全生产咨询日”活动在福清万达广场举行。
（市应急管理局 供）

1085 件专业器材），成立园区 6 支企业专职消防队（102 名队员、19 部消防车）；福清市应急管理局与蓝天救援中心等多个单位签订战略合作协议，初步形成以消防队伍为主，社会应急救援力量为补充的应急救援队伍。

【应急救援演练】 2019 年，福清市应急管理局先后参与组织开展全市大型石化事故演练、海上溢油污染及消防处置演练、核应急演练等，提升应急处置能力。发挥应急救援直升机优势，开展交通事故、校园反恐等直升机应急救援演练，提高空地立体救援协同应急能力，完善立体综合救援体系。

防灾救灾

【概况】 2019 年，福清市应急管理局对全市应急物资储备情况进行全面调查摸底，根据需求对应急物资、装备进行补充、更新和完善，加强完善救灾物资储备及日常管理，依托商贸物流企业，构建以实物储备、协议储备和市场运营有机结合的救灾物资保障新模式，建立应急物资储备动态管理的长效机制。全市建立市、镇、村三级灾情信息员队伍 529 人，开展灾害信息员报灾能力培训。

【自然灾害避灾点建设】 2019 年，福清市应急管理局推进全市 519 个自然灾害避灾点规范化建设，推广“福州市应急避灾”微信小程序。抓好 5 个全国综合减灾示范社区和 1 个申报全国综合减灾示范社区的提升建设工作。下达各类冬春救助款 23 万元、自然灾害避灾点维护建设资金 37.25 万元。

【救灾资金保障】 2019 年，福清市引导农户参与农村住房叠加保险，147 户受灾农户得到理赔款 81.235 万元。开展全市自然灾害公众责任保险，投入保费 135 万元。

（张香兰）

防汛防台风

【概况】 2019 年，福清市遭受暴雨影响 1 次，为“7・6”强降雨。全市受灾人口 211 户 478 人，农田受淹 4.33 平方千米，22 条道路均有不同程度的积涝，海堤损坏 2 处，山塘受损 2 处。全市启动Ⅱ级应急响应 1 次。

【防汛防台预案】 2019 年，福清市落实市、镇街两级防汛领导责任人和大、中型水库、24 座小（一）型水库、66 座小（二）型水库和万亩片海堤防汛责任人。按照“预警到乡、预案到村、责任到人”的防灾减灾机制，落实全市 483 个村村级预案，完成中型水库汛期调度运用计划审查审批。

【抢险队伍及物资准备】 2019 年，福清市准备抢险麻袋、编织袋等 19.75 万条，救生衣 200 件，应急抢险车辆 361 辆，钩机 47 辆、铲车 28 辆，冲锋舟 15 艘，准备砂石料 1 万立方米。有各类抢险队伍 374 支 5316 人。

【防台防汛应急监测】 2019 年，福清市防汛抗旱指挥部成员单位实行应急值班，气象、水利、防汛、海洋、国土等部门分工协作，监测台风与暴雨情况，发布预警预报。加强地质灾害隐患点排查，开展沿海在建工程项目防风、防浪、防潮工作。全年组织 0.56 万人次安全转移撤离。开展水库、城区排涝调度，减轻和避免主城区受涝。

（薛强）

防震减灾

【概况】 2019 年，福清市防震减灾中心（简称市防震减灾中心）建立健全以地震监测预报、震灾预防、地震应急救援为主要内容的防震减灾工作体系，获评“全省市县防震减灾工作综合考核先进单位”“全省市县地震灾害预防工作先进单位”。福清市城关小学被评为“省级防震减灾科普示范学校”。

【地震监测预报】 2019 年，市防震减灾中心定期对辖区内 2 个地下流体观测站、2个GPS台站、2个烈度速报台、2个地震宏观观测点、东张水库强震观测站和1个地震台阵（16个子台站）共25个地震台开展地震观测仪器运行、标定维护等管理工作。陪同省地震局、福州市防震减灾中心开展4轮台站巡查。全年各地震台站监测设备运行稳定，地震观测数据采集发送无间断，同省、福州市地震台网顺利汇交共享。完善地震群测群防网络建设，年初、年中两次更新“防震减灾三网一员名单”（更新助理员24人，宣传员/速报员528人）。

【地震灾害预防】 2019年，市防震减灾中心利用“科技、文化、卫生”三下乡、科技文化宣传周、防灾减灾日、全国科普日等纪念日开展防震减灾知识进学校、进社区、进农村、进企业、进机关现场宣传活动60余场次。制作防震减灾科普、地震预警、地震避难场所等公益广告，并在福清市电视台、市政广告led屏等平台投放8个月，受众面约30万人次/每天。7月，联合福清市科协举办“7·28”唐山地震纪念日科普宣教走进福清市科技馆活动，开展“地震模拟体验房”体验震感、地震预警疏散演练、地震应急医疗救护培训、发放科普资料等项目。9月，联合福清地震紧急救援队（依托消防大队）、卫健局、蓝天救援队在福州京东方光电科技有限公司举行福清市“防震减灾科普宣教进企业启动仪式暨京东方专场活动”。全年累计发放地震科普读物及宣传品10万余份，展出挂画100余幅，开展讲座23场次，受教人数20多万。

【地震应急救援】 2019年，福清市新建城头中学、江兜华侨中学两处国家“Ⅲ类”场地，按照标准添置综合设施配置。市防震减灾中心推进应急避难场所维护、运行，对辖区内地震应急避难场所开展2轮巡查，修复完善应急设施配置，建立地震应急避难场所数据库并向社会公布。年内建成地震预警终端161处，开展地震预警演练和宣教185场次。将福清市蓝天救援队纳入福清市地震应急救援志愿服务体系，全年开展志愿服务活动150余人次，地震医疗培训12场次，受教1.5万余人次。全市114所市属中（小）学校实现防震减灾宣传暨地震应急疏散演练全覆盖。加强地震应急准备能力建设，推进福清地震紧急救援队（依托消防大队）和武警福清地震灾害紧急救援队两支专业地震救援队伍日常训练、应急演练常态化。

（郑锦昭）

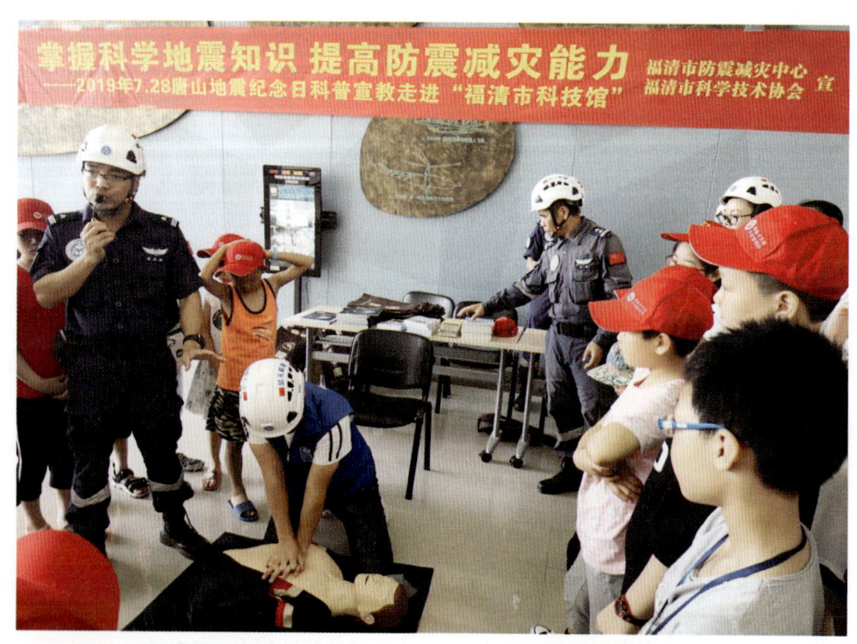

2019年7月，福清市防震减灾中心联合福清市科协举办“7·28”唐山地震纪念日科普宣教走进福清市科技馆活动 （市防震减灾中心 供）

消防工作

【概况】 2019年，福清市接警1026起，出动消防车1564辆次，消防人员8782人次，抢救被困人员177人，疏散人员104人，抢救财产价值1023.9万元。

【火灾防控】 2019年，福清市组织检查社会单位4630家，查处火灾隐患5840处，下发责令整改通知书877份，下发行政处罚决定书167份，查封34份，责令“三停”32家，罚款167.7741万元。

【消防设施建设】 2019年，福清市投入2072.5万元，推进江阴化工区石化特勤站、元洪消防站、玉屏消防站、镜洋消防站建设工作。推广安装独立式感烟报警器4420个，简易喷淋系统305套，规范电动车充电区域10余个，新建成消防安全示范社区5个。

【消防宣传培训】 2019年，福清市组织开展消防宣传活动190余场次，举办消防培训40余场次，消防救援站向社会开放123场次，开展灭火救援演练208次，受宣传教育群众8.2万余人；张贴电动车火灾警示宣传资料、人员密集场所通告5万余份，提升市民安全意识和自防自救能力。

（林良健）

（编辑 魏希兴）

综合经济管理

宏观经济管理

【概况】 2019年，福清市着力稳增长、促改革、调结构、惠民生、防风险、保稳定，推动经济社会持续健康发展。全年实现地区生产总值地区生产总值1150.15亿元，比上年增长7.6%（其中第一产业增加值增长4.0%，规模以上工业增加值增长8.7%，建筑业增加值增长9.5%，第三产业增加值增长6.8%）。一般公共预算总收入增长8.7%，地方一般公共预算收入增长11.3%；社会消费品零售总额增长9.9%；实际利用外资增长3.3%；居民人均可支配收入增长9.5%，城镇居民人均可支配收入增长8.1%，农村居民人均可支配收入增长10.0%。

【政策研究】 2019年，福清市制定《福清市促进民营经济健康发展的若干意见》《关于福清市总部企业认定和扶持实施细则的补充意见》《关于加快培育一批产业基地打造新经济增长点的意见》《关于全市工业园区改造提升的实施意见》《关于印发福清市2019年投资工程包实施方案的通知》等政策文件。

（黄仲伟）

【项目管理与固定资产投资】 项目管理 2019年，202个福清市级以上重点项目完成投资522.57亿元，占计划101.37%。抓项目促发展专项行动中蓝谷海工装备产业综合体、正太新材年产10万吨二氧化钛项目、经纬产业用高性能绿色环保纤维产业化项目等254项项目动建；中铝东南沿海铝精深加工基地项目二期工程、友谊新材料科技工业园一期、福清国际物流商贸城等110项项目竣工或投产。

（林晶）

项目扶持 2019年，福清市争取中央和省级预算内补助、福州市奖励资金等6265万元，助推教育、农业、服务业、企业创新平台等领域建设和发展。开展技术改造、技术攻关、政法基础设施、社会事业、能源、充电桩等各域规划项目的摸底与申报。

（林小勤）

固定资产投资 2019年，福清市实现固定资产投资同比增长3.0%，其中工业固定资产投资同比增长12.1%。

（黄仲伟）

【产业发展】 农业 2019年，福清市完成高标准农田建设3000公顷和水稻功能区划定10253.33公顷，新建各类设施蔬菜33.33公顷，蔬菜产量、设施大棚面积保持福州市第一。新增工厂化水产养殖1.5万平方米、塑胶鱼排0.19万平方米、深水抗风浪网箱20口、农产品（水产品）加工生产线5条，完成农产品产后初项目7个，新增优质农产品标准化示范基地10个。成功举办第二届一都枇杷节、首届福清（沙埔）开渔节暨海洋文化旅游节、中国农民丰收节暨福州（福清）名特优农牧产品节、东张煎茶节、蜜柚节等一系列农业节庆活动，新增绿色食品认证农产品5个，一都枇杷、光阳鸡蛋获批福州市知名农产品区域公用品牌。新型农业经营主体日益增多。新培育省级农业产业化龙头企业11家、福州市级农业产业化龙头企业15家、省级家庭农场示范场5家和福州市级家庭农场示范场3家，全市福州市级以上农业产业化龙头企业产值突破190亿元。

工业 2019年，福清市以融侨、江阴、元洪、蓝园等园区为重点，实施水电路气热、码头泊位、污水处理等基础设施和公共服务配套项目（包）8个；江阴港区实现5G信号全覆盖，上线省内首个5G“智慧港口”平台；蓝谷海工装备产业综合体初具规模，已入驻企业67家。坚持抓龙头、铸链条、建集群，推动产业项目开工动建115项，其中战略性新兴产业类项目37项。融侨开发区奋安年产铝制品6万吨项目、森达电气智能成套开关设备生产基地、福建棱舒石油化工设备有限公司汽车零部件生产项目等19个项目开工建设，翔泽科技、中兴五金年产五金配件8万吨、壹物新材料等14个项目实现竣工，成为福州首个千亿产业园；江阴港城经济区正太新材、艾尔姆风能叶片制造、富仕新材一期等13个项目相继动工，福清天辰耀隆环己酮扩能技改、新福兴新能源汽车玻璃产业园一期、江苏中车等10个项目陆续竣工；元洪国际食品产业园已入驻项目36个，兴亮物流、兴宇食品、胜田食品等11个项目落地建设，御冠食品、诚信达包装等8个项目投产运营；蓝色产业园中铝铝精深加工基地一期项目竣工投产，对接氢能制造产业基地。

服务业　2019年，福清市力促服务业项目进一步转化为三产发展新动能。福清公路港项目一期投入运营，福清玉融国际创业小镇科研楼可以交付使用，金辉星级酒店顺利竣工，黄檗寺文化旅游区基本完成建设，南少林文化旅游区、东龙湾花蛤小镇稳步推进。推进旅游品牌创建，推动1个5A、1个4A和2个3A级景区创建，推动赤礁村、少林村创建省级乡村旅游特色村。加大金融服务实体经济力度，对公贷款余额451.37亿元，增长10.91%，其中对小微企业贷款186.78亿元。新发放普惠型小微企业贷款平均利率6.57%，同比下降1.79个百分点。加快新经济、新业态发展，与京东集团联手打造的全球（元洪）食品数字经济产业中心正式开园运营，与阿里巴巴、“供销e家”、“便利宝”电商平台、农商行“福e购”平台合作完善市、镇、村三级电商运营服务网络体系，培育福清市上市后备企业79家，新培育福州市级总部企业2家

（林小勤）

【统筹城乡】　公共服务　2019年，福清市扩大教育资源供给，着力满足老百姓对办家门口优质学校的迫切需求。投入4.4亿元，重点推进福清一中新校区、实验小学第二校区、江阴庄前小学等14所城乡公办中小学和东瀚中心园、占泽中心园、三山中心园等6所幼儿园的新改扩建，新增学位4800个。改善卫生健康环境，稳步推进15个卫健系统补短板项目。完成江镜镇卫生院综合楼智能化改造、市三医院外立面改造、福清市医院急救中心、镜洋镇卫生院医技楼扩建等4个项目。高山镇、三山镇、渔溪镇中心卫生院开展前期工作，其余8个项目进场施工。完善养老服务格局，有在建高端养老机构4家，登记在运营民办养老机构11家，低端保障机构敬老院7家，总床位数4996张。

基础设施　2019年，福清市基本完成利桥、东门河东侧、西门客运站、龙江南门桥片区等4个旧片区改造，拆除房屋建筑面积69.3万平方米。推进28个公园及配套项目、65个道路绿化工程项目，建成区绿化覆盖率46.3%，绿地率43.3%，人均公园绿地面积14.7平方米，新增建成区绿地面积45.0公顷，新增公园绿地面积14.0公顷。长福高速公路主线路基接通，滨海大通道（228国道）福清段通车里程20.2千米，引导城乡公交优先发展，开通城乡道路客运一体化线路28条。启动和实施对外交通连接线、环城路、东部新城、观溪新区、城北组团、火车站片区、中心城区等区域的市政道路建设项目146项，完成市政道路建设16.3千米。城区新改建供水管网20.0千米，燃气管道21.6千米。

（黄仲伟）

【招投标管理】　2019年，福清市发展和改革局根据国家相应法律法规，在审批立项的551个政府投资项目中，核准2项进行邀请招标，其余项目依法采用公开招标方式或其他符合法律法规的方式发包。根据国家相应法律法规，2019年备案的712项企业投资项目无需核准招标事项。

（林晶）

【重点项目建设】　2019年，福清市列入福州市重点项目（同时作为福州新区重点项目）共180项，完成年度计划投资466.95亿元。

（黄仲伟）

统计与调查

【普查与专项调查】　工业企业生产经营及景气状况调查　调查内容包括景气状况判断、生产增速预计及订单情况、生产能力利用情况、资金面情况、盈利及投资情况、用工情况、生产经营问题等7个方面，年内全市有416家企业进行联网直报。

其他专项调查　2019年，福清市统计局完成农业产业化龙头企业调查、人口抽样调查、2019年度私营单位工资情况抽样调查、文化产业调查、妇女儿童发展纲要监测等工作、规模以下工业抽样调查、规模以下服务业抽样调查、限额以下批发零售业调查、限额以下住宿餐饮业调查。

（陈铭）

【常规调查】　居民收支调查　2019年，国家统计局福清调查队对国家统计局直接抽选的15个调查小区（分布在玉屏街道、龙山街道、龙江街道、宏路街道、龙田镇、海口镇、港头镇、江镜镇、上迳镇、沙埔镇）开展居民收支调查。

（程玉峰）

农村经济调查　2019年，国家统计局福清调查队开展农产品生产价格、农业（稻谷产量、播种面积）、畜禽监测调查。农产品生产价格调查样本数30个，样本分布11个镇（街）农场，农产品生产价格指数包含3个大类，8个中类，18个小类；早稻单产样本6个，晚稻单产样本5个；以省为总体的畜禽监测调查样本79个，分布14个镇（街）农场，主要调查生猪、家禽、牛、羊存

栏数、出栏数等相关指标数据。

（陈坚、周承公、谢孟栋）

工业生产者价格调查　2019年，国家统计局福清调查队调查工业生产者价格企业88家，网络直报企业88家。抽样调查企业中，上报的产品规格品100种。

（刘学铃、林晓雯）

采购经理调查　2019年，国家统计局福清调查队为编制采购经理指数，加强对国民经济活动的监测和预警能力，开展采购经理调查。调查网络直报企业样本数10家，其中制造业5家、非制造业5家。企业网络直报率100%。

（周承公）

月度劳动力调查　2019年，国家统计局福清调查队为及时、准确地反映我国城乡劳动力资源、就业和失业人口的总量、结构和分布情况，每月对9个调查小区（分布在龙江街道、石竹街道、龙田镇、江镜镇、港头镇、三山镇、沙埔镇）中的144户开展劳动力登记调查，样本在月度间进行50%的轮换，以提高调查代表性。

（周丽青）

农民工市民化进程动态监测调查　2019年，国家统计局福清调查队采用手持电子终端（PDA）对全市45个农民工家庭开展入户面访，定期收集农民工在输入地的就业生活相关信息，为科学制定农民工政策、加强和改善为农民工服务工作提供可靠依据。

（林波）

【调查服务】　2019年，国家统计局福清调查队受中共福清市委政法委员会的委托，对全市各村（居）开展了社会公众安全感满意度电话调查工作，通过语音调查系统每半年调查样本10280个。受市委市政府委托，对经济和社会管理单位、行政执法单位、党群和政法机关、镇街等单位开展政府绩效调查工作，对公共服务管理单位、金融保险单位等开展政风行风的公众评议工作。调查对象为市四套班子领导成员，市直各单位主要负责人、中层干部代表，各镇街党委、政府、人大主要负责人、中层干部代表，党代表、人大代表、政协委员，城乡居民、企业经营者等。除部分服务对象通过现场调查方式以外，其余的均采用电话、信函调查。

（林波）

【统计法制建设】　2019年，福清市统计局将统计法纳入党校教学内容。10月在党校举办1期领导干部统计法讲座。利用统计开放日、“12·4”全国法制宣传日发放手册宣传统计法。结合第四次全国经济普查，宣传统计法。开展“双随机、一公开”检查工作，加强监管全面推进依法治市工作。国家统计局福清调查队结合统计开放日、国家宪法日、统计法颁布纪念日等，以宣传手册、群发短信等形式，向社会、企业宣传统计知识和统计法律法规。

（魏明华、林波）

2019年6月4日，市统计局在环球大厦开展经济普查核查（市统计局　供）

国有资产管理

【概况】　2019年，福清市按照“国家所有、分级管理、授权经营、分工监督”的原则，建立健全国有资产管理体系，完善国有资产监管体制和运营机制，加强国有资产和国有资本收益管理。行政事业单位国有资产由占用、使用由单位管理；国有企业资产由市政府授权市国有资产营运投资有限公司对55家控（参）股企业管理，继续实行国有资本经营预算制度，国有资本经营收益上缴比例提高至20%。

【国有资产监管】　2019年，福清市完善国有资产评估管理办法、市国有资产出租管理办法等一系列制度，加强资产评估、资产竞拍等中介机构监管工作，监管资产流转过程，把握资产评估关；监督资产交易关，公平竞价出租出售资产。全面开展行政事业单位资产清查工作，健全行政事业单位经营性资产公开竞租制度，建立行政事业单位固定资产信息监管系统，实现了从资产入口、使用到出口各环节的全程动态管理，确保国有资产保值增值。

【国企改革发展】　2019年，福清市理顺政府所出资企业职能，制订政府所出资企业的组织结构、人员配备、职位级别和薪酬管理等方案，健全政府出资企业法人治理结构。出台政府所出资企业薪酬管理办法，建立绩效考核制度和激励约束机制，提高国有企业管理运营效率。

【国有资本运作】 2019年，福清市国投公司、福清市城投集团获评AA+信用等级。福清市财政认缴出资10亿元，设立福州元洪商贸集团有限公司为市国投公司的全资子公司；市财政认缴出资1亿元，设立福清市元洪金控投资有限公司为市港城公司的全资子公司；市财政认缴出资0.5亿元，设立福清市城投市政管养有限公司为市城投集团的全资子公司；市财政认缴出资0.22亿元，设立通渭县融达通贸易有限公司为市城投集团的全资子公司；市财政认缴出资50万元，设福清交投公路养护有限公司为市交投公司的全资子公司；市财政认缴出资784万元，设立福清市华城运输服务有限公司。

（包书丹）

市场监督管理

【企业注册登记】 2019年，福清市市场监督管理局（简称市市场监管局）落实“多证合一”“证照分离”改革，进一步压缩审批时限，企业设立登记一律在2个工作日内办结，备案、换照、注销、动产抵押等登记均当场办结。简化住所（经营场所）登记手续，实行企业全程电子化登记，扩展政银合作范围，与7家商业银行签订企业注册登记合作协议。完善企业名称、简易注销、经营范围登记等便利化改革举措，实施企业名称“自主查重、自主申报”便利化改革，在城区市场监管所试行营业执照自助打印服务。

2019年，福清市新增内资企业4721户，新增注册资本693.57亿元；实有内资企业22100户，注册资金3364.91亿元；新增外资企业46户，新增注册资本18962.08万美元；实有外资企业652户，注册资金320400.06万美元；新增个体工商户10736户，资金数额11.07亿元；实有个体工商户53258户，资金数额39.36亿元。为各类市场主体办理简易注销4339件。

【网络交易监管】 2019年，福清市市场监管局制订《福清市创建网络市场监管与服务示范区2019年行动计划》，开展2019年网剑行动、2019年网络餐饮服务食品安全、医疗器械“清网”行动、网络销售化妆品安全专项检查等，查处各类网络违法案件13件，罚没款1.45万元。在“6·18”、双十一和节庆期间，对网店进行定向监测，监测各类网店65户。通过线上监测、实地检查等线上线下相结合方式巡查网站、网店1633家，对26家入网餐饮服务提供者未按照食品经营许可证载明的主体业态、经营项目及未公示相关证照信息等存在的问题责令改正，并依托“网络餐饮e治理”软件，由平台对违规经营户进行下线及监督整改。

【市场监督执法】 2019年，福清市市场监管局开展产品质量安全隐患排查和整治行动、电器产品生产质量治理、“三无激光笔”、“水晶泥”等危险文具玩具清查整治、打击走私“国门利剑2019”等系列专项行动。组织开展消防产品、电气产品、文具玩具、汽柴油的商品抽检125批次，组织消防产品、电气产品和文具玩具商品抽检75批次，对辖区12家流通领域小家电商品开展随机抽查工作。在规定时限内完成6批次不合格后处理工作。加大对辖区4家危险化学品获证企业现场巡查和问题排查力度，对26家高风险产品获证企业开展2次以上的巡查。全年立案866件，罚没款656.47万元。

【消费维权】 2019年，福清市市场监管局利用“3·15”国际消费者权益日、质量月等主题宣传、消费维权宣传“五进”活动，微信公众号等新媒体发布消费警示等方式，聚焦热点问题，向民众宣传相关消费常识，提高维权意识。组织党员志愿者开展“食品安全知识进校园，关注师生饮食安全”为主题的消费体察活动，完善消费者与经营者沟通交流平台，采取行政约谈方式督促经营者规范经营、诚信经营，试点推行“消费争议先行赔付制度”。推进12315、

2019年3月15日，福清市市场监督管理局开展“3·15”宣传日活动

（市市场监管局　供）

12331、12365、12358、12330五线融合，于12月26日全面启用全国12315平台，畅通投诉举报渠道。截至2019年底，福清市有消费维权站点586个，全年受理消费者咨询1万多件，受理投诉举报件3496件，办结率100%，为消费者挽回经济损失231.91万元。

【“3·15”消费者权益日活动】 2019年3月15日，福清市消委会联合市市场监管局、司法局、卫健局、住建局等33个职能部门和企事业单位代表，开展“信用让消费更放心”为主题的“3·15”国际消费者权益日现场宣传活动，17个市场监管所在各乡镇开展相关宣传活动。活动过程中，发放各类宣传品近10000份，接受消费维权咨询845人次，为消费者挽回经济损失0.6万元。

【食品安全生产监管】 2019年，福清市市场监管局受理食品生产许可申请（含新申请、换证、变更）43家次，发放许可42本，新增食品生产企业10家。截至年底，全市有食品生产许可证取证企业129家。市市场监管局引导规上企业推行HACCP及ISO22000体系标准，规上企业80%良好推行HACCP及ISO22000体系标准。指导29家小作坊完成改造，并取得小作坊生产条件核准证。截至年底，取证食品生产加工小作坊69家；累计创建小作坊示范点26家，其中省级示范6家，福州市级示范5家，福清市级示范15家。指导117家食品生产企业在省局电子追溯平台注册，上传追溯信息128万余条。部署开展食品生产安全风险排查、非法添加、面制品、食用油、豆制品、农村食品、小作坊整治、非洲猪瘟防控等专项整治行动。发现风险隐患问题并责令整改13家次，立案查处12起。全年生产环节抽检672批次（含乳制品232批次），合格672批次，合格率100%。全年组织监管人员业务培训、食品审查员培训、企业食品安全管理人员和小作坊培训等食品相关培训12场，培训584余人次。组织完成辖区所有取证食品生产企业食品安全管理人员抽查考核工作。

【食品安全流通监管】 2019年，福清市市场监管局稳步提升全市食品销售环节一品一码信息追溯工作水平，批发企业注册率100%，录入率100%，批零企业注册率100%，主体录入率100%。指导智慧农贸市场升级改造和追溯体系建设，对食品流通主体负责人加强培训指导。有3家农贸市场追溯系统投入使用，玉屏官塘垅农贸市场、东门农贸市场、宏兴永惠、宝旭农贸市场、高山农贸市场完成升级改造工作并配备追溯秤，西云、江阴、龙田、融北农贸市场陆续完成升级改造工作。开展春节期间亮剑行动、校园食品、猪肉市场、食盐市场、农村假冒伪劣食品、农产品质量安全、冷库及冷冻食品、食品欺诈和虚假宣传等专项整治，立案查处食品流通领域违法违规案件45起，罚没18.98万元，没收违规食品298.885千克。开展流通领域食品抽检工作，组织抽检1800批次食品，22个批次不合格，合格率98.7%。

【餐饮服务安全监管】 2019年，福清市市场监管局完成4921家餐饮服务单位风险分级评定工作，完成率100%。抽检餐饮环节食品3008批次，检出不合格49份，合格率98.4%。组织一品一码录入培训，分三期8批次对学校食堂、中型以上餐饮服务单位近400多位录入人员进行培训；按要求组织辖区餐饮单位170余家参与总局“十万餐企食品安全知识大测试”活动。做好“两会”、新春茶话会、印尼考察团、元洪进口食品对接会、高考、元洪食品节、首届黄檗禅论坛、2019年环福州·永泰国际公路自行车赛福清赛等10多场各类重大活动的餐饮食品安全保障任务，未出现食品安全事故。开展非洲猪瘟、餐饮冷冻食品经营主体、网络餐饮专项整治等行动。配合市卫健局开展2019年度健康酒店创建活动，福清融侨大酒店有限公司、创元（福建）大酒店有限公司、福清市四道菜中餐厅万达分店等八家福清餐饮企业获评“省级食品安全放心餐厅”。在“不忘初心、牢记使命”主题教育中开展整治食品安全问题联合行动，联合市教育局开展解决学校及幼儿

2019年9月，“食话食说榕城行”食安科普宣传活动在福清万达广场举办
（市市场监管局　供）

园食品安全主体责任不落实和食品安全问题专项整治，检查学校食堂及校园周边餐饮服务单位997家次，其中托管机构105家次，发放监督意见书和责令整改通知书73份。

【药品及医疗器械安全监管】 2019年，福清市市场监管局做好药品流通领域的行政许可准入工作，完成药品零售企业经营许可36家、GSP认证37家、换证15家，许可证变更101家。在医疗器械监管方面，完成8家新增的三类医疗器械经营企业现场许可检查和50家新备案的二类医疗器械经营企业现场核查工作。开展中药饮片质量集中整治、药品和医疗器械流通市场综合整治、执业药师“挂证”专项行动、眼视光医疗器械监督检查等整治工作。推行辖区药品零售企业试行电子处方工作，有152家药品零售单体药店完成了“微问诊”等电子终端的安装并投入使用，电子处方完成率90.5%，排名居于福州市前列。做好药械不良反应监测上报工作，完成辖区医疗卫生机构药品不良反应（事件）总数930例（任务842例），完成率110.4%。在抽检方面，按时完成各类药品抽验任务数总计262批次。

【食品检验】 2019年，福清市市场监管局完成监督抽检5242批次，涉及的监督抽检项目68351个，检出不合格产品78批次，总体抽检合格率98.51%，与2018年同期相比，合格率提升0.57%。

【案件稽查】 2019年，福清市市场监管局案件立案866件，结案871件，罚没款656.47万元。其中工商类案件立案614件，结案617件，罚没款129.24万元；食药类案件立案211件，结案222件，罚没款401.04万元；质监类案件立案35件，结案27件，罚没款125.01万元。价格类案件立案6件，结案3件，罚没款1.18万元。

【企业信用监管】 2019年，福清市市场监管局落实移出经营异常名录企业行政约谈制度，规范企业移出经营异常名录管理，办理列入异常经营名录225户次，移出经营异常名录948户次。开展市场主体年报攻坚行动，内资企业年报率90.85%。开展跨部门“双随机一公开”联合抽查企业1008户。

【质量认证】 2019年，福清市市场监管局突出强制性产品认证监督检查，对辖区42家次企业认证活动开展现场监督检查，重点针对电动自行车企业开展强制性产品认证监督检查，辖区现有信田公司获得3C认证。深入开展服务质量提升“双零”活动和跟踪服务企业“双保”活动，挂钩联系辖区9家重点企业。加强机动车安检机构和电动车市场监管，检查各类电动车生产经营企业220多家（次），签署承诺书100多份，立案查处电动车案件2起。落实省、福州市质量强市重点工作项目，开展各级政府质量奖申报指导服务。坤彩科技、恒杰塑胶获得省政府质量奖提名奖。

【计量管理】 2019年，福清市市场监管局开展重点领域安全用计量器具专项监督检查工作，检查企业23家；开展电子秤监督检查工作，检查酒店8家、餐馆30家、超市20家、集贸市场12家、生鲜小店26家、销售单位2家，签订诚信计量承诺书单位61家，检查电子秤204台，其中发现32台未经检定使用的电子秤，责令限期送检；开展诚信计量活动，有9家医疗机构、54家眼镜制配场所、14家餐饮（酒楼）、24家商店超市开展诚信计量自我承诺，并将承诺书粘贴在显眼位置。

【标准化管理】 2019年，福清市市场监管局指导福耀公司开展国家高新技术产业标准化示范区建设。指导辖区企事业单位参与33项国家标准、15项行业标准和1项地方标准的制修订。指导圣禾公司顺利通过农业标准化示范区的终期验收。

【特种设备监察】 2019年，福清市市场监管局开展电梯安全监管、危险化学品相关特种设备安全隐患大排查大整治、起重机械安全专项整治、大型游乐设施和客运索道安全监管等行动，联系省特检院分批多次举办特种设备安全监察、作业人员培训。加强特种设备安全宣传，在瑞亭小学、宏路中心小学开展

2019年4月30日，福清市市场监督管理局联合福清市教育局到福清市瑞亭小学开展以“安全乘坐电梯小常识”为主题的特种设备安全进校园宣讲活动

（市市场监管局　供）

特种设备安全进校园宣讲活动。在永鸿水世界及酒店举办2019年大型游乐设施和电梯安全应急救援演练，在裕荣汇购物中心组织开展“保安全、迎大庆”福清市2019年电梯安全应急救援演练暨电梯质量安全知识宣贯活动。加强气瓶安全监察工作，做好气瓶安全追溯管理系统数据上传，各市场监管所每季度对本行政区域内气瓶充装单位至少开展1次现场安全监督检查。落实特种设备动态监管平台“清网”行动，定期检验率大幅提升。2019年，全市特种设备类型案件立案28起，罚没款108.57万元。

【广告活动指导与监管】 2019年，福清市市场监管局依托国家总局互联网广告监测平台和福建省移动广告监测平台，加强辖区互联网线上广告和户外媒体线下广告巡查监管。开展节日期间广告专项整治、互联网违法广告、住宅小区违法广告、非法集资广告等专项整治，查处广告违法案件15起，罚款4.37万元。先后组织召开全市房地产企业规范经营座谈会、全市宣传媒体广告导向监管约谈会，督促主要媒体、重点行业要加强广告行为自律。开展讲文明树新风公益宣传活动，发布LED屏公益宣传2000多条、梯视400部、展板150多面。推动广告业跨越发展，全市有规模以上广告企业9家，完成营业收入18282.5万元，增长35.9%。

【实验室管理】 2019年，福清市市场监管局通过计量标准复查九项，新建计量标准一项。派出参加上级组织的各类培训41人次。

（余娇）

价格管理

【概况】 2019年，福清市物价总水平基本稳定。对辖区内的房地产销售价格进行备案，全年累计备案142批次。对1543件总标的额2792.3万元的涉案标的物进行价格认定。

（林纹、李斌）

【行政事业性收费管理】 2019年，福清市发展和改革局做好2018年度行政事业性收费情况报送及统计工作，重新梳理公布2019年福清市本级行政事业性收费单位名单及收费项目。重新制定福清文光学校、北京师范大学福清附属学校收费标准。

【商品价格和服务价格管理】 2019年，福清市根据增值税税率变化相应下调福清市管道天然气销售价格。根据电网企业增值税税率及上级相关文件精神，相应降低一般工商业电价。进一步规范福清市机动车停放服务收费有关问题，制定玉融山环山栈道停车场及福清医院绿荫停车场收费标准。开展政府下属部门及中介机构收费自查，巩固涉企经营服务性收费清理规范成果。福清市发展和改革局做好2018年度经营服务性收费情况报告工作，重新梳理并公布福清市县级政府定价管理的经营服务性收费目录清单。

【价格补贴】 2019年，福清市根据国家相关政策，完善价格补贴联动机制，扩大享受价格补贴和节日食品补贴的优抚对象。全年为16504人发放价格补贴1378.56万元，为15826人发放节日食品补贴783.94万元。

（林纹）

【价格监督检查】 2019年，福清市市场监管局开展机动车停放收费、医疗服务价格、商业转供电环节收费、殡仪服务收费、商品房价格、停车场排查及整治等专项检查。开展对各类停车场的排查及整治工作，检查医疗系统院内停车场4个、社会专业停车场12个、酒店配套停车场6个、物业区域停车场5个。联合市住建局、市发改局，对璀璨滨江、融侨悦府小区、江山云著等11个住房项目，在开盘日实施联合驻场监管工作，规范商品房销售价格行为。全年受理价格投诉、咨询案件206件，办结率100%。查处价格违法案件4起，罚没8.09万元。

（余娇）

审　计

【概况】 2019年，福清市审计局完成审计项目33项，占年度审计项目计划数的126.92%，去年同期增加了5项。审计查出违规金额355万元，管理不规范金额197236万元，损益（收支）不实30万元；发现非金额计量问题49个，比去年同期增加19个。通过审计为国家增收节支518万元，其中已上交财政354万元，已归还原渠道资金164万元。出具审计报告和专题审计调查报告52篇，比去年同期增加30%。向被审计单位或有关单位提出审计建议73条，被采纳审计建议73条，占提交建议总数的100%，审计建议采纳率与去年同期持平。提交审计信息73篇，被各级党政领导或有关部门批示、采用审计信息35篇次。获评2019年度全国审计通联工作先进集体、福州市计算机审计应用绩效先进单位、福州市审计信息宣传工作先进单位、福清市先进基层党组织。

【预算执行情况及决算草案审计】 2019年，福清市审计局重点关注财政收入完成质量、专项资金使用绩效和存量资金盘活使用情况等，发现福清市级企业研发配套补助经费未及时下达、多项财政专项资金滞留、往来款项长期挂账未能及时清理、对下级政府的转移支付补助资金下达不及时等4个方面问题，

2019年2月21日，福清市审计局开展审计工作动员部署会（市审计局　供）

提出4条审计建议，促进全市财政资金高效规范利用。

【经济责任审计】　2019年，福清市审计局开展对11个单位、19位领导干部的经济责任审计工作。发挥经济责任审计联席会议办公室桥梁纽带作用，加强与纪检监察、组织人事等其他监督的贯通，加强信息共享。2019年，审计任中领导14人、离任领导5人，审计查出主要问题金额29991万元，已上交财政459万元，已归还原渠道资金316万元。审计提出建议38条，被采纳的审计建议38条。

【重大政策措施落实情况跟踪审计】　2019年，福清市审计局围绕加强减税降费政策措施落实情况、清欠民营企业中小企业账款专项审计、为民办实事项目（教育类）、非户籍人口在城市落户实施方案落实情况、福清融侨经济技术开发区管理委员会京东方柔性生产线项目基础设施配套项目、福建江阴港银河国际汽车园有限公司实施的汽车城项目、福清市交通建设投资有限公司福清滨海大道（国省干线纵一线）项目、福州新区福清功能区管理委员会福清元洪国际食品园项目、福建三峡海上风电产业园运营有限公司实施的福建三峡海上风电产业园项目、福建省福化天辰气体有限公司实施的大型煤气化项目10个专题专项开展跟踪审计，发挥政策落实跟踪审计的监督保障作用，推动重大政策措施的有效贯彻落实。

【公务支出和公款消费（1+X）专项审计检查】　2019年，福清市审计局将落实中央八项规定情况审计贯穿于全年审计项目计划实施中开展，并配合“元旦春节”“五一端午”“中秋国庆”两节开展廉洁纪律专项集中督查工作，开展集中督查5次，检查单位21个，发现4条问题线索，并上报纪委，要求被审计单位及时落实整改。

【自然资源资产离任（任中）审计】　2019年，福清市审计局围绕污染防治，开展5名领导干部自然资源资产离任（任中）审计，发挥大数据在查找疑点、精准定位、综合分析方面的优势，用ArcGIS软件查找异常地区，推动本地加强资源管理和生态环境保护。

【大数据审计应用】　2019年，福清市审计局按照“向大数据要资源、向信息化要效率”的思路，在福州县区里首个摸索建立大数据审计平台，建成数据审计平台框架，完成数据仓库建设和财政审计模块及惠民资金审计模块。依托审计大数据分析平台，实现市本级预算收入真实完整以及市一级预算部门（单位）预算执行大数据分析全覆盖，通过数据集中分析选取审计重点，延伸核查49项专项资金和17个部门单位。建立大数据集中分析制度，加强非现场大数据应用，有效缩短现场审计时间。2019年度计算机审计应用成果案例获福州市级优秀等次。

【深化审计管理体制改革】　2019年，福清市委审计委员会成立，由市委书记担任委员会主任，市长和纪委书记担任副主任。召开审计委员会第一、二次会议，听取福清市“同级审”审计工作汇报，审议通过审委会和审委会办公室的工作规程等文件。加强审计委员会办公室对经责审计和自然资源资产审计项目的管理和参与，把党对审计工作的集中统一领导落实到审计工作的全过程。

（施伟）

（编辑　魏希兴）

财政　税务

财　政

【概况】　2019年，福清市财政部门坚持以供给侧结构性改革为主线，实施积极的财政政策，落实更大规模减税降费，促进经济社会持续健康发展。全年财政运行总体平稳，财政改革发展各项工作取得新成效。全市一般公共预算总收入139.2亿元，完成预算的102.1%，同口径增长8.7%。其中地方一般公共预算收入85.04亿元，完成预算的104.8%，同口径增长11.3%。全市一般公共预算支出117.04亿元（含上级补助收入、上年结转和一般债券安排的支出，下同），比上年增长16.6%。政府性基金预算收入94.74亿元，支出141亿元。国有资本经营预算收入2400万元，支出2400万元。社会保险基金预算收入12.42亿元，支出10.1亿元。

【着力开源节流】　2019年，福清市财政部门积极应对减税降费影响，加强税源监控、税源挖潜、税收管征，做到应收尽收。在更大规模减税降费的情况下，实现全年税收收入119.54亿元。持续做好非税收入征缴，通过提高国有资本收益上缴比例、多渠道盘活国有资源资产等措施，弥补减收缺口。全年政府非税收入实现25.06亿元，大幅增长138.8%。

贯彻落实过“紧日子”要求，大力压减一般性支出，按上年部门决算一般性支出压减10%后的规模控制支出安排，将年初预算安排的部门单位业务专项经费按5%收回，集中用于保障“三保”等重点领域支出需求。

【促进产业发展】　2019年，福清市把握积极财政政策“加力”与“提效”发力点，在减税降费、财政投入、财政撬动等方面打好“组合拳”，推动经济高质量发展。

全面减轻企业负担　落实更大规模减税降费政策，并简化减免退税流程，推行单笔5000元以下的退税授权税务部门直接退库办法，全年减税降费规模14.5亿元，返还企业失业保险金4130.5万元，有效支持实体经济发展。

促进创新驱动发展　出台扶持鼓励企业科技创新的新举措，建立创新激励与企业研发投入等指标挂钩机制，鼓励企业加大研发投入、知识产权认证、参与标准制定，推进科技创新平台建设、创新孵化平台建设和科技成果转化，培育壮大创新企业集群。

推动产业转型升级　推行技改设备投资补助、技改完成投产奖励等组合政策，支持实施高成长性企业、高新技术企业“双高”培育工程，加快新旧动能转换，推动产业提质效。综合运用投资补助、购买服务、奖励等方式，促进总部经济、现代商贸、金融服务、文化旅游、电商物流、数字经济、平台经济加快发展。

加快园区平台建设　从资金投入、财政体制、资本金注入等方面发力，投入15亿元，完善园区基础设施和公共服务配套，强化园区产业发展平台支撑，重点工业园区产业聚群加快发展壮大。2019年，四大园区规上工业总产值突破1500亿元，融侨开发区规上工业产值首超千亿大关，成为福州市首个千亿产业园，跻身国家级开发区百强榜单。

【推进城乡建设】　2019年，福清市构建以财政资金为龙头、债券资金为补充的多渠道筹资机制，引导撬动社会资本投资，加大城乡基础设施、生态环保、乡村振兴等重点领域投入。

提升城市品质　统筹安排约60亿元，争取省级代发土地储备、棚户区改造等专项债券以及再融资债券资金21.12亿元，重点支持棚户区改造、道路交通体系等重点基础设施建设以及土地收储和精准开发，为高质量发展提供重要基础支撑。

推进生态建设　下达节能环保支出1.63亿元，加强土壤污染、大气污染和海上养殖污染整治，支持企业节能减排降耗，推进工业园区循环化改造，促进资源全面节约和循环利用。安排3亿元，推进城乡污水管网改造和垃圾处理设施等方面建设。投入1.4亿元，推进“湖库水系连通”建设、龙江下游河道疏浚等。下达1.22亿元，支持园林绿化项目建设，推行道路、绿化、公园、公厕等市政设施社会化管养。

促进乡村振兴　统筹安排3.5亿元，推进江阴小城市和龙田、高山、渔溪小城镇建设，提高小城镇综合承载能力。筹集2.2亿元，支持95个“美丽乡村”建设，持续改善农村人居环境。下达1亿元，持续推进高标准农田建设，支持现代农业、一区三园、农业综合开发、农业强镇示范建设等。下达转移支付补助资金1.9亿元，提高村级（社区）组织运转经费和村（居）干部工资待遇补助水平。

【持续改善民生】　2019年，福清市财政用于民生相关支出86.66亿元，占一般公共预算支出的74%，持续保持超七成水平。

促进教育协调发展　安排教育支出23.26亿元，支持20个新建、改扩建城乡公办中小学、幼儿园项目建设，将学前教育生均公用经费补助标准从每年200元提高到450元，并通过政府购买服务方式，支持普惠性民办幼儿园发展。完善义务教育经费保障机制，落实乡村教师津贴政策、中小学班主任等级考评奖励制度等。

推进“健康福清”建设　安排卫生健康支出10.17亿元，城乡居民基本医疗保险财政补助标准从每人每年510元提高到550元，基本公共卫生服务财政补助标准从每人每年64元提高到69元。推进公立医院综合改革，实施医疗卫生机构设备购置补助、药品零差价财政补贴等。

织牢社会保障网　安排社会保障和就业支出13.57亿元，健全基本养老保险制度，城乡居民养老保险参保缴费财政补助标准从每人每年30元提高到40元，落实高龄老年人补贴等政策，推进居家社区养老服务照料中心项目、农村幸福院建设，稳步提高城乡低保标准。下达1.67亿元，强化政法经费保障，继续支持扫黑除恶专项斗争，推进“平安福清”建设。

促进文体事业发展　安排1035万元，完善公共文化场馆免费运行机制，推进文化场所免费开放和“文化惠民”工程。支持全民健身工程建设，促进体育事业发展。

【深化财政改革】　2019年，福清市紧扣县域集成改革，将深化改革和完善管理有机结合，发挥财政改革的基础支撑作用。

全口径预算改革　继续细化部门预算改革，完善基本支出标准，持续深化预决算公开，稳步提高国有资本收益上缴比例，初步构建标准科学、规范透明、约束有力的预算制度。全面实施预算绩效管理。制订出台实施方案，明确时间表和路线图，初步构建预算绩效管理全方位格局、全过程链条、全覆盖体系。

国资国企改革　制定、修订市本级行政事业单位国有资产管理办法、行政事业单位国有资产出租管理办法，做好市级机构改革涉及的资产清查、划转、接收等工作，盘活国有资产存量，促进资产保值增值。制定市政府所出资国有企业绩效考核办法，国有企业资产结构更加优化，国投公司、城投集团获评AA+主体信用等级。

政府债务风险防控　严格规范政府举债行为，强化地方政府债务限额管理和预算管理，推进政府举债融资清理整改，全年化解存量隐性债务87.81亿元，超额完成年度计划。全市一般债务率、专项债务率、综合债务率三项指标均低于风险预警线，债务风险总体可控。

财政监督机制　实施非税收入收缴电子化和财政电子票据管理改革，推进国库集中支付一体化监控系统建设，全面实行公务卡制度，实现“无现金”支付。惠民资金在线监管的资金增至44项、超16亿元，惠及人数超50万。下放单项造价200万元以下财政投资项目预结算审核，节约财政资金4.45亿元。

（陈仁义）

税　务

【概况】　2019年，国家税务总局福清市税务局（简称福清市税务局）设置28个部门，其中内设机构13个，派出机构14个，事业单位1个；有干部职工256人，临时人员149人，负责全市约33620户纳税人和126万缴费人的税费征管工作。全年累计组织收入122.85亿，其中税收入库119.54亿元，非税收入入库3.31亿元。全市设办税服务厅11个，其中，城区网点3个，分别位于税务机关主楼、副楼以及行政服务中心，乡镇网点8个，分别在东张、镜洋、渔溪、江阴、城头、龙田、三山和高山。

【税收优惠政策】　2019年，小微企业普惠性税收优惠政策将小规模纳税人免征增值税销售额由月销售额3万元提高至10万元，季销售额9万元提高至30万元。贯彻落实增值税税收优惠政策，2019年享受提高增值税小规模纳税人起征点（月销售额3万～10万元）3238户，减免税额2580.04万元；对符合残废人就业税收优惠政策的14户企业进行免税资格认定并按月办理退税，共计审批退税1724万元；软件产品和管道运输增值税超税负即征即退284万元。开展企业所得税汇算清缴，2623户企业享受所得税优惠政策。

【依法治税】　2019年，福清市税务局依托信用中国（福建福州网站）、办税服务厅的公示档及电子显示屏等平台公示了总局公示清单事项35项，其中事前公示13项、事中公示3项、事后公示19项。对行政处罚、行政许可等公示事项实时更新，让权力运行更透明。规范涉税规范性文件制定工作、加强依法行政法律法规学习、严格执行税务行政处罚裁量权基准，实现税务执法方式的整体优化。

重点督察税务机关对小微企业普惠性税收减免政策、深化增值税改革及后续出台的其他减税降费政策等贯彻落实不及时、打折扣、搞变通，以及对纳税人和缴费人的合理诉求反应迟钝、对负面舆情处置不力等问题，提升整体服务、执法水平和质量。

【征管体制改革】 2019年，福清市税务局开展国税地税征管体制改革，规范统一税收执法和服务，从根本上解决了办税‘两头跑’、执法‘两头查’等问题。优化税收机构职能和资源配置，提升征管效率，推进税费业务和信息系统整合优化。3月底，并库版“金三”系统上线，构建以大数据为依托、以大风控为基础、以大企业为重点的现代税收征管格局。在集成统一的税收信息化体系的支撑下，税收治理网络化、数字化、智能化水平不断提升。

【货物劳务税征管】 2019年，福清市税务局严格按照国家税务总局“四实四硬”的工作要求，100%完成一般纳税人税控开票软件升级工作。开展包括深化增值税改革加计抵减政策与增值税期末留抵税额退税政策在内的各项新政策培训。2019年，增值税改革累计产生减税效益9.42亿元，小微企业普惠性政策累计产生减税效益1.89亿元。依托增值税发票风险管理系统开展风险应对，完成省税务局下发增值税风险企业应对任务4批次14户。利用增值税抵扣凭证审核检查系统做好失控发票管理工作。

【所得税与财产行为税征管】 企业所得税 2019年，福清市税务局开展2018年度企业所得税汇算清缴工作，其中应申报户12998户、已申报户12998户，汇算清缴率100%。2018年度享受企业所得税优惠减免2623户。落实好研发加计扣除，做到精准辅导落实研发加计扣除政策、扎实做好法定核查工作。

个人所得税 2019年，福清市税务局通过多渠道宣传个税新税制。通过福清网、看福清、微信等渠道发布政策宣传视频，解读个人所得税改革政策和新税制变化点。开展点对点、面对面辅导，组织专场培训15场，走访辅导企业采集信息53户，发放专项附加扣除宣传材料2万份。

财产行为税 2019年，福清市税务局完成土地增值税清算审核，清算审核项目16个。定期开展房土两税多缴税金核实清理，逐条核实多缴数据，及时清退真实多缴并集中处理虚假多缴。

【出口退税管理】 2019年，福清市税务局出口退（免）税备案企业476户，其中正常申报户275户，受理生产企业申报1772户次。坚持“日事日清，一日一退”原则，统筹退税全流程，出口退（免）税审核时限压缩至1天之内。

根据《国家税务总局关于发布修订后的〈出口退（免）税企业分类管理办法〉的公告》文件精神，综合纳税信用等级评价、外汇分类管理等级、海关企业信用管理类别等多部门信息，评定辖区内476户企业的分类等级信息，其中一类15户，二类300户，三类143户，四类18户，企业信息比对速度和退税速度进一步提升。

【规费征缴】 2019年1月1日起，福清市税务局根据社会保险费和非税收入征管职责划转工作部署，先后接收了机关事业单位社保、工伤保险明细申报、城乡居民基本养老保险、城乡居民基本医疗保险及场外核事故应急准备金征收管理职责。接收福清市机关保缴费单位525户，针对机关保缴费由原代扣代缴变为参保单位自行申报的情况，先后组织7场培训，保障划转工作顺利完成。2019年，入库各项社会保险费及非税收入29.06亿元。

【纳税服务】 2019年，福清市税务

2019年8月3日，福清税务走进福清（沙浦）开渔节开展“减税降费”宣传
（市税务局 供）

2019年4月1日，福清市税务局联合清华社区、福百社区举行税收宣传月启动仪式 （市税务局 供）

局紧扣优化税收营商环境、提高纳税人满意度等重点工作，持续开展“便民办税春风行动”。在国家税务总局福建省税务局委托第三方调查公司对福州市纳税人开展纳税人满意度调查中，福清市税务局纳税人满意度调查综合得分为91.23分，全市排名第三。落实小微企业涉税诉求和意见快速响应机制，2019年快速响应纳税人诉求69件。开展面向纳税人的实体培训24场，培训4850人次，推送政策短信、微信、邮件等74257条，印制发放各类宣传品60222份。完成纳税信用评价14949户，经评价结果确认A级651户，B级5040户，M级6974户，C级308户，D级1976户。通过福州市公共信用信息平台上传守信红名单信息651条、信用评价信息651条、大额欠税纳税户信息2648条。

【税收管理】 2019年，福清市税务局深化“放管服”改革，推行办税事项“最多跑一次”，税收业务“一厅通办”“一键咨询”，清理整顿涉税中介服务收费，持续优化税收营商环境。

发挥“电子税务局·福建”优势，提升网上办税率。网上涉税事项办理比率85.21%，网上申报率98.61%，网上专票代开比率92.10%，网上发票领用比率79.54 %。推行网上自然人申请代开房租发票缴税（费）一体化，解决开票人窗口办理的便利性，缓解办税大厅窗口压力。

优化办理企业税务注销程序。从2019年9月15日起，全面压缩税务注销一般流程办理时限：增值税一般纳税人，办理时限为10个工作日；增值税小规模纳税人和其他纳税人，办理时限为5个工作日。

实现“实名办税”全面到位的工作目标。完成第一阶段实名采集22918户，实名信息62254条；实现实名办税10251户，54257人次，实名办税比率100%。

（魏晶晶）

（编辑 魏希兴）

农业　农村

新农村建设

【概况】　2019年，福清市农业总产值183.9亿元，比上年增长4.0%。第一产业增加值100.6亿元，增长4.0%。全市农村居民人均可支配收入25212元，增长10%，位居福州市第五。

【强农惠农政策】　2019年，福清市农业农村局下发农业保险、耕地地力补贴，强农惠农和拆除养馒场项目等资金31401.02万元。审核筹资筹劳项目51个，涉及10个镇街51个村；公益项目预算1976.99万元，其中筹资筹劳67.97万元，获财政补助1040万元。

【农村集体“三资”管理】　2019年，福清市组织开展“三资”监管督导工作，部署各镇街开展自查整改，同时通过系统监控，向镇（街）寄出“福清市农村集体三资网络监控记录单”11份，督促村集体及时收回集体资产租金36万元；督促13个镇街49个现金超限额的村进行盘点并限期整改存在的问题。继续规范农村集体“三资”监管，全市24个镇街301个村（居）集体727宗项目实行公开招投标，标的总额21935万元，其中61个村（居）集体资产资源发包150宗，标的总额13034万元；240个村（居）集体工程建设项目577宗，标的总额21935万元。

【农民负担监督管理】　2019年，福清市农业农村局加强新时期减负政策宣传，培训和指导农经干部、代理员、村干部和监测员150余人次。主动参与涉农负担文件出台的“审核制”。落实向村级组织收费审核制和村级组织向农民收费申报制，减轻集体负担25万元以上，督促整改退还金额8.4万元。接待信访5例，查结5例，维护农民权益计9.5万元。继续加强一事一议筹资筹劳监管，对达不到筹资筹劳条件的6个项目不予审核，减轻不必要筹资筹劳负担5.45万元。

【农产品质量安全监管】　2019年，福清市农业农村局配合农业农村部、省、福州市开展农产品例行监测，抽取样品624份，合格率100%；本级蔬果农药残留专项整治抽检生产环节蔬果样品1124份，各镇街合计抽检数13012余份，农药残留监测合格率99.95%。全年51个村级检测员检测52777例。开展本级检打联动及豆芽菜、茶叶专项整治工作，送检进行量检测样品120例，合格率100%。建立健全农产品质量安全追溯体系，实现农产品质量安全溯源管理，全年有198家农产品生产企业在福建省农产品追溯管理平台注册、上传数据、贴码扫描，上传生产档案数2261条，赋码19267批次；激活专用二维码15118批次411.8万枚。全市15个企业54个产品获得绿色食品认证，17个企业22个产品获得无公害农产品认证。

【农业扶贫工程】　2019年，福清市农业农村局对234户在册的脱贫对象进行继续跟踪帮扶，稳定巩固脱贫成果，确保不出现返贫现象。

【农村金融保险体制改革】　2019年，福清市持续开展政策性保险工作，全年承保水稻2471.52公顷（3.71万亩），合计保费44.49万元，其中中央、省、市、县四级补贴保费80%共35.59万元；承保能繁母猪、育肥猪26.96万头，合计保费965.89万元，其中中央、省、市、县四级补贴保费70%，共676.13万元；承保蔬菜温室大棚291.88公顷（4378.2亩），棚内蔬菜32.21公顷（483.15亩），合计保费85.27万元，其中省、市、县三级补贴保费70%，共59.69万元；承保枇杷316.53公顷（4748亩），合计保费75.97万元，其中省、市、县三级补贴保费70%，共53.18万元。

【农村集体产权制度改革】　2019年，福清市24个镇街、442个村（社区）、6836个村组、30.24万户完成认定农村集体经济组织成员123.09万人，应进行股份制改革任务村数430个村（社区），

2019年11月8日，农业农村部副部长韩俊到福清市调研农村集体产权制度改革 （市农业农村局 供）

已通过规范程序确认股份制改革方案的村（社区）437个，占改革任务村（社区）数的102%。

【村级集体经济壮大】 2019年，福清市实施“同置业、壮村财”工程，鼓励各镇、村通过就近建物业、异地购物业、资源换物业、乡贤捐物业等方式，发展资源型、物业型、服务型和创新型经济，围绕“四鸡生蛋”发展模式，按照“一村一策”梳理落实村集体增收项目。2019年，全市所有行政村村集体经营性收入均达10万元以上。

现代农业

【概况】 2019年，福清市新增优质农产品标准化示范基地10个，蔬菜产量、设施大棚面积保持福州市第一。举办第二届一都枇杷节、中国农民丰收节暨福州（福清）名特优农牧产品节等一系列农业节庆活动。

【国家现代农业示范区建设】 2019年，福清市国家现代农业示范区累计一产类开工项目完成10个，总投资10.06亿元，项目数完成率111.1%，投资额完成率201.2%；竣工类项目3项，总投资1.655亿元，项目数完成率100%。一都镇入选国家农业产业强镇示范建设。新增省级现代农业智慧园1家（绿丰公司）、省级农业物联网应用示范基地2家（郑为平家庭农场、惠煌农业）、福州市级农业物联网应用示范点1家（汇融农业）。

【龙头企业】 2019年，福清市有福州市级以上农业产业化龙头企业70家，其中国家级4家、省级38家，数量居福州第一、全省第二。全年企业售销收入189.3亿，比上年增长3.6%，带动21多万户农户发展生产。70家企业中有2家上市公司（天马公司主板上市、星源公司新三板上市），50家通过ISO系列、HACCP认证，40家通过绿色食品认证，166家通过无公害认证，4家通过欧盟注册。获得中国名牌称号2家（海壹公司的“海旺”牌、天马公司的“健马牌”），获得中国驰名商标4家（光阳公司的“光阳蛋品”、天马公司的“健马牌”、东威公司的“东威牌”、朝辉公司的“朝辉牌”），省名牌称号26家，省著名商标29家。

【农民专业合作社和家庭农场】 2019年，福清市有登记合作社273家，培育福清市级示范社57家，福州市示范社3家，省级示范社5家。经登记注册家庭农场95家，培育福清市级示范场20家，福州市级示范场8家，省级示范场16家。

【休闲农业】 2019年，福清市建有休闲农业园区约30家，其中包括森林人家10家，国家级休闲农业示范点2个，省级休闲农业示范点5个，省级“水乡渔村”3个，福州市级休闲农业示范点12个，福州市级休闲渔业基地2个；省级最美休闲乡村3个，中国美丽休闲乡村2个。全年休闲农业接待游客约38.7万人次，营业收入约0.89亿元。

【地理标志产品目录】 2019年，福清市有国家地理标志商标6个，分别是“高山山羊”（注册号8509769）、“一都枇杷”（注册号10865125）、“渔溪龙眼”（注册号10461152）、“福清花蛤”（注册16455308）和“福清白对虾”〔注册号17358518（活虾）、注册号17358519（冷冻虾）〕。

【农业合作与交流】 至2019年底，福清市引进台湾农业新优品种615多种、先进技术101多项、先进机械设备352多台（套），累计种植推广面积7860.2公顷，带动80多家企业和4.1万户农民发展现代农业，年增加农民收入4.1亿元以上。福清台创园有台资独资、融台合资、融台合作农业企业58家，其中台资独资19家、融台合资18家，覆盖全市16个镇街，总投资20.75亿元（其中利用台资6519万美元）。全年园区企业总产值33.66亿元，比上年增长4.2%。产业业态涵盖种养殖（以水果、花卉为主）、农产品加工、新型肥料生产、休闲观光农业等一二三全产业链。

农业科技与服务

【农业服务】 2019年，福清市遴选出水稻、蔬菜、果树、生猪等4大主导产业，培育农业科技示范主体460个。围绕主导产业，建设农业科技示范基地4个。建立“包村联户”和“专家—示范基地—农技人员—科技示范主体—农户”的农业科技成果转化应用工作机制。现代网络通讯科技在农技推广服务中广泛应用，中国农技推广APP、“12316”手机农务通和热线电话为群众提供方便快捷的服务。

【科技培训】 2019年，福清市开展生产经营型、专业技能型的新型职业培训，2572人参加培训，每人培训5天(30课时，其中实训1天以上)。按规定条件和程序开展新型职业农民认定，认定新型职业农民201人，并给予颁发新型职业农民证书。

【新技术推广】 2019年，福清市推广两秧栽培约0.6万公顷，推广水稻精确定量栽培约0.33万公顷，抛秧栽培0.2万公顷，机插秧0.2万公顷。推广全程工厂化育秧约400公顷。

开展耕地质量提升和化肥减量增效工作，建立耕地质量提升和化肥减量增效示范片666.67公顷(1万亩)，推广测土配方施肥技术4.66万公顷，化肥使用量减少3%，化肥利用率40%，耕地土壤有机质含量提升5%。推广水稻配方肥10000千克，每亩次水稻施用尿素19千克，过磷酸钙24千克，氯化钾9千克。建立应用商品有机肥示范片533公顷，辐射带动周边施用商品有机肥2933公顷。

全市农作物良种覆盖率98.6%，优质专用率86.5%；引进各类农作物新品种140多个，其中优质水稻品种31个，花生新品种14个，马铃薯新品种18个，甘薯新品种24个，蔬菜新品种60个；建立农作物优质、特色新品种引种、展示或示范点10个，面积93.53公顷。示范展示的主要优良品种中，早杂有荃优822、甬优2640、甬优4949等；晚杂有甬优1540、Y两优302、欣优827、甬优9号等；甘薯有福薯604、龙薯601、广薯87等；马铃薯有闽薯1号、华颂3号等；花生有泉花551、泉红花1号、闽花8号、闽花6号等；蔬菜有尖椒WJ－5、尖椒LF－2、螺丝椒038号、小番茄千红等。

农机管理

【概况】 2019年，福清市农机总动力222990千瓦，拖拉机配有机械动力23150千瓦，其中拖拉机1543台，拖拉机配套农机具1492台套，水稻插秧机18台，联合收割机62台，机耕面积20782公顷，机收面积14418公顷，机械浇(灌)地面积14370公顷，主要农作物耕种收机械化水平66.3%。

【农机购置补贴】 2019年，福清市农业机械化中心按照上级农机主管部门及实施方案的要求，加强政策宣传，规范实施、阳光操作，落实农机补贴政策。年申请农机补贴资金433.55万元，补贴农机具数量4843台(含增氧机3958台)，受益户数317户。

【农机新技术、新机具的示范推广】 2019年，福清市加大新技术、新机具的示范推广力度，组织开展现场会、演示会和培训班共19场次。获评福建省第一批主要农作物生产全程机械化示范县(市、区)。

【农机安全监管】 2019年，福清市农业机械化中心落实安全生产责任制，加强安全宣传教育，提高农机手的安全意识。加强农机安全源头管理，严把拖拉机的技术检验、注册登记、驾驶证的考试关，提高“三率”水平。全年检验拖拉机823台，拖拉机、联合收割机注册登记29台，公告报废拖拉机、联合收割机351台。开展农机道路安全综合整治工作，组织农机执法人员与镇街、交警部门上道路联合执法，重点整治拖拉机无牌无证驾驶、违法载人、逾期未年检上路等违法行为。全年开展督查检查35场次，组织农机人员178人次，检查各类拖拉机71台次，农机合作社、农机驾校和农机销售维修点15家次，发现并排除安全隐患18起，整改率100%。开展“平安农机”创建，三山镇列入2019年“平安农机”示范镇创建，14个示范村完成检查验收。

种植业

【概况】 2019年，福清市粮食产量10.33万吨，蔬菜产量89.76万吨，水果产量12.29万吨，茶叶产量398吨，食用菌鲜品产量0.38万吨。

【粮食生产】 2019年，福清市粮食播种面积1.85万公顷。推广优质稻0.53万公顷，超级稻0.15万公顷，机收再生稻248公顷；推广优质甘薯0.75万公顷，其中加工型优质薯0.23万公顷；推广高产高油花生良种0.8万公顷。全市花生种植面积1.2万公顷，主要集中在龙高半岛，其中沙埔、高山和三山为花生种植的主产区。

【经济作物】 2019年，福清市水果种植面积1.067万公顷，总产12.29万吨。其中枇杷种植0.465万公顷，产量6.37万吨；龙眼种植0.18万公顷，产量2.48万吨。火龙果、芒果、番石榴(芭乐)等台湾品种水果种植200公顷。一都、东张镇分别为福州市级现代农业枇杷、福橘优势产业园。1月，福建省农科院果树所在一都镇开展枇杷“白肉”系列品种与“三月白”等5个品种高接换种，嫁接面积3.33公顷。福州市农科所在东山村建立枇杷新品种示范点，引进6个新品种试种。4月13日，举办“一都枇杷行 东关宴天下”2019第二届福州（福清）枇杷节。10月20日，东张镇惠煌农业开发有限公司举办首届“柚子采摘节”。

全市茶叶种植面积227.3公顷，采摘面积227.3公顷，产量398吨。其中茉莉花种植面积40公顷，产量0.02万吨，主要分布在东张镇华石村和先锋村。福建省福星农业综合开发有限公司、福清市天山农业综合农民专业合作社根据种植茶叶特性生产出白茶茶饼。10月13日，在东张镇举办“2019年福州（福清）煎茶文化节”。

全市食用菌鲜品产量0.38万吨。福清市火麒麟食用菌技术开发有限公司年生产绣球菌鲜品0.08万吨，并开发出新产品绣球菌酵素饮料，同时引进冻干设备，将鲜菇进行冻干销售，提高市场竞争力。福清市佳家农业综合开发有限公司继续以铁皮石斛等名贵中药材为主要种植品种。

全市蔬菜种植面积2.42万公顷，产量89.76万吨；主要以露地栽培甘蓝、西芹、莴苣、花椰菜为主，推广“中甘”系列新品种甘蓝400公顷；拥有各类设施蔬菜栽培面积0.4万公顷，其中以“迅驰37-74”为主栽品种的福清尖椒栽培面积0.09万公顷，产量超过8.1万吨，完成福清尖椒产品注册普通商标“融椒”和集体商标“福玉融尖椒”各1个。全年建成设施大棚34.4公顷。推广尖椒新品种美人椒辣椒面积155公顷。完成农业农村部下达的“2018年福清市绿色循环优质高效特色农业（蔬菜）促进项目”，建成福清市现代精准蔬菜产业信息平台1个，推进“互联网＋现代农业”，提升全市蔬菜产业信息化水平。

【植物病虫害防控】 2019年，福清市农作物病虫草鼠为害发生264.48万亩次，开展农作物病虫害防治303.65万亩次，挽回粮食损失16136.4吨。全市设立农作物病虫监测点54个，其中草地贪夜蛾临时监测点40个。全年刊发农作物《病虫情报》20期，发送手机短信17期9230条。年内首次发现草地贪夜蛾入侵，为害秋玉米1.33公顷。全市绿色防控面积36666.67公顷，约占防治总面积38%，其中使用生物防治面积28600公顷，物理防治面积7000公顷。采用“压前控后”策略，综合应用昆虫信息素、苏云金杆菌、核型多角体病毒、白僵菌以及氯虫苯甲酰胺、茚虫威等新农药、杀虫灯，在港头、上迳、江镜、龙田、东张、一都进行水稻、蔬菜、茶叶、枇杷病虫绿色防控技术示范6片66.67公顷。应用无人机开展水稻、蔬菜、枇杷专业化统防统治服务666.67公顷。进行农户用药情况监测，主要作物用药量水稻为357.6克/亩、蔬菜633.5克/亩、龙眼835克/亩。全年植物疫情发生4种，即水稻细菌性条斑病、柑橘黄龙病、柑橘溃疡病和红火蚁，发生面积1156.67公顷，其中红火蚁发生面积1000公顷。

（王增兴）

林业

【概况】 2019年，福清市有林地面积6.51万公顷，林业用地面积6.87万公顷（其中公益生态林3.84万公顷，商品林3.03万公顷）。森林蓄积量530.55万立方米。森林覆盖率42.1%。

【集体林权制度改革】 2019年，福清市培育新型林业经营主体4家，有林业类农民专业合作社22家，其中省级以上示范社2家（含国家级1家）。扶持1家合作社评选2018年度省级新型林业标准化建设。全市有镇林权管理服务网点3个。

【造林绿化】 2019年，福清市完成植树造林和森林经营总面积2922.8公顷，占省、福州市下达任务的104.3%。其中植树造林完成面积522.8公顷（其中村植千树204.33公顷），占省、福州市下达造林任务的130.4%；森林抚育完成总面积1266.67公顷，占任务的100%；封山育林完成总面积1133.33公顷，占任务的100%。以“村植千树”为主题开展全民义务植树活动，完成义务植树241.3万株，占任务的98.9%。

【森林资源保护】 2019年，福清市制订森林火灾风险隐患排查整治工作方案，强化重要时间节点和重点部位森林火灾管控，全市未发生重大以上森林火灾。开展松材线虫病疫情除治和主要林业有害生物防治，对全市80.4公顷松林进行除治性采伐并复绿造林，清除松树枯死木约4万株；挂设松墨天牛诱捕器1200套，收集松墨天牛175693只。全面停止天然林商业性采伐，人工商品林采伐全部放开，符合皆伐规定可以申请皆伐，不符合皆伐规定采取择伐。4月，下达各镇（街）天然林保护工程补助资金141.078万元，森林生态效益补偿资金1268.9394万元。6月，结束第四次森林资源规划设计调查，调查数据上报省市林业主管部门，并通过福州市林业局验收。

【林业产业】 2019年，福清市有林果种植面积约4000公顷，木本油料种植面积约533.33公顷。打造“蝴蝶兰”品牌，品牌年产值超过1000万元。发展林下经济建设，以福清佳家农业公司的林下种植金线莲、铁皮石斛为主带动全市林下经济建设发展。利用林下空间套种铁皮石斛、金线莲、重楼、黄精、白芨等中草药品种，新增林下种植中草药100公顷。立足一都枇杷、渔溪龙眼地理品牌优势，对低产林分批改造为林果产业基地，进一步增加林农收入。发展“森林人家”，经福州市林业局审批的“森林人家”有11家。

【林业科技】 2019年，福清市自然资源和规划局开展科普宣传和科技推广服务工作。组织科技人员深入乡村向林农宣传林业科学技术和如何利用科学技术提高林业经济效益。开展科技咨询活动，在春季造林和文化科技卫生“三下乡”期间，组织科技人员下乡，为林农开展技术咨询服务。

【湿地与动物多样性保护】 2019年，福清市加强野生动物保护检测站点的规划建设，在福清湾、兴化湾设立3个国家级野生动物监测站（分别在龙田东营、城头梁厝、江镜农场），开展珍稀鸟类调查和识别的业务技术培训。全市有存活的滩涂红树林200公顷，主要分布在高山、沙埔、港头、海口和江镜镇，其中引种面积的最大为沙埔镇青屿和太武村，共60公顷。

【林业执法】 2019年，福清市自然资源和规划局立案查处各类林业行政案件37起，办结37起，没收罚款金额96万余元。受理林业信访件51起，查处2018年违法图斑案件17起。开展“绿卫2019”专项行动，出动执法人员128人次，车辆50次。开展“野生动物保护”专项行动，检查辖区内饭店18家，查处1家。

（李晓娟）

畜牧业

【概况】 2019年，福清市肉蛋奶总产量8.18万吨，其中肉类产量4.06万吨，禽蛋产量3.70万吨，奶类产量0.42万吨。生猪出栏41.63万头，家禽出栏324.41万羽，牛出栏1.19万头，羊出栏9.05万头，兔出栏23.79万只。

【畜牧业结构调整】 2019年，福清市调整优化畜牧业的区域布局和品种结构，推进优势特色产业向优势产区集中，实现主要畜产品生产布局区域化、规模化。加大畜禽良种繁育体系建设，全市有国家级生猪核心育种场2家，省级种畜禽场19家；其中永诚华多、丰泽2个国家级核心育种场建成为农业农村部猪伪狂犬病净化示范场；永诚华多、丰泽、永诚、天大、闽禾、龙峰、福旺7个种猪场建成为猪伪狂犬病省级净化场。在生猪品种上，因地制宜地推广高产、优质、高效畜禽良种，如杜洛克、长白、大白生猪品种等。引导和鼓励福建省光阳蛋业股份有限公司等大型蛋鸡生产基地进行升级换代，推广蛋鸡优良品种。

【畜禽养殖标准化示范场、示范基地创建】 2019年，福清市开展畜禽养殖标准化示范场、示范基地创建活动，通过典型示范引导，进一步带动全市养殖场提高标准化生产水平。全市有福建省星源中德牧业有限公司和福清市丰泽农牧科技开发有限公司2家国家级标准化示范场；开展省级优质农产品标准化示范基地创建，有福建省悦盛农牧有限公司等6家省级优质农产品标准化示范基地。

【高山羊、奶牛养殖】 2019年，福清市加快推进“高山山羊”产业化发展。全市有高山羊存栏约6万头，主要分布在龙高半岛一带。已建立1个“高山山羊”良种繁育基地以及众多“高山山羊”养殖场和农民专业合作社，形成“会员+基地+场”的生产新模式，辐射带动全市乃至省内外的山羊养殖产业。培育奶类企业作为畜牧业发展新的增长点，以进一步实现龙头企业带动作用，全市拥有千头以上规模奶牛场2家，年产奶量0.42万吨。

【重大动物疫病防控】 2019年，福清市农业农村局按照“政府保密度，业务部门保质量”的要求，推行“规模场常年按程序免疫，散养户代行免疫”制度，坚决杜绝“三漏免”和“三不免”现象。由镇（街）组织村级动物防疫员集中开展春秋两季重大动物疫病强制免疫，落实动物“月免疫日”制度。督促专业养殖户按程序常年免疫，确保应免尽免，不留空档。全年免疫高致病性禽流感246.16万羽，口蹄疫59.73万头，小反刍兽疫6.28万头；发放高致病性禽流感疫苗493.8万毫升，口蹄疫172.4万毫升，小反刍兽疫7.5万头份，3种强制免疫病种应免动物免疫率100%。检测强制免疫病种血样6719份，免疫抗体合格率90%以上；强化非洲猪瘟防控工作，开展生猪养殖生物安全提升专项行动、生猪屠宰环节非洲猪瘟自检和官方兽医派驻制度百日行动，强化部门联动协作，进一步提升养猪场自我防范能力，筑牢养殖环节非洲猪瘟防控屏障。全面开展调运生猪“点对点、批批检”和屠宰环节非洲猪瘟检测工作，全年检测21000多份，未发现异常情况。推进动物强制免疫“先打后补”试点工作，制订《福清市2019年动物疫病强制免疫“先打后补”试点工作实施方案》，明确养殖场试点资格要求、资格审查、数量核定、核定时间和补助标准等。全市有永诚畜牧有限公司等6家养殖场做为动物强制免疫“先打后补”试点养殖场，下拨补助资金54.5万元；推进病死动物无害化处理，打击贩卖、私宰病死动物行为；建立应急值班制度，安排专项资金260万元，储备消毒药5吨、防护服5600套。

发放消毒剂10.5吨，覆盖24个镇（街）、463个村（居），消毒面积1500万平方米；邀请专家、教授举办各类培训班6期，1000人次接受培训。

【动物卫生监督】 2019年，福清市农业农村局执行产地检疫家畜33.7924万头次，产品检疫家畜17.43万头次。加强动物诊疗活动管理，严厉打击动物诊疗机构、执业兽医违法从业行为，规范动物诊疗市场秩序，促进动物诊疗行业健康发展，出动人员28人次，监管宠物医院7家次。全年办理案件11起，其中一般程序案件5起，简易程序案件6起，罚没款11800元。加强普法宣传，围绕《动物防疫法》等相关法律宣传贯彻，普及动物有关政策法规和技术知识，增强畜禽养殖从业人员的法律意识。

海洋与渔业

【概况】 福清市海岸线总长度408千米（占全福州海岸线的43.5%，占全省的13%），海域面积911平方千米，其中浅海面积539.2平方千米，滩涂317平方千米，垦区池塘面积54.8平方千米。全市有大小岛礁212个；10米等深线以内的浅海面积32000公顷，滩涂61000公顷；海藻类149种，浅海和潮间带低栖生物主要经济种类289种，已知鱼类有409种，经济价值较高的有100多种。2019年，全市水产品总产量54.28万吨，比上年增长6.0%。

【海洋环境保护】 2019年，福清市海洋与渔业局根据《福清市海漂垃圾治理工作方案》，建立海漂垃圾治理工作长效机制，对全市海漂垃圾治理工作进行督查考评。全年汇总上报重点岸段33条，计87.197千米。

增殖放流 6月，配合福清海峡发电有限公司在江阴镇小麦岛附近海域进行生态补偿增殖放流活动，放流日本对虾11355万尾。7月份，配合福州市海洋与渔业局在沙埔镇目屿岛附近海域开展增殖放流活动，放流中国鲎20万只。10月，配合福州市海洋与渔业局在东瀚镇开展增殖放流活动，放流泥东方螺80多万粒、中国鲎10多万只、双线紫蛤80多万粒。

红树林种植 在新厝镇开展面积为6.67公顷的红树林种植项目。投入90万元在新厝镇峰头村开展红树林造林作业，完成招投标工作。

赤潮防范 通过手机短信平台，发布海洋灾害预警信息，针对赤潮灾害，建立了常态化应急处置机制，赤潮跟踪采样52船次，生物体采样3批次，品种为牡蛎、缢蛏、花蛤。帮助渔民快速检测养殖水质48场次。

鳗场养殖尾水治理 对福清市463家养鳗场进行摸底、登记、造册，研究制订《福清市鳗鲡养殖场标准化改造方案》。

【水产养殖业】 2019年，福清市新增工厂化鳗鲡养殖池建设1.6万平方米，建成周长为90米深水抗风浪养殖网箱20个，稻渔综合种养4.67公顷。办理水产苗种生产许可证1本，申报水产良种场1家，改造垦区花蛤育苗基地1666.67公顷。

渔业技术推广 推广抗风浪深水大网箱养殖，建成直径90米网箱20口。引进红海蜇与日本对虾混养面积666.67公顷，新增海蜇产量1200吨，新增日本对虾产量110吨。推广机械化花蛤洗苗机300台套。引进泥东风螺育苗，获平均规格2公分苗260万粒。引进西施舌育苗，获平均规格1.2公分苗160万粒。引进双线紫蛤育苗，获平均规格1.5公分苗120万粒。引进中国鲎育苗，获平均规格2公分苗32万只。

水产养殖技术培训 在生产一线举办渔业健康养殖及安全用药、养殖尾水处理培训班，培训人数422人次。举办鳗场尾水处理培训6期，培训人数427人。

渔业公共服务 完成2019基层水技推广体系补助项目验收工作，遴选科技示范主体30名，建立渔业科技示范基地2个，辐射带动周边渔民600余户，建立基层水技推广信息化平台。接受热线咨询电话142人次，门诊24场次，出诊14场次。主要养殖区水生动物疫病监测采样24批次，完成全国水产养殖动植物病害测报系统数据上报5次。

【水产加工业】 2019年，福清市鼓励加工企业对生产线进行更新改造，全年新增加工生产线3条。围绕传统优势产业，探索“一只虾、一条鳗、一粒蛤”品牌创建工程，争取和利用好中央、省、市、县等惠渔资金，引导优势特色产业向元洪国际食品产业园集聚发展。福清市新大泽螺旋藻有限公司和胜田（福清）食品有限公司承担的“十二五”海洋经济创新发展区域示范项目通过总体完工项目验收；福建省融盛农业综合开发有限公司和福清市新大泽螺旋藻有限公司承担的“十三五”海洋经济创新发展示范项目通过半年度考核。

【水产品质量监管】 2019年，福清市制定并印发《2019年福清市水产品质量安全监管工作方案》《2019年福清市水产品质量安全宣传培训工作方案》《2019年水产品质量安全事故应急处置预案》等文件，做到“责任、人员、监督”三到位。

建立健全水产品质量安全追溯体系，实现水产品质量安全溯源管理，全年有208家水产企业在福建省水产品质量安全“一品一码”全程追溯系统注册、上传数据、贴码扫描，加强对乡镇“一品一码”追溯管理的指导工作，做好“一品一码”追溯管理的规范使用。

开展水产品质量安全专项执法检查，累计出动执法人员105人次，检查养殖场31家。抽检水产品质量756次，国家级12批次、省级72批次、市级86批次、本局快检86批次，创建国家食品安全示范城市任务500批次，合格率97%以上。

举办水产品质量安全宣传培训及一品一码追溯管理培训5期，培训人数256人次，与养殖户签订水产品质量安全承诺书132份，发放三项记录50本，福建省食品安全信息追溯管理办法等宣传册105本。参加市食品安全委员会举办的2019食品安全宣传周现场活动，现场咨询和发放水产品质量安全知识等宣传册162本。群发送水产品质量安全宣传短信3265条。

【渔业监管】　2019年，福清市海洋与渔业局利用元旦、春节、“五一”、伏季休渔、“护渔”等时期，开展安全大检查行动。全年开展执法行动124次，出动执法人员658余人次、执法车辆90辆次、执法船艇40艘次，检查渔业村（居）、港口177个（次），登临渔船检查300余艘次，现场捣毁违规电鱼设备150余套、网具150余张、电线6000余米，查获违规作业乡镇船舶14艘，罚款10.231万元。

宣传教育培训　联合海事、边防等部门在沿海镇举办安全生产警示教育宣讲会6场，培训渔民约500人；参加“5·12”防灾减灾、“安全生产咨询日”各1次；开展安全宣传月活动2次；开展伏季休渔宣传活动10余次，涉外敏感海域安全生产座谈会6次，发放安全宣传材料5000多份。

渔业船舶管理　完成全市28艘渔船北斗示位仪安装工作。发挥应急系统指挥平台和海洋动态监控系统在渔船监管中的作用，提升海上应急处置能力。通过短讯平台向广大渔民朋友发送短信1万余条。

强化源头管控　受理60马力以上渔船营运检验23条。开展小型渔船营运检验工作，检验小型渔船288艘，发证288艘。渔业船舶国籍证书发放182份，捕捞许可证发放186份（其中临时证换发海洋证124本）；渔船资源费已缴款5.7814万元；申报减船转产渔船33艘、更新改造渔船6艘。

伏季休渔监管　全年有308艘渔船列入伏季休渔监管对象，其中12米以下小型捕捞渔船304艘（流刺网220艘、张网84艘）、12米以上捕捞辅助船4艘，分布在9个沿海乡镇，其中60马力以上4艘，其余为60马力以下小型渔船，这些渔船分布在各沿海镇的澳口、码头和避风港等地，有专人负责包干责任制。

【渔业惠民政策】　2019年，福清市发放燃油补贴金额140.59万元。其中捕捞船151艘，发放油补资金129万元，养殖船13艘，发放油补资金11.59万元。

政策性渔业保险　2019年，福清市海洋与渔业局深入渔区宣传渔业保险政策，实现保费53.744万元。其中承保渔工785人，实现保费46.64万元；承保渔船20艘，实现保费7.104万元。理赔4起，结案4起，赔付金额2.94万。台风指数保险1宗，保费2.6万元。

渔港及海洋牧场项目建设　2019年，福清市有3家渔港及海洋牧场项目。渔港项目为东瀚海亮沃口一级渔港和东瀚莲峰国家二级渔港，海洋牧场项目为福清市东瀚国家级现代海洋牧场示范区，3个项目均处于建设的前期准备阶段。

【海洋综合执法】　2019年，福清市进一步加强海域采砂用海管理，保护海洋生态环境，遏制辖区内海域违法采沙用海行为，印发《2019年度福清市打击违法开采海沙联合执法行动工作方案》。加大辖区海域海上执法力度，多次邀请省、市海洋执法部门开展联合执法，开展海洋“蓝剑2019”行动并加强与公安边防、海警、海事等涉海部门沟通与合作，提高海域监管实际效果。开展海上执法45次，其中联合执法26次，出动执法人员500多人次，航时300多小时，巡航2300多海里，出动执法船艇50多艘次，抓扣采、运砂船13艘。

（王增兴）

水　利

【概况】　2019年，福清水利继续开展以城乡供水一体化、湖库水系连通、中小河流治理、城乡水网整治、水土保持治理、水库除险加固等为重点的综合治水等水利工程建设，完成全社会水利投入8.2亿元。开展河长制、水利工程运行、防汛抗旱、水政水资源、水库移民后扶、农村安全饮水等日常管理工作。

【水利工程建设】　2019年，福清市水利局（简称市水利局）推进以河道综合整治为重点基础设施建设和重点民生水利工程建设。

重点水利工程　福清市东部产业区填海造地工程及防潮工程、福清龙江流域水污染整治工程等2个项目列入福州市重大水利建设项目，总投资355864万元，完成95140万元。

城乡供水一体化　2019年，启动龙田水厂至蓝园给水管道、龙田水厂至高山镇供水主管道、高山镇区自来水设施升级改造（加压泵站）等8个工程项目，工程总投资约1.6亿元，已完成投资1.17亿元。

湖库水系连通建设　继续紧扣“织网、清库、造湖”三大内容，推进各项工作。加快四条水源连通工程建设。东张水库至阳下新局、东张水库至江阴洋边调节水库、建新水库至闽调江阴支线等三条输水管线与福厦高铁线路交叉段

2019 年 3 月 22 日，福清市水利局举办世界水日宣传活动（市水利局 供）

项目，进入支洞爆破开挖阶段，累计开挖支洞 614 米；闽江调水龙高支线改扩建工程共用管廊段继续加速实施，完成高山薛港等 5805 米管道铺设。推进东华水库工程建设，完成立项、初设批复、土地农转用等工作，库盆一次土方开挖项目于 2019 年 12 月开标。开展“一村一池塘”建设，全市完成“一村一池塘”建设任务自然村数量 1443 个，建成池塘 1524 口，总面积 229.49 公顷，其中新建扩建池塘 752 口，新增池塘面积 42.88 公顷。

河道综合治理工程　河道治理总长 6 千米，完成投资 7500 万元。其中治理虎溪长度 1.3 千米，完成投资 1800 万元；治理太城溪长度 0.5 千米，完成投资 700 万元；治理关溪长度 1.3 千米，完成投资 1800 万元，治理大坝溪长度 0.8 千米，完成投资 600 万元；治理大北溪 2.1 千米，完成投资 2600 万元。

城乡水网整治工程　完成 2016—2020 年城乡水网整治工程中 2019 年度建设项目，实施江镜洋江镜村段等市、镇重点项目河道整治 7 条，阳下街道溁头村大北溪支流等农村小型河道清障清淤 21 条，实施河长总计约 30.41 千米，总投资 1070 万元。

2019 年 6 月 19 日，福清市水利局举办综合治水宣传活动颁奖仪式（市水利局　供）

【水土流失治理工程】　2019 年，福清市完成水土流失治理面积 920 公顷，其中水利部门 253 公顷，林业、国土部门 667 公顷。水利部门完成总投资 178 万元，其中福州市级补助 52 万元，福清市本级财政补助 95 万元。镇村自筹 31 万元。全年全市报批水土保持方案 41 件，方案水土保持总投资 940.31 万元，水土保持防治责任范围 129 公顷；征收水土保持补偿费 131.10 万元。

【水利工程加固维护】　2019 年，福清市推动完成万利水库等 15 座病险水库除险加固工程，总投资约 4554.29 万元；完成柯屿西闸、东闸等 2 座大中型病险水闸除险加固工程主体建设，完成投资约 2500 万元；开展新厝海堤等 9 条海堤加固工程建设，完成投资约 1200 万元；完成后洋山塘等 19 项小型病险水利工程应急加固工程建设，完成投资约 328 万元；开展全市 89 座公益性小型水库除草等维修养护，完成韭菜垅等 4 座小型水库维修养护工程建设，总投资约 260 万元。

【水库移民】　2019 年，福清市发放库区移民直补资金 1270.68 万元，申请安排后期扶持项目 39 个资金 2511.66 万元。

（薛强）

（编辑　魏希兴）

工 业

综 述

【行业发展概况】 2019年，福清市有规模以上工业企业416家，总产值1951.9亿元，比上年增长8.3%，初步形成以电子、食品、医药、塑胶、玻璃、电力、化工、纺织等八大产业为支柱、多门类的工业为一体的产业模式。八大行业实现产值1493.8亿元，增长7.8%，占全市规上工业产值比重76.5%。

【企业增产增效政策】 2019年，福清市发放“2018年工业稳增长增产增效”项目奖励补助资金5141.58万元。

【企业技改和技术研发政策】 2019年，福清市列入福州市级的技改项目56项，总投资628.8亿元，年度投资53.7亿元，其中列入省级技改项目26项，总投资93.17亿元，年度投资29.5亿元。2家企业获得福州市级企业技术中心，2家企业获得福州市产学研补助，48家企业获得福清市级技改补助，14家企业获得技术研发补助，67家获得两化融合贯标奖励。

表12 福清市列入2019年省级龙头企业

序号	企业名称	序号	企业名称
1	福建长德蛋白科技有限公司	11	福融辉实业（福建）有限公司
2	福建天马科技集团股份有限公司	12	福建恒杰塑业新材料有限公司
3	福建康宏股份有限公司	13	福耀玻璃工业集团股份有限公司
4	福州集佳油脂有限公司	14	福建省万达汽车玻璃工业有限公司
5	祥兴（福建）箱包集团有限公司	15	福建奋安铝业有限公司
6	福建省东南电化股份有限公司	16	福建捷联电子有限公司
7	福建天辰耀隆新材料有限公司	17	福建福强精密印制线路板有限公司
8	福建中景石化有限公司	18	福建华冠光电有限公司
9	福建省中江石化有限公司	19	福州京东方光电科技有限公司
10	福建经纬新纤科技实业有限公司		

表 13　　**福清市列入 2019 年省级高成长企业**

序号	企业名称	序号	企业名称
1	福州市鸿生建材有限公司	10	福建中源新能源股份有限公司
2	福建天马科技集团股份有限公司	11	福建福耀汽车饰件有限公司
3	福建亚通建材有限公司	12	福建省福抗药业股份有限公司
4	福州京东方光电科技有限公司	13	丽珠集团福州福兴医药有限公司
5	福建坤彩材料科技股份有限公司	14	福建华颖箱包材料有限公司
6	福建恒杰塑业新材料有限公司	15	骏洋（福建）旅游用品有限公司
7	福融辉实业（福建）有限公司	16	福建中能电气有限公司
8	福融盛（福建）包装材料有限公司	17	福建新福兴玻璃有限公司
9	福建兰天包装材料有限公司		

电子行业

【概况】 2019 年，福清市电子行业有规模以上企业 23 家，完成产值 490.2 亿元，比上年增长 4.5%，产值占规模以上工业企业产值比重 25.1%。

【重点企业简介】 福建捷联电子有限公司　成立于 2002 年 5 月，注册资本 4500 万美元，投资金额 9980 万美元，有员工近 8000 人。公司主营液晶显示器、液晶电视、电子白板、监视器等显示类产品的研究开发、制造和销售业务。拥有近 60 万平方米的研发和生产基地，是全球最大的液晶显示器研发及生产基地。2019 年实现产值 221.6 亿元。

福州京东方光电科技有限公司　第 8.5 代新型半导体显示器件生产线项目总投资 300 亿元人民币，主要用于生产高分辨率（UHD）、低功耗电视及桌面显示器、创新应用等液晶显示产品，加工玻璃基板尺寸为 2500mm × 2200mm。项目于 2015 年 4 月 20 日签署投资框架协议，同年 10 月正式开工动建，2018 年 3 月满产，每月投入生产玻璃基板 15 万片。2019 年实现产值 110 亿元。

捷星显示科技（福建）有限公司　韩国 LG 集团与冠捷科技集团在福清市融侨经济技术开发区光电园区投资设立的合资企业。公司成立于 2009 年 12 月 7 日，注册资本 1700 万美元，投资总额 5000 万美元，主要从事超薄液晶显示器开发、设计、生产、销售。公司于 2010 年 5 月投入生产，产品远销至东南亚、美洲、欧洲等 80 多个国家和地区。2019 年实现产值 74.5 亿元。

塑胶行业

【概况】 2019 年，福清市塑胶行业有规模以上企业 86 家，完成产值 176.9 亿元，比上年增长 13.2%，产值占规模以上企业产值比重 9.1%。

【重点企业简介】 福融辉实业（福建）有限公司　成立于 2008 年，总投资 5.32 亿元，建设引进德国布鲁克纳 8.2 米高阻隔、多功能塑料软包装材料生产线 2 条，年产多层高阻隔、多功能塑料包装材料约 7.5 万吨。2010 年 1 月投产，2019 年实现产值 15.8 亿元。

福建恒杰塑业新材料有限公司　是一家专业生产聚烯烃类绿色环保系列产品的企业，公司创建于 2000 年 9 月，厂区占地面积 6.67 公顷，有员工 300 多人。2019 年实现产值 13.5 亿元。

食品行业

【概况】 2019 年，福清市食品行业有规模以上企业 67 家，完成产值 320.1 亿元，比上年增长 12.3%，产值占规模以上工业企业产值比重 16.4%。

【重点企业简介】 福建康宏股份有限公司　成立于 2001 年 4 月 12 日，注册资金 2.8 亿元人民币，是一家以大豆加工为主，以粮油、饲料加工贸易、物流、科技创新相结合的现代化民营企业，是福建省首家建成投产大豆一次性浸出油生产厂家。公司占地 8.67 公顷，有员工 261 人，2019 年实现产值 19.7 亿元。

玻璃行业

【概况】 2019年，福清市玻璃行业有规模以上企业4家，完成产值54.2亿元，比上年增长2.6%，产值占规模以上企业产值比重2.8%。

【重点企业简介】 福耀玻璃工业集团股份有限公司 是全球第一大汽车玻璃生产商，旗下子公司、生产基地遍布天津、上海、广东等国内主要城市和美国、日本、俄罗斯、德国、韩国等国家，产品全球市场占有率近25%。2019年，福耀集团在福清实现产值45.6亿元。

新福兴玻璃工业集团有限公司 创立于1980年，1994年正式注册成立。公司总部位于福州新区福清功能区，旗下拥有新福兴浮法、福州新福兴玻璃、广西新福兴硅科技、新福兴新能源科技、福业新能源等多家子公司，员工2000余人。集团主要产业有硅科技、至白浮法、电子玻璃、太阳能光伏玻璃、建筑玻璃、特种玻璃、家居玻璃、电站营运等。2019年实现产值7.9亿元。

医药行业

【概况】 2019年，福清市医药行业有规模以上企业5家，完成产值39.7亿元，比上年增长40.7%，产值占规模以上企业产值比重2%。

【重点企业简介】 福建省福抗药业股份有限公司 于2002年7月经省政府批准，由原福州抗生素集团有限公司改制设立，是福建省最大的制药企业和福建省高新技术企业，列全国医药企业百强。2019年实现产值17.2亿元。

电力行业

【概况】 2019年，福清市电力行业有规模以上企业7家，完成产值131.9亿元，比上年增长1.1%，产值占规模以上工业企业产值比重6.8%。

【重点企业简介】 福建福清核电有限公司 总投资约879.2亿元，规划建设6台百万千瓦级压水堆核电机组，一次规划、分期连续建设。1～4号机组采用二代改进型成熟技术，5～6号机组采用自主三代核电“华龙一号”技术路线，6台机组总装机容量665.6万千瓦。1～4号机组分别于2014年11月22日、2015年10月16日、2016年10月24日、2017年9月17日投入商运。“华龙一号”示范工程福清核电5、6号机组分别于2015年5月7日和12月22日正式开工建设。2019年实现产值101.5亿。

化工行业

【概况】 2019年，福清市化工行业有规模以上企业26家，完成产值220.9亿元，比上年增长3.9%，产值占规模以上工业企业产值比重11.3%。

【重点企业简介】 福建中景石化有限公司 中景石化于2012年在福州江阴工业集中区投建中景石化科技园，集团与荷兰利安德巴塞尔和美国霍尼韦尔（UOP）公司进行全面技术合作，生产薄膜原料——聚丙烯（年产300万吨）和聚丙烯原料——丙烷脱氢制丙烯（年产350万吨）及10万吨级液体化工码头和年吞吐600万吨LPG（液化石油气）储罐区。2019年实现产值50.7亿元。

福建天辰耀隆有限公司 成立于2012年2月，是由中国化学工程集团有限公司中国天辰工程有限公司和福州耀隆化工集团公司出资组建的国有合资企业，注册资本12亿元，公司20万吨/年己内酰胺项目于2014年竣工投产。2019年实现产值42.6亿。

纺织行业

【概况】 2019年，福清市纺织行业有规模以上企业23家，完成产值60亿元，比上年增长17.8%，产值占规模以上工业企业产值比重3.1%。

【重点企业简介】 福建经纬新纤科技实业有限公司 是福建经纬集团于2010年9月投资成立的功能性差别化聚酯纤维生产企业，占地68.47公顷，注册资本6.8亿元，总投资58亿元，主要生产和经营纺织原料全拉生丝、拉伸变形丝等上游产品。2019年实现产值24.1亿元。

（叶思思）

（编辑 魏希兴）

建筑业 房地产业

建筑业

【概况】 2019年，福清市有总承包企业211家（一级企业18家，二级32家，三级161家），专业承包企业97家，监理企业4家，劳务分包企业253家。福建省中隧建设工程有限公司、福建省东昇建设工程有限公司、福建卓越市政工程有限公司等3家企业经住建部审批，晋升为建筑工程施工总承包一级资质；福建省龙湟市政工程有限公司经住建部审批，晋升为市政工程施工总承包一级资质。福建省龙祥建设集团有限公司技术中心被省经信委等部门评为省企业技术中心。

2019年，全市建筑业累计完成产值396.68亿元，比上年增长15.77%，其中省外产值278.8亿元，外向度70%。产值超亿元企业有35家。相关建筑业企业外出经营所得税奖励6335.2324万元、升级奖励400万元、国家专利及省级以上工法奖励60万元。全市完成建筑业增加值约126.76亿元，增幅9.5%。

2019年，全市办理施工许可项目318项，总造价142.74亿元，总面积710.45万平方米。其中房地产项目63项368.13万平方米、造价67.68亿元，工业项目120项273.86万平方米、造价40.19亿元，市政项目造价30.97亿元；本市施工企业施工造价56.37亿元，外来施工企业施工造价86.37亿元。办理竣工备案项目87个，总造价28.17亿元，总面积421.75万平方米。10家总承包一级资质企业建筑科研经费投入4835.83万元，增幅30%。

【建筑招投标】 2019年，福清市依法必须公开招标的房屋建筑和市政基础设施工程项目98项，工程控制价38.88亿元；中标价35.04亿元，节约造价3.84亿元，下浮幅度9.87%。通过福建省公共资源交易电子行政监督平台对工程招标投标活动实施监督。接受建设单位报建，以及招标代理机构招标条件、招标文件、澄清修改、异议处理结果、招标投标情况书面报告的备案。

【质量与安全监管】 2019年，福清市住房和城乡建设局（以下简称市住建局）办理质量安全监督手续253个，受监在建工程419个。其中房建工程327个，受监建筑面积1820万平方米；市政工程92个，受监长度97107米。发出工程质量安全整改通知书595份，停工通知书9份；发现隐患总条数1421条，涉及工程262个；发出记分告知单2380份，违规记分30524分。定期召开全市在建工程质量形势分析会，开展建筑机械专项、工程质量安全专项检查和建筑施工模板工程三个专项整治，推行住宅工程质量分户验收制度，验收项目设置工程永久性铭牌。

【“文明工地”创建】 2019年，福清市有12个项目申报省级标化工地，14个项目申报市级标化工地，7个工地通过市级标化工地评比。

【建设工程质量检测】 2019年，市住建局结合“双随机”检查，对在建工地824个构件进行回弹法检测混凝土强度，抽检158份钢筋原材、焊件和机械连接，对59根检测桩的检测机构进行评价，制定《福清市预拌混凝土企业和检测机构专项检查工作导则》，每个季度采用突击方式对全市7家预拌混凝土生产企业进行检查，打击违规使用海沙。全年抽查砂样56组检测氯离子含量和贝壳含量，抽查拌合物28组、砼试块28组检测氯离子含量，均符合要求。

【建筑工程勘察设计】 2019年，市住建局健全完善施工图设计文件（含勘察文件）审查制度，结合每季度的“双随机”，开展4次全市建筑工程勘察设计质量季度检查。要求各参建单位严格执行施工图设计文件（含勘察文件）审查制度，施工图未经审查合格的，不得使用。

【建筑节能】 2019年，福清市新建、改建和扩建的建筑节能设计、节能施工、竣工验收阶段执行民用建筑节能强制性标准比例100%。市住建局开展建筑节能专项检查4次。全市加快推动装配式建筑发展，实现建筑业创新驱动和转型升级。2019年，全市房地产项目采用装配式建造的建筑面积15.95万平方米，工业厂房采用装配式建造的建筑面积111.5万平方米。

【建筑市场监管】 2019年3月份，市住建局专项开展工程建设领域专业技术人员职业资格“挂证”专项整治工作，累计向福州市城乡建设局报送3个批次“挂证存疑名单”，涉及企业62家，清理“挂证人员”294人。8月底，开展全市建筑业企业资质动态核查，将262家不符合资质要求的施工企业从《福清市小规模工程简易招标施工企业名录库》退库。为促进工程建设各方主体责任落实，确保工程质量安全，市住建局重点检查建筑市场未批先建、无资质、超资质、无证从业等行为，开展建筑施工违法发包、转包、违法分包及挂靠行为专项治理行动，对工程项目和责任单位进行摸底排查。全年立案查处违法事项20起，处罚金593.37万元。

【造价定额管理】 2019年，市住建局发布《福清市工程造价管理信息》12期，为施工单位、建设单位编制工程预决算提供材料价格参考。

表14　**2019年福清市装修建材龙头企业（排名不分先后）**

序号	企 业 名 称	序号	企 业 名 称	序号	企 业 名 称
1	福清市景士兰涂料有限公司	6	福建成龙林产工业有限公司	11	福清市信祥木业有限公司
2	福建奋安铝业有限公司	7	福清市兴顺隆金属制品有限公司	12	福州卡比特地坪材料有限公司
3	福建鼎力电缆科技有限公司	8	福建联升新型墙材有限公司	13	福建融音塑业科技有限公司
4	福清市雄旺五金装饰材料有限公司	9	福清市明威金属制品有限公司	14	福建艾的尔家具有限公司
5	福清市新福兴玻璃有限公司	10	福建永强力加动力设备有限公司	15	福州晨鑫建筑型材有限公司

表15　**2019年福清市一级二级总承包建筑企业（排名不分先后）**

序号	企 业 名 称	主项资质等级
1	福建卓越建设工程开发有限公司	建筑工程施工总承包一级 市政公用工程施工总承包一级
2	福建来宝建设集团有限公司	建筑工程施工总承包一级
3	福建省融旗建设工程有限公司	建筑工程施工总承包一级 市政公用工程施工总承包一级
4	福建省高华建设工程有限公司	建筑工程施工总承包一级
5	福建省长鸿建筑工程有限公司	建筑工程施工总承包一级 市政公用工程施工总承包一级
6	福建弘祥建设工程有限公司	建筑工程施工总承包一级
7	福清市二建建筑工程有限公司	建筑工程施工总承包一级
8	福建省龙祥建设集团有限公司	建筑工程施工总承包一级 市政公用工程施工总承包一级
9	福建省冠辉建设工程有限公司	市政公用工程施工总承包一级
10	福清市三建建筑工程有限公司	建筑工程施工总承包一级
11	福建省金通建设集团有限公司	公路工程施工总承包一级 市政公用工程施工总承包一级
12	海峡建工集团有限公司	市政公用工程施工总承包一级

续表15

序号	企业名称	主项资质等级
13	福建省建融工程建设有限公司	建筑工程施工总承包一级
14	福建华君建筑工程有限公司	建筑工程施工总承包一级
15	福建省东昇建设工程有限公司	建筑工程施工总承包一级
16	福建卓越市政工程有限公司	建筑工程施工总承包一级
17	福建省龙湟市政工程有限公司	市政公用工程施工总承包一级
18	福建省中隧建设工程有限公司	建筑工程施工总承包一级 市政公用工程施工总承包二级
19	福清市一建建筑工程有限公司	建筑工程施工总承包二级
20	福清市成龙建设工程有限公司	建筑工程施工总承包二级
21	福建省高远建设工程开发有限公司	建筑工程施工总承包二级
22	福建秀辉建设工程有限公司	建筑工程施工总承包二级
23	福建省福清市鑫辉建筑工程有限公司	建筑工程施工总承包二级
24	福建融大建设工程有限公司	建筑工程施工总承包二级
25	福清市嘉盛建设工程有限公司	建筑工程施工总承包二级
26	福建冠龙建设工程有限公司	建筑工程施工总承包二级 市政公用工程施工总承包二级
27	福清市融高建筑工程有限公司	建筑工程施工总承包二级
28	福建兴隆路桥建设有限公司	建筑工程施工总承包二级 市政公用工程施工总承包二级
29	福建省融旗工业厂房开发建设有限公司	建筑工程施工总承包二级 市政公用工程施工总承包二级
30	福建省益业建设工程有限公司	建筑工程施工总承包二级 市政公用工程施工总承包二级
31	福建冠嘉建设有限公司	市政公用工程施工总承包二级
32	福建省龙天建设工程有限公司	建筑工程施工总承包二级
33	福建省泰丰建设工程有限公司	市政公用工程施工总承包二级
34	福建省建成建设工程有限公司	建筑工程施工总承包二级 市政公用工程施工总承包二级
35	福建圣吉建设工程有限公司	市政公用工程施工总承包二级
36	福建鑫宏源建设工程有限公司	市政公用工程施工总承包二级
37	福建省华昊市政工程有限公司	建筑工程施工总承包二级 市政公用工程施工总承包二级
38	福建省华高建设工程有限公司	市政公用工程施工总承包二级
39	福建省福新建设工程有限公司	建筑工程施工总承包二级
40	福建工力建设有限公司	建筑工程施工总承包二级

续表 15

序号	企业名称	主项资质等级
41	福建省融东建设工程有限公司	建筑工程施工总承包二级
42	福建亿联升集团有限公司	建筑工程施工总承包二级 市政公用工程施工总承包二级
43	福建诺顺建筑工程有限公司	建筑工程施工总承包二级
44	福建省正福建设工程有限公司	市政公用工程施工总承包二级
45	福建东钢钢铁有限公司	建筑工程施工总承包二级
46	福建东水建设工程有限公司	水利水电工程施工总承包二级
47	福建大成水利工程建设有限公司	水利水电工程施工总承包二级
48	福清市融禹水利水电建设工程有限公司	水利水电工程施工总承包二级
49	福建鑫天源建设工程有限公司	港口与航道工程施工总承包二级

（吴达航、陈曦、侯孝和）

房地产业

【概况】　2019 年，福清市房地产投资 217.97 亿元，比上年上升 14%；商品房新开工面积 191.08 万平方米，下降 61%；办理商品房预售许可证 137 宗，总建筑面积 342.69 万平方米，上升 4%。房地产开发企业 122 家，其中新核定房地产企业资质 19 家，延续 27 家，转正 5 家。

【房地产新政】　2019 年，福清市坚持“房子是用来住的，不是用来炒的”定位，经市政府同意，对《关于进一步完善商品房项目价格备案工作的补充通知》所涉及成本核算定价规则条款进行修订，进一步加强住房价格监管，继续优化土地供应管理，促进房地产市场平稳健康发展。

【交易市场管理】　2019 年，市住建局会同市发展和改革局（物价局）、市场监督局和不动产登记中心开展联合检查执法行动，在 7 个街道房地产项目首次开盘当天在售楼部实行联合驻场监督，重点监督整治商品房价外加价、超额收取装修费用、捆绑销售、擅自提高首付款比例、拒绝公积金和商业贷款、未批先售、虚假广告等侵害群众利益行为，对发现的违规行为当场责令整改；拒不整改的，由相关职能部门按照各自职责进行处罚，并将该企业列入“黑名单”进行管理，实行联合惩戒。不定期对 7 个街道房地产项目开盘情况进行抽查，引导企业依法经营，严控房价。

【房地产去库存情况】　2019 年底，福清市商品房库存 207.93 万平方米，去化周期 11.62 个月，房地产去库存周期基本合理。其中住宅库存 184.08 万平方米，去化周期 11.09 个月。

【住房保障】　2019 年底，福清市开展老旧小区综合改造行动，5 个街道老旧小区进入试点，分别是音西街道清展花园、玉屏街道小北小区、石竹街道宏兴小区、龙江街道江滨花园 b 区和宏路街道宏西小区，涉及建筑 106 幢、1743 户、20 万平方米。其中音西街道清展花园完成施工进度 80%，龙江街道江滨花园 b 区完成施工进度 30%，其余三个小区完成前期开展工作。2019 年全市继续做好危房排查及监督管理工作，建立房屋排查台账及危房档案，累计整治 1051 栋，完成整治率 100%。其中拆除 558 栋，加固 373 栋，限期恢复原状 4 栋，需指定责任人定期监测安全 116 栋，撤离 1377 人；存在严重危险的 72 栋房屋，均全部整治到位。

【房屋征收管理】　2019 年，福清市启动重点项目征迁工作，总征迁建筑面积 69.2 万平方米，征迁房屋 2911 座（套），总户数 2826 户。全市采用“属地街道 + 征迁兵团”的征迁模式，沿用房地分离的征收补偿模式。

2019 年重点征迁项目为西门停车场片区、后山路、清锦路、东门河东侧片区、豆区园片区及察院埔、利桥片区（龙江北侧）、龙江南岸利桥片区、龙江南门桥片区、瑞亭街（嘉鑫花园至瑞亭大桥段）、霞楼街（桥南路）、福融盛项目、旧清繁大道（福人大道至福百大道）、18 米规划路（三福龙景配套路—元华路）、三锋集团项目等项目。

【物业管理】 2019年，福清市物业服务企业准入市场全面放开，有物业服务企业67家，从业人员3000多名。聘请专业化物业公司管理成为新建住宅小区物业管理的主要形式，实施物业管理小区109个，完成前期物业招投标项目19项（邀请招投标17项，协议招标项目2项）；成立业主委员会38个。泰禾华侨城、锦绣尚品、三福龙景等3个物业小区获省级优秀项目，凯景新天地、富贵世家一期、江滨御景一期、市检察院、龙旺名城小区等5个物业小区获福州市级优秀项目。

市住建局出台《福清市物业服务行业联合惩戒工作方案》《关于印发〈福清市住宅小区“两违”综合治理及责任追究实施办法〉的通知》等文件，编印发放《福建省物业管理条例》宣传资料500余册，召开福清市物业管理行业安全管理工作培训大会暨消防安全演练。举办《福建省物业管理条例》宣贯培训班，提高物业行业安全生产工作水平和物业管理水平。指导成立“福清市物业管理协会”，规范物业服务企业行为，引导物业行业良性发展。

【保障性安居工程】 2019年，福清市新增棚户区改造开工2765套，开工率100%；新增公共租赁住房保障户数72户。全市已竣工可分配入住公共租赁住房4901套，累计分配4860套，分配率99.16%。

【重点房地产企业简介】 福清金辉房地产开发有限公司 成立于2005年10月18日，外商独资有限责任公司。开发建设“国际公馆”“融侨城一、二、三期”“金辉尊域”“金辉西院”等集住宅或商住为一体的规模化小区，将不同的标志性概念建筑群引进本土城市。

福清融侨置业有限公司 成立于2012年12月10日，隶属于融侨集团。开发建设“融侨新城·泷郡”“融侨·观邸”“融侨·锦江”“融侨·悦府”等。

名城地产（福清）有限公司 成立于2013年11月13日，由名城地产（福建）有限公司和福建中联城实业有限公司投资设立，并在福清设立全资子公司——福清顺泰置业有限公司。开发建设“中联名城一区”“中联名城二区”“中联名城三区”等。

华城（福清）房地产有限公司 成立于2006年12月6日，隶属于祥兴集团。开发建设“国际华城”“冠宜国际”“时代广场”“滨海嘉苑”“时代公馆”等。

【新建商业楼盘简介】 融湾国际美食文化城 由福清市融湾置业有限公司负责开发建设，项目在福州市元洪投资区国际食品园（一、二期）规划范围内，地处福建省福清市城头镇东部。美食城项目总建筑面积43.78万平方米，总投资18.27亿元。项目整体是由美食一条街、商场、酒店、会所等组成，集世界各地食品为主要来源，是以中国美味海鲜产品为特色的文化旅游区域。

【新开发重点楼盘简介】 福清融创公馆 在福清市清昌大道与景观大道交叉口，项目总占地约7.1公顷，总建筑面积33.7万平方米，由14栋23～33层的高层宽景公寓、二层沿街商业组合而成，其中商业面积为1.59万平方米，项目处城市中轴清昌大道与景观大道交汇处。

福清融创臻园 在福清市音西街道福业路与清展路交汇处，总占地面积4.92公顷，总建筑面积22.8万平方米，由12栋16层–33层高级住宅、1栋幼儿园、二层沿街商业组成。

融湾·澜玥 在音西街道，毗邻市图书馆、科技馆、档案馆，咫尺福清万达、利嘉及沃尔玛商圈，对望滨江幼儿园、小学及中学。项目总建筑面积16.94万平方米，总投资92081万元，由8栋高层、3栋多层及商业街组成。

福泽公馆 在音西街道清盛大道与福百路交汇处，是总建筑面积约18.9万平方米的新中式都会雅居，规划9栋高层建筑。

滨海壹号院 在福清市龙田镇环城东路上，总建筑面积11.22万平方米，其中住宅面积约7.89万平方米。

祥昱·悦湖湾 在龙田镇，占地面积6.21公顷，总建筑面积20.7万平方米，总投资约8个亿。其中祥昱悦湖湾小区10幢，总建筑面积13.55万平方米；祥昱悦湖湾小区二期9幢，总建筑面积7.14万平方米。

（林美玲、江启将、张晓晓、陈晟）

住房公积金

【住房公积金管理】 归集业务 2019年，福清市住房公积金归集额11.887亿元，比上年增幅8.37%。全年新增缴存职工10407人，有实缴职工65763人。截至2019年底，历年累计归集住房公积金81.949亿元，住房公积金余额31.585亿元。

提取业务 2019年，福清市提取住房公积金93723.05万元，增幅31.41%。历年累计提取503647.03万元。

个人贷款 2019年，福清市发放个人住房公积金贷款2211笔11.987亿元，增幅32.47%。历年累计发放个人住房公积金贷款14266笔59.839亿元，贷款余额44.342亿元。

【住房公积金政策】 2019年，福州地区住房公积金管理机构调整多项住房公积金政策。

出台《关于明确我市职工购买共有产权房申请住房公积金贷款计算首付比基数的通知》。明确本市职工购买共有产权房，申请住房公积金贷款的，以共有产权房购买人个人出资部分作为计算首付比基数的依据，首付款比例按照本市现有的住房公积金首付款比例政策的规定执行，若遇政策调整则按新政策执行。

出台《关于明确我市人才共有产权住房公积金贷款计算首付比基数的通知》。明确人才共有产权住房购买人，申请纯住房公积金贷款的，市财政一次性给予人才购房的奖补资金可作为购房首付款，以个人出资部分和市财政一次性出资部分共同作为计算首付比基数的依据，首付款比例按照本市现有的住房公积金首付款比例政策的规定执行，若遇政策调整则按新政策执行；申请组合贷款的，首付比基数计算和首付款比例参照商业银行的相关规定执行。

出台《福州住房公积金中心住房贷款楼盘备案操作规程（暂行）》。根据新规，楼盘开发企业仅需到楼盘所在地的住房公积金管理部申请备案即可，无需再到所在区域的多家贷款承办银行进行逐一备案。通过中心审批备案的楼盘，购房职工前往楼盘所在地的任一经中心授权的贷款承办银行网点即可申请公积金贷款。

【住房公积金业务服务】　2019年，福州住房公积金管理中心福清管理部全面深化“放管服”改革，围绕“网上办、就近办、马上办、一次办”的要求，全面提升服务管理效能，推出多项惠民利民举措。推动“网上办”业务快速发展，实现与公安、民政、工商、不动产登记等部门的数据共享，全程网办业务36项。开展多网点“就近办”便民服务，在全市新增农商银行为公积金承办银行，将贴心服务延伸至市民“家门口”。推动业务“马上办”，重新梳理公共服务事项清单，服务事项按最小颗粒化原则将原有30项公共服务事项细分成53项，精简审批材料170项，实现“零复印件”办理业务。推动业务“一次办”，楼盘报备实行一次性办理，100%在办服务事项实现“最多跑一趟”，45%对外服务事项实现“一趟不用跑”。引入人行征信机，为职工提供“一站式办理”服务。全面提升住房公积金管理的信息化和服务的便捷化、网络化水平，综合服务平台顺利上线，完成八大服务渠道的功能建设。推广“互联网＋公积金”，采用支付宝人脸识别技术，通过中心网厅、微信公众号、闽政通APP、e福州APP等多渠道，实现住房公积金业务“网上办”“掌上办”。

（林承仁）

（编辑　魏希兴）

2019年，福州住房公积金委托承办银行归集、贷款受理点授牌仪式
（福州市住房公积金中心福清管理部　供）

交通运输与邮政

公路建设与养护

【概况】 2019年，福清市专养公路总里程219.027千米，其中国道国道174.144千米、省道44.883千米。

【农村公路建设】 2019年，南岭至海口通乡公路改造项目完成主体路面施工，开放通行。四好农村路建设的建制村通双车道改造工作有序推进，镜洋镇浮山线改建等11个项目计16.05千米完工通车；南岭镇大山线改建等10个项目计10.765千米，年底完成主体工程。

【高速公路建设】 2019年长福高速公路项目路基工程完成100%，路面完成50%，房建完成30%，机电完成30%。

【滨海大通道】 2019年，滨海大通道（228国道）福清段项目一期工程各标段进展顺利，新增通车江阴大道中段至南段4.74千米，累计通车里程28.04千米；东阁农场至三山沁前段及沁前至南倪温泉大道连接线段18.2千米正在建设；蓝色产业园滨海路（江镜前华）至江阴浔头段开展专项论证和设计等前期工作。

【路面改造】 2019年，福清市交通运输局配合和督导福清公路事业发展中心、市交投公司和城投公司等单位继续做好国省县道改造工作。投资5600万元的县道X177龙山至坊里段路面改造2.98千米和投资1.2亿元的县道X172(港渔线)山前至目山段12千米白改黑项目完工。投资约3600万元的县道X172（港渔线）江阴下垄至渔溪镇区段路面改造6.48千米项目完成5.6千米，11月底主体路面完工通车。投资3800万元的县道X175东张濑底黑点整治（大桥）项目正在施工，总投资约1.7亿元的县道X118(青阳线)长乐界至阳下段14千米白改黑项目于9月动建。投资约1800万元的县道X178三山镇区段3.1千米和投资约1400万元的县道X172江镜目山至江阴下垄段2.4千米于10月动建，年底完成路面主体工程。

福州市福清公路事业发展中心完成G534线6.5千米“白改黑”工程扫尾工作，推进G228线山前至目山段11.9千米“白改黑”工程、S209线阳下段12.1千米路面改造、X172线目山至下垄段2.4千米“白改黑”工程、G104线原龙上线17.7千米“白改黑”工程、S209线原霞渔线12千米“白改黑”工程等25项养护工程，完成投资2.3亿元。

【危桥改造】 2019年，福清市完成阳下街道罗汉桥危桥改造，开展县道X172线上5座以及乡村道Y010一桥等危桥改造的前期工作，累计完成投资500万元。

2019年，滨海大通道（228国道）福清段项目一期工程进展顺利（市交通运输局供）

2019 年 10 月，全省国省干线标准化养护现场会在福清召开

（福清公路事业发展中心　供）

【公路养护工程】 2019 年，福清市交通运输局完成县乡公路安全生命防护工程 143 千米，完成投资 800 万元。完成养护示范提升工程 252.4 千米（含增设错车道 19 个 14.1 千米），完成投资 2520 万元。完成对 5 条县道进行大中修改造，完成投资 300 万元。完成小修养护投资 800 万元。将全市的县乡村道 1775.3 千米纳入灾毁保险。福州市福清公路事业发展中心按照“三化五优”公路养护标准化要求，结合 PQI 值提升工程在“美丽交通生态公路”推进路线上全面实施标准化养护，全年完成 14 项 PQI 提升预防性养护工程，年度 PQI 值 92.9，较 2018 年提高了 1.53。

【路政管理】 2019 年，福州市福清公路事业发展中心结合“放管服”改革，持续完善网上办事大厅等“互联网＋行政审批”服务模式，落实“最多跑一趟”服务标准，全年受理路政许可审批及协议式管理案件 5 件，收取费用 717.50 万元；处理损坏公路及公路附属设施案件 45 件，收取费用 24.91 万元；开展监督检查 135 次。宏路治超站累计检查车辆 2910 辆次，与辖区公安交警联合查处超限超载车辆 1231 部，卸载超限部分货物 52578.985 吨。

（林怀珊、何秀钦）

公路运输

【概况】 2019 年，福清市完成公路运输总周转量 306273.72 万吨千米，比上年增长 8.6%；水路运输总周转量 1806921.11 万吨千米，增长 24.31%。两项指标均位居福州前列。

【客运市场】 2019 年，福清市有道路客运企业 14 家，汽车客运站 16 个，客运车辆 218 辆共 5300 个座位，客运线路 31 条。市交通运输局在客运场站、旅客集散地、各主要路口对道路客运、客运场站经营活动实施监督检查，遏制违规违章经营行为，查处违规经营客运班车 33 部、旅游客运包车 3 部。制订重大节假日旅客运输工作方案和应急预案。春运期间，组织运输客车 360 部 8512 座、公交车 500 部、出租车 250 部；落实旅游包车客运车辆 59 辆 1547 座作为应急储备运力，为旅客运输提供运力保障。

【货运市场】 2019 年，福清市有道路货运企业 215 家，货运车辆 3570 辆 /58144 吨。市交通运输局组织道路货物运输市场检查，查处违规经营货车 28 辆。

【公共交通】 2019 年，福清市有城乡一体化公交线路 44 条，覆盖东张、海口、城头、龙田、江镜、三山、港头、沙浦、高山、东瀚、渔溪、新厝、江阴（江阴港城经济区）多个乡镇。全市有公交

2019 年 1 月，福清市交通运输管理局在福清汽车站周边开展交通执法

（市交通运输局　供）

企业8家，其中国营2家，私营6家。2019年，新增纯电动公交车172辆，共有公交车614辆，公交线路66条，日客流量约10万。

【城市出租车】 2019年，福清市有出租车企业3家，出租汽车250辆。市交通运输局开展出租车专项整治，严厉查处不打表乱收费、拒载等违规违法行为，依法打击扰乱出租车运输市场的非法营运"黑的""面的"，维护出租车运输市场。全年办理出租车驾驶员服务监督卡600张；查处违规违法经营出租车99辆次，非法营运"面的""黑的"142辆。

【机动车维修】 2019年，福清市有汽车维修企业109家，其中一类企业9家，二类企业50家，三类企业50家；综合性能监测站2家。

【机动车驾驶员培训】 2019年，福清市有机动车驾驶员培训机构11家，教练车683辆，教练员855人，全年机动车学员培训21005人。

【交通建设安全监管】 2019年，福清市交通运输局坚持"五零"目标导向，通过查问题、补短板、控风险、除隐患，全市交通建设安全形势保持平稳，交通建设实现安全生产责任零事故，各项指标均控制在福清市政府下达的考核目标范围内。对全市交通工程项目开展全面质量监督检查，监督覆盖率100%，原材料、工程实体抽查合格率100%。全年发出质量安全问题整改通知54份，对违反施工规范的施工行为及时进行纠正，对不满足质量标准的原材料和工程实体进行清场或整改。组织开展交通建设项目安全生产防控和隐患排查治理百日行动、在建工程生态环保督察、扫黑除恶专项斗争工作督察，通过大排查、大整治，全面提升企业本质安全水平，加强全市安全风险防控。

（林怀珊）

铁路

【概况】 福厦客专福清段全长34.4千米，约占整个福州段的60%，福清段主线内征拆迁、西站山体平整红线内征拆迁及沃底征拆迁涉及房屋拆迁635座，面积约8万平方米，征地约152.87公顷。截至2019年底，福厦客专福清段征迁完成99.3%。2019年9月16日，福厦客专福清段的南峰隧道成功贯通，南峰隧道全长673.02米，是福厦高铁首条贯通的隧道。

2019年8月，福厦铁路福清站改扩建工程完工。改扩建后，原有站房总面积4042.4平方米，改扩建部分站房面积2577平方米。可容纳乘客2600余人，站场规模为2台5线。

2019年，福清市继续配合开展福州港口后方铁路通道北段、南段、松下段的《工程项目可行性研究报告》等前期工作。

【运量】 福厦铁路 2019年12月30日起，福清站开始推行电子客票，旅客无需取票，刷身份证即可乘车。2019年发送旅客250.82万人次。

港铁联运 2019年，江阴港区集装箱吞吐量204.97万标箱，江阴铁路支线货物进出港917914.2吨。

（翁武太）

港口

【概况】 2019年，江阴港区累计完成港航建设投资65901万元，累计完成年度计划145.9%。江阴港区累计完成货物吞吐量3953.66万吨，比上年增长20.31%。集装箱累计完成203.39万标箱，增长11.35%。

福州港松下港区元洪作业区规划6个泊位，即1号～4号和西1号、2号泊位，其中3号泊位（俗称元洪码头）、4号泊位（俗称元载码头）已建成投入使用。2019年，元洪港区累计完成货物吞吐量184.22万吨，增长5.54%。

【码头建设】 2019年，江阴港区6号、7号泊位完成投资21501万元，项目累计完成沉箱预制24件，沉箱安装27件，灌注桩60根，施打塑料排水板322万米，沉箱顶抛石棱体6.25万方，陆域形成回填沙219万方；8号、9号泊位完成投资11200万元，项目累计完成沉箱预制40件，沉箱安装37件，施打塑料排水板896.8万米，西侧护岸基槽开挖27.8万方，港池疏浚42.4万方；12号泊位罐区工程完成投资33200万元；江阴港区进港航道三期工程申请部补资金2800万已获批；13A、B、C号泊位工程、18号19号泊位工程项目前期工作有序推进。福州港总规环评已上报生态环保部审批。

2019年，元洪港区3号泊位总体改造工程完成投资36.7万元，外贸堆场完成投资123.93万元；元洪港区4号泊位外贸堆场完成投资407.2万元，内贸堆场完成投资40.78万元。1号、2号泊位分别为2万吨级和3万吨级多用途泊位，设计年吞吐量为248万吨（其中集装箱88万吨折合8.8万箱），总投资额预计为71833.64万元。完成填海造地工程，总投资4810.61万元。西1号、2号泊位均为5000吨级通用泊位，设计年吞吐量为65万吨。

【港口运输】 2019年，江阴港区航线覆盖"金砖国家"和"一带一路"沿线国家和地区，开通西非、美西、韩国、日本、东南亚、香港、台湾、印巴等国际以及内贸航线。年内，辖区新增东南亚线4条，内贸线5条，共有外贸

2019 年 12 月 9 日，“DREAM DIVA 梦幻德微”号外贸汽车滚装船顺利挂靠福州港江阴港区 （江阴港务站 供）

航线 25 条，内贸航线 29 条。江阴港区集装箱吞吐量首次突破 200 万标箱，达 203.39 万标箱，比上年增长 11.35%；江阴港区内贸海上穿梭巴士完成 31.86 万标箱，增长 37.93%；外贸海上穿梭巴士完成 17.49 万标箱。完成汽车整车 5164 辆，增长 24.98%。集装箱海铁联运完成 4.17 万标箱，增长 2.73 %；散货海铁联运完成完成 9.78 万吨，增长 182.38%。

2019 年，元洪港区新增白云石吞吐量 2.84 万吨，硅锰合金吞吐量 3.67 万吨，碎石吞吐量 1.01 万吨。元洪港区水泥吞吐量 66.88 万吨，比上年增长 6.15%；小麦吞吐量 11.55 万吨，增长 95.81%；纯碱吞吐量 3.5 万吨，增长 1.92 倍；盘螺吞吐量 36.83 万吨，增长 14.25 倍；石英砂吞吐量 6.19 万吨，增长 7.17 倍；管桩吞吐量 4.33 万吨，增长 2.99 倍。

【省内起升高度最高的岸桥投入使用】 2019 年 5 月 20 日，江阴港区 5 号泊位新进 1 台 13 号特大超巴拿马岸桥，前伸距 70 米，起升高度 52 米，是福建省内起升高度最高的集装箱装卸桥吊，可满足当前最大集装箱船舶全天候作业。

【省内首个 5G“智慧港口”平台上线】 2019 年 5 月，福建省首个 5G“智慧港口”平台在江阴港区集装箱码头上线，“智慧港口”实现既关注整体又兼顾局部的大范围立体监控模式，构建先进的 AR 实景作战指挥平台，远程通过 AR 全景摄像机获取港区实时全景视频，方便生产调度人员对作业线进行实时指挥、作业方式调整等。

【全国首创外贸进境空箱监管快放模式】 2019 年 6 月 20 日，福州港江阴港区外贸进境空箱全流程智能化监管快放模式正式启动，从 36 小时缩减到 0.5 个小时，全年可节省物流成本约 2500 万元，实现通关环节的进一步简化。

【超 6 万载重吨油轮首靠江阴港区】 2019 年 7 月 30 日，江阴港区闽海码头 11 号泊位靠泊 5 万吨级内贸油轮“麒麟座”。该轮最大载重吨 67999 吨，是江阴港区年内靠泊载重吨最大的油轮。

【5 万吨级低温丙烷船首靠江阴港区】 2019 年 11 月 21 日，江阴港区福州中江化工码头 12 号泊位迎来首艘 5 万吨级低温丙烷外贸船“AYEME”(菖蒲)轮。

【进口外贸汽船滚装船首靠江阴港区】 2019 年 12 月 9 日，“DREAM DIVA / 梦幻德微”号外贸汽车滚装船顺利挂靠福州港江阴港区，是福州港江阴港区首次挂靠的进口外贸汽车滚装船。卸载的 505 辆越野车均来自“21 世纪海上丝绸之路”沿线国家阿联酋。

（黄宏雄、梁锦添、蔡喜明）

邮　政

【概况】 2019 年，中国邮政福清分公司辖下有邮政营业网点 30 个，邮政金融网点 18 个，揽投站 14 个，员工 605 人。全年投递业务量 2730.7 万份，各类报刊 1752.4 万份，平常信件 313.6 万份，挂号信件 29.5 万份，包快邮件 635.2 万件。实现业务收入 1.62 亿，其中基础邮务收入 1500 万元，寄递收入 8300 万。

【邮运网建设】 2019 年，福州邮区中心局途经福清交接邮件的邮运邮路有福州—福清一班、福州—福清二班、福州—福清三班、福州—平潭一班、福州—平潭二班、福州—长乐二班、福州—莆田、福州—仙游等八条，覆盖除福清阳下、江阴以外所有的邮政支局。福清邮政自办趟车邮路有七条：福清市内转趟辐射到宏路、阳下的邮件接转、龙田转趟、高山转趟、福清—东瀚、福清——一都、福清—江阴、福清—海口。

福清投递邮路道段有市区本城投递15个段、汽车投递2个段、郊区及镇区农村投递邮路道段92条，投递邮路总长3996千米，其中委代办投递邮路道段20条，投递邮路长802千米。农村乡镇网点覆盖率100%，建制村直接通邮率100%。

【普遍服务管理】 2019年，践行“人民邮政为人民”的服务宗旨，提升广大客户用邮体验。2月18日，中国邮政福清分公司上线包裹快递业务智能跟单系统，确保工单处理365天无间断。开展包裹快递投递服务百日专项整治活动，投递有责投诉率同比下降50%。落实春节、国庆及各个重大活动期间邮件寄递安全工作，开展普遍服务达标管理专项活动、2019年度缺报少刊专项综合整治活动，制订“双11”旺季生产期间生产运行方案及应急预案等，确保生产运行平衡。

【快递物流类业务】 2019年，中国邮政福清分公司寄递事业部有揽投站14个，主要覆盖城区及龙田、江镜、高山、港头、三山、海口、宏路、阳下、渔溪、镜洋、江阴等11个镇街。有员工168人，专用速递揽收、投递汽车10余辆。在福清市公路港设有邮件转运站，连接地市邮件处理中心和县市各揽投站点。开办的业务有国内、国际特快专递、商务礼仪等各项服务。其中有国内次晨达和次日递、百城承诺邮件、省内当日递、省内次晨达、省内次日递，国际承诺服务和限时等服务；有国际非邮、两岸速递、国际E特快等跨境商务服务。在公安外事科、交警大队、公证处、行政服务中心等多处设立驻点人员，提供便民服务。

【邮务类业务】 2019年，中国邮政福清分公司发行邮票题材31种。为融籍画家杨前华三十米长卷《玉融风光》的书画作品，专门定向开发制作《玉融风光》邮册和个性化邮票。举办主题为“壮丽七十年 阔步新时代”集邮巡回展福清站活动，展示出价值超百万的第一轮猴大版及各类珍稀邮票超百种。参与全国青少年集邮活动示范基地——福清市瑞亭小学的各种主题日活动，专门定制纪念封，让集邮元素充实活动，丰富青少年知识。做好党报党刊征订和投递工作。全年报刊大收订流转额2395万元，同比增长4%。借助报刊社资源，先后邀请《课堂内外》《快乐语文》等杂志的主编为全市中小学举办公益讲座。2019年下半年，协同杂志社在福清6所学校开展公益讲座，把公益讲座带到镇和村，实现城乡教育资源共享。融入地方旅游和文化宣传，协助两地镇政府开发《草原小镇——南岭》《一都——东关寨风光》《红色罗汉里》等旅游宣传册。结合新农村建设项目，通过画册和文化墙面制作喷绘等新媒体业务在全市范围内宣传社会主义新农村。

【便民服务】 2019年，福清市有252个邮政便民服务站，累计实现缴费额1.5亿元，发放酬金约45万。邮政便民服务站“村村通”项目以村电工、烟草客户、村委、村主要杂货铺等对象自愿加盟的模式，使加盟店成为农村老百姓家门口的公共事业服务站。邮政补贴建设系统的费用，并向加盟商发放代办酬金，让加盟店受益，让老百姓方便。开办代开发票、代征税款业务，2019年度代开发票2.4万张，代征税款2646万元，方便纳税人的业务需求。

（王海星）

（编辑　魏希兴）

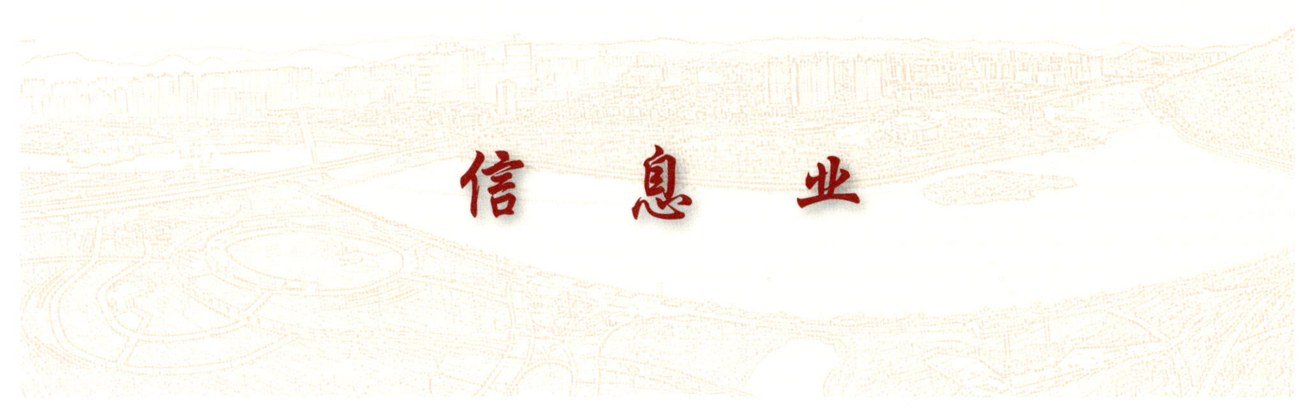

信 息 业

政府信息化建设

【概况】 2019年，福清市推进智能化平台的搭建，强化各平台运行管理，推进新型智慧城市建设和管理。落实“数字福州”项目建设，助推福清市数字经济发展。福清市大数据服务中心对全市各部门信息项目的申请、监督、验收认真把关，科学管理。持续完善“智网”部署工作，启动福清市“智网”边界安全升级改造项目，配合推进“互联网+政务服务”建设。

【政务信息化】 2019年，福清市启动10个政府投资类信息化项目建设，包括党校新校区智能化项目、现代精准蔬菜产业信息服务平台项目、智网边界安全服务机房升级改造项目、“智慧城管”综合指挥平台项目、统一政务服务软件平台（“智慧福清”APP）建设项目、市民服务中心装修改造工程智能化项目、公安交通指挥中心（二、三期）扩容项目、公安交局执法办案一中心信息化系统项目、第三医院信息化项目、石竹山风景名胜区智慧旅游综合信息服务平台项目。配合省、福州市做好政务内网、智网存在的勒索病毒、挖矿病毒等各种类病毒查杀工作，依托全市152家单位“智网”升级改造工程以及68家单位智网边界安全服务建设工作，全市政务服务网络环境稳定安全。

【政务信息目录资源编制】 2019年，福清市大数据服务中心完成福清市政务信息目录资源编制工作。其中政务信息资源目录包含部门业务信息目录、部门数据库目录和部门应用系统目录，部门业务覆盖法规文件、发展规划、工作动态、人事信息、财经信息、行政许可、行政执法、公共服务以及三定方案中规定的其他职责。

【智能化平台的搭建】 2019年，“智慧福清”管理服务中心推进福清市统一政务服务软件平台（“智慧福清”APP）项目建设，打破重建一线服务、效能督查等六类政务服务软件平台，并增建人大、政协相关工作模块，打通多项便民服务功能。12月2日，在部分镇街和市直单位中投入试运行。与福清市工信局配合，完成“福清双保行动”APP平台建设，实现无纸化服务企业。

【平台运行管理】 2019年，福清市12345平台受理群众诉求件35000件，同比上升42.80%，及时查阅率100.00%，及时回复率99.99%，满意率99.89%。福清市数字城管系统受理有效案件28485件，结案数28485件，结案率100%；按期结案率99.99%，返工案件0件；综合评价分99.99，等级A。创城管理系统全年上报工单14.15万件，其中处置工单14.11万件，工单处置率99.7%。美丽福清监管平台全年上报3374件，确认违建并立案处置1675件，全部结案。

【数字经济建设】 2019年，福清市依托“数字福州”培育产业发展新动能，提高全市数字经济产业建设水平。配合省、福州市开展人工智能示范项目、龙头企业、数字经济专项平台项目、专项资金贷款贴息项目、“数字福州”创新应用解决方案等示范项目征集工作，推动一批数字化产业发展，并推选优质数字经济产业参选。对接5个峰会签约项目，通过福建省项目动态管理平台，实时跟踪项目建设进展，做好工程进度登记工作。年内，全市有8个项目列入“数字福州”行动方案项目清单，完成投资5.9亿元，完成年度投资计划202.5%。

（翁武悠、倪玉娇、陈成平、林群、林祺凯）

中国电信

【概况】 2019年，中国电信福清分公司（简称福清电信）公司下设5个部室及22个镇街支分局等组织机构，有主实业员工312人。业务收入近4亿元，服务通信用户超98万户，光宽带用户覆盖超99%，无线网络规模稳定扩张，网络和业务规模保持稳定发展。2019年，连续第八届获评为省级“文明单位”称号，公司党总支获评为福清市“先进基层党组织”称号。

【通信业务】 2019年，福清电信为社会提供长途通信、本地电话、天翼移动通信以及宽带、分组交换、数字数据、互联网接入及应用等综合信息服务。推进网络提速降费，持续降低手机和宽带资费。结合翼支付红包和信用租机开展单转融、宽带年缴优惠、升级5G大流量套餐等优惠活动。为用户提供高品质宽带带宽，家庭宽带速率全面提升至100M以上，普通家庭宽带可实现千兆接入。2019年，全市电信宽带用户平均接入速率138M，中小企业宽带费较2018年下降25%，互联网专线费较2018年下降61%。

【网络建设】 2019年，福清电信实施“智慧网络”工程，夯实信息通信基础设施建设，聚焦运营智慧化、业务生态化、网络智能化，发展不限量套餐降低流量资费，开展宽带大提速活动，提升客户服务水平。截至12月，在城市主要地区实现1000M带宽的接入能力，商务楼宇光缆通达率100%，行政村光缆通达率超99%（除吉钓、小麦岛外）；4G LTE乡镇以上及城区覆盖率100%。落实“宽带中国”战略，持续提升网络能力，建设高低频协同的高品质4G网，统筹800M/1.8G/2.1G频率资源，低频广覆盖、高频吸容量，实现连续覆盖、与C网可比的网络质量。建设广覆盖质量优的物联网，持续优化LTE 800M（NB-IoT）网络建设，并通过采用存量站点软件升级的方式，实现快速建网，基本实现全福清区域800 M站址扇区NB网络全覆盖。加快5G试点城市建设，紧密结合产业发展。通过聚焦垂直行业孵化区域、高流量高价值区域和重点品牌宣传区域，与区域内龙头企业深度合作，从智慧工业、智慧教育等方面着手，结合市政府5G应用试点示范工程，并通过事前规划建设和应急站点部署的方式，满足客户业务需求，形成应用能力。建设端到端高品质的光宽，2019年城区、乡镇100%光覆盖，行政村光改达到100%；推进PON+LAN改FTTH工作；布局城市千兆接入能力，规模部署10GEPON，现有GEPON逐步升级10GEPON；推进城域网出口带宽扩容。全年部署千兆光宽示范小区超40个。

【信息化建设】 2019年，福清电信响应数字福清建设和行业信息化业务需求，在政务、医疗、教育、工业等行业加强信息化业务宣传推广，助力各行业信息化发展。在政务领域，结合电信网络及运营优势，应用NB-IOT物联网技术，提升城市信息化水平；助力200多个行政村实现村级智慧音箱全覆盖，为镇村应急通知、平安综治宣传、村务公开等提供信息化传播工具；提供“平安彩铃”“平安外呼”等信息化应用，为建设平安福清添砖加瓦；推动物联网应用在智慧政府、智慧公园、智慧景区、智慧园区、智慧校园、智慧楼宇等方面的普及推广。在医疗领域，为福清医院提供以云灾备平台为支撑，构建“云服务+端应用”的新型智慧医疗环境，完成存储扩容及容灾云备份，为医疗信息数据安全保驾护航，同时为福清医院共体项目信息化的实施打下基础。在教育领域，响应校园安全建设的需求，在短时间内整合资源并完成福清所有校园一键报警、视频监控系统与属地公安机关联网率100%的建设要求。在工业领域，配合工信局推动本地工业企业上云，2019年组建属地云团队，依托中国电信天翼云的资源优势，强化了解决方案支撑能力；配合工信局针对工业企业系统上云进行宣讲及需求对接，为多家企事业单位提供了专业化的云解决方案。

【通信保障】 2019年，福清电信在防汛抗台抢险救灾中，确保网络畅通和通信质量稳定。在防御抗击各次台风行动中，维护人员坚守岗位，落实各项防汛救灾预案，组织实施各项抢修措施，最大限度减少灾害损失，完成抗灾救灾通信保障工作。2019年，完成融安福建省第三次核事故应急演习通信保障。响应“文明城市建设”等工作部署，做好各类通信缆线、交接箱和市政的联创保障，加强IC卡公话亭及光交箱的公益广告更换、清洗和维护，促进福清文明城市的建设。开展“岗位学雷锋、行业树新风”志愿服务活动，组织窗口营业厅、装维、销售岗位等服务队伍，结合行业特色，通过开展岗位志愿服务，树立文明“窗口”形象。

【服务管理】 2019年，福清电信增强全员“用户至上、用心服务”的服务理念，促进提升企业高质量服务水平。公司持续贯彻落实工信部《电信服务规范》及“当日装、当日修、慢必赔”三项承诺服务承诺，进一步加强农村网络基础设施日常维修养护，及时修复用户故障，加强农村超24小时障碍单修复管控，压缩故障时限。进一步规范装维外线施工环节动作，加强接入线路布线规范管理，按照入户布线规范及机房跳纤规范进行施工，做到服装规范、语言规范、施工过程规范。履行企业社会责任，强化防范打击通讯信息诈骗工作日常管控，对新发展固话、天翼的批量团购及语音中继、呼叫中心客户的，要求各渠道需在受理前核实用户号码使用用途并核验用户证照，政企业务办理必须提供相应单位的业务经营许可证、加盖公章的业务办理申请函及经办人证件并加盖公章；对个人客户一次性办理3张以上天翼单产品套餐入网的，落实关于加强天翼入网涉诈风险管控工作要求。全面落实推行“携号转网”服务。落实网络安全责任,完善网络信息安全管理规范,持续加强网络安全技术手段建设,确保网络数据安全。

（林秀兰）

中国移动

【概况】 2019年,中国移动通信集团福建有限公司福清分公司（简称福清移动）下设4个职能部门,8个网格营业部,员工165人。主要承担福清地区无线及有线网络运营维护与综合通信产品营销服务工作。全年通信服务收入6.1亿元,通信用户77.6万户。

【网络建设】 2019年,福清移动持续增强无线信号覆盖能力,全年新建、升级、扩容、改造各类无线基站1000余站次。增强配套传输、全业务基础网络能力,全年新增管道近50孔千米,新建、改造各类机房20多个;新建、扩容宽带端口近5万个,新增宽带用户超5万,建设互联网、广域网及视频监控等各类专线700多条。

【通信保障】 2019年,福清移动参与闽海能源石油化工演练、一都枇杷节、农民丰收节、新青年音乐会、东方风电10MW机组下线5G直播等关键时刻通信保障共计17场次,组织防汛抗台演练和保障2场次,完成节假日应急通信保障7场次,完成高校迎新应急通信保障5场次。

【信息化建设】 2019年,福清移动与福清市公安局、福清市检察院、福清监狱、福清市妇幼保健院、福清市皮肤病防治院、福清教师进修校等单位合作,共同推进信息化建设。推动市区500多个监控点位覆盖,40多家中小学上云,260多个卫生所宽带覆盖。

【客户服务】 2019年,福清移动坚持“客户为根、服务为本”服务理念,闭环管控服务痛点难点,实现品质服务全面升级。强化服务风险预警,以客户需求为导向,不断提升传播服务文化,创新服务举措,客户满意度领先行业2.89pp。在160家家庭体验型厅店的铺设基础上,通过智慧社区模式将智慧家庭体验门店开设至小区周边,为客户提供智慧家庭与现代安防综合体验。

（方良松）

中国联通

【概况】 2019年,中国联通福清分公司（简称福清联通）下设四大专业,5个社区网格,2个政企网格,员工120多人。公司聚焦创新合作战略,深化“五新”联通建设,公司高质量发展取得新进展。

【通信业务】 2019年,福清联通继续加快基础业务互联网化运营工作。加强社会渠道维稳、重视中小渠道产能帮扶,加强门店中高值套餐宣传。应用智能家居政策,持续推动智能终端互联互通。加速新型渠道发展,与多家合作方,推广相关融合业务,多场景全流程对接。深化以客户为引领的大服务体系建设,向服务型企业转型,加快创新领域的合作,增强创新发展新动能,搭建产业互联网生态圈。

【网络建设】 2019年,福清联通进一步加快网络建设,优化网络质量,加强网络市场竞争力。累计建设LTE4G基站1143个。行政村移动网覆盖率97%,4G人口覆盖率97%,聚焦区域人口覆盖率99%。推进运维集约化,自主化转型,人口密集区及流量应用主要场景实现网络优化覆盖。聚焦5G商用应用落地,新建5G站点14个,发挥高带宽、低时延、大连接5G网络特点,打造全自动集装箱码头,进一步推动5G+工业互联网的快速发展。FTTH建设持续推进,完成投资100余万,加强前后端联动、建维优一体和服务能力建设,提供信息化支撑水平,完成福清区域内新建国标小区等重点区域覆盖,对重要乡镇汇聚设备10G双路由上联保护,提升乡镇大带宽接入能力。

（王琳）

（编辑 魏希兴）

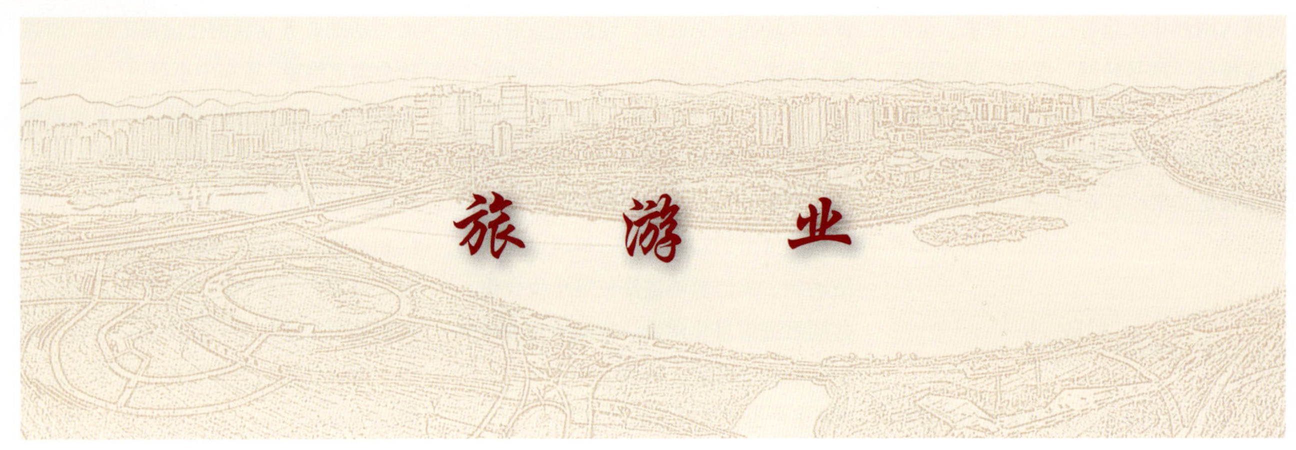

旅游业

综述

【概况】 2019年，福清市有2处国家级文物保护单位，5处省级文物保护单位，7处国家A级旅游景区，12个省级乡村旅游休闲集镇与特色村，1个福州市乡村旅游精品示范点，6家星级饭店，13家驻融法人社，61家国际旅行社驻融营业部，1家三级旅游集散中心以及多家旅游商品购物点，基本形成“吃、住、行、游、购、娱”的旅游服务体系。

【景区管理】 2019年，福清市新增2处国家A级旅游景区：东关寨景区（3A）、永鸿文化城（2A）。全市有7处国家A级旅游景区。

表16 2019年福清市国家A级旅游景区一览表

序号	名称	等级
1	石竹山风景区	4A、省级风景名胜区
2	天生农庄（停业整改）	4A、四星级乡村旅游经营单位
3	灵石山国家森林公园	3A
4	后溪旅游区	3A、省级生态旅游示范区、四星级乡村旅游经营单位
5	东关寨景区	3A
6	瑞岩山景区	3A
7	永鸿文化城	2A

【乡村旅游】 2019年，一都镇获评省级三星级乡村旅游休闲集镇，赤礁村、南宵村获评省级乡村旅游特色村，全市有1个省级乡村旅游休闲集镇、11个省级乡村旅游特色村、1个福州市精品乡村旅游示范点。

表17 2019年福清市乡村旅游休闲集镇、特色村、示范点一览表

序号	名称	称号
1	一都镇	三星级休闲集镇
2	山利村	特色村
3	东山村	特色村
4	普礼村	特色村
5	后溪村	特色村
6	一都村	特色村

续表 17

序号	名　称	称　号
7	江兜村	特色村
8	大山村	特色村
9	牛宅村	特色村
10	南宵村	特色村
11	赤礁村	特色村
12	少林村	特色村
13	相思岭创客农场	福州市精品乡村旅游示范点、四星级乡村旅游经营单位

旅游资源开发

【旅游资源规划】　2019 年，按旅游资源所处地理位置，福清市旅游资源可分为西部和东部旅游区两部分。

西部旅游区　西部旅游开发区以生态旅游和文化旅游为主，涵盖石竹山、天生农庄、后溪旅游区、灵石山国家森林公园、黄檗山万福寺、南少林、东关寨等景区，自然风光与文化底蕴是西部旅游区的发展特色。重点推动石竹山景区创建国家 5A 级旅游景区，打造福清市龙头景区，带动周边景点发展。

东部旅游区　福清市海域面积 911 平方千米，海岸线长 408 千米，是典型的滨海城市。东部旅游区以滨海旅游资源为主，主要有东壁岛、东龙湾海上温泉、目屿岛等滨海资源，还有大姆山草场、瑞岩山风景区、龙江古桥等旅游景区（点）。

福清市新修编的《福清市旅游总体规划》，拟打造“山海梦都休闲度假目的地”，通过“梦文化”奠定福清旅游主题亮点，通过大石竹山国家 AAAAA 级旅游景区和福清湾国家级旅游度假区两大项目的创建，构筑“一核、一带、一区、一半岛”的全域旅游空间格局，“一核”即中心城区休闲核，“一带”即中部特色产业休闲带，“一区”即西部文化生态旅游区，“一半岛”即东部滨海休闲度假半岛。

【旅游项目建设】　2019 年，福清市重点推动 6 个旅游项目建设：黄檗寺文化旅游区修缮工程已于 11 月份完工；南少林文化旅游区观音殿已封顶，正在进行内外装修；永鸿文化城项目已完工，温泉大酒店、“水世界游乐城”、永鸿动物园已对外营业；嘉元温德姆酒店主楼已封顶；华强山庄温德姆酒店 3/5 号楼土建施工和结构已封顶；东龙湾花蛤小镇地基建设基本完成。

旅游服务

【旅游公共服务】　旅游集散中心　2019 年，福清市有 1 家三级旅游集散中心，在福清市水南车站旁六鑫商务酒店一楼，已开通集散中心至福州三坊七巷、石竹山景区、瑞岩山景区、灵石山国家森林公园、后溪旅游区等旅游直通车线路，根据景区游客流量及季节性安排车次，为市民出游提供便利。

旅游厕所建设　2019 年，福清市新建 6 座旅游厕所，已全部竣工并投入使用。截至 2019 年，福清市新改建 52 座旅游厕所，基本分布于各 A 级旅游景区、乡村旅游经营单位以及乡村旅游特色村。

【星级饭店】　2019 年，福清市有 6 家星级饭店。

表 18　**2019 年福清市星级饭店一览表**

序号	酒店名称	星级	地　　址	客房数量
1	瑞鑫大酒店	四星	福清市清昌大道 38 号	152
2	融侨大酒店	四星	福清市音西街道清昌大道 1 号	318
3	冠发君悦大酒店	四星	福清市清昌大道 27 号	186
4	兰天大酒店	四星	福清市龙田镇龙飞路 1 号	249
5	成龙比尔佳大酒店	三星	福清市石竹街道宏兴村 12 号	80
6	卓越大酒店	三星	音西音埔街 1 号	97

【旅行社】 2019年，福清市有13家法人社。

表19　2019年福清市旅行社一览表

序号	名　称	地　址
1	福建省福清市南方国际旅行社有限公司	福建省福清市一拂路侨联大厦一层
2	福建省福清新东方旅行社有限公司	福清市玉屏街道南门兜融武大厦109
3	福清市平安之旅旅行社有限公司	福清市江滨路35号西（11–12）
4	福建省福清市世纪假日旅行社有限公司	福建省福清市一拂路新亚大厦10层
5	福清市光大旅行社有限公司	福清市渔市街3号楼二层
6	福清市康逸旅行社有限公司	福清市玉屏街道西门街6号楼106店面
7	福清中旅旅游集散中心有限公司	福建省福州市福清市宏路街道上郑村金辉华府1号楼1层33店面
8	福清华夏国旅旅行社有限公司	福清市玉屏街道清荣大道北侧翰林天下1号楼17～18号店面
9	福建省福清市中信旅行社有限公司	福清市国际华城B2–10B（万达2号门正对面直行200米）
10	福清市文贵旅行社有限公司	福清市音西街道加州城福唐路2～76店面
11	福清市玉融国际旅行社有限公司	福清市一都镇新街168号204
12	福建省方圆旅行社有限公司福清分社	福清市龙江街道333号
13	中国旅行社福清分社	福清市江滨路融武大厦一层

旅游市场推广

【旅游市场拓展】 2019年，福清市组织旅游景区与企业跟随省、福州市文旅部门赴台湾、宁波、南昌、桂林、石家庄、银川、呼和浩特等地参加10余场旅游宣传推介会。

【宣传营销】 2019年，福清市举办多场文化旅游节庆活动。春节期间，举办元洪国际食品产业园新春年货节、石竹山景区接春活动、永鸿水世界国际梦幻灯光节、利桥历史特色文化街区迎春民俗文化节、第二届“你为福清做贡献，政府邀你游福清”等活动，春节接待游客人数28.32万人次，比上年增长35.1%；3、4月份举办第二届福州（福清）枇杷节、“清新南岭，醉美草原”——2019福清大姆山越野赛，展示乡镇自然和人文资源；“五一”期间，在福州三坊七巷举办第二届福州（福清）枇杷节福州分会场暨福清旅游小镇主题推广周活动，首次通过“小镇组团”推介形式，宣传福清农文旅品牌，“五一”期间福清市接待游客约38.93万人次。对接福州举办“福州乡村旅游季”系列活动，举办开渔节、丰收节、一都慢城乡村音乐节、2019年首届福清（东张）煎茶文化旅游节等多场节庆活动，促进旅游人气集聚，展示福清形象，提升福清知名度。

旅游管理

【旅游数据监测】 2019年，福清市旅游接待总人数628.55万人次，比上年增长22.9%；实现旅游总收入155.14亿元，增长28%。

【旅游安全管理】 2019年，福清市文化体育和旅游局联合消防大队开展全市旅游星级饭店消防检查，并与各旅游企业签订安全生产责任状，督促各旅游企业严格落实主体责任。举办全市旅游从业人员消防安全知识培训和应急演练，全市旅行社主要负责人、星级饭店安全管理人员、旅游景区安全管理人员等40多人参会，以理论和现场演示相结合的方式系统地对旅游从业人员进行消防知识和基础技能培训。做好假日旅游安全生产工作，开展春节、清明、五一、国庆节前安全生产检查，全年未发生安全生产事故。

（刘华清）

（编辑　陈晔）

金 融 业

综 述

【概况】 2019年，福清市有银行类金融机构24家，下辖230个营业网点，从业人员2635人。一级支公司及以上保险类金融机构15家，证券、期货类金融机构16家，融资性担保公司3家，典当行6家，小贷公司2家。

全市本外币各项存款余额1401.28亿元，比年初增加137.74亿元，比上年增长10.9%。其中本外币住户存款余额954.17亿元，比年初增加132.6亿元，增长16.14%；人民币存款余额1340.41亿元，比年初增加138.89亿元，增长11.56%；外汇存款余额8.73亿美元，比年初减少0.31亿美元，下降3.48%。

全市本外币各项贷款余额1037.48亿元，比年初增加137.66亿元，比上年增长15.3%。从分币种看，人民币贷款余额1025.21亿元，比年初增加137.99亿元；外汇贷款余额1.76亿美元，比年初减少0.08亿美元；从五级分类看，不良贷款余额8.41亿元，比年初增加0.08亿元，不良贷款率0.81%，比年初下降0.12个百分点。证券公司全年实现交易额5583.29亿元，比上年增长30.86%。期货机构交易额1655.55亿元，增长8.2%。寿险公司首年保费总收入5.65亿元，下降2.07%，总保费（含续期保费）收入20.79亿元，增长5.91%。财险公司累计保费收入8.64亿元，增长15.61%。

【金融改革】 2019年，福清市做好农村承包土地的经营权抵押贷款试点后的推广工作，引导辖区金融机构加大对农民群体的金融扶持，截至12月末，全市涉农贷款余额596.83亿元，比上年增长8.72%。推广应收账款融资，推动福清浦发银行与耀隆化工、福清交行与胜田食品（福清）达成供应链融资合作框架协议。推动邮储银行福清支行推出个人“租金贷”应收账款融资模式，截至12月末，累放“租金贷”5笔、金额808万元。健全基准利率与市场化利率体系，推动贷款参照LPR定价，督促指导辖内两家法人金融机构完善业务系统、修订合同文本。落实总行稳妥推进利率“两轨并一轨”精神，组织辖区地方法人金融机构参加合格审慎评估，推动完善内外资金转移定价机制。推动跨境人民业务发展，全年办理跨境人民币业务173.65亿元，增长64.41%。

【现金货币管理】 2019年，福清市累计组织投放10元券以下小面额现金6818万元。在硬币投放行与回笼行之间建立调运、兑换、差错等处理机制，确保行际间调剂运行规范有序。年内，硬币自循环457万枚；扩广硬币机具的使用，辖区已配置硬币兑换机21台，硬币清分机15台。促进福清市流通中残损人民币回笼，全年累计回笼残损人民币19.59亿元，提升市场流通中人民币整洁度。实行假币零容忍，至12月末，收缴假币48.42万元。调查核实并纠正3起“12345”平台、公众投诉等渠道的拒收现金投拆件，维护持币人合法权益。

【金融服务】 2019年，福清市累计受理个人查询信用信息47373人次，受理企业查询758次，累计发放机构信用代码证3114户，变更1062户。中国人民银行福清市支行配合市场监督管理局建立“一处失信、处处受限”的联动惩戒机制。截至12月末，建立信用档案农户数288063户，评定信用农户数47881户，对已建档农户发放贷款余额105.48亿元，比上年增长43.47%。推动“信用村镇”建设，已评定69个村为信用村，比上年增加2倍，信用村现有贷款农户2969户，余额52085.2万元，增加23.48倍。践行普惠金融理念，完善民生金融服务，配合财税部门做好小微企业减税降费有关退库手续简化工作，完成全辖个人所得税汇算清缴退库工作；强化征信安全管理，推进二代征信系统上线；做好金融消费权益保护工作，开展金融知识普及宣传，推进金融基础教育试点。

【便民服务】 2019年，福清市加强精准便民服务，着重改善支付环境。加强农村支付环境建设，在完成助农取款服务点升级改造的基础上，推广农村普惠金融综合服务点“1+N”发展新模式，全年全市438个服务点办理取款业务43873笔。推进移动支付便民示范工程，拓展移动支付行业应用，推动“云闪付”APP实现水费、医保、社保缴交；在福清公交移动支付实现城区线路全覆盖的基础上，开展“优惠乘公交”等活动推广云闪付，全年全市移动支付交易笔数486.11万笔，完成指标任务183.11%。落实“放、管、服”工作要求，做好银行账户许可取消工作，深化“工商＋金融”直通车服务，增加银行代办工商登记的行别和网点数量，引导辖内银行优化企业特别是民营企业、小微企业银行账户服务工作。

（周海燕）

2019年9月20日，福清市开展“金融知识普及月”系列活动之“福建省金融联合宣传教育进校园”专场活动 （福清人行　供）

银行业

【中国人民银行福清市支行】 2019年，中国人民银行福清市支行有员工40人，内设监察审计室、办公室、外汇管理股、信贷调统股、货币金银股、保卫股、营业室7个职能部门。坚持稳中求进工作总基调，以推进供给侧结构性改革为主线，保持货币政策稳健中性，推动金融改革开放，防范化解金融风险，提升金融服务和管理水平。组织开展2018年度辖区金融机构综合评价工作，评价对象涵盖法人金融机构和一级分支金融机构52家。

【国家外汇管理局福清市支局】 2019年，国家外汇管理局福清市支局与中国人民银行福清市支行合署办公，坚持均衡管理，统筹兼顾便利化与防风险的关系，维护辖区外汇收支基本平衡和涉外金融安全。落实国家促进境外投资意见，发挥跨国集团资金集中运营政策的便利效应和经济效应，发挥全口径跨境融资新政的外债敞口，为中资企业大规模借用外债开辟通道。推动福建省台资企业五项资本项目便利化措施落地，节省企业的脚底成本，对境内个人对外投资合规化改造进行政策尝试。加强监测分析，构建宏观审慎管理和微观合规监管体系，加强跨境资金流动监测分析和预警，提升事中事后监管能力。打击外汇违法违规行为，防范跨境资金流动风险，加大对银行企业外汇违规行为查处力度。

2019年8月13日上午，福清市税务局向福清市支行赠送锦旗 （福清人行　供）

【中国农业发展银行福清市支行】 2019年末，中国农业发展银行福清市支行（简称农发行福清市支行）各项存款余额13.82亿元，各项存款日均余额13.67亿元，支行各项贷款余额34.78亿元，累计实现中间业务收入8.49万元；累计实现国际业务量145.2万美元。现金清收不良贷款636.6万元，核销不良贷款3308.09万元。

支持项目建设　农发行福清市支行以“金融活水”助力推进园区整体开发

建设和经济产业持续发展。全年累计审批中长期贷款7亿元，包括福州中建五局江阴“镇级”小城市建设PPP项目1.3亿元；福州市元洪区国际食品物流产业园A区围海造地工程项目3.4亿元，福清市元洪创业服务中心项目2.3亿元。累计实现投放3.86亿元，支持福清市工业园区基础设施建设。对接福建省致青生态环保有限公司畜禽粪污处理PPP项目调查福清市港城建设开发有限公司“退二优二”项目，拟贷资金7.4亿元；福建元洪国际食品园交易展示中心一、二期福建丰大实业冷链物流项目，拟贷资金8亿元；泽融（福建）投资发展有限公司南方医院项目，拟贷资金1.8亿元；福清市水投发展有限公司东华水库项目和中闽水务福清公司龙高半岛水网项目可研编制等。

服务小微企业　农发行福清市支行活用信贷“轻资产”抵押物，以种植林权抵押为突破口，实现投放福建省南湖山茶业有限公司流动资金贷款180万；营销福建省致青生态环保有限公司开立PPP项目100%保证金国内建设期履约保函500万元，实现省分行营业部国内履约保函业务零突破。

系统上线及推广　农发行福清市支行发挥新核心系统、网上银行系统、银企直连系统、微信网络金融平台效用，为企业提供现代化结算服务。农发行福清市支行3月14日与福建光阳蛋业股份有限公司签约，开办支行首笔网银业务，并引导开通“中国农业发展银行网络金融”微信服务号，由专属客户经理提供一对一的在线服务。农发行福清市支行推广22家企业开通网银，实现网银转账汇款共计2906笔，为柜台转账分摊业务压力。10月21日，农发行福清市支行首次通过新核心系统为福清市粮食购销有限公司办理3笔业务，实现新核心系统投产运营。农发行福清市支行在时间节点内完成账务检查、参数确认、数据核对、资产卡片调整和信息补录等工作任务，确保财管系统上线运行。通过财税库银系统，实现从同业银行代扣缴款转变为银行账户直接缴款。

非税收入柜面代缴业务　12月10日，农发行福清市支行通过代理方式为福清市教育局办理2笔非税收入缴纳业务，金额合计8万元，实现非税收入柜面代缴业务零突破。农发行福清市支行以非代理银行的身份，通过与兴业银行总行营业部合作，实现代缴资金由客户账户汇划至指定中间账户，进而直接上缴国库。

机构合规建设　2019年，农发行福清市支行防控柜面操作风险。对银企、同业、系统等各类对账工作进行规范管理，跟进对账单收回进度，强化银企对账；构建多层级自查监督机制，履行事前、事中、事后全程监控职能，堵塞管理漏洞；联系企业更新预留印鉴，完成季度税务账务处理等。加强反洗钱工作力度，开展客户身份识别工作；鼓励员工走出网点，面对面向广大群众普及有关知识，扩大反洗钱宣传覆盖面。

金融知识宣传　2019年，农发行福清市支行组成金融服务宣传队，下乡开展“金融宣传月”系列活动。活动通过“下乡村，进企业，勤讲解，广普及”的方式，结合主题教育调研，设立多处宣传阵地，开展专项知识测试，发放特制宣传手册。从贴近人民群众金融需求的基础知识入手，向乡镇企业员工和高管宣传普及金融基础概念，提高社会公众的金融知识水平和风险防范意识。

志愿活动开展　3月5日，农发行福清市支行组织开展“共创文明融城，奉献青春力量”学雷锋活动。青年志愿服务队对福清市“两馆一中心”广场和周边道路进行垃圾清理，整理摆放城市共享单车，改善城市面貌。

（陈彦冰）

【中国工商银行福清支行】　2019年末，中国工商银行福清支行（简称工行福清支行）本外币各项存款余额142.27亿元，比年初增加34.84亿元，储蓄存款余额119.01亿元。本外币各项贷款余额131.8亿元，比年初增加35.2亿元，其中个人贷款余额72.94亿元，比年初增加28.89亿元。不良贷款余额为8879万元，比年初减少1294万元，不良率为0.69%，较年初下降0.36%。累计办理国际结算21.1亿美元，办理跨境人民币业务16.84亿人民币，办理结售汇合计5.98亿美元。

2019年末，全行有物理营业网点19个，全行离行式自助银行（点）15家，自助设备70个。3月，旧支行本部因征迁，南门支行迁址至原茶亭支行营业，新购置虎溪支行网点。年内，南门支行、融城支行、北门支行、福塘支行进行重新装修。北门支行、融城支行对外营业时间每周5天调整为每周7天。

信用卡及电子银行　2019年，工行福清支行信用卡有效客户净增数4500户，新增分期付款交易额48872万元，新增E支付活跃商户378户，完成率145%；E生活绑卡客户数15250户，完成率126%；6月–12月累计办理ETC超过2万户，成为省分行系统首家总量超万户的支行；融e行新增24173户，新增企业网银证书版动户数460户，企业手机银行动户895户，序时完成率115.29%；快捷支付绑卡数净增56246张，工银信使收入204.76万元。

私人银行　2019年末，工行福清支行实现达标私人银行客户263户，比年初新增87户；私人银行产品配置余额为25.93亿元，管理私人银行达标客户资产余额为58.61亿元，增量目标完成率244.61%，比年初新增11.18亿元。达标客户数居全省支行第一位。签约私人银行客户数1115户，新增签约客户95户。私人银行业务考核全年4个季度保持福州分行第一。

（吴章碧）

【中国农业银行福清市支行】 2019年末，中国农业银行福清支行（简称农行福清支行）本外币各项存款余额202.72亿元，比年初净增27.41亿元，增幅15.64%；本外币各项贷款余额149.6亿元，比年初净增19.87亿元，增幅15.32%；不良贷款余额2899万元，不良贷款占比0.19%，不良贷款余额及占比均为四行一社最低。

服务“三农”小微　农行福清支行探索支持“三农”、小微企业发展的金融服务新模式。利用“微捷贷”“纳税e贷”“抵押e贷”等线上产品，拓展普惠小微金融服务的广度和深度，小微企业授信金额5.3亿元，比年初净增4.9亿元；用信余额3.2亿元，比年初净增2.9亿元；有贷户数近300户，比年初净增270户，获农总行2019年三季度普惠金融业务营销竞赛“小微企业金融服务示范支行”组第一名。依托“惠农e贷”产品，服务“三农”。截至年末，全行涉农贷款余额121.7亿元，较年初净增15.1亿元，其中“惠农e贷”余额为8.7亿元，较年初净增5.1亿元。

服务实体经济　农行福清支行抓好项目投放储备，加强对优质房地产项目的跟进工作，活用上级行平行作业及绿色通道，全年累计投放项目贷款近14亿元。截至年末，本外币各项贷款余额居同业首位。做好智慧场景建设，搭建“互联网+医疗”的格局，实现在线支付及缴费平台系统对接的全面上线，成为全省农行首家创新社区卫生院银医合作模式支行。通过建立食堂缴费平台、门禁系统、办理军人退役金卡以及开展军银党建特色活动，推进“智慧军营”场景建设。

服务消费升级　农行福清支行把网络金融作为转型之道，通过搭建应用场景，丰富线上活动，引导客户建立线上交易、消费习惯，全年新增信用卡有效客户1.4万余户，新增掌银有效加权客户超11万户；贯彻执行国家外汇管理政策，在2019年度银行执行外汇管理规定考核结果通报中获“A级评级”，位居辖内24家金融机构之首。做实网点功能，做好网点文优服务，配备大量“暖心物品”，推广“暖心服务”，布置美化“两柜”，提升服务体验。推动网点“综合化”转型，助力支行营业厅创建银行业文明规范服务“五星级”网点。

（付婷婷）

【中国银行福清分行】 2019年末，中国银行福清分行（简称中行福清分行）本外币各项存款（含表内理财）时点余额238.86亿元，比年初新增20.28亿元；本外币各项贷款余额134.36亿元，较年初新增14.95亿元；国际结算业务量及跨境人民币结算量市场份额分别较年初上升1.83、6.73个百分点。获福建省总工会“福建省五一劳动奖状”、中国银行业协会“文明规范服务百佳示范单位”荣誉。

金融资产状况　中行福清分行加大重点产品销售，提升个人客户产品覆盖率，提升日均新增水平。截至12月末，净值型转型产品余额24.64亿，较年初新增6.91亿，期末贡献度及贡献度变动均排名福州地区第一；个人客户产品覆盖率4.44，较年初增长0.55，全量金融资产余额210.08亿，较年初新增19.8亿。

公司贷款业务　中行福清分行加强对重点优质项目的贷款工作，跟踪客户融资需求，2019年累计投放人民币公司贷款52.25亿元，外币公司贷款14707万美元，支持省石化、福耀集团、友谊集团、正瑞置业等重点项目建设。支持民营企业发展，对主业突出、公司治理良好的优质民营企业加强信贷投放，民营企业新投放贷款占比51.15%。拓展普惠金融业务，截至12月末，银保监会“两增两控”口径贷款余额4.38亿元，较年初新增2.08亿元，贷款增速90.54%，高于全行贷款增速。人行定向降准口径贷款余额4.78亿元，较年初新增1.96亿元，新增额占比10.14%。

个人贷款业务　中行福清分行通过为客户量身定制营销，实现个人金融业务批量做。推动按揭贷款规模化，个人贷款业务新增额13.09亿元，为福州地区第一。加大分期业务和银行卡拓客，卡分期和卡透支余额6.74亿元，成为优质资产的有效补充。

产品优势　中行福清分行强化存款类产品的带动作用，利用表内外理财、大额存单等产品优势，叙做客户组合购汇和“优系列”产品；拓展投行业务，为优质重点客户叙作中票、非标业务；推广新型产品，如柜台债、养老金受托管理、国企债等。办理美元宝1.18亿美元，续做大额存单8.88亿元，承销超短融12亿元，销售柜台债、国企债分别达6.7亿元、6095万元，拉动存款及综合效益的提升。

风险管控　中行福清分行通过组织开展“碧水蓝天”行动、“风险管理及内控有效性”全面排查整改、银行业金融机构案件警示教育活动、非法集资风险排查整治活动等，以通报典型案例、分片区开展巡回宣讲、“一把手讲案件”、参观反腐倡廉教育基地、组织在线学习测试、开展廉洁共建活动、分片区拍摄案件微视频、举办“警示案件微视频”制作及宣讲大赛等多种方式，树立全辖员工合规经营、依规办事的案防意识，组织各部门及相关网点对全面审计发现的问题进行整改问责，做好评估、排查和整改验证，提升内控质效，防控重大操作风险、违规风险、案件风险，强化安全检查和案防机制。

（马勇）

【中国建设银行福清分行】 2019年末，中国建设银行福清分行（简称建行福清分行）各项存款余额166.92亿元，比年初新增8.67亿元；各项贷款余额137.41亿元，比年初新增7.49亿元。

金融创新 2019年，建行福清分行加强市场分析，从平台开发、渠道建设、服务场景搭建等方面入手，巩固和壮大客户群体，带动存款增加。用好用活优势产品，服务经济民生，为客户提供便捷的经营消费、投资信贷支持，促进贷款增加。

信贷投放 2019年，建行福清分行加大对重点区域建设和战略新兴产业的支持力度。全年累计为重点项目建设投放贷款3.25亿元，主要支持福清核电华龙一号等项目；为京东方等先进制造企业提供融资支持，累计信贷支持4.1亿元。做精做优普惠金融，加大对实体企业、小微企业的扶持力度，创新小微企业贷款产品，完善供应链金融服务。年内，普惠金融贷款余额6.54亿，比年初新增1.01亿；小微企业贷款户数816户，比年初新增282户。

服务民生 2019年，建行福清分行借助金融科技，为福清市医院搭建统一支付平台，为124家学校上线“学费云”平台，扩展市民缴费渠道，便捷单位收费、对账等工作。延伸服务半径，拓展裕农通服务点463户，实现辖内乡村100%全覆盖。

文明建设 2019年，建行福清分行做好优质服务工作，优化功能布局，提升服务水平，改善客户体验。开展金融知识普及活动、爱心帮扶活动、志愿者活动，以实际行动履行社会责任。分行营业室获评“中国银行业文明规范服务百佳单位”，龙田支行获评“总行五星级网点”，渔溪支行获评“总行四星级网点”。

（石芳）

【交通银行福清支行】 2019年末，交通银行福清支行（简称交行福清支行）本外币各项存款余额9.31亿元，较年初减少12亿元，本外币各项贷款余额28.24亿元，较年初增加3.99亿元。

交行福清支行原有物理网点2家，离行式自助点12个。3月，配合老城区改造，福清融城支行暂时搬迁至福清支行合并办公。

对公业务 2019年，交行福清支行累计投放各类企业贷款58笔，人民币9.44亿元，其中向制造业企业投放贷款56笔，人民币6.74亿元。交行福清支行直面地方制造业企业，特别是地方行业龙头企业，加快授信投放力度，全年累计为新福兴新能源汽车玻璃产业园一期项目投放银团贷款人民币1.68亿元，为友谊集团江阴新材料科技园项目投放贷款人民币1.4亿元。

零售业务 2019年，交行福清支行定期优惠利率定价，新增人民币定期储蓄5774万。年内，福建省交行全辖新增102户达标私银，福清交行新拓展达标私银14户，贡献率为9.5%。2019年下半年交行福清支行借助ETC业务组建外拓团队，通过高速驻点、走乡串村拓展客户，营销ETC 1064户。发展房贷业务，加强与恒大、金辉、凯景及金福宝地产合作，年内发放个人住房贷款1405笔，贷款金额2.48亿，比去年同期笔数增加320%，贷款金额增加34%。

（周海赟）

【中信银行福清支行】 截至2019年12月末，中信银行福清支行各项存款余额145793.79万元，较年初增加87354.93万元，各项贷款余额241429.97万元，较年初增加68074.75万元。其中对公类贷款76320万元，零售类贷款152656.41万元，贷款变化主要为个人按揭贷款。

2019年，中信银行福清支行在福州分行的协助下开展反洗钱宣传活动，成立反洗钱宣传小组，组织全行员工学习反洗钱相关法律法规、参加分行反洗钱知识竞赛。中信银行福清支行通过柜面常态化宣传、配合人民银行福清市支行开展大型现场宣传活动、户外宣传等方式进行反洗钱宣传，发放宣传折页350多份，接受公众咨询180多人次。

（庄伟）

【中国光大银行福清支行】 2019年末，中国光大银行福清支行（简称光大银行福清支行）各项存款余额119681.59万元，其中储蓄存款（不包括储蓄结构性存款）34473.91万元，对公存款85207.68万元。各项贷款余额211921.13万元，其中个人贷款余额56974.08万元，对公贷款余额154947.05万元。实现净利润54083250.14万元。

个人存款业务 光大银行福清支行加强营销队伍建设，挖掘优质客户潜力。将重点客户全部分配给理财经理和理财助理进行维护和建档管理，利用现有的财富管理系统，分层联动管理和维护；拓展批量业务市场，在控制风险的基础上，加大个人客户的授信力度；发展代发工资业务，从源头上揽存。开展代发工资客户维护营销工作，实现储蓄存款的自然增加；做好理财产品到期资金的承接工作，确保资金的留存；加强条线联动营销，通过与运营柜台人员培训互动，提升客户对产品持有广度。

个人贷款业务 光大银行福清支行进行分行信贷结构调整，从贷款客户结构、行业结构、期限结构、产品结构等多方面进行调整。以抵押助业贷款，帮助小微企业业主解决资金问题。

公司信贷业务 光大银行福清支行推出各项金融产品，如移动收款业务、公司理财优势产品及贸易金融优势业务等。通过创新金融产品，加大客户黏合度，增加客户结算量。加大对涉农企业及中小型企业的扶持力度，加大对水产产业集群的贷款投放力度，依靠港口就近优势，加大对进出口企业的支持力度，助力企业扩大国际贸易额。

网点建设　4月18日，中国光大银行福清龙旺名城社区支行成立，是中国光大银行在福清市的第二家社区支行，选址在福清市音西街道中环街，社区支行的成立为支行在福清地区扩大零售业务板块打下基础。

（翁婷婷）

【华夏银行福清支行】　2019年末，华夏银行福州福清支行各项存款余额为38394.53万元，其中对公存款21014.9万元，储蓄存款17379.63万元；各项贷款余额62056.52万元，其中对公贷款36442万元，个人贷款25614.52万元。

公司信贷业务　华夏银行福清支行营销农民工工资代发、商品房预售款监管等业务，强化提质增效和负债类产品运用，实现对公存款及其基础型存款协同增加。利用CRM系统拓宽获客渠道，加强名单制营销。强化政策宣导，落实总行投融资政策，推进信贷结构调整优化。

个人金融业务　华夏银行福清支行拓展代发和POS收单等业务，实施“数据分析支持产能飞跃”项目，推动网点零售业务产能提升，实现个人存款增加。开展个人金融资产“超百亿”营销竞赛活动，发行区域定制理财产品，加大对新资金、新客户的营销组织。强化网点拓客、精准营销和存量客户提升。进行全员营销与团队营销并重，开展商品分期业务，促进中收增长。

风险管控　华夏银行福清支行组织开展“巩固治乱象成果、促进合规建设”暨“合规管理提升年”工作，开展自查工作，并落实整改。以案防“四重”为核心，按季组织员工异常行为排查，开展员工信用卡套现行为和岗位设置及亲属关系专项排查，及时消除隐患。落实差错积分应用，强化问题的整改、问责。加强安全管理，组织开展安全教育和演练，保障安全运营。

（林志强）

【平安银行福清支行】　2019年末，平安银行福清支行各项存款余额108029.39万元，其中个人储蓄存款71755.19万元，对公存款26465.87万元。各项贷款余额104468.85万元，其中个人贷款85218.85万元，对公贷款余额19250万元。本年利润4200.68万元。

个人存款业务　平安银行福清支行加强营销队伍建设，挖掘优质客户潜力。利用现有的财富管理系统，分层联动管理和维护；在控制风险的基础上，加大个人客户的授信力度；梳理目标客户，制订营销方案，逐个拜访，加强高端客户走访，实现储蓄存款的增长；营销理财产品，确保资金的留存；对客户资金做好跟踪回访，做好理财产品到期资金的承接工作；加强条线联动营销，通过与运营柜台人员培训互动，提升客户对产品持有广度。

个人贷款业务　平安银行福清支行从贷款客户结构、行业结构、期限结构、产品结构等多方面进行分行信贷结构调整。2019年末，“新一贷”余额37704.70万元，较2018年新增17660.20万。

公司信贷及产品业务　截至12月，平安银行福清支行对公流贷余额21250万元，合计7户。推出极速线上贴现业务、智能收款产品等适应市场趋势的金融产品，节省企业的人力成本和时间，简化企业的相关业务流程。

网点建设　平安银行福清支行依托集团品牌的影响力和综合金融的优势，利用社区支行的专业性和便捷性将业务拓展至物理网点较少的福清乡镇地区。已设立高山侨乡小区社区支行。

风险管控　平安银行福清支行以“员工十项禁令”为主线，开展各项案防合规的自查、排查工作，防范员工道德风险；推进乱象治理及扫黑除恶专项斗争工作；加强各类业务风险合规管理，强化银行内部管理机制，防范安全责任事故的发生。

客户服务　平安银行福清支行加强网点智能化建设，在网点增设智能FB柜台、回单打印机、自助现钞机、零售CTM机、对公CTM机、硬币存取款一体机等自助设备，优化客户服务。推广远程柜面项目，依托现代互联网技术，实现远程柜面与网点柜面之间“线上”与“线下”的结合，为社区、小微、移动、离行等各类特色机构的建设提供支持。

（林捷）

【招商银行福清支行】　截至2019年末，招商银行福清支行（简称招行福清支行）管理客户总资产20.45亿元。全折人民币自营存款余额9.48亿元，全折人民币自营存款年日均12.15亿元，全折人民币表内一般性贷款规模（含自营非标）14.4亿元。业务结构优化，一般非息收入、零售市场收入占比提升。

普惠金融　招行福清支行支持“三农”、小微企业发展，给予申请利率优惠专案，推出自动转贷、借新还旧和随借随还功能，减少客户流动资金的占用，让存量客户到期转贷无压力。截至12月末，招行福清支行小微客户496户（含小微企业、个体工商户），小微贷款余额4.14亿元，涉农贷款余额3.82亿元。

客户服务　招行福清支行创新感动化服务，从提供冷热饮、爱心餐点、婴幼呵护到全程陪伴、健康关爱、情感交流等一系列服务，给客户全新服务体验。实现零售3.0转型，以MAU为北极星，从卡片经营转向APP经营，优化触点界面、简洁业务流程，实现线上线下服务流程衔接，实现金融服务与外部服务的有机结合。

（吴焰芬）

【浦发银行福清支行】 2019年，浦发银行福清支行有5家网点，其中社区支行4家，员工29人。年末，各项存款余额181172.12万元，较年初增加23633.96万元，增幅15%；各项贷款余额288005.69万元，较年初增加114150.69万元，增幅65.66%。

零售业务 2019年末，浦发银行福清支行蓄存款余额75125万元，个人贷款169941万元，个人金融资产余额403400万元。当年个人开卡数8667张（存量47740张），POS机收单65户。

同业业务 2019年，浦发银行福清支行加强与当地其他银行业机构的业务合作，揽存10笔同业存款，金额分别为600万美元和10.6亿元。

小微企业服务 浦发银行福清支行于2019年2月和11月在创元大酒店举办大型银企交流会，现场推介“政采E贷”“房抵快贷”“科技贷”等多款针对小微客户的信贷产品。年内，浦发银行福清支行推进中小企业综合授信、集合票据、再贴现等业务。创新推出在线秒贴业务，多家小微企业累计贴现金额9000万元。为政府采购场景、房抵快贷和商超场景的部分小微企业办理授信业务，为小微企业和实体经济提供金融支持与服务。

小微企业宣传 2019年，浦发银行福清支行开展“百行进万企”活动。采取“深入对接、面对面”的方式开展主题宣传活动，结合LED电子显示屏、网点电视屏幕、海报、横幅、咨询台等对小微进行企业融资、法律、税收等知识宣传，通过举办大型银企交流会、走进企业、发放金融知识宣传册等向客户宣传、讲解相关业务产品和知识。

（林群）

【兴业银行福清支行】 2019年末，兴业银行福清支行资产总额86.94亿元，本外币各项存款余额85.23亿元，本外币各项贷款余额52.42亿元。次级以下不良贷款余额157.92万元，不良率0.03%。

服务经济建设 2019年，兴业银行福清支行深化与先进制造业、新材料等区域龙头企业合作的广度和深度，加强对民营企业的信贷支持，扶持优质企业。年内，新增大型集团企业主体授信敞口7.7亿元，发放省技改贷款1.5亿元，降低企业融资成本，助推企业转型升级；发放中小企业“连连贷”1.41亿元，解决中小企业经营周期和贷款期限错配问题，为企业减负。

服务社会 2019年，兴业银行福清支行推动便民平台建设，落地福建移动微信公众号平台、福清文光中学“智慧校园”等合作项目。优先支持留学贷款业务，累计发放留学贷款185笔，金额0.33亿元。是福州地区首批、福清首家与福清市退役军人事务局签署全面合作协议的银行，累计发放退役军人就业经济专项补助金438人，金额0.18亿元。

风险合规 2019年，兴业银行福清支行加强重点岗位重点人员异常行为排查，落实强制休假制度，关注员工八小时以外行为，贯彻执行“十三条禁令”。开展“合规建设三强化”活动，推进“一把手讲合规”常态化建设，强化合规工作的落实管理，树立合规“从我做起”理念，提升全员主动合规意识。

（陈训华）

【中国民生银行福清支行】 2019年，民生银行福清支行有员工46人，年末资产总额219327.2万元，存款余额226452.5万元，贷款余额203732.79万元，位于福清当地股份制银行前列。

普惠金融 2019年，民生银行福清支行响应金融支持实体经济发展政策，截至年末，小微贷款余额132547.27万元，向农户提供两权抵押贷款17户共计1653万元。

民生服务 2019年，民生银行福清支行组织开展多场金融知识普及活动，包括“3·15”金融消费者权益保护日宣传活动、“普及金融知识，守住‘钱袋子’”金融知识普及活动、2019年宪法宣传周活动、2019年“金融知识普及月 金融知识进万家 争做理性投资者 争做金融好网民”活动等。

（周宗亮）

【恒丰银行福清支行】 恒丰银行福清支行是第19家进驻福清的全国性股份制商业银行，属恒丰银行福州分行直属的异地支行。2019年，有员工22人，其中正式员工19人，派遣人员2人，外包人员1人。设有行长室、综合办公室、业务部、营业部。另分管福州金山医院社区支行。行长室有行长1人，行长助理1人，办公室2人，客户经理8人，营业部7人，金山社区支行3人。

截至12月31日，恒丰银行福清支行各项存款余额7.35亿元人民币，其中对公存款余额4.57亿元、储蓄存款余额2.78亿元，本外币各项存款比年初增加1.57亿元。各项贷款余额1.79亿元，较年初增加0.21亿元，其中对公贷款余额1.24亿元、个人贷款0.55亿元。对公贷款客户数4户共5笔，个人贷款客户47户共57笔。

授信政策和市场导向 2019年，恒丰银行福清支行支持政府重点建设项目，拓展保障性安居工程、基础设施项目，支持地方经济建设；扶持行业中的龙头企业、省级重点项目建设；创新产品，加大对中小微企业的信贷支持力度。

（余芬）

【浙江稠州商业银行股份有限公司福州福清支行】 截至2019年12月31日，浙江稠州商业银行股份有限公司福州福清支行（简称稠州银行福清支行）存款余额 56299.3 万元，存款日均 53104.9 万元，贷款余额 47412.3 万元。

普惠金融　2019 年，稠州银行福清支行主要为小微民营企业、个体工商户、农户定制授信方案。新推出“社闪贷”“税易贷”“公积金贷”等线上产品，优化“亲情贷”“安心贷”“二次抵押贷款”等线下产品；将短期贷款替换为“期限长、免还本、可循环使用”的新产品，运用无本续贷的产品，帮助民营企业、农户缓解行业周期性、临时性的经营困难；应用企业主亲情担保、农户保证、个人住宅第二顺位抵押，放大商品房抵质押率至 85% 增加敞口等弱担保方式，降低融资担保门槛；缩短审批链条，将权限下沉至业务团队。自 2019 年第四季度起，将普通贷款年化利率再次下调 1%，降低融资成本；优化定价模式，解决小微企业主，个体工商户、农户等融资贵问题。

金融服务　2019 年，稠州银行福清支行在减免跨行汇款、ATM 跨行取现、每月境外 ATM 取款等业务手续费的基础上，推出关爱特殊群体金融服务——“零次跑”金融服务，更新升级手机银行 5.0, 建立电子渠道反欺诈体系，引入蓝牙 Key，保护客户资金安全，实现小微个人线上化贷款全面投放等功能。

（魏希煌）

【福建海峡银行福清分行】 2019 年末，福建海峡银行福清分行（简称海峡银行福清分行）资产总额 362529 万元，较上年末增幅 9.64%；存款余额 275512 万元，较上年末增幅 4.62%；贷款余额 190022 万元，较上年末增幅 8.09%。

公司金融业务　截至 2019 年 12 月末，海峡银行福清分行公司授信余额 7.83 亿元。海峡银行福清分行年内推出首个全流程线上信贷产品“小微 e 快贷”及金融创新产品“供应链 e 融资”。企业客户关注“海峡银行小微快贷”公众号即可发起业务申请并自主提款。“供应链 e 融资”依托供应链金融和核心企业的信用，为上下游小微企业提供有效的融资服务，只要有核心企业的应收账款即可获得融资。截至年末，累计发放“小微 e 快贷”3887 万元，“供应链 e 融资”余额 1353 万元。

零售金融业务　2019 年，海峡银行福清分行推进实体经济服务，推动零售小微贷款发展。在小微金融、三农金融和消费金融等普惠领域提供适当、有效的金融服务，打造地方特色精品银行。重点推进零售普惠小微企业贷款工作，重点关注无还本续贷的市场需求。综合运用“加成贷”产品提升客户对授信额度的统筹管理使用。截至 2019 年末，分行零售贷款余额 111750 万元，较上年末增长 18.43%。

海峡银行福清分行提供有效的普惠民生金融服务。配合市医保中心制发城镇居民医疗保障卡，2019 年福清市辖内新增、补换城镇居民医保卡近 8 万张，新增投放医保卡自助发卡机 2 台；配合福州市政府开展对“e 福州”APP 平台的综合提升工作；年内完成福清全市 154 家公立学校春、秋两季的教育缴费阶段性工作，缴费笔数 27510 笔，缴费金额 2751 万元，为福州市建设“网上政府、智能管理、掌上服务”智慧城市标杆市提供支撑。强化“云闪付”APP、银行业二维码支付和手机闪付的业务宣传力度，截至年末，分行“云闪付”业务实现新增绑卡 4200 张，绑卡用户完成交易约 61000 笔，实现商户新增安装 133 户。

网点建设　2019 年，海峡银行福清分行下辖分行营业部、福清玉融支行、福清高山支行、福清龙田支行、福清融侨支行 5 个营业网点；设置附行式自助银行 5 个，离行式自助银行 4 个，投放自助设备 16 台，其中取款机 10 台，存取款一体机 5 台，硬币兑换机 1 台。

风险管控　2019 年，海峡银行福清分行推进“内控提升年”活动，强化“主动合规”的工作理念，组织开展员工行为排查，落实员工行为“六项机制”管理。年内开展主题为“巩固治乱象成果促进合规建设”的系列活动，通过乱象治理自查、信贷管理专项检查等工作，强化信贷合规文化建设。

服务提升　2019 年，海峡银行福清分行强化客户服务个性化管理，提升业务技能、团队协作能力。年内有 2 个营业网点获得国家服务标准化认证。海峡银行福清分行营业部获评“2019-2021 年福建省级青年文明号”。

（陈敏娟）

【厦门银行福清支行】 厦门银行福清支行借鉴富邦（香港）银行的金融服务与管理理念，加强特色化、差异化经营，在服务台商及小微企业方面进行创新；在货币清算与零售业务方面与台湾银行同业进行合作，为台商提供“资金大三通”“人民币直航”等个性化金融产品。发挥法人金融机构及台资背景等方面优势，打造福惠两岸的综合金融服务商。

两岸资源整合　2019 年，厦门银行福清支行做好中小企业的金融市场。创新产品，服务当地实体经济，针对福清侨乡特点，发挥连接港台业务等优势，打造“两岸美元速汇”、新台币兑换和清算、赴台取现免手续费等对台特色业务，并独家提供台湾旅游线路及相关特色服务、台湾特惠商户消费等商旅服务。

扶持小微企业　截至 2019 年 12 月底，厦门银行福清支行小微企业贷款余额 102783.02 万元。加大对小微企业项目拓展力度，将纳税信用指标引入小企业业务拓展体系中，对于纳税信用评级在 B 级以上的小微企业（不含个人助业贷款）可在标准折率以上给予一定放宽。加强小企业信贷部内部建设，出台“小企业（含个助贷）贷款专项考核核算办法”，针对授信贷款主体为小微企业或个体工商户且授信敞口金额合计500万以下的贷款，给予财务指标倾斜。

（林晓航）

【厦门国际银行福清支行】 2019年末，厦门国际银行福州福清支行各项存款余额45217.34万元，各项贷款余额139781.34万元。

公司信贷业务 厦门国际银行福州福清支行贷款主要投向制造业，以当地中小企业为目标，立足专业化优势，结合方案设计及授信支持，培养基础客户；以差异化产品为契机，发挥跨境结算优势，致力于服务外商投资企业与国际结算型企业；以福清企业主为核心，辐射集团企业在全国范围的投资实体项目开展合作。

零售业务 厦门国际银行福州福清支行拓展个人存款、“消费贷”与“经营性贷款”业务，针对周边社区客户群体提供优质的个人金融服务，做好个性化服务方案设计，落实差异化营销，满足零售客户群体多元化的金融服务需求。

风险管控 厦门国际银行福州福清支行加强与监管部门联系，及时报告经营过程中的重要事件，加强各类业务的风险合规管理，强化内部管理机制，落实案防检查工作，确保支行各类业务健康稳健发展。

（朱方微）

【福清汇通农商银行】 2019年，福清汇通农商银行资产突破400亿元，负债总额366.09亿元；各项存款新增39.44亿元，达346.48亿元；各项贷款新增29.29亿元，达188.85亿元；实现财务总收入18.53亿元，税前利润7.40亿元，税后利润6.14亿元。

支农支小 2019年，福清汇通农商银行深耕本土农村，落实普惠金融，支持实体经济。81个网点覆盖全部镇街，免费为福清居民代缴水、电、有线电视费21.57万户/年，代发新农保及各类补助88.47万户/年。支持福清民企发展，推出“工利贷”产品，现已支持企业近300家、贷款43.52亿元，发放经营性贷款1.33万户、99.67亿元。

社会公益 2019年，福清汇通农商银行支持福清贫困学子就学，开展生源地信用助学贷款业务，发放助学贷款768笔，金额558.39万元；发起设立福万通慈善基金会（福清辖内唯一银行），自基金会成立，累计捐助贫困学生1219名，捐助总金额203.44万元。

（林雯）

【中国邮政储蓄银行福清市支行】 2019年末，中国邮政储蓄银行福清市支行（简称邮储银行福清市支行）人民币各项存款42.37亿元，外币各项存款9608万美元。人民币存款市场占有率3.19%，外币存款市场占有率11%。个人贷款余额28.43亿元，小微企业贷款余额1.67亿元，公司贷款余额21.41亿元。

服务“三农” 2019年，邮储银行福清市支行推进蓝、绿两大产业的调研和金融支持力度，将更多资源投放至“三农”领域，提升普惠金融能力。通过创新贷款担保方式，对农业种、养殖专业大户引入自然人担保、普通法人担保及专业大户白名单授信业务，主推“村委贷”“亲情贷”“极速贷”等创新产品。全年累计发放农业种、养殖专业大户贷款937笔、3.57亿元，支持福清市新型农业经营主体的发展。推进“万村千乡”走访活动，推动“村村贷”项目，全年新增小额信贷村15个，年末涉农贷款结余13.35亿元，主要投向畜牧、水产养殖、果蔬三大行业。

支持小微企业 2019年，邮储银行福清市支行推出无还本续贷，结合LPR利率定价方式，降低小微企业的贷款利率成本。通过产品创新，新增线上小微易贷、工程信易贷等产品，为小微企业提供更多融资渠道，支持线上信用类产品快捷放款。通过与福州市农业局、福州市融资担保有限公司的三方合作，推出农业龙头项目信用类贷款、农业账户补贴质押贷款，解决福清农业龙头企业融资难题。加大对海洋渔业、现代农业、建筑类企业、电气制造、批发零售等行业贷款，重点通过产品创新，提升客户的融资服务体验，落实“两增两控”政策，减费让利。

服务大型企业 2019年，邮储银行福清市支行坚持客户导向，金融支持地方国有企业及大型企业，为福清核电有限公司、福耀玻璃工业集团股份有限公司、福建天马科技集团股份有限公司、国电福州发电有限公司、福建天辰耀隆新材料有限公司、福建捷联电子有限公司、福建经纬新纤科技实业有限公司等当地行业龙头企业及上市公司累计授信超过160亿元，年累计发放贷款30亿元。

推广民生项目 2019年，邮储银行福清市支行加快民生类项目建设，通过推广ETC、云闪付等便民消费来服务手机银行、网上银行等电子渠道建设，推广免费赠送ETC；推出“悦享”系列活动，涵盖“1元洗车、10元观影、自助餐半价享、小微商铺五折美食”等活动。累计发放房贷、车贷、信用贷、留学贷等近8.32亿元，净增2.4亿元。介入教育局国家助学贷款项目，向104名（其中2019年新增47名）贫困大学生发放贷款79.08万元。

（林莉）

证券期货业

【中信建投证券福清田乾路营业部】 2019年，中信建投证券福清田乾路营业部有员工51位。年末资产总计34036.42万元，负债总额33015.87万元。

累计实现营业收入 3135.43 万元，其中手续费及佣金净收入 2452.79 万元；利息收入 682.64 万元。

业务经营　中信建投证券福清田乾路营业部经营范围包括证券经纪、证券投资咨询以及与证券交易、证券投资活动有关的财务顾问、证券承销与保荐业务项目的推介和承揽、证券资产管理业务项目的推介和承揽、证券投资基金代销，为期货公司提供中间介绍业务、融资融券、代销金融产品。截至 2019 年 12 月底，IB 账户数 498 户，期权账户数 64 户，A 股资金账户数 58549 户，融资融券账户数 1475 户。

民生服务　2019 年，中信建投证券福清田乾路营业部主要通过在营业部现场宣传、走进社区、走进校园、设立咨询台、摆设展牌、发送 95587 短信等方式进行投资者教育工作。通过宣传防范非法证券活动、打击非法集资活动、防范非法咨询活动、反洗钱、扫黑除恶、理性投资等内容帮助客户树立正确的投资理念，提高客户风险防范意识，维护客户合法权益。

客户服务　2019 年，中信建投证券福清田乾路营业部指定专业人员受理客户的各类业务，建立清晰、明确的办理业务的流程，在营业部投资者教育园地展示各项业务的风险；建立客户投诉处理机制和客户事前回访机制和后续处理流程。营业部全年未接到监管部门转发的客户投诉。

风险防控　中信建投证券股份有限公司总部制定各项业务的标准化管理条例，规范各项业务的办理流程。营业部配备专职的合规管理人员，对业务发展和员工执业行为进行风险防控；完善内控管理制度、合规风险管理机制和反洗钱内控制度等。营业部年内未出现重大风险事件。

（王焱婷）

【华福证券福清清昌大道营业部】

截至 2019 年底，华福证券福清清昌大道营业部累计客户 A 股证券交易金额 9593085.58 万元，实现营业收入 3717.50 万元，净利润 2101.97 万元。华福证券福清营业部有员工 25 人，依法合规经营，贯彻落实投资者保护和适当性管理工作。加强反洗钱工作内部监督，落实反洗钱岗位职责，严格执行客户身份识别、大额交易和可疑交易报告制度；加强员工反洗钱培训，以营业场所为重点、结合户外展业以及微信等网络媒体多渠道落实反洗钱常态化宣传工作。

（叶锋）

【东兴证券福清一拂路营业部】

2019 年，东兴证券福清一拂路营业部新增开户数 986 户。全年股基交易额 11834726.64 万元，年末托管资产 483825.68 万元，利润总额 2081.36 万元，纳税总金额 604.57 万。

证券经纪业务　东兴证券福清一拂路营业部为客户提供证券经纪、证券投资咨询、融资融券、代销金融产品等业务，其中融资融券、大小非减持等创新业务，为营业部重要利润增长点。

风险控制　2019 年，东兴证券福清一拂路营业部落实风险管理制度，执行投资者适当性管理办法，完善营业部内控制度，加强员工执业行为管理，提高合规培训频率及宣传力度。本年度营业部未发生重大风险事件，未出现操作风险、信用风险。

反洗钱工作　2019 年，东兴证券福清一拂路营业部根据总公司下发的最新反洗钱相关规章制度及人行的反洗钱法律法规文件要求，结合营业部自身情况，累计 10 次制定、修订反洗钱相关制度，完善营业部反洗钱内控制度。

（俞龙）

【兴业证券福清清昌大道营业部】

2019 年，兴业证券股份有限公司福清清昌大道证券营业部资产总计 22683.56 万元。累计证券交易额 930.58 亿元，实现净利润 741.57 万元，托管证券市值 31.7 亿元。

证券经纪业务　兴业证券福清清昌大道营业部在二级市场上接受客户委托、代理客户股票、债券等在交易所上市交易的证券品种。营业部拓展投资者参与证券投资规模，加强投资者教育，维护客户合法权益，提升客户服务质量。强化合规管理，优化考核机制，拓展渠道建设，通过强化员工廉洁从业管理、提高员工专业素质、公示服务承诺、提升专业服务水准等措施做大客户规模及资产。年末客户资产 120.5 亿元。

创新业务及产品销售　2019 年，兴业证券福清清昌大道营业部推进融资融券、沪港通、深港通、科创板等创新业务的发展，拓宽服务领域。年末，融资融券业务实际使用授信额度 15728.36 万元。营业部按照适当性管理要求，开展证券投资基金、资产管理计划等金融产品的销售，全年累计增加销售金融产品 65420.23 万元。

风险控制　2019 年，兴业证券福清清昌大道营业部落实全面风险管理制度，加强对营销环节、开户环节的合规管理。加强培训和学习，落实适当性管理要求，把风险控制作为最重要的基础工作，对各项业务开展进行动态监控，及时应对风险。建立健全内部控制体系，维护金融稳定。全年未发生重大案件、事件、操作风险和信用风险。

（陈杰）

【新晟期货福清营业部】　2019 年，新晟期货福清营业部有从业人员 7 人。年内新开个人商品户 13 户，对业务存续的 74 名客户进行持续识别，对 13 名客户进行重新识别。全年留存手续费收入 49.11 万元，比上年增加 6.33 万元；利润总额 -50.79 万元，比上年减少 6.21 万元。

反洗钱工作　2019 年，新晟期货福清营业部组织反洗钱培训 6 次、反洗钱测试2次，开展反洗钱户外宣传活动4次，举办进高校讲座 1 次，排查可疑交易报告 13 份，动态调整客户风险等级 13 户。

风险管理　2019 年，新晟期货福清营业部每日结算出现风险客户累计 1024 人次，比 2018 年增加 18.11%，分别以电话、短信通知等方式告知客户追加保证金。其中被公司总部强行平仓 70 人次，比 2018 年减少 7.9%，没有出现透支交易和穿仓现象，客户交易风险可控。

（郭仕钦）

【建信期货福清营业部】　2019 年，建信期货福清营业部有从业人员 13 人。

服务实体经济　2019 年，建信期货福清营业部走访企业 45 家（次），进行期货知识普及，听取企业和投资者需求。年内开展 4 次企业沙龙交流活动，联合纺织企业举办“长乐聚酯化纤企业高峰论坛”活动，与钢贸企业举办“第三届海丝之路暨福建海峡钢材联盟交流会”，为企业提供行业资讯，帮助企业了解期货市场套期保值业务，通过讲解典型案例、风险控制经验，增强企业风险控制和管理能力，规避价格风险。

反洗钱工作　2019 年，建信期货福清营业部开展客户身份识别、大额和可疑交易报告等反洗钱工作。参加人行和地方协会反洗钱培训，向社会公众宣传普及反洗钱知识，防范金融市场风险，履行社会责任。

投资者教育工作　2019 年，建信期货福清营业部以投资者保护宣传、教育、服务为重点，将投资者教育贯穿于开户、交易、风险控制等各个环节，倡导理性投资，宣传正确的风险管理理念。

（李敏）

保险业

【中国人民财产保险股份有限公司福清支公司】　2019 年，中国人民财产保险股份有限公司福清支公司（简称人保财险福清支公司）内设办公室、财务部、承保中心、理赔分中心 4 个职能部门，下设营业部 7 个、中介渠道保险部 5 个、直销渠道保险部 5 个，员工 300 人。全年实现保费收入 45643 万元，保费规模突破 4 亿元。车险重点发展家用车、非营业车保险，其中车险保费 23665 万元，占总保费 51.85%。非车险注重政企合作，年内公司主导全市超标电动车保险报牌工作，实现 3 年保费近 2500 万元。全年非车险业务保费收入 21978 万元，市场份额占 73.86 %。

内控管理　2019 年，人保财险福清支公司对车险实行常态化监控，分析业务指标，针对市场动向进行阶段性调整。对非车险按照风险等级制定承保政策。注重人才培养，做好人员梯度建设；注重员工队伍建设，通过学习与户外活动相结合，加强团队凝聚力。

客户服务　2019 年，人保财险福清支公司在理赔服务方面，加强车损、人伤、非车、减损板块的管理，把握人伤定损和诉调两个关键。推广“拇指理赔”“心服务”“警保联动”等措施，提高理赔周期。继续推广客户全流程服务流程，增强公司与客户间的黏度。

（林友娟）

【中国平安财产保险股份有限公司福清中心支公司】　中国平安财产保险股份有限公司福清中心支公司（简称平安财险福清中心支公司）是中国平安集团旗下平安产险福建分公司在福清设立的分支机构，1996 年 6 月设立，有 3 个分支机构，员工 99 人。经营范围涵盖机动车辆保险、财产损失险、意健险、责任保险等一切法定产险业务。

业务发展　2019 年，平安财险福清中心支公司依托集团“金融 + 科技”战略规划，借助创新科技，优化产品及服务体验，以“平安好车主”APP 为核心载体，聚合车生态服务资源，为车主提供“车保险、车服务、车生活”一站式服务平台。开拓福清核电等大项目，推动小微保险、责任险发展。年内辖区保费超 2.4 亿元，同比增长 17%。

理赔服务创新　平安财险福清中心支公司加强运营改革和客户服务工作，基于大数据和人工智能技术，相继推出“智能闪赔”“510 查勘”“信任赔”等“AI+ 理赔”系列服务产品。“信任赔”服务搭建 AI 智能理赔数据模型，客户可通过线上自主完成理赔，最快理赔时效仅为 33 秒，是改善行业信任和价值生态的一次尝试。平安产险依托“平安好车主”APP，为车主提供车损测算、年检代办、停车缴费、查询违章、道路救援、ETC、平安行等 70 余种车服务。基于个性化保险需求，“营销大脑”“AI 助手”等可智能化为客户推荐保险方案，并提供保险购买、保单查询、车险续保等业务操作，打造车主服务闭环。

（林晔琳）

【中国太平洋财产保险股份有限公司福清支公司】　中国太平洋财产保险股份有限公司福清支公司（简称太平洋财险福清支公司）成立于 2002 年 5 月 1 日，隶属于平潭中心支公司。公司业务以车险业务为主，鼓励业务人员开拓多渠道多险种业务，现拥有车商、电网销、团车、交叉、个代等渠道。公司保费规模在福清市保险行业位列前三。

2019 年，太平洋财险福清支公司加强查勘理赔工作标准化、规范化，加大理赔创新力度。通过科技赋能，推出“太好赔”3.0 服务，实现一键索赔、一键定损、一键修车的“三大智能”。

（林晓芸）

【中华联合财产保险福清支公司】 中华联合财产保险福清支公司，位于宏路街道紫金香山，截至2019年12月，有员工11人。公司累计实现保费收入1454.43万元，比上年增长6.41%，其中车险保费收入1330.05万元，占比91.45%；非车险保费收入124.38万元，占比8.55%。非车险业务主要为意健险23.3万元，责任险85.89万元，企财险14.91元，公司累计保费理赔支出998.72万元，其中机动车赔付946.84万元。

2019年，中华联合财险福清支公司以反洗钱法律法规、监管规定和公司规章制度为依据，加大反洗钱工作自查自纠的力度，加强对反洗钱薄弱环节的监督检查和缺陷整改。通过LED、微信公众号发布反洗钱视频、小礼品推广来宣传反洗钱相关知识，加强全员反洗钱意识；开展反洗钱培训3次，培训内容涉及反洗钱法律法规、业务知识、操作技能等；开展反洗钱培训宣导，利用晨会、反洗钱专项考试等开展反洗钱知识、反洗钱法律法规和监管规定的宣传。

（王琛）

【安邦财产保险股份有限公司福清支公司】 2019年，安邦财产保险股份有限公司福清支公司（简称安邦财险福清支公司）保费收入5.37万元，其中车险保费4.96万元，非车险保费0.41万，比上年下降87.19%。累计赔付支出67.17万元，下降58.64%。

消费者权益保护　2019年，安邦财险福清支公司加强监管和综合治理，解决理赔难和销售误导等问题，提高车险理赔服务质量。建立健全客户投诉调解机制，畅通投诉通道，提高工作效率。执行分支机构负责人接待日与研究日制度，及时解决客户反映的问题，化解客户争议。

金融互联　2019年，安邦财险福清支公司开展互联网金融业务，抓住场景化、高频化、碎片化等互联网保险的特点，波浪式推出各种新产品。

理赔服务　2019年，安邦财险福清支公司推出“全国通赔、赔款到卡”理赔，凭借微信理赔、安邦自助理赔管家（App）、代步车等创新车险服务项目。

（章莹莹）

【中国人寿财产保险股份有限公司福清市支公司】 2019年，中国人寿财产保险股份有限公司福清市支公司（简称中国人寿财险福清市支公司）完成保费收入3475.69万元，同比增长14.67%。其中车险保费收入2998.17万元，占全险种86.26%，同比增长10.09%；非车险保费收入477.52万元，占全险种13.74%，同比负增长55.14%。

（卢燕）

【阳光财产保险股份有限公司福清支公司】 阳光财产保险股份有限公司福清支公司（简称阳光财险福清支公司）于2011年11月14日成立，在福清市音西街道万达广场，有7名工作人员，其中支公司负责人1人，综合柜员1人，理赔人员1人，销售人员4人。

业务经营　2019年，阳光财险福清支公司经营范围有财产损失保险、责任保险、信用保险和保证保险、短期健康保险和意外伤害保险、上诉业务的再保险业务等。截至12月31日，阳光财险福清支公司总体保费规模为932.01万元，赔付率为65.67%。其中机动车辆保险保费为788.6万元，赔付率为78.85%；财产险保费93.85元，赔付率为-0.6%；人身意外险保费49.56万元，赔付率为9.76%。累计退保笔数40笔，退保金额为37.62万元。

风险防控　2019年，阳光财险福清支公司完善案件风险管理规章制度，加强案件风险监测通报、案件风险警示教育和重点案件风险排查等工作，履行案件风险防控的主体责任，提高认识，强化责任担当，主动防范化解案件风险。

（魏小妹）

【英大泰和财产保险股份有限公司福清支公司】 英大泰和财产保险股份有限公司福清支公司（简称英大财险福清支公司）于2014年1月28日成立。2019年，实现账套保费收入895.17万元。

业务开展　2019年，英大财险福清支公司为全市国网公务用车续保，以职工车、家用车、非营业车为发展重点，进行新车承保和续保工作，并开展规范车险电销、网销业务，提高非营运车续保率和新车续保率。通过细分车险业务结构，拓展优质业务，改造或剔除营业性车险业务，重点发展电网职工车业务，参与摩托车险共保业务和电动车保险试点工作，拓宽车险发展渠道。年末，机动车险账套保费收入652.63万元。发展企财险业务，企财险账套保费收入55.52万元。拓宽保源，发展责任险、团意险、个人意外险、公众责任险等分散性险种，维护供电责任险。

内控管理　2019年，英大财险福清支公司以完善客户信息资料档案为重点，加强单证管理、销号、登记、入库等各环节管理，清理并登记公司各项资产，完善资产台账，健全资产管理制度。

英大财险福清支公司开展反洗钱工作，执行财务、承保、理赔等环节的责任制度，建立健全客户身份识别制度、客户身份资料与交易记录保存制度、大额交易与可疑交易排查制度，不定期组织员工学习反洗钱法律法规知识，开展反洗钱宣传活动，半年进行一次自查自纠。

（谢文强）

【中国大地财产保险福清支公司】 中国大地财产保险股份有限公司福清支公司（简称大地财险福清支公司）有在编人员16人（含2名查勘员）。2019年，完成保费2539万元，比上年增长4.87%。非车险占比36.86%，全险自留满期赔付59.09%。

业务开展 2019年，大地财险福清支公司车险业务贯彻“找、控、引、建”政策，非车险业务紧随市场调整，提升业务品质；意健险业务发展流量型业务。

内控管理 2019年，大地财险福清支公司以完善客户信息档案为重点，加强单证领用、核销、登记、入库等各环节管理，清理并登记公司各项资产，完善资产台账，健全资产管理制度。

（何丽萍）

【中银保险有限公司福建分公司福清营销服务部】 2019年，中银保险有限公司福建分公司福清营销服务部（简称中银保险福清营销服务部）保费收入790.31万元，比上年下降38.1%，综合赔付率增长6.55%。其中机动车辆保险保费收入389.56万元，下降59.62%，综合赔付率增长29.10%；非车险保费收入400.75万元，增长28.41%，综合赔付率下降47.02%。

（方丽萍）

【中国人寿保险股份有限公司福清市支公司】 2019年，中国人寿保险股份有限公司福清市支公司（简称中国人寿保险福清市支公司）实现股份总保费收入34316.4万元，新单保费收入9247.55万元，续期保费收入25068.85万元。其中分红寿险保费收入10328.37万元，普通寿险保费收入17776.88万元，健康险保费收入5699.13万元，意外险保费收入512.03万元。

惠民保险 2019年，中国人寿保险福清市支公司拓展城镇居民医疗补充意外险、学平险、计生险、女性安康险、银龄安康险等惠民保险，对接城乡居民基本保障体系，提高城乡居民大病医疗、意外伤害报销补偿水平，减轻城乡居民医疗费用负担。

内控管理 2019年，中国人寿保险福清市支公司以“风险即生命，合规创价值”作为风险文化的核心价值观进行推广。公司开展机构“三定”改革，对反洗钱工作组织架构进行调整，反洗钱工作成员部门由6个增加至7个。公司开展非法集资风险警示教育，在思想上树起“非法集资碰不得”的高压线，做到“不敢为、不能为、不愿为”。

（何姗）

【中国平安人寿保险福清支公司】 2019年，中国平安人寿保险福清支公司（简称平安人寿福清支公司）在福清项下设立分支机构8个（福清第一营业部、高山营销服务部、渔溪营销服务部、港头营销服务部、新厝营销服务部、宏路营销服务部、海口营销服务部、龙田营销服务部）。支公司内勤员工85人，保险代理人1885人。平安人寿福清支公司累计首年保费（不折标保费）29682.8万元，比上年增长5.16%；累计总保费（含续期保费）91854.91万元，增长13.44%。实际缴纳税款1068.35万元。

2019年，平安人寿福清支公司总赔付支出金额12636.48万元，比上年增长4.54%。其中赔款支出762万元，占比6.03%；满期给付4123.85万元，占比32.63%；死伤医疗给付6967.8万元，占比55.14%；年金给付782.83万元，占比6.20%。截至12月，平安人寿福清支公司累计办结理赔案件6439件，增长21.51%；单笔最高赔付金额175.8万元余。

重疾先赔项目 2019年，平安人寿福清支公司升级重疾先赔项目，扩大服务对象范围和病种范围，不仅限于对恶性肿瘤出险客户提供服务。年内，福清完成3件重疾先赔，累计33万重疾赔付金。

全国通赔服务 2019年，平安人寿客户出险可在全国所有平安人寿门店申请并办理理赔，外出务工人员理赔不限于地域因素；提供理赔预约上门服务，客户通过95511电话预约，可享受公司上门服务。

闪赔极致服务 2019年，平安人寿福清支公司优化流程，更多的案件通过闪赔实现赔付。对于符合条件的、材料齐全的简易案件在30分钟内赔款到账。

（徐瑜珊）

【太平洋人寿保险福清中心支公司】 太平洋人寿保险福清中心支公司为三级公司（简称太平洋人寿福清中心支公司），受太平洋寿险福建分公司管辖；下设三家支公司、四家营销服务部，分别为融城支公司（含渔溪、江阴、龙田、江镜四家营销服部）、平潭片区支公司、音西支公司。2019年，内勤队伍48人，大个险业务队伍874人。

业务情况 太平洋人寿福清中心支公司个险业务新保累计7231万元，比上年增长–21.77%；服务营销新保累计3101万元，增长48.52%。续期保费累计33684.9万元，增长8.67%，累计13个月保费继续率达成91.1%，赔付支出金额为3910.53万元。截至12月，累计办结理赔案件1194件，单笔最高赔付金额593230.8元。

内控管理 2019年，太平洋人寿福清中心支公司开展各项风险排查及员工教育工作，内容涵盖违规销售非保险金融产品专项排查、防范非法集资风险排查整治及宣传教育活动工作、中介业务乱象整治、季度销售误导滚动自查自纠、扫黑除恶专项斗争排查等。在排查结束后，接受福建分公司的检查监督，形成上下互动、区域联动、全面协作的监督反馈体系。

（陈鑫）

【太平人寿保险福清支公司】 2019年，太平人寿保险福清支公司（简称太平人寿福清支公司）累计达成总保费22857.42万元，其中新单保费6345.77万元。截至12月，福清支公司员工数960人，其中外勤938人，内勤22人。福清支公司推出微课堂等线上学习平台，提高从业人员素质以及客户服务的质量。公司推出“太平通”APP，集合公司各个服务板块如保单服务、理赔报案等。运营推出投保“空中签名”，通过“太平通”和95589微信、网厅等多渠道开通移动保全服务，理赔“秒赔”服务支持线上处理。

（林祯）

【泰康人寿保险有限责任公司福建福清支公司】 2019年，泰康人寿保险有限责任公司福建福清支公司（简称泰康人寿福清支公司）有970人，实现保费收入13300.27万元，其中新契约保费收入2417.52万元；全年赔付给付支出1512.33万元。

客户体验 2019年，泰康人寿首创“健保通”理赔服务，泰康保险集团与国内优选医疗机构建立医险合作体系，客户出院结算时，公司直接理赔。“健保通”理赔服务与现行医社保模式类似，提升支付能力以及客户理赔体验。

内控管理 2019年，泰康人寿福清支公司加大对内控合规管理，开展反洗钱工作，建立健全客户身份识别制度、客户身份证资料与交易记录保存制度、大额交易与可疑交易报告制度等；不定期组织员工学习反洗钱法律法规知识，开展反洗钱宣传活动，定期组织防范非法集资相应排查；加强销售误导治理，监控各类自媒体宣传风险，做好扫黑除恶等各类专项活动排查。

（周雪玲）

【中国人民人寿保险福清市支公司】 2019年，中国人民人寿保险股份有限公司福清市支公司（简称中国人民人寿福清市支公司）累计实现规模保费收入5679.05万元，其中新单期交保费完成3643.65万元，续期保费2035.4万元；赔款支出死伤医疗给付、满期给付、年金给付合计833.61万元，比上年增长75.66%；退保金金额支出764.51万元，减少75.67%。

业务开展 2019年，中国人民人寿福清市支公司设有银保、个险、团险、互动、综合等部门。年内，支公司发展大个险战略，新设营销服务二部，引进同业总监团队，专门负责个险渠道。截至12月末，代理业务员有130人。

内控管理 2019年，中国人民人寿福清市支公司坚持依法合规经营，探索建立合规风险管理的有效运行机制。开展合规风险管理，通过监测、识别、评估和报告实现合规评估和检测机制的运行。做好客户身份识别、大额和可疑交易排查工作；组织反洗钱培训、开展反洗钱宣传活动等；开展“套路贷”、非法集资、销售误导、扫黑除恶、乱象整治等各项合规排查。

（唐彦颖）

（编辑 陈晔）

商务经济

商业零售

【概况】 2019年，福清市实现社会消费品零售总额520.27亿元，比上年增长9.6%。限额以上完成社会消费品零售总额242.33亿元，增长14.7%；限额以下完成社会消费品零售总额277.95亿元，增长6.1%。至2019年底，全市限额以上商贸企业356个，其中限额以上批发商贸企业100个、限额以上零售商贸企业169个、限额以上餐饮业企业51个、限额以上住宿业企业36个。

【商贸市场体系】 农贸市场 2019年，福清市有国有农贸市场25个，非国有农贸市场近20个。

超市 2019年，福清市有超市158个（其中企业105个、个体53个），从业总人数1471人（其中企业从业人数1320人、个体从业人数151人）。

便利店 2019年，福清市有便利店2873个（其中企业6个、个体2867个），从业总人数5493人（其中企业从业人数68人、个体从业人数5425人）。

批发和零售业 2019年，福清市有批发和零售业企业42158户（其中企业7803户、个体34355户），比增7.8%；从业总人数101566人（其中企业从业人数39524人、个体从业人数62042人）。

交通仓储和邮政业 2019年，福清市有交通仓储和邮政企业981个（其中企业765个、个体216个），从业总人数6907人（其中企业从业人数6499人、个体从业人数408人）。

住宿和餐饮业 2019年，福清市有住宿餐饮业企业户8790（其中企业386户、个体8404户），从业总人数25181人（其中企业从业人数4705人、个体从业人数20476人）。

拍卖业 2019年，福清市有工商注册并取得拍卖经营许可证的企业6家，其中公司3家、分支机构3家，从业人数19人。

副食品商业 2019年，福清市有副食品企业109个（其中企业19人、个体90人），从业总人数311人（其中企业从业人数162人、个体从业人数149人）。

电子商务 2019年，福清市有电子商务企业458个（其中企业418个、个体40个），从业总人数1467人（其中企业从业人数1384人、个体从业人数83人）。

居民服务业 2019年，福清市有居民服务业企业8212户（其中企业723户、个体7489户），从业总人数22401人（其中企业从业人数4499人、个体从业人数17902人）。

（林金娣）

粮油贸易

【粮食储备管理】 2019年，福清市发展改革局（简称市发改局）开展春、秋两季粮油库存大检查及日常不定期粮情抽查，做到储备粮数量真实、质量良好、储存安全、管理规范。

【粮食安全体系】 2019年，市发改局认定军粮供应站城关店、龙田店、佳源购物广场有限公司3家粮店作为骨干粮店，认定元洪面粉食品（福建）有限公司、福州航辉米业有限公司、福清市龙田龙粮精米厂3家企业作为粮食应急加工企业。

全市有镇街粮食应急网点24家和粮食应急加工企业3家，年发放扶持资金24万元。市发改局确保粮食市场供应和稳定市场价格，维护正常的社会秩序和保障社会稳定。

【粮食流通产业发展】 2019年，市发改局组织粮食企业利用粮食产销洽谈会等平台“走出去”和“引粮入闽”，增加粮食供求平衡渠道，为引粮入融企业争取省级扶持资金130万元。

【粮食市场监管】 2019年，市发改局开展春秋两季粮食库存数量和质量大清查与库存安全检查及政策性粮食出（入）

库专项检查。年内储备粮储粮安全，轮换粮食18296吨。年内，市发改局检查企业履行粮食质量主体责任情况，配合省、市粮储局进行粮食质量抽检；开展订单粮食收购工作检查，与福州市粮储局、福州电台联合开展现场直播《我执法 我普法》宣传活动及监督检查；开展粮储系统治理“餐桌污染”工作，建设放心粮油工程；开展粮食安全系列宣传活动，保障粮油质量安全；执行社会粮食流通统计制度，全市纳入粮食流通统计调查的有企业15家和农户111户，城镇35户。

【国有粮食企业】 2019年，福清市有国有粮食企业4家，主要承担地方储备粮存储轮换、驻融部队粮油供应和国有资产租赁管理工作。年内全市国有粮食企业实现利润102万元。

（黄昌亮　梁栋）

烟草专卖

【概况】 2019年，福清市烟草专卖局（分公司，简称“福清烟草”）下辖融城、宏路、渔溪、龙田、高山5个管理所和客服部及1个稽查大队，有员工99人，持证零售户5168户。福清烟草通过首批全国优秀县级局（分公司）验收，获福建省局授予“标兵单位”称号，蝉联第十一、十二、十三届“省级文明单位”，先后获“省级工人先锋号”、福清市“1263”机关党建工作机制建设示范点、福清市委机关党建“十佳品牌”等称号。

2019年，福清烟草上缴税利5.62亿元。与所在社区、帮扶乡镇开展脱贫攻坚等工作，投入帮扶资金、志愿服务资金2.1万元。

【营销网络建设】 推动客户帮扶　2019年，福清烟草运用现代终端建设手段帮助零售客户改善经营环境，提升收益。全年投入现代终端建设费用36万，帮扶零售户50户。新建成现代终端76户，升级维护24户，在农村扶持现代终端新建数量53户，占新建总数的69.7%。

倡导文明吸烟　2019年，福清烟草在福清各旅游景区、大型商超场所新建吸烟区6处；在玉屏、宏路等中心城区建立吸烟点41个，扩宽文明吸烟点覆盖面。

【专卖市场管理】 2019年，福清烟草开展卷烟市场综合治理，维护国家烟草专卖经营秩序。

打假打私　2019年，福清烟草查获销售假烟案件103起，查扣假烟13665.7条；查处走私烟经营案件74起，查扣走私烟3204.1条。与公安多部门协作，破获系列非法经营假私烟大要案，查获制假烟机两台，案值达1.5亿元，为近年来福州地区查获犯罪链条最完整的生产销售假冒伪劣卷烟案件，被中央电视台新闻频道作专题报道。

便民服务　2019年，福清烟草落实行政许可便民服务，推广烟草零售许可证件“EMS专递”送达等便民措施。强化行政审批权力运行监督，发起烟草专卖行政许可合理布局听证程序，公示公开许可审批权限及有关事项，向社会各界征集行政许可准入审批的各项意见建议；履行市场监管职责，净化中小学校园周边环境，联合市场监管部门开展市场走访，对不符合规定的零售客户予以劝退，宣传不向未成年售卖卷烟等政策规定。

（蔡军　田灏）

2019年9月，福清市烟草专卖局组织员工参加国庆演讲比赛（市烟草专卖局　供）

供销合作

【概况】 2019年，福清市供销社系统有7家公司、17个基层社，干部职工107人，商品销售额2.14亿元，实现综合经济效益724.18万元，创税收384.74万元，实现社会贡献总额1852.02万元，在福州市供销社系统综合业绩考核中获第一名，被中华全国供销合作总社评为全国“百强县级社”。

【农资供应服务】 2019年春耕前，福清市供销合作社联合社（简称市供销社）采取集中储存、厂家联储、网点分存、边储边供等方式，储备各种化肥8757吨、农药700吨、农地膜70吨、中小

2019 年 1 月 15 日，市供销社在农特产品推介会上推介农特产品（市供销社　供）

农机具 5000 件，满足全市春耕生产需要。年供应化肥 35336.2 吨、农药 868.2 吨，实现销售额 9827.3 万元。采取预约送货、拆整卖零、增设临时供应点、延长营业时间等方式提高服务质量；开展“科技服务‘三农’进乡村巡回活动”，邀请田管专家开设农民培训班，宣传科学用肥用药知识；加强购销存储各环节的成本核算，采取直运方式，直运化肥进村到户到基地，优惠让利，为农民减负减成本；加强系统内农资市场管理，严禁供销社系统农资网点经销假冒伪劣、过期失效的化肥、农药等农资商品。

【为农服务平台搭建】　2019 年，福清市供销社系统有综合服务社 343 家，其中三山镇钟厝村综合服务社经过持续改造升级被省供销社评为五星级农村综合服务社。市供销社加大开放办社力度，领创办 18 家农民专业合作社，新成立福清市禾农农民种植专业合作社联合社和福清市城顺农果蔬种植农民专业合作社联合社；投入 270 万元对镜洋供销社墩头综合服务社、一都“红心地瓜干”烘干加工厂 2 个项目进行提升改造建设；建设新型示范庄稼医院，投入 10 万元对一都供销社庄稼医院、三山供销社庄稼医院进行改扩建。全系统有 27 个庄稼医院，3 个农资配送中心，36 个农资专营网点。

【烟花爆竹安全经营】　2019 年，市供销社下属企业福清市吉洋烟花爆竹有限公司配合有关部门核发《烟花爆竹零售许可证》141 个，销售烟花爆竹 52422 箱，销售额 890 余万元。

【农村电子商务服务体系】　2019 年，市供销社对三山镇钟厝综合服务社、新厝江兜电商服务点和一都、龙田、高山、三山等电商服务站进行信息化改造提升。打造市、镇、村三级电商运营服务网络体系，实现“网货下乡”和“农产品进城”的双向流通。

【防汛物资】　2019 年，市供销社在宏路、江阴、海口、高山 4 个基层社定点储备质量合格的抢险救灾物资（编织袋）50000 个。

【资产管理和运作】　2019 年，福清市供销社系统有宗地资产 150 宗，经营网点 277 个。年投入约 50 万元维护改善网点 20 个，确保全年安全无事故。

【综合维修服务体系建设】　2019 年，市供销社推进综合维修服务体系建设。全市现有 1 个综合维修公司、3 个综合维修服务站、3 个镇村级服务部，全年维修装配农机具 1223 件、摩托车 4055

2019 年 5 月 10 日，福清市供销社召开第一次代表大会　（市供销社　供）

2019年5月18日，福清市参加“5·18”海峡两岸经贸交易会 （市商务局 供）

辆、家用电器25006件、其他品种1205件，接受咨询服务11022人次，提供零部件62236件。

（陈少繁）

对外经济贸易

【概况】 2019年，福清市批准外商投资企业27家，增资8家，减资7家，总投资38539.14万美元，比上年下降18.15%；注册资本15641.8万美元，下降43.62%；合同外资8916.15万美元，下降56.65%。年内实际利用外资完成56631万元人民币，比上年增长3.3%，完成年计划指标128269万元人民币的44.2%。截至12月，全市累计批准外商投资企业1358家，总投资132.01亿美元，注册资本70.96亿美元，合同外资61.32亿美元，实际利用外资44.78亿美元。

【重大项目选介】 福州衡瑞房地产开发有限公司 投资总额29723万美元，注册资本10403万美元，合同外资4681万美元。

福清新鸿都物流有限公司 投资总额640万美元，注册资本640万美元，合同外资640万美元。

【参与海峡两岸经贸交易会】 2019年，第二十一届“5·18”海峡两岸经贸交易会，福清市协议签约项目2个，即福建LNG接收站项目与丹麦LM叶片厂项目，总投资106亿元。

【参与中国国际投资贸易洽谈会】 2019年，厦门国际投资贸易洽谈会，福清市现场签约项目2个。福建福华咖啡加工基地项目，总投资15000万美元，利用外资7650万美元，一期用地面积30.53公顷，主要建设咖啡生产、加工基地。华润工业互联网大数据平台项目，总投资20000万美元，利用外资10000万美元，项目内容包括分布式光伏、购售电业务等。

【“五个一批”项目】 2019年，福清市申报入库福建省“五个一批”项目动态管理信息系统中的项目共524项（其中“谋划一批”63项，“签约一批”33项，“开工一批”229项，“投产一批”197项，“增资一批”2项），总投资5309.36亿元，年度计划投资306.85亿元，全年完成投资324.84亿元，完成率105.86%。

【进出口贸易】 2019年，福清市完成进出口总值619.54亿元，比上年下降4.6%。其中出口总值426.97亿元，下降3.4%；进口总值192.57亿元，下降7.2%。进、出口总量均居福州市第一位。

2019年，福清市进口商品主要为液晶面板、化工材料、整车进口、大豆油、化纤制品等，其中液晶面板进口约56亿元、化工材料进口约40.1亿元、整车进口约8.7亿元、大豆油进口约40.2亿元。出口商品主要为液晶显示器、汽车玻璃、箱包、水产加工品、机电产品等，其中液晶显示器出口约219.7亿元、汽车玻璃出口约24.5亿元、箱包出口约4亿元、水产加工品出口约25.7亿元、机电产品出口约5亿元。

（林淑霞 戴永德 王海）

（编辑 陈晔）

口岸综合管理

口岸管理

【概况】 2019年，福清市总货重累计含集装箱为3558.86万吨，比上年增长15.31%。集装箱吞吐量为204.97万标箱，货重2411.44万吨，增长11.35%。外贸集装箱吞吐量为95.12万标箱，增长-7.57%。海铁联运集装箱4.17万标箱，增长2.73%；散货9.78万吨，增长182.38%。

【口岸航线】 福州港江阴港区自开港以来相继开通至非洲、美西、印巴等多条国际干线和东南亚、香港、韩国、台湾等近洋航线以及内支、内贸航线。外贸干线合计11条，一带一路干线8条，2019年，江阴新开通4条外贸干线——马尼拉线、菲律宾线、东南亚线、海防线。

【口岸建设】 2019年，江阴港区口岸核心能力建设在海关总署巡察中获全国海港第一名。福州港江阴港区进境粮食指定监管场地获海关总署批复。2018年4月，福港综合物流园区被福建省经信委授予“福建省示范物流园区”称号（2019年公布）；福港综合物流园区被中国物流与采购联合会授予“国家示范物流园区”“2018年优秀物流园区”(2019年公布)，“2019年优秀物流园区”称号。福建江阴国际集装箱码头有限公司首次获评“2018年度中国港口海铁联运前十名集装箱码头”；福州新港国际集装箱码头有限公司与福州青州集装箱码头有限公司被授予“福建省优质外贸集装箱码头泊位”；福港集装箱福州新港国际集装箱码头被授予“综合服务十佳集装箱码头”。江阴港区进港航道三期工程获交通运输部资金补助。江阴港区6#泊位工程水工主体基本完成。福州港江阴港区4#、5#泊位靠泊20万吨级减载集装箱船航道通航条件技术论证通过。江阴港区13#岸桥上岸，是目前福建省起升高度最高的集装箱装卸桥吊，可满足当前最大集装箱船舶全天候作业。福州港江阴港区冷链仓库启用，福州港首个集装箱智能理货系统上线。

（林超慧）

海关监管

【概况】 2019年，榕城海关驻福清办事处关区监管进出口货物422.28万吨，比上年增长89.24%；征收税款42.54亿元，增长20.4%。榕城海关驻福清办事处团支部获“全国五四红旗团支部”称号；太极拳协会代表福州海关参加福建省直机关全民健身运动会，蝉联24式太极拳团体项目一等奖，实现四连冠。

2019年3月12日，榕城海关驻福清办事处正式揭牌运作

（榕城海关驻福清办事处　供）

2019年6月20日，全国首创外贸空箱全流程智能化监管快放模式在江阴码头正式启动
（榕城海关驻福清办事处　供）

【支持地方建设】 2019年，榕城海关驻福清办事处落实增值税降税举措，对京东方、中景石化等重点企业实施“一对一”指导，为企业减征增值税约3.93亿元。对京东方公司进口的生产性原材料、维修用零部件和消耗品实行无纸化作业，全年出具无纸化征免税证明1226票，减免税款8961万元。收集反馈国外通报信息及辖区企业出口信息，帮助光阳公司出口蛋制品在加拿大通关。推动输台水生动物量取得增长，帮助明信公司新增产品干制鲍鱼出口。实施直提到工厂查验放行工作模式，指导中铝集团百亿投资项目投产。处理巴西进口大豆霉变热损情事，为进口大豆企业挽回损失200多万元。推进跨境电商发展，对接“拼多多”等大规模电商平台入驻，验放包裹94.35万个，2.12亿元，征收税款1988.17万元，比上年分别增加4倍、2.4倍、1.8倍。帮扶松下进口粮食集散中心和元洪国际食品园等临港园区发展，推动进口肉类指定监管场地筹建，帮助江阴福港集装箱公司进口粮食指定监管场地通过海关总署验收。

【海关制度改革】 2019年，榕城海关驻福清办事处创新实施保税仓储进口棉花“集中检验、分批核放”模式，实现出区即报即放，为企业节约通关时间约15天。创新“海铁联运监管”模式，对江西到江阴港铁路运输货物实施“提前申报、运抵验放”出口模式。创新进口鱼粉口岸检疫、直提目的地检验模式，为企业节约口岸滞港费。设立全国首本金关二期出境加工电子账册，为福州京东方光电科技有限公司备案出口货物总值3821万元、复进口货物总值1.76亿元。指导完成福建首票加工贸易边角废料内销网上公开拍卖工作，明达工业（福建）有限公司通过淘宝资产处置平台拍卖10吨PVC网布薄膜边角料，溢价率10%。签发福建省首份企业自助打印原产地证书，为试点企业提供指导，安排签证量大的企业开展提前测试。率先受理福建省首票减免税业务申请，指导京东方公司通过国际贸易“单一窗口”标准版系统申报减免税业务，满足企业“一站式”业务办理需求。办理福州关区首票“承运境内海关监管货物的运输企业、车辆”备案业务，单票业务作业时间由5个工作日缩短至2小时。推进检验检疫全流程“零见面”、原产地证企业备案及签证“零见面”业务模式改革，推行原产地证书自主打印，完成原产地证自主打印全省首单，成为福州关区首个超80%以上原产地证自主打印现场。率先开展“两步申报”试点工作，捷联公司首票试点成功。

【税收征管】 2019年，榕城海关驻福清办事处以属地企业为单元，健全海关与纳税企业的常态互动机制和动态联系机制，做好税收入库和税源结构情况分析，以优质服务促异地税源回流。全年征收税款42.54亿元，加工贸易内销征税3.59亿元，吸引异地税款2165万元。

【通关监管】 2019年，榕城海关驻福清办事处强化日常监控，实行分级处置，第一时间解决问题单证，引导鼓励企业采取“提前申报”模式进口报关。全国首创外贸空箱全流程智能化监管快放模式，利用超声波探测、物联网技术和智慧云平台等科技手段，对进境空箱进行智能化监管，做到智能快速通关、降低运营成本，通关时间由36小时缩减至0.5小时，每箱节约成本约200元。上线新通关预约平台，实现“查检合一”无纸化预约，提升通关时效。

【企业信用认证管理】 2019年，榕城海关驻福清办事处开展高级认证企业重新认证前置辅导，帮助重点企业取得高级认证。宣贯高资信企业的优惠措施，开展专项宣讲6次，200余人参训；建立AEO企业专人前置辅导模式，帮助辖区2家高级认证和3家一般认证企业通过重新认证。

【打击走私】 2019年，榕城海关驻福清办事处加强对存在固废风险的再生颗粒取样送检力度和精准度，查堵“洋垃圾”进口，取样63票，其中7票检出固废，移交缉私部门。打击进出口假冒、侵权商品，查扣涉嫌侵犯瑟维赛拉摩德罗公司在海关总署备案的“Coronita”商标专用权啤酒42000箱。办理86起两简案件，涉案货值金额1.78亿元，累计处罚17.18万元。

【进出口货物检验检疫】 2019年，榕城海关驻福清办事处检验检疫出入境货物23813批，货值31.39亿美元。其中出境货物11199批，货值6.39亿美元；入境货物12614批，货值25亿美元。检出不合格批次225批。

法检工业品 2019年，榕城海关驻福清办事处检验监管出入境法检工业品5038批，货值9.59亿美元。其中出口295批，货值595.24万美元；进口4743批，货值9.53亿美元。

动植物及其产品 2019年，榕城海关驻福清办事处检验检疫7668批次，货值11.96亿美元。其中出口6327批次，货值1.96亿美元，出口竹木制品1.73亿美元、水生动物898.03万美元、饲料及饲料添加剂1320.62万美元。进口1341批次，货值10亿美元，进口产品主要为鱼粉、大豆、板材、水果、退运家具等。

食品及化妆品 2019年，榕城海关驻福清办事处检验检疫5156批，货值5.48亿美元。其中出口3705批次，货值4.19亿美元，出口虾制品8244万美元、头足类1.11亿美元、烤鳗7998.67万美元、海捕鱼3506.07万美元、化妆品595.59万美元、蛋制品1223.05万美元、螺旋藻制品843.81万美元、对台小额贸易6566.56万美元。进口1451批次，货值1.29亿美元，进口产品主要有酒类、冷冻水产制品、鱼油等。

【产地证业务】 2019年，榕城海关驻福清办事处签发各类原产地证书16014份、签证金额10.45亿美元。其中区域性优惠原产地证书5606份，签证金额4.31亿美元，中国—东盟自贸区原产地证书3104份，签证金额3.29亿美元。

（陈建红 陈浩）

边防检查

【概况】 中华人民共和国福清出入境边防检查站（简称福清边检站）于1995年3月经公安部批准成立，主要担负国家对外开放口岸福清松下、江阴以及下垄港区等8个码头、16个泊位及1个南青屿台轮停泊点的出入境人员、交通运输工具及其物品的出入境边防检查、监护任务。2019年1月1日，福清边检站集体转隶至国家移民管理局，接受厦门出入境边防检查总站领导管理，属人民警察编制，正处级。站下设办公室、边防检查处、政治处、后勤保障处4个副处级处（室），下辖5个正科级执勤队。

【服务口岸经济发展】 2019年，福清边检站进行“大通关”建设，规范边检行政许可受理、审批和制证的流程管理，指导元载码头做好对外开放省级验收基础设施建设、改造等工作，边检服务工作融入口岸经济发展。服务口岸经济发展的工作措施和经验做法获福建省委内参《八闽快讯》刊发推介，连续5年获得省口岸大通关测评奖励。

【优化通关环境】 2019年，福清边检站践行船舶在港零等待、手续办理零等候、便民服务零距离服务，推动江阴港区成为东南沿海“海陆双向”、辐射“一带一路”的国际航运枢纽大港。年内群众满意度达100%。全年检查出入境（港）船舶2344艘次，检查出入境（港）船舶员工43201人次。集装箱进出口204.97万标箱，煤炭进口216.87万吨，整车进口5164辆，丙烯进口55.85万吨。

【管理改革】 2019年，福清边检站制定出台《勤务改革推进实施方案》，推进边检勤务与新移民体制融合。做好港口边检信息综合管理系统和台湾渔船停泊点系统的推广应用。建立船舶“进港预查、在港筛查、离港追查”三步核查法，固化前置预警研判和后台深度核查两道防线，对出入境船舶及船员开展大数据分析，为一线勤务查验提供精准预警。

【口岸管防】 2019年，福清边检站研

2019年1月1日，福清边检站举行集体换装仪式 （福清边检站 供）

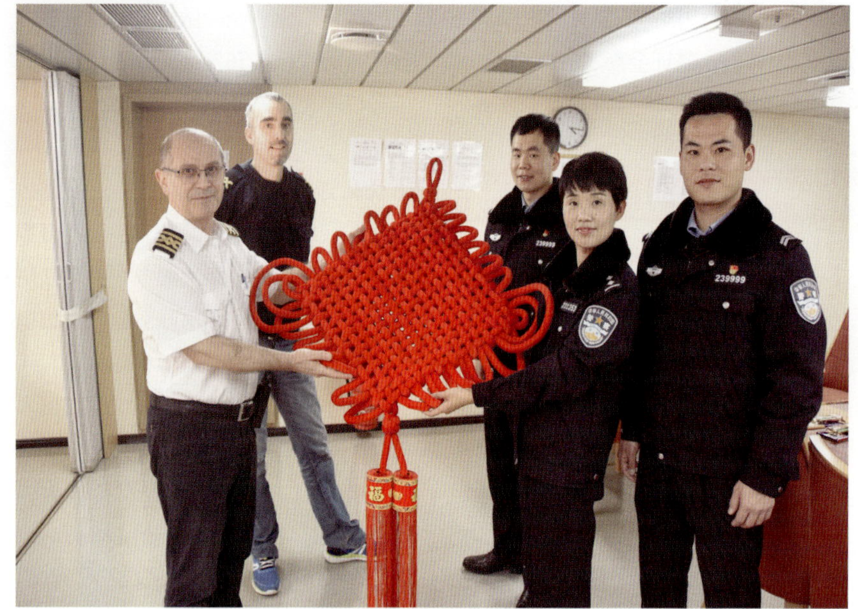

2019 年 1 月 15 日，福清边检站民警登上外轮开展新春送福活动（福清边检站　供）

定大庆安保方案，配套形成“两会”、进博会、澳门回归 20 周年等重要活动方案，指导一线在重大安保时期落实重点船舶见人见证、登轮检查、船体检查“3 个 100%”，首次查获政治类反动宣传视频、文档 5 份。加强风险预警研判，开展船舶轨迹核查 2009 条，编制风险预警研判信息 48 期，首次核查核实口岸以外的 9 名“三非”外国人，通报地方出入境管理部门处理，被国家移民管理局“三非”周报刊载。

（赵利峰　徐文武）

海事监管

【概况】　福清海事处为副处级建制，核定编制 40 人，内设综合办公室、海事监管科、江阴海巡执法大队、龙高海巡执法大队等 4 个正科级科室。为“直属海事系统廉政文化示范单位”、福建海事局“示范性基层执法机构”。

【船舶报告查验】　2019 年，福清辖区国内沿海船舶进出港航次报告 13317 艘次，同比增长 18.63%。国际航行船舶进出口岸查验 2253 艘次，同比持平。

【船舶监督】　2019 年，福清海事处现场监督检查船舶 897 艘次。船舶安全检查 182 艘次，滞留 16 艘，船舶检验质量监督检查 34 艘次。对辖区航运公司检查 12 次。

【危防管理】　2019 年，福清海事处签发船舶载运危险货物适装许可 3168 艘次（包含液货船和集装箱船），现场检查危险品货物集装箱 3915 箱，查处危险品瞒报谎报案件 2 起。

【通航安全管理】　2019 年，福清海事处组织开展辖区海域巡航 102 次/4800 海里，出动执法人员 232 人次；陆域巡航 38341 千米，出动执法人员 2920 人次，检查船舶 897 艘次。实施海事行政处罚 337 件，实施船员记分 158 分。

【联合执法】　2 月 2 日，福清海事处联合福清市海洋渔业部门开展联合巡航执法行动，覆盖江阴港区至目屿岛水域。执法行动包括现场检查航道，开展非法采运沙船突击执法，打击渔船、乡镇船舶等非客渡船载客行为及对返乡过年商渔船舶开展春运水上安全宣传教育等。

4 月 16 日，福清海事处联合福清市农业农村局、东瀚镇人民政府、边防所等单位，开展“海上安全知识进渔村”宣讲活动，近 200 名渔船船东、船长参加。

7 月 1 日，福清海事处联合福清市防汛办在省重点项目“兴化湾风电二期工程”项目水域开展防台防汛海上人员撤离演练。演练内容主要为协调指挥撤离被滞留在风电工程平台上的施工人员。

2019 年 3 月 25 日，福清海事处开展“水上交通安全知识进校园”主题讲座活动

（福清海事处　供）

8月20日，福清海事处联合海洋渔业部门、海警、江阴边防派出所及江阴镇政府，在江阴过桥山垦区附近海域开展打击非法采砂行为专项行动。

8月28日，福清海事处联合福清航标站和福清市交通局出动“海巡08202”艇对辖区内的重点水域进行联合巡航检查。联合巡航出动海巡艇1艘次，各单位执法人员10人次，巡航里程50海里，巡查渡口1个、渡运航线2条、重点灯标8座、风电施工水域1处、航道重点监管区域2处、码头施工水域1处。

9月26日，福清海事处组织海洋渔业、航道等部门联合开展“迎大庆”专项联合巡航执法，对江阴港码头、进出港航道、待泊锚地、海上风电场、渔区等重点水域开展现场检查及隐患排查。

12月23日，福清海事处联合福清市自然资源和规划局、农业农村局、城管局、海警大队、三山镇政府等地方政府部门开展违法采运沙专项治理行动，查处非法采运沙船、盗采海沙、非法占用海域等违法行为。

2019年11月21日，福清海事处成功保障福州港史上最大液化气船进港作业
（福清海事处　供）

【海上救援】 3月29日，福清海事处与福清市应急管理局、福清市蓝天救援中心、福清市长杰视波技术研究所、人保财险福清公司五家单位在福清市政府签订《共同推进福清应急救援能力建设战略合作框架协议》。福清市常务副市长张新怿、福清海事处处长阮召彬等参加签约仪式。

7月4日，“荣海79”轮在江阴港区小日岛北侧水域搁浅，船上13名船员释放救生艇、救生筏弃船。福清市海上搜救中心启动海上搜救应急预案，紧急协调多艘船舶开展救助。4日16时，13名船员全部救起并转移至“福星拖3”上。5日0时，搁浅船舶“荣海79”轮在拖轮协助下脱浅，并在江阴锚地抛锚，经探摸队伍初步检查船体无大碍，未发生燃油泄露现象。

11月20日，台湾籍货船“苌薪”轮与“粤三水货2688”轮发生碰撞事故，9名船员落水。福清市海上搜救中心协助开展“苌薪”轮人员落水搜救行动，救起7名落水人员。

3月20日、8月4日、9月7日，福清市海上搜救中心3次根据地方报警信息，开展地方联合搜救行动，参与失踪渔民联合搜寻。

（翁灼官）

（编辑　陈晔）

园区建设

融侨经济技术开发区

【经济发展概况】 2019年，融侨经济技术开发区173家规模以上工业企业完成产值1015.74亿元，比上年增长7.16%；全社会固定资产投资104亿元，增长57.15%，其中工业固定资产投资95.23亿元，增长55.94%；规模以上工业税收15.54亿元，增长34.43%。融侨经济技术开发区在商务部对全国219个国家级经济技术开发区综合发展水平考评中进入全国百强（位居91位，上升37位）；在福建省商务厅对97个省级及以上开发区综合发展水平考评中入选全省十强、福州市第二。

【招商引资】 2019年，融侨经济技术开发区围绕电子信息、精密汽车部件、光学三大发展产业，开展精准招商。全年园区新增招商项目备案148个，属于三大产业的69项。列入福清市“2019招商年”项目35个，总投资96.01亿元。其中电子信息产业项目备案12个，总投资51.08亿元；精密汽车部件项目备案8个，总投资14.9亿元；光学产业项目备案2个，总投资5.7亿元。

【项目建设】 2019年，融侨经济技术开发区列入省“五个一批”项目30个，年度计划投资14.49亿元，完成24.56亿元；在强产业补链条专项行动中，新开工项目任务15个，完成20个；竣工项目任务11个，完成15个。京东方柔性面板项目，完成项目公司注册、备案、公告等工作，临建办公区主体结构已竣工。

福州京东方光电科技有限公司，2019年摄（融侨经济技术开发区 供）

【科技创新】 2019年，融侨经济技术开发区完成各类改扩建、技改项目31个，总投资约23.86亿元；新增国家级高新技术企业18家（其中复核4家，共43家）、省级高新技术企业16家（共28家）、科技小巨人领军企业5家（共17家）；新增有效发明专利126件（共570件）、实用新型专利396件（共2287件）、外观新型专利38件（共339件）、企业PCT专利15件（共62件）；新增国家级绿色工厂3家、绿色供应链管理示范企业1家，新增省级绿色工厂4家、绿色供应链管理示范企业1家、绿色设计产品7个等。冠城瑞闽入选福建省智能制造示范企业，福耀玻璃入选“2019中国民营企业500强”，捷联电子等3家企业获评“2019中国民营企业制造业500强”。

【优化营商环境】 2019年，融侨经济技术开发区完善基础配套。组织实施洪宽工业村部分道路维修及绿化提升改造、南部片区清华路绿化改造等5项基础设施建设，总投资7534万元；推动市住建局、城投集团完善园区所在街道市政雨、污水管网建设，年内新增9个

2019 年建设中的洪宽创新科技园　（融侨经济技术开发区　供）

路段管网，总长 12.3 千米。坚守环境保护底线，进行园区总体规划环评修编，完成送审稿报国家环境保护部审查；做好中央环保督察第一轮中发现问题整改“回头看”，进行第二轮 5 件信访投诉件的核查整改，办结率 100%。

（俞意）

福州新区福清功能区

【概况】 2019 年，福州新区福清功能区所辖元洪投资区规划 60 平方千米，地跨福清城头镇全域、海口镇大部、龙山街道及南岭镇部分区域，已开发 15 平方千米，周边覆盖人口总数约 12 万人。园区有在产工业企业 162 家，其中规模以上工业企业 65 家，另有商贸类企业 137 家。全年工业总产值累计完成 259.93 亿元，比上年增长 11%，其中规模以上工业产值 254.83 亿元，增长 10.77%；固定资产投资累计完成 67.9 亿元，增长 18.74%，其中工业固定资产投资 55.08 亿元，增长 20.59%。

【基础设施配套建设】 基础设施建设 2019 年，园区推进园区路网和创业服务中心、创业生态公园、华侨公园建设以及 A1 区填海等，已完成投资约 9 亿元。创业生态公园、元城次四路、洪城次一路、洪嘉大道延伸段、元城次三路和滨海大道物流园段（丰大冷库段）等一批项目已建成投用。

环境综合整治 2019 年，园区推进大坝溪、首溪溪和东皋溪等水环境综合整治工程，实施海城路重要路段及其两侧强化绿化美化整治工程。“中国结”夜景灯光工程、山海路两侧人行道绿化带整治和洪嘉大道人行道改造已完成。

【招商引资】 2019 年，园区围绕“建设食品产业生态链和大宗食材供应链”目标，推进产业链招商、平台招商。年内完成招商项目 29 宗，总投资额 82.54 亿元，其中二产业项目 4 宗，总投资额 11.79 亿元；三产业项目 20 宗，总投资额 63.15 亿元；技改项目 5 宗，总投资额 7.6 亿元。

【项目建设】 2019 年，园区完成亚琦元洪商贸城二期、煜烁食品、宇邦纺织二期等项目开工 22 宗，完成胜田食品、丰大冷库一期等项目竣工 16 宗。

【管理服务】 2019 年，园区成立由福清市国投作为出资方、注册资本金 10 亿元的福州元洪商贸集团作为食品产业运营平台，并列入《福清市县域集成改革试点总体方案》。园区开发建设平台港城公司 1 月份独立运营。

【中国—印尼“两国双园”计划】 2019 年，启动探索中国—印尼“两国双园”合作机制，中国园选址福州市元洪投资区，规划面积 60 平方千米。印尼园采取“一个贸易中心 + 若干产业基地”的开放模式。中国—印尼“两国双园”计划围绕国际食品产业链、供应链分工合作，共同建设中印尼经贸合作特区，建立双向投资、贸易高效通道，构建互联互通新平台，打造“中国—印尼海洋产业合作走廊”。中国国家发展和改革委员会已将中国—印尼“两国双园”列入中国—印尼工业化与产能合作重点项目。

（念忠）

福州江阴港城经济区

【概况】 福州江阴港城经济区于 2017 年 8 月由福州市江阴工业集中区、福建自贸试验区福州片区保税港区整合而成，规划面积 168.95 平方千米，发展定位为依托港区，发展以临港石化、海洋产业、装备制造、国际航运物流、整车及零配件进出口贸易、大宗商品集散分拨、保税仓储物流展示和融资租赁等现代服务业，打造配套完善的现代化港口城市。园区是福建省石化发展规划“两基地一专区”的化工新材料专区，以发展化工原料多元化和新材料为主，以非炼化一体化的化工产业为特色。

【经济运行】 2019 年，福州江阴港城经济区全年完成规模以上工业产值 294.11 亿，比上年增长 11.2%；完成固定资产投资 103.91 亿元，增长 44.2%；

完成工业固定资产投资 94.53 亿元，增长 60.87%。江阴港区集装箱吞吐量首次突破 200 万标箱，达到 204.97 万，增长 12.21%；港口货物吞吐量 2865.88 吨，增长 9.11%；跨境电商运营 94.22 万票，增长 416.75%；到港整车 5164 辆，增长 24.98%。

【基础设施建设】 公共配套建设 2019 年，福州江阴港城经济区加快提升园区公共服务配套，启动钱塘洋起步区、新厝和江阴生活配套区等路网建设前期工作及生活配套用地报批、收储工作，同步推进福清一中和城关小学等福清名校落地新厝生活配套区，启动 3 万平方米公租房建设。完善提升园区基础设施配套，实施路灯照明、消防栓建设、河道疏浚、道路、污水管网等一批基础配套项目建设，推动完善东部产业区电力配套。实施颜值提升工程，引入社会化力量实施道路保洁 200 万平方米，绿化管养 84 万平方米；种植防风林 21 万平方米，绿化提升和补植 60 万平方米。

港口泊位建设 2019 年，江阴港区 6～9 号码头建设持续推进，13 号 ABC、18 号、19 号码头开展前期工作。江阴港新增内外贸航线 9 条，内外贸航线达 54 条，8 条为“海丝”航线。

【园区规划编制】 2019 年，福州江阴港城经济区启动《福清江阴港城江阴新厝生活配套区城市设计》《江阴小城市起步区城市设计》，已通过福清市专家评审会审查。《福州港江阴港区壁头作业区规划方案补充》已于 5 月通过国家交通部组织召开的评审会审查，《福州港江阴港区壁头作业区规划方案环境风险专项研究报告》正修改完善。

【招商引资】 2019 年，福州江阴港城经济区累计有正太新材料（一期）、艾尔姆叶片等 26 个招商项目备案，总投资约 157.06 亿元，其中产业链、技改项目 19 项。福州江阴港城经济区推动万华化学集团福建产业园项目落地，引进江苏旭川新材料项目，培育异氰酸酯、聚氨酯产业链，形成园区经济新增长点。

【项目建设】 2019 年，福州江阴港城经济区全年有正太新材一期、中水电四局等 20 个总投资 264.53 亿元的开工项目；完成友谊一期、新福兴汽车玻璃一期、富仕一期等 12 个总投资约 64.9 亿元的竣工项目。缘泰石油项目现场于 9 月进行软基处理开工仪式以及进行试验性施工。友谊新材料科技工业园二期项目设备抓紧安装，福化天辰大型煤气化项目设备主体框架推进施工。中景石化科技园的美得石化第一套丙烷脱氢项目第四季度完成设备安装。三峡风电产业园各项目基本投产，7 月，江苏中车项目首台 3.0MW、6.0MW 直驱永磁风力发电机下线；9 月，金风科技首台 8MW 海上风电机组下线，东方风电首台 10MW 海上风电机组下线。年内，产业园中的中国水电四局项目开始生产吊车梁、钢柱等结构件；丹麦 LM 项目主厂房承台及地坪全部浇筑完成，钢结构进行吊装。

【自贸工作】 自贸举措创新 2019 年，福州江阴港城经济区梳理上报创新需求 20 项、推出创新举措 27 项。其中经福建省自贸办认定的创新举措有 5 项，进境集装箱空箱超声波检测“全天候”快速通关模式、空箱全流程智能化监管快放模式 2 项为全国首创。

重点平台建设 2019 年，福州江阴港城经济区加快跨境电商监管平台建设，撬引“拼多多”“京东”等线上平台入区发展，并先后引进近 30 家跨境电商企业入驻。完善整车进口综合服务平台，培育认定 4 家整车进口平台服务企业，并培育国产汽车集散分拨平台，全年分拨汽车 96066 辆。推进大宗商品交易平台建设，推动设立棉花贸易集散中心，全年向周边地区销售集散 1.1 万吨棉花。

江阴口岸便利化建设 截至 12 月，江阴进口整体通关时间为 24.21 小时，出口整体通关时间为 1.25 小时，较 2017 年底均压缩近 80%。江阴港区已覆盖 5G 网络，正加快智慧港口建设。10 月，福州保税港区二期通过国家验收；

2019 年 2 月 28 日，福建三峡海上风电产业园 LM 叶片厂主体工程开工动员会在福州江阴港城经济区举行（江阴港城经济区 供）

11月，江阴港区进境粮食指定监管场地获海关总署验收通过。

【安全环保】 2019年，福州江阴港城经济区启用应急管理平台，完善在线监测与自动预警机制。打造专业化应急救援队伍，成立应急救援专家库。组织应急培训和演练，提升实战能力。推进中央环保督察发现问题整改工作，完成总长约9千米的园区污水管网建设，实施江阴污水处理厂提标改造。开展有毒有害气体环境风险预警体系建设、突发环境事故应急预案修编和“环保管家”服务方案编制工作。完成2019年污水深海排放口周边海域海洋跟踪监测工作。联合生态环境部门开展“散乱污”企业生态环境问题专项整治。

（陈书强）

闽台（福州）蓝色经济产业园

【概况】 闽台（福州）蓝色经济产业园（简称蓝园）位于福清市东南部、江阴湾北岸、江阴半岛东面，划至国家级福州新区规划南翼片区，规划总面积54.39平方千米，包括江镜华侨农场及江镜镇、港头镇的部分陆域和海域，渔平高速从蓝园北部穿过，沿海大通道从蓝园南部穿过。

【基础设施建设】 道路网络 2019年，蓝园“三横三纵”的主干路网已逐步建成，“三横”即滨海大道、江华大道、湖滨大道，“三纵”即蓝色大道、闽台大道、海洋大道。中铝北侧出入口、中铝西侧道路、蓝谷西侧道路等4条企业配套道路已完成建设并实现通车。

水电气配套设施建设 2019年，日供水3.5万吨的龙田水厂—蓝园给水专管已完成架设管道及验收并通水；日处理量2.5万吨的污水处理厂已投入使用；由华润燃气公司投资建设日供气量48万立方米的LNG燃气站，位于污水厂的北侧，为园区提供天然气供应。

【招商引资】 2019年，蓝园推进招商引资工作。强化龙头引领，依托中铝东南沿海铝精深加工产品项目的品牌优势，延伸产业链，对接意向企业，以商招商，以企引企，实现上下游产业对接，形成产业集聚群成片区发展。强化小微集聚，发挥蓝谷产业综合体项目的产业配套作用，引导小微企业、侨资企业、高新企业向园区集聚，实现项目双赢。蓝谷产业综合体项目一期招商完成意向订购企业125家。强化重点跟踪，对氢能源、新能源汽车等项目，安排专人全天对接跟踪，加强对制氢产业落地的服务保障。

【项目建设】 中铝东南沿海铝精深加工基地项目 由中铝瑞闽公司投资建设，总投资100亿元，分期分阶段实施。一期总计划用地80公顷。一期一阶段高端电子和环境友好型包装材料智慧工厂项目，项目投资14.8亿元，用地46.67公顷，已实现投产；一期二阶段汽车轻量化用铝合金板带材生产线项目，项目投资约10亿元，用地33.33公顷，主体厂房完成建设并投产；一期三阶段交通运输及电子领域用连续性铝合金卷材生产线项目总投资14.8亿元，完成项目备案工作。

蓝谷海工装备产业综合体项目 由福建省蓝谷投资开发有限公司投资，项目总投30亿元，总计划用地93.33公顷，建设标准厂房及产业配套设施合计100万平方米以上，分三期建设。项目采取分期分批建设模式，一期78栋单层厂房，其中23栋厂房基本完成建设，进行水电扫尾工程及消防验收工作；31栋厂房进行主体结构安装；部分厂房主体吊装工作同步进行中。

鸿生装配式建筑及建筑资源再生项目 由福建鸿生高科环保科技有限公司投资，总投资18亿元，达产后产值约50亿元，年创税收2亿元。项目总计划用地58.8公顷，分三期建设。一期计划投资6亿元，于2019年3月完成备案，项目第一宗6.87公顷用地完成土地平整和软基处理工作，企业完成地质勘查、总平面图设计。

荣德铵家集成墙面及相关产品智能化生产基地项目 由荣德铵家（上海）建材股份有限公司投资，项目作为中铝东南铝精深加工基地下游产业链项目，主要建设铝锰合金集成墙面 & 顶面自动

2019年“蓝谷”项目厂房建设 （闽台蓝色产业园 供）

化生产线、配套装饰材料生产线、新型环保装饰材料的研发中心、自动化仓储设备及系统、VR 建模中心等，总投资 20 亿元，计划用地 54.33 公顷，分三期建设。项目一期用地 6.5 公顷，于 2019 年 5 月正式摘牌，完成桩基施工。

（陈榕）

福清台湾农民创业园

【概况】 福清台湾农民创业园（简称台创园）原为洪宽海峡农业实验场，初创于 1999 年 3 月。2011 年 6 月，经农业部、国台办批准升格为国家级台湾农民创业园。2019 年，园区企业总产值 33.66 亿元，比增 4.2%。

【基础设施建设】 2019 年，台创园新设立“福清台湾农民创业园检察服务站”，成立园区科学技术协会，依托绿生园农业公司设立“台农活动中心”作为台农接待和活动场所。台创园形成“政府出载体、企业出平台”的政企合作园区发展模式。园区产业业态涵盖种养殖、农产品加工、新型肥料生产、休闲观光农业等一、二、三全产业链。福建省农业农村厅福建省人民政府台湾事务办公室批准设立台湾高校学生农业教学实践基地。年内，台创园获评福建省第一批新型职业农民培训基地、实训基地。

【招商引资】 2019 年，台创园利用“海峡论坛”等招商与交流平台，开展各类两岸交流活动，接待台湾各类参访团，扩展两岸业界交流层面。组织 3 家企业参加第十一届“海峡论坛·两岸特色乡镇交流暨现代农业融合发展对接会”，实现 3 个项目现场对接签约，总投资 3500 万元。年内新增 5 家企业，总投资达 0.98 亿元。三叶草公司引进台湾百香果、火龙果等新优品种示范种植及农业技术推广服务，闽台万丰农业引进台湾稀有优质仙人球品种断刺多花玉翁及台湾断刺金琥等品种种植，福建新茂农业公司和中盛园农业公司主要引进台湾新优火龙果品种种植，福清苏式蔬果公司打造农业种植和精致休闲观光融合发展的休闲农业。

【项目建设】 2019 年，台创园投入财政专项资金 580 万元用于补助园内 23 家涉台农业企业的加工设备、种苗引进及基础设施建设等。扶持 23 个建设项目，总投资 1182.67 万元，引进 23 种新品种、11 台新设备，建设面积 512 公顷，引导企业配套投资 1439.87 万元，每年可新增产值近 5000 万元。帮助 3 家企业累计 18 次申请农业部及农业厅贷款贴息项目。协调供电、物价部门等部门，帮助 21 家企业办理电价七折优惠的审批手续，每年可为企业节省电费 350 多万元，将农产品加工类企业纳入电价优惠范畴，增强企业发展信心。

【对外交流】 2019 年，台创园接待 655 位台湾各类参访人员，促成 5 位台农达成来融创业意向。在玉山文创公司开展“海峡两岸交流会 台湾真柏丝雕制作培训班二期”，培训学员 25 人；开展“台湾青年创业农民中华农耕文化福建行”“台湾康宁大学参访团校外实践活动”“中国农民丰收节福州（福清）会场”等 10 余次两岸农业交流活动，推动合作发展。园区累计带动“五新”应用推广 7200 公顷，每年可新增产值近亿元。

【宣传推介】 10 月，台创园在绿生园农业公司和新奥生物公司设计制作各类政策宣传展板，为新增企业统一制作园区企业标识牌及宣传画册，提升园区企业形象。两岸媒体“台农在福州”联合采访活动在福清台创园举行，活动邀请新华社福建分社、中新社福建分社、台湾东森电视台、香港大公报等两岸媒体 18 家计 30 人来园拍摄采访，并在网站、杂志投稿对园区企业进行宣传报道。9 月 22 日，组织园内 8 家企业参加第二届中国农民丰收节农产品展销会，有 32 种产品参展。年内对园内企业的新闻宣传报道计 50 余条，播放纪录片 65 次，分发宣传画册 1000 余册。

（严金安）

（编辑 陈晔）

福清台创园三华园区，2019 年摄　　（台湾农民创业园 供）

科学技术

科技工作

【综述】 福清市发展改革局（简称市发改局）实施科技创新驱动发展战略，建设创新型城市，以科技助力福清市经济社会发展，2019年全国科技创新百强县福清市位居第12名。

【创新型县（市）建设】 2019年，福清市出台实施《福清市国家级创新型县（市）建设实施方案》，围绕创新主体、主导产业、创新环境等创新体系的核心要素，加快构建全面创新政策体系。研究制定《关于进一步加大企业科技创新扶持力度的若干意见》文件，提高企业创新奖励力度，为企业创新创业提供支撑。

【企业技术创新扶持政策】 2019年，市发改局根据省、福州市及福清市已出台的配套激励政策，兑现各级奖补资金，鼓励企业开展自主创新。年内，福清市企业获得各级各类科技创新创业奖补资金4194.07万元。

【企业自主创新能力】 2019年，市发改局引导企业通过与高校、科研院所联合组建的方式，建设研发机构，提升自身研发能力，促进创新要素向企业集聚。推荐福建省福抗药业股份有限公司申报第四批省级创新型研发机构，组织福建天马科技集团股份有限公司参加福建省重点实验室验收。年内完成2018年度R&D经费申报工作，2018年福清市规上企业申报研发与实验（R&D）经费投入31.61亿元（错年值），同比增长18.5%，总量保持福州第一，增长率列福州市第三。

【产学研融合】 2019年，市发改局对接省内高校科研院所，推动企业与国内高校、科研院所开展科学技术战略合作或项目研发合作，共同突破制约重点产业发展的关键技术瓶颈，带动产业技术进步和产业结构优化升级，提升产业核心竞争力。全年组织申报福州市级科技计划项24项，其中产学研合作项目10项。

【培育创新型企业群体】 2019年，市发改局实施高新技术企业倍增计划，加大对高新技术企业、科技小巨人领军企业的培育、认定工作力度，推行“培育一批、辅导一批、申报一批”工作机制。全年组织45家企业申报国家级高新技术企业，30家通过认定；41家企业申报省级高新技术企业备案，25家通过认定。全市有国家级高新技术企业75家，累计备案省级高新技术企业45家。组织10家企业申报科技小巨人领军企业，其中8家企业通过认定，全市科技小巨人领军企业共计34家。

【“双创”工作】 2019年，市发改局推进大众创业万众创新工作，帮助企业打造众创空间。组织云泽速创——京东云（福清）创新空间、小蚁空间申报福州市级众创空间并通过福州市级认定；组织相思岭农创基地申报省级星创天地并通过福建省级认定；组织相思岭农创基地、岚湖山现代农业星创天地申报福州市级星创天地。全市有福州市级众创空间5家，福州市级“双创”示范中心1家，省级星创天地1家。全年下发众创空间奖补50万元，减轻众创空间运营压力。

【农业科技服务】 2019年，市发改局开展科技特派员选任工作，组织推荐161名专家申报省级、福州市级和福清市级科技特派员，并根据科技特派员补助相关政策，兑现本级科技特派员补助198万元。福清市有省级科技特派员55人，福州市级科技特派员99人，福清市级科技特派员99人，已实现省、福州市、福清市三级乡镇科技特派员全覆盖。

【科技宣传】 2019年，市发改局通过结合“三下乡”、科技宣传周、“5·12防震减灾”等各项活动开展科技宣传，扩大科技宣传工作覆盖面。全年开展3场专项宣传活动，活动内容包括提供专家技术咨询、发放科技宣传品及科技书籍等。

（林泽松、游传福、陈龙）

知识产权工作

【培育知识产权企业】 2019年，福清市市场监督管理局(简称市市场监管局)走访调研辖区专利量较多的企业，择优推荐申报各级知识产权优势企业、试点示范企业和“贯标”培育。全年推荐永强力加等8家企业申报知识产权贯标培育企业；指导天马科技等4家企业申报国家知识产权示范（优势）企业；推荐鸿生高科等10家企业申报2019年福州市知识产权示范企业。年内，福耀玻璃工业集团股份有限公司通过国家知识产权示范企业复核，福建光阳蛋业股份有限公司、福融辉实业（福建）有限公司、福建奋安铝业有限公司获评2019年度国家知识产权优势企业，福建融音塑业科技有限公司、安尼康（福建）环保设备有限公司、福耀集团（福建）机械制造有限公司获评2019年度福建省知识产权优势企业，福建铭发水产开发有限公司、福建宇邦纺织科技有限公司、方菱桥隧模架（福州）有限公司、福建鸿生高科环保科技有限公司获评福州市知识产权示范企业，福建奋安铝业有限公司、福建宝利特科技股份有限公司、福建省东南电化股份有限公司等企业列入福州市知识产权贯标培育且通过国家标准认证。落实知识产权奖励政策，全年兑现企业知识产权获评项目和专利授权奖励金额800多万元。

【专利、商标申请】 2019年，福清市专利授权量1993件，较上年增长10.78%。新核准注册商标3343件，全市现有注册商标总量15011件。年内，市市场监管局推荐福耀玻璃等10家企业申报福州市专利奖。福州京东方光电科技有限公司、福建坤彩材料科技股份有限公司专利项目获评福州市专利金奖，福建光阳蛋业股份有限公司、福建恒杰塑业新材料有限公司专利项目获评福州市专利优秀奖。兑现2018年授权专利奖励金300多万元。

【知识产权宣传】 2019年，市市场监管局组织开展知识产权宣传周、专利周等活动，加强知识产权企业培训，培训企业400多家。

（余娇）

气象工作

【气象服务】 2019年，福清市气象局（简称市气象局）发布重要天气报告和短时强天气报告88份，节假日天气预报、春运、高等级森林火险和农用天气预报等专题预报42份，气象灾害预警信号394次，各类气象服务短信481条，累计短信接收428237人次。

日常天气预报服务 2019年，市气象局分析气象资料，每日早晨7时、下午5时通过福清气象微博、广播、掌上气象站（手机APP“知天气”）、LED气象信息发布终端、12121气象信息语音电话查询台等发布未来三天天气预报；在福清电视台每日中午和晚间新闻之后固定播出福清气象电视节目；每日通过微信公众号向市民推送最新的天气情况及1篇气象科普知识贴，公众号关注人数有25000人，累计发帖365条。

为农气象服务 2019年，市气象局专题调研农业气象服务需求，全年发布农用天气预报8期。气象服务助力海带收晒、花蛤育苗、春播春种、早稻收晒，防御台风对农业的影响。气象服务直通用户手机、气象预报预警显示屏及乡镇信息服务站。

灾害性天气气象服务 2019年，市气象局在全年多个气象灾害中，及时进入重大气象灾害应急响应工作状态，发布预警预报信息，做好决策气象服务，重点做好短临预警和风情雨情汇报。台风影响期间，市气象局通过福清电视台、福清气象微博、广播电台、LED显示屏、电话等多渠道，发布台风预警信息，为公众和专业用户提供服务。为东张水库库容调控做好气象保障服务，开展干旱监测工作。

重大节日、重大活动气象服务

2019年8月24日，福清市气象局开展抗台风应急工作　（市气象局　供）

2019年，市气象局做好春节、清明、“五一”、端午、中秋、国庆等重大节日，以及中、高考期间的气象保障服务工作，发布专题天气预报。春运期间发布《福清市春运专题天气预报》5期和《春节假日天气预报》1期。

森林防火气象服务　2019年，市气象局每日2次通过广播、电视气象节目、福清气象微博、LED气象信息发布终端等媒体对外发布森林火险气象等级预报，在有线电视气象节目片头开设森林火险等级专版预报，字幕语音提醒市民做好森林防火工作。当预报有≥3天4级以上高等级火险天气时，以专题形式将高等级森林火险预报书面专报市委、市政府、分管副市长和市森林防火指挥部，按照《福清市森林防火暂行规定》要求进行控制用火或戒严。全年发布15期高等级森林火险专报。

【气象科普宣传】　3月13日，市气象局到江镜镇开展气象信息员培训和气象服务座谈会，并来到南宵中学，开展世界气象日暨“海丝气象八闽行”进福清江镜南宵中学活动，在全校范围内普及气象科学知识；3月20日，到瑞亭小学开展以“太阳、地球和天气”为主题的世界气象日进校园系列活动，赠送气象科普书籍，举办气象专题讲座、知识竞赛，带领学生参观便携式自动气象站等，并利用福清主流媒体进行气象科普、气象灾害应急教育宣传；4月12日，邀请福州市气象台赖绍钧台长为全市防汛指挥人员授课，1000多人参加培训并进行防汛应急演练；5月10日，在体育公园组织气象志愿者发放《福建省气象灾害预警信号与防御指南》《福州市气象探测环境和设施保护规定》等宣传手册以及其他气象普法宣传单，并向周边群众宣传气象防灾减灾、气象法律法规知识。

【地面气象观测】　2019年，市气象局在综合气象观测业务质量方面，国家级自动站数据可用率、及时率和完整性均保持在100%，基础业务质量保持稳定。1月1日起，开展6个月的“日照”平行观测业务，并于7月1日起以自动日照数据作为正式观测数据。

【气象现代化建设】　2019年1月1日（实际为北京时间2018年12月31日20时），福建省气象局同意福清国家气象观测站正式在新址开展业务工作。依托2019年为民办事项目，市气象局对全市13个区域自动气象站进行落地改造。12月12日14时起开始地面气象数据标准格式单轨运行。

【行政许可】　2019年，市气象局完成行政许可受理19件，其中防雷装置设计审核受理10件，防雷装置竣工验收受理9件。

（汤巧秀　陈源高　高毅超）

（编辑　陈晔）

2019年4月，市气象局人员到东张水库区域站勘察　（市气象局　供）

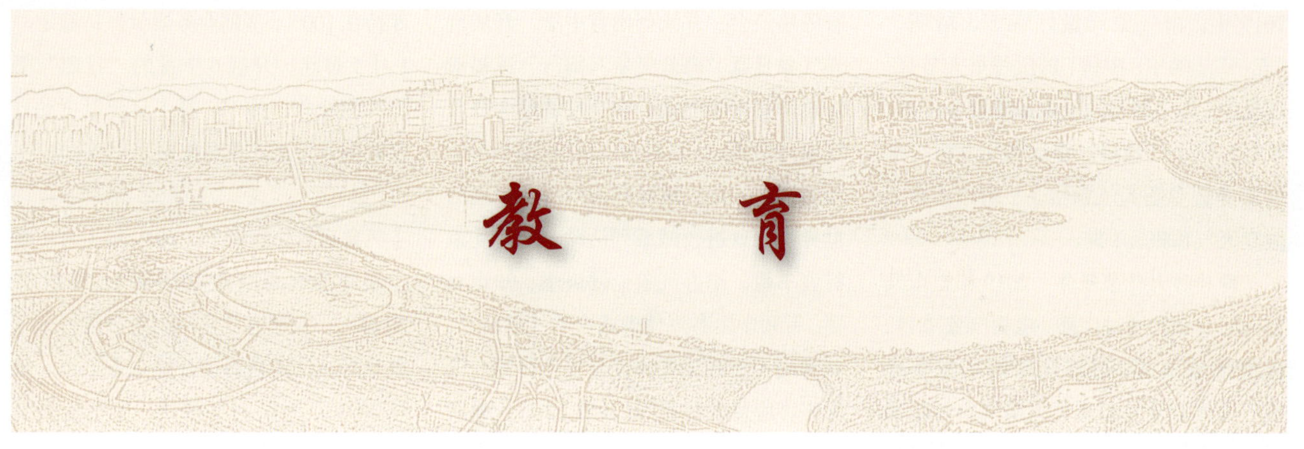

教育

综述

【概况】 2019年，福清市有各类学校608所，其中独立公民办幼儿园192所，小学343所，初中46所，高中23所，特殊校1所，中职学校3所。另有教师进修学校1所、镇（街）文技校24所、省市属大中专院校4所（福建技术师范学院、福建农业职业技术学院、福建省福清卫生学校、福州第二技师学院）。

全市有省级达标高中17所，其中一级达标校3所，二级达标校4所，三级达标校10所；国家教育改革与发展示范校、省级示范性职业院校1所，省级规范化职业院校1所，省级达标中职学校2所；省示范性幼儿园1所，福州市示范性幼儿园13所，福清市示范性幼儿园55所。

全市全年投入3.3亿元新建、改扩建学校15所，校园建筑面积15万多平方米，全部竣工投入使用。年内福清市教育局获评教育部颁发的“全国第六届中小学生艺术展演活动优秀组织奖”，初中教育获评福州市“初中教学质量综合效益优胜奖”。

【教师与学生情况】 2019年，福清市有在校生257883人，其中幼儿学生50277人，小学生122102人，初中生53935人，高中生21310人，中职学生10029人，特校生230人。寄宿生37917人，其中小学2478人，初中16796人，高中12821人，特殊校224人，中职5598人。

全市有教职工18208人，其中幼儿园4307人，小学5990人，初中3025人，高中4265人，中职576人，特殊教育45人。全市公办校中高级职称6325人，其中中学高级831人，小学高级153人，幼儿园高级8人，职专高级讲师98人，特殊教育高级4人。全市名优骨干教师1856人，其中福建省名校长1人、省特级教师7人、省级学科带头人11人、福州市学科带头55人，福州市骨干教师346人，福清市骨干教师1369人，福清市名师67人。截至12月，在教育岗位的教育部直属高校免费师范生32人，“985工程”院校毕业生41人，全日制硕士研究生112人。

（锜炜　王真　林群　何瑞龙）

学前教育

【概况】 2019年，福清市有独立公办幼儿园48所，小学附设园292所，已审批民办幼儿园144所，有公办幼儿园专任教师949人，民办幼儿园专任教师1454人。全市3至未满6周岁在园幼儿50277人，其中公办幼儿园30672人，民办园19605人，公民办学额比61%：39%，学前三年幼儿入园率达98.98%。各级示范性幼儿园69所（省级示范性幼儿园1所，福州市示范性幼儿园13所，福清市示范性幼儿园55所）。2019年认定普惠性民办幼儿园112所，提供普惠学额13721个，全市公民办普惠学额覆盖率达88.3%，比上年提高1.6个百分点，高于福州市6.3个百分点，提前实现福建省、福州市到2020年须达到85%的目标，基本实现公民办幼儿园广覆盖。

【示范园建设】 截至2019年12月，福清市各级示范性幼儿园69所（其中福建省示范性幼儿园1所，福州市示范性幼儿园13所，福清市示范性幼儿园55所），在各级示范性幼儿园中就读的幼儿20918人，就读比率41.6%。各级示范性幼儿园具体情况如下：

表 20

福清市各级示范性幼儿园名单

序号	幼 儿 园 名 称	办园性质	示范级别	认定时间
1	福清市实验幼儿园	公办	福建省	2009 年 4 月
2	福清市机关幼儿园	公办	福州市	2010 年 7 月
3	福清市高山中心幼儿园	公办	福州市	2011 年 7 月
4	福清市虞阳中心幼儿园	公办	福州市	2011 年 7 月
5	福清市宏路阳光幼儿园	民办	福州市	2011 年 7 月
6	福清市龙田丹红幼儿园	民办	福州市	2011 年 7 月
7	福清市三山中心幼儿园	公办	福州市	2012 年 8 月
8	福清市佳音幼儿园	民办	福州市	2012 年 12 月
9	福清市龙江佳音名师幼儿园	民办	福州市	2012 年 12 月
10	福清市六一中心幼儿园	公办	福州市	2013 年 7 月
11	福清市石竹宏星幼儿园	民办	福州市	2013 年 7 月
12	福清市西山幼儿园	民办	福州市	2013 年 7 月
13	福清市龙田中心幼儿园	公办	福州市	2016 年 6 月
14	福清市博仕堡幼儿园	民办	福州市	2018 年 6 月
15	福清市东张中心幼儿园	公办	福清市	2010 年 12 月
16	福清市音西中心幼儿园	公办	福清市	2011 年 5 月
17	福清市海口中心幼儿园	公办	福清市	2011 年 5 月
18	福清市宏路中心幼儿园	公办	福清市	2011 年 5 月
19	福清市江镜中心幼儿园	公办	福清市	2011 年 12 月
20	福清市港头中心幼儿园	公办	福清市	2012 年 8 月
21	福清市江镜月星幼儿园	民办	福清市	2012 年 2 月
22	福清市红博幼儿园	民办	福清市	2012 年 8 月
23	福清市城头中心幼儿园	公办	福清市	2013 年 5 月
24	福清市音西昌雯幼儿园	民办	福清市	2013 年 1 月
25	福清市市直幼儿园	公办	福清市	2013 年 10 月
26	福清市城关幼儿园	公办	福清市	2013 年 10 月
27	福清市元洪幼儿园	公办	福清市	2013 年 10 月
28	福清市滨江幼儿园	公办	福清市	2013 年 10 月
29	福清市渔溪雅德幼儿园	民办	福清市	2014 年 1 月
30	福清市东瀚中心幼儿园	公办	福清市	2014 年 1 月
31	福清市玉屏中心幼儿园	公办	福清市	2014 年 1 月
32	福清市凯景实验幼儿园	公办	福清市	2015 年 9 月
33	福清市龙山中心幼儿园	公办	福清市	2015 年 9 月
34	福清市音西融侨城小金星幼儿园	民办	福清市	2015 年 9 月

续表 20

序号	幼儿园名称	办园性质	示范级别	认定时间
35	福清市融西幼儿园	公办	福清市	2015 年 12 月
36	福清市上迳中心幼儿园	公办	福清市	2015 年 12 月
37	福清市一都中心幼儿园	公办	福清市	2016 年 7 月
38	福清市康辉幼儿园	公办	福清市	2016 年 12 月
39	福清市海瑶中心幼儿园	公办	福清市	2017 年 1 月
40	福清市音西三华大地幼儿园	民办	福清市	2017 年 8 月
41	福清市音埔幼儿园	公办	福清市	2017 年 12 月
42	福清市硋灶中心幼儿园	公办	福清市	2017 年 12 月
43	福清市岑兜中心幼儿园	公办	福清市	2017 年 12 月
44	福清市瑞亭幼儿园	公办	福清市	2017 年 12 月
45	福清市前林中心幼儿园	公办	福清市	2017 年 12 月
46	福清市六一中心幼儿园沙埔分园	公办	福清市	2017 年 12 月
47	福清市虞阳中心园渔溪实验分园	公办	福清市	2017 年 12 月
48	福清市百合幼儿园	公办	福清市	2017 年 12 月
49	福清市镜洋中心幼儿园	公办	福清市	2017 年 12 月
50	福清市虎邱中心幼儿园	公办	福清市	2017 年 12 月
51	福清市元载幼儿园	公办	福清市	2017 年 12 月
52	福清市石竹中心幼儿园	公办	福清市	2017 年 12 月
53	福清市临江中心幼儿园	公办	福清市	2017 年 12 月
54	福清市江阴霞光幼儿园	民办	福清市	2017 年 12 月
55	北京师范大学福清附属学校	民办	福清市	2017 年 12 月
56	福清市港头小太阳幼儿园	民办	福清市	2017 年 12 月
57	福清市阳下乐乐幼儿园	民办	福清市	2017 年 12 月
58	福清市旺旺幼儿园	民办	福清市	2017 年 12 月
59	福清市宏路春天幼儿园	民办	福清市	2017 年 12 月
60	福清市大风车幼儿园	民办	福清市	2017 年 12 月
61	福清市宏路亿童幼儿园	民办	福清市	2017 年 12 月
62	福清市三山恒美幼儿园	民办	福清市	2017 年 12 月
63	福清市渔溪贝贝幼儿园	民办	福清市	2017 年 12 月
64	福清市江阴红樱幼儿园	民办	福清市	2017 年 12 月
65	福清市阳下芳芳幼儿园	民办	福清市	2017 年 12 月
66	福清市哈佛之星幼儿园	民办	福清市	2017 年 12 月
67	福清市春天一彩幼儿园	民办	福清市	2018 年 12 月
68	福清市实验儿童学园	公办	福清市	2019 年 3 月
69	福清市东区第一幼儿园	公办	福清市	2019 年 8 月

【扶持民办园】 2019年，福清市已审批民办园144所，在园幼儿19605人。扶持民办园提供普惠性服务，9月，福清市发展和改革局、教育局、财政局联合出台《福清市普惠性民办幼儿园管理暂行办法》(融教〔2019〕286号)，规定从2019年秋季起，普惠性民办幼儿园参照公办幼儿园标准，按每生每年450元安排学前教育生均公用经费。年内认定普惠性民办幼儿园112所，提供普惠学位13721个。坚持公民办同等待遇，鼓励和支持民办幼儿园争创各级示范性幼儿园，通过福建省、福州市、福清市级示范性幼儿园评估验收的民办幼儿园，可分别获得20万元、10万元、5万元奖励。

【幼师队伍建设】 2019年，福清市以市属园、镇（街）中心园为单位核定幼儿教师编制，适当放宽生源、年龄、专业限制等拓宽幼儿教师来源渠道，解决幼儿园教师缺乏问题，推行"同工同酬"招聘代课幼儿教师模式。加强师资队伍建设，坚持"请进来"与"走出去"相结合，探索幼儿园教师教育培训模式，邀请专家举办园长高级研修班、骨干教师培训班、保育员技能培训班等，组织幼儿园教师到先进地区学习，保障培训经费落实到位，提升教师队伍整体专业水平。落实乡村教师支持计划、名优骨干教师奖励性绩效、班主任津贴等政策，确保幼儿园教师"下得去、留得住、教得好"。

【保教质量】 2019年，福清市4所"福建省保教改革建设试点园"（实验幼儿园、机关幼儿园、市直幼儿园、玉屏中心幼儿园），对推进全市幼儿园课程深化改革发展起到示范、辐射、引领作用。年内，福清市加强教研片区活动及园本教研活动。发挥骨干教师及学科带头人的专业引领作用，促进优质教育资源的共享。每学期组织名师进行课堂教学展示活动或送课下乡活动，搭建城乡教师交流桥梁。百合幼儿园、六一中心幼儿园等15所公民办幼儿园通过福清市幼儿园办园行为督导评估。

【片区管理】 福清市针对幼儿园数量多，分布广的特点，将全市幼儿园分为城关一片、城关二片、音西片、龙田片、高山片、海口片、宏路片、渔溪片等八大学前教育片区，每片区设组长1人。2019年，全市已审批的144所民办园全部实现由辖区中心幼儿园属地管理，形成"城区园带农村园、示范园带普通园、优质民办园带薄弱民办园"的片区管理网络。

【教育管理】 2019年，福清市完善准入规则，建立健全民办幼儿园发展准入机制，对在建筑质量、消防安全、设施配套等方面不符合条件的不予审批。完善激励规则，坚持公办民办同等待遇，制定激励幼儿园办学机制，鼓励幼儿园争创各级示范性幼儿园。完善退出规则，建立民办幼儿园年检管理机制，每年定期对有证民办幼儿园进行年检，并将年检结果通过政府网站等平台向社会公布，接受社会监督。对在年检中不合格的，责令停办并限期整改，整改再不合格给予吊销办学许可。严格监督管理规范，建立教育局、公安局、检察院、市场监管局等联合执法工作机制，开展无证幼儿园清理整顿专项行动，年内清理整顿无证民办幼儿园15所。

【教科研活动】 2019年，福清市各园成立教科研小组，定期开展园本教研活动，推进园本教研常态化。组织教师开展园本课题研究，教师进修学校的教研员进入幼儿园进行视导，指导教学、教研、课题活动的实施全过程，选送多篇论文参加福州市论文评选并获奖。开展送培送教下乡活动，有福州市名师送培送教到福清市，幼教教研员开展送教示范展示课，福清市名优骨干教师送培送教到乡镇中心园等。

（彭立红　薛命惠）

义务教育

【概况】 2019年，福清市有小学343所，在校学生122102人，专任教师7089人。农村留守儿童12740人。初级中学46所，完全中学22所，初中在校生53935人，随迁子女4273人。

【招生工作】 2019年，福清市秋季小学一年级招生21307人（主城区6798人），初中一年级招生18137人（主城区5746人），班生额基本控制在50人以下，消除小学一年级超大班额现象。2019年招生方案做出调整，完善华侨子女回国就读条款，华侨子女回国就读，港、澳、台胞子女回内地就读视同当地居民子女办理手续，由祖籍地所在镇（街）政府安排在本施教区小学入学。父（母）片内有房屋所有权证（不动产权证书）的港、澳、台胞适龄儿童，学校可比照片内生规定（户籍要求除外）安排入学。福清一中新校区开始招生，过渡安排于福清一中凤凰山校区。增加随迁子女小升初就学优先入学条件。完善住宅被征收人适龄子女入学安排办法。

【教育均衡】 2019年，福清市实施集团化办学，统筹缩小区域发展差距，设立福清滨江小学、福清三中教育集团。总部分别设在福清滨江小学、福清三中。福清滨江小学教育集团由滨江校区（即滨江小学）、霞盛校区（由音西中心小学霞盛校区升格市直校）、观溪校区（创业大道以北，新建市直小学）三个校区组成。福清三中教育集团由福清三中校区、福清三中第二校区（即原来福清市龙东初级中学）两个校区组成。教育集团实行“四个统一”，即统一品牌、统一理念、统一干部管理、统一师资调配；实施“五大行动”，即资源共享、质量共进、文化共建、教研一体、特色发展。

加强区域教研联盟建设，组织成立11个初中“校际联盟”，以教育评价和改革为契机，加强校际联盟交流，激活各种有效的教研载体。

实施农村薄弱校委托管理，促进城乡教育均衡。宏路中学和福清侨中、龙江中学和福清二中、元樵中学和滨江中学等实施农村薄弱校委托管理，实行城乡学校校际“联姻”，实现办学优势的共享、余缺学科的互补、教科研活动的互动。

根据学校发展需要，原“福清市石门小学”更名为“福清市行知小学”，原“福清市前亭小学”更名为“福清市融侨小学”，打造学校办学品牌。

9月，为解决东瀚后营村适龄儿童就学距离过远的问题，福清市东瀚后营小学恢复办学。

【随迁子女教育】 2019年，福清市小学接收进城务工人员随迁子女7678人，建立乡镇（街道）统筹安排的进城务工人员随迁子女就学机制，凡有能力接收的学校一律不得拒收，确保每一个进城农民工子女都能妥善安置，尽可能就近入学。实行与本地学生统一的管理办法，按属地管理和就近入学的原则，做到“三个一视同仁”“三个特别照顾”，保证随迁子女依法接受义务教育。

【薄弱校改造】 2019年，福清市薄弱校改造投入资金1.5亿余元，其中改扩建运动场及校园其他配套设施建设投入6000多万元；投入9000多万元用于全市中小学生活设施、课桌椅、图书、数字资源、多媒体等的购置。

【素质教育】 2019年，福清市加强劳动教育，强化学生的生活实践、劳动技术和职业体验教育；优化综合实践活动课程结构，促进研学实践和课堂教育的融合；围绕“扣好人生第一粒扣子”主题教育实践活动，开展新时代好少年学习宣传、传承红色基因、中华优秀传统文化传承、“劳动美”实践、志愿服务、阳光成长心理健康服务等活动。

福清市推进未成年人思想道德建设，培养学生良好的行为习惯，形成特色与品牌，玉屏中心小学的“习成6+1”模式在福州市推广；实验小学被福州市授予首批“青少年网络素养教育基地校”；7项课题通过福州市中小学德育研究课题结题，18名学生被评为“2019年福清市新时代好少年”；元洪师范学校附属小学的“劳动创造幸福”项目被列为“2019年省级劳动教育实践特色项目”，城关小学的《“五节文化”为载体“七彩教育”创特色》入选福州市文明校园创建工作优秀案例，福清华侨中学邱洁英入选福建省第三批中小学心理健康教育名师工作室。

福清市推动“检校合作”，教育系统开展法治教育“五个一”计划，成为特色品牌，一批女检察官走进校园、制作线上法治云课堂，编写《未成年人预防犯罪和自我保护》读本，拍摄微电影《“未”你而来》，同时组织百位校长进行法治培训。

福清市推动艺术教育发展，4月，福清元洪师范学校附属小学的绘画作品《我爱闽戏》与福清玉屏西园小学的器乐节目《夜间飞行》参加教育部组织的全国第六届中小学生艺术节比赛分别获小学组一、二等奖，福清市教育局被教育部授予“优秀组织奖”；7月，福清市教育局侨乡少儿合唱团参加联合音乐会暨第三届海峡两岸合唱教育大会闭幕式获“优秀展演奖”；8月，组织参加第七届海峡青年节·海峡两岸青少年校园音乐交流周比赛，福清市教育局侨乡少儿合唱团获展演金奖，融西小学、实验小学获金奖，元洪师范学校附属小学获银奖，福清市教育局被授予“优秀组织奖”；12月，组织参加福州市第四届小茉莉合唱节暨福州市中小学生合唱比赛，福清市教育局侨乡少儿合唱团、福清市实验小学、福清一中、福清姚世雄学校等8支合唱团获一等奖，福清元洪师范学校附属小学、福清龙华职业技术学校合唱团获二等奖，福清市教育局被授予“优秀组织奖”。

福清市推动体育教育发展，年内，全市创建6所全国青少年校园足球特色学校、6所全国校园足球特色幼儿园；4月，在福州市教育局举办的青少年校园足球冠军杯比赛中，西山学校小学女队和音西中心小学女队分别获第一、二名；5月，在2019年福州市小学生排球锦标赛中，福清市海口中心小学获小学男子组冠军、海口中心小学和海口东岐小学女队分别获小学女子组冠、亚军；6月，福清市8名运动员入选全国青少年夏令营最佳阵容，15名运动员获国家级运动员称号（国家一级运动员1名，二级运动员13名，三级运动员1名）。7月，在2019年福建省中学生排球锦标赛中，福清华侨中学排球队代表福州市参赛获初中男子组、高中男子组一等奖；同月，在2019年福建省中学生定向越野锦标赛中，福建师范大学附属福清德旺中学获高中组第四名、初中组第三名。7—8月，组织承办2019年福建省青少年校园足球夏令营、2019年福建省青少年校园足球联赛、2019年福州市国际友好城市青少年校园足球邀请赛。8月，以福清华侨中学排球队为主力的福建省代表队在全国第二届青运会上获得第四名，取得福建省青少年排球运动历史最好成绩；11月，在福州市第五十六届中小学生运动会田径比赛中，福清市获初中组团体总分第一名、体育“道德风尚奖”。

【教育管理】 2019年11月，福清市城关小学等8所小学通过省级义务教育教改示范性建设学校中期评估；12月，福清市霞楼小学等32所小学被福建省教育厅授予义务教育管理标准化学校，福清市一都善山小学等73所乡村小规模学校通过福州市级验收，达到合格标准。福清市组织各中小学参加“晒优课、学优课”活动，市教育局获福州市2019年“一师一优课、一课一名师”活动优秀组织奖。

【教科研活动】 2019年，福清市加强课题规划，18项省级课题、32项福州市级课题、106项福清市级课题获得立项；5月，举办省级教育科研基地省级教育课题研究成果展示暨教育科研工作大会；12月，举办福建省教育科学“十三五”规划2019年度课题开题论证暨专项培训会（福清专场）。年内组织开展福清市中小幼第二届“教学问道，领航课堂”教学教研年会、福清市第三届小学教师教学技能大赛、福清市第三届中小学名师评选活动、福清市第六届“新荷杯”小学语文青年教师课堂教学观摩活动、首届福清市小学数学、英语等学科青年教师教学比武、首届福清市小学语文教坛新秀教学比武预赛暨第七届“新荷杯”小学语文青年教师课堂教学观摩活动、“送教送培”活动等。到各校进行常态视导18次，浸入式视导9所学校；组织小学数学“看、评、学、用”名优教师教学录像课技能比赛活动2次；参加福州市中小幼特教师技能大赛，小学各学科20人获奖。

（徐芳　翁朝晖　江霞英　许金炎　张华云　薛命惠　林群　任德云　锜炜　何丽）

普通高中教育

【概况】 2019年，福清市普通高中23所，其中民办高级中学1所，公办完全中学19所，民办12年一贯制学校3所。高中在校生21310人，17所省级达标高中学生19473人，占全部高中总招生人数的91.4%。推进高中新课程改革和教学管理改革，将社会主义核心价值观教育融入教育教学全过程，提升学校规范化和管理水平，推动学校内涵建设，实施德智体美劳全面发展的教育，形成“五育并举”的教育格局。年内，组织宏路中学、康辉中学、西山学校等全市14所三级达标（含未达标）高中开展高中联合体试点工作。

【中招工作】 2019年，福清市继续实施全省统一中考，考试时间为6月21日–23日，考务工作按高考要求组织实施；中考投档总分由上年的650分提高至670分（体育分数增加至30分）。思想品德和历史学科实行书面闭卷笔试，除继续以等级方式记载外，分别以满分20分作为奖励分计入总分进行投档录取。普高最低控制线按福州市中考考生数前55.2%的最低中考成绩划定。福清市中招第一条投档线按福清一中、福清侨中招生总数的75%划定。进城务工人员子女可报考福清市所有高中学校，不受户籍和学籍限制。继续实行取消择校生、公办高中免学费政策。在高中招生工作中，采取统一下达计划招生人数、统一划定录取分数线、统一下发录取通知书和严格收费标准等措施办法。2019年，全市初三中考报名15254人，设19个考点，517个考室；初二地理、生物17644人报考，设19个考点，679个考室。普通高中和职高的普职比为5.1∶4.9，普职比基本协调。

【普通高中会考】 2019年1月，福清市会考28006人次。6月，高中学业水平考试28978人次，考点10个，分别为福清一中、福清二中、华侨中学、福清三中、融城中学、元洪中学、虞阳中学、港头中学、德旺中学、西山学校。中职会考15027人次，设龙华职业中专学校、西山职业技术学校、福清卫生学校3个考点。

【达标高中建设】 2019年，福清市加强市16所达标高中学校迎检工作，推进高考综合改革。福清市委教育工委、市教育局组织督察组和专家组分三个阶段，分赴各校挂点包片督察。3月，福清侨中、福清二中等16所省一、二、三级达标高中通过省达标高中福州市级复查，其中福清侨中、福清二中、福清三中接受省达标高中省级复查。

【科技实践活动】 5月，福清市教育局联合市科学技术协会举办2019年福清市青少年科技创新大赛，评选出优秀科技创新作品71项、优秀科幻画作品498幅、优秀学生实践活动4项、教师优秀科教作品5项，其中15项作品入选福州市级复赛，6项入选福建省级复赛；12月，福清市玉屏中心小学和福清第二中学合作取得2019VEX世界锦标赛中国区选拔赛一等奖，取得世界锦标赛资格。福清市营造普及科学知识、弘扬科学精神的氛围，全年开展“机器人科普进校园”活动13场。

【教育管理】 2019年，福清市印发《福清市教育局、福清市教师进修学校关于开展中学教学视导调研暨送教送培活动的通知》（融教〔2019〕60号），在全市中学开展教学视导工作。采取浸入式蹲点教研活动形式，每所学校安排2至3天；视导采用推门听课、常规检查、高三备考、教研集备等9种形式，发现学校教育教学问题，形成反馈视导意见。对江阴中学、三山中学、海口中学等6所中学进行浸入式蹲点视导。

【教科研活动】 2019年，福清市以教育年会为载体，邀请全国各地知名教育专家和学者到融，针对学校校本研究的薄弱环节进行专题讲座辅导；推进普通高中课程改革与教学方式变革；加强高中学科骨干教师的培养，促进教育教学质量特色化、多样化发展；加强复习备考研究工作，引导广大教师关注高考新变化。创造条件，推进教科研人员指导能力标准化建设；加强校本教研，搭建反思、交流与合作的平台，实现校本培训的全员化、全程化和规范化。

（郑福义　游孙瑛　锜炜　林小安　任德云　何丽）

中等职业教育

【概况】 2019年，福清市中等职业学校3所（不含技工学校和省属、福州市属在融学校），其中公办1所（龙华职业中专学校）、民办2所（三华职业技术学校、西山职业技术学校）。国家教育改革发展示范校、福建省示范性现代职业院校1所（龙华职业中专学校）、省级规范化中等职业学校1所（三华职业技术学校）、达标中职学校1所（西山职业技术学校）。年内推进福清市中等职业学校布局调整及专业结构调整，落实福清市《关于加快发展现代职业教育的五条措施》，执行2019年度省级规范化职业院校项目建设专项资金、现代学徒制补助资金367万元。

【中职招生就业】 2019年，福清市建立企业需求委托特色办学机制，探索定向岗位、遴选专业适岗对象、校企交叉培养专业人才等模式，促进校企对接；通过技能节、招聘会等形式采取家校联系的方式，增加家长对市场的了解，改变家长对于就业的传统观念。年内福清龙华职业中专学校、三华职业技术学校等福清市重点职校的毕业生就业率均达95%以上，部分专业达100%，全市职校毕业生平均推荐就业率达95%。

【重点专业建设】 2019年，福清市加强校企合作、产教融合，京东方、冠捷电子、捷联电子、祥兴集团、福耀玻璃、创元大酒店、融侨大酒店等重点企业主动与学校对接，为学校专业建设、学校发展建言献策，中职学校各专业顶岗实习学生提高了专业技能水平，为企业解决用工问题。全市各中职学校开设30个专业，根据社会企业需要，年内新增“软件与信息服务”（新一代信息技术产业）。按照“产学对接、实境育人”要求，对接福清四大产业园，龙华职专在与重点企业合作的基础上，先后与国家级经济技术开发区福清市融侨管委会、京东方电子有限公司、冠捷集团、祥兴集团等40家单位建立紧密型校企合作关系。校企双方签订长期的“校企合作”协议和短期的“工学”协议，成立有企业专家共同参与的“校企合作领导小组”和“专业建设指导委员会”，制定校企合作管理制度。年内，龙华职专开展“中餐烹饪与营养膳食”“建筑工程施工”“会计”3个专业的“现代学徒制”试点，三华职业技术学校开展“美容美体”“学前教育”2个专业的“现代学徒制”试点。

（薛潮平　钟雪程）

【福建省福清卫生学校】 2019年，福建省福清卫生学校（简称福清卫校）通过福建省示范性现代职业院校建设项目2018年度的验收。完成2018–2020届省级文明校园届中材料申报。获“第四届（2018）全国职业院校教师微课大赛优秀组织单位”称号；获福建省中等职业学校第十六届篮球赛男子组三等奖、全国中等职业学校“文明风采”福建省优秀案例奖、福建省中等职业学校第十四届教工健身运动会铜奖。在学生技能竞赛中，国赛获得2个三等奖，省赛获得1个一等奖、4个二等奖、1个三等奖、2个优秀奖；在教师教学技能竞赛中，国赛获得2个一等奖、5个二等奖、4个三等奖、6个优秀奖，省赛获得3个一等奖、4个二等奖、2个优秀奖。

师资队伍　2019年，福清卫校参加人社局组织的专场招聘会，引进在编教师2名，实验员1名，增补固定校聘人员5名。组织安排教师参加本专业或相关领域的临床实践活动，全年有75人参加临床实践，实践天数达2950天次，收集临床病例301个，教学病例194个，并汇编成案例集和病例集。所有新入职教师均签订“以老带新帮扶”协议，通过与老教师结对帮扶，提高新教师教学水平。制订学期及学年教师培训计划，通过请进来、走出去的形式，组织教师参加校级、市级、省级、国家级的培训。坚持以在职进修为主的原则，鼓励教师结合专业和学科建设需要及个人发展需求攻读研究生学历和硕士学位。重视对教职员工职业道德规范的教育，引导教职员工依法治教，以德治教。利用教代会，鼓励教职工参与学校的民主管理。关心教职工的工作和生活，组织教职工趣味运动会等活动。

招生及升学　2019年，福清卫校多渠道探索招生途径，通过海峡都市报、福清电视台、招生咨询热线、招生QQ群、福清卫校微信平台等宣传招生政策，年内6个专业均在第一志愿完成招生任务。与福建卫生职业技术学院继续合作联办“3+2”五年专护理专业、药学专业，与漳州卫生职业学院联办“3+2”五年专助产专业。全年招生入学人数507名，“3+2”五年专实际招生150名。针对各地乡村医生严重老龄化缺员情况，年内继续招收农村医学专业，并筛选51名作为委培生定向培养，签订合同。5月，全国护士执业资格考试福清卫校（校本部）通过率93.31%。2019届医药卫生类毕业生总人数1706人，有490人升学。

实习及就业　2019年，福清卫校有实习学生740名下点实习，其中护理专业328名、助产专业136名、药剂专业131名、医学检验技术专业52名、农村医学专业56名、康复技术专业37名。福清卫校规范实习管理，密切校企合作，除各处室、班主任管理机制外，在实习生人数相对较多的实习点配备实习联络教师。在学生下点前，聘请各实习医院护理部人员对预安排学生进行岗前考核与岗前教育，签订三方协议，并为每位学生购买实习保险。福清卫校加强网络平台建设，促进就业工作信息化，及时在各班QQ群、学校就业网站平台上公布，更新各用人单位招聘信息。组织班主任对本班学生就业情况进行摸底，做好毕业生就业信息登记存档工作。2019年秋季，福清卫校应届医药卫生类毕业生人数1706人，就业学生数1692人，就业率99.18%，对口就业学生数1650人，对口就业率96.7%。

培训　2019年，福清卫校面向福州市承担乡村医生规范化培训工作，召开福州市乡村医生规范化培训工作部署会议，对乡村医生规范化培训工作做出具体安排，各地均完成理论培训及技能考核，福州市有3251名（含平潭综合实验区）学员参训。

教学条件改善　2019年，福清卫校建设数字化校园，新建6间标准化考场，加强教学监控体系的管理与建设。新建妇产科虚拟仿真实训室1间、医学影像实训室1间、健康评估仿真实训室1间，提升临床医学实训教学条件。向学生、家属及社会人员开放实训基地，实现基地功能多元化。承办福州市第十五届中等职业学校学生职业技能（护理、助产、药剂技能项目）竞赛。年内结题3个市级调研，新增2个省级课题，确立5门校级精品课程。

（薛文华）

高等教育

【高招工作】　2019年，福清市普通高考报名人数5929人，实际与考人数5913人，其中文史1406人、文艺术518人、文体育77人、理工3651人、理艺术149人、理体育128人。普通高考设6个考点，200个考场，城区片设考点福清一中理工45个、华侨中学理工36个、融城中学31个（理科21个、理科艺术体育10个）、福清二中文史39个、元洪中学21个（文科艺术体育21个）；龙田片设福清三中考点，文史8个，理工21个。2019年，高职招考报名人数3084人，其中面向普高1543人，中职1541人。高职招考设福清一中、融城中学、元洪中学3个考点，110个考场。

（林小安）

【福建技术师范学院】　2019年6月10日、7月7日，教育部、福建省政府同意在福建师范大学福清分校基础上设置福建技术师范学院。2019年，福建技术师范学院设有9个学院，学生7185人，教职工672人，其中专任教师403人，受聘博、硕士生导师41人，国家“万人计划”领军人才1人，“百千万人才工程”国家级人选1人。有五马山、石竹山2个校区，校园占地面积约50.67公顷，新校区规划用地约1333.33公顷。本科专业30个，招生专业28个。拥有文、理、工、教、经、法、管、艺等8个学科门类，省级应用型学科3个、省级服务产业特色专业5个、省级示范性应用型专业群2个、省级一流专业2个，硕士生培养点1个、联培项目4个。建有省高校科研创新平台以及福州市专家工作站、行业技术创新中心等研究机构14个，省高校创新团队1个，与企业共建产业研究院4个，设有黄檗文化与海上丝绸之路研究院、海洋研究院、工艺美术研究院等3个直属研究院。

人才培养　2019年，福建技术师范学院全日制在校本科生7166人、硕士研究生6人。2019届学生年度就业率98.85%，年终签约率57.52%，就业专业对口率55.53%。线上线下课程建设同步推进，实现在线课程校内应用、跨校共享，《环境规划与管理》等6门课程获批省级线下一流本科课程，《模拟电子技术》获批省级精品线上线下混合式课程建设项目立项。重构通识课程体

2019年11月26日，福建技术师范学院举行校企合作签约仪式
（福建技术师范学院　供）

系。获批全省“三导”服务体系试点1个。开展创新创业教育，获“挑战杯”大学生课外学术科技作品竞赛国赛三等奖1项，省赛一等奖1项、二等奖1项、三等奖5项，学校获省赛优秀组织奖；获第五届“互联网+”创新创业大赛国赛铜奖1项，省赛金奖1项、铜奖3项，学校获省赛高校集体奖和优秀组织奖。

师资队伍　2019年，福建技术师范学院新进高职称、高学历人才12人，柔性聘请福建省企事业高层次人才21人，其中省“百人计划”人才15人，选派攻读境内外高校博士学位6人，参加闽台联合培养项目14人，入选省教育厅闽江学者讲座教授项目3人，国家留学基金资助出国留学项目1人，新晋正高5人。加强师德师风建设，出台师德师风建设年八项活动方案、教师师德负面清单及处理办法等文件，开展首轮师德考核工作和师德之星评选活动。出台实施原侨兴教师转聘方案。加强教师教学技能，获第五届全省高校青年教师教学竞赛二等奖2项。有15位优秀教师入选校首届“龙江学者”优秀人才评定项目。

学科专业建设　2019年，福建技术师范学院首批申请设置的25个专业获教育部批准。包装工程、食品科学与工程2个专业获批2019年度省级一流本科专业建设点。

科学研究　2019年，福建技术师范学院课题申报渠道拓宽，获国家自然科学基金委、省发改委、工信厅、海洋与渔业局、福州市社科规划办项目推荐资格。近海流域环境测控治理和食品软塑包装技术2个省高校科研平台通过验收，新增政法舆情治理研究中心省高校人文社科研究基地。新增国家自然科学基金项目1项、教育部人文社科项目1项、中央引导地方科技发展专项资金项目1项、其他省级以上项目20项。新增授权发明专利3件，参与制定全国性团体标准和地方标准各1项，新增省科学技术进步奖三等奖1项，社科研究观点被人民日报社主办的内参采纳供中央决策参考，社科研究成果首次入选《福建省社会科学规划研究项目成果要报》。

开放办学　2019年，福建技术师范学院与台湾澎湖科技大学等5所国（境）外高校签订合作协议，与日本中部大学、澳大利亚艾迪斯科文大学等高校达成初步合作意向。获得国际学生招生资质。承办“寻源祖地看福清”活动。

校园文化　2019年，福建技术师范学院求真大讲堂获福建省高校哲学社会科学优秀讲坛。设立福建省“百人计划”专家等高端人才交流平台——“百人讲坛”。成立全省高校唯一一支大学生马术队。中国工程院院士瞿金平应邀做客学校访谈节目，与师生面对面交流。

（李荣华）

【福建农业职业技术学院】　2019年5月，福建农业职业技术学院（简称农职院）被福建省教育厅、福建省财政厅确认为“福建省示范性现代职业院校2019年培育项目院校”。截至年底，学校有全日制学生近8600人、继续教育学员2500余人。

空间拓展　2019年，农职院深化“校政行协”全领域交流与融合，拓展发展空间。“省教育厅、省农业农村厅深化共建福建农业职业技术学院协议书”签订；学校当选“中国现代农业职业教育集团”“中国现代畜牧业职教集团”副理事长单位和“东南亚职业教育产教融合联盟”理事单位；通过省级核查并取得“国际学生招收培养资质”，与国外多所院校就合作招收培养国际学生达成共识并签订相关协议。

人才队伍　2019年，农职院引进海外硕士1名、全日制博士2名，招录编内教师12名、校聘教师8名，柔性聘请新大陆物联网、台湾宠物等教科研团队6个。组织教师参加各类培训与实践锻炼300余人次，建立“校级教师教学创新团队”5个、“校级技能大师工作室”2个、“校级名师工作室”2个；多名教师获福建省“百千万人才”“青年五四奖章”“现代农业产业技术体系专家”“教学名师”“技能大师”等称号。

专业建设　2019年，农职院联合麦可思、尚强科技等机构，对39个专业开展调研与市场分析，优化专业布局，重点建设畜牧兽医、园艺技术等2个专业群，加快5个重点（特色）专业群、3个品牌专业群、5个品牌专业与“一院一特色专业”建设，新设、停招专业各5个，凸显专业集聚效应与行业特色。

产教融合　2019年，农职院加强产教融合与校企合作，推进物流管理、软件技术等7个专业的“省级现代学徒制”试点和畜牧兽医、通信技术等7个专业的“省级二元制”改革试点。优化校企共建二级（产业）学院运行管理体制与办学育人内涵，校企新建“数字产业学院”“乡村旅游产业学院”；第二届理事会、职教集团参与并支持学校办学定位与目标修订、高水平专业群论证等领域的改革进程。

三教改革　2019年，农职院推进“1+X”证书制度改革，BIM建筑信息模型、WEB前端开发等7个项目获准立项省级试点；重点强化课程、专业、专业群“三级”教学资源建设，立项建设在线开放课程15门、共享课程15门；校企共建核心课程25门，开发活页式、工作手册式教材26本。加快教育教学信息化建设，推广运用“一平三端”教学平台，引导教师开展教学模式与方法改革，建设“三有”课堂。

技能培养　2019年，农职院改善学校技能培养与实践育人基础设施条件，立项教学实训设施建设与仪器设备采购项目40余项，金额1200余万元；建成实训3号楼（面积4559平方米），新建、改扩建实训室40间，校企新建校外实训基地10家。承办福建省职业院校技能大赛（高职组）“鸡新城疫抗体水平测定”与“植物组织培养”2个赛项的比赛；学生在省级及以上各类职业技能竞赛中获奖99项，园艺园林学院学生以总分第一名获全国职业技能大赛艺术插花赛项一等奖。完成在校生技能鉴定1444人次、社会人员（新型职业农民学员）技能鉴定1049人次。

三张名片　2019年，农职院推进新农民培育、双创教育、特色专业等领域工作。完成6个专业1939名新型职业农民学员的面授工作，录取2020级学员605人；校政合作开展非学历短期培训班32期。组织举办“庄鑫杯”典实直播创客营销大赛等赛事，在省级及以上双创赛事中获奖7项；“相思岭大学生农创基地”被省教育厅评定为“福建省产创融合教育实践示范基地”。联合企业及11家宠物医院，打造宠物行业“六位一体”技术创新平台，推进宠物文化小镇、智慧宠物中心、福州市动物繁育技术创新中心建设，主办“第十一届东西部小动物临床兽医师大会暨第三届东西部宠物美容大会”和“福建农职杯全国宠物美容师资格鉴定赛”。

科教兴农　2019年，农职院创建“乡村振兴1611”服务模式，成立科技工作站9个，组建三农科技服务团队20支，选派省市级科技特派员85名，开展项目合作及技术攻关项目120项，实施技术服务及公益项目近200项；开展实用技术培训超16000人次，服务企业1000余家、农户10000余户，促进农业增效农民增收超过6000万元。学校有8名教师入选“福建省现代农业产业技术体系建设工作团队”，省级“动物保健与食品安全应用技术协同创新中心”承担的12项开放式课题通过验收。

学生管理　2019年，农职院围绕“青春心向党·建功新福建”主题，组建“三下乡”社会实践团队14支，组织250余名师生进入农村、企业、红色教育基地等开展社会实践。组织开展五四“两红两优”、校园榜样之星、三好学生、优秀学生干部等评选活动。开展诚信教育、感恩教育及“资助政策乡村行”“家校关怀万里行”等活动，走访、慰问家庭经济困难学生家庭350余户；认定家庭困难学生1700余名，发放资助资金800多万元，落实特困生伙食费补贴、艰苦专业补助、偏远省区困难学生交通费补助等政策。

校园建设　2019年，农职院投入项目建设与采购预算6900余万元，推进学生公寓11号楼、宠物文化小镇、VR实训室（二期）等建设项目。挖掘农耕文化内涵，推进“相思岭讲坛”“博雅教育”“两走一拓”“亲仁书院”等文化阵地建设与品牌培育，建立“茶文化技能大师工作室”，实施以“弘扬劳动精神，培育一懂两爱人才”为主要内容的校园文化建设工程，组织庆祝中华人民共和国成立70周年、博物馆联展、校友论坛、丰收节等各类活动200余场。

（石宏武　李雪宁）

2019年9月17日，第二技师学院举行庆祝新中国成立70周年快闪活动

（第二技师学院　供）

【福州第二技师学院】　福州第二技师学院于1978年经福建省政府批准成立，位于福清市宏路街道技工路62号，占地面积约102467平方米，建筑面积37037平方米。2019年，福州第二技师学院有教职工175人，全日制在校生2957人，拥有实训场所52间，实习工位2027个。9月，福州市财政投资4527万元、总建筑面积13135.4平方米的福州第二技师学院新征地一期工程封顶。10月，启动“福州第二技师学院公共实训基地”建设，拟投资1.55亿元，总建筑面积3.3万平方米。

教学改革　福州第二技师学院在全省技工院校中率先推行“学分制”教学管理改革和建立技工学校质量管理体系。2019年，学院学生毕业率98.3%。2005年至2019年，学院帮助指导全省50余所技工院校开展质量管理体系建立工作。在电气自动化设备安装与维修、汽车维修、数控技术、计算机、中式烹饪5个专业开展“一体化”教学改革。与福建教育学院、福清市总工会、福清市团委、福清市司法局、福清监狱、福清核电有限公司等开展合作办学。学院获“国家高技能人才培训基地”称号，获批福建省级技能大师工作室。学生参加国家级技能竞赛获团体三等奖1项，参加省级技能竞赛获二等奖3项、三等奖2项、优秀奖3项，参加市级技能竞赛获一等奖4项、二等奖6项、三等奖17项；教师参加市级技能竞赛获团体三等奖和优秀组织奖各1项。

办学特色　2019年，福州第二技师学院实施"校企双制、工学一体"办学模式，着力培养德智体美劳全面发展的后备产业工人和高技能人才。拥有国家级实训基地3个、省级产业技工培养基地1个、省级技工教育精品专业3个，常设中级工专业15个、高级工专业9个，基本建立起以先进制造业和现代服务业为特色的现代技工教育体系。

（林元钦）

2019年10月25日，福清市教（科）研实践基地校举行授牌仪式
（市教师进修学校　供）

成人继续教育

【福清市教师进修学校】　福清市教师进修学校坐落于福清市龙山街道东皋社区，学校创办于1958年，占地面积8612平方米，建筑面积16441平方米。学校是教育部基础教育课程教材发展中心、教育部全国中小学教师继续教育基地、福州市文明学校。学校承担全市中小学、幼儿园11121名教师专业培训、学科教学研究、教育教学课题研究、名师名校长培养的组织、指导和管理等工作，是福清市教师干部培训中心、教科研指导中心、教育教学评价与质量监控中心、信息资源中心、网络教育中心。

师资建设　2019年，福清市教师进修学校有教职员工55人，其中专任教师49人，高级职称教师26人；省学科带头人6人；福州市骨干教师16人；研究生8人。学校加强教师理论知识学习的管理和工作技能、教科研能力提升的培训。8月下旬，开展福清市"第一届教师学习周"活动，邀请省内外教育专家学者来融讲学，开展专题学习辅导；11月，举办福清市中小幼第二届"教学问道，领航课堂"教育教学年会，提高教研人员专业水平。学校要求教研员个人制定专业发展三年规划。结合"国培""省培"计划的实施，创造条件按计划分期分批选送骨干教研员赴上海、北京、江苏、山东等教育先进地区进行高级研修。

2019年10月17日，福清市教师进修学校到德旺中学开展教学视导活动
（市教师进修学校　供）

教学研究　2019年，福清市教师进修学校构建教研的六个模式，即基于片校合作的研究模式；立足校本研究的长效模式；创设合作小组的制度模式；强化问题研究的校本模式；构建骨干教师引领的模式；强化教师素养的研训模式。学校组织学科教研员、学科中心组成员、学科名师、骨干教师下校开展教学工作视导、送教送培活动，视导活动采取浸入式蹲点教研活动形式，开展以镇街为单位的教学工作视导是福清市进修学校工作的首创。学校中小幼教研室深入基层学校，深入课堂，加强教学常规的督察与指导。以课堂教学听、评、议为主

渠道，结合查、看、座谈等形式，了解学校教学常规执行、校本教研、课题研究等开展情况。引领全市中小学幼儿园开展校本教研工作，举办名师评选、教育年会、教师技能大赛、专题讲座、案例研究、微课比赛、师徒带教、观摩交流、集体研讨和岗位大练兵等活动。4 月 27 日，举行福清市第三届中小学教师教学技能大赛；5 月 17 日，在瑞亭小学举办福清市第六届“新荷杯”小学语文青年教师阅读教学观摩大赛，全市近 500 名教师代表参加；6 月 9—10 日，开展福清市第三届名师评选活动，评选出名师 39 人；10 月 25 日，召开教（科）研实践基地校授牌暨福清市 2019–2021 年度学科兼职教研员聘书授予仪式大会，为 49 所教（科）研实践基地校及 85 位兼职教研员授牌和颁发聘任书；组织各中小学参加“晒优课、学优课”活动，获福州市 2019 年“一师一优课、一课一名师”活动优秀组织奖。

培训工作　2019 年，福清市教师进修学校建立和完善全市师资培训的运行机制和评价体系，推动教师培训工作纵深发展。聘请省市教育专家、名师来融讲座指导，挖掘学校的现有资源，骨干教研员与本土名师在培训活动中同台授课，相互促进。全年共计培训 17622 人次，组织新教师见习期培训 799 人，中小学和幼儿园教师岗位培训 11025 人，高中教师参加省教院远程培训；初中教师参加“壮腰工程”培训；中小幼骨干教师培训 1050 人；开展福清市—通渭县东西部教育帮扶教师培训项目。

科研管理　2019 年，市教师进修校成立科研室，制定《福清市课题管理办法》和《福清市教育科研课题立项标准及评审办法》，建立健全教育科研管理工作规章制度。5 月，举办福清市省教育科研基地省级教育课题研究成果展示暨教育科研工作大会；12 月，福建省教育科学“十三五”规划 2019 年度课题开题论证暨专项培训会（福清专场）举行，教研员带头申报课题，开展课题研究。年内福清市有 18 项省级课题、32 项福州市级课题、106 项福清市级课题获得立项。

（林学明）

【福清市卫生职工中等专业学校】

2019 年，福清市卫生职工中等专业学校（简称市卫职校）承担福清市卫健系统专业技术人员继续教育培训及全市乡村医生规范化培训等工作。年内完成学校安全生产工作，全校未发生安全生产事故。

乡村医生规范化培训　10—11 月，市卫职校开展 2019 年度乡村医生规范化培训，培训内容为基本公共卫生知识、小儿常见病多发病及基层中医药适宜技术等，新增医院感染管理内容。全年计划培训 718 人次，实际完成培训 710 人次，参训率 98.89%，培训合格率 100%。完成 2018 年度乡医网络远程视频教学管理工作，计划培训人数 708 人，实际完成培训人数 705 人，培训率 99.58%；完成 2019 年度乡医网络远程视频教学管理工作，远程视频学习计划培训人数 720 人，实际完成培训人数 719 人，培训率 99.9%。

继续教育培训　2019 年，市卫职校开展 2019 年福清市卫健系统专业技术人员继续教育培训班，聘请副主任医师以上专家 10 名，举办 10 个医学类专题讲座共 69 期，进行关节痛与关节炎的诊断思路、超声医学的发展与应用、危重症患者液体管理等专业培训。培训班参训人员 1 万余人次，参训单位约 60 家，包括各医疗单位、民营医院及学校、监狱医务部门等。

继续教育学分验证　2019 年，市卫职校完成 2018 年度福清市卫健系统专技人员继续教育学分的规范登记和初审，并配合做好终审工作，全年完成继续教育验证审核近 3000 人。指导各单位、学会、培训中心等做好 2019 年度培训办班活动，全年培训 6.01 万人次。配合开展培训办班活动监督检查，指导各办班单位整理、审核和归档培训办班材料。

医学会工作　2019 年，市卫职校做好医学会培训工作规划、资料整理归档等，年内举办专题讲座 13 个，培训 5368 人次。

（刘江平）

（编辑　陈晔）

市卫职校开展 2019 年专技培训（市卫职校 供）

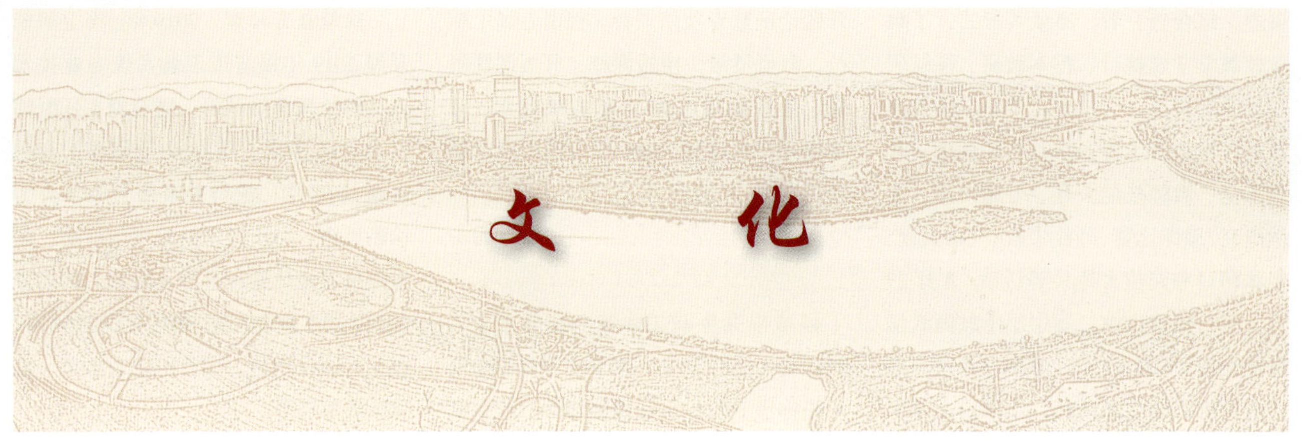

文化

群众文化

【概况】 2019年，福清市以推进国家公共文化服务体系示范区后续建设为抓手，实施“文化惠民乐万家”工程，完成主题文艺下乡巡演20场、优秀传统闽剧展演15场，引进高雅艺术演出5场，组织“六月天·融情夏意文艺季”七大系列板块的公益文化活动114场，是福清市近年来演出场次最多、规模最大的文艺演出活动。

【文艺赛事】 2月4日，侨乡街舞团舞蹈《春海》登2019年猪年央视春晚。

3月，唐承华入选《现代青年》2018年度最佳艺术家；福清选送的6件作品分获福州市非遗短视频大赛二、三等和优秀奖，2件作品分获省“非遗过大年”省非遗短视频大赛优秀奖和网络最受欢迎奖。

5月，吴茂文美术工作室入选福州市第二批文艺名家工作室。

8月3—5日，福清市组队参加2019CUA中联艺术福建第八届国际舞蹈公开赛，获第一名25人次、第二名34人次、第三名37人次、第四名16人次；参加2019福州市少儿歌手大赛获1金3银5铜。

12月，福清市文化馆舞蹈作品《小小的守卫者》获福州市第四届茉莉花文艺奖二等奖。

【演出展示】 1月1日，在福清市街心公园举行2019年福清市“我们的节日·元旦”系列闽剧、国际舞蹈专场。

1月6日，在福清市体育公园举行2019年福清市“我们的节日·庆元旦展成果”激情广场文艺晚会。

1月22日，在龙田镇树下村举行2019年福清市文化科技卫生“三下乡”启动仪式暨集中服务活动。

1月30日，在渔溪镇举行“玉融春暖欢乐年”2019年福清市“我们的节日·春节”主场活动文艺演出。

2月23日，在福清市文化馆举办2019年福清市文化馆古琴雅集活动。

3月2日，“三象合一·石齐艺术展”开幕式在福清市美术馆举行。福清市领导、北京石齐画院艺术家代表以及市民代表、石齐母校师生约600人出席开幕仪式。艺术展由福建省文联、福建省美术家协会、福清市政府主办，福清市委宣传部、福清市文化体育和旅游局等协办。本次画展展出石齐的代表画作50幅、书法作品10幅，较为系统展现石齐的艺术成就。

3月5日，在福清市新时代文明实践中心举行“情暖拗九·幸福融城”2019年福州市“我们的节日·拗九节”活动。

5月1日，在福清市街心公园举行

2019年7月，福清市举办“满园春色”——福清思明诏安庆祝新中国成立70周年美术书法作品联展 （市文旅局　供）

“建功新时代·扬帆新征程”庆祝新中国成立70周年暨“我们的节日·五一”文艺演出活动。

5月13—17日，在福清市文化艺术中心文化馆排练厅举办第十五0届福建省合唱指挥及音乐创作培训班。

5月30日—6月11日，在福清市滨江小学、滨江中学、西园小学、实验幼儿园、宏路中心小学开展“公共文化校园行”非遗图片进校园展活动。

6月30日，在福清市体育公园举行“党建帮扶共推进·齐心聚力惠民生”庆祝中国共产党建党98周年文艺晚会。

7月2日—9月24日，福清市组织开展2019年“文化惠民乐万家”系列活动。

7月13—21日，“满园春色——福清思明诏安庆祝新中国成立70周年美术书法作品联展福清站”在福清市美术馆举行。联展由福建省美术家协会指导，福清市委宣传部、思明区委宣传部、诏安县委宣传部联合主办，展出福清、思明、诏安各70幅，合计210幅作品，涵盖国画、油画、水彩、漆画、版画、书法等艺术门类。

9月29日，“礼赞新中国、奋进新时代、建功新福清——福清市庆祝新中国成立70周年暨纪念《黄河大合唱》创作80周年合唱专场音乐会”在福清市文化艺术中心上演。福清市侨乡合唱团与福清市融声合唱团演绎《黄河大合唱》系列合唱曲目。

10月15—17日，福清市组织开展2019年“文化惠民乐万家”文艺下乡巡演。

12月12日，在福清市文化馆举办“重返钢琴黄金时代”钢琴艺术讲座。

【民俗节庆活动】 2月15—17日，福清市人民政府主办的福清市第十届民间民俗文化节在福清市两馆一中心举办。福清市民间民俗文化节集福清美食、表演、文化、民俗于一体，有元宵节元素在内的游园猜灯谜活动和特色美食展、城市文创展、“茶香意融”茶艺会、闽剧折子戏、传统民乐、南少林武术、流行音乐、劲爆街舞、国标拉丁、新厝伡鼓、龙高板凳龙等一系列表演以及改革开放40周年摄影作品展等15项活动。城市文创展展示海峡两岸文创设计师与大学院校团队为福清设计的“福清有礼”专属文创产品，并同步展示“童眼看福清”优秀作品和“福清的100种打开方式”征集内容。

（苏勤　李义　沈坚）

文化市场

【概况】 2019年，福清市有娱乐场所73家、网吧47家、音像书刊经营店72家、包装装潢印刷企业56家，民间职业剧团55家，游泳场所25家，49处文物保护单位，8家艺术品经营单位。

【文化市场管理】 2019年，福清市文化市场综合执法大队实行网格化管理，建立“网格化”管理机制，将全市文化市场经营场所分为7个责任片区，实行“定人、定位、定责任”的三定措施，主动接受社会公开监督。采取综合检查机制，将明察暗访、日常巡查、突击检查相结合，加强重点假日、时段的巡查。建立部门联动机制，建立由文体、公安、消防、市场监督、教育、关工委等部门组成的联合执法机制，做到分工负责、互通信息、相互支持、优势互补、形成合力、联动打击。建立志愿监督员巡查机制，聘请文化市场“五老”志愿监督员，协助对网吧等文化经营场所进行日常巡查。

【市场稽查与综合执法】 2019年，福清市文化市场综合执法大队开展春季安全生产大检查、开学季校园周边检查、出版物市场与网络文化市场安全生产大检查、夏季安全生产大检查、酒吧专项集中检查、公共游泳池场所集中检查、国庆期间旅游市场秩序专项检查、今冬明春安全生产大检查等一系列“扫黄打非”“扫黑除恶”和其他各类专项整治行动。大队出动5986人次，车辆1905台次，检查经营单位、场所2934家次，立案查处21件，案件数量、质量和种类居福州市各县（区）前列，办理的社会艺术考级案件列入全省教学案例。7月21—25日，大队负责人作为福建省县级文化执法队伍代表，参加文化和旅游部在京举办的全国2019年省市县三级文化市场主要负责人培训。福清市文化市场综合执法大队被省委宣传部保送参评中宣部“第八届全国服务农民、服务基层文化建设先进集体”（全国先进基层文化市场综合执法队伍）。

（黄婧）

文博工作

【文物保护】 2019年，福清市人民政府公布福清市第五批县级文物保护单位。配合完成《红色文化保护生态开发规划》的编制，完成福清市侨乡博物馆布展工程设计施工一体化项目招投标，配合自然资源和规划局启动利桥特色历史文化街区的建设，启动紫云宝塔的修缮工程，启动食菜厝修缮工程。

【侨乡博物馆建设】 自2019年4月起，福清侨乡博物馆文物征集工作小组整理原有文物近200件。到各镇街侨联分会、华侨农场以及重要侨领家族征集各类文物、实物（含标本）等1085件，图片1560份，接洽有偿征集文物350件，对接日本、印尼、马拉西亚、南非等多个国家的融籍社团、侨贤进行文物征集。10月16日，南京亚太嘉园智慧空间营造有限公司以8200万元中标福清侨乡博物馆陈列布展工程。

【文博展览及其文化活动】 3月1日，福清市举办“国风雅韵、向高清音”古琴公益性培训启动仪式及展演活动。

5月18日，福清市举办“5·18国际博物馆日”宣传展览活动，现场展示福清文化遗产图版60面，发放宣传材料1000份。

9月12日—10月12日，福清市为庆祝新中国成立70周年，举办“玉融古韵”水彩画作品邀请展，展出展现玉融山水人文的水彩画作品78幅，由30多位融籍画家参与创作。

【非物质文化遗产】 2月17—18日，福清市选送海族舞、竹编、南少林武术、闽剧折子戏、东张黑釉瓷、福清番薯丸等项目参加福州市“2019年海峡两岸民俗文化节”活动。

5月，福清词明线戏和福清古木作营造两个项目入列福州市第四批市级非物质文化遗产代表性项目和代表性传承人，佾舞传承示范基地入列福州市第四批非遗项目传承示范基地。

5月30日—6月11日，福清市组织开展“公共文化校园行”非遗图文进校园活动。

7月—10月，福清市结合“文化惠民乐万家”文艺下乡巡演活动，非遗图片展进到各个乡镇。

9月30日，由福州市群众艺术馆、福州市非物质文化遗产保护中心、福清市文化体育和旅游局主办的“祖国长盛·非遗常青”庆祝中华人民共和国成立70周年活动中，省级非遗《佾舞》走进城关小学。

10月，福清市组织开展宗鹤拳和佾舞两个项目参加第五批国家级非物质文化遗产代表性项目申报工作。

（李义　毛胤云　王丽明）

文化交流活动

【对外文化交流】 2019年，福清市组织黄檗文化交流访问团赴日本开展系列文化活动45次，推动中日民间友好交流，扩大黄檗文化影响力。

【对台文化交流】 6月5日，2019年文化和自然遗产日暨“我们的节日·端午节”古琴雅集在福清市文化馆举行。台湾佾舞总教练、传承人庄汶祯老师，中华古琴学会会长、台北书画院院长袁中平老师及助理林彩玉女士观礼。

6月8日，为庆祝第4个“文化和自然遗产日”，闽台传统武术展演在福州市三坊七巷、福建省非遗博览苑举行，福清市宗鹤拳和周礼佾舞参加展示交流活动。

10月23—26日，第七届海峡青年节“心系宗鹤·情满两岸”融台青少年武术文化交流活动在福清举行，两岸武术界人士及青少年参加（其中台湾同胞64位）。24日，活动在福清市文化艺术中心剧场举行开幕式。原中国国民党主席洪秀柱女士为大会发来题词祝贺。

11月1—4日，周礼佾舞参加由中共中央台办、文化和旅游部、国家广播电视总局、福建省人民政府主办的第十二届海峡两岸（厦门）文化产业博览交易会。

（苏勤）

文化设施

【福清市图书馆】 2019年，福清市图书馆藏书73万册，有持证读者4.1万人，图书流通量80万册，订期刊400种，电子资源5TB，建有“福清地方文献数据库”，为全国文化信息资源共享工程福清支中心，管理全市473个基层服务点。有1000个座位供读者阅览、休息，配置触摸屏导读系统和阅报系统、自助借还书机、“24小时自助图书馆”。建有福清市图书馆门户网站，开通图书馆微信公众号。馆内可无线上网，全年免费开放，为读者提供免费阅览、免费咨询、免费借阅等服务。开展送书下乡、阅读推广、讲座、展览等读者服务活动，建立“玉融书香大讲坛”“福核讲坛”“故事妈妈”“融图读书会”等活动品牌。招募并吸引社会各界人才组建志愿者服务队伍，提升服务水平。

【综合文化站（中心）】 2019年，福清市跟进国家公共文化服务体系示范区创建工作，完善24个镇（街）综合文化站和490个村（社区）综合文化服务中心建设，打造102个高级版（3.0版）基层综合性文化服务中心。培育市文化馆、市体育馆、高山镇前王村、新厝镇硋灶村4个基层服务特色示范点。镜洋镇文化站获评福州市级最美文化站，音西街道综合文化站获评2019年全省基层文化服务中心示范点。

【公益培训与文化志愿服务】 3月9日—6月15日，福清市在市文化馆举办2019年春季艺术公益课培训活动；7月2日—8月7日，在市文化馆举办2019年夏季艺术公益课培训活动。2019年，福清市有7支志愿者服务队，近200名文化志愿者。

（李义　陈小群）

新闻出版

【福清侨乡报社】 福清侨乡报社内设七个科室，即办公室、新闻编辑部、专刊编辑部、记者部、海外部、广告发行部和新媒体部。《福清侨乡报》为CN(Q)刊号，周五报，对开四版，报纸版面分要闻、本市新闻以及综合版、副刊版，其中一、二版为要闻、本市新闻版，

三、四版为综合、副刊版。三版设有“天下福清哥”“作文园地”“石竹苑”“豆区园”“台企之窗”“文娱”“环球拾趣”“休闲·旅游”“摄影”“焦点新闻”“法治”等十多个栏目，四版设有“视觉”（以图片为主）、“车界”“房市、楼市”“家居修饰”等栏目。《福清侨乡报》总发行量3万多份，面向全市及全国各地有影响的融籍乡亲。每月另出一期《福清侨乡报》海外版，以铜版纸另行印刷，面向海外发行，每月邮寄5000多份。报社广告业务通过公开招投标方式面向社会招标，2019年，报纸广告承包费为130多万元。

政治建设宣传报道　2019年，在《福清侨乡报》一版开设“在习近平新时代中国特色社会主义思想指引下——新时代新作为新篇章”栏目，宣传福清市各级各部门贯彻落实习近平总书记一系列重要讲话精神的具体行动。同时在一版开设“不忘初心、牢记使命”主题教育专栏，重点做好“强化省会排头兵意识”宣传。报道全市开展主题教育情况，在一版刊登《真正把人民服务落实到行动上》《筑牢防线 当好表率》等文章。

文化建设与生态文明建设宣传报道　2019年，福清侨乡报社做好福清市乡村振兴重点项目工作报道，突出报道各旅游小镇。在《福清侨乡报》一版开设“新时代 新气象 新作为——深入实施乡村振兴战略”栏目，对福清市乡村振兴特色亮点进行系列报道，刊登《跃马扬鞭启新程》《让生命在青山绿水间延续》《打造产业兴生态美的幸福村庄》《绿水青山扮靓古朴村落》等文章，推介“枇杷名镇”一都、“乐行小镇”东张、“海丝古镇”海口、“草原小镇”南岭、“海岛小镇”沙埔，体现福清特色。做好“水美福清”“污水零排河”百日攻坚行动和“湖库水系连通”建设工作的宣传报道工作，3月15日在头版转载人民网的文章——《福建福清打造全域综合治水“样板”：算好流“水”账，念好“发展经”》。

经济建设与社会建设宣传报道　2019年，福清侨乡报社重点宣传报道“纪念祖国70华诞”相关内容。《福清侨乡报》自4月16日始，在一版开设“壮丽70年 奋斗新时代”专栏，推出系列宣传报道，展示福清市经济社会发展取得的成就和城乡面貌发生的变化，宣传与福清市70年发展变化有关的典型人物、事例，报道各级各部门庆祝建国70周年开展的各项活动。《福清侨乡报》刊登《我市跻身县域经济百强榜第18位》《文明创建：一场永不停歇的幸福接力》《社会保障：为百姓织就一张“安全网”》等文章，并转载新华社相关文章。福清侨乡报社宣传福清市重点项目工作，在一版开设“抓项目 促发展”栏目，刊登《滨海大通道福清段建设进入“快车道”》《长福高速建设紧锣密鼓》等文章，报道福清市春节后重点项目的进展情况，营造良好的项目建设、招商引资工作氛围。

对台对外宣传报道　2019年，福清侨乡报社办好每月专门邮寄给海外侨胞的《福清侨乡报》海外版，突出报道福清的城乡建设以及海外侨胞想要了解的福清大事记、好新闻。《福清侨乡报》海外版在境外发行量为5000份，是海外侨胞了解家乡的窗口。福清侨乡报社加大公益广告宣传力度，围绕培育社会主义核心价值观、规范道德行为、建设生态文明等方面内容展开宣传，设计的作品贴近生活、新颖美观。《福清侨乡报》发挥作为侨刊乡讯的外宣功能，在副刊开设“侨台企之窗”“天下福清哥”“新福清人”“侨乡视觉”等专版专栏，宣传侨乡人的创业成就和境内外企业家在融投资兴业的事迹；开设“视觉”等专栏，利用图片表现侨乡经济发展、社会安定稳定、人民安居乐业的景象。福清侨乡报社加强海外协作，拓展外宣平台，年内拓展与海内外乡亲社团以及新闻机构的沟通协作渠道，整合传媒、文化、旅游、经贸等宣传资源，提升福清的知名度和影响力；与龙岩、襄阳、西安等国内福清商会以及阿根廷等海外商会协作，拓展联系面。

融媒体　2019年，福清侨乡报社推动传统媒体与新媒体融合发展，完善福清侨乡报社融媒体的发展规划以及有关制度。新闻宣传注重体现与传统媒体的差异化、互补性，重点跟踪报道福清市各项中心工作。强化相关民生选题报道，坚持原创，采写深入基层，推送市民关注的民生问题、反映民众生活和社会变化以及福清新农村建设等一系列新媒体报道。

体制机制改革　2019年，福清侨乡报社完善采编系统相关功能，打造新媒体部专业采编小组，运营《福清侨乡报》微博和微信平台，做好APP平台上线前期各项工作。设立专门团队以及日常运行机制，在精品栏目、宣传方式等方面实现新的突破。拓展与海外乡亲社团以及新闻机构的沟通协作渠道，探索与省市新闻媒体（集团）、社会各界的广泛协作机制，实现新闻资源的社会效益和经济效益最大化。

（许国平）

【福建新华发行集团有限公司福清分公司】　2019年，福建新华发行集团有限公司福清分公司（简称福清市新华书店）营业收入（销售码洋）7449.08万元，实现利润590.29万元，资本总额11608.54万元，其中教材销售3386.36万元，教辅销售2971.89万元，一般书销售1342.15万元，多元产业销售201.42万元。

政治读物销售　2019年，福清市新华书店围绕党和国家各个阶段的政治学习热点，销售各类政治读物48033册，码洋838675元，其中《习近平新时代中国特色社会主义思想学习纲要》销售36612册，《平语近人(习近平总书记用典)》销售148册，《习近平新时代中国特色社会主义思想三十讲》销售1733册，《习近平在正定》销售1009册，《习近平的七年知青岁月》销售242册，《习近平谈治国理政(第2卷)》销售104册，《全国干部学习培训教材》销售3528册，《习近平扶贫论述摘编》销售129册，《新中国发展面对面》销售4528册。

教材教辅销售　2019年，福清市新华书店教材教辅到货646万册，比上年611万册增加35万册，增长5.7%；码洋6141.84万元(包含门市教辅及大中专教材)，比上年5435.75万元增加706.09万元，增长13%。对教辅材料实行“限学科、限品种、限数量、限印张”，目录外教辅一律不得统一征订。开展“假期读一本好书”销售活动，销售码洋250万元(其中寒假57万元，暑假193万元)，同比增长27%。

(毛立平)

广播电影电视

【概况】　2019年，福清市广播电视台(简称市广播电视台)电视向上级台供稿238条，广播向上级台供稿148条。有4条新闻被央视新闻频道采用播出，有45条稿件被省台《福建新闻联播》《福建卫视新闻》等新闻栏目采用播出，有70条稿件被福州台《福州新闻》等新闻栏目采用播出。市广播电视台被福建省广播影视集团授予“2018年度全省融媒体新闻协作先进县级台”。市广播电视台报送的访谈作品《我与来自星星的孩子——钟陶秀》获福建省第26届人大新闻奖三等奖、全国人大新闻奖二等奖。

【电视新闻】　2019年，市广播电视台《福清新闻》栏目围绕庆祝新中国成立70周年主题，推出“壮丽70年 奋斗新时代”大型系列报道和“爱国情 奋斗者”“我和我的祖国·见证与祝福”等子栏目；围绕深化改革推动高质量发展主题，开设“学习贯彻习近平总书记重要讲话和全国两会精神”“坚持高质量发展落实赶超”“攻坚2019”“马上就办 真抓实干”等专栏；围绕全面加强党的建设主题，开设“‘不忘初心、牢记使命’主题教育进行时”“忆苦思甜颂党恩 担当作为促发展”“学习进行时”等专栏；围绕推进生态文明建设主题，开设“深入推进生态环境问题大整改 坚决打赢碧水蓝天净土保卫战”“中央生态环境保护督察进行时”“坚持绿色发展 建设生态文明”“水美福清”等专栏；围绕创建全国文明城市主题，开设“创建文明城市 建设美丽福清”“践行核心价值观”等专栏；围绕平安建设主题，开设“建设平安福清 构筑和谐社会”“深化扫黑除恶 建设平安福清”等专栏。完成防御第五号台风“丹娜丝”、第九号台风“利奇马”和第十一号台风“白鹿”的宣传任务，全年播放防台风报道23条，被省台采用2条，被福州台采用4条。加大扫黑除恶、水美福清、生态环境保护、讲文明树新风、庆祝新中国成立70周年、创建全国文明城市等方面的公益广告播出力度，每日每个频道公益广告播放时长超过1小时。

【广播】　2019年，市广播电台《快乐880》《侨乡新貌》《法制园地》栏目进行创建平安福清、直通两会、春耕生产、人大政协两会、两违整治等工作的宣传，并在节目中开辟如《忆苦思甜颂党恩 担当作为促发展》《侨乡新貌——解困难送温暖》《法制园地——平安福清》《快乐880——壮丽70年 奋斗新时代》等专栏，对相关工作进行深度报道，宣传社会主义核心价值观。市广播电台新开辟一档直播节目——《装修帮帮团》，节目包括装修论道、全能帮帮团、幸福到家3个板块，为百姓的装修提供借鉴，与原先4档晚高峰节目一起丰富了广播内容。市广播电台通过微博“FM880福清人民广播电台”、微信“壹福清”“FM880”等官方微信平台与听友进行互动，拉近主持人与听友的距离。

【融媒体】　自9月份起，新闻部与新媒体部、播音部尝试联合打造全新的小屏端短视频专栏——《主播说新闻》，精选每周的热点亮点新闻，以主播的视角、短评的方式、网络的语言重新解构新闻表达形态，提高新媒体产品传播力。

2019年7月9日，福清市广播电视发展中心承办“党建引领新使命 振兴乡村谋作为”福清市村干部知识竞赛活动
(市广电发展中心　供)

采编人员融入新媒体产品制作，参与乡村寻宝等大型活动网络直播、《我和我的祖国》MV编导摄制、《祖国，福清向您汇报》《在希望的田野上——福清乡村振兴实践》等微视频创作。2月初完成“央视新闻+”移动客户端注册，并上传福清电视台制作的新闻视频。节目以宣传福清思想文化工作、水美福清、乡村振兴、文明城市创建、平安福清创建、庆祝新中国成立70周年以及展示福清正能量的新闻类节目为主。全年发布500多条节目，点击量在1万以上的节目90多条。

【电影】　2019年，市广电中心做好农村公益电影放映工作，全市438个行政村每村每月放映一场电影，全年完成放映数5256场。各农村公益电影放映队进校园、社区进行巡回放映活动150多场次。强化农村电影放映的日常监督与市场管理，健全电影放映公示制度，建立电影放映GPRS卫星数字技术监督平台，对全市农村电影放映工作进行科学管理。

【电视专题栏目】　《讲世事》栏目　2019年，《讲世事》栏目制作播出节目208期，主要关注百姓的热点、焦点、时事政治以及喜闻乐见的福清历史故事、民间民俗文化。

《廉政福清》栏目　2019年，《廉政福清》栏目完成13期节目，栏目围绕福清市纪委监委的中心工作进行宣传，记录全面从严治党向纵深发展、向诬告陷害亮剑、“一镇一孝廉”创建活动等工作中的举措和成效。

《检察官说法》栏目　于2019年5月开播，全年播出8期专题访谈节目，以近年来发生在福清市具有一定社会影响力和教育意义的典型案例或法治热点事件为报道对象，从法律和道德的视角去观察和分析，深层剖析事件背后的法律或道德价值，采用“案情报道+检察官说法+社会各界人士探讨”的模式以案说法。

《平安福清》栏目　2019年，栏目制作播出53期节目，围绕政法系统、综治单位的亮点工作进行报道，针对元旦、国庆分别推出“展望2019年”“壮丽70年·奋斗新时代”专题报道。

《记者走支部》栏目　2019年，栏目播出27期节目，完成组织部安排的各项选题任务，并围绕新中国成立70周年这一主题，结合福清党建开展情况，推出系列相关节目。

《聚焦三农》栏目　2019年，栏目播出53期，围绕农业时令节气和当下一些新闻热点展开宣传报道；制作播出一批能体现新中国成立70年来福清市“三农”工作取得的新成效，对丰收节、一都镇和东张镇特色旅游、农业活动进行宣传报道。

《七彩阳光》栏目　2019年，栏目播出365期节目，举办“2019福清市少儿春节联欢晚会及选拔活动”“2019小伙伴快乐夏令营”“2019关工委夏令营”等活动，让广大青少年当好红色基因传承者、实践者。栏目策划亲子益智类节目——《爸爸妈妈请回答》，向观众传递正能量，重视亲子之间交流与互动。

（黄群勇）

主流媒体看福清

【概况】　2019年，境内外新闻媒体关注福清社会经济发展成就，新华社、《人民日报》《经济日报》《光明日报》、中央广播电视总台、中国网、中国新闻网、海外网、《福建日报》、福建电视台、《福州日报》《福州晚报》、福州电视台等中央、省、福州市主流媒体，全年累计刊播涉融新闻报道约860篇（条）。在庆祝新中国成立70周年、2019福清市两会、重点项目建设等重大主题报道中，福清市均率先在上级主流媒体推出新闻报道。

【两会新闻报道】　2019年,《福州日报》刊登新闻报道《福清华信食品有限公司原总经理陈荣华：履职尽责勇担当 回馈桑梓见真情》《来到群众中 协商身边事 福清市政协探索议政协商新机制，构建双向发力新格局》《福清市榕代司法救助基金会成立 为我省首个由人大代表筹资成立 为刑事被害人提供救助的基金》《一名法律界人大代表的担当——记福建宇凡律师事务所主任翁凡》。

《福州晚报》刊登新闻报道《市人大代表陈荣华：树高千尺不忘根 心系群众解民忧》《市人大代表翁凡履职尽心尽力，眼下又牵头干了件实事 筹资210万元成立司法救助基金会》。

福州电视台《福州新闻》栏目刊播新闻报道《代表履职在行动 市人大代表陈荣华：以实干担当书写履职“答卷”》《市人大代表翁凡：以人民为中心履职 为地方立法献策》《代表视察看巨变话未来 市人大代表集中视察海洋及临港产业建设发展情况》，《新闻110》栏目刊播新闻报道《聚焦“两会”：建设美丽乡村 绘就乡村振兴新画卷》《2019不停战 福清法院开启执行攻坚新篇章》。

【产业经济新闻报道】　2019年，新华社刊登新闻报道《福清跃居综合实力百强县市第18位》。

人民网刊登新闻报道《福清星源农牧：“肥水不流外人田”生猪养殖资源循环利用》。

《福州日报》头版刊登新闻报道《福清迈进GDP“千亿俱乐部” 去年增速9.6%，跃居福州第一》《福清跃居综合实力百强县市第18位》《福清跻身中国工业百强县（市）第28位》《福清：“软实力”锻造“硬成绩”》，刊登新闻报道《一片玻璃的“无限边界” 福耀集团坚守实业40年，稳健经营不断创新，全球市场占有率达25%》《福清举行首届青年名厨职工技能大赛》。

《福州晚报》刊登新闻报道《新春年货料更足 吉尼斯纪录！最大鱼丸200公斤》《瞄准超千亿级发展目标，唱响经济融合发展数字福清开启城市新篇章》。

福州电视台《福州新闻》栏目刊播新闻报道《王宁赴福清市调研时强调 全力以赴推动产业发展》《“三个福州”系列谈 市委常委、福清市委书记王进足：在“三个福州”建设中奋力先行走前列》《福清：加快产业转型升级 助推高质量发展》《福清：“双轮驱动”助推高质量发展》。

福州新闻网刊登新闻报道《福清出口台湾活鲍鱼业务居全省首位》。

园区经济 《中国企业报》刊登新闻报道《福州江阴港城经济区：现代化港口城市加速崛起》。

《经济日报》刊登新闻报道《建“华龙一号” 铸大国重器》《深度参与“一带一路” 促进经济高质量发展》。

《光明日报》刊登新闻报道《中核集团：不忘初心，扎实推进核工业自主创新》。

中央广播电视总台刊播新闻报道《福建福清：“华龙一号”全球首堆示范工程》。

新华网刊登新闻报道《节前加工忙》。

人民网刊登新闻报道《元洪国际食品产业发展论坛举行 聚焦打造食品产业链》。

《福建日报》头版刊登新闻报道《亚太地区最大海上风电机组下线》《福清：冲刺“开门红”》《福清核电5号机组汽轮机本体安装基本完成》，刊登新闻报道《福清成为我省最大进口鳗苗业务集散地》《福清核电1—4号机组累计商运发电量突破千亿千瓦时》《单机容量亚太最大海上风电机组在福清下线》《云集世界年味 共享元洪美食》。

福建电视台刊播新闻报道《福建省最大功率风力发电机下线 风电产业链进一步完善》《福清：江阴港区加快临港产业集聚 打造国际深水大港》《“华龙一号”全球首堆启动冷试》《“华龙一号”全球首堆倒送电一次成功》《福清：三峡集团海上风电机组下线》。

《福州日报》头版刊登新闻报道《“华龙一号”全球首堆示范工程进展顺利 福清核电5号机组预计4月实现冷试》《江阴港一季度集装箱量预计比增10%》《元洪国际食品产业发展论坛在福清举办》《福清吹响推动产业新一轮快速发展号角》《国内单机容量最大海上风电机组下线》《江阴港区年吞吐量首破200万标箱》，刊登新闻报道《1500人春节奋战在福清核电建设现场 坚守一线铸“大国重器”》《加快“智慧港”建设步伐 江阴港区4月前实现5G全覆盖》《江阴工业危固废综合利用与处置项目试投产》《江阴港区再添“海丝”航线》《“新旺融合”打造国际合作新平台》《江阴港区“巨无霸”岸桥启用》《基础设施建设日臻完善 海上货物贸易日益频繁 福州港“胃口”越来越大》。

《福州晚报》刊登新闻报道《元洪国际食品产业园发起成立联盟》《2019首届元洪国际食品交易会开幕》《江阴港区年吞吐量突破200万标箱》。

福州电视台《福州新闻》栏目刊播新闻报道《福清公路港：整合区域资源 打造智慧物流园区》《开足马力促生产 奋力冲刺“开门红” 新福兴浮法玻璃项目两条生产线今年点火投产》《福清试点全省首个QBBSS质量链 打造食品质量链》《“元洪在线”与元洪供应链金融平台上线》《京东（元洪）食品数字经济产业中心开园》《元洪国际食品产业发展论坛举办 群策群力共同打造国际合作新平台》《江阴港区：加快临港产业集聚 打造国际深水大港》《我省最大功率风力发电机下线 风电产业链进一步完善》《2019首届元洪国际食品交易会举行》，《新闻110》栏目刊播新闻报道《“5·18”与会代表参观福清江阴港 寻觅合作新契机》《亚太地区首台容量最大海上风电机组在福清下线》，《@新闻110》栏目刊播新闻报道《江阴港区：加快临港产业集聚 打造国际深水大港》，《关注》栏目刊播新闻报道《牢记使命 唱响元洪模式》。

重点项目建设 《福建日报》头版刊登新闻报道《项目领跑，跑出福清加速度》《打造智慧港区》，刊登新闻报道《京东（元洪）食品数字经济产业中心开园》《省领导调研三峡海上风电国际产业园项目建设》《三峡集团在闽打造海上风电大国重器》《海上风电项目主体工程开工》。

《福州日报》头版刊登新闻报道《福清不断推进招商、建设、创新三大行动 元洪国际食品产业园快速崛起》《省领导调研三峡海上风电国际产业园项目建设》《我市努力打造海上风电全产业链 亚太地区已投运 最大风电机组江阴下线》《中景石化丙烷脱氢项目一期预计三季度投产》《坤彩科技江阴产业园正太项目开工富仕项目投产》《元洪国际食品产业园加速崛起》，刊登新闻报道《元洪国际食品产业园快速崛起》《福建三峡海上风电国际产业园转入建设运营阶段 打造百亿级海上风电装备基地》《40多个项目集中开工，总投资89亿元 福清洪宽创新科技园产城融合共繁荣》《福清洪宽创新科技园一期封顶》《元洪食品产业园磁场效应凸显》《福清第三季度集中开工30个重大项目，总投资约113.1亿》《32个项目集中开工 福清总投资312.38亿元》《配建2300亩生活区 福清江阴筑巢引凤》《福清龙江公交站动建》《福清市中医院将建住院大楼 主体预计年底完成》《干部冲一线 勇克新难点 福清市龙江征迁组提前一个月实现100%签约》《福清老年体育活动中心主体建筑完工“五一”后对外开放》《福清龙江大桥工程建设快马加鞭》《福清市老年人体育活动中心开放》《福清一中新校区宿舍楼顺利封顶》《福清S209线长乐交界至阳下圣帝桥段路面改造工程开工》《福清一中新校区主体下月封顶》《福州新区 凝心聚力绘宏图 勇立潮头谱新篇》《福清去年新增学位4800个 福清市实验小学第二校区明年投用》《福清多条“断头路”春节前通车》《滨海大通道福清段建设驶入“快车道”》《228国道福清段“白改黑”23日完工》。

《福州晚报》刊登新闻报道《福清龙江公交枢纽站动工 三峡海上风电国际产业园等多个项目动工》《福清二季度开工一批重点项目 洪宽创新科技园动建》《洪宽创新科技产业园一期项目封顶》《福清第三季度33个重点项目集中开工》《福清海坛海峡海上风电项目开工》《福清一都状元文化街区主体工程春节前完工》《福清第四季度32个重点项目动工》《福清一中新校区主体下月封顶》《福清一中新校区主体结构封顶》《龙江街道征迁组57天啃下征迁“硬骨头”福清南门桥片区将建生态游赏公园》《福清滨江小学第二校区全面封顶》《探索推行“房地分离”征迁补偿政策 福清3年多完成征迁254万平方米》《福清温泉大道主线通车 系福州新区滨海大通道重要组成部分》。

福州电视台《福州新闻》栏目刊播新闻报道《关注第四季度集中开工重大项目 福清：康乃尔MDI项目位于江阴港 工期24个月》《福清：发力项目建设 集聚发展动能》《关注我市二季度重大项目集中开工 福清：洪宽创新科技产业园预计明年4月验收》，《新闻110》栏目刊播新闻报道《长福高速预计2020年建成 将快速连接长乐福清》。

福州新闻网刊登新闻报道《福清龙江公交枢纽站动建 一批重大项目集中开工》《福清：龙江征迁干部扎根一线攻坚克难》。

优化营商环境 新华社刊登新闻报道《福建福清：提升供电服务水平 优化营商环境》。

新华网刊登新闻报道《福清供电：“真金白银”助小微企业发展》。

《福建日报》刊登新闻报道《福清玉屏街道：促进产业发展 维护群众利益》《科特派，去农企上班！》。

《福州日报》头版刊登新闻报道《拓宽渠道 以商招商 福清春节期间已对接100多条招商线索》《深入开展“产业发展年”活动 福清亮出“一二三四”成绩单》《福清落深落实落细今年目标任务 全力推动高质量发展》《福清：优化营商环境 澎湃企业活力》《“双保”服务升级 营商“礼包”丰厚 福清推出系列助企惠企政策措施》，刊登新闻报道《服务有力度 行动有成效 福清闽侯连江持续落实“一企一议”机制》《融入“三个福州”奋力走前头当先锋》《福清亮出“一二三四”成绩单》《想企业之所想 优化营商环境 市投促局和福清市落实“一企一议”》《土地获得之日就是施工许可之时 福清打造良好营商环境助推民营经济发展》《聚焦“5·18”“海洋经济与城市发展——港口合作论坛”圆满落幕 与会代表盛赞“海上福州”建设》《福清：当好企业“保姆”推动服务全覆盖》《仓山福清多措并举 优化营商环境》《福清举办“春风行动”大型招聘会》。

《福州晚报》刊登新闻报道《福清94个服务单位深入466家重点企业4个月帮助企业解决上千个问题》《福清首创“融e行”智慧审批平台融合套餐联办和银行代办，实现“不见面审批”》《为企业当好“保安”，做好“保姆”福清首次推出“双保”行动APP》。

福州电视台《福州新闻》栏目刊播新闻报道《榕城海关驻福清办事处揭牌成立》《福清试点重大项目"预审查"机制 为项目施工提速》，《新闻110》栏目刊播新闻报道《福清市行政服务中心：为企业当好“保安”，做好“保姆”》《福清：创新研发“融e行”智慧审批平台 为企业“争分夺秒”》。

海峡网刊登新闻报道《侨乡福清发展大跨越》。

福州新闻网刊登新闻报道《福清举办国家网络安全宣传周活动暨网络安全论坛》《福清发布“双保”APP将逐步覆盖全市在产、在建企业》。

【文化建设新闻报道】 文化惠民 2019年，新华网刊登新闻报道《福清：文化惠民为幸福“加餐”》。

中国文明网刊登新闻报道《以文学为媒创阅读品牌 福建福清全民阅读迈向特色化》。

《福建日报》刊登新闻报道《文化新引擎，激活全域旅游》。

《福州晚报》刊登新闻报道《福清：文化惠民为幸福“加餐”》《福清开通空中120推行“名校+”办学 去年完成151项为民办实事项目》《福清：培育文明新风 激发城市活力》《福清一都状元文化街区动建》。

文化交流活动 《福建日报》刊登新闻报道《福建与日本民间团体》《融台青少年交流武术文化》。

《福州日报》刊登新闻报道《福清利桥特色历史文化街区 民俗文化节开幕》《福清举办第十届民间民俗文化节》《〈福州，听我说〉第三季初赛今晚开播》《首届福清（沙埔）开渔节暨海洋文化旅游节举办》《探访福清黄檗山万福寺、福耀集团等处 中日地方交流促进研讨会嘉宾开启参访行程》《心系宗鹤情满两岸 融台青少年武术文化交流活动举行》。

《福州晚报》刊登新闻报道《福清

利桥街区民俗文化节开幕》《频频亮相央视春晚等顶级舞台 福清侨乡街舞团“丫厉害”》《福清民间民俗文化节很有“味”“福清有礼”系列文创品首度亮相》《福清市美术馆成立艺术指导委员会聘请国内知名专家为委员 提升美术馆品牌》《第三季〈福州，听我说〉明天开播 首期宣讲员说的都是百姓“衣食住行”》《环福州・永泰国际公路自行车赛福清赛段 俄罗斯国家队包揽冠亚军》《福清沙埔镇征集形象标识 入选作品可获2万元奖励》《福清沙埔镇Logo征集倒计时入选作品最高奖励2万元》《福清沙埔镇征集LOGO今天开始网络投票》《福清市沙埔镇LOGO征集活动结果揭晓》。

福州电视台《福州新闻》栏目刊播新闻报道《我市各县（市）区开展迎春特色活动 利桥特色历史文化街区：展现历史韵味 传承侨乡文化》《新中国发展面对面赠书活动走进福清》《师大福清分校聘请21位客座教授 助力应用型本科院校发展》，《@新闻110》栏目刊播新闻报道《2018第六届中华梦乡福清石竹山梦文化节开幕》，《新闻110》栏目刊播新闻报道《4G连线：福清：祈丰年、闹元宵 百余村民舞动“板凳龙”》《福清：祈丰年、闹元宵 五条“板凳龙”大联欢》《4G连线：福清东瀚镇文山村：正月十五闹元宵 板凳龙舞祈丰年》，《关注》栏目刊播新闻报道《旅美画家的乡愁》。

东南网刊登新闻报道《首届国际黄檗禅论坛在福清举行》。

福州新闻网刊登新闻报道《福清市第十届民间民俗文化节开幕 首届文创季成果创意亮点十足》《鸿生杯“幸福・融城”摄影大赛评选结果揭晓 39件作品获奖》《首届国际黄檗禅论坛22日在福清举办》《“秋日音阶：跨代际的诗会”主题讲座在福清举办》《闽都大家/周虹：梅花香自苦寒来，虹霓辉映舞长天》。

文明实践中心　新华社刊登新闻报道《福清：文明新风润家园》。

《福建日报》刊登新闻报道《福清：文明新风润家园》。

《福州日报》刊登新闻报道《市总工会到福清开展文明实践活动》《新时代文明实践中心建设刮起“融合”之风》《整合工会资源 文明实践共建 市总工会与福清海口镇举办共建活动》。

福州电视台《福州新闻》栏目刊播新闻报道《结对共建 开展新时代文明实践活动》，《关注》栏目刊播新闻报道《新时代文明实践 引领乡村新风》《福清：新时代文明实践在身边》。

书画艺术展览　新华网刊登新闻报道《福清思明诏安美术书法作品联展（福清站）开展》。

人民网刊登新闻报道《中日黄檗文化书画展在厦门开幕 以书画为媒促文化交流》。

《福建日报》刊登新闻报道《福清举办陈优清山水画展》。

东南网刊登新闻报道《福建省美协综合材料绘画艺委会委员作品展亮相福清》。

《福州日报》刊登新闻报道《石齐艺术展福清开展》《“版画中国・版画艺术在民间”全国巡展走进福清》。

《福州晚报》刊登新闻报道《石齐艺术展周六在福清开幕 将展示精品画作50余幅》《石齐艺术展在福清开展 免费展出至12日》《建馆两周年之际，又迎高水平书画展 福清美术馆玉融文化新名片》《福清举办“春华秋实”书画展 展览时间持续至8月25日》《全国美术作品展览入展名单公布 8位福清籍艺术家作品入选》《余险峰、沈乃希、陈贻敏书画联展在福清开幕》《福清展出守望兰亭奖书法作品 100多位福建书法家的120件精品亮相》《本土名家画作明起在福清展出 展示黄迪杞数十幅代表作品》《福清利桥街区展出民俗物件》。

福州电视台《福州新闻》栏目刊播新闻报道《石齐艺术展在福清开展 展览将免费展出至12日》《省美协综合材料绘画艺委会委员作品展亮相福清》《“满园春色”美术书法作品联展在福清开展》《“爱国主义教育——国防军工展”在福清举行》。

福州新闻网刊登新闻报道《省美协综合材料绘画作品展首次亮相福清 助推美术馆打造新名片》《三象合一・石齐艺术展2日—12日在福清美术馆举办》《吴茂文：坚守漆画初心，耕耘“文化绿洲”》。

【乡村振兴新闻报道】　2019年，新华社刊登新闻报道《瞰中国|稻田里的“两岸一家亲”》。

人民网刊登新闻报道《福清山利村：从“井水村”到“自来水村”的美丽蝶变》。

《福建日报》刊登新闻报道《省领导赴福州调研乡村振兴工作》《福州首例耕地复垦案20亩农田全部复垦》《三华农场：种好两岸融合“试验田”》《福清宏路街道：注重人居环境提升》。

福建电视台刊播新闻报道《福清：创新现代农业 带动乡村振兴》《山水福清 醉美灵石》《〈国货之光〉之〈“珍享”耀玉融〉》。

《福州日报》头版刊登新闻报道《福清：城乡巨变绘就“幸福画卷”》，刊登新闻报道《福清建成全市首批枇杷新品种示范点》《打好“生态牌”唱响“振兴曲”福清少林村建设美丽乡村筑起幸福新家园》《从穷山村到“绿富美”的逆袭之路——来自福清市溪头村的蹲点报告》《福清南宵绘就美丽乡村新画卷》《福清9个村庄候选福建省森林村庄》《福清举办乡村振兴（江镜）论坛》。

《福州晚报》刊登新闻报道《福清魏庄村建百亩生态休闲公园》《福清少林村挖掘少林文化和生态环境资源，布局乡村振兴》《福清南宵注重文明建设、古厝保护、生态产业发展“三线并行”打造美丽样板村》《福清营造“天蓝地绿城市美”环境》《福清：幸福之城宜居宜业的幸福密码》《不断深化农业供给侧结构性改革 福清走出特色现代农业之路》《福清山利村东山村 打造省级历史文化名村》《福清南宵村铺就多彩乡村振兴路》《最具人气的淳朴民风榜样村，初步筛选结果公布》。

福州电视台《福州新闻》栏目刊播新闻报道《福清湖美村：“三美”举措助力美丽乡村建设》《县（市）区委书记谈乡村振兴 福清：谱好特色“振兴曲”久久为功守幸福》《福州：加快推进乡村振兴 共谱农村发展新篇》《福清台湾农民创业园：让台农收获果实和梦想》《福清少林村：美丽与振兴同频共振》《福清南宵村：农文旅融合助力乡村振兴》《福清：统筹城乡发展 打造宜居之城》，《新闻 110》栏目刊播新闻报道《福清：“社区支持农业”促进农民增收》《一亩智慧“社区支持农业”基地：“定制”蔬菜助力乡村振兴》，《关注》栏目刊播新闻报道《加快推进乡村振兴 共谱农村发展篇章》《建设美丽乡村 打造魅力南宵》《村里来了驻村干部》。

农业节庆活动　《人民日报》刊登新闻报道《福清：百舸争流庆开渔》。

《经济日报》刊登新闻报道《百舸争流庆开渔》。

新华网刊登新闻报道《福建福清：百舸争流庆开渔》《首届福清（沙埔）开渔节暨海洋文化旅游节举行》。

《福建日报》头版刊登新闻报道《百舸争流庆开渔》。

《福州日报》刊登新闻报道《“红配绿”：一都镇找到全域旅游正确打开方式》。

《福州晚报》刊登新闻报道《第二届福州（福清）枇杷节下月举行》《2019 第二届福州（福清）枇杷节》《福清一都一心唱好“枇杷致富经”》《逛古寨、尝小吃、摘枇杷 本报邀您参加“枇杷盛宴红色一日游”》《沙埔开渔节邀你亲子游 可欣赏千船赴渔场壮观景象，还能赶小海吃海鲜》《开渔在即，想抢“鲜”一步吗 本报邀百人众筹包下一船海鲜》《看开渔盛况 赏无敌海景 品天然海鲜 这个夏天，打卡沙埔网红景点》《开渔节推出开渔集市 8 月 3 日体验“舌尖上的沙埔”》《8 月 3 日，去福清沙埔邂逅一场音乐美食盛宴》《3 个月海洋伏季休渔期今天结束 后天去沙埔品尝开渔“第一鲜”》《开渔节明天开幕 攻略先看清》《开渔昨日福清沙埔，全网超 120 万人关注》《农民丰收节 福清会场很精彩 22 日至 23 日举行，包括农牧产品展销、庆丰收活动等》《好吃！好看！好玩！后天来福清 丰收盛宴等着你》《丰收节福清会场活动开启“丰收盛宴”会聚优质农牧产品》《福清东关寨古厝成“网红”》。

福州电视台《福州新闻》栏目刊播新闻报道《第二届福州（福清）枇杷节举行 文旅农融合促进乡村振兴》《福清：侨乡农民庆丰收 玉融农业展新姿》，《新闻 110》栏目刊播新闻报道《第二届福州（福清）枇杷节举行 2 万游客大啖枇杷宴》《又是一年枇杷季！到一都镇摘枇杷吧》，《@ 新闻 110》栏目刊播新闻报道《发展全域旅游 “秀”出美丽乡村》《第二届福州（福清）枇杷节举行 2 万游客大啖枇杷宴》。

福州新闻网刊登新闻报道《福州（福清）枇杷节福州分会场：五大旅游小镇联袂亮相三坊七巷》。

“同置业 壮村财”　《福州日报》刊登新闻报道《福清：创新模式卓有成效 乡村治理风生水起》《聚焦聚力“五个工程”创新创效乡村振兴》。

福州电视台《福州新闻》栏目刊播新闻报道《福清：探索物业发展“鸡”“蛋”模式 壮大村集体经济》，《关注》栏目刊播新闻报道《音西村的“养鸡生蛋”模式》。

乡贤促进会　《福建日报》刊登新闻报道《福清沙埔镇：引导乡贤助力乡村发展》《乡贤助力，上迳变了样》《乡贤乐当志愿者 田间吹拂文明风》。

《福州日报》刊登新闻报道《福清：乡贤成乡村振兴“助推器”》。

《福州晚报》刊登新闻报道《支持家乡建设，过个别样中秋 福清积库村乡贤捐款 3200 多万元》《福清三山镇乡贤好样的 捐款 1600 万元发展公益事业》。

福州电视台《福州新闻》栏目刊播新闻报道《福清首溪村：党建引领 乡贤补位 绘就美丽乡村新图景》。

生命公园　东南网刊登新闻报道《生命公园：侨乡福清新举措 移风易俗倡新风》。

《福州日报》刊登新闻报道《福清 65 个生命公园投用》《生命公园：打造“人生后花园” 福清树立文明殡葬新风，明年底村村都有生命公园》。

福州电视台《福州新闻》栏目刊播新闻报道《福清明年底将实现村村都有生命公园 倡导节地生态殡葬 留住青山绿水》。

农村幸福院　中国网刊登新闻报道《福清深化推进乡村振兴 今年拟建 250 家农村幸福院》。

《福建日报》刊登新闻报道《幸福院里夕阳美》。

《福州日报》刊登新闻报道《“众筹”推动农村幸福院可持续发展》《养老不出村 情满幸福院 福清扎实推进养老领域补短板工作》《福清扎实推进养老领域补短板，今年将建 282 家农村幸福院》。

《福州晚报》刊登新闻报道《25 家农村幸福院投入运营，115 个集体经济薄弱村全部脱帽 福清乡村振兴正稳步推进》《福清溪北村建成幸福院，为老人提供休闲、医疗等服务》。

福州电视台《福州新闻》栏目刊播新闻报道《福清：创新服务模式 推进农村幸福院建设》。

“两违”综合治理　中央广播电视总台刊播新闻报道《福建福州持续开展违建坟墓整治行动》。

《法制日报》刊登新闻报道《为子孙后代留下更多青山绿水福州采取“堵查引疏”四法强力整治违建坟墓》。

《福建日报》刊登新闻报道《福清江镜开展大型拆违行动》《福清玉屏街道：整治“两违”助力产业项目发展》《福清玉屏街道狠刹违建风促项目发展》。

《福州晚报》刊登新闻报道《福清渔溪镇将“两违”遏制在萌芽状态》《福清掀起“两违”治理春季攻坚热潮》《福州市“两违”综合治理 福清利桥片区拆除两处违建》《福州市“两违”综合治理 福清东瀚多部门联动整治“两违”》《福清新厝镇拆除违建停车棚》《福清新厝镇拆除违建洗车房》《福清打响“两违”治理春季攻坚战》《福清新厝镇拆除大型违建养殖场》《福清上半年共处置违建740宗》《福清龙江街道整治小区违建》《福清超额完成治违年度任务处置违建面积212.46万平方米》。

福州电视台《福州新闻》栏目刊播新闻报道《福州：推进“大棚房”专项清理 坚决遏制“农地非农化”》。

湖库水系连通　新华社刊登新闻报道《福建福清：让一泓清池，成为嵌在乡村的“宝石”》。

人民网刊登新闻报道《福建福清打造全域综合治水“样板”：算好流“水”账，念好“发展经”》《福建福清：源头治水 水清河畅岸上美》《福建福清：干渠改造变“福渠” 水清岸绿生态美》《福建福清：一村一池塘 千村水源“活”起来》《福清山利村：从“井水村”到“自来水村”的美丽蝶变》《福建福清：集中除险加固水库 化“水害”为“水利”》。

《福建日报》刊登新闻报道《福清：全域综合治水打造水美新家园》《治水，他们有一手》《福清市阳下街道：致力治水 让生活更美好》《福清玉屏街道：污水零排河 展现乡村好风貌》《让一泓清池，成为嵌在乡村的“宝石”》《福清海口镇：聚社会合力建水美海口》《福清龙田镇：全域综合治水成效大》。

《福州日报》刊登新闻报道《福清江阴镇：全民动员 合力治水》《福清上迳镇“连河水”试点取得阶段性进展》《福清江阴镇：全面清淤清杂为河库沟渠“减负”》《清沟渠 建池塘 通水系 福清江阴污水治理显成效》《小池塘治污“本领大” 福清推进“一村一池塘”建设，211个村完成农村生活污水治理》。

《福州晚报》刊登新闻报道《“污水零排河”攻坚行动初战告捷 福清龙溪河 甩掉二十几年“黑臭帽”》《全面推进“一村一池塘”建设 福清今年将实现“村村有湖”》《福清海口“六字诀”打好治污治违组合拳》《废池塘变新景观 福清沙埔镇 创新治水模式》《福清上迳镇一村一池塘　打造景观池》《福清市上迳镇清理沟渠逾万米》。

福州新闻网刊登新闻报道《福清三山镇：“一村一池塘”为美丽乡村添绿增彩》《探访福清少林村：柯树林里荡秋千 一汪池塘泛碧波》。

【城市建设新闻报道】　2019年，人民网刊登新闻报道《福建福清：十七载创星激活，让党支部强起来》。

新华网刊登新闻报道《福建福清：提升供电服务水平 优化营商环境》《福建省国省道标准化养护现场会在福清召开》。

《福州日报》头版刊登新闻报道《福清优化管理水平，提升城市文明》《骑乐无穷，看不一样的风景》。

福建电视台刊播新闻报道《福清：路网分中心正式投入运行》《福清：新型公交逃生系统 两秒打开逃生通道》。

《福州日报》刊登新闻报道《南方医大福清医院明年底投入运营 按三甲综合医院标准建设，拟设1500张床位》《福清提升医疗基础设施 去年实施39个“补短板”项目》《福清一都镇创立“说事中心”打通服务群众“最后一公里”你说出心中事 我为你解忧难》《聚焦2019春运 站台“鹰眼”护春运》《莆田公交线路“开”到福清来》《别人回家过节 他在路上坚守》《福清建设果蔬专业交易中心》《福清：热爱和保护让历史文物焕发生机》《我省国省道标准化养护现场会在福清召开》。

《福州晚报》刊登新闻报道《福清今年将建设一大批产业、民生项目》《福清城市品质提升 颜值大增》《我市加快体育生活化乡镇建设》《福清又一高颜值公园春节开放》《福清新增两处停车场 共有600多个停车位》《福州莆田首条跨市公交开通 福清最偏远村庄告别无公交历史》《福清成功出让5幅地块》《福清虎溪公园东园即将开放》《福清再建一座跨龙江大桥》《福清湿地公园A段预计下月开放 占地123亩，开辟“城市菜地”》《福清公园建设融入“正能量”》《福清市区至龙高半岛将新增一条快速通道》《福清龙田水厂至高山供水主管道8月底完工》《3D斑马线亮相福清街头》。

福州电视台《福州新闻》栏目刊播新闻报道《福清市行政服务中心：守初心担使命 打造高质量政务服务》《福清：东华水库开工 将有助完善龙高半岛供水紧张局面》《福清：设立“首席服务官”制度 打通服务群众“最后一公里”》《关注第41个植树节 村植千树 绿化家园》，《@新闻110》栏目刊播新闻报道《融媒体视点2：殡葬改革新举措 惠民倡导新风尚》，《新闻110》栏目刊播新闻报道《福清东坪村：废旧轮胎改头换面扮靓主题公园》《福清豆区园：“宰相花园”焕生机》《福清市行政服务中心：守初心担使命 打造高质量政务服务》。

【社会综合治理新闻报道】 2019 年，《新华每日电讯》刊登新闻报道《福建福清：治“微腐败”触角到基层》。

《福州日报》刊登新闻报道《福清东峰村：一座没有围墙的公园》《福清动物疫病净化经验获得推广》《福清检察院督促完成榕首例耕地复垦案》《清走数十吨垃圾 “请来”千余亩红树林 检察建议引关注 福清沙埔镇海域大变样》。

《福州晚报》刊登新闻报道《告别“蓬头垢面”实现“华丽蝶变”》《福清推广生活垃圾分类“新时尚”》《福清沙埔海岸线，生态修复半年大变样》。

“平安福清”建设 福建电视台刊播新闻报道《福州市举行大型石油化工灾害事故应急救援综合演练》。

《福州日报》刊登新闻报道《我市各县（市）区开展安全生产大检查》《福清江阴开展平安建设宣传系列活动》《福清举行安全用气宣传活动》《福清公检合力彻查虚假诉讼系列案》《福清一涉黑团伙 22 人被判刑》《福清市检察院检察官提醒——涉老诈骗花样多擦亮双眼莫上当》《送法进民企助发展》《抽丝剥茧找出拆迁补偿款 福清检察院监督 145 万元执行款兑现》《福清检察院女检察官宣讲团大力开展普法教育》。

《福州晚报》刊登新闻报道《福清举办活动宣传安全生产》《福清监狱里也有消费者权益保护站》《福清捣毁假烟窝点 案值4000万元》《福清 34 名“恶人”获刑》《福清创新开展企业安全生产培训》《福清唱响平安创建“和谐曲”》。

福州电视台《福州新闻》栏目刊播新闻报道《福清蓝天救援中心：最美“一抹蓝” 保障人民群众安全》《福清市开展特种设备安全宣传进校园活动》《福清开展消防产品专项检查》《我市举行大型石油化工事故应急救援演练》《我市积极防御台风 " 白鹿 " 福清：加强巡逻 严禁渔民回流作业》，《新闻 110》栏目刊播新闻报道《福清：施工安全记心间 全力排查除隐患》《福州市举行大型石油化工灾害事故应急救援综合演练》《高速公路事故应急演练 强化应急处置能力》《福清：加强值守巡查 启动防范强降雨应急预案》《福清：两青年卷入沟渠 众人及时救助》《加强地质灾害点巡查 全力防范强降雨影响》。

【其他主题活动新闻报道】 庆祝新中国成立 70 周年 人民网刊登新闻报道《“满园春色”——福清思明诏安庆祝新中国成立 70 周年美术书法作品联展（福清站）开展》。

《福建日报》刊登新闻报道《守正创新讴歌新时代“满园春色”美不胜收 福清思明诏安三地联办书画展，致敬新中国成立 70 周年》《丹青妙笔绘盛世 翰墨飘香颂祖国 “满园春色”福清思明诏安庆祝新中国成立 70 周年美术书法作品联展在厦门开幕》。

《福州日报》刊登新闻报道《16 位作家讲述不一样的福清》《壮丽 70 年·奋斗新时代 经济社会发展成就巡礼——福清市》《福清思明诏安美术书法作品联展福清开展 70 件书画礼献新中国 70 华诞》。

《福州晚报》刊登新闻报道《创作周活动启动，搭建交流平台 16 位知名作家齐聚福清采风》《五夺世界杯冠军女排精神激励国人 徐云丽携“三大福清人群体”告白祖国》《福清、思明、诏安三地艺术家佳作亮相 70 件书画周六起在福清展出》《70 件书画佳作为新中国华诞献礼 福清思明诏安美术书法作品联展（福清站）开幕，持续至 21 日》。

福州电视台《福州新闻》栏目刊播新闻报道《同走新闻路 庆祝新中国成立 70 周年 见证元洪国际食品产业园蓬勃发展》。

主题教育活动 人民网刊登新闻报道《福清核电高质量推进“不忘初心、牢记使命”主题教育走深走实》。

《福州日报》头版刊登新闻报道《长乐福清先行融入第一批“不忘初心、牢记使命”主题教育》《以实际行动践行初心使命 推动福清高质量跨越发展 福清市委常委开展集中学习研讨，推动主题教育取得实效》《福清：紧密联系实际推动主题教育走深走实》，刊登新闻报道《在“三个福州”建设中奋力先行走在前列——访市委常委、福清市委书记王进足》《深化〈纲要〉学悟 推动落地生根——学深悟透〈习近平新时代中国特色社会主义思想学习纲要〉》《高标准高质量推动主题教育落地见效 各县（市）区对开展“不忘初心、牢记使命”主题教育进行动员部署》《邻居王炎官 20 年如一日照顾，盲人陈丽秋很是感激——“你是我的眼，让我的生活充满温暖和光亮”》《市委宣讲团赴各地宣讲党的十九届四中全会精神》《主题教育“走心”为民服务“走实”福清持续发力整治突出问题化解难题积案》《解放思想担当作为 提振精神激情创业——福州党员干部群众深入学习〈习近平在福州〉采访实录》。

福州电视台《福州新闻》栏目刊播新闻报道《我市各县（市）区积极先行融入“不忘初心、牢记使命”主题教育》《福清：忆苦思甜颂党恩 担当作为促发展》《福清市“不忘初心 牢记使命”主题教育动员部署会》。

中央生态环境保护督察 《中国环境报》刊登新闻报道《深入一线，做好调研》。

《福州日报》头版刊登新闻报道《福清市全力推进江阴港城经济区生态环境问题整改》，刊登新闻报道《政声 以生态环境“高颜值”保障发展高质量》《各县（市）全力配合中央生态环境保护督察》《中央第二生态环境保护督察组向我市转办第六批群众信访举报件38件》《正视问题 迅速行动 福清市全面落实江阴港城经济区环境问题整改》。

对口帮扶　《人民日报》刊登新闻报道《依依不舍》。

《福建日报》刊登新闻报道《跨越山海，奏响“协作曲”》。

《福州日报》刊登新闻报道《定西通渭贫困户董建国夫妇相继来榕就业，满怀憧憬——“今年脱贫有希望了！”》。

福州电视台《新闻110》栏目刊播新闻报道《8年对口帮扶 奏响＂山海协作曲＂》。

“三大福清人”　新华网刊登新闻报道《福清港头镇杭下村村医林贤先：扎根农村守护百姓健康》。

《人民日报》刊登新闻报道《“薄饼大王”的桑梓情怀》《只身闯天下的“福清哥”》。

中央广播电视总台刊播新闻报道《林猷平：修鞋匠的助残梦》。

《福建日报》刊登新闻报道《马红星：福建福清核电有限公司电工、高级技师，全国技术能手》《福清小伙林炜翔成福建第一人》。

《福州日报》头版刊登新闻报道《全国道德模范王锦萍载誉回榕 她和翁希明的先进事迹在我市引发热烈反响》，刊登新闻报道《福州首位！村医王锦萍荣膺全国道德模范》《见龙在田 星源腾飞 科技特派员吴飞龙十余年真情帮扶助企业壮大》《何木旺：退役不褪色 耕耘在一线》《村医王锦萍坚守小岛30多年 自己坐月子还接生了5个孩子》《山经海经致富经 外来媳妇好念经——记2019年度福建省最美家庭鞠秀丽杨才云家庭》《福清港头镇杭下村村医林贤先：扎根农村守护百姓健康》《八载创业，只为弱有所扶》。

《福州晚报》刊登新闻报道《扎根吉钓岛33年，福清村医王锦萍获殊荣 福州产生首位全国道德模范》《继续为体育事业奉献力量“福清妹”徐云丽履新福师大副教授》《从被引进的专家到农业科技园的投资人 台湾杰出农民在福清干得风生水起》。

福州电视台《福州新闻》栏目刊播新闻报道《福州村医王锦萍荣膺全国道德模范 33载扎根海岛 为村民健康保驾护航》《全国道德模范王锦萍、提名奖获得者翁希明载誉回榕》。

东南网《海外福清人》专栏刊登报道《点亮心中的灯——访日本福建经济文化促进会会长吴启龙 》《何钦文：福清哥闯荡肯尼亚》《好男儿志在四方——访坦桑尼亚福清商会会长姚少青》《天涯海角别样情——访厄瓜多尔福建总商会会长林其》《玉融之人——访世界福清社团联谊会常务副主席林文珠》《你若盛开 清风自来——访福建省侨联副主席、永鸿集团董事长林雄申》《林文增：“福清哥”成为印尼“螺丝大王”》《摸着石头过河 拼出一方天地——访莫桑比克中国和平统一促进会执行会长王孝金》《陈华美：鱼跃龙门闯希腊，致富不忘助乡亲》《何敢云：绽放在东帝汶的铿锵玫瑰》《何玫：投资牙买加的首位中国女侨民》《万里远行日月长——访毛里塔尼亚华人商会会长林文才》《陈文龙：苦孩子在柬埔寨闯出新天地》《心有梦想 无问东西——访危地马拉福建同乡会会长陈建德》《林国清：澳洲创业谋发展，牵线搭桥哺家乡》《翁国宁：成功没有捷径，在于脚踏实地、从小做起》《马来西亚拿督何顺隆：难以割舍的故乡情》《四海为家天地大——访英国福建社团联合总会副主席林新献》《千里之外 赤子之心——访英国苏格兰福建青年会会长薛瑞勇》《匠心办学 助力中日文教交流——访旅日融籍女企业家陈秀姐》《与人为善 于己为善——访新西兰福清同乡会、福清商会秘书长黄珍》《以一己之力 聚众人之智 成众人之事——访阿根廷侨贤陈瑞平》《恋祖爱乡 追梦而行——访匈牙利侨贤方良瑞》《情到深处心是家——访美籍华人画家俞山》《莱索托侨贤陈克辉：仁义闯出一片天》《陈玉森：脚踏实地的华人科学家》《爱尔兰侨贤林少文：一颗诚挚赤子心 满腔热忱家国情》《侨胞郭进光的“福清洋”精神》《印尼侨领俞雨龄：君子如玉 温润而泽》《从工程师到侨商 美国侨胞陈孝忠的圆梦之路》。

志愿服务与公益慈善　《福州日报》刊登新闻报道《冬日送关怀 温暖进老区》《福清快递小哥张端玲：省吃俭用做公益 日行一善暖人心》《福清志愿者助老敬老送温暖》《志愿者走进孤儿院》《爱家爱岗爱行善 李海英：“上苍”赐予的好心人》《“中国好人”薛建波创办福清首个志愿者幸福驿站》《福清泽岐村慈善卫生所乡村医生薛姝：带动亲友做公益 共谱爱的赞歌》《父女献爱心资助贫困生》《福清侨乡义工总队2年捐资助学50万元》《服务积分可兑换日用品，让助老志愿者拥有更多获得感 漆林村为11名村民办了所“幸福超市”》《汇聚向善力量 情暖计生家庭 福清市计生协联合爱心企业家连续6年帮扶计生困难家庭》。

《福州晚报》刊登新闻报道《福清“护水志愿者”顶着寒风巡河护河》《情系一都革命老区 春节慰问暖人心》《林文镜先生逝世一周年追思会昨举行，故事温暖人心——捐助家乡慷慨大方 自己10年未添新衣》《小学生义卖　筹款7万多元》。

（林思洲）

（编辑　陈晔）

卫生　体育

卫生事业

【概况】　2019年，福清市17个镇7个街道办事处有各级各类医疗卫生机构804个。其中三级综合性医院1家（福清市医院），二级乙等综合性医院3家［福清市第二医院、福清市第三医院、福清融强医院（民营）］，二级甲等中医院1家（福清市中医院），二级综合性医院1家［福清天安医院（民营）］，市级保健机构3家［福清市妇幼保健院（三级）、福清市皮肤病防治院、福清市融康医院］，疾控中心1家，乡镇卫生院17家（中心卫生院5家，其中渔溪镇中心卫生院为二级综合性医院，甲类3家），街道社区卫生服务中心7家，社区卫生服务站6家，社区卫生所15家，村卫生所404家，村卫生室113家，综合门诊部14家，口腔门诊部21家，个体诊所166家，医务室9家，一级民营医院12家，未定级民营医院1家（东南眼科医院），其他企事业医院1家（福清监狱医院）。另有卫健局局属单位9个，分别是流动人口计划生育管理站、卫生监督所、美沙酮维持治疗门诊部、应急办、卫协会、卫职校、无偿献血服务中心、基层卫生管理服务保障中心和120急救指挥中心。全市有医疗床位4235张，每千人口拥有病床数3.22张。全市注册医师数2502人，注册护士数3229人，每千人拥有医生1.9人，护士2.45人。

年内，福清市出生人口13110，总人口140.24万，人口出生率9.38‰，人口自然增长率4.57‰，出生人口政策符合率88.95%。

【基础医疗设施建设】　2019年，福清市医院二期工程包括医技住院大楼、感染科治疗楼和生活楼等，项目总投为9.6亿元，总建筑面积为13万平方米，年底进场动工，完成场地平整及围挡桩基施工。市疾控中心建设项目总投资1.36亿，建筑面积约1.5万平方米，占地面积约9133.33平方米，年底进场动工，进行场地平整及桩基施工。福清市中医院住院大楼新建项目由祥兴集团捐赠3000万建设主体工程，建筑面积1.5万平方米，总投资约9000万元，年底完工，开展扫尾工作。除以上3个项目，年内卫健系统公立医院基建项目涉及12个项目，总投资约20128万元（其中市财政投入12128万元），总建筑面积约43143平方米。截至年底已完成6项，分别为福清市医院急救中心扩建、市三医院门诊楼及旧住院楼外墙立面改造工程、市三医院手术室提升改造工程、镜洋镇卫生院医技楼扩建项目配套工程、阳下街道社区卫生服务中心病房楼修缮项目和江镜镇卫生院综合楼装修项目。

【公立医院改革】　2019年，福清市落实院长目标年薪考核制。1月，医管办对6家县级公立医院院长进行2018年度绩效考核并兑现院长年薪。根据各公立医院发展和运行状况，对妇幼保健院和中医院院长年薪调节系数进行适当调整。完善医院薪酬分配制度。完成各公立医院工资总额核定。健全财务资产管理制度，草拟《福清市县级公立医院总会计师管理实施细则（暂行）》报市医管委研究审定。控制医药费用不合理增长，全年全市县级公立医院药占比（不含中药饮片）为25.46%，较上年下降0.2%；药品耗材收入占比34.38%，较上年上升0.2%。医疗费用增长率14.71%，较上年下降8.19%。全市规范实施临床路径管理的出院人数占比68.29%，较上年上升34.22%。

【分级诊疗体系建设】　2019年，福清市推动多种形式医联体建设，各公立医院与上级医院开展协作，提升自身医疗服务能力，并组建县域医联体，促进基层医疗机构服务能力提升和县域内卫生人才有序流动。推行慢性病分级诊疗模式，开展“病人回归，医生下沉”行动，由县级公立医院派出专家在卫生院（社区卫生服务中心）设立联合专家门诊，以高血压、糖尿病为突破口，提出并制定药品目录、保障医生待遇、建立信息互通等措施，引导公立医院优质医疗资源下沉。推进县域紧密型医共体建设，出台《福清市紧密型医疗卫生共同体建设实施方案（试行）》，推进福清市医院和福清市第三医院医共体建设。

【社会资本办医】 2019年，福清市民营医院基建项目涉及5个项目。创举医院投资管理集团福清市二医院项目总投资10亿元，位于龙田镇闻读村，总用地面积10万平方米，总建筑面积9.5万平方米，一期用地5.48万平方米，床位600张。二期用地4.52万平方米，住院建筑面积1.4万平方米，为拟建设1000张床位数的三级综合性医院，年内办理土地农转用手续。南方医大福清医院项目总投资30亿元，位于龙江街道苍霞村，占地面积22.11万平方米，建筑面积49万平方米，分两期建设，一期建设门诊、医技、住院、后勤大楼，二期建设康复、科研楼，为拟建设1500张床位数的三级综合性医院，年内门诊部、医技部、后勤楼封顶，住院楼地上15层施工。海西口腔医院项目总投资2.8亿元，位于火车站片区东南大道东侧，占地面积2.07万平方米，建筑面积4.5万平方米，建设口腔医院大楼、中西医结合医院大楼、员工宿舍楼及地下室工程，年内口腔医院大楼、中西医结合大楼及宿舍楼封顶，内部砌墙完成，工程外墙完工。福建康乃馨心肾专科医院项目由福建康乃馨医疗科技集团有限公司承办，位于福清市龙江街道迎宾大道北侧、苍霞河东侧，用地面积约5.33万平方米，总投资人民币10亿元，院区总体规划建筑面积为13.97万平方米，为拟建设床位数600床的专科医院，年内完成征地。福清宜康医院位于福清市上迳镇岭胶村，占地面积5.73万平方米，现房约3万平方米，包括综合楼、宿舍楼、2栋病房楼及康复中心5栋建筑，总投资额约3亿元人民币，年内进行装修。

【基本公共卫生服务】 2019年，福清市人均基本公共卫生服务政府补助标准提高至60元，免费为城乡居民提供14项基本公共卫生服务。截至12月，常住人口131.6万人，建立居民健康档案109.42万份，建档率83.14%。建立电子健康档案109.42万份，建档率83.14%。

【疾病预防控制】 2019年，福清市卫健局制订出台慢病综合防控示范区建设工作方案，成立相应组织机构，推进省级慢性综合防控示范区创建工作，并于12月通过现场考核。开展登革热疫情处置及监测工作，组织开展爱国卫生运动并委托第三方消杀机构配合疾控中心进行现场灭蚊。加强儿童免疫规划管理，实施规范接种工作，完善疫苗冷藏设施，保障疫苗使用安全。加强登革热、麻疹、艾滋病等重点传染病监测，开展狂犬病、结核病、血吸虫病、霍乱等传染病的防治工作。做好实验室检测和从业人员健康检查工作，加强职业卫生、公共场所卫生、食品卫生、地方性氟中毒、碘缺乏病等健康危害因素监测工作。做好精神疾病管理工作。福清市有在册精神疾病患者5707人，检出率4.37‰。其中在管患者4886人，管理率85.61%，规范管理率82.92%，服药率71.37%，规律服药率53.62%。开展美沙酮维持治疗工作，年内累计服药病人次数达6020人次，使用美沙酮口服液27万毫升。

【卫生应急处置】 2019年，福清市卫健局完善卫生应急组织体系建设和应急队伍建设，强化4支卫生应急队伍人员的理论培训、实战演练，提升卫生应急处置能力；开展卫生应急知识科普宣教、卫生应急救护以及卫生应急理论知识培训。与红十字会联合举办多场次的心肺复苏急救培训活动、义诊咨询、科普宣传活动；完成核与辐射应急演练工作，初步制定核与辐射演习脚本，并组织开展桌面推演。

【妇幼保健】 2019年，福清市加强妇幼健康优质服务工作的责任考核，以《母婴保健法》为依托，规范母婴保健服务。年内免费产前筛查人数7273人，农村妇女免费增补叶酸预防神经管缺陷项目发放4299人；免费孕前优生健康检查项目完成4303人，地中海贫血防控试点项目完成2053对。

【中医药事业】 2019年4月，福清市中医院被省卫健委评定为“二甲”中医院。福清市中医院设有内科、外科、针灸康复科等11个临床科室，建设针灸康复科与儿科两个市级重点专科。福清市加强乡镇卫生院和社区卫生服务中心中医药建设，全市17家卫生院和7家社区卫生服务中心均设有中医科中药房，可开展多种中医药诊疗项目，按照标准配置中医诊疗设备，其中10家乡镇卫生院和6家社区卫生服务中心设有“中医馆”。加大中医人才的引进和培养，年内公立医疗机构新招聘中医药人才13名。依托市中医院的中医药适宜技术推广基地，面向全市基层医疗卫生机构举办中医适宜技术培训班，全年培训80余人次。加强进修培训，全年安排7名中医中药业务骨干到上级医院进行为期1年以上的专业进修。

【人才队伍建设】 2019年，福清市组织2019年高层次卫生专业技术人才公开招聘工作，开展2019年高校医学类毕业生考核及录用工作，30名高层次人才正式入职。兑现2018年高层次人才引进经费407万元（包括本地培育）。

【医疗保障】 2019年，福清市卫健局完成市“十七届人大三次会议”“政协十四届三次会议”“元宵民俗文化节”“科

图为2019年科学文化卫生三下乡活动　　（市卫健局　供）

技文化卫生三下乡”“中高考医疗保障”等16次重大会议、活动的医疗保障工作，出动救护车25趟次、医务人员93人次。

【医疗服务管理】　2019年为“医疗质量提升年”，福清市开展医疗质量提升活动，提高医疗质量、医疗安全和医疗服务。开展等级医院创建工作，福清市医院、福清市妇幼保健院开展创建“三甲”评审工作，福清市渔溪中心卫生院于6月份提升为二级综合医院。

【利益导向政策】　2019年元旦春节期间，市卫健局慰问各类计生对象900户，慰问金额45万元，215名农村独生子女、二女户家庭子女享受中考加分。年内，福清市农村部分计划生育家庭奖励扶助9626人、城镇奖励扶助2273人、计划生育特殊家庭奖励扶助178人、农村二女夫妇奖励4361人，发放扶助金2458.98万元，扶助金于8月31日前全部发放到位。关怀关爱计划生育特殊家庭，建立计划生育特殊家庭双岗联系人制度，开通绿色就医通道，连续4年为计划生育特殊家庭开展免费健康体检。

【老龄事务】　2019年，市卫健局开展敬老助老活动，落实惠老优待政策，发放高龄老年人补贴356346人次、4210.5万元。

【卫生计生宣传】　2019年，市卫健局利用节日、纪念日、疾病防治日开展社会宣传活动34场次，促进卫生健康政策和健康知识传播。9月，王锦萍被评为“助人为乐类全国道德模范”，通过典型的示范引领推动卫健工作开展。截至12月31日，市卫健局微信公众号“健康大福清”推送卫健动态、政策法规、卫健风采、健康科普等信息491条，上报省、市卫健委工作信息342条。与福清电视台合作制作《健康大福清》电视专栏，开展卫健系统健康宣传教育。

【卫生监督】　2019年，卫生监督所开展法制宣传活动3次，举办全市卫生监督协管会议培训2期，开展行政审批现场验收事项400多件。开展公共场所、医疗机构、传染病防控、放射卫生、餐饮具集中消毒服务单位卫生监督等各类专项监督，监督覆盖率达99.55%。据卫生监督信息平台统计：全年监督检查公共场所经营单位442户次，医疗机构838户次，传染病防治852户次，学校卫生528所次，消毒产品14户次，生活饮用水单位19户次，放射诊疗单位45户次。完成公共场所、生活饮用水、医疗卫生、消毒产品、学校卫生、传染病防治、放射卫生、餐饮具消毒八类卫生监督232条双随机一公开任务。全年进行行政处罚29件，其中公共场所卫生5件，罚款31000元；医疗卫生22件，罚款121000元，没收违法所得16850元；餐饮具消毒卫生1件。

【爱国卫生宣传】　2019年，市卫健局开展以“共推‘厕所革命’共促卫生健康”为主题的爱国卫生月活动，开展卫生镇、村创建工作，全年全市创建国家级卫生镇1个、省级卫生镇2个、省级卫生村91个、省级卫生社区7个。

【救援体系建设】　2019年，120急救指挥中心受理、调度电话总量109385次，派车11300次，救治9966人；处理重大事故6宗，其中Ⅲ级较大事件2宗，Ⅳ级一般事件4宗。年内福清市医院胸痛中心通过国家胸痛中心认证现场核查，成立危重新生儿救治中心、危重孕产妇救治中心、卒中中心。

（柯宇珍）

体育事业

【群众体育】　1月1日，福清市组织举办“凯景杯”羽毛球团体锦标赛、“凯景杯”福清市首届象棋冠军赛。

2月8—10日，福清市组织举办第八届“南山杯”羽毛球赛、第四届象棋城乡对抗赛、“贺新春”气排球邀请赛。

3月10日，福清市组织举办第十届“恒大杯”象棋公开赛。

3月29日，福清市老体协代表队

获福州市老体协羽毛球双打交流赛第二名，获“美丽中国”全国门球大赛（福州站）暨福建福州第十三届海峡两岸门球邀请赛第九名。

4月12—14日，福清市承办福州市少儿篮球锦标赛暨中小学生篮球联赛（小学组）。

4月13—21日，福清市组织举办“星辰杯”福清市第三届象棋公开赛、福清市大姆山越野赛、“马特宏杯”福建趣味定向越野春季赛。

5月12日，福清马协队获2019五四青年节福建百团超马接力赛亚军。

5月16日，福清市组织举办2019福清市啦啦操锦标赛，承办福州市少儿排球锦标赛暨中小学生排球联赛。

6月13—15日，福清市承办“喜迎新中国成立70周年”福建省老年人门球混合双打比赛，福清一队获冠军。

7月6日，福清市组织举办“中闽风电杯”羽毛球锦标赛。

9月20—22日，福清市举办“碧桂园华榕杯”2019年福州市第十九届县（市区）羽毛球邀请赛。

11月21日，2019环福州永泰国际公路自行车赛第五赛段福清绕圈赛开战。俄罗斯国家队的哥诺夫·列夫以2小时53分27秒的成绩获赛段冠军。

2019年8月17日，在全国第二届青年运动会上，以福清华侨中学排球队为主力组成的福建省代表队，获第二届青运会男子排球U16比赛第四名，并获得“体育道德风尚奖” （市教育局 供）

【竞技体育】 1月13日，融籍篮球运动员陈林坚获2019CBA全明星三分球大赛加冕三分冠军，入选新一届国家队。

4月，福清市参加福州市少儿篮球锦标赛暨中小学篮球联赛获（小学组）男子第一名，获福州市少年儿童田径锦标赛团体总分第二名。

4月21日，福清代表队获福州市少儿跆拳道锦标赛团体第一（7金、6银、4铜）。

5月4日，福清市组队参加福州市中小学排球锦标赛获男子组、初中男子组、小学男子组和小学女子组4个组别第一名。

5月，福清市小学生男女球队获2019年福州市排球锦标赛暨中小学生排球联赛（小学组）冠亚军。

8—10月，福清市举办第五十四届中小学生运动会，完成篮球、羽毛球、田径、乒乓球、中国象棋、围棋项目比赛。

8月，福清市少体校男排队代表福建省参加全国青年第二届运动会社会俱乐部组男排B组预赛，以四战全胜成绩获第一名，进入全国四强。

9月24日，融籍女排运动员林莉在2019年女排世界杯比赛中，与队友以十一连胜成绩卫冕世界杯冠军，创造女排世界杯“五冠王”。

【体育设施】 2019年，福清市老年人体育活动中心建成并投入使用。组织实施100套体育健身路径，改造提升20个农民体育健身工程，新建雨遮人工草坪门球馆7片、雨遮塑胶柔力球馆3个、塑胶气排球场5片、塑胶地掷球场3片，7个城市公园新增球类体育运动场16片，完成玉融山环山栈道、健身步道以及自行车道建设约12千米，建设省级多功能体育运动场2座、笼式“五人制”足球场1座，提高体育设施的覆盖率和利用率，基本形成城市社区“10分钟体育健身圈”。

【后备人才培养】 2019年，福清市少体校向上级体校、体工队输送80名优秀体育苗子。

（苏勤 李莉）

（编辑 陈晔）

社会民生

人民生活

【居民收入】 2019年，福清市全体居民人均可支配收入为35147元，比上年增长9.5%；城镇居民人均可支配收入为48559元，增长8.1%；农村居民人均可支配收入为25212元，增长10.0%。

【居民消费支出】 2019年，福清市全体居民人均消费支出为25619元，比上年增长9.3%；城镇居民人均消费支出为33279元，增长9.6%；农村居民人均消费支出为20277元，增长9.0%。

（程玉峰）

劳动就业

【概况】 2019年，福清市城镇新增就业人数22480人，城镇下岗失业人员再就业559人，其中城镇就业困难对象再就业192人，城镇登记失业率为1.7%，控制在福州市下达的指标2%以内。新增转移农村富余劳动力5760人。

【就业创业工作】 2019年，福清市人力资源和社会保障局（简称市人社局）强化就业创业服务工作，破解就业和用工“两难”矛盾。筹建洪宽人力资源市场和融侨人力资源市场，搭建企业和人才双向交流服务平台；开展“民营企业服务周”“春风行动”、校园招聘会等一系列就业服务专项活动，为求职者提供34147个岗位；深化省内外劳务对接，组织企业前往甘肃省定西市通渭县、岷县参加“春风行动”现场招聘会，提供就业岗位数1800个，将人员从外地引入本地就业，保障企业用工。开展以就业困难人员、零就业家庭和大中专毕业生为重点的就业援助活动，动态消除零就业家庭。年内推荐5个创业担保项目，发放4家创业租用场地补贴1.2万元，为6家单位发放一次性创业补贴3万元，为49名高校毕业生办理发放《就业创业证》，为福清市240家企业发放稳岗补贴556.43万元，为30家企业返还失业保险金4130.53万元，为168名灵活就业的就业困难人员和3家招用就业困难人员的企业发放社保补贴53.15万元。以创业带动就业，新增福清市青年就业见习单位2家；推荐20家“植根榕城”优秀创业项目，其中1家获二等奖，4家获三等奖，10家获优胜奖；为6家单位51名青年发放见习补贴43.56万元。

【职业培训和技工教育】 2019年，市人社局推行职业技能提升行动，开展各类补贴性职业技能培训。全年完成职业技能提升数7826人，超额完成福州市下达的4500人任务数。发放851人职业培训“见证补贴”75.58万元，发放213人失业保险技能提升补贴36.98万元，发放243名定西建档立卡劳动者

2019年11月1日，洪宽人力资源市场挂牌成立　（市人社局　供）

"一对一"岗位技能培训补贴4.86万元，发放928人次技师与高级技师生活补助214.52万元。组织核电公司申报职业技能等级试点备案并通过审核；组织3家企业申报职业技能等级试点单位，其中京东方公司通过审核列入首批试点单位。

【劳动关系维权】 2019年，市人社局开展农民工工资支付专项检查行动及清理整顿人力资源市场秩序、根治欠薪等专项行动。全年受理群众投诉举报643起，其中协调处理628起，立案15起，结案15起，结案率100%，为劳动者追讨工资及赔偿金4835.5万元。全年做出行政处理4起，涉及人数39人，涉及金额47.38万元；做出行政处罚2起，处罚金额4万元；申请法院强制执行6起，涉及4家用人单位；以涉嫌拒不支付劳动报酬罪移送公安5起，涉及金额44.98万元；以涉嫌拒不支付劳动报酬罪移送公安侦办案件累计22起，法院做出判决判处有期徒刑11起12人。全年立案受理劳动争议案件620起，已结案596起件，结案率100%（24起案件因公告、中止等法定程序不能结案，不属于仲裁未结案范围）。接待用人单位和劳动者来访、咨询4120余人次。

（何英）

社会保障

【概况】 2019年，福清市参加城镇职工基本养老保险14.57万人，参加城乡居民社会养老保险68.12万人，参加被征地养老保障6.53万人，参加机关事业单位养老保险2.04万人；参加工伤保险17.51万人，参加失业保险8.71万人。

【养老保险】 2019年，福清市实施全民参保，持续扩大社会保险覆盖面，初步形成广覆盖、保基本的统筹城乡社会保障格局。调整退休人员总体养老金水平，机关事业单位退休人员人均每月养老金增资204.42元，机关社保中心的企业保退休人员每月养老金增资105.97元，企业退休人员人均每月养老金增资136.86元，城乡居民基础养老金每人每月增加5元。化解热点、难点和历史遗留问题，为69家改制企业2595代管人员发放生活费896.37万元。1–10月为168名军转干部人员代发生活补助金149.68万元，为33名复退军人代发生活补助费10.2万元；为县、市属企业发放水煤气补贴200.94万元，为无力参保的县属及以上集体企业退休人员、未参保高龄人员发放老年生活保障金93.3万元。

【失业、工伤保险】 2019年，市人社局做好失业保险统计、分析和预测工作，全面建立参保单位和个人缴费凭证制度，实行失业金按月申领制。发放失业保险金7785人，失业保险金支出920.49万元；发放169个农民工合同制工人生活一次性补助83.76万元；为5717人次失业人员发放物价补贴55.25万元。规范工伤认定，全年受理工伤认定案件705起，做出认定693起，不予认定工伤5起，驳回工伤认定申请1起，中止6起；发放工伤保险金890人，工伤保险金支出4685.82万元。

【社会保障监管】 2019年，市人社局做好各项养老金业务稽核工作，重点稽核已参保人员是否符合参保条件或待遇领取条件，避免出现多头享受待遇情况。全年追回多（冒）领取企业退休养老金17人、15.55万元，追回多（冒）领取城居社保养老金1061人、720.98万元，追回多（冒）领取被征地养老保障金142人、107.16万元。

（何英）

民政

【概况】 2019年，福清市民政局落实各项民生政策，加强民生兜底保障，加快发展养老服务业，落实优抚安置政策，推动社会事务和区划地名管理工作。

【社会救助】 截至2019年12月，福清市有城乡低保家庭5043户8205人，其中城市571户836人，农村4472户7369人。全年累计发放城乡低保补助金5435.05万元，其中发放城市低保补助金545.1万元，农村低保补助金4889.95万元。

2019年，福清市特困人员供养标准为分散供养中的全自理对象为1075元/月/人，半护理对象为1323元/月/人，全护理对象为1570元/月/人；集中供养中的全自理对象为1290元/月/人，半护理对象为1587元/月/人，全护理对象为1884元/月/人。全市现有特困人员供养对象618人，其中集中供养对象中的全自理21人、不能自理82人，分散供养对象515人，全年累计发放补助金859.81万元。

按照福清市临时救助资金户籍人口每人每年不少于7元的筹集标准，福清市民政局全年筹集临时救助资金940万元。8月14日，福清市出台《福清市政府关于印发福清市城乡困难居民临时救助实施细则（修订）的通知》，对福清市临时救助工作进行细化。全年全市救助3271人次，发放救助金754.06万元。

福清市民政局精准认定补贴对象，规范残疾人两项补贴政策落实，加强对残疾人两项补贴信息的实时监测、比对、归纳分析和动态管理，应补尽补，应退则退，保障残疾人合法权益；每月及时将补贴发放情况导入福州惠民资金网，保障人民群众知情权、监督权。截至12月，福清市发放两项补贴对象156217

人次、1832.06万元，其中发放困难残疾人生活补贴48032人次、994.44万元；发放重度残疾人护理补贴108185人次、837.62万元。

福清市民政局完善救助服务工作，实行干部职工包联路段、救助关口前移、救助专用车辆常年巡查、建立区域协作、政府购买服务等救助工作机制，开展“寒冬送温暖”“炎热送清凉”“寻亲服务宣传周”“6·19机构开放日”等专项行动。通过全市联动救助，设立临时安置点1处，救助临时避寒点1处。全年救助267人次，其中站内救助206人次，站外救助61人次；老年人救助27人次，未成年人救助6人次；痴呆傻、精神病、残疾人等特殊人员救助25次；跨地接领护送10人次；金桥托养院托养5人次。

【社会福利】 2019年12月，福清市社会福利中心一期工程二次装修及附属工程建设、网络信息化工程建设、永久性变电设备工程建设等通过竣工验收，投入使用。截至12月，福利中心工程投入5353.28万元。

2019年，福清市融康医院门诊量28690人次，门诊日接诊约80人次，出院424人次，入院386人次。完成转送诊病人21人次，请外院会诊5次，到院外会诊8次。年内“一历五单”执行383人次，严重精神障碍患病率报告卡上报312人次，出院信息上报310人次。为全市重性精神病人开展残疾评定，协助残联发放困难补助81人次。3月1日，新增康复科，开设心理测评室。

福清市在全市7个街道建设居家社区养老服务照料中心，其中音西街道、宏路街道（金蚂蚁会所点）、玉屏街道居家社区养老服务照料中心被福建省民政厅评为五星级，宏路（宏路社区点）、龙山街道居家社区养老服务照料中心被福建省民政厅评为三星级。城区47个居委会，建成居家养老服务站39个。在30个社区推行政府购买服务，确定政府购买服务对象1115个，其中无偿128个，低偿15个，基础972个。

福清市推动出台《福清市推进养老服务发展（2020–2022年）行动方案》，新增民办养老机构4家，公建民营敬老院7家。建成五星级标准居家社区养老服务照料中心6家，累计建成居家社区养老服务照料中心10家，实现街道全覆盖。完成并投入使用农村幸福院348家，覆盖全市79.45%建制村。全市养老床位数从2017年7023张提升至10424张（含在建项目2060张），每千人老年人床位数从2017年32.26张增加至46.54张。

2019年，福清市儿童福利院有弃婴（儿）34人，其中男性18人、女性16人，全年新增查找不到生父母弃婴3人。对现有弃婴点3名患有重大疾病的残疾儿进行医疗康复工作，解决3名不同类型的轻度残疾儿童入学问题、3名弃婴（儿）入户问题；为机构供养的儿童提供每人每月1500元生活费。

2019年，福清市有散居孤儿32人，每人每月补助900元生活费，全年累计发放散居孤儿生活费32.67万元。完善孤儿身份信息，录入全国儿童附录信息管理系统。

福清市“中福在线”销售厅落实《彩票管理条例》和《彩票管理实施细则》，按照“安全运行、健康发展”的工作方针，保证销售厅正常运行，2019年销售额710.89万元。

【殡葬服务】 2019年，福清市火化遗体6980具，火化率100%，年累计减免部分殡葬服务费用1581.51万元。开展殡葬改革移风易俗宣传活动，发放各种殡改宣传材料8.5万余册（份），开展宣传438场次，悬挂殡改宣传横幅、标语3482条，粘贴禁坟告示1010个，村（社区）党员干部带头坟墓整治150余例。推进生命公园建设，全市17个镇有373个村（社区）完成选址371个，其中城头镇吉钓村属于海岛不列入火化区及上迳镇树林村位于中央公园管控线内不允许建设，两地均不列入选址任务，实现选址全覆盖；181个村（街道）（含联建）建成162个生命公园，107个村（含联建）中有103个正在动建生命公园。做好信访反馈工作，处理各级各类批示件（函）、诉求件等79件；加强殡仪馆管理，建立健全巡逻检查机制，累计巡查68次。

【婚姻收养登记】 2019年，福清市结婚登记8719对，离婚登记3270对，补发婚姻证件2477例；收养登记54例，解除收养登记1例。

表21 2019年度婚姻登记统计表

登记单位	结婚对数	离婚对数	补领婚姻证书
福清市婚姻登记中心	2718	1114	662
福清市海口镇	42	185	178
福清市城头镇	354	141	110
福清市南岭镇	37	10	10

续表 21

登记单位	结婚对数	离婚对数	补领婚姻证书
福清市龙田镇	761	244	247
福清市江镜镇	626	177	187
福清市港头镇	539	199	140
福清市高山镇	412	144	101
福清市三山镇	777	260	197
福清市渔溪镇	257	157	75
福清市上迳镇	184	94	84
福清市江阴镇	592	177	164
福清市东张镇	179	50	44
福清市新厝镇	118	43	41
福清市东瀚镇	222	90	55
福清市镜洋镇	180	68	47
福清市一都镇	59	19	36
福清市沙埔镇	280	98	99
合计	8719	3270	2477

表 22　2019 年福清市新成立社会组织一览表

类　型	数量（家）
民办非企业单位	165
社会团体	229
基金会	1

【民间组织登记管理】　截至 2019 年底，福清市登记社会组织 1043 家，其中社会团体 668 家，民办非企业单位 451 家，基金会 4 家。

2019 年，福清市民政局完成 78 家社会组织的年检，实地年检 29 家，随机抽检社会组织 40 家。出台《福清市民政局关于进一步加强社会组织规范化管理的通知》《在全市范围内联合开展打击整治非法社会组织专项行动的实施工作方案》《关于进一步规范城乡社区老年社会组织建设的通知》等文件，全年指导社会组织换届大会 20 余场次，参与社会组织各类活动 60 余场次。与福清市发改局等联合下发《关于开展涉企经营服务性收费自查的通知》，收到自查备案表 60 份，未发现涉企收费情况。开展社会组织扶贫攻坚及志愿者服务行动，全年受益贫困人口 354 人次，对口帮扶通渭、连城、永泰等，累计投入资金约 60 万元。各公益志愿者社会组织开展各类扶老、助残、助困、家园清洁等志愿行动 150 余场次。开展社会组织党建工作，摸排全市社会组织党员 576 人，已建党组织 20 个。

【地名勘界】　2019 年，福清市民政局完成福清市“二普”成果资料归档，做好成果资料转化的前期工作，建成“二普”档案室。编写《中国标准地名词典》2～8 福清市词条。增补设城区地名标志牌 45 面。梳理城区 62 条拟命名道路（含延伸命名 9 条），其中建成道路 8 条，在建道路 37 条，远期规划道路 17 条。与市公安局、自然资源与规划局、住房与城乡建设局、城市管理局、交通运输局、市场监督管理局共同拟定《关于福清市进一步清理整治不规范地名工作实施方案》（融民〔2019〕175 号），开展福清市不规范地名清理整治工作，上报 12 条不规范地名信息，清理不规范地名标志牌 43 面。维护城区地名标志牌 51 面 / 次。完成《福建省行政区划简册（2018）》《福州市政区及村（居）地名词典》福清市相关信息的采集与报送。

福清市民政局完成 2019 年福清—永泰线县级界线和三山—港头线等 5 条镇级界线的联检工作，签定平安边界协议书；聘用并培训4名界桩管护员，签定界桩管理协议，对福清市负责的9个界桩进行管护。拟定并下发《关于进一步规范行政区划调整申报工作的通知》（融民[2019]49号），加强和规范乡级政府驻地迁移工作，指导行政区划调整工作。

【老区建设】 2019年，福清市有39名革命“五老”人员、216名遗偶，有4个老区镇，为一都镇、镜洋镇、南岭镇、沙埔镇，有103个老区村。年内，有本级扶建资金350万元、福州市级100万元，扶建40个项目，基础设施道路建设有25个项目，道路长19.3千米，投入资金321万元，其他项目15个计129万元。40个项目于12月底基本竣工。

7月1日，福清市民政局调整革命“五老”人员生活补助费至1600元/月/人，较上年月增加280元；遗偶人员生活补助费500元/月/人，较上年月增加140元。8月1日，根据省老区办文件精神，革命“五老”人员生活补助费调整至1800元，月增加200元。

（陈青思）

退役军人事务

【概况】 2019年，福清市退役军人事务局（简称市退役军人事务局）有3个下属事业单位，分别为退役军人服务中心、军休所、烈士陵园和军人公墓管理中心（加挂“光荣院”），核定编制21人（行政编制5人，事业编制16人）。

【拥军优属】 福清市把支持部队建设所需经费足额纳入市镇两级财政预算，在用地、物资、政策上优先予以保障，支持部队建设和演习训练。优先保障军事用地，将重点军事项目列入土地利用总体规划项目清单。市直有关部门对驻融部队在办理两权证、通水供电、道路修建、开通数字电视等方面给予支持。

福清市整合各种资源，在科技、文化、医疗、法律拥军上开展拥军活动，科技拥军专项经费专项用于支持部队科技文化建设项目。在部队设立流动图书室，组织文艺进军营。完善军人看病就医优先措施，在医疗机构门诊、急诊挂号收费等场所设立“军人优先窗口”；为部队官兵及家属体检、看病就医等开辟绿色通道；组织医疗专家赴驻扎山区海岛部队开展“送医送药送健康”活动。市法律援助中心将军人军属全部纳入援助范围，开通军人军属法律援助优先受理窗口，实行跟踪回访制度。市退役军人事务局开展新时代“军民共学、共建、共发扬”活动和“双拥在基层”活动，军民共建结对子。开展“红领巾少年军校”活动，聘请部队官兵担任少先队辅导员，组织学生体验部队生活，增强双拥意识。

福清市为来融进行组织演练部队，提供主副食品供应等相关支前物资保障，为部队训练提供场地。市军供站完善各类保障体系，做好各网点建设，完成军供粮油供应工作。

【拥政爱民】 驻融部队支援地方各项工程建设等重大活动，在长福高速、滨海大通道、农村公路改造项目、福平街污水管道改造项目、龙江流域污水整治项目等省、市重点项目建设中，驻融部队迁移涉及的军用光缆，协调解决土地权属有关问题。驻融部队加强应急训练，制订应急预案，确保出现台风、火灾等应急抢险救灾任务时能“召之能来，来之能战”。武警和海警部队官兵主动上门为企业、个人开展法律和安全知识宣讲，发放普法、防台风等宣传单。民兵应急分队参加以护村、护林、抢险救灾为主要内容的维护社会治安活动。驻融官兵参加捐资助学和扶贫帮困等各项活动。

【优抚工作】 2019年，福清市全面开展退役军人信息采集工作，至12月31日，采集退役军人和其他优抚对象28233名，发放光荣牌28108面。福清市享受国家抚恤补助优抚对象有6955名，全年发放抚恤和补助金4176.82万元，另由镇街发放714元/每人每月生活补助。落实医疗补助政策，福清市所有重点优抚对象患病住院，均可享受新型农村合作医疗、农村困难家庭医疗救助、重点优抚对象医疗补助三重待遇，并在原报销基础上，大幅增加报销比例，对有困难的重点优抚对象，部分医保目

2019年3月13日，市退役军人事务局举办悬挂光荣牌启动仪式（市退役军人事务局 供）

录内医疗费用个人负担部分仍然较重的，可申请二次救助。福州、福清市两级春节期间向按规定享受国家抚恤补助对象下发元旦、春节过节费合计533.76万元，福清市向重点优抚对象发放春节补贴合计43.35万元，福清市向享受抚恤和补助优抚对象发放中秋补贴合计138.08万元。落实有限数字电视两免政策，为重点优抚对象免费配送终端基本型机顶盒、智能卡，并免收基本收视费。加强优抚对象节日走访慰问工作，在春节、“八一”期间，各镇街对辖区内重点优抚对象及困难优抚对象进行走访慰问；做好军休所离退休军队干部、光荣院老复员军人、三级、四级伤残军人和患大病重点优抚对象及部分困难重点优抚对象的慰问工作，对家庭因病因灾临时有困难的进行救助，发放慰问金204.5万元。组织开展烈士纪念日活动，福清市四套班子领导和烈属代表、老战士代表、各界团员青年代表、少先队员代表、公安干警等500多人参加，缅怀革命先烈。开展清明节祭扫活动，举行“传承·2019清明祭英烈”活动，近百人参加，全年革命烈士陵园接待社会各界祭扫4000多人次。

2019年6月14日，在福建龙翔国防教育基地举行“福清市退役军人就业培训基地”揭牌仪式　（市退役军人事务局　供）

【安置工作】 7月23日，市退役军人事务局召开2019年转业士官“阳光安置”现场会，将12名转业士官全部安置到12个镇（街）事业岗位，7月底均已到新岗位报到。10月17日，召开2019年营级以下军转干部安置择岗现场会，8位军转干部按功绩量化分排名先后依次选岗并与接收单位确认，并按政策全部安置在行政机关单位。2019年，福清市接收退役士兵351名，为2018年接收的432退役士兵发放一次性自主就业补助金1810万元。完成95名退役士兵参加高职扩招报名身份认定，报送2018年度军转干部进高校培训工作。发放自主择业军转干部地区补差，全年为34名自主择业军转干部发放地区补差15.36万元。组织退役军人参加“春风行动”和“金秋”大型现场招聘会，发布招聘信息20多次，协调交警大队、火车站警务队等用人单位，为退伍军人提供就业岗位。

【退役军人关爱工作】 2019年，市退役军人事务局制作签名录，将退役军人的签名、留言作为爱国主义教育资料；收集退役军人英雄事迹和立功受奖情况，在微信公众号推出“老兵故事”专栏，宣传英雄先进事迹。成立战友评理室，为老兵搭建“有理能评、有苦能诉、有法能讨、无理难行”的说事评理交流平台，战友评理室有效化解老兵20多件诉求。将音西街道清华社区退役军人服务站作为建设试点，推行“121”工作模式，即：“1”块荣誉榜，展示辖区内退役军人先进事迹；“2”个帮帮团，乡贤为退役军人帮扶解困队伍、退役军人参加慈善公益活动队伍；“1”个军绿色营区，为辖区内的退役军人提供一个集学习、娱乐、交流于一体的活动场所，打通服务退役军人的“最后一公里”。成立福清市退役军人红色宣讲团，推选和集中宣传本地区退役军人群体先进典型事迹，红色宣讲团通过走进机关、学校等部门，全年宣讲11场。依托龙翔国防教育基地资源，成立福清市退役军人就业培训基地，组织3期约200名的越战老兵、伤残军人、企业军转干部、军休干部等退役军人开展老兵“军事日”活动，参观退役武器、航天科技馆等军事主题展馆。组织学习“最美退役军人”先进事迹等思想政治教育活动，树立退役军人新形象。

（吴步光　胡彰彬）

民族宗教事务

【概况】 2019年，福清市继续加大对少数民族乡村发展的扶持力度，改善少数民族乡村生产生活条件，促进了民族团结进步。加强宗教事务管理、指导和规范宗教团体、宗教活动场所日常管理，引导宗教界参与社会公益慈善事业和对外宗教文化交流。

【少数民族村发展】 2019年，福清市加强对少数民族村的帮扶和项目资金的倾斜力度，推动少数民族村发展民族特色产业，加快补齐少数民族村民生事业和公共服务短板。福清市民族与宗教事务局（简称市民宗局）争取中央、省、市少数民族资金 56.8 万元，下拨至大埔、东山、圳边、钟厝等少数民族村用于项目建设。争取少数民族村部运转补助款 105 万元，下拨至 7 个少数民族村。市财政投入 100 万元支持民族挂钩帮扶点——福鼎硖门乡的扶贫建设。

【宗教事务管理】 2019 年，市民宗局落实新修订的《宗教事务条例》，加强对宗教事务的管理，加强对宗教界代表人士的培养，规范宗教活动场所各项规章制度，举办宗教场所消防安全培训班 2 期、财务人员培训班 1 期。全年宗教活动场所向社会公益慈善事业捐资约 128 万元。

【民族团结进步创建】 2019 年，市民宗局利用微信群、LED 宣传栏、建国 70 周年成就展等宣传民族团结进步。在中小学开展 16 场民族团结进步教育实践活动。

【对外宗教文化交流】 2019 年，指导黄檗山万福寺以“黄檗禅与亚洲文明”为主题，举办首届国际黄檗禅论坛；开展“南少林文化”“石竹山梦文化”、民间信仰文化等对外文化交流活动。

（范斌）

社团组织

【福清市关心下一代工作委员会】 2019 年，福清市关心下一代工作委员会（简称市关工委）组织 630 个，配备关工委班子成员 1658 人，全市各级经常参加关心下一代工作的“五老”人员总数 1900 多人，有“五老”志愿者 1800 多人。市关工委宣传工作受中关工委“中国火炬”表彰，获先进称号。教育系统关工委林元发撰写的《故事爷爷陈祖禄感人故事》获教育部关工委二等奖，陈而通、陈金火、詹水金、余世忠等“五老”同志的先进事迹被各级报刊登载。

青少年思想教育 1.“三进活动” 2019 年，围绕“学习党史国史”“讲好福州故事”“爱学习、爱劳动、爱祖国”和“传承红色基因，争做时代新人”等主题教育，全市“五老”报告团、“故事爷爷”宣讲团进学校、进村（社区）、进企业向青少年讲述中国共产党的光辉历程及新中国的成长故事。全年全市 218 位报告员举行报告会、故事会、讲座等 350 多场次，受教育青少年 17 万多人次。8 位“故事爷爷”宣讲员，人均讲课 5 场以上。“故事爷爷”陈祖禄举办 23 场报告会、5 场电视访谈，《福建老年报》头版报道其《铮铮誓言记于心，七旬党员守讲台》的事迹。

2. 主题教育活动 市关工委配合开展“书香校园”主题读书活动，城关小学举行“班班有读”活动，其选送的《文明礼仪伴我成长》入选中宣部“学习强国”平台。全市各级关工委联合教育系统开展“新时代好少年”“我和我的祖国”读书、演讲、征文比赛，“学雷锋、做美德少年”“童心向党、向国旗敬礼”教育活动 100 多场次，参加学生 5 万多人次。玉融中学的陈林欣、元洪附小的林可欣同学，代表福清市参加福州市关工委“我和我的祖国”演讲比赛，获一等奖。24 个镇街关工委联合老体协、老龄委和社区学校，举办 30 多场国庆文艺会演，1000 多位老同志与青少年同台表演。江镜镇关工委开展“庆祝新中国 70 华诞——小红书发放活动”，向全镇各中小学生赠送由关工委整理出版的《铁血丹心何胥陶》小红书 7000 多册。

3. 主题实践活动 各级关工委配合学校组织学生参加“小家务、小手工、小农作、小实验、小科技、小服务”的“六小”实践活动。组织学生到爱国主义教育基地开展革命传统教育体验活动，参与垃圾分类宣传和保洁服务，在交通警察的指导下学当“小交警”，在消防官兵的指导下举行防震和消防演练等。教育系统关工委配合各校以天生园艺与龙翔国防教育基地为平台，组织 10 万多名学生开展劳动、国防、爱国主义等教育实践活动。江镜农场与市关工委、市科协、阳下街道等单位联合举办为期 2 天的“传承红色基因，争做时代新人”夏令营，组织全市 17 所学校、42 位学生代表参观爱国主义教育基地和体验生活。

青少年关爱工作 2019 年，市关工委发动港澳台侨胞和社会各界爱心人士捐资助学，全年筹措助学、奖学基金 200 多万元。春、秋两季，全市各级关

2019 年 7 月 18 日，市关工委举办夏令营　（市关工委　供）

工委组织开展“走访助学”和“慰问助学”活动，为全市困境学生提供资金帮助。全市关工委1000多位“五老”人员与青少年“结对子”开展“一帮一”服务。上迳镇关工委争取南湾爱心商城创始人杨勇龙先生支持，为全市111位失亲和特困学生资助学习和生活费用近200万元。新厝镇关工委为留守儿童开办免费“四点半学校”，组织有一技之长的“五老”人员无偿为孩子们培训技能、辅导课业。永诚畜牧、绿丰农业等5家企业关工委示范基地举办5期培训班，参训青年农民800多人。市关工委参与社会治理，开展“送法进学校、社区”活动，组织“五老”人员到学校和社区为中小学生上安全教育课，传授道路交通安全、诈骗预防、溺水救助等基本知识，举行普法讲座、禁毒宣传90多场。42位关工委人员协助公检法部门帮教失足未成年人，145名“五老”文化市场志愿监督员配合文化执法部门对网吧、出版物、文化娱乐市场进行义务监督，1800多位“五老”志愿者参与社会治理宣传活动，为青少年成长和成才营造健康的环境。

（何海光　林闪）

2019年8月14日，市计生协联合市企联会为受助学生代表发放助学金和慰问品

（市计生协　供）

【福清市计划生育协会】 2019年，福清市计划生育协会（简称市计生协会）有在编在岗人员9人，其中副会长兼秘书长1人，工作人员7人，工勤人员1人。市计生协会围绕新时期计生协会“六项重点任务”，开展优生优育指导，精准帮扶计生困难家庭，深化计生群众权益维护，创新流动人口服务模式。

生育关怀行动　1.计生关怀　2019年，市计生协会走访慰问计生困难户481户，发放慰问金46.55万元。由本级财政出资27.9万元为2000户计生困难家庭和计生特殊家庭158人购买保险。年内，福清市各级计生协会联合卫健部门开展复明行动专项活动、妇女健康普查等各类义诊活动11场。

2.助学活动　8月14日，市计生协会联合福清市企业与企业家联合会举行“下一代特别帮扶”金秋助学金发放仪式，为5名计生家庭受助学生代表发放助学金共计9000元以及空调被、粮油等慰问品。8月22日，联合市政协为34名计生困难家庭子女发放助学金共计11.3万元。

3.幸福工程项目　2019年，市计生协会为符合帮扶条件的24户困难计生家庭母亲申请幸福工程无息贷款共计48万元。5月8日，南岭镇开展计生母亲劳动技能培训班，引导计生家庭母亲拓宽增收致富渠道，活动报道在中国计生协会微信平台刊登。

宣传活动开展　1.宣传服务活动　福清市各级计生协会在“5·29”会员活动日开展以“共奋进建新功喜庆新中国成立70周年”为主题的系列活动，开展宣传活动31场，参加人数2839人；开展志愿者服务活动4场，参加人数258人。发放宣传品、宣传材料6340份。4月中旬举办全市生育关怀业务培训班，7月下旬举办全市组织宣传工作培训班。

2019年7月25—26日，福清市计生协会举办组织宣传工作业务培训班

（市计生协　供）

2. 青春健康进校园活动　2019 年，市计生协会与 24 所中学合作开展青春健康项目，评选 2 个学校为“青春健康教育工作”家长示范校。完善龙江中学青春健康俱乐部软硬件设施。年内印制 5000 份《青春期常识手册》宣传折页，开展青春健康进校园讲座 4 场、青春健康家长沟通之道沙龙 1 场、青春健康心理调适活动 2 场。

3. 流动人口宣传活动　2019 年，市计生协会将阳下街道绿星居室用品有限公司和奋安铝业列为福清市流动人口企业计生协会创建示范点。6 月，联合阳下街道计生协会、福建奋安铝业有限公司举办“共奋进建新功 关爱流动儿童”企业计生协会会员活动。

儿童早期发展项目建设　2019 年，市计生协会依托福清市机关幼儿园、福清市玉屏中心幼儿园建立儿童早期教育示范基地，依托红黄蓝亲子园建立儿童早期发展指导中心。年内下拨福州市“六项重点任务”工作经费 2 万元，推动宏路街道、石竹街道儿童早期发展工作。本级拨补专项工作经费 1.27 万元采购早教玩具、婴幼儿绘本，制作 5000 份《儿童早期发展》宣传折页。全年开展儿童早期发展示范活动 3 场、亲子活动 9 场、较大规模的优生优育和儿童早期发展讲座 5 场。1 月 17 日，省、福州市计生协会前往高山镇开展科学育儿公益赠书活动。

法律援助工作　2019 年，市计生协会巩固提升基层网点建设，发挥 24 个镇街法律援助联络点和“一村（社区）一法律顾问”制度作用，推进法律援助工作常态化。联合司法部门和法律援助中心开展宣传咨询和维权活动。5 月，沙埔镇、镜洋镇开展法律援助宣传咨询服务活动。

基层群众自治　2019 年，市计生协会做好示范村居创建工作。建立市、镇以及群众自治示范村居工作微信群，加强工作交流，提升创建水平。全市创建“六好”示范村居 130 个，创建率 26.5%。

（蔡璐）

【福清市老年人体育协会】　福清市老年人体育活动中心位于虎溪公园西园，2017 年 10 月动建，2018 年 10 月竣工。2019 年，福清市老年人体育协会（简称市老体协）搬迁入驻福清市老年人体育活动中心。7 月 21 日，举行市老年人体育活动中心正式运行仪式。年内，全市有门球场 107 个、地掷球场 81 个、气排球场 131 个、柔力球场 115 个、活动室 705 间，有 15 个镇街建成老年人体育活动中心。2019 年，福清市被授予“全国老年太极拳之乡”，被省老体协授予“老年柔力球之乡”“老年气排球之乡”“老年门球之乡”。

老年人健身康乐家园建设　2019 年 1 月，市老体协组织 3 个考评组按照康乐家园建设“6 个有”的内容对各单位 2018 年创建工作进行考评。10 月 25 日，福州市“创建康乐家园回头看检查组”来融检查康乐家园创建工作，创建工作走在福州市前列。年内，福清市实验小学、高山镇、镜洋镇、龙山街道融东社区、渔溪镇水头村、上迳镇南湾村、龙江街道东南村、玉屏街道玫瑰园社区、城头镇岩兜村、江镜镇柯屿村 11 个单位获批省级“老年人健身康乐家园”，福州市级有 141 个单位（含省级 11 个）。

辅导培训　2019 年，福清市辅导总站全年培训 5000 多人次。全市有各类辅导员、教练员、社会指导员 1857 人，获三级以上教练、裁判证书者 400 多人。有 474 个晨晚练健身点。年内，福清市参加福州市级太极拳剑、健身气功培训班有 5 期 19 人次。市老体协辅导总站举办太极拳剑的“八法五步”“功夫扇”培训班，110 人参训；举办福清市柔力球单拍、双拍培训班，80 多人参训；举办裁判法培训班，50 多人参训；举办福清市可乐球操培训班，86 人参训；90 人参加健身气功培训班。柔力球专委会选送 8 位竞技人员到江西参加全国竞技培训，选送 8 位柔力球套路高手到安徽参加全国双球双拍培训。门球专委会选送 9 位二、三级裁判员到泉州参加省级裁判员培训班，所有人员获晋级培训结业证书。操舞专委会 5 月下旬选派 1 位学员到省参加健身球操培训班，4 次选派 13 位选手参加福州市各类操舞培训班。

庆祝新中国成立 70 周年活动　2019 年，市老体协及各分会为庆祝新中国成立 70 周年，举办一系列体育赛事、娱乐活动及文体展演。体育赛事主要有门球赛、气排球、地掷球赛、象棋和乒乓球赛，同时还举办登山活动、踩街、健步行活动、书画展等。文体展演全市演出 32 场，参加演出人员 56000 多人次，观众超过 10 万人，演出节目主要有独唱、合唱、舞蹈、广场舞、响扇舞、太极拳、剑、球、“太极双珠”“八法五步”、功夫扇、双环操、柔力球、民乐合奏、闽剧演唱等。

参加省市比赛及会演　6 月 13—15 日，省老年人门球混合双打比赛在福清市老年人体育活动中心和玉屏街道老体协门球场举行，全省老体协系统选派 48 支队伍 96 名运动员参赛，经过 3 天 2 个阶段 143 场比赛，福清市一队获第一名。6 月 19—22 日，福建省全民健身运动会老年人地掷球项目比赛在漳州市举行，福清市老体协地掷球男队代表福州市参加比赛，获本赛事男子组第二名。在省和福州市老体协举办的庆祝新中国成立 70 周年文艺演出活动中，福清市老体协选拔会员 110 名，于 9 月 26 日赴省表演“百人太极功夫扇”节目。

体育活动开展　1. 太极拳剑扇系列活动 福清市有太极拳剑队伍近 400 支，经常性参加活动的有 1.8 万人，晨晚练活动点 450 多个。5 月中、下旬，福清市参加全国太极拳大联动活动。10月24日—28日，全国老体协太极拳专委会在河南省温县陈家沟举办县级太极拳邀请赛，市老体协组织7位运动员参赛，其中集体项目取得42式太极拳优胜奖第五名；个人赛有2位获第二名，1位获第3名，2位获第7名。

2. 柔力球活动　4月26—27日，为庆祝“五一”国际劳动节，福清市柔力球套路展示“一路歌唱”和《家乡飞歌》分三个片区举行，全市有23支队伍250多名运动员参加展示。9月，福清市双拍双球队参加全国老体协举办的网络视频展演获优胜奖，金怡敏、俞雪玲、俞章云参加组合队套路比赛，《十八洞的月光》同获优胜奖。

3. 门球活动　5月30—31日，福清市举办喜迎新中国成立70周年“融鹰杯”门球混合双打比赛，有33个队伍参赛。6月13—15日，承办福建省老年人门球混合双打比赛，全省有48队参加，福清一队（林闽仲、陈秀榕）获第一名。6月24—28日，福清市组队参加“2019年美丽中国全国门球大赛（福州站）暨福建·福州第十三届海峡两岸门球赛”，52支代表队参加，福清市门球队获第九名。9月18—20日，福清市举办2019年度门球乙级赛，上迳、新厝、宏路、龙山、沙浦、江镜6支门球队晋级甲级队。11月15—16日，福清市参加在闽清县举办的2019年福州市全民健身运动会门球比赛，获第一名。12月18日—20日，举办福清市全民健身运动会门球比赛，上迳、新厝、玉屏、龙山门球队获优胜奖，港头、宏路、音西、农口获优秀奖。

4. 地掷球活动　2019年，市老体协地掷球专委会有24人，有“地掷球之街”称号的玉屏街道有18个代表队。年内举办6次交流赛，400多人参加。三山镇老体协首次邀请龙高片6个代表队40多人参加交流赛，东瀚镇首届运动会地掷球交流赛有5个代表队参加。10月25日，福州市老体协确定由福清市选拔地掷球男、女队员组成福州地掷球队，提前备战2022年福建省第十一届老健会。

5. 气排球运动　11月5日，以福清市男子气排球队为基础的福州男子气排球队参加在莆田举办的省老体协气排球年度赛，获全省赛第三名。12月13日，在2019年度福州市老体协气排球比赛中，福清市老年人男子气排球队获优胜奖第一名。12月21–23日，在市老年人体育活动中心举办2019年全民健身运动气排球比赛，有32支中老年队伍参赛。

6. 棋牌运动　7月，福清市桥牌运动员方孝师、林开安代表福州市老体协组队参加全国桥牌邀请赛获第五名；8月，参加全省智力运动会桥牌比赛，获第三名。

7. 羽毛球活动　7月，福清市发改局老体协，首次组队参加福州市老体协举办的老年人羽毛球比赛获第二名。

宣传工作　2019年，福清市上报福州市科研论文8篇。市老体协在省老体协专刊和老体协网站刊出文稿21篇、图片23幅，在《福州老年体育》刊出文稿16篇、图片41幅，在《福清侨乡报》刊出文稿30篇、图片34幅，在福清电视台播出消息6次，在《福清老年体育》刊出文稿和图片236篇（幅），宣传信息工作居福州市老体协前列，在福州市老体协宣传工作会议上获优胜奖第一名。杨运立、翁其孝同志分别被省老体协评为2018-2019年度福建省老年人体育新闻报道工作“优秀通信员”“通讯工作积极分子”。4月，市老体协召开宣传信息和科研工作会议，表彰13名先进宣传信息员。年内，市老体协和各分会编撰《康乐路上追梦人》专集，有59篇文章共13.5万字，讲述老体协的发展历程，基层的先进事迹和一批为老体协无私奉献的先进个人。

（翁其孝）

（编辑　陈晔）

街道乡镇

玉屏街道

【概况】　玉屏街道地处福清市城区中心，集文化、娱乐、教育、商住、工贸为一体，是行政、商贸、金融中心。辖区范围为后塍溪以东，东门路以西，石井村以南，龙江以北，面积 7.3 平方千米。2019 年，街道总人口 14 万人，其中户籍人口 67926 人，下辖 17 个社区 1 个行政村。

【经济指标】　2019 年，玉屏街道完成固定资产投资 5.5 亿元，实际利用外资 1560 万元，1—9 月份税收完成 3.85 亿元。街道新增商贸企业 3 家、服务业企业 2 家；“强产业、补链条”开工项目 5 项，竣工 2 项；福建省“五个一批”开工项目完成 1 项；完成 2019 年高质量发展工作（企业注册在自贸区）20 家，新增招商引税楼宇企业 20 家；完成第四次全国经济普查工作。

【项目建设】　2019 年，玉屏片区分指挥部分为豆园片区征迁工作组和东门河东侧片区征迁工作组，总拆迁建筑面积 8.5 万平方米，征地面积约 3.96 万平方米，有 209 栋 427 户总计 85144 平方米。

【城市管理】　2019 年，玉屏街道投入 800 多万元创城经费在步行街花街、郑巷等进行“一巷一景观”文化提升改造和巷道“白改黑”改造工程；拨付 300 余万元整改提升老旧小区消防安全配套，在步行街、凤翔、玉屏等社区增设 15 处“便民电动车智能充电桩”。清除陈年垃圾 100 多吨，日生活垃圾清运量 57.73 吨；投资 230 万元用于垃圾清运工程，专业化操作解决清运过程“滴洒漏”问题。每月投入 2 万元，对“牛皮癣”清除保洁实施外包。幸福社区、凤翔社区、玉屏社区和石井村完成 5393 米的清淤杂工作，石井村完成 2000 米的毛渠淤杂清理工作。

【社会事业】　教育　2019 年，玉屏街道辖区有中学 4 所（福清一中、福清二中、福清侨中、融城中学）；小学 6 所（福清实验小学、城关小学、玉屏中心小学及所辖完小 3 所），其中中心小学 1 所、完全小学 5 所；幼儿园 18 所，其中中心幼儿园 1 所、市直幼儿园 2 所、校办幼儿园 3 所、民办幼儿园 11 所、其他单位办幼儿园 1 所。

社会保障　1—10 月，玉屏街道向城乡低保户发放低保金 1446945 元，发放城乡低保高龄人员补助金 17000 元，发放城乡低保电费补贴 12801.71 元，发放优抚对象补助金 2076196.6 元，民政供养对象发放金额 1302353.5 元，发放低保过节费 236000 元、优抚对象过节费 49800 元、低保物价补贴 50240 元。街道爱心慈善超市有登记受助人员约 256 户、461 人，每人每月给予定期发放补助 40 元等价物资。协助开展残疾居家托养 14 人，累计金额 2.8 万元。扶持残疾人就业 4 人，每人补助 5000 元。街道建立居家养老社区服务照料中心，总投入 600 万元，内有月托床位 40 张，日照床位 60 张，配套有休息室、配餐室、医疗保健室、康复训练室、心理咨询室、阅览区、手工区、舞蹈健身活动室、多媒体教室等功能室。步行街、北大等社区已建立幸福院。石井村生命公园建设面积约 2000 平方米土地，已完成征地、清表、测绘、修建进山道路工作，规划建设 150 个穴位。街道 18 个居村均已成立乡贤促进会，乡贤促进会运作资金有 500 余万元，其中石井村乡贤促进会已筹集运作资金 300 多万元。

平安建设　2019 年，玉屏街道检查场所 321 家，其中人员密集场所 113 家，消防安全场所 203 家，建筑施工 5 家，累计查出隐患 106 条，已全部整改。以锦云社区为示范点，“以点带面”推动辖区便民电动车充电桩建设，新增便民电动车充电桩 15 处。对新装修的 49 家店面，推广安装简易喷淋以及独立式感烟火灾探测报警器，对存在消防安全隐患的供销大厦投入 300 余万元进行改造，投入 60 余万元对辖区内的楼层接线柱进行改造。1–6 月，玉屏街道有初重件 46 件，其中街道接待群众初访 5 件，已办结3件；省、市交办初信初访29件，已办理21件；街道历史遗留重点信访件12件，签订息诉息访书1件，签订承诺书1件，得到稳控2件。

治违行动　2019年，玉屏街道发现并处置各类违建对象48宗，其中含高层违建46宗，临时搭盖2宗。年内挂牌72宗，其中新建22户、旧改2户、修缮48户。检查117家托管及培训机构，下发整改通知书60家，停业整顿通知书6家，取缔通知书6家，核查疑似失学儿童253名。

（翁蓉）

龙山街道

【概况】　龙山街道2006年12月30日正式挂牌成立，位于福清市中心城区。境内有省级重点文物明朝古建筑瑞云塔和黄阁重纶。辖区面积34平方千米，辖有13个村，7个社区，常住人口约5.9万人，有21所幼儿园、12所小学、4所中学、1所职专，社区卫生服务中心1所，村（居）卫生所16家。2019年，龙山街道规模以上商贸业11家，规模以上服务业6家。

【经济建设】　2019年，龙山街道规模以上工业产值119171万元，完成任务数103776万元的114.8%；固定资产投资完成497854万元，完成任务数493000万元的101%；社会消费品零售额完成193214万元，完成任务数170000万元的113.7%；税收收入54120万元，完成任务数37550万元的147%。

【农业】　2019年，龙山街道耕地面积约718公顷，耕地灌溉面积约560公顷，高标准农田面积约20公顷。农作物播种面积约1288公顷，其中粮食作物播种面积约348.5公顷。

【工业】　2019年，龙山街道规模以上工业企业4家，分别是福建永动力弹簧科技有限公司、福清市福星源有机肥生物科技有限公司、福清市新大泽螺旋藻有限公司以及福清市星辉食品有限公司，年工业产值119171万元。

龙山街道东门口袋公园，2019年摄　（龙山街道　供）

【招商项目】　2019年，龙山街道引进楼宇企业14家，其中注册资金5000万以上的企业12家，注册资金5000万以下的企业2家。引进3个“大项目、好项目”，分别是福清市康成实业有限公司年产板式家具30万套、福清市阳爱语训康复中心和福清东百利桥特色历史文化街。

【镇村建设与管理】　2019年，涉及龙山街道“一区四路”重点项目总征地面积约26.93万平方米，拆迁总建筑面积约41.35万平方米，龙山街道“两违”拆除完成全年计划的135%。其中拆除11宗“六先拆”违法建筑，拆除面积3213平方米。年内卫片疑似图斑需拆除6宗，已拆除6宗，完成率100%。

【社会事业】　科教文卫　2019年，龙山街道有中学在校生2878人，小学在校生6203人，小学适龄人口入学率100%，初中适龄人口入学率99.4%，幼儿园入园率98.4%。投入65万活动经费完善街道综合文化站设施，20个村（社区）农家书屋存书43906册，各村（社区）存书达2000册以上。

环境整治　2019年，龙山街道组织市容市貌集中整治180余次，出动人员3000多人次，清理卫生死角400多处；清理出摊占道2600多起；规范户外广告，对元华路、瑞亭街、东门路等主要道路两侧的商业广告牌进行集中整治，清理乱贴乱挂广告牌、条幅800多处，拆除违章商业广告牌350多个。

社会保障　2019年，龙山街道享受城乡最低生活保障对象（含特困人员）320户537人，累计发放各类补助金约490万元。发挥街道慈善分会作用，累计发放善款约11万元，受惠人员130余人；落实优抚对象优待政策，累计发放各类优抚补助金约316万元。

平安建设　2019年，龙山街道开展

扫黑除恶知识宣传50000人次，张贴宣传标语80张，布置宣传专栏20个，公布举报电话22个，悬挂宣传横幅200幅，宣传车流动宣传200车次，分发宣传单50000张、宣传折页20000份，拨打电话50000人次，发送手机短信30000条，发放“扫黑除恶”警民联系卡10000张、购物袋5000个、纸巾宣传盒10000份、水杯3000个，设置举报箱21个，入户宣传走访10000多户。

（刘文飞）

龙江街道

【概况】 龙江街道地处福清市玉融大桥以南，辖区面积31.1平方千米，其中中央公园规划区占14.98平方千米。辖10个行政村和4个社区居委会，常住人口4万余人，流动人口3.9万余人。福厦铁路福清客货站坐落其中，315省道大真线贯穿全境，龙江穿境而过，观音埔大桥、环城路与中心城区连成一片。

【经济指标】 2019年，龙江街道规模以上工业总产值22.05亿元，比上年增长10.6%；工业固定资产投资约0.33亿元，增长36.8%；限上社零总额9.32亿元，增长23.3%；税收收入约2.99亿元，增长16.7%。

【农业】 2019年，龙江街道有耕地433公顷，粮油作物以水稻、甘薯和花生为主，粮油产量2000余吨，其中水稻1320吨、花生170吨。造林93.33公顷，其中经济林66.67公顷，居民住宅四旁植树4万株，林木覆盖率4.8%，活木蓄积量7.2万立方米。

【招商引资】 2019年，龙江街道引导各村开展招商引税，全年新引进注册资金5000万以上楼宇经济项目注册落地15家，累计注册资金约5.7亿元，总投资9.91亿元，新增税收3042万元；已备案6项，总投资30.02亿元。

【项目建设】 2019年，龙江街道负责龙江南岸利桥片区、龙江南门桥片区、霞楼街（桥南路）、比华利山等4宗项目征迁，涉及房屋、商业店面、地下车库等征迁350户约10.87万平方米，于5月31日全面完成总项目征迁工作。推进市重点项目征交地建设，完成征地约86.67公顷，涉及特殊教育学校项目约5.4公顷；政府储备地2018–019（肾病专科）项目约5.33公顷；辉达彩印项目约4.4公顷；环山漫道项目约2.67公顷；中央公园花海苗木基地项目约63.33公顷，中央公园北大门施工便道项目约0.4公顷，中央公园福阁项目约2公顷。

【镇村建设与管理】 2019年，龙江街道立足小南村洋实际，初步打造美丽乡村精品示范村的小南洋建设模式。推进农村幸福院建设，2019年第一期幸福院建设的松潭村、小南洋村2所农村幸福院完成建设；第二批幸福院建设的松峰村、霞楼村、下梧村幸福院建成运营，朝阳村建设完成；龙江街道居家社区养老服务照料中心完成建设，由金桥老年公寓负责运营。

【社会事业】 文化教育卫生 2019年，龙江街道加强农村文化阵地建设，提高街道综合文化综合站和13个村（社区）综合文化服务中心开放程度；老龄委举办“庆祝新中国成立七十周年”文体系列展示活动、地掷球友谊赛等。开展无证幼儿园和校外培训机构专项治理“回头看”行动；强化各中小学师资力量，开展中小学幼儿园及少年安全管理专项整治活动；加强社区教育，社区学校开展成教工作。改造龙江街道社区卫生服务中心业务用房和污水处理站，巩固街道卫生保健网络，完善初级医疗体系。

文明城市创建 2019年，龙江街道在主要交通路口及各路段醒目位置，利用建筑围挡与各类墙体制作大型公益广告20多面、“讲文明、树新风”宣传广告80多面；在各小区内制作“遵德守礼”提示牌120多面；利用LED显示屏滚动播放创城知识。实施创城网格化管理，使用“创城管理”APP；实现巡查、上报、整改、反馈、督导、问责全流程智能化管理；背街小巷及农贸市场的整治与日常监管相结合，消除“整治—反弹—再整治—再反弹”现象。

环境整治 2019年，龙江街道开展排污口排查，摸排排污口约30个；每日巡河，清理渠道河道垃圾、漂浮物；完成29口池塘（其中16口为低位治污型）建设；开展冬春修水利，修沟清渠约20千米；推进大真线沿线综合环境整治、铁路沿线综合环境整治25处71320平方米；审批危旧改建筑10宗，装修修缮171宗；拆除“两违”建筑77宗，拆除面积12.2万平方米；整治违建坟墓2103台，其中“活人墓”20台、“新墓”8台、旧硬化坟墓2065台、铁路沿线10台。

平安建设 2019年，龙江街道开展扫黑除恶专项斗争，平安建设及扫黑除恶入户宣传11000余户，印发各类宣传品35000余份，宣传册15000余份；司法所受理各类矛盾纠纷83件，调处83件，调处成功83件，矛盾调处成功率100%；接收各类信访件46件，受理46件，如期答复43件；开展今冬明春消防检查、夏季消防检查、火灾隐患大排查大整治，聘请第三方机构安全专家对辖区内27家工贸企业、7个在建工程、11家液化气站、114家沿街店铺进行消防安全隐患排查，消防检查专项行动发现问题300多处，下发整改通知书10余份。

（郑燕）

音西街道

【概况】 音西街道地处福清城市中央区，南邻龙江，北枕戴云山，东临虎溪，西接宏路、石竹街道，辖区面积51.1平方千米，下设11个社区、11个行政村，户籍人口约6.5万人，常住人口近15万。2019年，音西街道限额以上社会消费品零售总额31.51亿元，年内新增福州星耀非凡国际贸易有限公司、福建东方味王与餐饮管理有限公司等15家企业，服务业年内新增福清市城建投资控股有限公司、福清市公共交通公司等9家企业。

【经济指标】 2019年，音西街道完成社会固定资产投资89亿元，其中工业固定资产投资9.95亿元，实现财政总收入13.72亿元，实际利用外资1680万元。

【农业】 2019年，音西街道农业总产值3.1亿元，主要项目有音西红山育新果林场，音西大山坡茶叶项目，音西、龙溪、云中洋村枇杷项目，芦院村、埔尾村火龙果和芭乐项目。

【工业】 2019年，音西街道规模以上工业总产值190.27亿元，年内新增福州宇隆光电科技有限公司、福建锐翰光电科技有限公司。

【招商引资】 2019年，音西街道完成三锋汽配汽车饰件高端制造与轻量化项目、福建鑫融基投资发展有限公司年产平板显示智能终端电子产品50万套项目等招商备案6项，注册福建沃博汇机械设备有限公司项目、福建省亚祥盛贸易有限公司项目等楼宇企业20家，招商引税7302.23万元，总投资额32.74亿元。

【镇村建设与管理】 2019年，音西街道房屋修缮旧改挂牌189户，建房挂牌58户。街道外环路及列为市重点项目1–3期项目26项，完成征地约109.13万平方米，拆迁面积约25万平方米，完成建设项目投资100多亿元。投入70万元完成龙溪村、马山村、云中洋村、文楼村、埔尾村、芦院村、瑶峰村、珠山村8个幸福院建设。

【社会事业】 教育 2019年，音西街道有2所完中（包括私立中学1所）、1所职业学校、3所初级中学、1所中心小学、4所市直属小学、15所完小校、20所幼儿园（包括私立民办10所），学生数26000多人。

卫生和计划生育 2019年，音西街道设有11个卫生所，8个卫生室，5个社区卫生服务站，是福清市城镇职工居民医疗保险定点单位。

社会保障 2019年，音西街道发放临时救助款322000元、民政低保款1654413元、残疾人两项补贴375440万元、民政优抚款1593610元、五保户补贴134272元、五老补贴107520元、遗孀补贴69120元、春节慰问金566600元。

平安建设 2019年，音西街道建设完善平安“五不漏”体系，投入资金450万元，建成监控1454路，村（社区）自建探头数量1113路，接入公安网探头数量97路，实现街村（社区）出入口全覆盖。

生态建设 2019年，音西街道开展大型水葫芦清理整治活动10次，开展党员巡河活动20次，清理村内池塘22口，累积清理沟渠115千米。完成马山村、埔尾村、芦院村、云中洋村等8个村29个池塘建设。街道财政及社会力量投入资金94.13万元开展农村人居环境整治村庄清洁行动。开展坟墓生态整治，整治坟墓1715座。

（陈福德）

宏路街道

【概况】 宏路街道位于福清中北部，地处福厦公路与大真公路交叉口，为龙江中下游地段的冲击小平原。南、北、西三面环山，324国道福厦公路和福泉高速公路纵贯南北，有福清“西大门”之称。2019年，辖区总面积36.6平方千米，下辖11个行政村，3个社区，58个自然村。常住人口3.57万人，流动人口5.94万人。

【农业】 2019年，宏路街道有耕地315公顷，林地1607.93公顷，森林覆盖率45.1%。全年种植粮食219.9公顷，其中早、晚稻165.7公顷；种植蔬菜128.2公顷，其中叶类菜22.5公顷，瓜类15.5公顷，茄果类17.6公顷；种植水果72.4公顷，其中热带水果48.9公顷。落实春秋季动物疫病防控工作，免疫密度100%。

【工业】 2019年，宏路街道地处融侨经济技术开发区南部片区，辖区内有规模以上工业企业36家，完成规模以上工业产值75.6亿元，比上年增长14.7%；工业固投完成工业产值158681万元，增长97.3%；全社会固投完成工业产值666215万元，增长14.9%；税收收入完成81335万元，下降2.8%。

【商贸服务业】 2019年，宏路街道有各类商业网点2200余家，其中娱乐场所4家、酒店7家，有物流公司30家；其中线上10家、线下20家，限额以上商贸企业27家。

【招商引资】 2019年，宏路街道落实“抓项目促发展”“强产业补链条”等专项行动，完成“抓项目促发展”开工任务8个，全年列入福清市重点项目11

项。已确认楼宇招商项目16家，实现注册资金12.2亿元，中能电气智能化免维护型环网设备技改项目、蓝城中富养老、聚龙创业小镇二期、混凝土装配建筑项目总投资48亿元以上。

【镇村建设与管理】 2019年，福厦客专西站项目涉及东坪、金印、南峰三个村，完成房屋拆迁173座，面积4万平方米，征地105.92公顷，迁移坟墓501座。宏路街道开展摸排工作，构建日常网格巡查与无人机巡查相结合的“立体式”网格巡查模式，对重点区域、“夜间工程”和“节假日工程”加强巡查力度，辖区内年计划处置16.65万平方米，实际处置34.24万平方米。

【社会事业】 教育 2019年，宏路街道有初级中学1所，教职工49人，中学生828人；小学6所，教职工261人（其中代课教师61人），小学生3370人；幼儿园21所，其中公立7所，私立15所；镇文化技术学校1所。投资7000万元推进宏路中心小学建设。

卫生和计划生育 2019年，宏路街道有市三医院、宏路社区卫生服务中心2家政府医疗机构。年内对市三医院骨科病房大楼和门诊大楼进行改造提升，完善医院医疗服务配套，提高医院接诊服务能力。全年出生人口372人，人口出生率为1.3‰，人口自然增长率为0.85‰。

社会保障 2019年，宏路街道核实城乡低保对象162户，发放补助金182.56万元；对15名特困户按时足额发放补助金，发放补助金21.43万元；发放拥军优抚经费121.63万元；发放重残对象补贴51.12万元，其中生活补贴123人29.52万元、护理补贴232人21.32万元。城乡居民医疗保险参保28136人，城乡居民社会养老保险参保12558人。

文明创建 2019年，宏路街道开展文明创建活动，处置工单3257件；在文明停车示范街区放置文明停车指示牌，每周开展1～2次文明停车整治行动，改善违停乱停现象。

平安建设 2019年，宏路街道落实综治平安“五不漏”责任体系，利用“互联网+”打造立体化社会治安防控体系，在街道重点部位、重点路段、各村（社区）等区域安装监控高清探头183路、标清探头1389路，成立村（社区）级党员志愿者巡更队伍14支173人，常态化在重点区域开展夜间巡逻。年内排查各类矛盾纠纷29件，调处29件，受理各类来访信件39件，处理“12345”诉求件990件。

生态建设 2019年，宏路街道推进水系治理，彻底消灭劣V类水质。查处入河排污口109处，拆除侵占河道违法建设34处，清场南峰村养鸭场约1333平方米，完成31处的截污纳管工作，管道总长度8500余米。创新推出“1+N”志愿服务体系，即一心（宏路街道党工委为核心）、N个配套（工会、团委、妇联等群团组织），定期开展“青春护卫母亲河”“巾帼护河”“党员护河”等巡河巡渠志愿服务活动，累计清理河道长度约8920米，清理淤泥约2.5万方。投入劳力1601人次，挖掘机、推土机等机械约241辆次，清运垃圾9600多方，完成清渠任务约41921米。清除侵占河道种植5处约4000平方米，拆除临水违搭违建38处3967平方米，关停小企业小作坊5家1879平方米。在关溪上游圳边村段河道新建3个生态拦河坝，铺设各类纳污管道11千米，规范3家工厂达标排污；修复破损管道、水闸设施等10处，疏通、清掏管道和老旧社区大型三格化粪池5处；建设溢流式截污设施9个、低位治污池塘16口、无动力处理设施17个。开展宣传工作，先后向辖区内企业、群众发放“致宏路街道全体父老乡亲的一封信”“致企业的一封信”5000余份，张贴漫画宣传海报300余张。在南峰村、周店村试点带动下，街道各村全面铺开“一村一池塘”建设，完成37个自然村39口池塘建设。

（林梦璐）

石竹街道

【概况】 石竹街道位于福清市中心城区西部，处国家级融侨经济技术开发区核心区域，街道办事处于2006年12月挂牌成立。区域面积15.4平方千米，有耕地32.67公顷，山地677.87公顷。辖区东接音西街道，西连东张水库，南与宏路街道毗邻，北接镜洋镇。街道下辖7个行政村、4个社区，常住人口17331人，流动人口69426人，其中常住人口以汉族为主，另有畲、侗、回等6个民族，棋山村为福州最大畲族村。辖区内有“福清十大城市名片”——中华梦乡石竹山、“福清市十佳特色小吃”——石竹湖砂锅鱼头、全国最大汽车玻璃生产商——福耀玻璃和著名电脑显示器生产商——冠捷电子（福建）有限公司。街道先后获评省级生态街道、全省征兵工作先进单位、福州市平安乡镇（街道）。

【经济指标】 2019年，石竹街道规模以上工业总产值5405832万元；固定资产投资214739.2万元；工业固定资产投资138274万元；限额以上社会零售总额359098.9万元；实际利用外资894万元；税收完成107701.3万元。

【农业】 石竹街道位于融侨开发区中心腹地，耕种用地较为有限。2019年，粮食播种面积100.73公顷，粮食作物以水稻、甘薯为主，大部分为农民自给自足。

【工业与高新技术产业】 2019年，石

竹街道有以福耀、冠捷为代表的各类企业1066家，其中规模以上工业企业58家、限上商贸业49家、规模以上服务业16家，行业主要包括汽车玻璃、液晶显示、食品加工等。年内实现规模以上工业产值540.58亿元，比增4.7%。辖区内有福耀集团（福建）机械制造有限公司、福建祥龙塑胶有限公司、福建海壹食品饮料有限公司等国家级高新技术企业13家，有福清市巨利塑胶制品有限公司、福建华冠光电有限公司和福建瑞虹贾卡实业有限公司省级高新技术企业3家，有省级及以上创新研发平台机构21家，其中国家地方联合工程实验室1家、福建省企业重点实验室2家、企业工程技术研究中心4家、企业技术中心14家。

石竹街道便民服务大厅，2019年摄　　（石竹街道　供）

【商贸服务业】　2019年，石竹街道辖内有各类商贸服务业等第三产业企业735家，其中限上商贸、规上服务业共65家，年内限额以上社会商品零售总额35.9亿元。街道对接服务融侨开发区，引导发展好产业、物流业、仓储业等产业，致力在福厦路—清荣大道石竹段打造汽车销售服务4S店一条街，在龙塘村动建集住宅、步行街、特色商业及酒店、办公为一体的大型城市商住区。

【招商引资】　2019年，石竹街道融入“三产年”行动，引进楼宇企业15家，注册资金11.93亿，新增税收3057.22万元，新招引落地中石化森美（福建）石油有限公司福州福清分公司清荣加油站、福建宏扬建材有限公司汽车维修及加工销售汽车配件项目、福清华奥汽车有限公司奥迪汽车4S店建设项目等6个项目，总投资7.75亿元。推进福清市2019“强产业补链条”项目8项，总投资39.35亿元。

【镇村建设与管理】　2019年，石竹街道完成征交地项目7个，面积约11.39公顷。其中高铁西站西侧公园0.5公顷、高铁西站货运交通枢纽1.24公顷、高铁西站路网A段1.64公顷、北前亭村幸福院0.08公顷、石竹街道棋山便民市场疏导点0.46公顷、福清市湖库连通工程3条输水管线与福厦高铁交叉段1.79公顷、福清市湖库连通工程3条输水管线与福厦高铁交叉段二期5.68公顷。开展“两违”综合治理，违章建设拆除宗数18宗，拆除建筑面积3万平方米。做好雨污分流工程建设，投入700余万元于截污纳管项目，建设完成2处无动力污水处理设施，截污纳管总长度约9500米，覆盖辖区内70%的村（社区）。

【社会事业】　文化教育　2019年，石竹街道有幼儿园11所，在园幼儿1715人；小学6所，在校生3310人；中学2所（宏路中学、书生实验学校），初中在校生2050人，高中在校生1187人。辖区中小学校均已通过省标准化学校验收，石竹中心小学通过福清市示范性文明学校验收。完善街道文化阵地建设，年内建成公益性的青少年校外活动中心1处，街村文化站11处，各类图书室12个，室内外体育健身场所52处。

卫生和计划生育　2019年，石竹街道有社区卫生服务中心1所，各类村卫生所16个，医生20人。全年出生人口172人，出生率10.8‰，当年政策符合率93.5%，免费孕前优生健康检查完成50.29%，享受计生奖扶391人，兑现计生奖扶52.6万元，诚信计生协议签订率90%以上。

社会保障　2019年，石竹街道为63人次农村低保对象发放最低生活保障补助经费28524元，为1570人次城市低保对象发放最低生活保障补助经费704295元，为12人次特困人员供养对象发放最低生活保障补助经费12900元，为160人次低保高龄老人发放高龄补贴16000元。实施临时救助31户，发放临时救助金元8万元，为1173人次残疾人发放补贴149260元。高仑村生命公园一期于2月完成建设并投入使用。洋梓村、棋山村、真丰村、龙塘村、北前亭村、太城社区农村幸福院已建设运营。街道辖内成立乡贤促进会10个，乡贤人数83人。

平安建设　2019年，石竹街道组建巡更保平安队伍，牵头建立融侨管委会、街道、派出所、村居、企业五级联合巡逻机制。投入300多万元配齐巡逻车及其他装备设施，成立1支40多人巡更队伍，6支100人物业巡逻队，10支108人义务巡逻队，全天候在重点案件高发地段、商场、夜市摊点巡逻，健全完善“人防、物防、技防”三位一体安全防护体系。

（郑颖）

阳下街道

【概况】 阳下街道辖区面积69平方千米，地处福清城区北翼，省道福长公路、市道清荣大道及洪宽大道、福厦铁路贯穿全境，大北溪和虎溪两大支流自北向南纵贯全境。2019年，阳下街道下辖洪宽、虎溪2个社区和22个行政村，总户数14038户，总人口45018人。阳下街道是中共福清县委诞生地，辖区内有福清市漈头革命历史纪念馆、漈头陈氏支祠、漈阳书院、陈炳奎烈士陵园、余长钺烈士陵园、龙王坑等历史古迹。

【农业】 2019年，阳下街道粮食作物以水稻、地瓜、马铃薯为主，经济作物主要为蔬菜、川芎，水果以龙眼、火龙果、枇杷为主，水产有鳗鱼等。全年农作物播种面积2330.27公顷，其中蔬菜1248.67公顷，谷物面积633.33公顷，油料作物（花生）104公顷，豆类161.33公顷，薯类190公顷等。全年发放耕地地力保护补贴120.40万元。规模养殖场（福清市丰泽农牧科技开发有限公司）年出栏生猪3.2万头，免疫散养禽类2.8万只、家畜0.48万头。红火蚁防治66.67公顷。建成20个益农信息社。下派科技特派员8人。

【工业】 2019年，阳下街道规模以上工业产值完成217.33亿元，比上年增长13.30%；全社会固定资产投资89.02亿元，增长89.50%，其中工业固投54.61亿元，增长64.70%；限额以上社会零售总额51663万元，增长30.10%。落实土地要素保障专项行动，报批土地9宗总面积31.91公顷；交地19宗总面积48.20公顷；供地8宗总面积65.49公顷；开工15宗总面积67.99公顷。“强产业补链条”项目开工6个，竣工1个。

【招商引资】 2019年，阳下街道税收收入56870万元，完成任务数的111%。全年招商引资已备案项目6个（福清市鑫华塑胶有限公司、福建奋安铝业有限公司、福清市永裕来齿轮有限公司、福建越华晖实业有限公司、福建明辉电力技术有限公司、福建科杰精密设备制造有限公司），备案投资资金约10.36亿元，全年新增注册资金5000万元以上楼宇企业16家，总注册资金31.02亿元，楼宇企业税额3323万元。

【镇村建设与管理】 2019年，阳下街道“两违”处置面积10.28万平方米，拆除腾出面积9.04万平方米。全年累计建房审批发牌290宗，其中蓝牌240宗、黄牌50宗。开展房屋安全隐患排查工作，排查房屋9532栋，发现存在安全隐患房屋38栋，拆除存在严重安全隐患的房屋16栋，修缮、加固存在一般安全隐患的房屋22栋。阳下街道奎岭村自来水改造工程建设和阳下街道社区日间照料中心建设列入2019年度“为民办实事”项目，完成投资850万元。

【社会事业】 文化教育 2019年，阳下街道有完全中学（洪宽中学）1所，学生1884人，教师140人；初级中学（北亭初级中学）1所，在校生233人，教师30人；有完全小学9所，在校生3430人，教师172人；有公立幼儿园9所，私立幼儿园11所，在园人数2324人，教师176人；有文化技术学校1所。年内，街道综合文化站完成3.0版本提升改造，溪头村、作坊村、中亭村、漈头村、新局村5个文化服务中心均完成3.0版本提升改造。组织群文活动13场以上，组织辖区居民观看演出5场以上。

卫生和计划生育 2019年，阳下街道出生人口457人，男性247人，女性210人，人口出生率10.30‰，性别比

阳下街道辖区内新建设的圣帝桥，2019年摄 （阳下街道 供）

117，自然增长率5.06‰，政策符合率90.80%。

社会保障　2019年，阳下街道发放特困人员补助76.01万元、低保补助213.07万元、临时救助33.84万元（其中街道财政拨补1.3万元），发放困难残疾人、重度残疾人补贴45.9万元。推进农村社会养老保障工作，有25214名农民办理新型农村养老保险；扩大新农合覆盖面和受益面，全街道参合人数36936人，参合率100%。开展金秋助学活动，为17名考录大学的学子发放奖学金、助学金10.6万元。

生态建设　2019年，阳下街道投入500多万元用于农村人居环境整治。完成巨尾桉采伐迹地更新造林13.67公顷、森林抚育100公顷、封山育林53.33公顷、珍贵树种造林4.8公顷，5个村居完成“村植千树”6.67公顷。加强对违规占用林地行为的监督检查，查处1起违法毁坏林地行为。

平安建设　2019年，阳下街道累计投入平安建设经费约355.5万元。优化“五不漏”体系数据，评选出“平安示范户”1531户，设立平安中队长143人、平安小队长1342人，并形成数据库。开展“巡更保平安”活动，成立2支共计50人的镇（街）巡逻队，26支共计132人的村（社区）级巡逻队、10支共计27人的小区巡逻队；北西亭片区8个村联合成立巡逻队；溪头村与洪宽工业村共建治安联防体系，探索开展“村企联防”形式的联防活动。加强农村地区重要部位和重要路口监控覆盖，各村（社区）安装高清探头375个，漈头村新增共享视频监控室1个。阳下街道有严重精神障碍患者207人，其中在管人员157人。落实监护人“以奖代补”制度，年内给3名严重精神障碍患者监护人发放每人3000元的看护管理奖金。与5名（今年新增2名）既往三级以上严重精神障碍患者的监护人签订“以奖代补”监护协议。设立25个乡贤评理室，开展乡贤评理工作25件，其中化解件数15件；年内收到各类来信来访209件、“12345”信件688件，已全部办结；街、村两级调处各类矛盾纠纷124起，其中街道调解25起；纪工委自办案件2件，立案查处党员2人。

（林婉贞）

镜洋镇

【概况】　镜洋镇位于福清市北大门，镇域面积88.6平方千米，辖17个行政村，常住人口2.77万人，流动人口约1.33万人。先后获评福建省级生态镇、省级平安库区创建工作先进集体、福州市造林绿化工作先进单位、省级宣传文化示范镇、先进基层武装部、征兵工作先进单位等，并连续多年被省政府发展研究中心评定为福建省“百强”乡镇。

【经济指标】　2019年，镜洋镇规上工业总产值完成63.29亿元，比上年增长8.3%；固定资产投资完成5.91亿元，增长43.7%；工业固定资产投资完成3.32亿元，增长25.2%；限额以上社会零售总额完成1400万元，增长101%；税收收入完成1.62亿元，增长2.5%。实际利用外资1050万元，上缴税收1.62亿元。

【农业】　2019年，镜洋镇农业产值3.94亿元，发放农业支持保护补贴107.9万元。严守耕保红线，划定水稻功能区926.67公顷，种植粮食、蔬菜、果树1800公顷。全年完成土地流转466.2公顷，涉及农户2629户，完善“公司+基地+专业合作社+农户”的发展模式。稳定农作物播种面积，全年粮食播种面积649.07公顷，蔬菜种植面积893.33公顷，在玉埔、浮山、梨洋等村建设高标准农田180公顷。

【工业】　2019年，镜洋镇工业集中区有在产工业企业113家，其中规模以上在产工业企业47家，另有在建项目3个，形成塑胶管材、沙滩鞋、食品、机械等产业集聚区。镜洋镇是福建省最大的沙滩鞋生产基地，有15家规上沙滩鞋企业，产品销往欧美和非洲等地区。有5家高新技术企业，包括光阳蛋业、闽海药业、亚通新材料科技、融音塑业和清山压铸。

【招商引资】　2019年，镜洋镇引进绿生园农业、方圆生态农业2个产业项目，总投资1.71亿元。引进博云融智、点圆劳务、广辉建设等楼宇项目13个，总注册资金8.39亿元。丰树物流园项目完成征交地工作，进入规划审批阶段。福厦客专镜洋段项目全面完成征交地工作，高架桥、桩基墩台建设基本完成，杨梅山、磨石、前张3条隧道相继开工。4月，福清市政府与央企中国通号旗下的横琴通号股权投资基金签约，合作开发镜洋镇乡村振兴与特色小镇绿色发展项目，项目正进行规划设计中。优化营商环境，年内开展跟踪服务企业“双保”行动，帮助企业解决用地、用工、用电等实际问题127项。

【镇村建设与管理】　人居环境　2019年，镜洋镇常态化开展“清沟、扫地、摆整齐”行动，累计清沟35千米，清理水塘150口，清理淤泥265吨。开展“拆旧、拓新、整漂亮”工作，拆除违章搭建、无人居住危房16处，腾出土地面积5000平方米。开展美丽乡村建设，年内新建村2个，提升村1个，开展生活垃圾处理、生活污水治理、新建改建公厕、保障饮水安全、配套便民设施等建设项目15个，累计投资780万元。镇级投入保洁经费111.9万元，各村依法收取卫生费约66.7万元，实现城乡垃圾“村集镇转”。开展“两违”整治，拆除违法建筑18宗，拆除建筑面积4.37万平方米，腾出土地面积8.48万平方米。推进农村绿化美化，波兰村获评2018年度省级“森林村庄”，镜洋村、东风村入围2019年度省级“森林村庄”。

村财收入　2019年，镜洋镇推进“同置业、壮村财”工程，因村施策，选择适合各村实际的物业发展模式。推进农村集体产权制度改革，发放股权证7771本。年内，全镇17个行政村全部实现村财收入10万元以上，其中9个行政村村财收入20万元以上。挖掘乡贤共治力量，年内，各村乡贤促进会为基层治理、公益事业、招商引资及项目建设建言献策，筹集资金753.2万元。

民生项目建设　2019年，镜洋镇新建镜洋中心校项目纳入全市教育补短板2020—2022年规划，年内完成建设用地及周边2条主干道的征地工作。提高卫生和健康工作，筹资800万元，促进镜洋卫生院建设升级改造，其中医技楼一期扩建工程投资400万元，已建设完工；医技楼二期配套工程投资400万元，已基本完成，医技楼预计2020年2月投入使用。组织实施库区移民后期扶持项目6个，项目总投资280万元。完善全镇水利基础设施格局，全年完成7座小（一）、小（二）型水库修缮养护。建设公路网络，全年改建村道6条，甘东线完成白改黑并实现亮灯，获评福州市“四好农村路”示范乡镇。建成农村幸福院13个，探索“村级主办、互助服务、政府扶持”的养老模式。推进殡葬改革，建成生命公园14座。

镜洋镇溪滨生态湿地，2019年摄　（镜洋镇　供）

【社会事业】　文化教育　2019年，镜洋镇有1所中学，1所中心小学，8所完全小学，14所幼儿园（其中完小园8所、中心园1所、私立园5所），幼儿园在园儿童1168人，小学在校生2226人，中学在校生755人。镜洋镇实施文化惠民工程，全年组织各类理论宣讲21场次，开展“惠民乐万家”、优秀闽剧展演、“我们的节日”等大型活动5场次。镇综合文化站开展专题讲座、手工制作等主题活动15场次。推进全民健身工程，全年建成3套体育健身路径，改造提升1座村级篮球场。

社会保障　2019年，镜洋镇落实全民参保登记计划，年内城乡居民医疗保险参保率98.5%。实施社会救助，及时将生活困难符合要求的村民纳入救助范围，全镇纳入农村低保202人，发放低保金134.3万元；纳入特困人员34人，发放特困供养金49.6万元。城乡居民养老保险参续保1.1万人，发放养老金1065万元；发放失地农民养老金500.2万元；发放高龄老人补贴93.3万元。推进农村妇女“两癌”筛查和妇女病普查工作，全年慰问“两癌”妇女6名。开展助学、助困工作，资助慰问895人，发放各类救助资金42万元。

社会安全　2019年，镜洋镇接待群众来访78人次，镇村两级解决各类矛盾纠纷115起，收到诉求件368件，已办结368件，及时回复率100%。加强农产品质量安全检测室建设，全年完成691个检测。开展重点行业领域安全生产大检查，检查生产经营单位139家，查处整改隐患90处。

生态建设　2019年，镜洋镇开展污水集中处置，新建国道东侧排污总管10千米，修复国道西侧排污总管3千米，打通镇域排污“大动脉”。开展截污纳管和雨污分流工作，疏通管水治污“毛细血管”。严打临水养殖、禁止垃圾入河、专员定期巡河，全年河长制巡查率100%。建成106口池塘，其中观赏性池塘9个。全长1.6千米的太城溪溪滨生态公园土建部分完工，其中洋尾段配套设施已初步实现景观休闲健身功能。2019年，镜洋镇获评全省乡镇规范化河长办试点，1人入围全省“十佳最美基层河长”。

（陈昕　陈小婷　刘鑫）

东张镇

【概况】　东张镇是地处福清市西部山区的国家级生态乡镇，是福清历史文化发源地和五大古镇之一。距福清市区21千米，距福厦公路7千米。东邻东张水库，西与一都镇毗邻，南与莆田新县相邻，北与镜洋镇相连。2019年，东张镇总面积128.5平方千米，有18个行政村，1个社区，209个自然村，常住人口9313户,33353人。

【经济指标】 2019年，东张镇实现规模以上工业产值2.48亿元，比上年增长8%；固定资产投资1.9亿元；农业生产总值4.35亿元；限上社零564万元；财政总收入6079万元，增长1.52%。中央级收入2991万元，地方级收入3088万元。

【特色农业】 2019年，东张镇有耕地1122公顷，林地8563公顷，农业企业18家，农民合作社11家，家庭农场6家。佳家农业种植的铁皮石斛品种代表福建省药材公司参加全国药材巡展，获福建省标准化种植示范基地称号，年产值4600万元；惠煌农业举办首届蜜柚节吸引客流近4000人次，蜜柚年产值约400万元；琳鹏农业种植新引进的台湾品种樱花约6.67公顷，与省农科院、农林大学等单位合作打造大学生创业基地；南湖山茶叶被授予专家工作站及农业文创和新营销双创基地，产品“石竹白眉”获第十九届中国绿色食品博览会金奖。

【镇村建设】 2019年，东张镇东张华金线（华石、金芝）整治项目已竣工投入使用；镇区玉井街东段、玉泉街道、清荣路中段道路白改黑工程及其配套设施建设已竣工投入使用。库区建设项目29个，投入资金2190.8万元。芦岭村、道桥村美丽乡村建设计划投资542万元，已完成投资额531万元，投资完成比率98%。南少林文化旅游园区建设项目年计划投资4000万元，完成投资额7200万元，占任务目标量180.5%。

【招商引资】 2019年，东张镇“2019招商年”专项行动引进企业10家，其中注册资本在5000万元以上的企业4家，总注册资本约4.1亿元，实现入库税收874万元。新增规上工业企业1家，商贸企业1家，其中优品电子年产值达6000万元，东耀贸易年纳税额300万元。

【社会事业】 科教文化　东张镇有普通完全中学1所，校园占地面积44879平方米，建筑面积31561平方米，绿地面积15000平方米，教学大楼有49间标准教室，综合科技大楼图书馆藏书69423册。2019年，东张镇有教职工125名，其中专任教师114名。初中专任教师72名，具有高级职称8名；高中专任教师40名，具有高级职称15名。学生总人数1230名，其中高中生381名，初中生849名，寄宿生452名。有文化技术学校1所，专职干部1名，临聘2名，为全镇脱盲300人。有镇区文化中心1所，占地面积200平方米，建筑面积60平方米。有教职工2名，配备图书2000册、电脑10台、投影仪、电视音响各1套，是集教育培训、图书阅览、健身体育、休闲娱乐、团体活动于一体的综合性、多功能的公益文化站。

医疗计卫　2019年，东张镇中心卫生院占地面积6245平方米，业务用房4301.4平方米，保障性用房1926.78平方米。科室配备内儿科、外科、妇产科、五官科、中医科、手术室，辅助科室设检验、发射、心电图室、B超室、防疫科、妇幼保健组。在职医护人员55名，其中副高级职称4名、中级16名、师级22名、士级6名、其他卫计人员4名、工勤人员3名，临时聘用人员15名。医院承担东张镇、镜洋镇、一都镇三个镇医疗、120急诊救护和东张镇预防、计生、妇幼保健、康复和新农合任务。全年办理结婚登记179对，离婚登记50对，婚检率100%。出生婴儿285人（男婴164人，女婴121人），出生率5.7‰，人口自然增长率2.24‰，政策符合率91.9%。

社会保障　2019年，东张镇民政部门发放城市低保金19.12万元、农村低保金135.26万元、特困人员补助18.41万元、残疾人两项补贴44.85万元、临时救助12.16万元；投入20万元补助10所幸福院建设，完成11个村的生命公园选址工作，其中6个村已开始动建；城乡居民参保续缴9948人，新增1219人。

生态建设　2019年，东张镇幼林抚育36.6公顷，迹地更新9.67公顷，景观林改造0.8公顷，封山育林133.33公顷，村植千树8公顷。拆除违建建筑15宗面积33092平方米，新批建房54宗，审批旧改30宗，修缮房屋69宗，摸排整治坟墓1338座，绿化面积6589平方米。“公厕革命”项目累计投入160万元推进农村生活垃圾治理，全年新建集中式三格化粪池13座。开展“冬春修水利大会战”，实施湖库水系连通建设工程，建设改造池塘109口，累计清理河道30千米，硬化水渠1.1千米，清淤48.3千米，拆除养鳗场8家、临河违章棚舍33处。

平安建设　2019年，东张镇投入12万余元开展平安宣传活动，张贴宣传标语、横幅300余条，分发各类宣传单36000余份，分发平安扇、购物袋、围裙等宣传品15000个。投入160万元在镇区安装摄像头115路，在村居主干道和人流密集地段设有147个监控探头接入村级综治中心。组建一支12名队员的专职巡更队，在夜间、凌晨流动巡查和定点设卡，在交通要道对可疑车辆和人员进行排查。“信访清零”行动调解矛盾纠纷24起，调解成功率达100%。

【举办“醉美东张 趣夺宝藏”寻宝活动】 2019年4月23日，东张镇人民政府联合福清市广电中心、福清市旅游发展中心举办为期1个月的“爱我大福清 美丽乡村行”——2019年福清市乡

2019年5月，东张镇举办“醉美东张，趣夺宝藏”寻宝活动（东张镇　供）

村寻宝大型电视综艺活动（第一季）之“醉美东张 趣夺宝藏”，启动仪式在裕荣汇举行。自5月1日起，四期的寻宝活动分别在少林村、先锋村、香山村、道桥村的特色旅游景点开展，并举办争做环保卫士、醉美东张摄影赛和美食品鉴会等活动。寻宝活动展示东张镇美丽乡村建设助推乡村振兴的成效，促进乡村农产品、农家乐、特色小吃的发展，提升东张旅游知名度。

【《福清东张镇旅游总体规划》通过专家评审】 2019年6月13日，《福清东张镇旅游总体规划》专家评审会在福清冠发君悦大酒店召开，由福建师范大学、福建农林大学、福建闽江学院、福州市规划设计院等单位5名专家组成评审组，福清市自然资源和规划局、生态环境局、农村农业局、住建局、旅游中心等相关部门参加评审。《福清东张镇旅游总体规划》规划范围为东张镇镇域范围，包括1个社区18个行政村。规划期限为2019–2035年，开发总投资110200万元。分近期、中期和远期三个阶段，近期为2019–2025年，近期投资37600万元。东张镇将利用农田、果林、茶园和乡村田园风光资源，规划成“一核四轴四区”的全域空间布局，四个功能分区主要包括：印象宋窑文化体验区、梦幻茶园养生度假区、少林禅武文化区、龙江原乡休闲旅游区。挖掘禅武文化、农耕文化、民俗文化、山水文化，打造乡村旅游产品体系，拓展旅游内涵，实现乡村振兴。

【举办首届福清（东张）煎茶文化旅游节】 2019年10月13日，首届福清（东张）煎茶文化旅游节在南湖山开幕。文化旅游节以“品福清煎茶，享生态东张”为主题，举办品福清煎茶、东张窑开窑仪式、全球订购会、茶王竞拍以及书法展、古筝弹奏、茶艺表演、品尝东张特色小吃等活动。福清煎茶文化是福清海丝文化的重要遗产，也是中日文化交流的历史见证。

【《东张镇志》出版】 2019年7月9日，福州市委党史地方志研究室组织省、福州文史专家组至东张镇，对《东张镇志》书稿进行验收评审。《东张镇志》编纂团队由史志专家、高校师生、文史爱好者等构成，全书13万字，11月由中国文史出版社出版，12月28日在罗源举办首发仪式。《东张镇志》被列为“福州市村镇志精品文化工程”首批出版的备选志书之一。

（陈明峰）

2019年10月13日，东张镇举办2019首届福清（东张）煎茶文化旅游节（东张镇　供）

一都镇

【概况】 一都镇位于福清市西北部偏远山区，北靠闽候，南邻莆田，西接永泰，东连东张镇，全镇地域面积108平方千米，是福清市镇域面积第二大的镇。辖一都村、普礼村、善山村、王坑村、东山村、后溪村及山城居委会6个行政村1个居委会，共128个自然村，户数3578户，人口11872人。一都镇为革命老区，有5个村是老区基点村。一都镇有2个国家AAA级景区和1个福州市级爱国主义教育基地，分别为东关寨文化旅游景区、后溪旅游区及罗汉里爱国主义教育基地。名胜古迹有黄定状元府遗址、状元墓、协济庙、大招桥、欧阳修题刻，是福清市发展山地农业经济和生态旅游的重要乡镇。2019年，一都镇完成固定资产投入24229万元，比上年增长57.6%。财税收入520万元。

【农业】 一都镇农业以种植枇杷为主，总量占全国1/40以上。2019年，一都镇做大做强一都枇杷品牌，先后获评“全国农业产业强镇示范点”和“全国一村一品示范村镇”。申报并获评“农业部农产品地理标志”，一都枇杷被福州市列为“区域公用品牌”。一都镇推行特色农业气象指数冻害保险约316.53公顷，与省农科所合作推进枇杷新品种改良试点约4.67公顷，与福建省天海东方食品集团有限公司形成长期合作关系，延伸枇杷精深加工产业链，提升农产品附加值。扶持福建天海清润缘枇杷产业有限公司、福建融台一都农业科技有限公司、福建三叶草农业有限公司、依扬家庭农场、福清市一都镇水上农家家庭农场、福清市阿奇家庭农场、逸都惠农果蔬种植农民专业合作社等农业龙头企业、家庭农场和专业合作社，给予最大力度的政策倾斜和资金支持。加大农业科学技术培训，培养种养科技人才，有160多位新型农民参加农业培训课程，并遴选出农业科技示范户30人，形成示范带动效应。一都镇已连续三年举办福州（福清）枇杷节。

【旅游】 2019年，一都镇举办“一都枇杷行 东关宴天下”2019福州（福清）枇杷节、慢城一都乡村音乐节等节庆活动，新华网、中新社、人民网、央视网、福州日报、福建电视台等20多家中央、省市媒体关注，掌上福州、福州电视台进行现场直播，吸引十几万人观看。2019年，一都镇对东关寨及其周边景点的配套和环境进行综合整治，包括建设游客服务中心和旅游公厕，打通景点间的联通脉络，东关寨于10月通过创AAA级景区专家评审。推进状元文化街区建设，该项目于3月获批立项，7月完成项目招投标，8月正式列入福州市传统老街巷项目之一，年内推进游客服务中心、戏台、管理房、状元居酒楼、公厕、沿溪步道和重要文物点修缮等项目建设。开展罗汉里红色旅游AAA级景区评选工作，5月，福州市爱国主义教育基地正式在罗汉里揭牌，年内投入300余万元对红色教育基地进行扩展和提升，主要建设闽中革命史展厅、红色阵地共建共享荣誉墙及系列小品、红色体验基地、陈亨源诊所及实训基地等。推动后溪旅游景区发展，加快后溪民宿产业发展，由福建省缦谷旅游开发有限公司投资3000万元建设的后溪慢谷竹三里民宿，完成基建装修和经营团队组建，软硬设施与基础配套基本完成，进入试营业阶段。

【招商引资】 2019年，一都镇楼宇企业完成注册4家，分别是福清市恒源酒店会务管理有限公司，注册资金7亿元；福清市众远建材贸易有限公司，注册资金5000万元；福清市滕祥瑞林业开发有限公司，注册资金5200万元；福建天海清润缘枇杷产业有限公司，注册资金7000万元。楼宇经济线索4条，为福建闽江海峡建设发展有限公司、福清市益都农业开发有限公司、福建三月枫园艺有限公司、福建三叶草农业有限公司。招商项目完成1项，为融台一都台湾农民创业园项目，备案投资金额7000万。

【镇村建设与管理】 2019年6月，东山村正式列入第五批中国传统村落并被评为福建省重点历史文化名村提升改善建设村，累计投入3000多万元；普礼村、善山村被列为福清市美丽乡村提升村，累计投入近600万元。年内，一都镇完成建设集中式污水处理设施1个，新建污水管网约850米，生活污水有效处理覆盖率93.2%；完成道路硬化2000米，硬化面积12000平方米；完成裸房整治8户，整治面积1240平方米；建设沿溪步道1处，沿主干道进行绿化美化约500米；建成榕树下书屋及茶社等公共设施；进行生活垃圾治理，新增干湿垃圾桶1080个，清理陈年垃圾264吨；推进房前屋后整治，拆除房前屋后猪圈、鸡鸭舍等临时搭盖建筑7620平方米。投入26万元完成镇区主路口监控管控平台建设，投入320万元完成普一线B段新建工程，投入250万元进行河道综合整治。拆除9家养鳗厂，确保饮用水源安全；投入200万元完成王坑村和尚塘和后厝西山塘的除险加固工程；投入10万元完成2座公厕改造升级，投入157万元完成6座公厕新建等工程；投入125万元完成镇村人居环境整治。

【社会事业】 社会保障 2019年，一都镇发放低保113万元、特困补助金21万元、临时救助补助金7.7万元、高龄补助金1.8万元、残疾人补助金20万元。

下拨各类慰问补助4.69万元、计划生育奖扶资金42万元、新农合补助27万元。

生态环境保护 2019年，一都镇完成13.33公顷的黄精种植，推进实施“村植千树”绿化工程，完成森林防火、林木监管等林业常规工作，全年未发生森林火灾。完成一都村、王坑村高标准农田整治项目，完成土地卫片核查处置，“1大4小”地灾点整治已完成普礼村项目，协助推进村庄管控规划衔接和生态红线划定调整工作。一都镇后溪村、普礼村、东山村三个村被授予“国家森林乡村”称号。

群团工作 2019年，一都镇提升7个村（居）民兵营（连）部规范化建设水平，向部队输送6名优秀青年，其中大学生4名。发挥妇联扶贫帮困作用，开展“春蕾助学”活动，帮扶贫困学生10人，组织妇女群众推进“清沟扫地摆整洁，美丽家园我先行”活动6场。

（翁珊）

渔溪镇

【概况】 渔溪镇位于福清市西南部，324国道、渔平高速、福泉高速、福厦铁路贯穿境内。2010年8月被确定为福州市级示范性小城镇综合改革建设试点镇。全镇面积115.3平方千米，其中耕地1289.21公顷，林地6991.43公顷。2019年，渔溪镇辖2个社区和20个行政村，常住人口15469户，50757人，外来流动人口4854人，旅外乡亲近4万人。

【经济指标】 2019年，渔溪镇实现规模以上工业产值36.39亿元，比上年增长13.8%；固定资产投资14.23亿元，增长75.2%，其中工业固投57905万元，增长137.2%；限额以上社会零售总额16226万元，增长42.6%；税收收入18600万元，增长28.1%。

【农业】 2019年，渔溪镇培育科技示范户（种植业）20户，申报种粮大户61户。“渔溪龙眼”为国家地理标志认证商标。淡水养殖面积约810公顷，水产品总量14381吨，其中鳗养殖面积116公顷，产量4301吨；虾养殖面积510公顷，产量854吨。落实粮食生产以及各项强农惠农政策，完成农村集体资产清产核资和集体经济组织成员身份界定工作。防控非洲猪瘟疫情，开展“大棚房”问题专项清理整治行动，实施高标准农田建设146.67公顷。

【工业】 2019年，渔溪镇有规模以上工业企业17家，集中分布镇区南部、324国道两侧，以塑胶、家具、食品、建材产业为主。全年实现规模以上工业产值36.39亿元，比增13.8%，其中年产值亿元以上企业8家。支持企业科技创新、拓展市场，实施技改项目3个。开展土地要素保障和工业项目节约集约用地专项行动，完成批而未供项目供地4宗，供而未建项目促动建1宗。福建恒杰塑业新材料有限公司获“2019年度福建省工业和信息化高成长培育企业”“2019福州市制造业企业50强”。

【商贸服务业】 2019年，渔溪镇引进楼宇企业16家，实现入库税收4166.3万元，完成自贸区企业注册任务25家。完成福清市玉山文创农业有限责任公司的年产3万盆盆景项目、福清市圣达塑胶制品有限公司的年生产150万双塑胶鞋项目等招商备案项目。开展跟踪服务企业“双保”行动，梳理解决问题152件。开展闲置土地促动建、工业项目（用地）摸底工作。完成天华大酒店、凯景又一城项目建设，黄檗寺改扩建主体工程完工，并于11月22日在黄檗寺举办首届国际黄檗禅论坛、福清黄檗山万福禅寺扩建落成庆典等活动。

【镇区建设】 2019年，渔溪镇完成324国道（渔溪段）及镇区路灯提升改造工作，并于11月实现亮灯。建成并启用渔江农贸市场，推进旧农贸市场改造提升。拓展东部新区，完成纬四路地下管网及路基工程施工，东部新区控制性规划编制已通过专家评审并进行公示，片区开发总面积近14公顷土地已

2019年9月25日，渔溪镇举行庆祝中华人民共和国成立70周年歌舞表演

（渔溪镇　供）

完成土地收储工作，储备地2017-045、2017-046地块已完成农用地转用和征收工作。渔溪镇派出所项目用地已完成征交地。做好自建民房安全隐患排查整治和省级试点村（双墩村）房屋确权登记工作，完成隆华路生活片区、东部新区、工业区生活污水处理项目及上郑村段渠道环境提升改造等4项为民办实事项目。

【社会事业】 科教文卫 2019年，渔溪镇完善提升教育医疗等公共服务，渔溪中心卫生院升级为二级综合性医院，并启动医技综合大楼建设和职工周转房项目建设工作。实施校安工程，星光幼儿园已竣工并投入使用，水头小学教学楼主体结构已封顶，南墩小学等学校校安工程已完成土地平整。虞阳中学被授予"2018—2019学年度福清市教育工作先进单位"称号。

社会保障 2019年，渔溪镇深化与通渭县马营镇的扶贫协作，推进与连城县林坊镇的对口帮扶，开展脱贫对象"两不愁三保障"核查工作。加强和完善城乡社区治理，年内建成建新村、渔溪村等农村标杆社区3个及联华村、上张村等农村达标社区11个。完成第四次全国经济普查工作，侨情与港澳乡情普查工作完成情况位列全市前三名。做好退役军人和其他优抚对象信息采集工作，完成各村（社区）健在退役军人和烈士遗属等12类1210人次的信息采集工作。

环境保护 2019年，渔溪镇摸排污染源383处，排污口351处，铺设各类纳污管道8.7千米，拆除临水违搭违建5处1711平方米，河道渠道清淤清障80千米，疏通清掏管道和三格化粪池1013处，建设"一村一池塘"123处。推进小流域综合治理工作，开展鳗场尾水专项整治，改造鳗鲡养殖场尾水池133家，配合水投公司开展渔溪河清淤及渔溪河流域河道综合整治工作。开展"厕所革命"，新（改）建农村公厕6处，并对隆华路及渔溪河景观带2处公厕用水管道进行修缮，推进三格化粪池建设和农村"旱厕"改造工作。开展"两高"沿线人居环境整治，完成8000平方米的田间管理房整治，屋面"平改坡"18栋，田园绿化4000平方米，裸房整治10处。开展"村植千树"绿化行动，植树造林约1.33公顷。完成市农业循环产业园项目（渔溪处理站）征交地工作。辉成废弃矿山综合治理工程已竣工验收。推进违法违规私建坟墓专项整治工作，整治违法违规私建坟墓3165宗，整治面积22763平方米。

平安建设 2019年，渔溪镇推进"扫黑除恶"专项行动，开展"万名党员同平安"等活动。开展生产安全专项整治行动，活动覆盖全镇300余家企业经营场所，督导发现农村火灾隐患22处，企业消防隐患38处，并全部整改完毕。开展"三车"整治，推进非标电动车上牌工作。

（林蓁）

上迳镇

【概况】 上迳镇位于福清西南部，依山面海，324国道纵贯镇区，东邻龙高半岛，南连渔溪镇，北与宏路街道接壤，离福清市区12千米。清初，以发源于通山和后壁岭的迳溪直流入海而得名，素以蹑云桥和鳌江宝塔为象征。1992年撤乡建镇。2019年，上迳镇总面积52.5平方千米，辖16个行政村，87个自然村，总人口3.4万人，33个基层党支部（含非公企业党支部10个），旅外侨胞3.9万人，是福清市著名侨乡之一。

【经济指标】 2019年，上迳镇实现规模以上工业产值43.2亿元，比上年增长12.7%。全社会固定资产投资13.87亿元，增长45.2%，其中工业固投7.7亿元，增长73.6%；限额以上社会零售总额2400万元，增长45.8%。实际利用外资1060万元，税收收入10790万元。

【农业】 2019年，上迳镇发展设施农业，向全镇7430户发放种粮补贴159.46万元，补贴面积1456.21公顷；做好非洲猪瘟防控、春季动物防疫工作；有近467公顷的淡水养殖基地，水产养殖总产量20890吨，同比增长6%，其中鳗鱼产量约6790吨，年产值约2.7亿元。完成97家鳗场标准化改造，开展"大棚房"整治，复耕0.35公顷设施农用地。引入盛凯农业、101微笑柠檬农场、金凤凰休闲农庄、鑫锦融家庭农场等现代农业企业，通过土地流转和适度规模经营，发展休闲农业和生态农业。

【工业】 2019年，上迳镇工业小区内有企业49家，形成水产配合饲料加工、食品、建材为主导的产业形态。其中规模以上企业13家，产值亿元以上企业10家，天马科技年产值突破14.67亿元。上迳镇重点扶持天马、福铭等带动力强的龙头企业，延伸水产养殖上下游产业链。年内完成11公顷的天马三期征地，推进天马供电走廊和配套道路建设，争取天马"一企一策"，为天马集团收购福荣食品提供税收优惠政策。推进日处理能力1000吨、总投资3000万元的上迳镇污水处理站建设，已完成0.4公顷的征交地工作。

【项目攻坚】 2019年，上迳镇开展"强产业补链条"项目年行动，完成开工项目7项，竣工项目3项。赢禾电子年产建筑装配式铝模板45000平方米项目、融大水泥年产钢筋混凝土排水管1万立方项目、融润环保年产机制砂50万立方项目、凯景上迳府、天马科技年加工2万吨鱼油等7个项目实现开工。天马饲料年储存2万吨水产饲料项目、泓旺水产年产2万吨冷冻水产品项目、宜康医院等3个项目竣工。协助完成2019年第一期利桥片区征迁，征收房屋54户67栋22套，拆除面积15835.34平方米。破解招商引资土地制约，盘活闲置厂房11.83公顷，带动融润、赢禾科技等一批项目落地。

【招商引资】 2019年，上迳镇实施招商引税责任制和税收奖励政策。完成产业招商5家，总备案金7.19亿元。招引楼宇企业15家，招商引税2931万元。带动福建新东方投资年产烤鳗1800吨项目等一批项目落地。

【镇村建设与管理】 2019年，上迳镇投入2000多万元，推进梧岗、南湾、玉屿、岭胶等村美丽乡村建设。年内拆违32宗，拆除面积4.54万平方米。开展自建房安全隐患排查整治工作，排查5862栋房屋，排查出12栋危房，补助改造金额8.8万元。投入资金246万元，推进洋中村坝头桥和油塘村莱灶桥为民办实事桥梁工程建设。实施"清沟、扫地、摆整齐"行动，实现清沟整治点销号180处，扫地整治点销号230处，摆整齐整治点销号85处，清理沟渠12.8千米。开展"河长制"工作、"湖库水系连通"建设、迳江流域综合治理，建设完成82口池塘，投入180万元，在月牙塘实施扩容提质工程；联合梧岗、海头、上迳三个村，建设总长5.2千米的迳江健身步道，打造迳江沿线特色景观带；创新性开展连河水、引涧水试点，完成福渠绿化提升改造工程。开展"村植千树"绿化行动，完成森林抚育复垦40公顷，封山育林66.67公顷，义务植树2500株，造林复绿1200株。强化坟墓生态整治，摸排坟墓1665座，整治坟墓1665座，植树505棵。

【社会事业】 社会保障 2019年，上迳镇开展各类慰问活动，慰问312人次，累计发放慰问金22.28万元。上迳镇政府筹集资金40万元，玉屿村筹集资金10万元，协助通渭县建设中药材加工厂，深化对口帮扶协作。全镇城乡居民医保参保人数29785人，做到应保尽保。完成15个村生命公园建设。建设完成12个村农村幸福院，启动11个村幸福院试运营，拓展农村幸福院"3+N"服务模式，与师大分校合作，在全市首家引进"乐龄学堂"课程，采用"共学共餐共伴"新形式，为老人授课30多期，受益老人超600人次，满足老人多元化的精神文化需求。

文化教育体育 2019年，上迳镇梧岗中学投入65万元，完成智慧校园教学区建设，融侨中学推进食堂改建及操场、围墙等工程建设。上迳镇发放奖励金51200元，表彰2018年中考优秀毕业生；做好控辍保学工作，全镇小学巩固率100%，初中辍学率1.5%。重视公共文化服务体系建设，投入143.5万元完成鳌江宝塔、蹑云桥等重点保护文物的修缮维护工作；投入88万元编制《中国·鳗乡—全域旅游发展规划》，打造"中国·鳗乡"品牌。完成179名18周岁男性青年兵役登记工作，兵役登记率达100%。

平安建设 2019年，上迳镇开展"万名党员问平安"大走访活动，投入资金25万元，发放宣传资料4万张、宣传购物袋2万多个。开展"信访清零"行动，通过下派"第一书记"、成立信访专班等，化解下井村久拖7年的信访积案，"信访清零"行动实现"清仓"。上迳派出所受理各类治安行政案件101起，抓获各类违法犯罪人员121人，刑拘40人，追回赃款3万余元，打掉涉黑团伙1个，刑拘九类涉恶人员3名。上迳镇司法所排查各类矛盾纠纷13起，调解成功13起，涉及金额700余万元。社区在册矫正对象35人，接收社区矫正人员20人，解除矫正43人，保持多年无人员脱管漏管、重新犯罪的纪录。

（戴雪敏）

江阴镇

【概况】 江阴镇镇域面积69.75平方千米，耕地面积1608.04公顷，山地面积2145.13公顷，滩涂面积1873.81公顷。农业以种植蕃薯、水稻、大豆、花生为主；渔业以近海捕捞和海水淡水养殖为主，水产品有蛏、蛎、蛤、紫菜、鱼、虾、蟹。2019年，江阴镇辖23个行政村，84个自然村，总户数26067户，本地人口91827人，旅外华人华侨35021人。

【经济指标】 2019年，江阴镇实现规模以上工业产值269.42亿元，比上年增长11.4%；完成固定资产投资104.8亿元，增长37.9%；完成工业固定资产投资93.47亿元，增长60%；完成限额以上社会零售总额53.13亿元，增长16.5%。财税总收入7.74亿元。

【农业】 2019年，江阴镇落实各项惠农政策，全年发放农业支持保护补贴资金约135万元。做好畜禽养殖场整治工作，拆除鸡鸭场20余处，拆除面积2376平方米。落实非洲猪瘟及春季动物疫病防控、病死猪无害化处理，严防疫情扩散蔓延。深化已关闭停产养殖场回潮整治。推进200公顷高标准农田建设。做好农业技术的推广和服务，全年开展新型职业农民培训班2期。开展红火蚁防治、大棚房清理整治、农产品及海产品质量安全监测等工作。

【工业】 2019年，江阴港区集装箱吞吐量204.97万标箱，比上年增长12.2%；港口货物吞吐量2865.88万吨，增长9.11%；江阴铁路支线货物进出港92万吨；海铁联运到发箱量累计完成

4.17万标箱，比增2.7%；跨境电商运营94.2万票，比增417%；进口外贸整车3925辆。协助江阴港城经济区完成正太新材年产10万吨二氧化钛、中水电四局海上风电装备制造等17个总投资37亿元的开工项目；完成友谊一期、新福兴汽车玻璃一期等12个总投资约20亿元的竣工项目。配合做好港口码头建设及内外贸航线开辟，6–9号码头建设持续推进，18–19号码头正在开展前期工作，全年新增内外贸航线8条。

【招商与商贸服务业】 2019年，江阴镇注册楼宇企业48家，总注册资本22.29亿元，楼宇企业贡献税收7004万元。拓宽镇区、沙塘、南曹、东井商业街道辐射面，培育规模的中心市场和超市32个，销售网点1395家。

【镇村建设】 “小城市”建设 2019年，江阴镇推进省级“小城市”建设。截至12月，钱塘起步区规划路项目、钱塘路工程已开展房屋征迁工作，梨港小学教学楼工程已组织进场施工，安置区新港小学项目、亿锦豪园一、二期项目进行后期扫尾，亿锦豪园三期项目进行至主体结构施工，北郭村环境美化、新建庄前小学及占泽中心幼儿园新园等项目已完成建设。

项目建设 2019年，江阴镇完成融航、弘旭项目征地工作，完成220千伏赤厝变电站主体建设、10千伏南阴线等5条线路的防台抗风改造。做好骏马、门前山取土区及赤厝—华塘变电线塔基等项目用地保障工作。完成重点项目42.67公顷的征地工作及近500座坟墓搬迁安置工作。

基础配套建设 2019年，江阴镇推进兴林路提升改造、滨海大通道、长福高速、东纵五路及江塘路等道路建设。投资300余万元用于东、西路破损路面修复，增设南港大道交通护栏、后庄路安全防护栏，在各村交叉路口及学校路段安装减速带、反光镜等交通安全设施。完善镇区基础配套，投入156万元完成农贸市场升级改造，投入210万元完成镇区路灯建设。投入1000余万元完成镇区及周边村庄电力线路升级改造，实现镇区电力线路缆化下地。投入800余万元，在各村更换、新建50台变压器。做好水利基础设施建设和管理，投资46万元开展三大水库除草养护工作，完成三大水库防汛应急预案及汛期调度预案编制工作，启动东部供水及占泽河疏浚工程。

脱贫增收工作 2019年，江阴镇深化精准扶贫工作，全镇13户贫困户已全部脱贫并确定挂钩帮扶联系人，年内有4户对象退出建档立卡脱贫跟踪对象。实施“同置业、壮村财”工程，推进村级楼宇企业招商工作，截至年底，东井村已兑现税收返还奖励60.62万元、南曹村8.68万元、后陈村8万元；利用市镇两级各类优惠政策，江阴镇21个村购置元洪国际食品产业园美食一条街店铺40间，全年实现租金收入217.6万元；盘整、盘活村集体资产，创造、创新村财增收途径，下垄村、浔头村、田头村、北郭村等村通过出租村委楼、店面、滩涂等方式实现村财增收，全年全镇23个村经营性收入均超过10万元。推进与通渭县襄南镇对口帮扶，助推当地脱贫攻坚。推进农村幸福院建设，全镇有15家农村幸福院建成并陆续投入运营。

江阴镇占泽村新桥头，2019年摄　（江阴镇　供）

【社会事业】 社会保障 2019年，江阴镇加大对弱势群体的扶持力度，全年累计发放最低生活保障金251万元，发放临时困难补助金26万元，发放各类助孤、助残及五保户、五老人员、高龄老人等补助慰问金约335万元。加强退役军人保障，发放各类优抚补助金、退役士兵生活及就业补助金323万元。做好城乡居民医保及养老保险参保工作，参加农村社会养老保险48612人。完善失地群众社会保障体系，发放失地农民养老生活补助2090万元。推进民兵整组和民兵训练工作，向部队输送新兵33名。

科教文体 2019年，江阴镇有完全中学1所（暂停普高招生），初级中学3所，教职工193人，中学生2635人，其中高中生7人（高三年）。有小学32所，教职工473人，小学生8511人。有幼儿园40所，其中公立幼儿园31所，幼儿园学生1679人，正式教师33人，园聘教师85人；民办幼儿园9所，幼儿园学生1432人，园聘教师181人。年内，

2019年7月9日，江阴镇组织开展"评评理，说句公道话"村民说事评理座谈会（江阴镇 供）

江阴镇加大教育投入和校安工程建设，推进新港小学新教学楼建设、高岭中学校舍提升改造。加强城乡社区治理体系建设，完成8个标杆村和15个达标村社区治理工作。组织人员参加福清市第十五届全民运动会，新增村级活动健身路径3处、提升改造村级篮球场1处，镇文化站被列为福清市一级文化站。

卫生和计划生育　2019年，江阴镇有镇卫生院1个，村卫生所23个，村级卫生室6个。年内出生844人，死亡355人，人口自然增长率5.36‰，人口自然净增率5.33‰，生育政策符合率79.7%，人口性别比为1.07。提升卫计服务水平，依托占泽中心幼儿园、红缨幼儿园等早教示范点开展早教活动，普及优育优教知识。落实计生奖励扶助政策，年内累计发放各类关怀慰问金约9万元。

社会治理　2019年，江阴镇加强信访情报信息收集、研判和预警工作，敏感时期和节点启动24小时值班制度。及时办理群众来信，年内受理答复上级转办、来信、来访的信访事项103件，化解2件信访积案。畅通群众诉求表达渠道，开展"评评理，说句公道话"现场说事评理活动，化解基层矛盾纠纷，年内镇、村两级调委会调处矛盾纠纷174件。实施"齐看家·保平安"提升工程，整合全镇500余路监控探头及200余路"天网"监控探头。上报相关涉黑涉恶线索3条，破获各类刑事案件88起，没有出现重新违法犯罪现象。推进各村乡贤促进会建设，搭建乡贤评理室23个，乡贤捐赠公益事业建设资金1730余万元。开展非标"三车"整治工作，挂牌非标电动车7973辆，回购残疾车、老年人代步车82辆。完成7022户侨情和港澳乡情调查、1044家企业经济普查工作。

环境整治　2019年，江阴镇筹资2224万元推进龙门村、南曹村、何厝村、庄前村、岭口村、东井村等6个美丽乡村建设。围绕"清沟、扫地、摆整齐"行动，投入650万元推动各村生活垃圾治理工作常态化开展，全镇挂牌"门前三包"责任牌4000个。做好屿礁香雄采石场废弃矿山生态环境综合治理。投资420万元完成镇区相关河道清淤工作，投资100余万元完成20千米斗毛渠清淤清杂工作，投资800万元新建、改建池塘83口并建设治污型池塘14口。改善村容村貌，投入50万元推进高速沿线及桥下景观改造。加强建房审批监管和"两违"综合治理，全年拆除违建46宗，拆除面积98160.6平方米。开展"村植千树"及坟墓整治工作，完成摸排1281座硬化坟墓整治工作。进行生命公园建设，后陈村、东井村、下石村、南曹村等10个村级生命公园已全面竣工并投入使用。

（林薇）

新厝镇

【概况】　新厝镇地处福清市西南隅，辖16个行政村，总人口2.7万人，其中侨眷占80%以上，旅外乡亲4万多人，分布于港澳台及欧美等56个国家和地区，是福清市著名侨乡。新厝镇面积73.65平方千米，山地4000多公顷，浅海滩涂6.67平方千米，海域面积7.1平方千米，海岸线长22.5千米。有集生态农业、旅游、休闲、教育、观光于一体的4A级景区——福建天生农庄。有完中1所、小学7所、幼儿园8所和文化活动中心1所。2019年，新厝镇限额以上社会零售总额5190万元，同比增长33.1%。

【农业】　新厝镇农业产业结构为渔农并举，其中粮食作物以水稻、番薯为主，经济作物主要为蔬菜，水果以枇杷、龙眼为主，水产有蛏、南美白对虾、淡水养殖等。2019年，全年农作物播种面积1333.33公顷，其中粮食面积1000公顷；流转土地面积286.67公顷，流转率47%；免疫散养禽类1.21万只、家畜4012头。

【工业】　2019年，新厝镇规上工业产值为403666万元，比上年增长6.6%；固定资产投资32983万元，其中工业固定资产投资30258万元；税收13431万元，增长5.0%。列入福州市“抓项目促发展”项目6项，其中亿元以上开工项目完成5项、竣工项目完成1项。

【招商引资】 2019年，新厝镇亿元以上产业项目引进2项，总备案金额4.5亿元。年内通过招商引入企业14家，注册资金总额13.2亿元。全年引进税收1460.43万元，比上年增长283.4%。

【镇村建设与管理】 2019年，全镇累计拆除违建建筑36806.86平方米。开展畜禽养殖场拆除工作，累计拆除面积5000平方米。累计投资959.5万元，实施棉亭村、蒜岭村、界下村3个村美丽乡村建设。

【社会事业】 文化体育 2019年，新厝镇协办福清市“文化惠民乐万家”文艺下乡巡演活动。组织各种文体演出活动，如送书送春联、篮球比赛、非遗民俗表演等；以光贤书画院为载体，举办青少年书画培训，有70多名青少年参加书画培训；利用镇综合文化站平台，举办莆仙戏演出、地掷球比赛、“读书月”活动，通过“四点半”学校开展少儿器乐、少儿舞蹈、少儿书法免费培训。新厝镇被文化部授予“民间文化艺术之乡”。

社会保障 2019年，新厝镇发放低保金69.47万元，特困人员补助10.3万元。推进农村社会养老保障工作，全镇有10547名农民办理新型农村养老保险。扩大新农合覆盖面和受益面，全镇参保人数22629人，参合率达96%。

卫生和计划生育 2019年，新厝镇出生180人，人口出生率6.55‰，政策内出生166人，政策外出生14人，符合率92.22%。发放帮扶慰问金5.09万元。

平安建设 2019年，新厝镇出资85万元组建20人的镇级巡防队，同时管理60人的义务宣传队、17支镇村巡更队。发放宣传手册2万多张、宣传品2.5万多份，制作横幅80余张，更新LED宣传标语3000多条。实现16个村368路的监控探头全覆盖，投入14.35万元建设50个智慧广播覆盖全镇。治安案件立案56起，立案率同比下降49%。办理法律援助案件4起，受理办结信访件32件，答复“12345”投诉件273件。

生态建设 2019年，新厝镇开展环保及科普知识宣传，张贴悬挂横幅标语200多幅，印发宣传材料近千份。全年累计投入近千万资金对基础设施提升改造、农村环境综合整治、生态文明村镇建设等5方面进行项目建设。推进生活污水整改工作，铺设管网约1373米，收集生活污水进行集中处理。开展河、沟清淤，完成镇区村内4270米河、沟清淤工作。加大污染源整治力度，封存2家无环保审批塑胶颗粒加工厂，拆除凤迹村回潮养殖户2户。

（陈春利　丁芳明）

海口镇

【概况】 海口镇地处福清市东部，为龙江入海口，距市区13千米。陆域面积52.64平方千米，耕地面积1291公顷。2019年，全镇辖1个社区和19个村，总人口近7.9万人。先后获评省级生态镇、国家级生态镇、福州市级文明乡镇。

【经济指标】 2019年，海口镇规模以上工业总产值225226万元，比上年增长24%；固定资产投资251133万元，下降14.7%；工业固定资产投资61290万元，增长23.7%；税收收入31914万元，下降18.9%；限额以上社会零售总额114582万元，增长20.6%。规模以上工业企业23家。

【农业】 2019年，海口镇农业人口3万人（16985户），土地面积5264公顷，耕地面积1291公顷，高标准建设农田面积约133.4公顷。发放耕地地力保护补贴资金164.93万元，其中全镇享受耕地地力保护补贴153.09万元（每公顷1326元），种粮大户享受种粮奖励11.84万元（每公顷奖励450元）。机械化耕作面积852.29公顷，机械化收割面积504.12公顷，推广水稻机插秧178.89公顷，推广水稻机收389.53公顷。

【商贸服务业】 2019年，海口镇推进亚琦国际商贸物流园、华侨公园、华强山庄酒店、永鸿动物园、永鸿卡丁城等

海口镇镇区，2019年摄　　（海口镇　供）

文化旅游项目建设。

【招商引资】 2019年，海口镇通过以商招商、亲情招商等方式，引进企业23家。其中引进楼宇企业13家，注册资本5000万以上的有11家，实现新增税收近1.8亿元。

【镇村建设与管理】 2019年，海口镇拆除建筑63宗，拆除面积46949平方米，挂牌376宗。其中蓝牌267宗、黄牌109宗，无新增违建。

【社会事业】 文化教育 2019年，海口镇有高中2所，中等职业学校1所、初中1所、小学16所、幼儿园22所。受表彰先进单位11个、先进教育工作者121人、优秀班主任34人。投资6000多万元的海口中心小学新校于9月建设完成。综合文化站建成投用，站内设书报阅览室、多功能活动厅、党员教育室、市民教育室、宣传文化室、科技普及室、普法教育室等，有棋桌、健身器材等配套设施。设立科普宣传点10个，并发放科普图书、科普挂图。创建19个村级农家书屋，推动农村文化建设。

卫生和计划生育 截至2019年9月（计生统计年度），海口镇申报当年出生人口808人，人口出生率9.75‰，出生人口性别比123:100，人口自然增长率4.79‰。

社会保障 2019年，海口镇发放低保金453.34万元、特困人员补助56.35万元；推进农村社会养老保障工作，有3.46万名农民办理新型农村养老保险，续缴率87.79%以上。

生态建设 2019年，海口镇清理陈年垃圾1973吨，聘用保洁员39名，配置户用干湿垃圾桶4810对；新建改造三格式化粪池55户，处理污水124户；实施“厕所革命”，新建改造卫生水冲式公厕5座。硬化村道长度950米，硬化村道面积5700平方米，新增绿化面积4182平方米。实施村植千树计划，种植面积约6.67公顷。建设高位蓄水池塘16口，建设低位治污池塘35口，新建池12口，新建面积0.46公顷；扩建池塘16口，扩建面积1.09公顷；改建池塘22口，改建面积3.6公顷。池塘建设总面积8.71公顷。在“冬春修水利大会战”中，修沟渠长度13210米，实际投入劳力3382工天，投入机械288台班。

平安建设 2019年，海口镇投入80万元维护重点区域、重点单位、重要路口高清监控设施，实行24小时监控。调解矛盾纠纷105起；受理信访事项36件，及时受理率、按期办理率均为100%；办理“12345”诉求402件。管控社区戒毒、社区康复人员104人，其中正在接受社区戒毒、社区康复的有104人，报到率、执行率均为100%，解除社区戒毒、社区康复16人。海口行政所、海口边防所立涉毒刑事案件11起，破涉毒刑事案件11起。

（何欣怡）

南岭镇

【概况】 南岭镇地处福清市东北部，面积34平方千米，平均海拔345米，最高海拔633米，矿产资源以花岗石为主。2019年，全镇辖8个村委会，29个自然村，总人口7885人。主要景点有大姆山、食菜厝、风动石、人仔山、七层岩、狮头峰、鳌头山、老洪洞等，拥有小（一）型水库1座、小（二）型水库4座。

【经济指标】 2019年，南岭镇实现农业总产值3.74亿元，比上年增长5%；农民人均纯收入19394元，增长5%；财税收入2284万元，增长25%；完成全社会固定资产投资30845万元，增长7.7%；完成工业固投14936万元，增长29.2%。

【农业】 2019年，南岭镇有山林地1643公顷，森林覆盖率66.9%。山林地主要种植杉树、油茶等，可栽种枇杷、橘、橄榄、蜜柚、脐橙等水果。与长乐连体的大姆山天然高山草场约430公顷。全镇耕地面积256.5公顷，人均0.034公顷，主要种植水稻、花生、甘薯和油菜等。完成粮食播种面积163公顷，丰两优一号、Ⅱ优623等水稻优良品种覆盖率95%以上。引导农民调整经济结构，发展淡水养殖、畜牧、中草药果、蔬菜、休闲旅游五大产业。拓宽农民信息接收渠道，建立7个益农信息站，其中专业站3个、标准站2个、简易站2个。聘请7名益农信息员，做好信息站运行维护及信息推广工作。

【工业】 2019年底，南岭镇省级重点项目——中闽风电福清马头山、王母山项目试投产，38台风机全面到位，风电场内电缆铺设完成，并网发电，实现南岭镇规模以上工业零突破。

【招商引资】 2019年，南岭镇实现注册楼宇企业6家，总注册资本4.78亿元。完成开工项目2个，竣工项目2个。完成产业招商项目2家，总投资3.5亿元，对接“三新”业态，与长安智联咨询有限公司合作开展委托招商，引进拉货宝无车承运等企业落户。

【镇村建设与管理】 2019年，南岭镇以大姆山·食菜厝3A景区创建为抓手，投入550万元建设游客中心、登山步道、观景平台、凉亭、旅游厕所、景观改造、标识标牌等一批旅游配套建设，启动总投资600万元的食菜厝加固修缮工程，完善服务设施，补齐配套短板。举办首届福清大姆山越野赛宣传推介南岭。推进美丽乡村建设，做好上岭创建村和西

2019年4月14日，南岭镇举办大姆山越野赛 （南岭镇 供）

溪、马斜提升村的建设工作；做好上岭、大山、南岭、西溪、马斜5个村庄“村植千树”绿化工程，大山、西溪、南岭3个村获评首批国家森林乡村称号。加强农房安全排查，对12宗存在隐患的房屋进行整改。实施农村人居环境“一革命五行动”，新建、改造水冲式公厕4座；组织开展马斜村门前溪河道生态修复，拆除大山村养牛场，清理5家简搭返养畜禽场。巩固“两违”整治成果，全年累计拆除1.1万平方米。开展移风易俗工作，筹集180万元完成马斜、吉岚、梨洞、西溪、文祚、上岭6个村生命公园建设。推进违法违规私建坟墓专项整治工作，整治农村散乱葬坟墓121宗。投入81万元完善梨洞、吉岚、大山、马斜、西溪、文祚6个乡村幸福院硬件建设。推动湖库水系连通工程建设，投入资金近300万元完成8个行政村27座“一村一池塘”等项目建设，并开展边坡整治、环境绿化、植树种草、环湖步道等周边景观改造工程。投入资金240余万元完成大山水库、大湖底水库除险加固工程；投入资金25万元完成吉岚村生态水土保持项目建设；投入58万元完成西溪、南岭、吉岚等村防汛水渠修复工程。实施“同置业、壮村财”工程，通过山林地招租、购置集体资产、乡村旅游停车收费等，实现年经营性收入2个村30万元、其余6个村10万元以上。

【社会事业】 科教文体卫 2019年，南岭镇有小学3所、幼儿园1所、镇卫生院1所、村卫生所3所。实现全镇适龄儿童入学率、巩固率100%。落实独生子女、二女户家庭奖励扶助制度，全年新增农村奖扶18人，其中家庭奖扶17人、半边户1人，发放奖扶金14.76万元。开展村居、校园卫生防病知识宣传，全年开展全镇范围爱国卫生运动12次、除“四害”4次，做好防治禽流感、登革热、诺如病毒等疾病防控工作。

民生保障 2019年，全镇有农村低保户69户107人，享受五保待遇11人，高龄老人203人。做好烈属、军属和现役、退役军人家庭悬挂光荣牌工作，使用信息采集终端录入各类人员信息171条。落实优抚政策，累计发放各类救助资金、优抚资金近60万元。完成八仙楼地灾点房屋全面拆除、吉岚村地灾点裂隙修复工作，做好吉岚村避灾点修缮工作。总投资1.46亿元的塔七路拓改工程已基本完工。投入900万元实施总长度3.83千米的南岭镇区至马斜、镇区至大山“单改双”2条道路工程建设。完善现代公共文化服务体系建设，推进乡、村两级公共文化资源互联互通。

社会治理 2019年，南岭镇做好安全生产检查和隐患排查整治，做好消防安全、交通安全、景区安全等工作，全年未发生安全生产责任事故。做好扫黑除恶专项斗争和反邪教工作，加强社区矫正和刑释人员安置帮教，未发生社区服刑人员和安置帮教对象重新违法犯罪和脱漏管现象。加强全镇治安管控，开展“巡更保平安”“万名党员问平安”志愿活动，全年未发生重大刑事案件。

（赵力同 郑倩雯）

城头镇

【概况】 2019年，城头镇辖26个行政村和1个滨海社区，总人口64574人。全镇总面积70.5平方千米，其中耕地面积441.87公顷。海岸线12.2千米，海堤总长5.85千米，住人岛屿1个（吉兆岛）。境内有被批准为国家一类对外口岸的3万吨泊位元洪国际码头和5万吨泊位元载码头。

【经济指标】 2019年，城头镇实现财税实际收入4.3亿元，较上年增长4.9%；全社会固投53.52亿元，增长25%；工业固投完成47.71亿元，增长24.5%；限上社零完成46333万元，增长305.9%。规模以上工业企业36家。规模以上工业总产值169.59亿元，增长16%。

【农业】 城头镇农业以渔农并举为主，辅以多种经营。粮食作物以水稻、甘薯为主，经济作物主要是花生和蔬菜，水果以龙眼为主，水产有花蛤、蛏、对虾、淡水养殖、紫菜兼近海捕捞。2019年，全镇粮豆总产量2445吨，肉类总产量

312 吨，蛋品总产量 245 吨。农民纯收入 25468 元，比上年增长 7%。

【招商引资】 2019 年，城头镇开展“招商 2019”行动，新引进总投资 0.6 亿元的国家电网仓储中心库项目、总投资 1.1 亿元的福建鸿生高科环保科技有限公司装配式住宅产业化 PC 构件技改项目、总投资 1.5 亿元的福建宇邦纺织科技有限公司增加特种设备技改项目。发展“楼宇经济”，新注册 5000 万元以上企业 17 家，总注册资本 9 亿元，实现入库税收 1.1 亿元。

【镇村建设与管理】 2019 年，城头镇按照“五好”标准，投入 2295 万元在新楼村、南田村、五龙村等 8 个村开展美丽乡村及提升村建设，建成项目 96 个。开展“两违”综合治理工作，坚持“堵、疏、引”相结合，拆除违法建筑 65 宗，面积 49458 平方米，210 宗个人建房通过审批，实施危、旧房改造 39 户。落实“四好农村公路”要求，投入 490 多万元对东皋村、南田村、南冲村等 5 条道路进行改造提升；巩固国家公共文化服务体系示范区创建成果，投入 7 万多元对镇村综合文化站（中心）基础设施进行完善，投入 13 万元用于五龙村旧篮球场改造提升。举办“惠民乐万家”及文化科技卫生“三下乡”活动，全年组织文体活动 10 场、戏曲及文艺会演下乡 5 场，开展读书活动 4 次，免费放映农村公益电影 260 场。实施“同置业、壮村财”工程，年末 26 村村财经营性收入达 550 万，其中 5 个村实现村财经营性收入超 20 万。

【社会事业】 科教文体卫 2019 年，城头镇有普通中学 4 所，小学 15 所，幼儿园 8 所，在校学生数为 5915 人（其中中学生 1224 人），教师总数 326 人。全镇有卫生院 1 个，农村卫生所 26 个，专业卫生技术人员 58 人，其中医生 24 人，卫生院医生 19 人。

社会保障 2019 年，城头镇解决弱势群众困难，累计发放低保金 332.13 万元、五保金 65.06 万元、各类慰问金 187.53 万元。城乡居民医保参保率达 102%。年内居民保险精准扩面对象新增 3896 人，已完成 3895 人，完成率 99.97%。

生态环境保护 2019 年，城头镇推进农村人居环境整治工作，累计投入专项资金 290.94 万元、发动群众投工投劳 923 人次。

平安建设 2019 年，城头镇做好“信访清零”行动，化解信访积案 3 宗。推进“党建引领、多维治理”行动，健全平安“五不漏”责任体系，实施“齐看家·保平安”提升工程，完成 77 路天网探头建设。推进扫黑除恶专项斗争，开展线索大起底大排查，摸排问题线索 7 条。加强“平安城头”建设，创新矛盾纠纷调解机制，全年调解矛盾纠纷 98 起，调解成功率达 96%，群众安全感率、平安建设知晓率、执法满意率提升。开展安全生产与食品安全专项整治，做好防汛抗台和森林防火等工作，保障群众生命财产安全。

（杨业龙）

城头镇坤彩科技公司，2019 年摄　　（城头镇　供）

龙田镇

【概况】 龙田镇位于海峡西岸龙高半岛中部，东临福清湾，与平潭岛隔海相望，西南与江阴半岛隔水相邻。全镇陆地面积 88 平方千米，海域面积 21.4 平方千米，海岸线总长 11.7 千米，辖 40 个行政村、2 个社区，总人口 14.6 万人，是福清五大古镇之一、人口第一大镇。龙田镇被列为全国第二批特色小镇、全国重点乡镇、全国综合实力千强镇等。2019 年，全镇规模以上工业产值 117.3 亿元，固定资产投资 21.15 亿元，工业固定资产投资 5.23 亿元，限上社零 4.79 亿元，税收收入 2 亿元。

【农业】 2019 年，龙田镇有获得国家工商行政管理总局商标局认定的中国驰名商标企业 2 家，获得国家农业部授予的“全国农产品加工示范企业”2 家，获评省级农业产业化龙头企业、福建名牌产品、福建省著名商标企业各 4 家。年内，面积约 293.33 公顷的大湖洋现代农业生产基地的种植规模扩大，总投资 3000 万元的树下洋土地整理项目通过福州市竣工验收。加强农村土地管理，将10个村的抛荒地和废地，通过土地集中流转，整理成为福州市最大土地面积流转的现代农业开发区，耕地总面积300公顷。通过公开招投标的方式，引进企业规模化经营，建设高标准农田，已形成树下洋省级标准农田、西华洋省级商品粮基地和大湖洋万亩水产品加工示范区三大农业产业片。

【工业】 2019年，龙田镇有工业企业101家，其中规模以上工业企业26家。发展产业优势，加强水产加工等主导产业，促进产业整合提升，延伸产业链条。立足本地资源，推进项目建设，东旭电子完成2座各4层主体大楼封顶；新兴冷冻厂完成1座6层及1座4层主体大楼封顶，已试运行；推进康华养老、一闸三线和应急救援中心等项目促动建。强化创新驱动，实施技改项目3个，投入资金2.57亿元。深化品牌创建工作，新增1枚中国驰名商标——“朝晖”，全镇有中国驰名商标3枚、省著名商标11枚、省名牌产品11项。

【商贸服务业】 2019年，旧镇区结合“十位一体”提升，发展壮大夜色经济圈；大真公路沿线依托融鼎新天地、新都汇两个综合体，培育现代商贸圈；整合山利村古民居、黄官岛(无人岛)、摩崖石刻等资源，推进滨海旅游项目建设，打造树下洋—福庐山—东壁岛“一日游”线路。

【招商引资】 2019年，龙田镇培育楼宇企业117家、在谈4家，注册资金47.59亿元。全年引税入库5811.81万元。召开乡贤促进会40多场，乡贤捐资8200万元；收集招商线索10余条，总投资5亿元。发挥侨团组织的中介作用，创新华侨投资机制，吸引华侨闲散资金按市场化的运作投入项目建设。

【镇村建设和管理】 2019年，龙田镇科学制定镇总规、控规、专项规划，以人的城镇化为核心、港城联动发展为主题，省级小城镇综合改革试点为突破口，推动城镇转型升级，初步形成环湾向海、工业向西、居住向东的发展布局。完善“镇、中心村、基层村”相互衔接的镇城规划体系，对接平潭，突出对台和海洋特色；加快城镇、村一体化建设步伐，形成与周边的港头镇、三山镇、高山镇等城镇融合发展态势。建成面积180平方米的龙田镇便民服务中心，采用“一站式”服务方式，实现企业投资项目的一对一专业服务，同时对接“智慧福清”，实现网上审批。综合执法力量，将城管、国土、村建等执法职责、内容相近的部门进行职能整合，同时购买服务，成立综合执法大队，壮大执法力量。

【社会事业】 教育文化 2019年，龙田镇抓好教育事业发展，推进龙田中心幼儿园第二园区、第三园区和第二中心幼儿园建设。促进教育均衡发展，龙东中学、福清三中初中部实现撤点并校，加大福清三中省一级达标学校的辐射作用。

卫生和计划生育 2019年，龙田镇有2所较大医院，其中福清市第二医院为二级乙等医院。镇卫生院为甲类卫生院，全镇42个村（社区）卫生诊所规范化建设完成。年内出生人口1313人，人口出生率8.97‰，出生人口性别比122%，人口自然增长率4.18‰。

社会保障 2019年，龙田镇城乡居民基本医疗保险参保人数11.9万人。年内发放低保、特困、救灾等补助款670多万元。建成1个大型避灾点、2个中型避灾点和42个小型避灾点，临时困难救助146户、418人次，46.76万元。推进农村幸福院建设，全镇有省级农村幸福院3座、福清市级试点农村幸福院1座，年内新建成31个村农村幸福院并投入试运营。

生态建设 2019年，龙田镇整治镇村“六乱”，全年累计整治乱堆放点位7000多处，清运垃圾约3000吨，清理乱贴乱写乱画2200多处。强化重点路段交通管控，查处滴撒漏、乱倒乱弃违规渣土运输车辆100余起。巩固治水成果，投入3000多万元完成截污管道建设及河道清淤工程，清理河、渠长度近8万米，提升水环境质量。抓好污水治理，查处污染源、排污口等408处，拆除临水违搭违建164处，修复破损管道144处，建设溢流式截污设施等62处。投入800多万元完成84个自然村池塘建设，完成率达100%。完成林分修复2.13公顷，采伐迹地更新9.8公顷，封山育林33.33公顷。开展15个“村植千树”专项绿化行动，栽植各类绿化苗1万余棵。

平安建设 2019年，龙田镇纵深推进“平安”建设，全年受理来信来访169件；“12345”平台信息705条，回复率和处理率均为100%，一批信访积案得到化解；加强社会治理，建立镇级应急处突巡防队，配置66名安保人员和5部巡逻车；推进“雪亮工程”，全镇42个村（社区）已全部实现“一村一探头”；投入1000多万元建设859路高清、高密度治安监控探头，实现全镇范围内主要路段全覆盖，其中454路高清探头接入公安网。

（翁玲玲）

江镜镇

【概况】 江镜镇地处福清市东南沿海突出部，东连港头镇，西通融侨码头，北接龙田镇，南连闽台（福州）蓝色产业园，与江阴码头毗邻，境内地势平坦，路网交错，全镇土地总面积56.7平方千米，耕地2400多公顷；海岸线长13.7千米，渔平高速公路贯穿全镇。2019年，江镜镇总人口10.3万人，辖26个行政村，69个自然村，旅居海外乡亲4万余人。

【经济指标】 2019年，江镜镇完成规模以上工业产值42028万元，较去年同期下降23.5%；完成固定资产投资393895万元，比上年增长23.3%；完成工业固定资产投资327642万元，增长44.1%；完成限额以上社会零售总额2387万元，增长206.7%。实际利用外资2300万元，完成任务数的383.3%。

【农业】 2019年，江镜镇实施西埔溪全线机耕道硬化提升工程、江镜村等高标准农田建设，提升万亩现代农业产业园区基础设施，探索多元化产业发展模式，为乡村旅游发展创造条件，打造下和洋古民居、西埔溪农业景观步道、岸兜诚信文化馆、柯屿海岛一线贯通的精品路线，突出农业特色。

【招商引税】 2019年，江镜镇开展“招商2019”工作，依托乡贤强化亲情招商，实现企业回归落地，全年累计完成楼宇企业注册25家，总注册资金13.16亿，累计实现税收收入5027万元，福建顶点桂园文化有限公司税收入账，实现文化产业税收“零的突破”。引导5家企业注册自贸试验区福清区块（即福州保税港区）。

【镇村建设与管理】 2019年，江镜镇累计投入2000多万元，完成172县道立面景观改造、江明街改造、岸兜村诚信文化馆修缮、村级道路拓宽等13项为民办实事项目，完成“断头路”泰山路改造，推进Y045下农线（玉桂村桥头至酒店村路段）扩建工程和西埔溪东岸道路硬化工程建设。投入280万余元完成玉桂村、江镜村等河道整治项目主体工程，投入150万余元完成北陈水库除险加固工程，全年清理沟渠39.2千米，河道清淤30.6千米，斗毛渠清理37千米，完成改建、新建、扩建池塘83口。提升农村道路交通体系，全年实施13个村18条道路大中修，计16.43千米。在推动“清沟、扫地、摆整齐”的基础上，因地制宜开展南宵村上和洋、岸兜村“拆旧、拓新、整漂亮”试点，累计完成签约36户约2379.22平方米。完成各类个人建房规划审批307宗。开展违法违规私建坟墓专项整治行动，整治坟墓952座，逐步实现“空中见绿，地上见林”。

【乡村振兴】 江镜镇被列为省级乡村振兴试点镇，南宵村、玉桂村列入省级乡村振兴试点村，柯屿村、岸兜村列入福州市乡村振兴试点村。2019年，江镜镇推进乡村振兴建设，推动15个村生命公园、17个农村幸福院建设，拆除各类违建建筑，面积约9.6万平方米，建成“一村一池塘”69口；率先开展玉桂村、张厝村、玉仑村、岸兜村等城乡供水一体化建设，试点“二部制”水价，解决农村用水安全问题。全年开展美丽乡村建设8个村，完成项目140个，累计投资2400万元。

【社会事业】 社会保障 2019年，江镜镇投入各项民生保障资金2300多万元，发放各类优抚金及补助金809.98万元，组织岸兜村、前华村与甘肃省通渭县榜罗镇相关村结对帮扶。推进全民参保登记计划，退休人员养老金待遇、城乡居民基础养老金标准、城乡低保补助标准稳步提高。成立镇村退役军人服务站，完成1672名退役军人和其他优抚对象信息采集工作。

科教文卫 2019年，江镜镇成立“谢全辉何文英夫妇”教育基金，累计获捐赠100万元，发放各类奖学奖教金11万元。全年投入资金107万元，保障临江中学教学楼重建等中小学校舍安全项目，改善提升教学设施设备，协调解决江镜中心幼儿园新建选址用地问题。完成创建国家级公共服务示范体系建设任务，实施镇综合文化站、苍溪村和柏陈村村级文化服务中心提升改造。承办福建省世界气象日暨“海丝气象八闽行”活动、福州市第三十七届“爱鸟周”暨“世界野生动物宣传日”宣传活动，举办各类公益培训，开展“文化惠民乐万家”工程等。改造提升江镜卫生院及村级卫生所，完成江镜卫生院新建选址征地工作。

（陈涛）

港头镇

【概况】 港头镇地处龙高半岛中部，地域面积45平方千米，北接龙田、江镜镇，南承三山镇，东濒福清湾，西临兴化湾，西南毗邻闽台蓝色产业园。有耕地1713公顷、滩涂700公顷、林地386.7公顷，海岸线长11.43千米。2019年，辖行政村31个，自然村58个，老区村6个（玉田村、东元村、汕头村、占阳村、高东村、沁塘村），人口约8.7万，为福清人口第五大镇。曾获评“福建省卫生镇”“第二届世界融商大会工作先进集体”“福清市文明乡镇”等。

【经济指标】 2019年，港头镇规上工业产值完成6.41亿元，比上年增长9.7%；固投完成6.45亿元，增长18.2%；工业固投完成3.57亿元，增长67.7%；限上社零完成3005万元，增长92.9%；税收收入完成2743万元，较上年下降2.1%。

【农业】 2019年，港头镇依托农业和地理资源，发展现代农业。引进总投资1.68亿元的星港湾年养殖各类海产品10500吨项目，已全面投产；完成福清市恒育水产养殖有限公司养殖各类水产品5500吨项目备案;跟踪计划投资1.035亿元的福建省厚峰华太生态农业发展有限公司生态农业项目;开展占阳村、杭下村、义庄村、高东村等4个村总投资512万元、总面积213.33公顷的高标准农田建设项目;推进总投资5000万元的福建闽禾农牧发展有限公司二期技改扩建工程。

【工业】 2019年,港头镇壮大飞地工业,借助蓝园外延产业园的土地和政策优势,加强招商对接,引进总投资6亿元、计划用地58.8公顷的鸿生集团装配式建筑产业项目落地蓝园,完成投资3000万元,启动一期建设;跟踪已落地签约的总投资20亿、计划用地54.33公顷的荣德铵家集成墙面板及相关产品智能化生产基地项目;完成总投资1.08亿元的善建钢结构项目大楼主体建设;总投资1.68亿元的星港湾海产品养殖基地建设项目已全面投产。开展招商引资行动,发挥港头商会和乡贤促进会的平台作用,号召乡贤回乡投资建厂,增加项目储备。跟踪计划投资3亿元的福建益融佳通建设工程有限公司新型装配式建筑产业项目、计划投资1亿元的福建国融混凝土有限公司技改项目。

【商贸服务业】 2019年,港头镇组织开展农贸市场"农+超"改造升级工作,并于1月17日完成农贸市场承包权拍卖。五星村2003-013地块1.59公顷的商住用地列入福清市2020年第一季度招拍挂项目,规划建成港头镇第一个商住综合体。高速出口路边、镇域中心区仅余的13.33公顷可建设用地,规划建设集住宅、学校、商业、娱乐等功能于一体的大型商住综合体。

【镇村建设与管理】 2019年,港头镇承接蓝园对基础设施建设的辐射带动,开展"铺路网""织水网""架电网"以及完善镇区商贸配套工作。在"铺路网"上,跟踪做好入园大道等镇区周边7条道路征地扫尾工作和建设工作,构建东起东翁、南临玉坂、西连南郑、北至岭头,中间以镇区的白玉、梓园为基点,与渔平高速、大真线、核电进场大道相联动的镇域路网内外两条环形闭合体系。在"织水网"上,配合水投公司,做好东华水库涉及港头镇18.8公顷土地征交地工作;谋划开展农村供水一体化建设工作,配合水务公司,开展供水主干管到村口供水支管铺设工作,根据主干支管建设情况同步推进五星村靠近大真线区域、马湖村北埔自然村及东翁村等3个村村内管网工程建设。在"架电网"上,年内投入5000万元开展10KV网架建设、新增共用变台区等工作,缓解全镇用电压力。

港头镇推动乡村振兴工作。投入2947万元开展南郑村等7个美丽乡村建设村和沁塘村提升村建设工作。开展"一革命四行动",完成新建、改造水冲式公厕27座;完成沁塘村等8处集中式污水处理设施建设,有效处理覆盖率93.5%;累计清理陈年垃圾、废弃物品等生活垃圾10118吨;完成裸房整治40栋;拆除房前屋后猪圈、禽舍、旱厕等临时搭盖建筑面积9500平方米,农村人居环境改善。做好"两违"综合整治、坟墓整治和生命公园建设工作。年内个人建房挂牌施工391宗,拆除违法建筑16宗,面积8.13万平方米,腾出土地36.39万平方米,完成坟墓整治981座,正在建设东光村等11个生命公园。结合"湖库水系连通"工作,投入266万元开展711米占阳河河道整治工作,投入335万元开展北庄水库、东坑水库除险加固工程,完成修沟渠总长度4.5千米,斗毛渠清淤杂总长度26.83千米,河道清淤障总长度15.03千米,58个自然村完成"一村一池塘"建设60口。

【社会事业】 教育卫生 2019年,港头镇推动教育医疗事业发展,投入1350万元建设占地面积为8686平方米的占阳中心幼儿园,规划报批总投资4500万元、占地2.67公顷的港头实验小学,推动港头中学、锦江中学、南芦小学、陈库小学等多所学校校园改造升级,完善教学设施。投入132万元完成镇卫生院门诊综合大楼改造提升,投入23万元完成卫生院污水处理系统建设,改善镇域公共卫生条件。

社会保障 2019年,港头镇帮扶救济困难群众和弱势群体。落实农村低保、五保供养政策,动态调整农村低保户、五保户对象,完善扶贫救灾体系,全年发放救灾救济款625.24万元,其中五保供养费73.67万元,低保户、60岁以上重残人员、三峡移民等最低生活保障补助款522.06万元,临时救灾款29.51万元,保障困难群众基本生活;推进新型农村养老保险工作,年内全镇新农保续保缴费人数31664人,续保率81%。

平安建设 2019年,港头镇深化平安建设,推进网格化管理中心和"e福州"综合指挥平台建设,在镇区新建102路高清探头,在大真线主干道、白墓街等路段建立21个高清微型卡口,在全镇23家寄递业企业门口安装高清摄像头接入派出所监控中心,在各行政村安装278个高清探头、106个标清探头,实现全镇主要路段监控体系全覆盖。

(刘慕祥)

三山镇

【概况】 三山镇位于福清市龙高半岛中部,东临海坛海峡,南濒兴化湾,北依福清湾,毗邻高山、沙埔、港头。2019年,镇域面积102平方千米,辖有35个行政村,1个居委会,110个自然村,人口12.77万人,其中少数民族(畲族)

人口2303人，旅外侨胞2万多人。辖区内有12个渔村，海漂岸线涉及17个村(不含大扁垦区)，有各类渔船470艘。全年镇财政收入3.67亿元，比上年增长1.28%。

【农业】 2019年，三山镇完成农业总产值18亿元，农民人均收入2.63万元，比上年增长9.6%。完成农作物播种面积约5666.67公顷，其中粮食播种面积约1621.33公顷，生产粮食9249吨。粮食作物以甘薯、水稻为主。发展大棚农业约193.33公顷，以种植尖椒、西红柿、黄瓜等主导品种，总产量约2万吨，总产值8000万元。对珠峰、闽峰等现代农业，中海东壁岛等海水养殖业特别是花蛤苗培育产业进行重点扶持，培育三山农业经济新增长点。

三山镇海岸线长59千米，水产养殖是三山农业的一大特色。辖区内有水产品养殖面积2300公顷，水产资源丰富，海水鱼类品种主要有黄鱼、马鲛鱼、海鳗、对虾等，贝类主要有蛏、蛤、蛎等，淡水鱼类主要有河鳗、罗非鱼、鲢鱼、草鱼等。2019年，水产品总产量52902吨（其中海水养殖面积2132公顷，产量51950吨；淡水养殖面积190公顷，产量952吨；海洋捕捞839吨），渔业经济总产值2.53亿元，水产品养殖业总产值1.789亿元。三山镇是全国花蛤苗基地，主要以养殖花蛤、牡蛎为主，鱼、虾、紫菜为辅。有花蛤育苗场14场，面积1088公顷，产量约3668.5亿粒，产值1.76亿；花蛤养殖场面积539公顷，产量21914吨；牡蛎养殖面积760公顷，产量27474吨；紫菜养殖面积235公顷，产量558吨。其他养殖场面积363公顷。

【工业】 2019年，三山镇完成规模以上工业产值104.89亿元，比上年增长0.1%。主要以能源产业、制造业、农产品加工业等为主。年内有规模以上工业企业4家，包括福清核电有限公司、中闽（福清）风电有限公司、广信木业有限公司和福盛门业制造有限公司。国家重点项目福清核电1、2、3、4号机组正式投入商业运营；5号机组进入调试高峰，开展热态功能试验，计划于2020年投入商业运行；6号机组进入安装高峰。三山镇已开发建设5个陆上风电项目，分别为：嘉儒一期、嘉儒二期、泽岐风电场和钟厝风电场，5个风电场安装风机机组86台，总装机容量18.1万千瓦。海上风电有9个机位已沉桩完成，其中7个机位正在施工建设。

三山镇海上风电项目，2019年摄 （三山镇 供）

【商贸服务业】 2019年，三山镇完成社会消费品零售总额3.24亿元，比增10.7%。打造三山镇商品交易集散中心，海西商贸城初步建设成为集酒店、电子商务、贸易、生产、批发、仓储为一体的海西国际商品交易市场。引进建设银行、工商银行等金融服务点和佳源超市等专业市场。

【招商引资】 2019年，三山镇注册登记楼宇企业31家，注册资金23.72亿元，完成税收1.27亿元。引进重庆返空汇物流科技有限公司福清分公司，主要开展无车承运业务。

【镇村建设与管理】 2019年，三山镇有10个村为美丽乡村建设村，其中官路村为提升村，埕边村为省级补助村，海瑶、北楼、江厝、三山、横坑、道北、塘北、东埔8个村为建设村，安排项目180个，累计完成投资3649多万元。规范个人建房审批流程，畅通审批渠道，加强建房监管。开展“两违”治理行动，拆除“两违”建筑38宗，面积104016.1平方米，718户个人建房获批挂牌施工，完成农村贫困群体危房改造41户。

【社会事业】 教育 2019年，三山镇有中学6所（三山中学、华南中学、海瑶中学、嘉儒中学、瑟江中学、侨心中学），中心校3所（三山中心小学、虎邱中心小学、海瑶中心小学），完小33所，初小5所，中心幼儿园3所，民办幼儿园3所。在校生14202人，其中幼儿2995人，小学生7687人，初中生3520人，高中生716人。有教职工1126人，其中中学教师306人，小学教师612人，幼儿教师208人。总校园面积426699.71平方米，生均30.05平方米；总校舍面积152146.94平方米，生均10.71平方米。各校添置图书、教学仪器和电脑等设备，全镇所有中小学、幼儿园按要求配备保安人员并安装全球眼等技防设施，加强校车安全、校园围墙等校园附属设施建设，提升校园安全水平。

文化体育　2019年，三山镇有35个农家书屋，35个行政村实现100%安装健身器材。三山镇综合文化站总投资100多万元，占地总面积3000平方米，其中建筑面积1700平方米，内设健身室、棋牌室、阅览室、乒乓球室、多功能活动室、培训室等功能室，室外为镇体育活动中心，开辟娱乐健身路径、灯光塑胶篮球场、羽毛球场、门球场等综合性文化活动区域。

卫生和计划生育　2019年，三山镇总人口125569人，出生1218人，其中符合政策生育1048人，出生政策符合率为86.04%，出生婴儿性别比为116.03。落实符合生育对象参加免费孕前优生健康检查329人。

2019年，三山镇有中心卫生院1家，村级卫生所43家，卫生技术人员63名。镇中心卫生院在职医护人员72人，其中医生25人、护士32人、医技人员15人（其中高、中级职称21人）。日均门诊人次约240人次，门诊人均费用约115元，床位开放80床，日均入院人次约6人，住院人均费用约2109元。天安医院有工作人员100人，其中卫生专业技术人员83人（其中高级职称6人、中级职称9人、初级职称18人；护士18人、医助8人、药师4人、医技5人）。有急诊医学科、内科、外科等20多个科室。医院医疗用房面积15461平方米，开设病床100张。成立“天安金桥老人养护中心”，托养老人在病房住院的有30多人。

社会保障　2019年，三山镇增补五保户、低保户64人，清退109人。依托党员帮扶基金等帮困平台，发放低保、五保、残疾人护理补贴、临时困难补助等953.06万元。农村幸福院建设推广铺开，全镇35个村完成挂牌。落实支农惠农政策，兑现种粮补贴320.17万元；落实精准扶贫对象每户每年3000元的联合补助政策，扶贫对象提前全部脱贫。年内城乡居民养老保险续保率达94%，城乡居民医疗保险工作参合率达100%。

生态建设　2019年，三山镇累计投入600多万元，推进城乡环境卫生综合治理。各村建立常规性的卫生保洁制度，开展每月至少一次的村民志愿者清扫行动。将“河长制”工作及海漂垃圾治理工作纳入城乡环境整治内容，每月集中进行河道专项整治。开展“全民动员、绿化福清”行动，13个行政村种植14931株树木，累计覆盖面积19.93公顷。

平安建设　2019年，三山镇投入6.9万元完成镇“综治中心、网格化、雪亮工程”一体化建设，建设高清监控探头909个，实现全镇视频监控全覆盖无缝隙，通过福州市委政法委“平安乡镇”验收。化解信访积案8件，其中一例为历时18年的老信访户邻里用地纠纷信访案件。以司法所为引领，建立36支村两委、乡贤、法庭协调联动的多元调解队伍，年内调解244起矛盾纠纷，三山司法所获“全国模范司法所”称号。利用“五不漏”责任体系，强化平安宣传，提升三率水平，群众安全感满意率与扫黑除恶知晓率均达100%。

（程悦）

高山镇

【概况】　高山镇面积40.5平方千米，耕地面积1620公顷，滩涂面积1746.67公顷，海岸线总长19千米。辖23个行政村、2个居民社区，总人口7.3万，旅外华侨3万多人。2019年，高山镇完成限额以上社会零售总额4.77亿元，税收收入1.67亿元。年内获评全国乡村治理示范村镇、福州市“四好农村路”建设（第一批）市级示范乡，前王村获评全国乡村治理示范村镇。

【农业】　2019年，高山镇推进农业产业化。加强永诚畜牧、冠兴“高山羊”、贸旺水产等龙头企业辐射带动作用，推动产业发展。突出土地规模流转经营，发展壮大冠兴农业、泉景兴农业等10家大棚蔬菜种植企业，建成设施大棚蔬菜208.27公顷，新增1家种植面积21.33公顷的专业农民合作社。开展水利基础设施建设，推进薛港地面库、后园坑水库等计划投资990万元的水利设施除险加固工程，完成“冬春修水利大会战”行动，累计清理沟渠、河道等67千米。

【工业】　2019年，高山镇完成规模以上工业总产值7.64亿元，固定资产投资10.79亿元，工业固定资产投资1.94亿元。完成闽桂果蔬、奥斯卡橡胶、富丰汽配征交地及前期报批手续，推进祥锋汽配项目建设进度，乐得利食品、晟科实业建成投产。

【商贸服务业】　2019年，高山镇新增1家规模以上服务业企业（福州哼哈嘿互娱科技有限公司），新增4家限额以上社会消费品零售企业（福建荣胜福工贸有限公司、福建龙云鑫工贸有限公司、福建小宝商贸有限公司、福建腾扬商贸有限公司）。培育发展服务业经济，推进小伙伴互娱科技、福百佳超市等商贸服业建设。

【招商引资】　2019年，高山镇引进注册资本5000万元以上的楼宇企业23

家，注册资本超过10亿元，增创税收3000万元。其中后安村、前岭村、高山村等开发乡贤资源，自主招商，实现创税890多万元。

【镇村建设与管理】 2019年，高山镇推进总投资7.5亿元的高华国际广场、总投资4亿元的征云公馆等项目建设，启动人和地产二期项目建设，完成起步区综合开发项目一期6公顷土地出让工作。优化路网体系，推进投资1800万元的侨乡路西段道路建设，完成投资145万元的凤岗大道绿化亮化提升工程，完成总投资520万元的山后海防路、坨北线、高竹线、坑下线等农村道路新建改造提升项目。完成大真线沿线景观整治提升一期项目征地4.53公顷，推动薛港段整治提升项目2.47公顷征地工作，完成投资180万元的西江段整治提升工程。配合完成总投资745万元、占地0.2公顷的高山自来水加压泵站项目。完成投资约410万元的北溪河道截污管道及泵井、高山污水处理厂厂外尾水管道建设工程。

高山镇投入1781万元推进垄上村、西郑村、竹秀村、后耀村、玉楼村等5个村美丽乡村建设，完成污水管网铺设、生活垃圾治理等美丽乡村建设项目83个。试点推进“拆旧、拓新、整漂亮”工作，完成镇区总体规划和14个村村庄规划的设计编制，完成占地1.72公顷的洋门村“拆旧、拓新”项目的规划设计；完成薛港村1.14公顷的旧房拆除工作，启动0.85公顷薛港村民小区建设项目。

【社会事业】 科教文体 2019年，高山镇有中学2所（福建师范大学附属福清德旺中学、育才中学），学生3922人；小学18所，学生5464人；中心幼儿园1所，附属小学幼儿园17所及民办幼儿园12所，学生2900人。完成计划投资7480万元、占地3.8公顷的高山第二中心小学及配套道路项目立项及用地丈量工作。完成投资320万元的德旺中学进校道路、人行道项目征地建设。整合提升前王村、玉楼村、西江村、北坨村、后安村等5个村综合文化服务中心功能，打造3.0版村级文化服务中心。以“我们的节日”为主题，组织开展各类文体赛事及活动37场，惠及群众1万余人次。

卫生和计划生育 2019年，高山镇出生人口629人，人口出生率8.4‰，出生人口性别比101.6，人口自然增长率3.17‰。建有镇中心卫生院1家，总用地4.33公顷，病床床位166床，服务范围辐射周边乡镇20多万人口。启动投资4200万元、总建筑面积8230平方米的高山中心卫生院二期病房综合楼项目，投资3600万元、总建筑面积18000平方米的高山中心卫生院医技大楼项目建设报批。推进省级慢性病综合防控示范区建设，东进村、前王村、院西村、北坨村、后安村、山后村、薛港村和长安村8个村获评健康社区。

社会保障 2019年，高山镇城乡居民基本养老保险参保人数40753人，参保率92.3%；城乡居民基本医疗保险参保人数58594人，参保率95.5%。发放城乡低保、特困人员供养、重度残疾人护理补贴、困难残疾人生活补贴、优抚对象等民生保障资金481.1万元。坚持“民事民建”的原则，动员乡贤、村民筹集资金180余万元用于全镇23个行政村的幸福院建设与管理。

生态建设 2019年，高山镇实施“厕所革命”，投入50万元完成农村公厕新改建项目3个。围绕“村植千树”“林秀高山”等活动，推动“四旁”绿化，年内新植各类苗木1.4万余株。建网治污，完成82口“一自然村一池塘”建设任务，实施65口池塘绿化提升改造工程，建好水域生态圈。常态化开展“清沟、扫地、摆整齐”专项整治活动，累计摸排整治点587处，采取“销号管理”，逐一整治到位。推进殡葬改革，完成坟墓生态，整治582座，整治率100%。推进生命公园建设，累计投入3500万元完成20个村（社区）生命公园建设。

平安建设 2019年，高山镇开展“扫黑除恶”专项斗争行动，在上半年福州市安全感调查测评中，“群众满意感”“公检法执法工作满意率”均达100%，位列全市第一名。依托人民群众接待中心，优化“大接访”“大调解”工作机制。年内办结各类信访事项25件、“12345”诉求件920件，排查调解纠纷事项46起，调解满意率100%。开展“党建引领、多维治理”行动，推动全镇25个村（社区）成立乡贤评理室，发挥乡贤在地缘、亲缘、人缘等方面的优势参与矛盾纠纷调解，化解矛盾纠纷42起，实现信访积案息访3起。实施“天网工程”“雪亮工程”，累计完成674路视频监控系统接入工作，基本实现治安盲区全覆盖。

（倪握瑜 高萍）

东瀚镇

【概况】 东瀚镇位于福清龙高半岛东南端，三面临海，西北与高山、沙埔镇接壤，东与平潭综合实验区仅一水之隔，西南与莆田南日岛隔海相望。全境总面积74平方千米，可利用滩涂面积3600公顷，海岸线长71.7千米，山地面积约3600公顷，耕地面积约1266.67公顷，森林覆盖率50.1%。2019年，全镇辖17个行政村258个村民小组，总户数14849户，总人口44765人。

【经济建设】 2019年，东瀚镇税收完成9712万元，比上年增长31.1%；固定资产投资完成30568万元，增长84.5%；工业固定资产投资完成8400万元，增长35.5%。引进楼宇企业21家，完成任务数的210%，税收5683万元，增长93.6%。

【重点项目】 2019年，东瀚镇“强产业补链条”项目开工2项，竣工1项，其中福建吉轮劳务有限公司建设项目3月开工，总投资5000万元；恒大御景半岛B区项目6月开工，总投资89849万元，主要建设内容为新建商品房、商业场所，占地面积67015平方米，总建筑面积213812.5平方米。东瀚镇道路提升改造工程总投资1200万元，4月竣工通车。全年引进2个产业项目，总投资为42300万元，其中福清东瀚沃口国家一级渔港配套经济服务区（一期）项目备案20500万元，福清东瀚沃口国家一级渔港配套经济服务区（二期）项目备案21800万元。福清健浩水产养殖基地及配套设施建设项目，总投资6亿元，已完成约4000平方米的厂房设施建设，预计2020年底一期建成投产。福建LNG接收站项目，总投资约66亿元，已获中国石油集团批复。福清莲峰国家现代渔港经济服务区，总投资8.9亿元，正在进行用林审批。福清市东瀚国家级海洋牧场示范区，总投资3.5亿元，已提交项目用地预审和选址意见核发申请。

【乡村振兴】 2019年，东瀚镇推广实施“鸡蛋工程”，有9个村共购置元洪美食城商铺17间，完成薄弱村“摘帽”；盘活村集体资产资源，通过整合滩涂资源发包养殖，带动村民就业，增加村财收入；升级楼宇企业奖励政策，实施“引税回乡”工程，全年增加村财323万元，17个村村财全部达到20万元以上。

【美丽乡村建设】 2019年，东瀚镇推进美丽乡村建设，全镇有7个美丽乡村建设村，开工97个项目，完工97个项目，累计完成投资额2021万元。处理生活污水，开工1610户，完工1018户；户用干湿垃圾桶配备3484对，实现每户全覆盖；清理陈年垃圾、废弃物品等生活垃圾累计5046吨；规范农房建设，裸房整治开工20户，完成17户；旱厕拆除10座，新建水冲厕9座；对房前屋后进行整治，拆除临时搭建的房前屋后鸡鸭圈等1440平方米；改善交通条件，硬化村道长度2880米，硬化面积3650平方米。新增绿化面积14574平方米。

【交通建设】 2019年，东瀚镇完善道路网格化建设，构建“主动脉”与“毛细血管”内通外联的路网体系。投资1200万进行东瀚镇街道拓宽和道路景观改造，该项目按照城市支路标准设计，上接大真线路口，下连东瀚镇X178主干道路口，全长848米。完成东京山连接线道路改造工程和大壤村支路建设。投资70多万元做好东翰镇辖区S305与X178交叉口信号灯、电子警察项目和渠化改造工程，投资10多万元在镇区道路增设交通安全设施和在国道交叉口增设“七个一”工程。

【社会事业】 文化教育 2019年，东瀚镇规范综合文化站管理，配齐电子设备，保障阅览室藏书数量和藏书质量，组织读书活动4次，举办闽剧演出5场；以“我们的节日”为主题，组织开展篮球赛、书法培训等8次文体活动；东瀚村承办“不忘初心，牢记使命”文化惠民乐万家巡演活动；提升改造大坵村篮球场及东庄村篮球场；成立东瀚镇新时代文明实践所和文山村、大坵村新时代文明实践站，丰富群众精神文化生活。整合提升教育资源，总投资2000万元的东瀚中心幼儿园新园基本建设完成。

社会保障 2019年，东瀚镇有低保户137户231人，全年发放低保金约145万余元，做到困难群众应保尽保；推进特困户补贴工作，补贴特困户20户20人，全年发放补贴26.7万元；保障残障人福利，全年发放重残人员生活补贴和护理补贴46.6万元。跟进23户建档立卡贫困户，从“扶智”和“扶志”入手，实现“两不愁三保障”，确保不增贫、不返贫。推进农村幸福院建设，莲峰村、文山村、东瀚村等12个村的幸福院投入运营，西安村、文关村等5个村在建设中。

环境保护 2019年，东瀚镇开展“湖库水系连通”建设、“一村一池塘”等专项行动，有70个自然村完成池塘建设，共计建设74口池塘，完成12口池塘提升，完成1口示范池塘建设。建成污水处理设施15个，其中无动力设施13个，微动力设施2个。推进“清沟、扫地、摆整齐”行动，推进“厕所革命”。全年分配10000个分类式垃圾桶，督促各村垃圾分类，完善门前三包制度，健全“户分类，村收集，镇转运”处理机制，采用政府采购方式购买东瀚镇垃圾中转站清运服务，服务期10年计698.58万元，逐步形成农村生活垃圾治理常态化。深化移风易俗，大操大办现象得到遏制。推广节地生态安葬新理念，推进生命公园建设，建成11处，即东瀚、大壤、陈庄、大坵、赤表、东庄、北盛、海亮、文山、佳乐村生命公园。全年完成植树造林绿化工程约16.67公顷，逐步建立起宜居绿色的生态屏障。

（俞湘融　林同雄　林贤春）

沙埔镇

【概况】 沙埔镇位于福清市龙高半岛东南末端兴化湾畔，东、西、南三面环海，总面积40平方千米，耕地1666.7公顷，海岸线70千米，海域面积4700公顷，滩涂、风力等资源丰富，全镇有旅游资源单体148个。2019年，全镇辖22个行政村，49个自然村，274个村民小组，13719户，总人口约5.3万人，旅外侨胞2.8万多人。

【经济指标】 2019年，沙埔镇完成

2019年8月3日，2019首届福清（沙埔）开渔节暨海洋文化旅游节开幕（沙埔镇　供）

规模以上工业产值6.23亿元，比上年增长41.2%；完成固定资产投资5.59亿元；完成限上社零投资3153万元，增长135.2%；完成税收收入9479万元，增长74.8%。

【农业渔业】　2019年，沙埔镇有绿叶、圣禾等8家设施农业，12家农民专业合作社，主要种植尖椒、西红柿等品种，总产量约5.15万吨，种植面积636公顷，年产值2.2亿元。沙埔镇是福清市主要花生生产基地之一，全年花生年产值750吨。水产品养殖面积1650公顷，渔业经济总产值2.3亿元，其中海带、紫菜等传统海产品年产值1.5亿元。

【招商引资】　2019年，沙埔镇搭建汇成招商平台，引进105家楼宇企业，注册资金50.35亿元，税收收入6760万元。在市区万达广场和融商大厦设立招商引资联络点，为相关企业家提供服务。

【镇村建设与管理】　2019年，沙埔镇投资290万元完成龙岭路路灯亮化工程及高牛路沙埔段安全防护栏工程；投资75万新建交通信号灯及电子警察，在4处交通风险隐患点增设减速带、标志牌等安全设施。完善生产设施配套，投资352万元完成146.67公顷高标准农田建设；投资1500万元完成3条海堤及1个水库除险加固工程；投资120万元完成赤礁后山埕“千里水网”工程，开挖排洪河道2900米；投资80万元完成沙埔镇区农贸市场提升改造工程，提供45个规范摊位，解决市场脏乱差问题。

【社会事业】　社会保障　2019年，沙埔镇开展各项救灾救济活动，向全镇低保、重残、特困户、丧失劳动能力人员、孤儿、五保户发放各类保障金366多万元，向复员军人、伤残军人、军烈属、农村退役士兵发放补助款200多万元，为全镇符合条件的79名低保、残疾户家庭女生购买女性“安康保险”。

教育事业　2019年，沙埔镇有初级中学2所（六一中学、沙埔中学）、九年一贯制学校1所（天恩学校）、中心校1所（六一中心小学）、完小12所、初小1所、中心幼儿园2所、民办幼儿园1所。2019年，沙埔辖区中考生录取一级达标中学19人，二、三级达标中学66人，其中录取一中2人。

医疗卫生　2019年，沙埔镇城乡居民医保参保人数45304人，参保率96.18%。沙埔镇卫生院有住院病床30张，科室12个，医护人员50名（包括临聘25人）；全镇建有22个行政村级卫生所，2个卫生室。

生态建设　2019年，沙埔镇投资180万元开展“村植千树”行动，在10个村栽植各类绿化苗1万余棵；投资360万元在太武至青屿海岸种植红树林约66.67公顷，建立海岸生态防护带。推进“一村一池塘”工作，完成全镇72口池塘的改扩建工作，完成“冬春修水利大会战”任务，对3座小二型水库及14条河流、支渠进行清淤修缮。

平安建设　2019年，沙埔镇完善综治“五不漏”责任体系，全镇有平安中队长136名，平安小队长1678名，平安示范户1864户；结合“扫黑除恶”专项行动，对全镇涉爆物品场所开展拉网式排查，开展烟花爆竹安全检查、岁末年初安全生产大检查大考评等大型活动4场，累计排查安全隐患118处，查处非法储存、买卖危险物质案件5起，行政拘留4人，关停烟花爆竹售卖点10处，取缔小型无证加油点3处。

（王锋）

（编辑　陈晔）

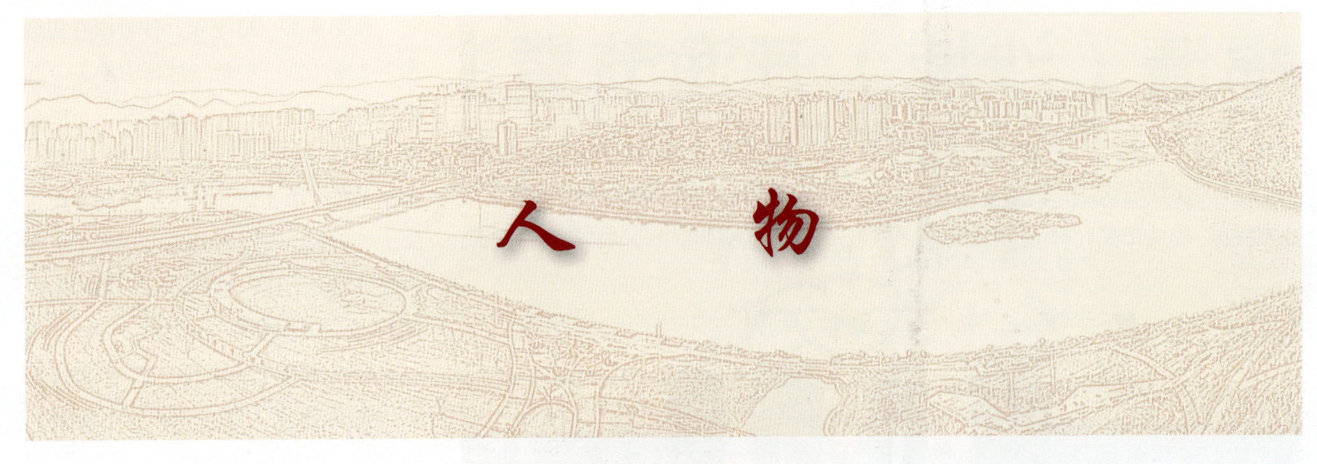

人　物

新闻人物

【王锦萍】　女，1963 年 9 月出生，中共党员，福建省福清市城头镇吉钓岛医生。2019 年 9 月 5 日，在第七届全国道德模范表彰大会上，被授予“全国助人为乐模范”荣誉称号，成为福州首位全国道德模范。

1986 年，王锦萍中专毕业后，毅然回到城头镇吉钓岛，成为岛上唯一的村医。无论白天黑夜，她总是随叫随到，30 多年如一日坚守小岛，践行着“医者父母心”的社会责任，在平凡岗位上守护一片生命的蓝天，成为海岛村民信赖的“120”。2014 年，王锦萍被中央电视台评为“全国最美乡村医生特别关注奖”，被福建省总工会授予“福建省五一劳动奖章”。2015 年入选中国好人榜“身边好人”，2016 年被中华全国总工会授予“全国五一劳动奖章”，2018 年被中国医师协会乡村医生分会评为首届“百姓满意的乡村医生”。

【叶立钦】　女，1937 年出生于福清，系叶向高第 13 世孙女，融籍造船专家。2019 年 12 月 9 日，收到中共中央、国务院、中央军委授予的庆祝中华人民共和国成立 70 周年纪念章，以表彰她在国家造船领域的突出贡献。

1955 年，叶立钦高中毕业于福清一中，1960 年毕业于上海交通大学后留校任教。1963 年至退休，在交通部上海船舶运输科学研究所性能研究室工作，历任技术员、工程师、副研究员、研究员。她的突出贡献是在国家“六五”攻关项目的船型优化研究中，开发出“非对称双尾鳍船型”，使该船型成为有生命力的实用新船型，特别在快速性能方面达到国际优秀船型的先进水平，该项成果于 1991 年获国家专利权。1992 年，她的沿海综合节能客轮的研究成果获得交通部科技进步三等奖。1994 年，“非对称双尾鳍船型”获得交通部科技进步二等奖、“中国专利技术博览会”金奖。1995 年入选“世界优秀专利技术精选”（中国卷），1995 年获国家进步三等奖。1992 年获国务院特殊津贴。

先进人物

全国助人为乐模范

王锦萍　福清市城头镇吉钓村卫生所医生

全国巾帼建功标兵

郑凌燕　福清市妇联党组书记、主席

全国法律援助工作先进个人

吴　勇　福清市玉屏司法所所长

全国禁毒部门办公室系统先进个人

赵　莹　福清市公安局禁毒大队民警

全国维护妇女儿童权益先进个人

林万平　福清市公安局刑事侦查大队教导员

2018 年度全国检察宣传先进个人

石冰莹　福清市检察院

俞建功　福清市检察院

黄颖颖　福清市检察院

福建省五一劳动奖章

李章平　中共福清市纪律检查委员会第二纪检监察室主任

俞裕文　福清市公安局音西街道犯罪侦察一队副队长

福建省三八红旗手个人

夏　金　福清市城关小学校长

周　梅　福清市三山镇宣传统战委员

2018 年度福建省优秀共青团员

魏晓亮　福清市公安局刑事侦查大队民警

2018 年度福建省直机关优秀共青团员

吴仕洲　榕城海关驻福清办事处

全省机要系统先进工作者

王壮财　福清市委办公室

省人大系统先进工作者

方起家　福清市人大代表服务中心主任

2016—2018 年度福建省人民调解先进个人

方忠旗　福清市司法局人民参与和促进法治科科长

2018 年全省检察新媒体建设“60 强”评选活动特殊贡献奖

陈　平　福清市检察院

2018 年度全省检察机关信息工作先进个人

曾坤锋　福清市检察院

2016—2018 年度福建省重点项目先进工作者

庄　发　福清市水务公司副总经理

福建海事局先进个人

严华盛　福清海事处

福建省计划生育协会先进个人

卢　奕　福清市计划生育协会

2018—2019 年度福建省老年人体育新闻报到工作“优秀通信员”

杨运立　福清市老年人体育协会

2018—2019 年度福建省老年人体育新闻报到工作“通讯工作积极分子”

翁其孝　福清市老年人体育协会

福建省第五届世界佛教论坛筹备和服务保障工作先进个人

陈卫月　福清市公安局国内安全保卫大队副大队长

省公安系统 2017—2018 年度“清水蓝天”环保专项执法行动表现突出个人

刘兴金　福清市公安局经济犯罪侦查大队副中队长

全省“三非”外国人专项治理工作成绩突出个人

陈　群　福清市公安局出入境管理大队民警

王明瑞　福清市公安局出入境管理大队民警

俞裕青　福清市公安局出入境管理大队民警

全省公安机关猎狐 2018 成绩突出个人

吴　炜　福清市公安局经济犯罪侦查大队中队长

何武强　福清市公安局经济犯罪侦查大队副中队长

全省公安机关新中国成立 70 周年大庆安保维稳工作成绩突出个人

庄学龙　福清市公安局巡特警反恐大队大队长

全省飓风肃毒 2018 会战成绩突出个人

陈　涛　福清市公安局渔溪派出所民警

卢武城　福清市公安局禁毒大队副中队长

2019 年福建省普通高考优秀评卷教师

黄金开　福清市渔溪镇虞阳中学教师

福州市第三十六届劳模

高子安　福清市医院党委书记、院长

翁茂荣　福清汇通农商银行股份有限公司下梧支行行长

高华平　福建捷联电子有限公司研发部副处长

施传灏　胜田（福清）食品有限公司销售部特通部经理

何瀚芳　福清市园林处主任

林辉明　福清市海口镇东阁村农民

陈永旺　福清市玉屏街道石井村书记兼主任

福州市优秀共产党员

陈力福　福清市镜洋镇波兰村党总支部书记、村委会主任

王　辉　福清市石竹街道党政办负责人

陈美兰　福清市农业农村局

福州市优秀党务工作者

林立芳　福清市直机关党工委委员、办公室主任

张小清　福清市海口镇党委组织委员

吕建华　福清市石竹街道洋梓村书记

敖　杰　福清市阳下街道洪宽社区党支部书记

郭文豪　福清市音西街道福百社区党支部书记

庄小花　福清市音西街道党工委组织委员

福州市优秀共青团干部

吴思义　福清团市委副书记、市青联副主席

郑　闻　福清市公安局执法办案二中心民警

杜其樟　福清市镜洋镇团委书记

2019 年福州海事局优秀共产党员

严华盛　福清海事处

福州市教育工作先进工作者

张晓兵　福清第二中学

李云杰　福清市教师进修学校

杨　清　福清市龙华职业中专学校

郑福仁　福清华侨中学

何凤华　福清第二中学

余美瑞　福清第三中学

蔡忠平　福清梧岗中学

林满妹　福清祖钦中学

杨云弟　福清市龙田初级中学

王连连　福清市嘉儒初级中学

秦小玲　福清市实验小学

王丽红　福清市城关小学

林晓梁　福清市滨江小学

肖祈福　福清市龙江中心小学

黄蔚黎　福清市渔溪中心小学

林香灵　福清市一都中心小学

刘秀兰　福清市六一中心幼儿园

黄卫华　福清文光学校

福州市优秀少先队志愿辅导员

侯宗崇　福清市公安局海瑶边防派出所副教导员

林　震　福清市公安局交通警察大队民警

许郑伟　福清市公安局交通警察大队副中队长

福州市优秀人民警察

陈孔江　福清市公安局交通警察大队民警

池祯星　福清市公安局治安管理大队民警

何钦团　福清市公安局音西派出所副队长

李　砚　福清市公安局石竹派出所民警

林世钧　福清市公安局公共信息网络安全监察大队民警

马怜瑞　福清市公安局刑事侦查大队队长

王其若　福清市公安局巡特警反恐大队民警

吴章平　福清市公安局刑事侦查大队队长

杨仕银　福清市公安局玉屏派出所民警

郑巧强　福清市公安局政工室民警

郑晓彬　福清市公安局国内安全保卫大队副中队长

朱鑫东　福清市公安局指挥中心民警

福州市公安局个人嘉奖

陈　超　福清市公安局一都派出所民警
刘昌枫　福清市公安局上迳派出所民警
陈　兵　福清市公安局城头派出所民警
陈德旺　福清市公安局警务保障室科长
陈富满　福清市公安局南岭派出所民警
陈祖杰　福清市公安局龙江派出所民警
戴　燕　福清市公安局宏路派出所队长
何劲明　福清市公安局办公室中队长
黄　安　福清市公安局港头派出所民警
黄信强　福清市纪委驻公安局纪检组民警
林　群　福清市公安局沙浦派出所民警
林　善　福清市公安局镜洋派出所民警
林礼强　福清市公安局警务督察大队民警
林心雄　福清市看守所民警
陆　阳　福清市公安局指挥中心民警
施　群　福清市公安局海口派出所民警
王喜平　福清市公安局龙田派出所民警
叶兴旺　福清市公安局政工室中队长
俞　豪　福清市公安局江镜派出所民警
张　敏　福清市公安局新厝派出所民警
张继婷　福清市公安局出入境管理大队中队长
郑　闻　福清市公安局执法办案二中心民警
郑　燚　福清市公安局治安管理大队民警
郑学焰　福清市公安局东张派出所民警
庄剑彬　福清市公安局龙山派出所民警
庄林成　福清市公安局东瀚派出所民警
林文生　福清市公安局治安管理大队中队长
陈敦兴　福清市公安局玉屏派出所民警
林国全　福清市公安局指挥中心民警
施春其　福清市公安局政工室民警
游书瑞　福清市公安局治安管理大队中队长
郑龙标　福清市公安局玉屏派出所民警
陈恒丰　福清市公安局城头派出所民警
施生仁　福清市公安局江镜派出所副所长
魏梦轩　福清市公安局上迳派出所副主任
邱日飞　福清市公安局国内安全保卫大队副大队长
施文星　福清市公安局刑事侦查大队民警
夏崇春　福清市公安局海防大队副大队长
曾明俊　福清市公安局三山派出所副队长

2018年“福州警星”个人嘉奖

何钦团　福清市公安局音西派出所副队长
林　功　福清市公安局玉屏派出所民警

2019年“福州警星”

吴谊斌　福清市公安局阳下派出所队长
陈祖杰　福清市公安局龙江派出所民警

福州市公安局2018年度优秀法制员

王剑辉　福清市公安局龙田派出所民警

福州市公安局2018年度执法质量先进个人

肖芳瑜　福清市公安局法制大队民警

福州市最美乡村推广人

吴　恋　福清市玉屏街道步行街社区

2019年福州市重大气象服务先进个人

张俊杰　福清市气象局

福州市“招商2018”行动嘉奖

俞　杨　福清市商务局

福州市“抓项目、促发展”专项行动先进个人

庄小花　福清市音西街道

福州市“担当尽责、激情创业”好干部先进典型

邱华焰　福清市江镜镇党委书记、蓝色经济产业园党工委委员

福州市基层理论先进个人

薛秀炜　福清市镜洋镇

福清市优秀共产党员（70名）

陈庆贺　玉屏街道党政办主任、武装部副部长
林　云　玉屏街道小桥社区居委会主任
何　如　龙山街道东刘村党支部副书记、书记助理
林世锟　龙山街道龙东村党支部副书记、书记助理
郑　军　市公安局龙山派出所民警
林秉兴　龙江街道经济发展服务中心干部
黄　健　龙江街道国土资源所所长
刘大燕　音西街道党委宣传统战委员

陈鹏飞　市公安局音西派出所副所长
林梦璐　宏路街道妇联主席
钟景杰　市公安局宏路派出所科员
王　辉　石竹街道经济服务发展中心干部
王文钦　阳下街道文教卫生服务所副所长
郑惠冰　阳下街道经济发展服务中心副主任
陈小婷　镜洋镇党政办主任
陈力福　镜洋镇波兰村党总支部书记、村委会主任
张祎伟　东张镇武装部副部长
黄　捷　一都镇团委书记
陈　辉　渔溪镇党政办科员
陈玉斌　上迳镇党政办主任
林明峰　江阴镇水利站站长
林立朝　江阴镇农业服务中心主任
薛常枝　新厝镇团委书记
蔡廉辉　海口镇正股级组织员
官　晖　海口镇团委书记
赵力同　南岭镇党政办副主任
陈淑钦　城头镇农业服务中心干部
周晓飞　城头镇社会事务办主任
王钦翔　龙田镇企业服务中心主任
施敏文　龙田镇党政办主任
翁玲玲　龙田镇妇联主席
张伟力　龙田镇二村村委会主任
倪仙琴　江镜镇正股级组织员、妇联主席
黄益宏　市公安局江镜派出所民警
陈　洪　港头镇农业服务中心主任
林德亮　港头镇综治办专职副主任
陈　松　三山镇党政办主任
林如妍　三山镇平华社区居委会主任
林　斌　高山镇国土资源所所长、东进村党支部第一书记
林小波　高山镇村镇规划与建设服务中心主任
陈益知　东瀚镇农业服务中心副主任
翁武夷　沙埔镇农业服务中心主任
陈贤铎　沙埔镇经济发展办公室主任
陈国洪　市委党史与地方志研究室副主任、市海外联谊会副秘书长
周　婷　市委党校对外合作培训部科员
陈　苗　国家税务总局福清市税务局税政一股副股长
林铭文　市住建局招标办副主任
陈明武　市人民法院审判员
曾坤锋　市人民检察院办公室副主任
陈美兰　市海洋与渔业执法大队副大队长
魏林海　市“数字办”副主任
杜晓云　市社会科学界联合会科员
林忠强　市火车站片区综合管理处主任
陈庆杰　闽台（福州）蓝色经济产业园经济发展处科员
潘培兴　东阁华侨农场综合科科员
林道凤　江镜华侨农场工贸口支部书记、武装部副部长、侨联主席
董光辉　福清市第二中学党总支部组织委员
薛　艺　福清市龙田上薛小学校长
薛建荣　福清元洪高级中学党总支部组织委员
毛红金　福清市音西林中小学校长
陈丹艳　福清市康辉幼儿园园长
陈　云　福清第三中学工会副主席
何荔波　福清市医院监察室主任、办公室副主任
林　胜　福清市中医院内儿科主任
穆文婷　市烟草专卖局（分公司）客服中心副主任
何松盟　国网福建省电力有限公司福清市供电公司城区供电服务办公室党支部书记、营销部（客户服务中心）副主任
周国平　国网福建省电力有限公司福清市供电公司宏路供电所营销副所长
徐国清　福耀工业集团股份有限公司总经办、副总经理
茅霄亮　福州市江阴化工应急救援中心综合科科长
何宝平　福州市鸿生建材有限公司董事长

福清市优秀党务工作者（50名）

郑金山　玉屏街道团工委副书记
魏秀洪　玉屏街道锦云社区党委书记、居委会主任
翁晨霞　龙山街道融东社区党委书记
陈飞鹏　龙江街道正股级组织员
庄小花　音西街道党工委组织委员
郭文豪　音西街道福百社区党支部书记
陈和平　市公安局音西派出所副所长
王晨楠　宏路街道党工委副书记
吕建华　石竹街道洋梓村党支部书记
敖　杰　阳下街道洪宽社区党支部书记
杜其樟　镜洋镇团委书记
王秀娟　东张镇道桥村党支部书记
卢丽华　一都镇普礼村党支部副书记
陈建旺　渔溪镇经济发展办公室科员
方炳恒　上迳镇党委组织委员

郭　隆　市公安局江阴派出所教导员
王武林　新厝镇江兜村党总支部书记
吴秀华　市公安局新厝派出所党支部书记、教导员
张小清　海口镇党委组织委员
薛玲艳　南岭镇财政所副所长
林存清　城头镇宅前村党支部书记
韩颖蕾　龙田镇团委书记
余希凡　龙田镇企业服务中心干部
郑可彬　江镜镇党委副书记
林伟杰　三山镇团委书记
薛建波　高山镇副股级组织员
江　楠　高山镇财政所科员
王雪梅　东瀚镇妇联主席
潘茂琳　沙埔镇团委书记、党政办副主任
林立芳　市委市直机关工委委员、办公室主任
汤雪梅　市委台港澳工作办公室科员
林朝英　市委老干部局管理服务科科长
钟金珠　市自然资源和规划局规划技术管理站副站长
潘伟金　福清市市工信局党支部组织委员
翁燕霞　市产品质量检验所干部
陈　哲　市城市管理局办公室副主任
石冰莹　市人民检察院科员
陈晓雪　市司法局办公室副主任
姚远见　市民政局社会事务科负责人、殡葬管理所副所长
何　锋　市教育局组织科干部
何菲青　市水系联排联调中心干部
陈书强　福州江阴港城经济区综合服务中心干部
艾　莉　福州新区福清功能区综合服务中心代办服务科科长
郑　鸿　福清市少年儿童业余体育学校学生处主任
张金星　福清元洪师范学校附属小学书记、校长
林传茂　福清第一中学党总支部副书记
余秀钦　福清市妇幼保健院党支部副书记
陈祖凰　福清市疾病预防控制中心办公室主任
李子丰　国网福建省电力有限公司福清市供电公司渔溪供电所党支部书记、副所长
刘美珠　明达工业（福建）有限公司党务工作者、会计

2018—2019 学年度福清市先进教育工作者（40 名）

翁俊英　福清康辉中学
陈传勇　福清洪宽中学
叶巧芳　福清市宏路中学
魏良材　福清市龙江初级中学
梁安生　福清市里美初级中学
林　熙　福清市东瀚初级中学
黄鸿彬　福清市梧瑞初级中学
陈海燕　福清元樵中学
曹　武　福清市天恩学校
张诚华　福清市锦江初级中学
王秀明　福清市城兴初级中学
施冬焱　福清姚世雄初级中学
谢风珠　福清市崇文小学
林　雄　福清市教师进修学校附属小学
薛新建　福清市行知小学
何　婷　福清市元载小学
姚丽云　福清市融侨小学
俞　苹　福清市龙山中心小学
胡家清　福清市音西中心小学
黄丽红　福清市东张中心小学
陈谟强　福清市海口中心小学
陈诚文　福清市城头中心小学
何彩平　福清市临江中心小学
刘佩佩　福清市港头中心小学
王远游　福清市虎邱中心小学
王育香　福清市六一中心小学
王兰兰　福清市机关幼儿园
吴　影　福清市瑞亭幼儿园
张惠芳　福清市凯景实验幼儿园
陈　澜　福清市滨江幼儿园
陈　曦　福清市海口中心幼儿园
陈　蓉　福清市三山中心幼儿园
翁燕芳　福清市音西中心幼儿园
郭小荣　北京师范大学福清附属学校
郭冠洲　福建省福清龙华职业中专学校
王冬雪　福建省福清龙华职业中专学校
陈锦洲　福清市玉融初级中学
覃俊平　福清西山学校
林小安　福清市教育局
林文惠　福清市教育局

2018—2019 学年度福清市优秀班主任（10 名）

陈朝霞　福清第一中学
郑雅明　福清龙西中学
黄　玲　福清市滨江初级中学

杨翠娟　福建师范大学附属福清德旺中学
王雪勇　福清市芦华初级中学
陈洪钦　福清市融西小学
陈　洪　福清市北亭中心小学
郑　清　福清市上迳中心小学
何　凡　福清市占阳中心小学
薛华平　福清市三山中心小学

2018—2019 学年度福清市农村优秀教师（10 名）

陈惠增　福清市高山育才中学
陈鑫颖　福清东张中学
林世生　福清市江镜初级中学
陈龙英　福清市沙埔初级中学
王吓琴　福清市海瑶中心小学
陈丽丽　福清市镜洋中心小学
翁美锋　福清市硋灶中心小学
孙可松　福清市前林中心小学
林美梅　福清市东瀚中心幼儿园
王　莹　福清市虞阳中心幼儿园

先进集体

表 23　省级以上先进集体名录

获奖单位	荣誉名称	颁发单位
福清市机关事业单位社会保险管理中心	全国人力资源社会保障系统 2017-2019 年度优质服务窗口	人力资源和社会保障部
福州第二技师学院	国家高技能人才培训基地	人力资源和社会保障部
福清市公安局经济犯罪侦查大队	全国公安机关猎狐 2018 专项行动成绩突出集体	公安部
福清市公安局	全国公安机关第四届文艺汇演银奖、优秀创作奖	公安部
福清市工商联	2018 年度民营企业调查点工作先进基层单位	全国工商联
福清市工商联	全国五好县级工商联	全国工商联
福建省福清市司法局三山司法所	全国模范司法所	司法部
榕城海关驻福清办事处团支部	2018 年度全国五四红旗团支部	共青团中央
国家税务总局福清市税务局第一税务分局	2017—2018 年度全国青年文明号	共青团中央
福清市供销合作社联合社	全国百强县级社	中华全国供销合作总社
福清市司法局	人民调解宣传工作先进集体	中华全国人民调解员协会
福清市纪委监委组宣部	2019 年度学刊用刊工作先进单位	中国纪检监察杂志社
福清市科学技术协会	2019 年全国科普日优秀活动	中国科学技术协会办公厅
福清市卫生健康局	2019 年度《人口与健康》杂志基层宣传先进单位	国家卫生健康委员会、人口与计划生育杂志社
福清市妇幼保健院	中国宫颈癌、乳腺癌检查监测试点优秀项目单位	中国疾病预防控制中心、妇幼保健中心
福清市妇幼保健院	2018 年度母婴友好医院	中国妇幼保健协会
福清市一都镇后溪村	国家森林乡村	国家林业和草原局
福清市一都镇东山村		
福清市一都镇普礼村		

续表 23

获奖单位	荣誉名称	颁发单位
中国银行福清分行	福建省五一劳动奖状	省总工会
福清市水务公司水质监测部	福建省工人先锋号	省总工会
福清市医院护理部	2019 年度福建省三八红旗手集体	省妇联
福清市检察院未成年刑事检察科	2019 年度福建省巾帼文明岗	省妇联
福清市城关小学美术教研组	2019 年度福建省巾帼文明岗	省妇联
福建三华农业有限公司	2019 年度福建省重点巾帼示范基地	省妇联
福清市渔溪郑为平家庭农场	2019 年度福建省巾帼示范基地	省妇联
福清市委保密委员会办公室	全省保密系统先进集体	省人力资源和社会保障厅、省国家保密局
福清市商务局	全省商务系统先进集体	省人力资源和社会保障厅、省商务厅
福建农业职业技术学院	福建省示范性现代职业院校 2019 年培育项目院校	省教育厅、省财政厅
福建农业职业技术学院	福建省第一批新型职业农民培训基地	省农业农村厅
福建农业职业技术学院	福建省产创融合教育实践示范基地	省教育厅
福建农业职业技术学院“茶文化传承基地”	福建省高校中华优秀传统文化传承基地	省教育厅
福建农业职业技术学院“相思岭讲坛”	福建省第二批高校哲学社会科学优秀讲坛	省委教育工委
福建农业职业技术学院	福建省大中专学生志愿者暑期“三下乡”社会实践活动先进单位	省委宣传部、共青团福建省委
福清海事处	福建海事局先进集体	省海事局
福清海事处	2019 年政务信息工作先进集体	省海事局
福清海事处	示范性基层执法机构	省海事局
福清市司法局	全省“七五”普法中期先进集体	省司法厅
福清市医患纠纷人民调解委员会	2016-2018 年度福建省人民调解先进集体	省司法厅
福清市公安局宏路派出所	全省公安机关 70 周年大庆安保维稳工作成绩突出集体	省公安厅
福清市公安局经济犯罪侦查大队	全省公安机关猎狐 2018 专项行动成绩突出集体	省公安厅
福清市农业农村局	2018 年度全省农业农村系统绩效管理优秀单位	省农业农村厅
福清市农业农村局	2018 年度渔业安全生产目标责任优秀单位	省海洋与渔业局
福清市广播电视台	2018 年度全省融媒体新闻协作先进县级台	省广播影视集团
福清市公安局宏路派出所	全省“禁毒 2018 两打两控”暨“飓风肃毒 2018”会战行动成绩突出集体	省禁毒委员会办公室
福清市公安局治安管理大队	全省公安机关新中国成立 70 周年大庆安保维稳工作成绩突出集体	省公安厅
福清市防震减灾中心	2019 年度全省市县防震减灾工作综合考核先进单位	省地震局

续表 23

获 奖 单 位	荣 誉 名 称	颁 发 单 位
福清市防震减灾中心	2019 年度全省市县地震灾害预防工作先进单位	省地震局
福清市玉屏街道步行街社区	福建省计划生育协会先进单位	省人口和计划生育领导小组
福清市水务公司	2018 年度安全生产先进单位	省投资集团
共青团福清市委	福建省第三届“母亲河”奖优秀组织奖	省保护母亲河领导小组
杨才云、鞠秀丽家庭	2019 年度福建省最美家庭	省妇联
郑栋铃、李淑芳家庭		
国网福清市供电公司运维检修部输电运检班	福建省百万职工五小创新大赛优秀成果二等奖	省委、省政府
国网福清市供电公司营销部	福建省百万职工五小创新大赛优秀成果三等奖	省委、省政府
国网福清市供电公司营销部业扩管控 QC 小组	全省质量管理小组一等奖	省委、省政府
国网福清市供电公司城区配网攻坚 QC 小组		
国网福清市供电公司信通运检班 QC 小组		
国网福清市供电公司运维检修部变电运维 QC 小组		
国网福清市供电公司港头镇供电所 QC 小组		
国网福清市供电公司输电运检 QC 小组	全省质量管理小组二等奖	省委、省政府
国网福清市供电公司营销计量技术攻关 QC 小组		
国网福清市供电公司带电作业班 QC 小组		
国网福清市供电公司信通运检班 QC 小组		
国网福清市供电公司综合检修 QC 小组		
福州市福清公路事业发展中心山下公路站	先进职工小家	省交通运输产业
福清市上迳镇	省老年人健身康乐家园	省体育局、省文明办、省卫健委、省民政厅、省老体协
福清市渔溪镇水头村		
福清市海口镇牛宅村	福建省侨乡文化名镇名村	省委统战部、省住房和城乡建设厅、省文化和旅游厅、省归国华侨联合会
福清市海口镇云光村	福建省森林城镇	省绿化委员会
福清市镜洋镇波兰村	福建省森林村庄	省绿化委员会、省林业局
福清市一都镇后溪村		
福清市一都镇东山村		

福州市级先进集体

福州市五一劳动奖状
福清市财政局
福清市委组织部
福建新福兴玻璃有限公司

福州市“工人先锋号”、“五一先锋号”
福州京东方光电科技有限公司生产管理部
福建捷联电子有限公司制造路板及新型多功能产品部
福耀玻璃工业集团股份有限公司福清汽车玻璃制造八厂
福州江阴建滔化工码头有限公司工程维修班组
福建闽海能源有限公司设备部机修班组
福建省宏港纺织科技有限公司定型部
福州市鸿生建材有限公司元洪站
福州旭福光电科技有限公司制造部
福清市城市管理局玉屏执法中队
福建省星源农牧科技股份有限公司江镜种植团队
福建友谊胶粘带集团有限公司机修班
福清市城头镇村建服务中心
福清市海口镇企业服务中心
福清市镜洋镇河长办
福清华泰鞋业有限公司成型车间
福清市机关事务服务中心综合科
福清龙华职业中专学校实训处
福清市百合小学教务处
福清医院胸痛中心
中国平安财产保险股份有限公司福清中心支公司客服理赔部
福清市住房和城乡建设局镇村建设指导站
国网福建省电力有限公司福清市供电公司渔溪镇供电所
福州市公路局福清分局办公室
福清市公安局刑事侦查大队
中共福清市委政法委员会综治协调科
中国邮政集团公司福建省福清市宏路支局
国家税务局福清市税务局玉屏税务分局
福清市国土局审批科
福清市市场监督管理局审批科

福州市教育工作先进集体
福清第三中学
福清市滨江中学
福建师范大学附属福清德旺中学
福清元洪师范学校附属小学
福清市江镜中心小学
福清市直幼儿园

福州市先进基层党组织
福清市玉屏街道步行街社区总支部委员会
福清市音西街道福百社区
福清市供电公司渔溪镇供电所党支部

福州市五四红旗团（总）支部
福清市供电公司机关团支部

福州市五星党支部
福清市玉屏街道步行街社区离退休支部委员会

福州海事局2019年先进基层党组织
福清海事处党支部

2018年度福州市优秀公安科所队
福清市公安局法制大队
福清市公安局上迳派出所

2018年福州市征兵工作先进单位
福清市上迳镇

福州市审计信息宣传工作先进单位
福清市审计局

福州市计算机审计应用绩效先进单位
福清市审计局

福州市诚信先进单位（2017—2018年度）
福清市妇幼保健院

2019年度福州市最美家庭
林学凤　林辉家庭

福州市十大乡村旅游点
福清市一都镇东山村
福清市一都镇普礼村

福州市2019年“平安农机”示范乡（镇）

福清市海口镇

福州市第四轮第一批平安乡镇（街道）

福清市上迳镇

福清市音西街道

2018年度福州市劳动关系和谐乡镇（街道）

福清市音西街道

福州创业型社区

福清市玉屏街道向高社区

福州市“社区科普标准化建设”社区

福清市龙山街道融东社区

福清市玉屏街道北大社区

福州市“科普助力乡村振兴”试点

福清市东张镇先锋村

福清市海口镇前村村

福州市第九批专家工作站

福建省南湖山茶叶有限公司专家工作站

福清市先进集体

福清市先进基层党组织（40个）

玉屏街道北大社区党委

龙山街道融东社区党委

龙江街道南门社区党支部

音西街道福百社区党支部

宏路街道周店村党支部

石竹街道真丰村党支部

阳下街道高厝村党支部

镜洋镇光荣村党支部

东张镇少林村党支部

一都镇普礼村党支部

渔溪镇渔溪村党支部

上迳镇上迳村党总支部

江阴镇东井村党总支部

新厝镇江兜村党总支部

海口镇石溪村党支部

南岭镇梨洞村党支部

城头镇凤屿村党支部

龙田镇东欧村党支部

江镜镇后地村党支部

港头镇沁塘村党支部

三山镇北陈村党支部

高山镇玉楼村党支部

高山镇薛港村党总支部

市公安局东瀚派出所党支部

沙埔镇江南村党支部

市委宣传部机关党支部

市人社局机关党支部

市商务局党支部

市审计局党支部

市人民法院诉讼服务中心党支部

市行政服务中心党总支部

市园林管理处党支部

福州江阴港城经济区机关党支部

福清市城关小学党支部

福清市实验小学党支部

福清卫生学校党总支部

渔溪镇中心卫生院党支部

国网福建省电力有限公司福清市供电公司渔溪供电所党支部

福建宏宇电子科技有限公司党支部

福清市新福兴玻璃有限公司党支部

2018—2019学年度福清市教育工作先进集体（25个）

福清融城中学

福清元洪高级中学

福清港头中学

福清虞阳中学

福清市华南初级中学

福清市临江初级中学

福清市林厝初级中学

福清市瑞亭小学

福清市百合小学

福清市霞楼小学

福清市玉屏中心小学

福清市宏路中心小学

福清市占泽中心小学

福清市岑兜中心小学

福清市龙田中心小学

福清市高山中心小学

福清市实验幼儿园

福清市百合幼儿园
福清市康辉幼儿园
福清市玉屏中心幼儿园
福清市六一中心幼儿园
福清市龙田中心幼儿园
福建省福清龙华职业中专学校
福清文光学校
福清市玉屏街道文化技术学校

（编辑　陈晔）

机构及负责人

（根据2019年12月市委组织部花名册）

中共福清市委员会

刘卓群　福州市委常委、福清市委书记
张　帆　市委副书记，市政府党组书记、市长
张新怿　市委副书记
陈存枫　市委常委，市政府党组副书记、副市长
陈恒东　市委常委、统战部部长
张是全　市委常委、组织部部长
林　彤　市委常委、宣传部部长
罗明炜　市委常委、纪委书记、监察委主任
徐　东　市委常委，市公安局党委书记、局长、督察长
林峭立　市委常委、政法委书记、市总工会主席
刘建东　市委常委、市人武部政委

福清市人民代表大会常务委员会

林　中　市人大常委会党组书记、主任
俞大军　市人大常委会党组副书记、副主任
朱育平　市人大常委会党组成员、副主任
林鹤志　市人大常委会副主任、民盟主委
蔡和斌　市人大常委会党组成员、副主任候选人
林传金　市人大常委会党组成员、四级调研员

福清市人民政府

张　帆　市委副书记，市政府党组书记、市长
陈存枫　市委常委，市政府党组副书记、副市长
何玉金　市政府党组成员，融侨开发区党工委副书记、管委会主任
高双成　市政府党组成员，福州江阴港城经济区党委书记、管委会主任
林友华　市政府党组成员，福州新区福清功能区党委副书记、管委会常务副主任
潘倘黎　市政府副市长、市工商联主席
刘必建　市政府党组成员、副市长
李文清　市政府党组成员、副市长，闽台（福州）蓝色经济产业园党工委委员、管委会（筹）副主任
施家雄　市政府党组成员、副市长
王言霖　市政府党组成员、副市长
张晓玲　通渭县政府党组成员、副县长，福清市政府党组成员、副市长（挂职）

中国人民政治协商会议福清市委员会

翁芳明　市政协党组书记、主席
陈　生　市政协党组副书记、副主席
吴华云　市政协副主席
何德信　市政协党组成员、副主席，计生协会会长（兼）
张忠康　市政协党组成员、三级调研员，市残联理事长（兼）

福清市人民法院

李　杰　市人民法院党组书记、院长
林立新　法院党组成员、副院长
郑承武　法院党组成员、副院长
陈　敏　法院党组成员、副院长
邵　东　法院党组副书记、政治处主任
陈杰鸣　法院党组成员、审判委员会专职委员
翁为民　法院党组成员、审判委员会专职委员
林　榕　法院党组成员、纪委监委驻法院纪检监察组组长
陈永华　法院党组成员、副院长

福清市人民检察院

陈　平　市人民检察院党组书记、检察长
何明忠　检察院党组副书记、副检察长
钟绍杭　检察院党组成员、副检察长
夏巧平　检察院党组成员、副检察长
蔡风平　检察院党组成员、副检察长
刘道全　检察院党组成员、政治处主任
吴晨曦　检察院党组成员、纪委监委驻检察院纪检监察组组长
王雪松　检察院党组成员、第一检察部主任

四大工业园区

融侨开发区党工委、管委会

何玉金　市政府党组成员，融侨开发区党工委副书记、管委会主任
曹祝军　融侨开发区党工委书记
颜美春　融侨开发区党工委委员、管委会副主任
施如星　融侨开发区党工委委员、管委会副主任
林　捷　融侨开发区党工委委员、管委会副主任
王明云　融侨开发区党工委委员、纪工委书记
严　凯　融侨开发区党工委委员、管委会副主任
倪朝兵　融侨开发区管委会四级调研员

福州新区福清功能区党委、管委会

张　帆　福清市委副书记，市政府党组书记、市长，福州新区福清功能区管委会主任（兼）
林友华　福清市政府党组成员，福州新区福清功能区党委副书记、管委会常务副主任
陈　嘉　福州新区福清功能区管委会二级调研员、企业党委书记（兼）
庄瑞顺　福州新区福清功能区党委委员，东阁华侨农场党委副书记、场长
项箴雄　福州新区福清功能区党委委员、管委会副主任
黄　侠　福州新区福清功能区党委委员、管委会副主任
杨　林　福州新区福清功能区党委委员、管委会副主任

福州江阴港城经济区党委、管委会（自贸区福州片区管委会（福州保税港区管委会）保税港区办事处）

高双成　市政府党组成员，福州江阴港城经济区党委书记、管委会主任
林云明　福州江阴港城经济区管委会二级调研员
王　啸　福州江阴港城经济区党委委员管委会副主任
曾台曦　福州江阴港城经济区党委委员管委会副主任，自贸区福州片区管委会保税港区办事处主任
俞　萍　福州江阴港城经济区管委会四级调研员、企业党委书记（兼）
吴云锦　福州江阴港城经济区管委会四级调研员

闽台（福州）蓝色经济产业园党工委、管委会

张新怿　市委副书记，闽台（福州）蓝色经济产业园党工委书记、管委会（筹）主任（兼）
李文清　市政府党组成员、副市长，闽台（福州）蓝色经济产业园党工委委员、管委会(筹)副主任(兼)
吴忠东　闽台（福州）蓝色经济产业园党工委委员、管委会（筹）副主任，福清江镜华侨农场党委书记
高　勇　闽台（福州）蓝色经济产业园党工委委员、管委会（筹）副主任（兼），福清江镜华侨农场党委副书记、场长

中共福清市委工作部门及办事机构

福清市纪律检查委员会（与市监察委员会合署办公）

罗明炜　市委常委、纪委书记、监察委主任
郑　云　纪委副书记、监察委副主任
魏凡一　纪委常委、监察委委员
林恩云　纪委常委
王朝辉　纪委常委、监察委委员
陈　芳　纪委常委
李　林　监察委委员
何尚贵　监察委委员

市委办公室（挂机要局、保密委员会办公室、政策研究室、市档案局）

林万焰　市委办室务会议召集人、主任
林道恺　市委办室务会议成员、副主任，市档案局局长（兼）
林明辉　纪委监委驻市委办纪检监察组长、市委办室务会议成员
李丰均　市委办室务会议成员、副主任，保密办主任（兼）
林　敏　市委办室务会议成员、副主任，政研室主任，机要局局长（兼）
毛水清　市委办室务会议成员、副主任
许雪兰　市委办室务会议成员

市委组织部（挂非公有制企业和社会组织工作委员会、市公务员局）

张是全　市委常委、组织部部长
林　强　组织部部务会议成员、副部长
林开茂　组织部部务会议成员、副部长，市公务员局局长（兼）
俞培武　组织部部务会议成员、副部长（兼），市委老干局局长
严　瑞　组织部部务会议成员、非公企业和社会组织工委书记
俞淑平　组织部部务会议成员、干部监督室主任
薛　健　组织部部务会议成员、干部科科长
林秋灵　组织部部务会议成员、组织科科长
王育腾　组织部部务会议成员、公务员管理科科长

市委宣传部（挂市新闻出版局）

林　彤　市委常委，宣传部部务会议召集人、部长
林珠美　宣传部部务会议成员、常务副部长，文联主席（兼）
翁　波　宣传部部务会议成员、副部长，市新闻出版局局长（兼）
李述豪　宣传部部务会议成员、副部长（兼），文明办主任
吴承云　宣传部部务会议成员（兼），市文化体育和旅游局党组书记、局长

市委统一战线工作部（挂市民族与宗教事务局、市政府侨务办公室）

陈恒东　市委常委，统战部部务会议召集人、部长
何文金　统战部部务会议成员、常务副部长
陈成龙　统战部部务会议成员、副部长
薛来庭　统战部部务会议成员、副部长
陈孝频　统战部部务会议成员、副部长，市民族与宗教事务局局长（兼）

市委政法委员会

林峭立　市委常委，政法委委务会召集人、书记
徐　东　市委常委，政法委委务会成员、副书记（兼），市公安局党委书记、局长、督察长
林建忠　政法委委务会成员、常务副书记
唐英俊　政法委委务会成员、副书记
叶珠云　政法委委务会议成员、政治处主任
陈　萍　政法委委务会议成员
陈明强　政法委委务会议成员

市委市直机关工作委员会

张是全　市委常委、组织部部长，市直机关党工委书记
陈曙辉　市直机关党工委常务副书记
吴绪贵　市直机关党工委副书记、纪工委书记
林海勇　市直机关党工委委员
林立芳　市直机关党工委委员
郑　斌　市直机关党工委委员

市委巡察办

陈　平　市委巡察工作领导小组办公室主任
何心平　市委巡察工作领导小组办公室副主任

市委机构编制委员会办公室

陈兴恩　编办室务会议成员召集人、主任
林　霞　编办室务会议成员、副主任
夏　雯　编办室务会议成员

市委台港澳工作办公室（挂市政府台港澳工作办公室）

吴宝明　台港澳办室务会议成员召集人、主任
王育和　台港澳办室务会议成员
张　勤　台港澳办室务会议成员、副主任
陈晓娟　台港澳办室务会议成员、副主任
章守忠　台港澳办室务会议成员、副主任

市委老干部局（挂离退休干部工作委员会）

俞培武　组织部副部长（兼）、老干部局局长，市委离退休干部工委书记（兼）
吴碧芳　老干部局副局长，市委离退休干部工委委员（兼）
林洪恩　老干部局副局长，市委离退休干部工委委员（兼）
林　菁　老干部局副局长，市委离退休干部工委委员（兼）

市委精神文明建设办公室（挂市委精神文明指导委员会办公室）

李述豪　宣传部副部长（兼）、文明办主任
林　肖　文明办副主任

市档案馆

林道恺　市委办副主任，档案馆（局）馆长（兼）
林　勇　档案馆副馆长

市委党史和地方志研究室

高居华　党史和地方志研究室主任

翁箭峰　党史和地方志研究室副主任

陈国洪　党史和地方志研究室副主任

市委党校

张是全　市委常委、组织部长，党校校委会委员、校长

潘兴忠　党校校委会委员、党校常务副校长

黄金煌　党校校委会委员、党校副校长

林继壮　党校校委会委员、党校副校长

郑江华　党校校委会委员

经济管理干部学院

郑　英　市委党校校委会委员、经济管理干部学院专职副院长

市关心下一代工作委员会

张是全　市委常委、组织部部长，关工委主任

王基和　关工委秘书长

福清市人大常委会工作机构

市人大常委会办公室

张在恩　人大常委会党组成员、办公室主任

陈婷婷　人大常委会办公室副主任

黄东东　人大常委会信访局局长、办公室副主任（兼）

市人大常委会人事代表工作委员会

卓金钗　人大人事代表工作委员会主任

市人大常委会农村经济工作委员会

林　平　人大农村经济工作委员会主任

市人大常委会华侨工作委员会（台胞工作委员会）

翁章斌　人大华侨工作委员会（台胞工作委员会）主任

市人大常委会财政经济工作委员会

林宜华　人大财政经济工作委员会主任

市人大常委会教科文卫工作委员会

张在铁　人大教科文卫工作委员会主任

市人大常委会城建环境工作委员会

周忠平　人大城建环境工作委员会主任

俞章龙　人大常委会专职委员

福清市人民政府工作部门

市政府办公室（挂人民防空办公室、市外事办公室、市金融工作办公室）

薛　辉　市政府党组成员，市府办党组书记、主任，效能办主任

陈小华　市府办党组成员、副主任，人防办主任（兼），效能办副主任（兼）

王荣福　市府办党组成员、副主任（兼），市政府信访局党组书记、局长

陈齐焰　纪委监委驻市府办纪检监察组组长、市府办党组成员

陈荔莉　市府办党组成员、副主任

曾　凤　市府办党组成员、副主任

王贻术　市府办党组成员、副主任

高　艳　市府办党组成员、副主任，外事办主任（兼）

林银康　市府办党组成员、副主任

市发展和改革局（挂市粮食和物资储备局、市科学技术局、市大数据管理局）

张明星　发展和改革局党组书记、局长

张友忠　纪委监委驻发展和改革局纪检监察组组长、发展和改革局党组成员

吴绍平　发展和改革局党组成员

林启泉　发展和改革局党组成员、副局长

陈传辉　发展和改革局党组成员、副局长，粮食和物资储备局局长（兼）

钟金煌　发展和改革局副局长

林剑锋　发展和改革局党组成员、总经济师，大数据管理局局长（兼）

重点项目服务中心

黄仲伟　重点项目服务中心主任

市工业和信息化局

郭芳辉　工业和信息化局党组书记、局长

张顺贵　工业和信息化局党组成员、副局长

黄茂桐　工业和信息化局党组成员、副局长

吴选安　工业和信息化局党组成员、总工程师
黄仕杰　纪委监委驻工业和信息化局纪检监察组组长、工业和信息化局党组成员
郑文木　工业和信息化局党组成员

市住房和城乡建设局

郑卫东　住房和城乡建设局党组书记、局长
张　强　住房和城乡建设局党组成员、副局长
陈巧明　纪委监委驻住房和城乡建设局纪检监察组组长、住房和城乡建设局党组成员
陈华松　住房和城乡建设局党组成员、总工程师

住房保障和房产管理所

叶贻瑞　住房保障和房产管理所所长

市交通运输局（交战办）

林　忠　交通运输局党组书记、局长，交战办主任（兼）
黄金速　交通运输局党组副书记、副局长
周祖群　交通运输局党组成员、总工程师
韩　亮　交通运输局党组成员、副局长
赵国栋　交通运输局党组成员、副局长（兼），市邮政管理局副局长

运输服务中心

叶修姜　运输管理所所长

交通运输综合执法大队

陈邦云　交通运输综合执法大队教导员

市卫生健康局

陈乃辉　卫生健康局党组书记、局长，爱卫办主任（兼）
林秀云　卫生健康局党组成员、副局长
黄尚元　卫生健康局党组成员、副局长
林　毅　纪委监委驻卫生健康局纪检监察组组长、卫生健康局党组成员
吴娟红　卫生健康局党组成员、副局长
张宏峰　卫生健康局党组成员、副局长
陈珠美　卫生健康局党组成员、副局长
何　飞　卫生健康局副局长

卫生计生监督所

林文辉　卫生计生监督所所长

疾病预防控制中心

许志达　疾病预防控制中心主任

福清市卫生职工中等专业学校

林　胜　福清市卫职校校长

市教育局（教育工委）

王豪杰　教育工委书记，教育局党组书记、局长
陈乐平　纪委监委驻教育局纪检监察组组长、教育局党组成员
张玲玲　教育工委委员，教育局党组成员、副局长
翁荣忠　教育工委委员，教育局党组成员、副局长
陈躬亮　教育工委委员，教育局党组成员
游孙瑛　教育工委委员（兼），教师进修学校党支部书记、校长
林　梅　教育工委委员、教育局党组成员

市教师进修学校

游孙瑛　教育工委委员（兼），教师进修校党支部书记、校长
林春华　教师进修校副校长
鲍瑞强　教师进修校副校长

市公安局

徐　东　市公安局党委书记、局长、督察长
陈明忠　公安局党委副书记、政委
林　斌　公安局党委委员、副局长
吕贤辉　公安局党委委员、政工室主任
卢　斌　公安局党委委员、副局长
王为忠　公安局党委委员、副局长，打击办主任（兼）
陈奋翔　公安局党委委员、副局长
郑松林　公安局党委委员、指挥中心主任
林　武　纪委监委驻公安局纪检监察组组长、公安局党委委员

公安局森林分局

翁建福　森林公安分局局长

市民政局

陈铁士　民政局党组书记、局长
林　玲　民政局党组成员、副局长
林民旋　民政局党组成员、副局长

市司法局

姚仲亮　司法局党组书记、局长
秦能峰　司法局党组副书记
王丽钦　纪委监委驻司法局纪检监察组组长、司法局党组成员
林伯庆　司法局党组成员
邱武杰　司法局党组成员、副局长
陈丽芳　司法局党组成员、副局长
林　寰　司法局党组成员、政治处主任
吴　勇　司法局党组成员、玉屏司法所所长

市财政局

叶　云　财政局党组书记、局长
林　晨　财政局党组副书记、副局长
陈立锦　财政局党组成员、副局长
周尔霖　财政局党组成员、副局长
林妙云　财政局党组成员、总会计师
严义安　财政局党组成员
薛守荣　财政局党组成员

市人力资源和社会保障局

翁焰春　人力资源和社会保障局党组书记、局长
蔡仁寿　人力资源和社会保障局党组成员、副局长
林　茂　人力资源和社会保障局党组成员、副局长
刘克育　人力资源和社会保障局党组成员

机关社保中心

王命善　机关社保中心主任

市自然资源和规划局（挂市林业局）

张　晓　自然资源和规划局局长、林业局局长（兼）
魏名根　自然资源和规划局党组书记、副局长
庄　强　自然资源和规划局党组成员、副局长
廖信爱　自然资源和规划局党组成员、副局长
林　曦　自然资源和规划局党组成员、副局长
何华荣　自然资源和规划局党组成员、副局长
林平贵　自然资源和规划局党组成员、总规划师
王齐亮　自然资源和规划局党组成员
陈枝河　自然资源和规划局党组成员

国土资源监察大队

俞道平　国土资源监察大队大队长
郑灼金　国土资源监察大队教导员

不动产登记和交易中心

何　明　不动产登记和交易中心主任

市城市管理局

庄瑞华　城市管理局党组书记、局长
陈海平　城市管理局党组副书记
孟宪全　城市管理局党组成员、副局长
林万清　城市管理局党组成员、副局长

环境卫生管理处

俞宏武　环卫处主任

市应急管理局

李　健　应急管理局党组书记、局长
林绍凯　应急管理局党组成员、副局长
林国云　应急管理局党组成员、副局长
翁喜旺　应急管理局党组成员、副局长
林宏强　应急管理局党组成员、总工程师

应急管理局江阴分局

俞宏峰　应急管理局江阴分局局长

市农业农村局（挂市海洋与渔业局、市扶贫开发领导小组办公室、市委实施乡村振兴战略领导小组办公室）

刘华涌　农业农村局党组副书记、局长，扶贫开发办主任（兼）
陈　灵　农业农村局党组书记、副局长
郑学标　农业农村局党组成员、副局长
郭进程　纪委监委驻农业农村局纪检监察组组长、农业农村局党组成员
林肖龙　农业农村局党组成员、副局长
俞云平　农业农村局党组成员、副局长
施信英　农业农村局党组成员、副局长
林晓航　农业农村局党组成员、副局长
陈孔茂　农业农村局总工程师，海洋与渔业局局长（兼）
曾　鹏　农业农村局党组成员，农机管理站站长

现代农业发展中心

陈　彬　现代农业发展中心主任

农业综合执法大队

陈崇梅　农业综合执法大队教导员

市水利局

林爱光　水利局党组书记、局长
倪华光　水利局党组成员、副局长
张乃清　水利局党组成员、总工程师
刘华俊　水利局党组成员

水电站库区移民中心

姚吓华　水电站库区移民中心主任

市商务局（市投资促进局、支前办、口岸办）

林　文　商务局党组书记、局长，支前办主任（兼）
陈金福　商务局党组成员、副局长
吴定飞　纪委监委驻商务局纪检监察组组长、商务局党组成员
杨后特　商务局党组成员
陈克飞　商务局党组成员、副局长
林　松　商务局党组成员、副局长，投资促进局局长（兼）

市场监督管理局（挂市知识产权局）

林家昌　市场监督管理局党组书记、局长
俞振朝　市场监督管理局党组成员、副局长，市知识产权局局长（兼）
林斯斌　市场监督管理局党组成员、副局长
任　捷　市场监督管理局党组成员、副局长
项　冰　市场监督管理局党组成员、副局长
翁荣强　市场监督管理局党组成员、副局长
王祖珍　市场监督管理局党组成员
林　娟　市场监督管理局党组成员
翁宗霖　市场监督管理局党组成员
魏　文　市场监督管理局党组成员
王廷琛　市场监督管理局党组成员、食品药品总监
陈闻鹃　市场监督管理局党组成员、质量技术总监

市场监督管理综合执法大队

张代平　市场监督管理综合执法大队监管专员

市文化体育和旅游局

吴承云　宣传部部务会议成员（兼），文化体育和旅游局党组书记、局长
卢　锦　文化体育和旅游局党组成员、市旅游事业发展中心主任
林向晖　文化体育和旅游局党组成员、市广播电视发展中心主任，广播电视局局长（兼）
吴章朝　文化体育和旅游局党组成员、副局长
林绍龙　文化体育和旅游局党组成员、副局长
林国祥　文化体育和旅游局党组成员、副局长
陈　苗　文化体育和旅游局党组成员、文化市场综合执法大队大队长

文化市场综合执法大队

陈　苗　文化体育和旅游局党组成员、文化市场综合执法大队大队长
杨　龙　文化市场综合执法大队教导员

市退役军人事务局（挂市双拥共建工作领导小组办公室）

林发光　退役军人事务局党组书记、局长，双拥办主任（兼）
陈　强　退役军人事务局党组成员、副局长
陈宝荣　退役军人事务局党组成员

市审计局

张儒珍　审计局党组书记、局长
何希弼　审计局党组成员
陈在生　审计局副局长
林明福　审计局党组成员、副局长
项国标　审计局党组成员、总审计师

市统计局

吴章明　统计局局长
杨锦嵩　统计局党组书记
张君明　统计局党组副书记
薛行福　统计局党组成员、副局长
庄　志　统计局党组成员、总统计师

市政府信访局（市委信访局）

王荣福　市政府办党组成员、副主任（兼），市政府信访局党组书记、局长，市委信访局局长（兼）
林光增　市政府信访局党组成员、副局长，市委信访局副局长（兼）
陈书桐　市政府信访局党组成员、副局长，市委信访局副局长（兼）

杨秋英　市政府信访局党组成员、副局长，市委信访局副局长（兼）

福清台湾农民创业园管委会

黄传华　台湾农民创业园管委会主任

叶永桐　台湾农民创业园管委会副主任

市行政服务中心管委会

林　曦　行政服务中心管委会党组书记

陈冠宏　行政服务中心管委会党组成员、主任

李文英　行政服务中心管委会党组成员、副主任

福清市政协工作机构

市政协办公室

李晓凌　政协党组成员、办公室主任、政协秘书长（兼）

市政协提案委员会

严宝茂　政协提案委员会主任

陈剑啸　政协提案委员会副主任

市政协教科卫体委员会

吴云斌　政协教科卫体委员会主任

市政协港澳台侨和外事委员会

陈为清　政协港澳台侨和外事委员会主任

市政协社会法制和民族宗教委员会

林建飞　政协社会法制和民族宗教委员会主任

市政协经济建设委员会

王征玉　政协经济建设委员会主任

市政协文化文史和学习委员会

林义淦　政协文化文史和学习委员会主任

唐支辉　市政协专职常委

林文国　市政协专职常委

李于探　市政协专职常委

施章龙　市政协专职常委

关　飞　市政协专职常委

陈国华　市政协专职常委

陈声龙　市政协常委

市直其他副科级以上单位

市广播电视发展中心

林向晖　文化体育和旅游局党组成员，广播电视发展中心主任

薛天西　广播电视发展中心副主任

黄祖胜　广播电视发展中心副主任

市广播电视台

方仁平　广播电视台台长

市旅游事业发展中心

卢　锦　文化体育和旅游局党组成员，旅游事业发展中心主任

陈绍坤　旅游事业发展中心副主任

蔡　忠　旅游服务中心副主任

市机关事务服务中心

林　兴　机关事务服务中心主任

林群芳　机关事务服务中心副主任

陈存清　机关事务服务中心副主任

市土地发展中心

金仁雄　土地发展中心主任

郭弈银　土地发展中心副主任

林文建　土地发展中心副主任

严建文　土地发展中心副主任

市“智慧福清”管理服务中心

王赞文　智慧福清管理服务中心主任

陈遵勇　智慧福清管理服务中心副主任

陈　波　智慧福清管理服务中心副主任

市园林管理处

何翰芳　园林管理处主任

卢　华　园林管理处副主任

市侨乡报社

吴凌峰　侨乡报社总编辑

钟　鹰　侨乡报社副总编辑

周小扬　侨乡报社副总编辑
陈晓明　侨乡报社副总编辑

市防震减灾中心

薛祥武　防震减灾中心主任

市供销合作社联合社

翁　力　供销合作社联合社主任
刘凯文　供销合作社联合社副主任
林远青　供销合作社联合社副主任

市城镇集体工业联合社

陈孙华　城镇集体工业联合社主任
游建忠　城镇集体工业联合社副主任
何宗华　城镇集体工业联合社副主任

市商业总公司

游行勇　商业总公司总经理
倪青峰　商业总公司副总经理
金玉华　商业总公司副总经理

国有资产管理中心

魏国安　国有资产管理中心主任
陈躬婷　国有资产管理中心副主任
陈以国　国有资产管理中心副主任

市农业机械化中心

曾　鹏　市农业农村局党组成员、农业机械管理站站长

福州新区福清功能区综合服务中心

刘云忠　福州新区福清功能区综合服务中心主任
赖庆明　福州新区福清功能区综合服务中心副主任
陈祖钦　福州新区福清功能区综合服务中心副主任

福州新区福清功能区投资促进中心

张振明　福州新区福清功能区投资促进中心副主任

福州江阴港城经济区综合服务中心

唐　龙　福州江阴港城经济区综合服务中心主任
陈　耀　福州江阴港城经济区综合服务中心副主任
黄少毅　福州江阴港城经济区综合服务中心副主任

福州江阴港城经济区投资促进中心

林　敏　福州江阴港城经济区投资促进中心主任
陈　航　福州江阴港城经济区投资促进中心副主任

福州市江阴化工应急救援中心

王承刚　福州市江阴化工应急救援中心主任
余　强　福州市江阴化工应急救援中心副主任

蓝色经济产业园综合服务中心

何文惠　福清市蓝色经济产业园综合服务中心主任

市城投建设投资集团有限公司

刘云忠　城建投资控股有限公司党支部书记、董事长
李孙坡　城建投资控股有限公司总经理
陈立文　城建投资控股有限公司监事会主席

市国有资产营运投资有限公司

陈立文　福清市国有资产营运投资有限公司董事长、福清市城建投资控股有限公司监事会主席
林　娜　福清市国有资产营运投资有限公司总经理
陈仁义　福清市国有资产营运投资有限公司监事长

市交通建设投资有限公司

陈心力　福清市交通建设投资有限公司总经理

火车站片区综合管理处

林忠强　火车站片区综合管理处主任

人民团体、群众团体机构

福清市总工会

林峭立　市委常委、政法委书记，总工会主席
黄晨莺　总工会党组书记、常务副主席
王　平　总工会党组成员、副主席
林　捷　总工会党组成员、副主席

共青团福清市委员会（青联）

陈　曦　团市委书记、市青年联合会主席
林晨珊　团市委副书记、市青年联合会副主席
吴思义　团市委副书记、市青年联合会副主席

福清市妇女联合会

郑凌燕　妇联党组书记、主席
邱翠秀　妇联党组成员、副主席
林爱珠　妇联党组成员、副主席

福清市科学技术协会

吴贻建　科协党组书记、主席
余明华　科协党组成员、副主席
陈　辉　科协党组成员、副主席

福清市归国华侨联合会

陈秋华　侨联党组书记、主席
曹铭安　侨联副主席、致公党福清市委主委
林　群　侨联党组成员、副主席

福清市文学艺术界联合会

林珠美　市委宣传部常务副部长、文联主席（兼）
高迎霞　文联副主席

福清市社会科学界联合会

任　星　社科联主席
林民湧　社科联副主席

福清市残疾人联合会

张忠康　市政协党组成员、残联理事长（兼）
郭进蔼　残联副理事长

福清市红十字会

林修敏　红十字会专职副会长

福清市计划生育协会

吴家平　计生协会副会长兼秘书长

中国国际贸易促进会福清市委员会（中国国际商会福清商会）

张德顺　贸易促进会会长、商会会长
林德庸　贸易促进会副会长、商会副会长

民主党派和工商联

民盟福清市委会

林鹤志　人大常委会副主任、民盟主委

农工党福清市委会

唐伟波　农工党专职副主委

致公党福清市委会

曹铭安　侨联副主席、致公党福清市委主委
陈同云　致公党专职副主委

九三学社福清市委会

陈　敏　九三学社专职副主委

福清市工商业联合会（商会）

潘俏黎　市政府副市长、市工商联（商会）主席（会长）（兼）

农场、水系联排联调中心

东阁华侨农场

庄瑞顺　东阁华侨农场党委副书记、场长，福州新区福清功能区党委委员
梁平凡　东阁华侨农场党委委员、纪委书记
黄群忠　东阁华侨农场党委委员、副场长
余　毅　东阁华侨农场党委委员、副场长
陈忠泽　东阁华侨农场党委委员、副场长

江镜华侨农场

吴忠东　江镜华侨农场党委书记，闽台（福州）蓝色经济产业园党工委委员、管委会（筹）副主任
高　勇　江镜华侨农场党委副书记、场长，闽台（福州）蓝色经济产业园党工委委员、管委会（筹）副主任（兼）
林其瑞　江镜华侨农场党委委员、纪委书记
李章桂　江镜华侨农场副场长

水系联排联调中心

陈德捷　水系联排联调中心党委副书记、主任
翁培龙　水系联排联调中心党委书记
林云金　水系联排联调中心党委委员、副主任
黄流明　水系联排联调中心党委委员、副主任
倪时锦　水系联排联调中心党委委员、副主任
陈　生　水系联排联调中心党委委员、副主任
陈乃惠　水系联排联调中心党委委员、副主任
何玉弟　水系联排联调中心党委委员、副主任

吴明耀　水系联排联调中心党委委员、副主任
林世贵　水系联排联调中心党委委员、副主任
林发忠　水系联排联调中心党委委员、总工程师

各镇、街

玉屏街道

陈孙富　玉屏街道党工委书记
叶　锋　玉屏街道党工委副书记、办事处主任
兰建钦　玉屏街道人大工委主任
林忠平　玉屏街道党工委副书记
陈松林　玉屏街道党工委综治副书记（挂职）、政法委员
许　星　玉屏街道党工委委员、纪工委书记，市监委玉屏街道监察组组长（兼）
陈兴龙　玉屏街道党工委委员、办事处副主任
陈　森　玉屏街道党工委组织委员
施小鸿　玉屏街道党工委宣传统战委员
倪白琴　玉屏街道办事处副主任
陈　琦　玉屏街道办事处副主任

龙山街道

林亦同　龙山街道党工委书记
薛　峰　龙山街道党工委副书记、办事处主任
张　敏　龙山街道人大工委主任
张　凌　龙山街道党工委副书记
林　强　龙山街道党工委综治副书记（挂职）
薛秀清　龙山街道党工委委员、纪工委书记，市监委龙山街道监察组组长（兼）
林秉芳　龙山街道党工委委员、办事处副主任
林国营　龙山街道党工委委员、办事处副主任
陈　慧　龙山街道党工委组织委员
江　亮　龙山街道党工委宣传统战委员
周遵庆　龙山街道党工委委员、武装部部长
焦丽云　龙山街道办事处副主任
颜发福　龙山街道办事处副主任

龙江街道

林爱炎　龙江街道党工委书记
王天珠　龙江街道党工委副书记、办事处主任
游　密　龙江街道人大工委主任
林先锋　龙江街道党工委综治副书记（挂职）、政法委员
林厚如　龙江街道党工委委员、纪工委书记，市监委龙江街道监察组组长（兼）
陈躬捷　龙江街道党工委委员、办事处副主任
倪秉兴　龙江街道党工委委员、办事处副主任
林友仁　龙江街道党工委组织委员
吴笃强　龙江街道党工委宣传统战委员
陈　炜　龙江街道党工委委员、武装部部长
施志强　龙江街道办事处副主任
方　南　龙江街道办事处副主任

音西街道

莫开奇　音西街道党工委书记
郑　锋　音西街道党工委副书记、办事处主任
何　航　音西街道人大工委主任
游　城　音西街道党工委副书记
卢克坚　音西街道党工委副书记
王峰华　音西街道党工委委员、纪工委书记，市监委音西街道监察组组长（兼）
纪家义　音西街道党工委委员、办事处副主任
庄小花　音西街道党工委组织委员
刘大燕　音西街道党工委宣传统战委员
吴　晶　音西街道党工委委员、武装部部长
严萍英　音西街道办事处副主任

宏路街道

魏宏武　宏路街道党工委书记
陈建明　宏路街道党工委副书记、办事处主任
陈灿东　宏路街道人大工委主任
王晨楠　宏路街道党工委副书记
李　昕　宏路街道党工委综治副书记（挂职）、政法委员
郭上勇　宏路街道党工委委员、办事处副主任
张　晖　宏路街道党工委组织委员
李振霞　宏路街道党工委宣传统战委员
何清建　宏路街道党工委委员、武装部部长
翁其辉　宏路街道办事处副主任
林太阳　宏路街道办事处副主任

石竹街道

薛书慧　石竹街道党工委书记
陈茂华　石竹街道党工委副书记、办事处主任
陈　静　石竹街道人大工委主任
刘德海　石竹街道党工委副书记
赖云华　石竹街道党工委综治副书记（挂职）、政法委员

卢瑞敏　石竹街道党工委委员、纪工委书记，市监委石竹街道监察组组长（兼）
郑雅琴　石竹街道党工委委员、办事处副主任
何闽军　石竹街道党工委委员、办事处副主任
林　芝　石竹街道党工委组织委员
杨德华　石竹街道党工委宣传统战委员
谢平森　石竹街道党工委委员、武装部部长
周　辉　石竹街道办事处副主任
陈　健　石竹街道办事处副主任

阳下街道

王继强　阳下街道党工委书记
陈凌峰　阳下街道党工委副书记、办事处主任
陈可义　阳下街道人大工委主任
张启杨　阳下街道党工委副书记
何善雄　阳下街道党工委综治副书记（挂职）、政法委员
叶天顺　阳下街道党工委委员、纪工委书记，市监委阳下街道监察组组长（兼）
刘常煜　阳下街道党工委委员、办事处副主任
陈　钰　阳下街道党工委组织委员
陈　森　阳下街道党工委宣传统战委员
方秉庭　阳下街道党工委委员、武装部部长
林祥兴　阳下街道办事处副主任
高艳凌　阳下街道办事处副主任

镜洋镇

林　松　镜洋镇党委书记
陈　春　镜洋镇党委副书记、镇长
陈孔星　镜洋镇人大主席
肖文华　镜洋镇党委综治副书记（挂职）、政法委员
庄春联　镜洋镇党委委员、纪委书记，市监委镜洋镇监察组组长（兼）
严娟云　镜洋镇党委委员、副镇长
游天官　镜洋镇党委委员、副镇长
林建新　镜洋镇党委组织委员
王　潮　镜洋镇党委宣传统战委员
张国平　镜洋镇党委委员、武装部部长
严良仁　镜洋镇副镇长

东张镇

陈文辉　东张镇党委书记
何育航　东张镇党委副书记、镇长
陈　芳　东张镇人大主席
林　良　东张镇党委综治副书记（挂职）、政法委员
林建新　东张镇党委委员、副镇长
严金辉　东张镇党委组织委员
严孟亮　镜洋镇党委宣传统战委员
陈霄寅　东张镇党委委员、武装部部长
郑文法　东张镇副镇长

一都镇

林雪枫　一都镇党委书记
俞　强　一都镇党委副书记、镇长
陈钦明　一都镇人大主席
陈培明　一都镇党委副书记
陈　晖　一都镇党委综治副书记（挂职）、政法委员
江金华　一都镇党委委员、纪委书记，市监委一都镇监察组组长（兼）
张振云　一都镇党委委员、副镇长
吴梦菲　一都镇党委组织委员
陈　强　一都镇党委委员、武装部部长
何道松　一都镇副镇长

渔溪镇

高居贵　渔溪镇党委书记
黄　芸　渔溪镇党委副书记、镇长
陈　航　渔溪镇人大主席
薛　斌　渔溪镇党委副书记
翁洪彬　渔溪镇党委综治副书记（挂职）、政法委员
魏金宝　渔溪镇党委委员、纪委书记，市监委渔溪镇监察组组长（兼）
翁金丁　渔溪镇党委委员、副镇长
俞美瑞　渔溪镇党委委员、副镇长
郭联洪　渔溪镇党委组织委员
谢其权　渔溪镇党委宣传统战委员
何　升　渔溪镇党委委员、武装部部长
蔡建平　渔溪镇副镇长

上迳镇

林正雄　上迳镇党委书记
翁昭康　上迳镇党委副书记、镇长
王朝明　上迳镇人大主席
董至权　上迳镇党委副书记
何传勤　上迳镇党委综治副书记（挂职）、政法委员
姚月云　上迳镇党委委员、纪委书记，市监委上迳镇监察组组长（兼）

杨　星　上迳镇党委宣传统战委员
唐才玉　上迳镇党委委员、副镇长
陈　阵　上迳镇党委委员、副镇长
方炳恒　上迳镇党委组织委员
陈栋伟　上迳镇党委委员、武装部部长
吴玉平　上迳镇副镇长

江阴镇

叶向阳　江阴镇党委书记
方贤伟　江阴镇党委副书记、镇长
钟文恒　江阴镇党委副书记
陈锦清　江阴镇党委综治副书记（挂职）、政法委员
黄顺发　江阴镇党委委员、纪委书记，市监委江阴镇监察组组长（兼）
魏昌评　江阴镇党委委员、副镇长
吴晓钦　江阴镇党委委员、副镇长
马声凤　江阴镇党委组织委员
陈　平　江阴镇党委委员、武装部部长
翁学勇　江阴镇副镇长

新厝镇

薛坤和　新厝镇党委书记
林儒明　新厝镇党委副书记、镇长
俞守清　新厝镇人大主席
张宏志　新厝镇党委副书记
陈　敏　新厝镇党委综治副书记（挂职）、政法委员
庄小红　新厝镇党委委员、纪委书记，市监委新厝镇监察组（兼）
但吉彬　新厝镇党委委员、副镇长
张如亮　新厝镇党委委员、副镇长
陈　堃　新厝镇党委组织委员
陈春利　新厝镇党委宣传统战委员
林英鹏　新厝镇党委委员、武装部长
陈　锋　新厝镇副镇长

海口镇

陈立泉　海口镇党委书记
张建文　海口镇党委副书记、镇长
王美贵　海口镇人大主席
俞　清　海口镇党委副书记
施友浩　海口镇党委综治副书记（挂职）、政法委员
吕吓强　海口镇党委委员、纪委书记，市监委海口镇监察组组长（兼）
刘信强　海口镇党委委员、副镇长
陈章寿　海口镇党委委员、副镇长
张小清　海口镇党委组织委员
林赤群　海口镇党委宣传统战委员
林友斌　海口镇党委委员、武装部部长
陈小春　海口镇副镇长

南岭镇

陈雄华　南岭镇党委书记
方德安　南岭镇人大主席
程天俊　南岭镇党委委员、纪委书记，市监委南岭镇监察组组长（兼）
陈　宇　南岭镇党委委员、副镇长
林　俊　南岭镇党委组织宣传统战委员
刘高生　南岭镇党委委员、武装部部长
徐增坊　南岭镇副镇长

城头镇

陈　铄　城头镇党委副书记、镇长
陈起水　城头镇人大主席
陈木兴　城头镇党委综治副书记（挂职）、政法委员
杨凤龙　城头镇党委委员、纪委书记，市监委城头镇监察组组长（兼）
吴河琳　城头镇党委委员、副镇长
陈　亮　城头镇党委委员、副镇长
谢加兴　城头镇党委组织委员
倪秉良　城头镇党委宣传统战委员
郑祯金　城头镇党委委员、武装部部长
王为平　城头镇副镇长

龙田镇

林传烜　龙田镇党委书记
陈克才　龙田镇党委副书记、镇长
何　俨　龙田镇人大主席
詹传敏　龙田镇党委副书记
严　章　龙田镇党委综治副书记（挂职）、政法委员
王桂才　龙田镇党委委员、纪委书记，市监委龙田镇监察组组长（兼）
陈　志　龙田镇党委委员、副镇长
杨　强　龙田镇党委委员、副镇长
吴蔡平　龙田镇党委组织委员
薛行明　龙田镇党委委员、武装部部长
何钦辉　龙田镇人大副主席

倪月辉　龙田镇副镇长

江镜镇

邱华焰　江镜镇党委书记，闽台（福州）蓝色经济产业园党工委委员（兼）
林忠强　江镜镇党委副书记、镇长
刘黎榕　江镜镇人大主席
郑可彬　江镜镇党委副书记
黄建平　江镜镇党委综治副书记（挂职）、政法委员
林能强　江镜镇党委委员、纪委书记，市监委江镜镇监察组组长（兼）
郭礼棋　江镜镇党委委员、副镇长
李鸿炎　江镜镇党委委员、副镇长
郭慧敏　江镜镇党委组织委员
郑双辉　江镜镇党委宣传统战委员
王端生　江镜镇党委委员、武装部部长
林　莹　江镜镇副镇长

港头镇

陈　宇　港头镇党委书记，闽台（福州）蓝色经济产业园党工委委员（兼）
杨　震　港头镇党委副书记、镇长
高建明　港头镇人大主席
高华娟　港头镇党委副书记
张定文　港头镇党委综治副书记（挂职）、政法委员
翁建淋　港头镇党委委员、纪委书记，市监委港头镇监察组组长（兼）
曹仕木　港头镇党委委员、副镇长
翁财文　港头镇党委委员、副镇长
刘剑锋　港头镇党委宣传统战委员
杨　强　港头镇党委委员、武装部部长
周金生　港头镇副镇长

三山镇

严　峰　三山镇党委书记
李木春　三山镇党委副书记、镇长
何美宋　三山镇人大主席
徐孝银　三山镇党委综治副书记（挂职）、政法委员
林福光　三山镇党委委员、纪委书记，市监委三山镇监察组组长（兼）
陈则强　三山镇党委委员、副镇长
郭修雄　三山镇党委委员、副镇长
陈　鹏　三山镇党委组织委员
周　梅　三山镇党委宣传统战委员
陈振登　三山镇党委委员、武装部部长
俞兆锋　三山镇人大副主席
徐小雄　三山镇副镇长

高山镇

董晓杭　高山镇党委书记
谢在秀　高山镇党委副书记、镇长
郑光辉　高山镇人大主席
王征敏　高山镇党委副书记
何新珠　高山镇党委委员、纪委书记，市监委高山镇监察组组长（兼）
陈开武　高山镇党委委员、副镇长
叶诚云　高山镇党委委员、副镇长
薛命平　高山镇党委组织委员
俞　燕　高山镇党委宣传统战委员
王童童　高山镇党委委员、武装部部长
王义兴　高山镇科技副镇长

东瀚镇

郭进蔼　东瀚镇党委书记
林豪勤　东瀚镇党委副书记、镇长
韩定国　东瀚镇人大主席
何　宁　东瀚镇党委副书记
严瑞义　东瀚镇党委综治副书记（挂职）、政法委员
陈云明　东瀚镇党委组织委员
林承光　东瀚镇党委宣传统战委员
何木旺　东瀚镇党委委员、武装部部长
吴彩虹　东瀚镇副镇长

沙埔镇

林　立　沙埔镇党委书记
黄祖棋　沙埔镇党委副书记、镇长
刘百胜　沙埔镇人大主席
陈丹就　沙埔镇党委副书记
王　波　沙埔镇党委委员、副镇长
林继彩　沙埔镇党委组织委员
王志华　沙埔镇党委宣传统战委员
郭军凌　沙埔镇党委委员、武装部部长
詹明强　沙埔镇副镇长

（编辑　陈晔）

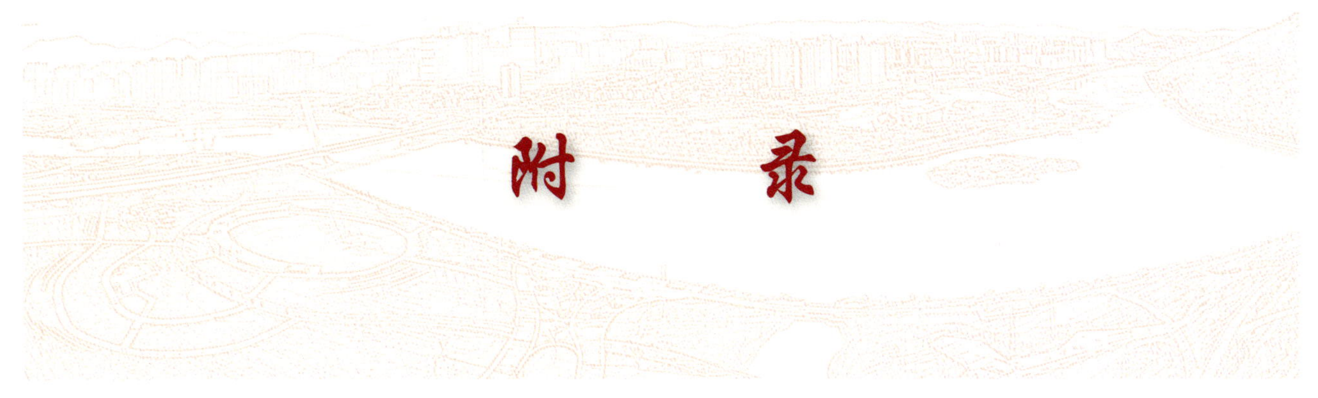

文件选录

表 24

2019 年福清市政府文件选录

文　号	标　　题	发文日期
融政办〔2019〕39 号	福清市人民政府办公室关于印发福清市优秀文艺作品、文艺人才、非遗项目奖励办法（试行）的通知	2019 年 3 月 21 日
融政办〔2019〕58 号	福清市人民政府办公室关于规范福清市邮政快递行业专用电动车监管工作的通知	2019 年 5 月 14 日
融政办〔2019〕59 号	福清市人民政府办公室关于下达 2019 年补充耕地任务的通知	2019 年 5 月 15 日
融政办〔2019〕79 号	福清市人民政府办公室关于印发福清市城乡居民基本医疗保险补充意外伤害保险实施方案的通知	2019 年 9 月 23 日
融政办〔2019〕85 号	福清市人民政府办公室关于认定福清市第五批总部企业的通知	2019 年 11 月 25 日
融政函〔2019〕6 号	福清市 2018 年政府信息公开工作年度报告	2019 年 1 月 9 日
融政综〔2019〕29 号	福清市人民政府关于印发福清市高层次卫生专业技术人才津贴发放实施细则（试行）的通知	2019 年 1 月 23 日
融政综〔2019〕40 号	福清市人民政府关于调整福清市创新驱动发展科技配套奖补政策有关事项的通知	2019 年 2 月 2 日
融政综〔2019〕43 号	福清市人民政府关于规范养老机构建设与管理的实施意见	2019 年 2 月 14 日
融政综〔2019〕42 号	福清市人民政府关于印发福清市全面放开养老服务市场提升养老服务质量实施方案的通知	2019 年 2 月 14 日
融政综〔2019〕98 号	福清市人民政府关于印发福清市加强建设项目用地供后开（竣）工管理暂行办法的通知	2019 年 4 月 5 日
融政综〔2019〕157 号	福清市人民政府关于印发福清市行政事业单位国有资产出租管理办法（修订）的通知	2019 年 6 月 21 日
融政综〔2019〕216 号	福清市人民政府关于印发“拆旧、拓新、整漂亮”工作指导意见及相关配套文件的通知	2019 年 9 月 15 日
融政综〔2019〕246 号	福清市人民政府 关于贯彻《福州市人民政府关于进一步做好当前和今后一个时期促进就业工作的实施意见关于进一步做好促进就业工作七条措施的》的七条实施意见的通知	2019 年 10 月 25 日
融政综〔2019〕248 号	福清市人民政府关于进一步推进企业上市工作的补充意见	2019 年 10 月 29 日

（编辑　陈晔）

统计资料

表 25

2019 年福清市农作物播种面积与产量表

项　　目	播种面积（亩）	产量（吨）	亩产（公斤、粒、支、盆/亩）
农作物总播种面积	833309	—	—
一、谷物	102734	40419	393.4
（1）春收	—	—	—
（2）夏收	57223	22496	393.1
（3）秋收	45511	17923	393.8
1. 稻谷	100548	40223	400
其中：再生稻	—	—	—
①早稻	55159	22311	404.5
②中稻	—	—	—
③一季晚稻	—	—	—
④双季晚稻	45389	17912	394.6
2. 大小麦	—	—	—
3. 杂粮	2186	196	89.7
春收	—	—	—
夏收	2064	185	89.6
秋收	122	11	90.2
①玉米	2186	196	89.7
②高粱	—	—	—
③谷子	—	—	—
二、薯类	149528	58601	391.9
1. 甘薯	132530	53278	402
①春收	—	—	—
②秋收	132530	53278	402
2. 马铃薯	16998	5323	313.2
①春收	13191	3957	300
②夏收	1461	551	377.1
③秋收	2346	815	347.4
三、豆类	25287	4297	169.9
1. 大豆	15270	2056	134.6
①春大豆	10676	1473	138
②秋大豆	4594	583	126.9
2. 杂豆类	10017	2241	223.7

续表 25

项　目	播种面积（亩）	产量（吨）	亩产（公斤、粒、支、盆/亩）
绿豆	598	74	123.7
红小豆	130	40	307.7
其他杂豆	9289	2127	229
四、油料	183089	30828	168.4
1. 花生	180525	30508	169
①夏花生	180525	30508	169
②秋花生	—	—	—
2. 油菜籽	2564	320	124.8
3. 芝麻	—	—	—
4. 葵花籽	—	—	—
五、棉花	—	—	—
六、生麻	—	—	—
七、甘蔗	—	—	—
八、烟叶（未加工烟草）	—	—	—
九、中草药材	1100	523	475.5
十、蔬菜（含菜用瓜）	358838	762695	2125.5
十一、瓜果（果用瓜）	7748	10979	1417
西瓜	5935	9984	1682.2
香瓜（甜瓜）	1120	385	343.8
草莓	693	610	880.2
十二、花卉	4385	—	—
十三、其他	600	—	—
绿肥	600	—	—

表 26

2019 年福清市全社会畜牧业生产情况表

项　目	计量单位	当年出栏头数				期末存栏头数				能繁殖母畜	当年生仔畜	肉产量
		总数	散养户	大型养殖场	中小型养殖场	总数	散养户	大型养殖场	中小型养殖场			
一、猪	头、吨	416343	10437	349624	56282	223525	741	194213	28571	20357	61801	32474
二、活家禽	只、吨	3244061	1983356	324889	935816	1945748	1086590	752175	106983	—	—	5124
1. 活鸡	只、吨	1802529	978376	324889	499264	1402095	571287	752175	78633	—	—	2474
其中：蛋鸡	只、吨	—	—	—	—	1143782	378184	686965	78633	—	—	—
肉鸡	只、吨	1802529	978376	324889	499264	258313	193103	65210	—	—	—	2474
2. 活鸭	只	1440579	1004027	—	436552	542649	514299	—	28350	—	—	2646

续表 26

项目	计量单位	当年出栏头数				期末存栏头数				能繁殖母畜	当年生仔畜	肉产量
		总数	散养户	大型养殖场	中小型养殖场	总数	散养户	大型养殖场	中小型养殖场			
3. 活鹅	只、吨	953	953	—	—	1004	1004	—	—	—	—	4
4. 其他活家禽	只、吨	—	—	—	—	—	—	—	—	—	—	—
三、牛	吨	11915	—	—	—	9458	—	—	—	—	—	1320
1. 肉牛	头、吨	11915	—	—	—	4978	—	—	—	—	—	1320
2. 奶牛	头、吨	—	—	—	—	2232	—	—	—	—	—	—
3. 役用牛	头、吨	—	—	—	—	2248	—	—	—	—	—	—
四、山羊	头、吨	90495	—	—	—	67755	—	—	—	—	—	1300
五、活牲畜	头	—	—	—	—	—	—	—	—	—	—	—
六、家兔	只	237855	—	—	—	161288	—	—	—	—	—	399
七、养蜂箱数	箱	—	—	—	—	285	—	—	—	—	—	—
八、其他肉产量	吨	—	—	—	—	—	—	—	—	—	—	—
九、禽蛋产量	吨	—	—	—	—	—	—	—	—	—	—	37021
1. 鸡蛋	吨	—	—	—	—	—	—	—	—	—	—	31176
2. 鸭蛋	吨	—	—	—	—	—	—	—	—	—	—	5845
3. 鹅蛋	吨	—	—	—	—	—	—	—	—	—	—	—
4. 其他禽蛋	吨	—	—	—	—	—	—	—	—	—	—	—
十、奶类产量	吨	—	—	—	—	—	—	—	—	—	—	4154
其中：生牛奶	吨	—	—	—	—	—	—	—	—	—	—	4154
生羊奶	吨	—	—	—	—	—	—	—	—	—	—	—
十一、兔毛产量	公斤	—	—	—	—	—	—	—	—	—	—	—
十二、天然蜂蜜产量	吨	—	—	—	—	—	—	—	—	—	—	22
十三、蜂腊产量	吨	—	—	—	—	—	—	—	—	—	—	—
十四、桑蚕产量	吨	—	—	—	—	—	—	—	—	—	—	—
肉类产量	吨	—	—	—	—	—	—	—	—	—	—	40617

表 27

2019年福清市蔬菜及特种作物生产情况表

项目	计量单位	播种面积（亩）	产量（吨）	亩产（公斤、粒、支、盆/亩）
一、蔬菜	亩、吨	358838	762695	2125.5
1. 叶菜类	亩、吨	65216	113173	1735.4
波菜	亩、吨	7469	10937	1464.3
芹菜	亩、吨	14456	28406	1965
油菜	亩、吨	5896	9579	1624.7
蕹菜（空心菜）	亩、吨	26676	45477	1704.8

续表 27

项　目	计量单位	播种面积（亩）	产量（吨）	亩产（公斤、粒、支、盆/亩）
其他叶菜类	亩、吨	10719	18774	1751.5
2. 白菜类	亩、吨	27804	63705	2291.2
大白菜	亩、吨	24702	57408	2324
其他白菜	亩、吨	3102	6297	2030
3. 甘蓝类	亩、吨	31728	53796	1695.5
卷心菜（结球甘蓝）	亩、吨	30556	51320	1679.5
其他甘蓝类	亩、吨	1172	2476	2112.6
4. 瓜类	亩、吨	44000	96852	2201.2
黄瓜	亩、吨	30749	64310	2091.5
冬瓜	亩、吨	2214	5581	2520.8
丝瓜	亩、吨	7122	16811	2360.4
南瓜	亩、吨	2827	6853	2424.1
其他瓜类	亩、吨	1088	3297	3030.3
5. 根茎类	亩、吨	28588	72643	2541
白萝卜	亩、吨	14634	40188	2746.2
葫萝卜	亩、吨	2237	6593	2947.3
芋头	亩、吨	10171	22276	2190.1
生姜	亩、吨	1245	2990	2401.6
芦笋	亩、吨	85	204	2400
榨菜头	亩、吨	—	—	—
其他根茎类	亩、吨	216	392	1814.8
6. 茄果类	亩、吨	92736	220151	2374
茄子	亩、吨	12033	25794	2143.6
西红柿	亩、吨	33939	79010	2328
甜椒（青椒）	亩、吨	40166	98485	2451.9
其他茄果类	亩、吨	6598	16862	2555.6
7. 葱蒜类	亩、吨	8519	15027	1763.9
蒜头	亩、吨	2295	3921	1708.5
蒜苗（大蒜）	亩、吨	2370	4221	1781
韭菜	亩、吨	2186	4135	1891.6
小葱	亩、吨	1641	2687	1637.4
其他葱蒜类	亩、吨	27	63	2333.3
8. 菜用豆类	亩、吨	22456	38530	1715.8
四季豆（菜豆）	亩、吨	8917	16961	1902.1

续表27

项　　目	计量单位	播种面积（亩）	产量（吨）	亩产（公斤、粒、支、盆/亩）
豌豆（荷兰豆、甜豌）	亩、吨	9139	12454	1362.7
豇豆	亩、吨	505	969	1918.8
其他	亩、吨	3895	8146	2091.4
9. 水生菜类	亩、吨	807	1643	2035.9
莲藕	亩、吨	280	530	1892.9
茭白	亩、吨	477	1008	2113.2
荸荠	亩、吨	50	105	2100
10. 其他蔬菜	亩、吨	36984	87175	2357.1
花椰菜	亩、吨	13753	39216	2851.5
莴笋	亩、吨	16322	34299	2101.4
芥菜	亩、吨	5222	10934	2093.8
其他	亩、吨	1687	2726	1615.9
二、花卉及盆景园艺	亩	4385	—	—
1. 盆栽花	亩、万盆	50	64	12800
其中：水仙花	亩、万粒	—	—	—
2. 鲜切花	亩、万枝	332	452	13614.5
百合花	亩、万枝	—	—	—
康乃馨	亩、万枝	42	10	2381
满天星	亩、万枝	—	—	—
玫瑰	亩、万枝	40	14	3500
菊花（含非洲菊）	亩、万枝	—	—	—
其他鲜切花	亩、万枝	250	428	17120
3. 盆景园艺	亩、万盆	1592	337	2116.8
4. 其他花卉	亩、千株	2411	5892	24438
三、中草药材	亩、吨	1100	523	4754.5
1. 太子参	亩、吨	—	—	—
2. 金银花	亩、吨	—	—	—
3. 砂仁	亩、吨	—	—	—
4. 半夏	亩、吨	—	—	—
5. 肉桂	亩、吨	—	—	—
6. 厚朴	亩、吨	—	—	—
7. 穿心莲	亩、吨	—	—	—
8. 枳壳	亩、吨	—	—	—
9. 泽泻	亩、吨	—	—	—

续表 27

项　目	计量单位	播种面积（亩）	产量（吨）	亩产（公斤、粒、支、盆/亩）
10. 其他	亩、吨	1100	523	4754.5
四、香料原料	吨	—	—	—
五、瓜果类	亩、吨	7748	10979	14170.1
1. 西瓜	亩、吨	5935	9984	16822.2
2. 香瓜（甜瓜）	亩、吨	1120	385	3437.5
3. 草莓	亩、吨	693	610	8802.3

表 28

2019 年福清市茶叶和水果生产情况表

项　目	年末实有面积（亩）	其中：采摘面积（亩）	其中：当年新植面积（亩）	产量（吨）
一、茶叶	3312	2941	—	452
1. 红茶	600	600	—	78
2. 绿茶	2151	2151	—	303
3. 青茶	—	—	—	—
4. 黑茶	—	—	—	—
5. 黄茶	—	—	—	—
6. 白茶	561	190	—	71
二、园林水果	82806	82801	—	123855
1. 苹果	—	—	—	—
2. 梨	380	375	—	652
3. 柑橘类	4742	4742	—	8148
柑	1050	1050	—	1534
橘	2230	2230	—	2975
橙	1257	1257	—	3159
柚	145	145	—	410
其他	60	60	—	70
4. 热带水果	74400	74400	—	109772
香蕉	400	400	—	551
菠萝	—	—	—	200
荔枝	786	786	—	1542
龙眼	23001	23001	—	24888
枇杷	46950	46950	—	63718
橄榄	20	20	—	8
杨梅	409	409	—	700
芒果	453	453	—	2100
青枣	—	—	—	—

续表 28

项　目	年末实有面积（亩）	其中：采摘面积（亩）	其中：当年新植面积（亩）	产量（吨）
番石榴	1205	1205	—	4220
其他	1176	1176	—	11845
5. 其他水果	3284	3284	—	5283
桃	316	316	—	761
李	—	—	—	—
葡萄	1243	1243	—	1961
柿子	35	35	—	28
柰	—	—	—	—
红枣	—	—	—	—
青梅	44	44	—	94
猕猴桃	950	950	—	900
其他	696	696	—	1539
三、食用坚果	—	—	—	—

表 29

2019 年福清市食用菌生产情况表

项　目	计量单位	鲜品	干品
一、食用菌总产量	吨	2735	226
1. 香菇（9：1）	吨	—	23
2. 蘑菇★	吨	18	—
3. 黑木耳（10：1）	吨	—	—
4. 白木耳（10：1）	吨	—	—
5. 金针菇★	吨	430	—
6. 猴头菇（8：1）	吨	—	—
7. 平菇类（含袖珍菇、凤尾菇等）	吨	2	—
8. 草菇★	吨	—	—
9. 杏鲍菇（9：1）	吨	—	—
10. 茶薪菇（10：1）	吨	—	—
11. 鸡腿菇（9：1）	吨	—	—
12. 姬松茸（9：1）	吨	—	—
13. 竹荪（10：1）	吨	—	—
14. 灵芝（3.5：1）	吨	—	3
15. 其他菇	吨	2285	200
二、食用菌生产占用耕地面积	亩	80	—
三、蘑菇种植面积	平方米	21200	—
蘑菇（亩产）	公斤 / 平方米	17	—

表 30

2019 年福清市主要水产品生产情况表

指　　标	国内渔业数量（吨）	指　　标	国内渔业数量（吨）	指　　标	国内渔业数量（吨）
水产品总产量合计	542849	鲆鱼	0	（六）其它海水产品	2109
一、海水产品产量	433432	鲽鱼	0	海蜇	2106
（一）海水鱼类	12481	大弹涂鱼	0	海参	0
海鳗	697	其他海水鱼类	1947	海胆（公斤）	0
鳓鱼	83	（二）海水虾蟹类	23864	海水珍珠（公斤）	0
鳀鱼	408	毛虾	917	其他海水产品	3
沙丁鱼	0	对虾	17364	二、淡水产品	109417
鲱鱼	554	鹰爪虾	568	（一）淡水鱼类	90667
石斑鱼	456	虾蛄	527	鲟鱼	0
鲷鱼	1825	梭子蟹	2295	鳗鲡	33362
蓝圆鲹	401	青蟹	1731	青鱼	867
白姑鱼	98	蟳	0	草鱼	17452
黄姑鱼	161	其他海水虾蟹类	462	鲢鱼	7332
鮸鱼	299	（三）海水贝类	347757	鳙鱼	7510
大黄鱼	173	牡蛎	195474	鲤鱼	6251
小黄鱼	0	鲍鱼	1304	鲫鱼	6358
梅童鱼	0	螺	9	鳊鲂	0
方头鱼	0	蚶	18	泥鳅	0
玉筋鱼	0	贻贝	5305	鲶鱼	353
带鱼	991	扇贝	0	鮰鱼	0
金线鱼	0	蛤	79032	黄颡鱼	0
梭鱼	0	蛏	65154	鲑鱼	0
鲐鱼	245	其他海水贝类	1461	鳟鱼	0
鲅鱼（马鲛鱼）	476	（四）海水藻类	46526	河鲀	0
金枪鱼	0	海带	32927	池沼公鱼	0
鲳鱼	1032	紫菜	3489	银鱼	0
马面鲀	0	江蓠	10060	短盖巨脂鲤	0
竹荚鱼	18	羊栖菜	0	长吻鮠	0
鲻鱼	1692	其他海水藻类	50	黄鳝	0
鲈鱼	519	（五）头足类	695	鳜鱼	0
美国红鱼	406	乌贼	208	鲈鱼	1051
军曹鱼	0	鱿鱼	265	乌鳢	1146
鰤鱼	0	章鱼	218	罗非鱼	8891
河鲀	0	其他头足类	4	香鱼	0

续表 30

指　标	国内渔业数量（吨）	指　标	国内渔业数量（吨）	指　标	国内渔业数量（吨）
倒刺鲃	0	河蟹	0	螺旋藻	0
其他淡水鱼类	94	其他淡水虾蟹类	3	其他淡水藻类	0
（二）淡水虾蟹类	18541	（三）淡水贝类	0	（五）其他淡水产品	209
龙虾	0	河蚌	0	龟	0
罗氏沼虾	0	螺	0	鳖	209
青虾	0	蚬	0	蛙	0
克氏螯虾	125	其他淡水贝类	0	淡水珍珠（公斤）	0
南美白对虾	18413	（四）淡水藻类	0	其他淡水产品	0

表 31

2019 年福清市规模以上工业企业情况表

指标名称	本年产值（万元）	去年同期（万元）	增减额（万元）	现价同比增长（%）	企业数（家）
全市规模以上工业总产值	19518888	18023538	1495351	8.3	416
增产企业	13412015	10878422	2533593	23.3	339
减产企业	6106873	7145116	−1038243	−14.5	77
五大工业区合计	16826824	15505286	1321539	8.5	346
融侨开发区	10157470	9478836	678634	7.2	173
元洪投资区	2548319	2300500	247819	10.8	67
江阴开发区	2941142	2644854	296288	11.2	41
镜洋镇	634155	584891	49264	8.4	47
龙田镇	1172977	1153370	19607	1.7	26
八大行业合计	14814326	13774851	1039475	7.5	239
电子	4901582	4692061	209520	4.5	23
塑胶	1768608	1562900	205708	13.2	86
食品	3077313	2768291	309022	11.2	65
玻璃	542090	528490	13600	2.6	4
医药	396723	282055	114667	40.7	5
电力	1318761	1304389	14371	1.1	7
化工	2209470	2127525	81945	3.9	26
纺织	599780	509139	90640	17.8	23

表 32

2019 年福清市各镇街税收收入完成情况表

镇（街）	2018 年完成数（万元）	2019 年完成数　（万元）	比增 %
玉屏	69813	47271	−32.3
龙山	36915	54120	46.6
龙江	25656	29940	16.7
音西	118493	137268	15.8
阳下	68854	56870	−17.4
宏路	83676	81335	−2.8
石竹	115319	107701	−6.6
海口	39506	32036	−18.9
城头	40967	43487	6.2
南岭	1827	2284	25.0
龙田	105342	20113	−80.9
江镜	20856	5027	−75.9
港头	2801	2743	−2.1
高山	18824	16747	−11.0
沙埔	5430	9489	74.8
东瀚	7406	9712	31.1
三山	36321	36785	1.3
渔溪	14516	18600	28.1
上迳	13082	11058	−15.5
新厝	12787	13431	5.0
江阴	104320	77387	−25.8
东张	5989	6080	1.5
镜洋	15853	16784	5.9
一都	513	523	2.0

表 33

2019 年福清市社会消费品零售总额情况表

指 标 名 称	2019 年（万元）	2018 年（万元）	增幅（%）
社会消费品零售总额	5202728.4	4732573.5	9.9

（陈铭）

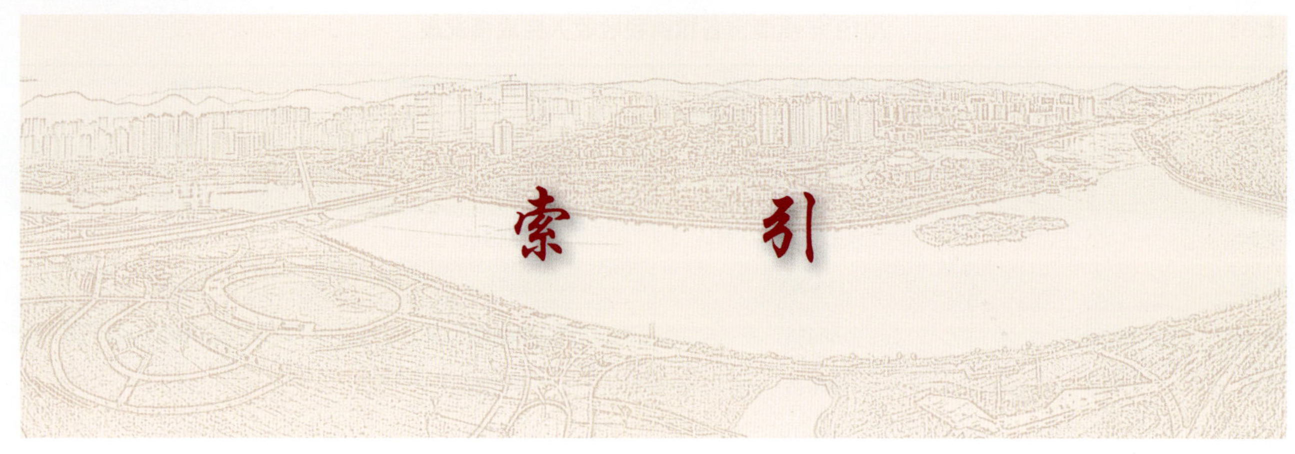

索引

说 明

一、本索引按主题词首字汉语拼音字母顺序排列，首字为阿拉伯数字的按大小排序，索引主题词后的数字表示页码，数字后的 a、b、c 表示栏别左、中、右。

二、类目、分目标题用黑体字，类目用红色字体。

三、“特载”“大事记”“人物”“附录”内容不做索引。

0—9

A

B

C

D

F

G

H

K

L

M

N

P

Q

R

S

T

W

X

Y

Z

《福清年鉴（2020）》撰稿人名单

（按姓氏笔画顺序）

丁芳明　丁　妮　马　勇　方丽萍　方良松　方起家　方　遒　毛立平　毛胤云　王人杰
王小明　王丽明　王丽娜　王　娟　王　海　王海星　王　真　王斌党　王焱婷　王　琛
王　琦　王　琳　王　锋　王　瑜　王增兴　付婷婷　冉庆利　包书丹　卢　燕　叶明明
叶思思　叶　清　叶　锋　田　灏　石宏武　石　芳　任仁辉　任德云　关小妹　刘云玲
刘文飞　刘华清　刘江平　刘学铃　刘慕祥　刘德容　刘　鑫　庄飞妮　庄　伟　朱方微
朱顺凯　江启将　江霞英　汤巧秀　许少鎏　许国平　许金炎　许雪兰　严天生　严玉明
严建莺　严若妤　严金安　严清清　何　丽　何丽萍　何秀钦　何　姗　何明敏　何欣怡
何　英　何　晓　何海光　何　莉　何　琛　何瑞龙　佘　彬　佘　芬　佘　娇　佘鹤智
吴飞融　吴正超　吴达航　吴步光　吴贵华　吴　浩　吴章碧　吴焰芬　吴彰彬　张立汉
张华云　张建忠　张香兰　张晓晓　张　婕　张　梅　张清茹　张　静　李　义　李大勇
李荣华　李晓媌　李　桐　李　莉　李　敏　李雪宁　李　斌　杨业龙　沈　坚　苏　勤
陈小婷　陈小群　陈　飞　陈书强　陈仁义　陈仁兵　陈少繁　陈训华　陈　龙　陈同云
陈成平　陈　坚　陈运凯　陈　凯　陈　姗　陈建红　陈　明　陈明峰　陈　昕　陈　杰
陈茂文　陈青思　陈彦冰　陈春利　陈家文　陈晓雪　陈　晟　陈　浩　陈　涛　陈常熙
陈敏娟　陈　铭　陈琳珊　陈舒灵　陈　超　陈　锋　陈　楠　陈源高　陈福德　陈　榕
陈燕红　陈　曦　陈　鑫　周云涛　周丽青　周宗亮　周承公　周海燕　周海赟　周雪玲
念　忠　林小安　林小勤　林元钦　林友娟　林　闪　林先焰　林同雄　林宏伟　林志强
林怀珊　林秀兰　林　纹　林良建　林学明　林性勇　林承仁　林　波　林泽松　林绍银
林贤春　林金娣　林俞杰　林思洲　林春明　林美玲　林　虹　林晓芸　林晓航　林晓雯
林晔琳　林　祯　林翁芳　林　莉　林婉贞　林　捷　林梦璐　林淑霞　林　晶　林棋凯
林游华　林超慧　林　辉　林道挺　林　雯　林筱雯　林　群　林　群　林　群　林　蓁
林　潇　林　薇　范　斌　郑金国　郑青英　郑倩文　郑晓彬　郑福义　郑锦昭　郑　颖
郑　颖　郑　燕　侯光银　侯孝和　俞　龙　俞　扬　俞贞辉　俞　佳　俞湘融　俞　意
施　伟　施点晴　柯宇珍　柳　萍　洪其春　洪　鸣　赵力同　赵利峰　赵　莹　钟雪程
倪玉娇　倪　佳　倪握瑜　唐伟波　唐彦颖　徐文武　徐孝娟　徐　芳　徐瑜珊　翁心怡
翁玉兰　翁灼官　翁其孝　翁武太　翁武悠　翁玲玲　翁　珊　翁婷婷　翁朝晖　翁　蓉
郭仕钦　高　萍　高　舒　高毅超　梁　栋　梁锦添　章莹莹　黄仲伟　黄庆生　黄宏雄
黄昌亮　黄春松　黄　婧　黄群勇　傅晶晶　彭立红　曾坤锋　游传福　游孙瑛　游雪静
程玉峰　程玉峰　程礼炜　程　悦　蒋碧燕　谢文强　谢孟栋　詹明峰　锜　炜　雍融荣
蔡　军　蔡喜明　蔡　璐　薛文华　薛命惠　薛挺甫　薛　强　薛　楠　薛潮平　薛赠明
戴永德　戴君君　戴　咏　戴雪敏　魏子焰　魏小妹　魏宏梅　魏希煌　魏明华　魏晓亮
魏晶晶